本书由上海文化发展基金会图书出版专项基金资助出版

【晚清以来人物年谱长编系列】

章乃器年谱长编

青田县章乃器研究会 ◎ 编

潘大明 ◎ 主编

上海交通大学出版社
SHANGHAI JIAO TONG UNIVERSITY PRESS

内容提要

　　章乃器（1897—1977），浙江青田人。早年任浙江实业银行副经理、中国征信所董事长、上海光华大学教授。1936年参加组织全国各界救国联合会。同年11月与沈钧儒、邹韬奋等被国民党政府逮捕，为救国会七君子之一。获释后任安徽省政府财政厅长、重庆上川实业公司总经理、迁川工厂联合会常务理事、中国工业协会常务理事、中国工业经济研究所副所长。1945年参与发起组建中国民主建国会。1948年到东北解放区，次年出席全国政协第一届全体会议。中华人民共和国成立后，任政务院政务委员、粮食部长、全国政协常委、民建中央副主任委员、全国工商联副主任委员。

　　本书以年谱长编的形式，记述章乃器波澜壮阔、跌宕起伏的一生，比较全面地记录了他的思想观点、处世准则、工作方法等。本年谱以公开出版的相关图书、报刊为主要依据，所搜材料力求详尽，使用史料力求准确，书末设有"人名索引"。本书是首部关于章乃器一生经历的编年资料长编，为读者和研究者提供便利。

图书在版编目（CIP）数据

　　章乃器年谱长编 / 青田县章乃器研究会编 ；潘大明主编. － 上海 ：上海交通大学出版社，2023.5
　　ISBN 978-7-313-28544-7

　　Ⅰ．①章… Ⅱ．①青… ②潘… Ⅲ．①章乃器（1897-1977）－年谱 Ⅳ．① K825.31

中国国家版本馆CIP数据核字（2023）第 060179 号

晚清以来人物年谱长编系列

章乃器年谱长编
ZHANGNAIQI NIANPU CHANGBIAN

编　　者：青田县章乃器研究会		主　　编：潘大明		
出版发行：上海交通大学出版社		地　　址：上海市徐汇区番禺路 951 号		
邮政编码：200030		电　　话：021-64071208		
印　　制：苏州市越洋印刷有限公司		经　　销：全国新华书店		
开　　本：710mm×1000mm　1/16		印　　张：44.25		
字　　数：634 千字				
版　　次：2023 年 5 月第 1 版		印　　次：2023 年 5 月第 1 次印刷		
书　　号：ISBN 978-7-313-28544-7				
定　　价：268.00 元				

華乐器乐谱长编

主　　编：潘大明

副 主 编：赵君皓

撰　　稿：王昌范　王晓冉　刘　正　孙红华

　　　　　宋朝军　潘大明

编委会组成人员

主　　任：陈　铭　潘大明

副 主 任：吕大德　杨宏雨　赵君皓　徐啸放

委　　员：王昌范　吕大德　孙红华　李晓灵　陈　铭

　　　　　张学继　杨宏雨　赵君皓　徐啸放　潘大明

（以上按姓氏笔画为序）

出版说明

《章乃器年谱长编》是一部记述章乃器从出生到逝世 81 年间的生平事迹的编年体著作，比较详细地记录了他的生平和思想活动，特别是在一些重大历史事件中的作用，反映了他的思想观点、处世准则、工作方法等。

章乃器一生经历了晚清、中华民国、中华人民共和国三大历史时期。在中华民国期间创建全国各界救国联合会、中国民主建国会；中华人民共和国成立后，参与中华全国工商业联合会、中央人民政府粮食部的初创工作。他是重要的历史事件——"七君子"事件、沧白堂事件、较场口惨案的主要当事人；他对现代银行金融业征信、检查制度的建立，全面抗战的实现，民主体制的形成，中华人民共和国初期的经济恢复、粮食体系的建立，均有贡献；他还从理论上对新民主主义阶段多党合作的意义、资产阶级和资本主义经济成分的存在价值等问题进行了艰苦的探索。年谱对以上各个方面力求做到如实准确的反映。

从本年谱正谱中，还可以了解章乃器的日常生活与工作，有的具体到一天不同时间段的活动情况。

谱后主要记述谱主辞世后的相关事件，一直记述至 2019 年末。

本年谱的编写，体现了资料性、学术性、传记性相统一的特点。年谱以公开出版的相关图书、报刊为主要依据，所搜材料力求详尽，使用力求准确。本年谱对收集的谱主文章、讲话稿，进行了概述或摘要，以原著版本为准，按发表、出版时间进行编排。本年谱采用客观记述的方法，编写者不做评论。

关于这部年谱的编写体例，略做以下几点说明。

一、本年谱采用公历纪年，年龄记周岁。1912 年以前注明清代年号；1912 年—1949 年 9 月，注明中华民国纪年。

二、本年谱按年、月、日顺序记事。具体日期考订不清的写旬，旬考订不清的写月，月考订不清的写季或春、夏、秋、冬，季考订不清的写上、下半年，用旬、月、季、上半年、下半年表述的条目，一般放在该旬、月、季、上半年、下半年的末尾，有的则视情况酌定。只能判定时间为某年的条目，一律放在年末。

三、记述谱主的活动，一般省略主语。

四、某些重大的历史事件或与谱主有关的大事，均列条目，按时间顺序写入年谱。

五、人名、地名、事件、组织等，视需要做注释。原则上仅注一次，为首次出现之时。

编　者

2022 年 2 月

章乃器的思想与社会实践的意义（代序）

潘大明

　　自晚清后期至二十世纪二三十年代，中国社会发生了巨变，社会结构出现了具有活力但并不庞大的中产阶层群体，他们向海外学习政治制度、教育方式、文化艺术、科学技术、市场经济，自觉或不自觉地运用于中国社会实际，重新架构起社会价值体系，民主思潮持续不断，高潮迭起，推翻帝制、新文化运动、五四运动接连发生，深刻影响了中国近代史的发展进程，对中国社会的发展产生了深远的影响。1912 年，《中华民国临时约法》颁布，确立了资产阶级民主共和国政体；资本主义生产关系在中国获得合法地位；在文化上确立了集会、结社、言论自由，帝制非法、追求共和的观念在社会广为传播。虽然有政治强人闹复辟、玩贿选、搞暗杀、图割据、欲独裁，但都没能挡住中国社会的民主要求和对共和的渴望，民主共和成了中产阶层的主流意识。

　　同时，中国处在外敌不断入侵的局面中，中产阶层人士产生出强烈的爱国主义思想，而这样的爱国主义，在新的时代背景之下，超越了传统意义上忠君报国和狭隘的民族主义。

　　章乃器的思想发生、发展，以及形成的特点，正是伴随着这一过程而进行。"七君子"事件发生时，他是银行高级管理人员、经济学家、教授，出版过自己的著作，办过杂志，经济上处在中产阶层上层，相对丰裕的物质生活成为保障他从事社会活动的物质基础。之后，他办企业，成为民族工商业者，创立中国民主建国会，并成为民族工商业者的代言人和中华人民共和国的高级干部。

中西文化并蓄　奠定思想基础

　　近代西方列强以旷古未有的残酷，打开了古老中国的大门，时刻提醒着华夏儿女记住民族的灾难。同时，西方的政治、文化、伦理道德以及科学技术传入封闭古老的中国，对中国的现代化进程有加速作用。

近代中国内乱外患的现实是激发章乃器形成以爱国主义为特征的思想的一大动力，其理论基础受到了两方面的影响：一则来自他从小接受的以儒学为主体的中国传统文化，二则来自他接触的西方近代文明。他在传统文化积淀深厚的家庭环境中成长，耳濡目染儒家学说和古代忠君报国的故事。他回忆说："很幼小的时候，就不知不觉地上私塾读书去了。当时读的，自然还是'古人之书'；'大丈夫志不在温饱'的一套圣贤、英雄思想，自然是有人会灌输给我的。"章乃器结束私塾学习不久，便进入新式学堂浙江青田敬业小学就读。学校设英文课程，英语的学习开拓了章乃器的视野。他萌生出做发明家的念头，并把发明家与古来圣贤、英雄豪杰同等看待，认为他们具有同样的社会价值，希望自己以此贡献社会。十七岁时，他进入浙江省立甲种商业学校，专攻西方资本主义社会在商品经济发展之后形成的经济学，读到"通商大埠，常位于大江大河下游"时，十分倾倒，觉得它能够反映一切古书中找不到的知识。以后他读到"以最少劳费取得最大效果"的经济原则时，更是赞叹不已，激发他研究经济学的兴趣。

鸦片战争以后，中国知识分子所处的文化氛围不再是单一的，接受的文化逐渐趋于多元，尤其到二十世纪初叶，知识分子的知识结构比历代士大夫的知识构成丰富。这一时期的知识分子形成的爱国主义思想，不再局限于传统意义上的忠君报国和狭隘的民族主义，现代爱国主义思想增添了反对外来入侵，吸收外来先进文化、科学技术，推动社会政治、经济、文化进步等内容。

提倡民主、科学的新文化运动，促成了五四运动的出现。五四运动在充分弘扬爱国主义精神的旗帜下，促进现代理念向社会纵深发展。

章乃器结束学业后，进入浙江地方实业银行当练习生，他不能忍受银行下层的职位所带来的人格上的屈辱，无法适应职业的需要。同时，银行的"金饭碗"——打算盘、记账簿一类十分琐碎的工作，在他看来流以市侩之气，与自己早年形成的圣贤、英雄思想大相径庭。苦闷牢骚加上饮酒赋诗的名士气，使他患上胃溃疡和肺结核。此后他依靠练习静坐战胜疾病后，只身北上，出任北通州京兆农工银行营业部主任一职，后升任襄理。五四运动爆发时章乃器特意跑到北京，成为这场伟大变革的目击者。他曾回忆："每一个有血气的青年，看到了当时报载列强对中国横蛮无理的态度和北京政府的颠顶、黑暗以及种种丧权辱国的情形，尤其是勾结日本帝国主义压迫国内革命势力的情形，恐怕没有一个人不悲愤填胸，热血沸腾起来几乎要炸破了血管……霹雳一声，历史的'五四'运动展开了，兴奋得几乎使我发狂！不管报上说北平的空气如何严重，我不能不请了假，到那里去看一个明白。"他从中看到了民众的力量，为自己没有直接成为他们中的一员而感到遗憾。1921年章乃器回到上海，重回浙江地方实业银行，由营业部科员成为营业部主任、副经理。

　　五四运动至1928年济南惨案发生之前，章乃器的思想得到发展，这一发展在《新评论》中完整地表现出来。章乃器长期在金融机构工作，饱尝租界内外国人的轻视、侮辱，对列强压迫民族经济有深刻的认识。1927年蒋介石发动政变后，他为蒋介石背叛孙中山的遗愿，摧残民众运动，对人民进行黑暗统治而悲愤，认为若继续沉默不语，国民党将被人民唾弃，祖国统一、强盛将无法实现。他不顾1927年的白色恐怖，勇于担负社会责任，希望更多的职业者像他自己一样关心国事，"提倡有职业人的政治运动"。他动用自己的积蓄，独自创办《新评论》半月刊，宣传自己的政治主张。

　　起初，他试图以一种超然的态度来评论，"我们的立足是公正，我们的目标是一切事物的艺术化，所以我们对于合乎艺术化的事物都要赞美，对于一切反对艺术化的事物，都要反对……倘使要做一个超然的言论机关——一个潮流的指导者，就不许有很具体的主张"。超然没有标准，尤其在政治日趋黑暗、国民党越发腐败的现实面前，保持超然的理想化的办刊方针，不可能实现。他自觉或不自觉地否定了自己的初衷，回到原先固有的立场上——用孙中山的三民主义抨击孙中山的"继承者"。

　　章乃器认为"中国资产阶级尚未发生，所以用不着马克思的医治——对资产阶级的斗争，那只用得中山先生的预防——限制资本和平均地权"，中山主义才是中国的救国之真理。他希望国民党能坚持三民主义，造成一个平等的社会，打倒军阀、官僚、洋奴财阀、土豪劣绅，维持民族资产阶级的适当资本利息，给工农以适当的盈余的分配。故此，他对蒋介石统治集团展开一系列的批判，如认为"国民革命的资本化"是对中山主义的反动："中山先生明明白白地说，民生主义就是社会主义，我们只要问，目下国民党的主义，是否仍是中山主义？"提倡中山主义，抨击蒋介石统治集团制定的政策、方针，揭露国民党统治的腐败黑暗，成为章乃器创办的《新评论》初期的主要内容。章乃器怀念中山时期联俄联共发动民众打倒军阀和土豪的局面，认为蒋介石发动政变之后，借"停止民众运动"进行疯狂镇压、杀戮无辜的民众，是"灭绝人道的杀人方法"。他尖锐地指出：害怕工农、屠杀工农，已证明国民党站到了大众的对立面，不能代表民众。同时，国民党已经开始堕落，政治腐败、社会黑暗，"国民党和民众，俨若对立的治者阶级和被治者阶级""国民党倘使要继续这错误态度，那么，我要说它要变成一个被毁灭的势力，即不在目前，亦当在不久的将来"。他的论述，在当时险恶的政治环境下，不可不谓是一种大无畏的表露。

章乃器认识到国民党背叛中山主义和民众，看到了国民党的腐败。1928年5月他撰写的《国民党的生死关头》一文中有这样一段文字："现在的国民党如何？在最近的过去，就以'停止民众运动'为名而实施其摧残民众组织的手段，在都市当中，我所只看见党里要人，勾结政客式的商人，分赃自肥；而没看见顾到一些民众的利益。在乡间，我们只看见党员们坐上土豪劣绅的位置，代行压迫民众的职权，而不再看见真能推翻那位置的，专向穷人头上搜刮的捐税，'萧规曹随'地继续实行下去而且还要'变本加厉'，拿'新财政学原则'按负担能力的大小面征收的捐税。"

章乃器站在中山主义的立场抨击蒋介石统治集团，揭露他们的堕落、腐败、黑暗，本质上希望国民革命迅速打破封建割据，实现祖国统一，祖国可以由弱转强，中华民族可以扬眉吐气。《新评论》出版了29期后被禁止。

这一时期，章乃器的思想开始发展，他积极吸收外来的先进科学技术、社会文化知识的精华，自觉摒弃传统文化中的糟粕，使自己走向开放和现代化：在这一过程中，章乃器形成了以现代爱国主义为特征的思想，反对外来民族以武力进行政治、经济和文化的侵略；反对阻碍社会政治、经济、文化进步的统治。在关注民族存亡的同时，接受新文化，致力于民主、科学的社会形态的形成。他身上所体现出的现代爱国主义的思想特征，包含在务实的人生态度和追求中，符合实际发展的需要。

依靠民众抗战　主张国共合作

自 1895 年甲午战争后，日本帝国主义成为中华民族最大的威胁。二十世纪初，聚焦新文化启蒙、问题与主义之争、南北统一等问题的中国人，在济南惨案的发生后，逐步意识到民族存亡的根本问题没有解决，一切努力都会付之东流。各大城市民众罢工、罢市、罢课，举行游行示威，抵制日货，呼吁政府不要屈服于日寇的淫威，对日宣战。

《新评论》从 1928 年 5 月 15 日出版的第十一期开始发生了明显的变化，内容集中对抗日问题做出论述，章乃器发表了《向日本帝国主义者——不是日本民族宣战》《中国民族的自救》等文章，要求南京政府尽早回头，重新实行孙中山的三大政策，抵抗日本帝国主义的侵略。《新评论》辟出大量篇幅发表主张抗日的文章，并在征稿启事中一再要求作者迅速提供这方面的文稿。章乃器表现出一个爱国者在民族存亡的关键时刻敢于挺身而出、为国赴难的高贵品质，对祖国命运的思考以及对时势趋态的敏锐洞察力。

章乃器清醒地认识到抗日不是针对日本民族，需要联合日本民族中的反战势力，共同反对日本民族中占少数的日本帝国主义野心军阀。中华民族的抗战不是民族之间狭隘的复仇，联合一切反对侵略的力量才是民族战争胜利的保障。

他对中华民族的抗战前途充满信心，信心的源泉则是他对人民力量的深刻认识。他深信中华民族粉碎日本侵略的唯一力量来自民众："巨数的人民散在这般辽阔土地上面，只要坚持不屈服的精神，永不至受任何民族的支配，何况这微乎其微的日本？"同时，他认为危难中的民众，迫切需要组织起来，成立抗日协会，利用大众力量扼杀侵略者。

章乃器还提出具体的抗战主张。他认为应该孤立日本的野心家，使他们失去势力，让广大的日本人民对生存不再发生怀疑，允许他们不带丝毫侵略色彩地用他们的人力和财力来开发中国蕴藏的财源，不使日本野心家们以解决民族生存问题为借口，把整个大和民族卷入战争；要让世界各国人民了解中国的处境和抗日对维护世界和平的意义。他主张以退为进、以守为攻，放弃由青岛到济南一带，必要时放弃全国的港口，所有的兵力、人力、财力向内地撤退，一面致力于生产，一面增强防守的实力。人们在广阔的农村耕而食，织而衣，能够自给自足。军事上实行全民皆兵，遍设团防，随聚随散。他认为采取这种总退却的政策，直接受到最大损失的是外国的在华势力，尤其是在中国投资贸易占第一位的日本，我们"牺牲了一部分无关重要的工商业，而保存这人数占人口总数百分之七十五，产物占总数百分九十以上的农业，经济不独无损，反而有益。只消坚持一年，日本帝国主义者即使不肯让步，其他各国会不愿受这无谓的损失而发言"。

章乃器在济南惨案发生后，认识到日本的目的不单纯是为了济南，他们的野心在于对中国的全面侵略，济南事件仅是他们侵略中国的开端。他指出，中华民族应该极清醒地认识到他们的野心，准备做出最大的牺牲，抗击日本的侵略。他没有把解决中日民族矛盾的希望寄托在国民党身上，更多寄希望于民众的觉悟和大众的力量。

九一八事变后，作为经济学家的章乃器看到日本帝国主义侵略中国的本质，一针见血地指出：这是日本"在经济恐慌中找求出路的必然行为"。他认为日本依靠输入原料、输出产品获得利润。然而，一旦日本输入减少，对外贸易下降，必然出现制造工业停业、倒闭，失业大幅度增长的状况，出现大规模的经济危机，"日本帝国主义在任何条件之下，必须要开拓海外市场""必然要在中国造成第二甚至第三个'满洲伪国'，然后可以一时的满（足）它（们）的欲望"。

同时，章乃器抨击蒋介石的攘外必先安内的政策杀戮了无数青年，毁灭了大量田园，消耗了太多的枪支弹药，伤耗了民族的元气。他认为根据目前的国家局势，不是实行什么攘外必先安内的政策，而应该采取安内必先攘外或者非攘外无以安内的政策。

　　章乃器在济南惨案时形成的抗战思想，经历了九一八事变后，更具有科学依据，其抗战思想朝着科学化、理论化的方向发展。他发表《九一八事变后日本经济状况及其对华政策的前途》《三年来之远东战争》《研究现阶段中日问题的任务》等一系列文章，研究、分析战争的历史背景，日本的战争动向、军事准备，中日两国的外交路线，日本的经济现状，中日的出路等问题。

　　章乃器的抗战思想以其经济学知识为基础。章乃器从资本主义经济发展的根本去考察日本帝国主义侵略的本质和必然性，认为日本对华的侵略战争是世界各帝国主义的战争的一部分。二十世纪二十年代末世界大恐慌一开始，帝国主义分子希望发生战争，让别人火并，自己坐收渔利，以解救他们的经济危机和政治危机。日本帝国主义发动的九一八事变，顺应了世界各帝国主义的需要，而它自己也需要通过战争摆脱国内日益严重的危机。他认为，中国肩负着历史使命，"我们应反对帝国主义的战争，在人道主义上，我们应该反对一切残杀人类的战争；而民族的立场上，我们更绝不能帮助我们最大的敌人——日本帝国主义作战"。他指出，帝国主义就是战争的根源，中国不灭亡只有一条路可走——抗战。他认为不必再争论"和与战"的问题，更不必去研究"敌与友"的问题，应该集中精力去研究"怎样战"以至"怎样联合友军，消灭敌人"的问题。第一，要正确估计自己的实力，"在估计自己实力的时候，主要的便是研究如何团结自己的实力问题"；第二，要研究国际形势，如何联合国际友军，一同作战。现代的民族解放战争，不可能孤立地进行，要和国际形势配合起来。第三，要分析日本军事的力量，估计它的海、陆、空军的能力。同时，对英、美等帝国主义的军事力量也要做出分析。

　　章乃器发展了自己的抗战思想，保持济南惨案时形成的抗战思想的精髓——实现国内的团结、发动民众进行全面抗战。这一观点比原先更为分明。他明确指出国内各党派都应该团结起来："国家生命线要被杀害的时候，我们的主要任务是保存国家生命，而不是任何党派以至任何个人的'政权'。倘使同在敌人的刀口底下，还有人要回忆到过去的历史，顾虑到将来的政权，那就要变成自私自利的愚夫！在这一刹那间，我们除了团结大家的力量，踢开敌人的刀口以外，还应别存妄想吗？"他深信全国人民共同参加救亡运动，人民大众的力量是无法战胜的，即使面前的是强大的日本帝国主义侵略者。任何有着优越武器的反动势力，"都会在武器力量低劣的人民大众前面崩溃下去"。他还指出：中国民族战争的胜利希望，不是建筑在西方列强对日本的制裁上，更不是依靠着国联调停可以解决。中华民族应该联合世界平等待我的力量，如苏联、土耳其等国家，以及全世界被压迫大众，包括日本国内的觉悟分子，一同联合起来抵抗日本帝国主义的侵略。

九一八事变发生之后，章乃器较早地提出国共合作携手抗日的观点，与他实现国内的团结、发动民众进行全面抗战的观点，有着密切的联系。

1936年初，章乃器在《大众生活》上发表了《四年的清算》。此文标志着章乃器的抗战思想发展到了一个新阶段。他回顾了九一八事变以来中国面临的危机，希望政府拿出勇气立刻纠正自己的错误，不要继续以党派利益为重，不顾民族利益，断送民族的前途。"将错就错，甘为敌人的虎伥而不肯自拔，那不但是误国，而实在是不折不扣的卖国了！"他抨击国民党政府在国策、外交路线制定上，对外表现出动摇、软弱、拖延，对内实行法西斯专政，导致中国在四年间，失地由三省变为四省以至今天的六省，对内又花去大量的人力、物力、财力。他疾呼，南京政府应立即停止自杀性的内战，马上开放民众运动，组织民众，唤起人民抗敌的情绪，马上撤销新闻封闭。他认为在半殖民地的民族解放运动中，政府摧残民众组织、压制抗敌言论，而高谈什么"准备抗战"，那不是自欺便必然是欺骗民众。"只有人民团结起来，只有民众抗敌情绪的高涨，中国人民方可能有生命财产的保障，中国民族才可能获得解放；这个讨论，还有人能加以反对吗？"

1935年以前，章乃器形成了只有全民联合起来共赴国难才能御敌的思想。他表示，"非立刻停止自杀的内战，决不足以言抗敌；非立刻组织民众的力量，也决不足以言民族解放"。他站在国共两党之外的立场上，不主张推翻国民党政府，提出组建抗日政府、监督停止内战、开放民众运动等观点，引起社会的广泛关注。其思想也成为救国会早期思想的灵魂。

　　章乃器的抗战思想构成其这一时期的现代爱国主义精神的主体内容，对于全面抗战前夕的中国社会有一定的影响和价值，他的许多观点被具有爱国心的民众接受，并在历史检验中证明其准确性。

　　从济南惨案到九一八事变，历时三年多，来自日本的入侵步步紧逼，驱散了沉浸在启蒙运动中的中国人的预想。当时许多中产阶层人士认为中国当务之急是铲除残余军阀，否则，国家不能统一，一致对外便是一句空话。他们希望在国内打倒军阀，等到军阀灭亡了，全国人民的共同目标便是对付日本的侵略。同时，他们认为要驱逐日本侵略者，保卫土地身家，非有实力不可，而提高中国社会的综合实力，改变工业落后、文化水准低下、生活贫困的状况，培养强有力的民众，成了一件头等重要的事情。九一八事变后，他们的思想出现变化，清醒地明白抵御外来入侵已经迫在眉睫——入侵者不可能等到你强大了才灭亡你。那么，对于积贫积弱的中国来说，如何抵御外来入侵，赢得战争才好？他们认识到需要全体民众团结一致做出最大的牺牲，发挥出最大的力量，而不在于一党一派。随着民族矛盾的日益尖锐，他们挺身而出，组织爱国救亡团体，呼吁不分党派、阶级地一致抗战，其爱国思想基础在这一时期形成。九一八事变后，他们把民族存亡问题提高到压倒一切问题的高度。

践行抗战主张　投身救亡运动

　　停止内战、联共抗日的构想，需要积极推动才能实现。讲究实效的章乃器挺身而出，不计个人得失，组织、领导抗日团体，呼吁国内团结一致抗日。

　　1935 年 12 月 12 日，章乃器联合上海文化、教育、艺术界二百八十三位知名人士，发表《上海文化界救国运动宣言》，提出坚持领土和主权的完整，否认一切有损领土主权的条约和协定等八项主张。十五天后，上海文化界救国会经过紧张筹备正式成立，章乃器被选为执行委员。二十八天后，上海各大学教授救国会在章乃器等人的推动下宣告成立。四十七天后，上海各界救国联合会成立，章乃器等人被推选为执行委员，统一领导上海的抗日救亡运动。1936 年 5 月 6 日，救国会机关报《救亡情报》正式发行，发刊词申明："我们明白各社会分子的利益，只有在整个民族能够赓续存在的时候，才能谈到。在这大难当头，民族的生命已危在旦夕的时候，我们必须联合一致与敌人及敌人的走狗——汉奸斗争。……我们深望各地方各界的读者，一切不甘做顺民的人们，能炼成钢铁一般的阵线！"

5月31日，来自二十余个省市、六十余个救亡团体的七十余位代表汇聚上海，出席全国各界救国联合会成立大会。会上通过了《全国各界救国联合会宣言》和《抗日救国初步政治纲领》两个重要文件，建议各党各派立刻停止军事冲突，释放政治犯，派遣正式代表进行谈判，制定共同抗敌纲领，建立一个统一的抗敌政权。全救会愿以全部力量保证各党各派对于共同抗敌纲领的忠实履行，制裁任何党派违背共同抗敌纲领的行为。大会声明：全救会现阶段的主要任务，就是促成全国各实力派合作抗敌，没有任何政治野心，没有争夺政权的企图，组织全国救亡只不过是尽一份人民的天职，站在人民的立场上，不帮助任何党派去攻击其他党派，保持高度的超然性和独立性，维护民族的共同利益。会议举行了两天，章乃器等十五人被选为常务委员。

会后，全救会在上海各大报纸上发表了措辞激烈的《全国各界救国联合会对时局的紧急通电》。《通电》说："（南京政府）亟宜立示决心，领导于上；全国民众，自应群起响应，督促于下。务使全国兵力，一致向外，抗日战争，立即展开，恢复我已失之河山，拯救我被压迫之同胞……"

由他发起、组织的救国会自诞生起，便是不被国民党政府承认的抗日团体，以后逐渐发展成为具有政党性质的政治团体。从成立时通过的两个文件来看，救国会试图保持高度的超然性和独立性，以第三方的立场"制裁任何党派违背共同抗敌纲领的行为""不帮助任何党派去攻击其他党派""维护民族的共同利益"。这个团体以结社、集会、抗议示威、舆论表达的形成，敢于与强权抗争的民主精神，有效促进了国内各个政治派别达成团结一致抗日御侮的共识等优势，为全民的民主抗日意识的增强、战时生存知识的传播做出贡献。

这个所谓第三方的立场，可以视作当时中产阶层主流意识的立场，很大程度上也代表了大众的声音。

声势浩大的救国运动在上海开展，反对内战、反对妥协、反对投降的群众性示威活动震动海内外。1936 年 6 月 10 日，章乃器与沈钧儒、李公朴应蒋介石之邀赴南京，当面拒绝蒋介石提出的救国会必须要在国民党统一领导下进行工作的要求。

"七君子"事件爆发后，章乃器遭到关押，国民党中的一些人提出"七君子"出狱后进入反省院才能释放的条件，他与沈钧儒等人坚决反对，宁可坐牢，也不进反省院。

抗战民主并举　不惜流洒鲜血

清朝恰逢世界处于发展的重要历史阶段，中华民族失去与世界同步发展的机会。然而，二十世纪三十年代至四十年代中期，中国人民战胜了日本帝国主义的入侵，赢得了胜利。原因何在？高度集权的封建专制主义统治丧失民心，必然导致亡国，而处在争取民主、要求民主的现代中国社会，国家政权不再为某一个人、某一个家族、某一个利益集团所有，而已经成为知识分子的主流意识。在维护民族利益的旗帜下，形成团结一切力量抵御外来入侵的意识和促进这一局面的出现，使抗战胜利成了必然。

在民族利益和民主意识的引领下，救国会自社会发轫，直接服从于民族利益，比较早地提出促进执政党与在野党、社团在全面抗战前统一认识，只有全民族的团结一致御侮，才能赢得民族的新生等观点。之后，在野党拥有的武装在不改变军事单位结构的前提下存在，且承认其自治；战时国民参政会的成立吸纳各党各派和无党派人士参加，形成了多党共存、参政议政、监督实施的局面；同道人结党结社，办报出刊；党派人士、社会贤达、地方乡绅通过选举进入地方政府职能部门参与管理。当然，中国社会的民主基础差、起步晚，不完善，甚至出现权力过于集中、民主势力遭受打击的现象。这些阻碍民主发展的做法，严重伤害了民族利益。为此，章乃器一边投身抗战，一边要求民主、还政于民。

全面抗战实现后，章乃器务实地提出"少号召，多些建议"的主张。他认为政府已经转向抗战，应当多给政府一些信任，"大家应该是集中力量、培养力量之不遑"。不久，他出任安徽省财政厅长，解决了安徽的财政问题，帮助了新四军。后来他办企业，提供战时物资。与此同时，要求民主的呼声更高。章乃器和沈钧儒、邹韬奋以救国会代表的身份发起统一建国同志会，他起草了《统一建国同志会的简章》和《信约》。在《信约》中，可以明确地看到他们对民主的要求和对国家军队职能的限定。章乃器与吴蕴初、吴羹梅等八十九位工商界人士联合向国民党五届十二中全会递交《解决当前政治经济问题方案之建议书》，明确要求政治民主、生产自由、保障人权。之后，他与黄炎培等三十人联合发表《民主胜利献章》，再次提出实现民主、保障人民自由权利、开放言论、维护民族工商业等九项主张。

抗战胜利不久，章乃器萌生了动员不靠做官吃饭，不靠做官发财的工商界人士参加民主运动，组织起来，成立一个民主政治团体：他与黄炎培、胡厥文等商谈发起以民族工商业家和知识分子为主体的政治团体。1945 年 12 月 16 日，中国民主建国会经过三个多月的筹备，在重庆白象街实业大厦举行成立大会。大会通过了由章乃器起草的政治宣言和组织纲领。

1946 年 1 月 10 日，由共产党、国民党以及各民主党派（民盟、青年党等）组成的政治协商会议在重庆开幕。章乃器作为经济顾问，参与了政治协商会议。政治协商会议陪都各界协进会等十九个团体发起，在重庆较场口广场举行陪都各界庆祝政协会议成功大会，章乃器等二十余人组成大会主席团，章乃器被推举为大会筹备会负责人。大会遭到国民党特务的破坏，章乃器等六十余人被打伤，这就是"较场口惨案"。

之后，中国民主建国会推派章乃器、孙起孟等人赴香港，筹建港九分会。章乃器为召集人。

回眸章乃器与同时代的许多爱国民主人士，无可非议的是：近代中国社会民主意识的发育、成长和实践，构成了他们存在的空间。同时，他们为了这个空间的存在、拓展，或呐喊，或抗争，乃至牺牲。正是这个空间的存在，使他们在民族危亡之际，举起抗日救亡的旗帜，为全面抗战的实现做出贡献，在全面抗战实现后，他们一边呼吁、投身抗战，一边要求民主；在抗战胜利后，他们一边要求民主，一边反对内战。本质上他们明白民主在抗战中和对抗战胜利后的中国的重要作用。

坚持实事求是　依照法理办事

中国的思想精英形成的哲学思想是一种实实在在的人生哲学，体现出求真务实的精神。近代中国知识分子没有割断融入血液中的务实精神，表现出不唯上、不唯书的态度，实事求是，服务于社会和国家，即使为此牺牲个人利益也在所不辞。章乃器在中华人民共和国成立后的不同时期，都体现出强烈的求真务实精神，反对"教条主义""本本主义"和脱离社会实际的观念与理论，坚持依理依法办事的科学态度，注重工作的实际效果。

中华人民共和国成立后，摆在新生政权面前的是严重的经济困难。经济发展缓慢、工业底子薄弱的中国，经过连年的战争，遭到极为惨重的损失，尤其在中华人民共和国成立前夕，国民党撤离时留下了一副烂摊子。要恢复经济，困难重重，西方势力实行封锁，国内私有产业者人心浮动、观望、等待，工厂缺乏原材料，工人大量失业，还出现投机商囤积居奇、哄抬物价、通货膨胀的局面。如何有效地恢复经济，关系新政权的生死存亡。章乃器一边利用自身在工商业界的影响力，写文章、发表演讲，鼓励复业；一边建议发行"人民胜利折实公债"，支持恢复生产。

作为金融家和企业家的章乃器先后出任全国政协常委兼财经组组长、中央人民政府政务院政务委员、财经委员会委员，为中华人民共和国的经济恢复和发展立下汗马功劳。

1951年夏，政协全国委员会组织西南土改工作团，团长章乃器率团进入川南、川西、川北等地推动指导土改工作。他理解农民的心情，但认为仇恨不能取代国家的政策和规章制度，提出依法、合理对地主展开斗争。他在合川订出"群众打地主、干部负责，干部打地主、干部受处分"的规定。他的工作原则在实际中产生了良好的效果，一些地主、富农在理、法面前主动交出地契，接受改造，有人甚至找到章乃器，交代自己过去的罪行，请求政府处理，"斗理斗法是使地主真正低头完全被斗垮的最有力武器"。这样的做法被一些人误解为保护了地主阶级的利益。为此，西南局专门派人对章乃器领导的一些土改地区进行补课。章乃器坚持自己的工作方法，组织人员写成工作总结，上报有关部门，据理力争，认为打人、甚至打死人不是土改的目的，只要地主没有犯过罪，又同意接受土改，对其思想意识的改造是长期的；即使他们犯过罪，也应该由政府依法办理，而不是当场把人打死；如果他们不愿接受土改，也应该斗理斗法让他们低头，接受改造。

1952 年，章乃器出任中华人民共和国第一任粮食部部长。他深感中国共产党的信任，也深知关系人民的生计，不敢有任何的怠慢，工作认真、负责，注重实效和科学管理。他每天工作逾十小时，假日往往也在工作。

怎样对粮食的采购、销售做出统筹管理，成了创办不久的粮食部的一项重要工作。由于农村中的一些奸商和富农通过争购、套购的手段大量囤积粮食，造成国营粮站脱销，黑市猖獗，购少销多的困难局面，国家粮食库存告急。这种局面不扭转，直接影响社会安定。章乃器协助中央政府制定了粮食统购统销的政策，把粮食流通领域置于国家计划的严格管理之下，解决了粮食的供求矛盾，稳定了物价，打击了农村不法分子的争购、套购粮食的行为，有效地增加了国库存粮，扼制了粮食返销，使中心城市的粮食供应逐步正常化。

他保持自己作为学者、专家的科学态度，坚持实事求是的工作作风，力排各种违背实际的做法，严格依照经济规律办事。国库存粮多了，需要大量建造仓库。章乃器对建筑不在行，就请来建筑工程师，听取他们对建造粮库的意见和设想，保证了一批具有"四无"（即无虫害、无鼠害、无霉腐、无火灾）功能的安全粮食仓库的顺利建成。

在制定食用粮生产标准时，他坚持主张以科学标准和对人民健康负责的精神，让人民吃到清洁、新鲜、富于营养的粮食，确定每百斤稻谷出米的新标准。同时，他还根据实际情况，提出粮食发展的方向，认为在粮食基本满足需要的情况下，应该大力发展粮食加工业，方便人民的生活。

勇于表达诤言　无畏遭受处分
新民主主义阶段，中国民主建国会（以下简称"民建"）这个以民族工商业者以及知识分子为主体的政党，其历史功绩已得到肯定。那么，它在进入社会主义阶段后怎样发展，起什么作用？对此，民建内部持有不同的观点。

在新民主主义阶段的初期，民建定下了团结、扶助、教育、改造民族工商业者的主要任务，部分人提出组织上实行资本家、工商企业职员、革命知识分子各占三分之一的会员吸收制度。章乃器赞同民建在新形势下的任务。但是，他不主张民建内部以三分之二的革命知识分子和职员来改造三分之一的民族工商业者的做法，认为这样做会影响民族工商业者的积极性，不利于经济的发展。他认为，民族资产阶级的政党应该属于工商业者，工商企业职员和知识分子在民建只是为他们服务。在政治上，民建的同志通过内部的相互教育和帮助，达到政治水平的共同提高和本身事业的发展，而不是由"某些先知先觉以致自命为积极分子的人们去团结一班落后的、可怜的工商业者，去扶助、教育、改造他们"。工商业者的团结、扶助、教育、改造的任务，只有在中国共产党的领导下才能完成。

1953年9月，毛泽东邀请章乃器等民主党派和工商业界部分代表，专门谈了资本主义工商业的社会主义改造问题，阐述实行国家资本主义的方针、政策和步骤，指出这是一项长期的工作，而且需要资本家自愿，让一部分眼光远大且愿意向中国共产党、人民政府靠近的资本家说服其他资本家。私人资本向国家资本主义的方向和平过渡，是那个时代民族资本主义选择的方向。民建决定努力将工商业者会员培养成为工商界的骨干分子，认真接受社会主义改造，贯彻国家过渡时期的总路线。之后，民建的性质得到肯定，即人民民主统一战线之内的主要由民族资产阶级组成的统一战线性质的民主党派。民建作为党派的性质被确认，民建内部一些人认为的民建仅是政团或不承认它是民族资产阶级政党的观点被否定。章乃器关于民建是中国共产党领导之下的民族资产阶级政党的观点得以认可。他继而又提出民建是红色资产阶级政党的观点，理由非常简单：如果不是一个进步政党，不可能在中华人民共和国存在。章乃器的观点遭到民建内部一些人的反对和批判。

1956年，中共中央完成了对资本主义工商业的社会主义改造，中国共产党第八次全国代表大会明确提出国内矛盾已由工人阶级和资产阶级的矛盾，转换为"人民对于经济文化迅速发展的需要与当前经济文化不能满足人民需要的状况之间的矛盾"，社会主义基本制度已经确立。章乃器适时地提出以下观点：应该调整原工商业者与工人之间的关系，他们之间已不存在对立矛盾；民族资产阶级政治和经济上的两面性已经基本消灭，留下来的只是残余或者尾巴。章乃器关于两面性的观点遭到民建内部一部分人的批判，认为他否定了民族资产阶级的两面性的存在，从而无须继续接受改造。

章乃器不隐瞒自己的观点，敢于直抒己见，在几次民建中央常委扩大会议上与他人争论。他认为，历史上中国民族资产阶级具有的两面性是政治上革命与不革命甚至反革命的两面性，以及经济上有利于国计民生的积极性与不利于国计民生的消极性的两面性。但是随着对民族工商业者的改造的步步深入，尤其在工商业者接受了社会主义改造之后，民族资产阶级正向工人阶级转化。作为阶级，民族资产阶级已经消亡，两面性的内容也发生了变化，政治上不可能不革命甚至反革命，经济上不可能发生不利于国计民生的"五毒"，他们存留的资产阶级意识和生活方式，通过"轻松愉快"与"和风细雨"的工作方法，加以改造，而不是用什么"脱胎换骨"的办法。因为思想意识问题，不是民族资产阶级所天生具有的"阶级的烙印"，只能在"皮肤"上而非"骨子"里。他认为，如果说实行了改造后的民族资产阶级还具有两面性的话，那是"积极一面是主导的、发展的，而且还有很多的积极潜力可以发挥；消极一面是次要的、萎缩的，而主要的消极表现是自卑和畏缩"。章乃器为民建在 1949 年以后的性质、工作方针的制定费了不少心血。在中共领导下如何搞好民主党派工作，对于包括他在内的许多民主党派人士都是一个新的课题。章乃器孜孜以求，不断探索，坚持自己的观点，积累了有益的经验。

1957 年 5 月 8 日，中共中央统战部主持召开民主党派负责人帮助共产党开展整风运动的座谈会，章乃器尖锐地批评了宗派主义和教条主义。章乃器自然不会忘记民族资产阶级问题，他坚持认为中国共产党对工商业实行社会主义改造之后，民族资产阶级作为阶级的形态已不复存在。

原工商业主与工人之间不再构成两大对抗性的阶级，他们同属社会主义中国的公民，经过一段时间的改造，完全可以得到信任，其特长可以发挥。对工商业主的资产阶级意识的改造是一个长期而细致的思想教育问题。同时，他还认为资产国有化后，原工商业者的尾巴——定息是一种非劳动所得，由原资产化为国有以后，国家通过银行拨给的收入不是剥削所得。故此，他在会上强调官僚主义比消亡的资产阶级更为威胁社会，将成为社会主义的敌人。

　　章乃器觉得自己的话还没有讲完讲透，当夜伏案疾书，完成了《从"墙"和"沟"的思想基础说起》一文。他的观点迅速遭到批判。

　　在 6 月 26 日至 7 月 15 日召开的第一届全国人大第四次会议上，章乃器发言，强调自己"从主观上检查不出有反共反社会主义的思想"，他在《我的检讨》中写道："我绝不会反党、反社会主义。我到死都是忠于党、忠于社会主义的。立志、下决心，是每一个人的主观可以决定的。哪能设想，一个在黑暗时代，在敌人千方百计地威逼利诱之下，都不肯表示反共的人，今天反而要反党？哪能设想，一个在资本主义的泥坑里就追求社会主义的人，在今天社会主义事业已经取得如此辉煌胜利的时候，反而要反社会主义？八年来，我丝毫也没有意识到要依靠什么政治资本搞争名夺利的勾当。我一心依靠党，愿在党的安排下做一名自食其力的普通公民。"整篇检讨，没有否定自己的观点，反而不断完善充实。所谓检讨，也局限于观点中的偏颇部分。他的检讨被一部分人说成狡辩，这些人还虚拟出一个以他为首的小集团，称其网络遍及各省。章乃器没有被这些莫须有的罪名吓倒，继续申辩，给中央写了三万言的长文《根据事实，全面检查》。他痛苦地写道："我对党披肝沥胆，希望党对我推心置腹。"重申自己不能颠倒是非对待别人，也不能泯灭是非来对待自己。他表示甘愿接受处分，指出："一个只能受褒奖，不能受处分，只能升职，不能降职，只能为官，不能为民的人，不能不是十足的官僚。他不但当不起一个革命者的称号，而且不配做一个社会主义的公民。"

　　中华人民共和国成立之后，曾经出现在近现代史上的民族资产阶级逐步没有了存在的土壤。章乃器已经成了国家体制内的人员，社会属性发生改变，这是政权和体制更替所造成的必然。作为体制内的国家工作人员，他努力工作、实事求是、独立思考、建言献策，一部分思想观点虽然没有被当时的人们接受，但是，其正确性被事实证明。

章乃器的思想和社会实践并没有因为他生活的历史阶段过去了而失去意义，其强烈的爱国主义和求真务实的精神，敢于坚持自己的思想、不畏惧强权、勇于抗争的精神，不屈服于艰难困苦、敢于向命运做挑战、保持昂扬向上的精神，超越了时代的局限和阶级的限定，成为现代社会精神的重要组成。

目　录

第一辑

（1897—1929）

章乃器与家人在东源镇故居院内种下的广玉兰、女贞。故居早年毁于火灾

章乃器早年求学的私塾（林家祠堂）

章乃器就读的大路村小学堂

毕业证书

章乃器（右一）与同学合影

章氏三兄妹等合影，右二为章乃器，右四为章秋阳，右五、右六为章雪琴夫妇

浙江实业银行（浙江地方实业银行）旧址

浙江实业银行行徽

《新评论》封面

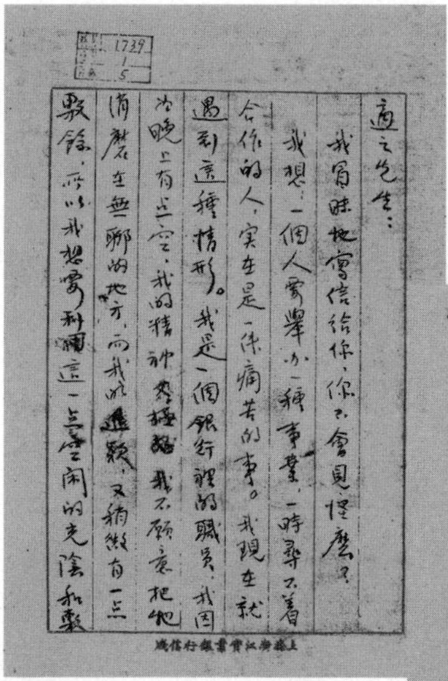

适之先生：

我冒昧地寫信給你，你不會見怪麽？

我想：一個人要單办一種事業，一時尋不着合作的人，实在是一件痛苦的事。我現在就遇到這種情形。我是一個銀行裡的職員，我因為晚上有点空，我的精神[illegible]，我不願意把他消磨在無聊的地方，而我的進款，又稍微有一点數餘，所以我想要利用這一点空閑的光陰和數

上海浙江實業銀行信箋

章乃器致胡适的信函（部分）

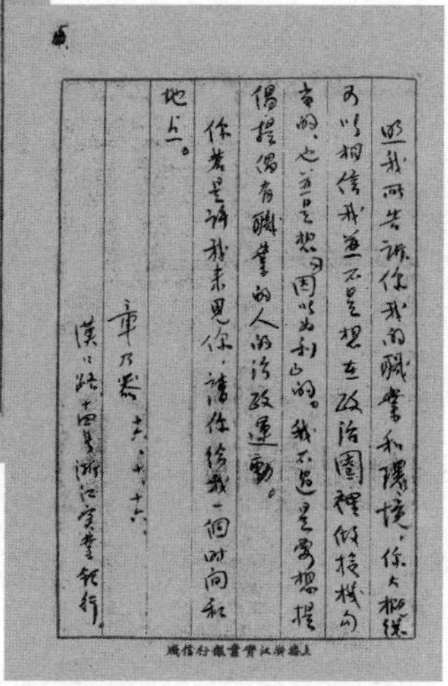

照我所告訴你我的職業和環境，你大概從而可以相信我並不是想在政治團裡做投機的事的，也並不是想因以为利的。我不過是要想提倡提倡有職業的人的論政運動。

你若是許我來見你，請你給我一個时间和地点。

章乃器 十六、十、十六

漢口路十四号浙江实業銀行

上海浙江實業銀行信箋

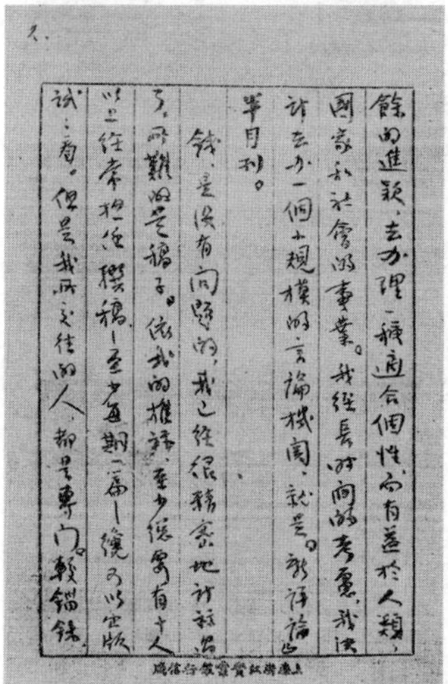

2.

餘的進款，去办理一種適合個性而有益於人類、國家和社會的事業。我經長时间的考慮，我決計去办一個小規模的言論機関，就是[illegible]評論半月刊。

錢，是沒有问题的，我已經很精密地計核過了。所難的是稿子。依我的推算，至少須要有十人以上經常担任撰稿，至少每期一篇，纔可以出版[illegible]。但是我所交往的人，都是專门較錙銖

上海浙江實業銀行信箋

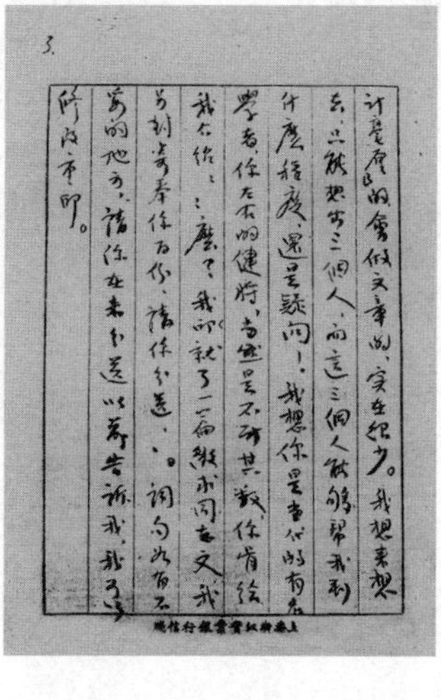

3.

計毫厘的，會做文章的，实在很少。我想来想去，只能想出三個人，而這三個人能够帮我到什麼程度，還是疑问！我想你是當代的有名学者，[illegible]

上海浙江實業銀行信箋

1897 年（光绪二十三年）1 岁

2月，商务印书馆在上海成立。

11月，德国军舰入侵胶州湾，激起全国人民的义愤。

3月4日　出生于浙江青田东北小源村（今东源镇东源村）。原名章埏，字子伟。远祖居华北平原的河北河间，为避战乱南迁福建。唐朝末年，福建浦城章仔钧官至太傅，育十五子，一支迁徙至青田。经宋、元、明三朝，散居青田多地，至章乃器已十一代（章氏宗祠位于平溪村，今青田县东源镇平溪村）。祖父章楷（1842—1918），字质专，幼年丧父，家境贫寒，七岁入私塾，十七岁考取秀才，清同治九年（1870年）考中举人。曾任山东卷师，精书法、诉状，协纂《青田县志（光绪）》；祖母叶氏，为小源村富户叶尹劻长女，知书能诗文，相夫教子，理家有方。父亲章炯（1875—1947），字叔明，留学日本，历任青田、富阳、遂昌等县警佐、警察所长、县议会副议长等职；母亲夏氏，生章培[①]、章乃器、章月蟾（女）、章秋阳[②]、章子萍四子一女。叔父章燮[③]。

章乃器表示自己是一个出生在"差堪温饱"的"乡绅"家庭里面的人，"我是一个先天不足、后天又复失调的人。九岁以前，只能吃糜粥……"（章翼军：《回忆与怀念——为先父章乃器百岁冥诞暨逝世二十周年而作》，载政协包头市昆都仑区文史学习委员会编《昆都仑文史·章乃器专辑》，

---

①章培（1893—1979），字益栽。毕业于保定陆军军官学校第三期。1911年参加九江起义。1938年，任陆军大学少将战术教官兼研究员，1941年初，任陆军机械化学校研究处处长兼教育处长。1943年，任陆军大学机甲战术系中将主任兼正则班第十九期主任。1948年11月，赴香港。次年2月，响应中共中央电召，回国参与筹建中国人民解放军事学院，任装甲教授研究会副主任。1954年，转业到山东，任省政协驻会常委。1977年，调任浙江省政协委员。

②章秋阳（1901—1940），字郁庵。中国共产党早期工人运动领导者之一，与陈云在商务印书馆发行所秘密建立党组织。曾任上海店员总工会委员长。1940年2月在安徽遭国民党特务杀害。

③章燮（1889—1956），名容生，号叔谐。就读于保定陆军军官学校第二期。曾任浙江保安处统带、警备总队总队长、保安第二总队总队长、第三战区少将高参等职。

1996 年。陈木云：《章乃器家世简述》，载青田县章乃器研究会、青田县文联编《青田名贤章乃器》，浙江人民出版社，2014 年。章乃器：《我的研究动机和研究经历》，载《激流集》，生活书店，1936 年。章乃器：《七十自述》，载中国人民政治协商会议全国委员会文史资料研究委员会编《文史资料选辑》第八十二辑，文史资料出版社，1982 年）

1900 年（光绪二十六年）4 岁

4月14日，巴黎世界博览会举办，青田石雕第一次出现在世界博览会上。

6—7月，八国联军攻占大沽炮台，天津陷落。

上半年，义和团运动爆发。

8月，慈禧挟光绪帝离京西逃，八国联军攻陷北京。

是年，孙中山在香港创办《中国日报》。

是年　入私塾接受发蒙教育。私塾设在村里的林家祠堂，为祖父章楷开办。章乃器回忆："很幼小的时候，就不知不觉地上私塾读书去了。当时读的，自然还是'古人之书'；'大丈夫志不在温饱'的一套圣贤、英雄思想，自然是有人会灌输给我的。又因为我的天才比较的高，许多师长也赞许我并不是一个止于温饱的人。受了这种圣贤、英雄思想的驱使，在'出人头地''显亲扬名'的企图之下，'为生活而生活'的没出息思想，大概是从小就不曾有过。但是，所谓推进文化的历史的使命，那时还是完全没有懂得；我所以要读书，唯一的目的就在个人的'功名'，和人类毫不相干。研究兴趣也谈不到，因为当时的读书，如《三字经》《四书》《千家诗》……根本我就不十分懂得那中间的意义，哪里还谈得到研究呢？我那时所感到兴趣的，是图画和手工，但是师长是不许我做的，几次都因为画人像和做玩具被师长处罚。"（章乃器：《我的研究动机和研究经历》，载氏著《激流集》）

1901 年（光绪二十七年）5 岁

9月7日，清廷和英、美、法、德、俄、日、意、西、比、荷等十一国签订《辛丑条约》。

11月7日，李鸿章病逝。

是年，青田守约小学堂在县城文昌阁创办（1904 年改为青田高等小学堂，1912 年更名为敬业小学）。

是年 弟弟章秋阳出生。

1904年（光绪三十年）8岁

1月，中国第一个现代学制正式颁布实行。清廷第一部直接与创办公司有关的法律《公司律》颁行。

2月，日本军队偷袭旅顺，日俄战争爆发，中国东北成为战场。清廷宣布严守中立。

3月，清廷批准设立户部银行，为中国第一个官办银行。

5月，日本军队占领大连。《苏报》案结案，宣判章炳麟监禁三年、邹容监禁两年，罚做苦工，自到案之日起算，限满释放，驱逐出租界。

7月，我国历史上最后一次科举考试举行。

11月，陶成章、蔡元培等在上海成立光复会。

夏　与章培等去村边河里游泳，被急流冲走，经抢救脱离危险。

是年　入大路村小学堂学习。该校由父亲章炯与王则臣①在大路村（今青田县船寮镇大路村）王家祠堂创办，由章炯主持。章乃器课余喜读《三国演义》等书。

章乃器表示：后来慢慢地长大了，古人之书中的意义，才渐渐了解。于是在国文一科上，就起了研究兴趣。除了会模仿"唐宋八大家"的古文辞以外，还曾经玩过赋诗、填词一套的"风雅"，"假使那时候这样地努力下去，也许现在成了文会里面的一尊古董"。（章乃器：《我的研究动机和研究经历》，载氏著《激流集》）

---

①王则臣，地方乡绅，系章乃器第一任妻子王镜娥的父亲。章乃器自幼与王镜娥由双方父母订下娃娃亲。

1905 年（光绪三十一年）9 岁

　　1—2 月，驻守旅顺口的俄军向日军投降，放弃沈阳。

　　5 月，复旦公学成立。

　　8 月，孙中山发起同盟会。

　　9 月 2 日，清廷废除科举制。5 日，日俄战争结束。24 日，出洋考察的五大臣带领大批参赞、随员（其中有青田人陈琪）准备乘火车离京，吴樾登上五大臣专车，准备炸毙五大臣。机车震动触发炸弹爆炸，吴樾当场死难；五大臣中载泽、绍英受轻伤。

　　12 月，近代民主革命家陈天华蹈海自绝，以死抗议日本，唤醒同胞。

　　是年　体质增强，能吃米饭。（章乃器：《七十自述》，载中国人民政治协商会议全国委员会文史资料研究委员会编《文史资料选辑》第八十二辑）

1906 年（光绪三十二年）10 岁

2月，第二次"南昌教案"发生。湖北革命党人秘密组织力量成立日知会。

5月22日，杭州城内出现大规模抢砸米店的风潮。

春夏间，长江中下游阴雨连绵，湖南各地堤岸溃决，洪水横流，造成四万人死亡，四十多万人受灾。

9月1日，清廷颁布《宣示预备立宪谕》。18日，浙江德清、武康、乌程等县水灾，饥民暴动。

10月27日，清廷命各省兴办图书馆、博物院、动物园、公园。

12月初，萍浏醴起义爆发，为同盟会成立以后发动的第一次武装起义。孙中山、黄兴等人在日本制定同盟会《革命方略》，准备起义时用。

是年，美国教会在上海创办沪江大学。

是年 从柿子树上失足跌下，昏迷一小时后才醒过来，卧床半年后康复。乡医不能确诊，"时而说是内伤发作，时而说是伤寒。究竟是什么病？永远成为疑案"。（章乃器：《七十自述》，载中国人民政治协商会议全国委员会文史资料研究委员会编《文史资料选辑》第八十二辑）

受社戏《风波亭》之影响，痛恨秦桧夫妇陷害岳飞。与小伙伴用稻草扎秦桧夫妇像，模仿弯弓投射的样子。祖父章楷见状，顺口道："箭射秦桧。"章乃器和道："笔赞岳飞。"祖父说："箭射秦桧奸贼。"章乃器答："笔赞岳飞忠臣。"祖父又说："箭射秦桧，奸贼遗臭万年。"章乃器答："笔赞岳飞，忠臣流芳百世。"（张爱微：《东源章氏家族　世代书香门第》，载青田县章乃器研究会、青田县文联编《青田名贤章乃器》）

1907 年（光绪三十三年）11 岁

3月初，东南数省灾情严重，连续出现抢米风潮。

5月，黄冈起义爆发，以失败告终。

6月，日俄订立《满洲铁路专约》。

7月，秋瑾被清廷杀害。《日俄协定》和《日俄密约》在彼得堡签订，日、俄两国勾结，重新划分在华势力范围，第一次提出所谓"南满""北满"的称呼。

12月上旬，革命党袭取镇南关，镇南关起义爆发。6日，清末立宪运动兴起。

是年 章炯自筹经费，东渡日本学习法政，后又转学绘图。

与章培赴青田鹤城镇（县治所在地），同管束严格的祖父、庶祖母生活在一起。

1908 年（光绪三十四年）12 岁

6 月，全国掀起立宪请愿的高潮。

9 月，两江总督端方命设外语学校。

11 月 14 日，光绪皇帝驾崩于北京中南海瀛台涵元殿。15 日，慈禧太后病死。

12 月 2 日，溥仪即位，改年号为宣统。

是年，清政府在浙江设立官钱局。

是年 入青田鹤城镇的青田县敬业小学读书。校长为陈应麟，秀才出身，陈诚的父亲。与陈诚、赵志垚①成为少年朋友，赵志垚提议三人结拜金兰，章乃器认为不合时宜而作罢。

住在舅舅周绍文家里。

章乃器回忆：对于发明家的偶像崇拜，在当时的"学堂"里也已经很热烈了。因此，我在少年的时代，便常常有做发明家的幻想。那时候我心目中的发明家，自然也是很神秘的一件东西——神秘得和圣贤、英雄一样。所以，这种幻想和大丈夫的志愿，实在是殊途同归。（赵仲伸：《东源章赵两家世交关系》，载青田县章乃器研究会、青田县文联编《青田名贤章乃器》。章乃器：《我的研究动机和研究经历》，载氏著《激流集》）

---

①赵志垚（1895—1962），字墉士、淳如，青田县高湖东山人，迁居东源。1917年就学于商务印书馆所设的商业学校，毕业后留馆工作。1925 年与他人在上海创办信达利钱庄，1934 年任第十八军驻京办少将主任，1938 年 1 月任国民党政府军事委员会政治部总务厅长，1939 年任湖北省财政厅长，1946 年任国防部预算局中将局长。

1910 年（宣统二年）14 岁

　　4 月，长沙市民因米价上涨，发生抢米事件；浙江嘉兴王店肉商抗捐罢市，豆腐业罢工，捣毁警局。

　　11 月，清廷决定将原定于宣统八年的立宪改于宣统五年，开设议院。

　　是年　章炯回国，赴南京小营，任教于江苏南京陆军第四中学堂。章培同往，就学。

　　在餐桌上晕过去。叶叔圭老伯在座，诊脉说是虚症。（章翼军：《父亲的童年、家庭及其他》，载青田县政协文史资料委员会编《青田文史资料（第四辑）·章乃器专辑》，1991 年。章乃器：《七十自述》，载中国人民政治协商会议全国委员会文史资料研究委员会编《文史资料选辑》第八十二辑）

1911 年（宣统三年）15 岁

1月23日，武汉各界数万人集会，抗议汉口英租界巡捕房枪杀人力车工人。25日，中国第一部专门刑法典颁布。30日，湖北革命党人在武昌成立文学社。

4月27日，广州起义，七十二名烈士葬身于黄花岗。

5月，清廷成立责任内阁，被讥为"皇族内阁"。9日，清廷宣布铁路干线收归国有，激起全国怒潮。14日，长沙万人集会，掀起保路运动。

6月1日，四川省成立保路同志会。

10月10日，旨在推翻帝制、建立共和政体的辛亥革命在武昌打响第一枪。23日，九江积极响应，宣布独立。

12月，十七省代表选举孙中山为中华民国临时大总统。

10月 章培参加九江起义。

1912 年（民国元年）16 岁

1月1日，孙中山在南京宣誓，就职临时大总统，定1912年为中华民国元年，并成立中华民国临时政府。28日，临时参议院在南京成立。

2月12日，隆裕太后代宣统帝溥仪颁布退位诏书，授袁世凯全权组织临时政府。13日，孙中山辞临时大总统职。

3月3日，中国同盟会在南京召开本部全体大会，宣布其宗旨为"巩固中华民国，实行民生主义"，并举孙中山为总理，黄兴、黎元洪为协理。10日，袁世凯在北京就任临时大总统。11日，孙中山颁布《中华民国临时约法》。

4月，孙中山正式解临时大总统职。南京临时参议院议决临时政府迁至北京。

7月，上海《新世界》杂志第五期译载恩格斯著作《社会主义从空想到科学的发展》，该刊译文题目为《理想社会主义与实行社会主义》。浙江南部特大暴雨，青田县城房屋漂没殆尽，淹死近万人，损失惨重。

8月，同盟会与统一共和党等四个政团合并为国民党，选举孙中山为理事长。

9月，袁世凯特授孙中山督办"全国铁路全权"之职。

12月，袁世凯颁布《戒严法》，加紧镇压各地人民的反抗。

年初　章培入南京临时政府陆军部设立的飞行营学习，后进入入伍生团①，再转保定陆军军官学校第三期学习。经章培推荐，章乃器入南京临时政府陆军部开设的飞行营学习。飞行营解散后，回家乡。章乃器说，"虽然文已经投笔，武未能杀贼，退伍后四顾茫然，但体格却得到了锻炼"，为以后在浙江甲种商业学校刻苦用功打下基础。（章乃器：《七十自述》，载中国人民政治协商会议全国委员会文史资料研究委员会编《文史资料选

---

①南京临时政府成立后，在南京筹建开办军官学校，招生对象主要在学生军中选拔，组织考试甄选，进入入伍生团。不久，南京临时政府取消，筹建中的南京陆军军官学校流产，学生转入武昌陆军第二预备学校，成为该校第一期学生。毕业后，章培升入保定陆军军官学校第三期学习。

辑》第八十二辑）

　　是年　章炯任县议会副议长。

1913 年（民国二年）17 岁

3 月 20 日，宋教仁在上海沪宁车站遇刺。

4 月，中华民国第一届国会开幕典礼在北京新落成的众议院议场举行。袁世凯与英、法、德、俄、日五国银行团签订善后借款合同。

7 月，李烈钧在江西首举讨袁大旗，二次革命爆发。

9 月，张勋攻入南京，二次革命失败。孙中山、黄兴再次逃亡日本。

10 月，国会受到恐吓，袁世凯当选正式大总统。

11 月，袁世凯下令解散国民党，取消国民党的议员资格。

上半年　章炯任青田县警察所警佐。因父要求报考商业学校，随父到杭州。

秋　入浙江公立中等商业学校，校址位于杭州马市街黄醋园巷。校长周锡经（季纶）。学校分为甲、乙两种，甲种为省立，与中等学校同等，学制四年。

章乃器回忆："我进商业学校的时候，心里很不高兴，因为这和我做发明家的志愿不符。进了商业学校以后，我除了依旧用功于'国文'以外，对于算学也十分用心，准备能找到一个机会改去研究自然科学，因为那时候，以为只有自然科学里可能有发明。""用功读书而不从事运动劳动，又使身体逐渐坏下去了；特别是一年两次的考试，危害健康更大，我亲眼看见一位很用功的同学，就是因为考试积劳成疾而死的。所以，我虽然是稳拿第一的考试能手，却一贯反对考试。"（章乃器：《我的研究动机和研究经历》，载氏著《激流集》。章乃器：《七十自述》，载中国人民政治协商会议全国委员会文史资料研究委员会编《文史资料选辑》第八十二辑）

冬　学校易名为浙江省立甲种商业学校（简称"甲商"）。

1914年（民国三年）18岁

6月，奥匈帝国皇太子在萨拉热窝被刺，这是第一次世界大战爆发的导火线。

7月，英国麦克马洪同中国西藏地区的地方代表私自签订非法的《西姆拉条约》。中华革命党在日本宣告成立。

12月，袁世凯炮制的《修正大总统选举法》中规定总统任期十年，且可以连任，继任人由现任总统推荐。

3月 学校迁至杭州贡院前平安桥塊旁，原浙江两级师范学堂（现杭州高级中学）内。

9月 学习《经济学》。章乃器回忆："我读到《绪论》里'通商大埠，常位于大江大河下游'一句话，就十分倾倒，觉得它能够表示我一切古书里找不到的知识；以后再读到'以最少劳费取得最大效果'的经济原则，更是赞叹不置。读者也许要奇怪：我当时何以那样的幼稚。其实呢，'读死书'出身的我，做文章要使别人不懂，脑海中还记着'行不由径'的古训；对于经济学，自然是要惊奇的。于是我对于经济学就起了研究的兴趣了"。（章乃器：《我的研究动机和研究经历》，载氏著《激流集》）

是年 章炯调任浙江省遂昌县警佐。

在《学生杂志》上发表两条几何学上关于多角形诸内角之和的定理的文章，章乃器回忆："当时我的算学教师，都很肯定地说这是我的发明。我后来渐渐地脱离自然科学的研究了，这个'发明权'的下落，也就不去注意了。这一个谜，到现在我还希望有人来解答。在中国社会里——甚至在许多资本主义社会里，发明权往往是被少数人独占，而大多数人的发明，是会被埋没的。"（章乃器：《我的研究动机和研究经历》，载氏著《激流集》）

1915 年（民国四年）19 岁

2 月 20 日，巴拿马太平洋世界博览会在美国举办。青田人陈琪担任中国参与巴拿马太平洋博览会监督兼筹备巴拿马赛会事务局局长。此为中国人第一次自己主持操办世界博览会事务。

5 月 9 日，袁世凯向日本屈服，接受日本提出的"二十一条"中的部分条款，史称"民四条约"。各城市纷纷集会，拒不承认"二十一条"，誓雪国耻。

6 月，陈光甫在上海成立上海商业储蓄银行（简称上海银行），获准在香港发行辅币三百万元。

9 月 15 日，陈独秀创办《青年杂志》，举起民主与科学两面大旗。

12 月 12 日，袁世凯称帝。25 日，蔡锷、唐继尧等通电各省宣告云南独立，声讨袁世凯，并建立护国军，发动护国战争。孙中山发表《讨袁宣言》。

是年 继续学业。

1916年（民国五年）20岁

3月，袁世凯取消帝制，并致电请蔡锷等停战，商议善后办法。

4月，浙江军人起义，宣告独立。袁世凯决定任命段祺瑞为国务卿，由段祺瑞组织新内阁。

5月，段祺瑞逼袁世凯交权，段、袁矛盾益加深刻。孙中山发表《第二次讨袁宣言》。

6月，袁世凯病死。黎元洪继任大总统。孙中山发表恢复《临时约法》宣言，致电黎元洪，要求"恢复约法""尊重国会"。

9月，由陈独秀主办的《青年杂志》改名为《新青年》。

11月，陈独秀在《新青年》上发表文章，抨击尊孔运动。

9月 入学校研究科学习。

是年 章炯调任浙江富阳警佐。

1917 年（民国六年）21 岁

1 月，胡适在《新青年》发表文章，主张破除旧文学，创造新文学。蔡元培任北京大学校长，实行大学改制。

2 月，陈独秀在《新青年》上发表《文学革命论》一文，倡导文学革命。

7 月，张勋拥立清废帝溥仪复辟。

11 月，全国各地宣告独立护法。俄国爆发十月革命，建立了世界上第一个社会主义国家。

7 月 期满考查，成绩及格，准予毕业。毕业人数为二十六人。

由周锡经校长介绍，入位于杭州的浙江地方实业银行①担任练习生。食宿费用由银行承担，月得两元津贴。

章乃器回忆："商业学校毕业以后，为了家庭负担不起学费，我就到金融界里去做事了。这又是十分违反我的'圣贤、英雄'思想的。我对于打算盘、记账簿……一类的'市侩生活'，自来是十分鄙视的。记得在校时有一位先生告诉我应该多练习写字和珠算，我就想反问他：难道我应该希望自己将来做书记、做账房吗……一个圣贤、英雄思想所熏陶出来的青年，到社会里去往往要觉得'不得志'，甚至觉得'无处容身'——要呢，除非是极少数的得'祖先余荫'的人们。社会上的'领袖人物'，毕竟是为数无几；公私机关里的'小领袖'，也是为数不多。哪里能够容纳这许多圣贤、英雄思想的青年呢？而且，一个初到社会里去的青年，凭什么能力去做领袖呢？在政治方面，少数得'祖先余荫'的人，的确有时可以'青年得志'，做长官去'草菅人命'——然而，那是几多的糟？多数不能'青年得志'的人们，有的就只好向仆役、人力车夫……一类劳苦大众摆架子，以发泄他们的领袖欲，有的就只好悲观、失望、发牢骚。"（章乃器：《我的研究动机和研究经历》，载氏著《激流集》）

---

①浙江地方实业银行，原系 1908 年清政府在浙江设立的官钱局，1909 年改组为浙江银行，代理省库，总行设在杭州，次年在上海设立分行。辛亥革命后经过改组，于 1912 年改称中华民国浙江银行。1914 年春，中国银行在杭州设立分行，北洋政府财政部电令浙江省府将金库交给中国银行管理，浙江银行于 1915 年 6 月更名为浙江地方实业银行。

1918 年（民国七年）22 岁

1 月，孙中山指挥炮击广州督军署。岑春煊另立政府，成立西南各省联合会。

3 月，段祺瑞再次成为国务总理。

6 月，中国人创办的第一个证券交易所"北京证券交易所"成立并开始营业。

8 月，新国会在众议院成立。

9 月，安福国会选举徐世昌为大总统。

11 月，第一次世界大战结束。李大钊在《新青年》发表预言：社会主义旗帜一定会插遍全球。

12 月 1 日，陆徵祥准备赴法出席巴黎和会，讨论第一次世界大战之战后问题。李大钊与陈独秀等创办《每周评论》。

是年 章炯回任浙江遂昌警佐。

祖父章楷卒于故里。

调入浙江地方实业银行位于上海的分支机构担任练习生。不久，患胃溃疡、肺结核。研读《因是子静坐法》，依法练习静坐，同时改变吃饭习惯——细嚼缓咽，少吃多餐，饭前饭后休息等。不到半年，战胜疾病，恢复健康。章乃器回忆："我到了社会以后，初期就在'饮酒赋诗'、发牢骚中间过生活。经济学的研究，也停止了许多时。""孤僻的个性和傲慢的态度，使得我和职业生活格格不入，苦闷牢骚又使得我沾上了饮酒赋诗的名士气。这就招致了胃溃疡重症，不久还并发了肺结核。在当时，这两种疾病都是没有特效药的，尤其是后者，得了它等于宣判死刑，延期执行。在中西医诊治都不见效的情况下，我向书本找办法，终于读到了《因是子静坐法》。我依法练习静坐，同时改革吃饭习惯——细嚼缓咽，少吃多餐，饭前后休息等。不到半年，我竟战胜了两种死症，恢复健康。"（章乃器：《我的研究动机和研究经历》，载氏著《激流集》。章乃器：《七十自述》，载中国人民政治协商会议全国委员会文史资料研究委员会编《文史资料选辑》第八十二辑）

1919 年（民国八年）23 岁

1 月，巴黎和会在法国巴黎的凡尔赛宫召开，中国派陆徵祥、顾维钧等人为全权代表。

3 月，各国共产党第一次世界代表大会在莫斯科开幕，宣布成立第三国际（共产国际）。

4 月，巴黎和会讨论山东问题，日本坚持继承德国在山东的权利，并以退出和会为要挟，和会议决德国在山东之权利概让日本。

5 月 4 日，北京爆发了以学生为主体、得到全国工人、商界支持的反帝爱国运动。北京十三所学校的学生三千余人齐集天安门前举行示威，提出"外争国权，内惩国贼""废除二十一条""抵制日货"等口号，主张拒绝在巴黎和约上签字，要求惩办北洋军阀政府的亲日派官僚曹汝霖、章宗祥、陆宗舆。7 日，五四运动迅速向各地扩展。

6 月 3 日，北京发生"六三"事件。

7 月，苏俄发表第一次对华宣言，宣布废除沙俄同中国签订的不平等条约，废除俄国在中国的特权、放弃在华一切利益。

10 月，上海、天津、山东、河南等七地代表到新华门总统府举行第二次请愿，当晚全部代表被捕。10 日，孙中山改组中华革命党为中国国民党，公布规约，以"巩固共和，实行三民主义"为宗旨。

3 月　到京兆地方通县（今北京市通州区），任京兆通县农工银行[①]营业部主任。月薪十六元。

5 月　赴北京目睹以学生为主体、得到全国工人、商界大力支持的反帝爱国游行。章乃器回忆："每一个有血气的青年，看到了当时报载列强对中国横蛮无理的态度和北京政府的颠顶、黑暗以及种种丧权辱国的情形，尤其是勾结日本帝国主义以压迫国内革命势力的情形，恐怕没有一个人不悲愤填胸，热血沸腾起来几乎要炸破了血管。但是，可怜，他们还没有能够组织起来，把热血沸腾的蒸汽打成了一片风云，把微弱的呼声结成了大地的怒吼。因此虽然屋子里零零落落地关着不少在那里为国事叹息、流泪

---

① 京兆通县农工银行由北洋政府财政总长周学熙发起筹备，1915 年 11 月 7 日开业。银行专为农工业服务，救助小农、小工，并督促农工业的发展。1927 年 6 月尚存。

的青年，而表面上还是一个宁静。"

摘要 这中间便存在着一个我；在十个数字和十三档算盘的生活中间，不断地自己对自己提出这样的一个问题："国家亡了，难道还要觍颜过奴隶的生活吗？"

同事中间也不乏热血的人：有些人起初不注意，后来和他们详细说明了，他们也认为奴隶的生活是过不了的。

但是，怎样做呢？我们却都存着一种陈旧的错误心理：国家大事总得做了大人物才能管得了，赤手空拳的我们是徒然的。从眼前做起，从身边做起，把自己几个人先组织起来，再去汇合那伟大的时代潮流：这些，我们那时都是不知道的。

霹雳一声，历史的五四运动展开了！兴奋得几乎使我发狂！不管报上说北平的空气如何严重，我不能不请了假，到那里去看一个明白。

在前门车站下了车，步出车站，车站前面就排列着一队不知从哪里来的学生，手里持着写标语的旗子，脸上表现出来严肃而悲痛的神气。

我看了，莫名其妙地一阵心酸，平素不容易流的眼泪忽然情不自禁地流下来了！这一队为了要挽救民族危亡而不怕牺牲自己的纯洁青年，使我起了无限的爱慕，留给我永远不能磨灭的印象。

"谁欺侮纯洁的青年，谁压迫纯洁的青年，谁便是我的敌人！"这句话从此永远镌在我的心坎里！

但是，我当时总还是用一种神秘的眼光看着他们，认为他们是一群配管国家大事的"天之骄子"。也许，那时候的学生也是用神秘的眼光看着自己的，并不曾觉得应该号召一切的人们都来管国家大事。我徘徊在他们队伍的左近，差不多有几十分钟；我不敢近前去，他们也没有理会我。大家都有一颗救国的赤心，但是中间却隔着一条无形的鸿沟！前面是一条伟大的时代的巨流，但是我竟想不出来一种方法参加到这个巨流里去！倘使那时候有人向我"援手"一下，我想我是对他感激不尽的。一个救国有心而赴难无路的人，是如何的苦闷呀！

在北平城里盘旋了大半天，始终找不出来一条通时代巨流的路。于是，我就只好在"望洋兴叹"之后，搭着车废然而返了！（章乃器：《我

与青年》，载氏著《出狱前后》，上海杂志公司，1937年）

是年　李铭（馥荪）和陈朵如对浙江地方实业银行内部管理进行全面改革，使银行面貌一新。

1920 年 (民国九年) 24 岁

1月10日，国际联盟成立，签署《凡尔赛条约》。第一次世界大战正式结束。

3月，由李大钊组织发起的北京大学马克思学说研究会正式成立。

7月，直皖战争爆发，皖系段祺瑞战败。浙江温岭等四县洪灾泛滥，灾民逾万人，灾情为六十年未有。

8月，在共产国际代表的帮助下，陈独秀、李汉俊、沈玄庐、陈望道、俞秀松、李达、施存统（复亮）、杨明斋、邵力子在上海法租界渔阳里2号成立上海共产主义小组，创办《共产党》月刊。陈望道翻译的《共产党宣言》中译本在上海问世。

10月，北京第一个共产主义小组成立，李大钊为负责人。

3月 升任襄理兼营业主任。月薪二十六元。

6月 离开京兆通县农工银行。据说这个"和当时政府有关的银行，政局有些变动，办事人的饭碗也随着变动"。（邹韬奋：《经历》，生活·读书·新知三联书店，1978年）

7月 在北京，任中美实业公司会计主任。月薪八十元，供膳宿。公司系中美合资，从事贸易和投资。

9月 因不满外方管理人员的工作态度和作风，冲突加剧，愤然辞职。失业返乡。

冬 在青田大路村，与王镜娥结婚，婚礼简朴。

1921 年（民国十年）25 岁

1月，沈雁冰、郑振铎等发起成立文学研究会。

4月，在广州召开国会两院非常会议。议决废除军政府，通过《中华民国政府组织大纲》，选举孙中山为非常大总统。

6月，共产国际执行委员会委员马林到达上海，建议正式成立中国共产党。

7月23日，中国共产党第一次全国代表大会在上海举行。

10月，粤汉铁路武昌、长沙段工人在武汉党组织的领导下，为增加工资、改善生活待遇举行罢工。上海英美烟厂九千多工人在中国劳动组合书记部的领导下，为反对厂方无故开除和欺压工人，举行罢工。

11月，陇海铁路机务工人为反对裁人减薪、虐待工人而举行罢工，全路两千多工人群起响应。

12月，汉口人力车工人举行罢工。

秋　回上海，重入浙江地方实业银行，任营业部科员。月薪二十二元。"除了努力工作之外，还刻苦自修业务上需要的知识。"章乃器回忆："毕竟为了敌不过生活的压迫，事实教训我还只有重新修养一些吃饭的技术——服务金融界的偏于技术的知识。在那几年中间，我除了练习珠算、簿记和英语以外，对于金融市场、银行组织、银行业务、商业法规……的确是研究得很多。业务接触上所给我的经验，着实也不少。我在金融界里一些学术地位，还是那时候打下基础的。"（章乃器：《我的研究动机和研究经历》，载氏著《激流集》。章乃器：《七十自述》，载中国人民政治协商会议全国委员会文史资料研究委员会编《文史资料选辑》第八十二辑）

1922 年 （民国十一年） 26 岁

1月，参加华盛顿会议之中国代表与日本代表就胶济铁路的问题进行会外谈判。上海召开大会，要求废除"二十一条"，解决山东问题，反对四国协定。国内各界亦纷纷响应，掀起筹款赎路和追究梁士诒责任的运动。香港六千多海员举行大罢工。

2月，美、英、比、法、意、日、荷、葡与中国北洋政府在华盛顿会议上签订《九国关于中国事件应适用各原则及政策之条约》。中国政府收回中东铁路。

4月，孙中山允许共产党员和社会主义青年团团员加入国民党，受他的领导，而断然拒绝了"党外合作"的形式。第一次直奉大战爆发，张作霖败北。

5月，孙中山下令北伐。

6月，陈炯明叛变。

8月，中国共产党第二届中央执行委员会在杭州西湖召开特别会议，国共两党由"党外联合"向"党内合作"转变，加快了第一次国共合作的步伐。

9月，孙中山决定改组国民党。

是年 章炯任浙江遂昌警察所长。

章秋阳考入商务印书馆发行所做学徒。之后，秘密加入中国共产党，曾一度担任商务印书馆发行所党支部书记（历任时间无从考）。

长女章湘华出生。

1923 年（民国十二年）27 岁

1 月，孙中山发表《中国国民党宣言》。中国国民党公布《中国国民党党纲》。

2 月，京汉铁路工人在郑州举行京汉铁路总工会成立大会，遭到直系军阀吴佩孚的武力阻挠，总工会遂发动全路工人实行总罢工。

10 月，《中华民国宪法》颁布。

11 月，国民党发表改组宣言，发布《中国国民党党纲草案》。

12 月，李大钊到达广州，积极帮助孙中山完成国民党的改组工作和召开中国国民党第一次全国代表大会的准备工作。中共中央发出《中央通告第十三号》，要求全体共产党员积极参加国民党的改组工作。

是年，中国十二个省大旱，数十万人死亡。

3 月 浙江地方实业银行官方和商方达成协议，决定将浙江的杭州、海门、兰溪三行划为官股，定名为浙江地方银行；上海、汉口两行划归商股，定名为浙江实业银行，资本金一百八十万元，由此完成了官商合办到商资独办的演变。设总管理处于上海，李铭（馥荪）为总经理，上海分行经理为陈朵如。陈朵如曾任教于浙江甲种商业学校。

4 月 23 日 浙江实业银行正式在上海挂牌。

是年 主张改定页为活页，一时意见分歧，争论较大。章乃器力陈利害，详加说明，终于逐步推行，效果良好。

升任营业部主任。

1924 年（民国十三年）28 岁

6 月，黄埔军校正式开学。

10 月，冯玉祥发动"北京政变"。

11 月，末代皇帝溥仪被逐出宫。

是年　章乃器住上海宝源路联盛里。赵志垚所著的《雪鸿轩遗稿》表明，当时"同住者有青田同乡赵志垚（时在商务印书馆工作）及家眷、傅醉仙（青田小平坑人，在沪创办义达利钱庄）及家眷"。

是年　设计编制"客户情况索行卡"，把所有存放款客户分别列卡，按卡记事。客户临柜，一翻索行卡，往来情况一览无遗，破解了往来客户众多，每一客户与银行的业务联系复杂，全凭脑力记忆，不免失误的困局。这在当时乃创举，实行之后，其他银行先后仿效。

浙江实业银行在李铭的主持下，注重开拓与外商的业务关系，兜揽外商存款，并为外商洋行企业发行债券、股票，与外商银行、企业有广泛的业务往来。

1925 年（民国十四年）29 岁

2 月，上海二十二家日商开办的工厂工人大罢工。胶济铁路工人举行大罢工。

3 月，孙中山在北京逝世。国共两党组织各界民众进行哀悼活动，广泛传播孙中山的遗嘱和革命精神，形成一次全国规模的声势浩大的革命宣传活动。

5 月，由于英国巡捕枪杀上海工人代表顾正红等人，引发"五卅"血案。

7 月，中华国民政府在广州成立。省港罢工委员会成立，封锁香港。

10 月，闽浙巡阅使孙传芳向奉军发动猛攻，浙奉大战爆发。

11 月，孙传芳打败奉军，控制了苏、浙、皖、赣、闽五省。陈炯明部被全歼，国民革命军开始南征。

12 月，毛泽东发表《中国社会各阶级的分析》一文。

6 月初 章秋阳与陈云等人组织领导商务印书馆发行所的共产党员、共青团员和群众参加"五卅"反帝爱国运动。（中共中央文献研究室编：《陈云年谱》，中央文献出版社，2000 年）

8 月 23 日 《时报》报道：商务印书馆"开大会，签到者约四百余人、由职工会委员长陈云主席、章郁庵报告经过情形，并邀众讨论办法，结果一致赞成宣告成立职工会"。章秋阳为商务印书馆罢工委员会委员、谈判代表。

8 月 陈云、章秋阳积极酝酿商务印书馆举行第一次罢工。（潘大明：《从陈云与章乃器的关系看党的统一战线的作用》，载中国中共文献研究会陈云思想生平研究分会编《陈云与党的历史学术研讨会论文集》，2019 年）

12 月下旬 陈云、章秋阳等人再次组织发动商务印书馆工人罢工。

是年 章炯任浙江省内河水上警察厅科长。

1926 年（民国十五年）30 岁

1 月，张作霖宣布东北三省独立。

3 月，日本帝国主义军舰驶入大沽口，掩护奉军进攻天津，炮轰国民军，被国民军击退。之后，日本纠集美、英等八个帝国主义国家提出撤除大沽口国防工事等无理要求。20 日，蒋介石在广州制造"中山舰事件"。

7 月，国民党发表为国民革命军出师北伐的宣言，国民革命军誓师北伐。

10 月，为配合北伐战争，上海工人举行第一次武装起义。

夏　在办公室内昏厥，患严重的神经衰弱症。"因为原来的身体脆弱，加以事务的纷繁和精神上的刺激，得着了很严重的神经衰弱病。恍惚的神思，竟至要忘记了握在手里在察阅的文件；经手的事件，没有一件不觉得可疑；灯下独坐，仿佛见了鬼影的憧憧；那时，因为记忆力的锐减，体质的虚弱，顿时觉到前途无限的悲观，深感到人生的无意义。同时，性情变得异常的暴戾，思想变成十分的顽固。的确，那是我生命史上最危险的一段。"

加入上海武技研究会，练习内功拳。"在每天用早点以前，练习半小时至一小时。""这时候的居住条件差，我不能很好地静坐（当然，更重要的，还是因为我当时气功修养的水平低），于是，我就改练内功拳（形意拳、太极拳、八卦拳）……回想在病势严重的时候，悲观达到了极度，觉得自己很难活到四十岁。"（章乃器：《科学的内功拳》，北京市中国书店，1984 年。章乃器：《七十自述》，载中国人民政治协商会议全国委员会文史资料研究委员会编《文史资料选辑》第八十二辑）

秋　身体渐健。"我就把我的生命由死的一条路拉向活的路上来；神经衰弱的症状，竟是大大地减轻了。以后我的身体渐渐地强健了，精神渐渐地复原了；甚至我的秃得几乎精光的头顶重新生出了甚浓厚的头发来。"（章乃器：《科学的内功拳》）

  秋冬 与叔父章燮、兄章培、弟章秋阳参与由夏超①领导的浙江脱离北洋政府的独立运动，负责起草浙江《独立宣言》。因敌我力量悬殊，浙江独立失败，夏超被杀害。

  是年 浙江实业银行的业务发展迅速，总经理李铭自本年度起连续 9 年担任上海银行业同业公会委员、主席。

  章炯调回浙江遂昌任警察所长。

  长子章翼军出生。

---

①夏超（1882—1926），字定侯，浙江青田人。浙江武备学堂毕业。光复会会员。辛亥革命爆发后，任浙江警察督练公所主办、杭州警察局局长、浙江省省会警察厅厅长。1915 年冬，联络浙江反袁势力，策划驱逐拥袁的浙江将军朱瑞等人。1916年攻占督军署，浙江独立，署理钱塘道尹。不久，任浙江省警务处处长。1924 年被北洋政府任命为浙江省省长。1926 年，在国民革命政府的策动下发动起义，任国民革命军第十八军军长兼浙江民政长，因所部被孙传芳击溃被杀。

1927 年（民国十六年）31 岁

1 月 1 日，汉口爆发反英怒潮。

3 月 21 日，上海工人第三次武装起义取得胜利。

4 月 12 日，蒋介石在上海发动反革命政变。27 日，中共第五次全国代表大会在武汉举行。

7 月 13 日，中国共产党决定从国民党政府中撤出。15 日，汪精卫在武汉发动反共政变。

8 月 1 日，南昌起义举行，打响中国共产党武装反抗国民党反动统治的第一枪。7 日，中共在汉口召开"八七会议"。

9 月 9 日，毛泽东领导秋收起义。

11 月 1 日，宋庆龄成立国民党临时行动委员会。9 日，中共中央临时政治局扩大会议在上海召开。

年初 参加上海银行业工会工作，支持北伐战争。北伐军取胜，章培为北伐东路军前敌总指挥部情报科长。

2 月 22 日 上海工人第二次武装起义，章秋阳担任市民临时革命委员会委员。

3 月中旬 章秋阳与陈云、徐梅坤等陪同周恩来、赵世炎多次到商务印书馆工会。周、赵召集商务的中共党员和工会骨干开会，了解前两次起义情况，并观察东方图书馆周围地形。（中共中央文献研究室编：《陈云年谱》）

3 月 21 日 上海工人第三次武装起义取得胜利，章秋阳担任市民会议代表、国民党上海特别党部商人部部长。章培随北伐军进入上海，任上海警察厅第一总局局长。

兄弟相聚在上海。迅速发展的革命形势使章乃器欢欣鼓舞，他和人们一道走上街头，欢呼北伐的胜利。

4 月中旬 蒋介石发动四一二反革命政变，大肆屠杀共产党人。章乃器回忆：蒋介石"随即展开了全面的反苏运动——枪杀苏联驻广州总领事，在中东路同苏军爆发武装冲突，并且同苏联断绝了外交关系。还亲自跑到日本去同那边的政客、军阀、官僚们勾结一番，这样他就赤裸裸地背叛了孙中山先生的三大政策，走上了反共反苏亲日的反革命道路上去了。我们在不久以前，还正在欢呼北伐的胜利，以为祖国从此可以转弱为强，中华民族吐气扬眉为期不远，我们这些生活在租界的人也可以不再受外国人的轻视、侮辱了。孰知大好形势突然逆转，国家又濒于危亡，悲痛的心情真是难以言语形容的"。（章乃器：《我和救国会》，载周天度编《救国会》，中国社会科学出版社，1981 年）

4 月下旬　章培转任浙江省防军参谋长兼第六团团长，驻防宁绍地区。章秋阳任第六团军需主任，秘密从事革命活动。

夏　身体强健，"能够不断地疾行二十里而不觉到疲倦和气喘；能够继续每天十六小时的工作一星期之久而不觉到劳神。同时，我的性情温和了，思想清晰了，态度镇定了，意志坚强了；而又生出一种进取的勇气。总之，三十年梦想中的健康人的幸福，是落到我的手里来了"。（章乃器：《科学的内功拳》，中国书店，1984 年）

夏秋　帮助中共地下党员杨贤江[1]转移汇款。杨贤江在武汉一带活动，经常汇款给在上海的同学郑利文。郑又托章乃器将款存入浙江实业银行。有一次，杨贤江汇来六千元，国民党跟踪追查。章乃器得知后迅速将存款全部转移，结清账户。国民党查到银行，一无所获，使六千元安全无恙，郑利文也避免了一场灾祸。（郑叔屏：《章乃器与浙江实业银行》，青田县政协文史资料委员会编《青田文史资料（第四辑）·章乃器专辑》，1991 年）

秋　经朋友介绍到时事新报馆，看望邹韬奋，"所谈的全是关于出版刊物的情形……"（邹韬奋：《经历》）

著成《国民党的当面问题——党的组织和党的纪律》一文，并印刷成小册子，分赠朋友。

10 月 16 日　致胡适信。

摘要　一个人要举办一种事业，一时寻不着合作的人，实在是一件

---

[1]杨贤江（1895—1931），笔名李浩吾。浙江余姚长河（今属慈溪）人。1921 年任《学生杂志》编辑。1922 年加入中国共产党，参与了上海的三次工人武装起义的组织工作。1931 年逝世，年仅三十六岁。

痛苦的事。我现在就遇到这种情形。我是一个银行里的职员，我因为晚上有点空，我的精神又极好，我不愿意把它消磨在无聊的地方，而我的进款，又稍微有一点敷余，所以我想要利用这一点空闲的光阴和敷余的进款，去办理一种适合个性，而有益于人类、国家和社会的事业。我经长时间的考虑，我决计去办一个小规模的言论机关，就是《新评论》半月刊。

钱是没有问题的，我已经很精密地计算过了，所难的是稿子。依我的推算，至少总要有十人以上经常担任撰稿——至少每期一篇——才可以出版试试看。但是我所交往的人，会做文章的实在很少。我想来想去，只能想出三个人，而这三个人能够帮我到什么程度，还是疑问！我想你是当代的有名学者，你左右的健将，当然是不计其数，你肯给我介绍介绍么？我印就了一篇征求同志文，我另封寄奉你百份，请你分送。词句如有不妥的地方，请你在未分送以前告诉我，我可以修改重印。（章立凡选编：《章乃器文集（下卷）》，华夏出版社，1997 年）

11 月　筹备出版《新评论》半月刊。

12 月 15 日　《新评论》出版创刊号，它首倡的“做潮流的指导者，不要做潮流的追逐者”的口号，赢得许多青年的赞同，被青年刊物广泛沿用。《新评论》为半月刊，每月十五、三十日出版，十六开本。编辑所设在上海江西路吉庆里七号。章乃器独自一人承担下《新评论》的编辑、校对和发行工作，同时他还是该刊的主要撰稿人，大部分的政治评论性文章出自他笔端。“日间坐了十小时办公室，晚间余闲，还要分一半到《新评论》里去，余下的一半，还要应付另外几种小事业。”在中国现代出版史上，一个银行家独自一人办刊物还是少见的。（潘大明：《从〈新评论〉到〈救亡情报〉》，《出版史料》1992 年第 2 期）

同期发表《我们的立足点在哪里？我们的目标是什么？》。

摘要　我们以为有了很具体的主张，就不免要有浓厚的彩色，就不免要变成宣传机关。倘使要做一个超然的言论机关——一个潮流的指导者，就不许有很具体的主张。当然我们有我们的立足点，我们的立足点就是公正；当然我们也有我们的目标，我们的目标，是一切事物的艺术化。公正和艺术化，都是抽象的，不是具体的。

　　我们觉得好的方法，要比好的主义还要重要十倍。有了好的主义，没有好的方法，不但不能达到主义，而且还要闹得一团糟。没有好主义，而能够有好方法，虽然不能有"百年之计"，至少也可以苟安。我们并不是求苟安的，不过说一个最低限度的比喻罢了。我们以为我国目下所急需的，并不是动听的主义——动听的主义尽够多了——却是艺术化的方法。主义不过是隔海万里的一个极乐国，要达到这个极乐国，便不能不有一种迅速稳妥的交通器具——这就是方法的重要。我们觉得现在这班从事革命的人，差不多是乘一只破旧的帆船，向惊涛万里的极乐国出发，倘使他们真格能达到目的地，那也只可诿之于天数了。危险呀！危险呀！

　　我们的立足点是公正，我们的目标是一切事物的艺术化，所以我们对于一切合于艺术化的事物，都要赞美，对于一切反于艺术化的事物，都要反对。说句看起来觉得稍为过分点的话：哪怕是一个强盗，倘使能够用合于艺术的方法，达他的劫掠的目的，我们也许做一篇文章来赞美他。我们是赞美他的方法，不是赞美他的目的。

　　同期发表《蒋介石的婚姻革命》。

　　同期发表《征求同志》，在文中表示办刊的目标是"希望能够做一个言论界的模范"。言论机关应当做潮流的指导者，而不能被潮流裹挟。潮流当中有很多盲目的东西，因此必须要有指导者。当下（民国时期）的言论机关可以分为两类：一类是"自命无偏无党的超然派"，其言论大多言之无物。一类是有党派关系的，其缺点在于"偏"和"激"二字。这两类都不能成为潮流的指导者。《新评论》履行"指导者"的方法包括：一是持绝对的超然态度；二是言之有物；三是艺术化；四是提高编辑权；五是审查广告。暂定的出版计划和招聘标准已经编制好。

　　同期发表《最后一页》，在文中谦称办刊的人"知道不多，学得很少"。简要介绍了当前办刊团队的人员构成，号召更多同志加入团队。

　　12月31日　《新评论》第2期出版，发表《对付绝交的苏俄人民就应该这样的么？》。在文中，章乃器批驳当前"杀以止杀"的政治逻辑，表示：反对用"屠杀"或"阶级斗争"的方式对付对立政党（共产党），提倡用"王道"方法解决对付一切。反对在广州和汉口对付俄国人的做法，认为俄国人和俄国共产党不能被认为是一体的。反对禁止与俄国通商的做法，认为这是"因噎废食"，进一步批评保守和激进两种极端化的做法。

同期发表《我们说》，简要介绍了每期出版的体量、计划，并且计划出版一份英文版。希望得到更多的青年读者，对于学生读者以六折出售。

是年　经章秋阳介绍，结识胡子婴[①]。

是年　章炯辞职。住遂昌西街私宅，种菜栽花、颐养天年。

---

①胡子婴(1907—1982)，女，原名胡晓春，笔名宗霖，浙江上虞人。1927年高中毕业，在上海商务印书馆任职，1935年底参与发起组织上海妇女界救国会。1945年发起成立中国民主建国会，任理事。1946年参加上海人民团体联合会请愿代表团，赴南京请愿。1949年后，历任政务院财经委员会副秘书长，商业部副部长，全国工商联第四届副主任委员，民建第一届中央委员和第二、三届中央常委。是第一至四届全国人大代表、第五届全国政协常委。著中篇小说《滩》。

1928 年（民国十七年）32 岁

1 月 4 日，蒋介石恢复北伐军总司令的职务。

4 月 28 日，国民革命军占领济南。

5 月 3 日，济南惨案爆发。

6 月 4 日，皇姑屯事件发生。

12 月 29 日，东北易帜。

年初 《新评论》半月刊迁往霞飞路（今淮海中路）24 号。

1 月 15 日 《新评论》第三期出版，发表《充满着惰性的"新年进步！"》。章乃器在文中表示，进步应当是一分一刻都不能停下的，以年为单位的"新年进步"的祝福实际上包含着很大的不可靠性。在过去的十七个"民国新年"里，"新年进步"等字样每年都在热烈的气氛中被提出，但中国国民和中国的真正进步却乏善可陈。因此，"新年进步"成为懈怠的借口。

同期发表《服装革命》，他在文中说："你要革命，先从你的服装革起。"他认为，当前国民很麻木，只有做几件"触目惊心的大事"，才能使他们振作起来。其中，最能使一般民众触目惊心的事情，就是与人人有关系的服饰。但是考虑到全部改装为中山装或西装的经济代价，不应当直接将改装定为一项政策。同时，改装的时间也不能拖延太久，否则就起不到"振作萎靡精神"的效果。因此，有两个标准：一是费用上易于担负；二是要在不多于三个月的时间里在全社会推行，满足卫生、便利、美观三个条件。

1 月 31 日 《新评论》第四期出版，发表《党国的新命脉》。

该期发表的是《党国的新命脉》的第一部分，章乃器对国民党并没有灰心，认为"党""国"二字应该用在一起。原因有：一是，一国政治要有一个不间断的中心势力，当前并没能继承国民党的力量，只能"死马当作活马医"。二是，当前国民党活动的失败，是极少数分子的失败，不能说是整个国民党的失败。三是，中山主义不应该失败，死的国民党也会复活。国民党不能对国事"消极起来""隔岸观火"。不应当对"共产"讳莫如深，孙中山先生对共产主义也有自己的发展，是可以实现的。章乃器对苏联实行新经济政策以及其他实现"共产主义"的方式并不认同。

革命中出现的惰性需要被批评。

2 月 15 日　《新评论》第五期出版，发表《党国的新命脉（续）》。

该期发表的是《党国的新命脉》的第二、三部分，章乃器认为在中国历史上，找不出阶级斗争的痕迹。从古至今的斗争都是"超人"带领的斗争，这些斗争都不是阶级之间的斗争。与外国的"超人"不同，中国的"超人"是为自己谋利益的，直至民国也是这样。应主张阶级斗争，但不是实现共产主义的阶级斗争，而是凡人阶级和超人阶级的斗争。当前革命中已经有一些打倒超人阶级的意味了，但是因为没有把超人阶级用一种论理学上的方法归纳起来，所以出现了种种流弊。主要包括：一是对"军阀""土豪""劣绅"等的解释。二是不平均。三是不彻底。

他认为，中国革命不能仅是抄袭外国的方子，否则就是"隔靴搔痒"，拯救不了垂危的中国。中国的病不是政治和经济的问题，也不尽然是资产阶级对无产阶级的压迫问题。应当承认中国的统治者阶级和资产阶级也常在可能的范围内施加他们的压迫，但这不能洞见症结所在。

2 月 29 日　《新评论》第六期出版，发表《党国的新命脉（续）》。

该期发表的是《党国的新命脉》的第四、五部分，章乃器明确反对社会上出现的"分治合作"的观点，认为：第一，从国民党的立场进行批评，区分"分治合作"和"联省自治"动机和背景的联系。应当纠正军阀的错误做法。认为从国民党一大和孙中山先生关于民权主义的演讲开始，国民党就反对联省自治。第二，站在无政府主义者的立场上，也应当批评分治合作。以北方的多个军阀为例，消除强权不是把权力从少数的治者手中转移到多数的治者手里。第三，站在革命者的立场，也应当批评分治合作。用分治合作搞革命就是敷衍。最后，站在经济学者的立场，分治合作同样应该被批评。"分工"和"分治"有明显不同。分治合作和商业公司开分店的道理也明显不同。

他表示，既应当反对分治合作，同时也反对专制集权。这二者在名字上是对立的，但是在背后却有同一个意义——专政集权体变为多数的专政集权体。章乃器主张国民党应当逐渐过渡到"法治的党"，不应当是独揽政权的国民党。同时，权的分散不应当是几个要人私相授受的结果。他并不主张武力统一，认为分治合作也并不和武力统一相对立，赞同孙中山的主张（"以党为革命的中心势力"），认为先有统一的党，再有统一的国家，就不必使用武力统一了。

3月15日　《新评论》第七期出版，发表《党国的新命脉（续）》。

该期发表的是《党国的新命脉》的第六、七部分，章乃器认为，"应该反共产，而不是反革命"。很多人因为反共产走向了反革命的道路。很多人借着反俄名目和帝国主义者狼狈为奸。也有人借此实行惨绝人道杀人政策，最终变得残忍、野蛮、退化、反革命。最终，很多青年就加入共产党了。

他批评某些人只有争取到中央委员的名额以及其他官职，才会进行合作，他们没有顾及党的工作。国民党要人，如果想要真革命，就要在下台的时候办一个模范区分部，这就涉及国民党的组织和纪律工作。在这个区域内，要革命的同志就可以运用革命思想开展种种的社会工作，使社会风气一开。

同期发表《激烈……妥洽……彻底……怠惰》。他认为，要使犯错的人改正，并不一定需要非常激烈，大部分都应当和颜悦色地交流，由浅入深地劝导，最终会得到对方的感激。勤恳劝告要比一味地谩骂更有效。评论的指导作用有两种："顺着已成的趋势使它急进一些"和"逆着已成的趋势使它不再前进"。前者是积极作用，后者是消极作用。以"治水"为例，说明指导必须婉转一些。

"不激烈就是妥洽"的观点应当被驳斥，妥洽是"迁就了别人而牺牲了自己的一部分的主张"，孙中山先生的思想是博爱而非妥洽，是为了吸引更多的人但没有放弃自己的主张。"不激烈"不等于"妥洽"，这是两件事。应主张用高妙的理智服人。

"激烈"也不是"彻底"，甚至可以算是一种"怠惰"。"激烈"的"便当"就是"任意发发兽性"。

3月31日　《新评论》第八期出版，发表《纪念中山先生》。在文中，作者写道：孙中山先生之所以伟大，不在他是国民党的创始人，不在他是革命的先觉——总之，不在他的老资格，而在他的纯洁诚实的人格、光明磊落的态度、百折不回的毅力、勇敢无畏的精神、与时俱进的思想和包容万有的知识。

摘要　他是一个"自然领袖"，但是他的所以为"自然领袖"，也不是资格老的自然，却是他的精诚可以使人信仰和识力的可以使人悦服的自然。他从没有想到用威权制服人，也没有"倚老卖老"式的拿资格来压人，他不过是使人"心悦而诚服"地归到他的主义下面受他的指挥。他是要别人的自然地崇敬他爱戴他而没有自己"舍我其谁"地以为是自然。

他并不信赖武力，他的唯一的武器是他的主义，他是要有主义所造成的武力而不要有武力所造成的主义，所以他认心理的建设是革命的基础。

怎样纪念中山先生？像迷信偶像者向他的遗像鞠鞠躬，像耶稣教做礼拜一样的做做纪念周，像祷告上帝一样的读读遗嘱，这些专讲形式的方法恐怕是不见得有什么效果的吧？要崇拜中山先生，便要对于他的主义和他的伟大人格有深确的认识。便不要对于离开了他的主义的人和党内树派的人存什么推崇的态度。要效法中山先生，便要修养和他一样伟大的人格——要有可以使人信服的精诚和可以使人悦服的识力。倘使单单要利用一部分的嫡系势力压服全部，仅仅提出自己的老资格想把持领袖的地位，那真是"南辕而北辙了"！要晓得"党内无派"和"党内无特殊利益阶级"，并不是限制领袖的野心的话，实在是指示领袖们做领袖的方法。

同期发表《马振华①的自杀》。

摘要　秘密社交的发生是由于社会对于公开社交的不容许。公开社交的缺乏，除造成秘密社交外，还要造成不应有的因为失恋的自杀。当然，倘使公开社交能够发达，性的调和问题就比较的容易解决。我敢说：十分之九的失恋自杀者，都是因为一时找不到顶替的情人的缘故。当然社交愈

---

① 1928 年 3 月 16 日，马振华因男友汪世昌疑其非处女之身而投黄浦江自尽。马振华之死不仅引发了报纸、杂志等媒介的热烈讨论，而且被搬上了戏剧舞台及电影银幕，一时间成为沪上街头巷尾津津乐道的话题。马、汪恋爱悲剧的发生，既关涉五四时期知识精英聚焦的自由恋爱、男女社交公开、封建伦理、女性贞操等重要命题，同时牵连着近代中国新旧转型之际的性别文化等诸多内涵。

公开，觉得新的情人愈容易，所以可以减少情死的数目。像马振华，倘使她在失了汪世昌的恋以后，能够马上有一个顶替的恋人来给她一点诚意的安慰，她就自然不至于死。

所以我们倘使真能重视马振华的死，我们是要重在使以后社会上不要再发生同样的惨事——发挥些复仇主义惩办一个汪世昌是没用的。

同期发表《党国的新命脉（续）》。

该期发表的是《党国的新命脉》的第八、九部分，章乃器认为，在革命进程中，只容许出现一个革命党是不可否认的，在训政时期，权力只有属于国民党，才能保证革命不会变成英雄革命。但这并不意味着要一党专政，在这个时期，国民党的任务包括两方面，既要保证权力不会落到少数野心家手里，也要训练全民接受政权的方法。

章乃器把国民革命的特质总结为：一是"要贫者富而不是富者贫"。只有在舒适的生活之下平等才能持久。"把人类均于贫"会造成灾难，只有提高贫苦者的生活，使之得相当的富厚，然后能得社会的共同安宁。当前（民国时期）中国的财富还不足以达到这个目标，应当注重未开发的财源。二是"对于政治取革命的手段，而对于社会则取改良的手段"。中山主义和共产主义的目标都是求人类的平等，所用的手段不同。中山先生是一个博爱者，主张用王道方法，不主张有不需要的牺牲。当前（民国）中国的资产阶级还没有操纵政治的势力，所以不用革命的手段。三是"求出发点的平等而不是求达到点的平等"。人类的自由竞争是进化的元素，要消减一切阻碍自由竞争的现存制度——要有平等的竞争出发点和环境。四是"人各尽其能而不是要哪一个阶级或者哪一个团体的专政"。"人各尽其才"在孙中山先生在五权宪法里的考试权里面说得更透彻一些。

3月 《新评论》半月刊已在上海之外的天津、成都、西安等城市设置了一百多个固定代销点。

4月15日 《新评论》第九期出版，发表《错乱的外交和国民革命的前途》。在该文中章乃器表示，国民党二届四中全会以前的外交，是错乱的外交；目下的外交，仍然是错乱的外交。以前的外交，是打倒帝国主义呼声下的错；目下的错乱，是妥洽帝国主义意义下的错乱。打倒帝国主义呼声下的错乱，不过暂时阻碍国民革命的进展；妥洽帝国主义意义下的错乱，却足以全盘地动摇国民革命的基础，根本消减国民革命的势力。

以前打倒帝国主义呼声的错乱表现有三：第一是误解"打倒帝国主义"口号的意义。我们是要打倒帝国主义，并不是要根本消减帝国主义的国家，更不是要根本消减帝国主义的民族。

目下打倒帝国主义意义的错乱表现也有三：第一也是误解"打倒帝国主义"口号的意义。帝国主义要不要打倒，只需问帝国主义应当不应当打倒。既然帝国主义是应当打倒的，那么，为甚又要取消"打倒帝国主义"的口号？第二是没有明确的步骤和层次。第三也是凌乱的步伐。

外交方针应当怎样？第一是坚决地继续反对帝国主义。第二是停止仇外行动。第三是有层次的反抗。第四是有敏捷迅速弹性的反抗。

同期发表《依照反动力的大小而定的功罪》。

摘要　不依照通常司法程序的裁判——像军法裁判——是黑暗的，依照司法程序的裁判，就是平允的吗？这个问题，已经有人解答过了，是否定的，因为法律的本身，就含有不平允的因素。同样社会裁判也不一定是公允的，社会盲目的事例也很多。最平凡而浅近的，要算是依着结果而定的功罪：所谓"成败论人"。

除了照结果而定的功罪以外，还有一件不大有人注意到的社会不公允，就是：依照反动力的大小而定的功罪。以"马振华的自杀"为例，社会要同时当心没有反动力或者反动力小的原动力的罪恶。是希望照原动力的大小定功罪。

同期发表《矛盾篇（上）》。章乃器在该文中认为，善于解决思想上的矛盾是智的表现，不善于解决思想上的矛盾是愚的表现，智愚固然是有天才的关系，但是大半是可以学而能的。学的方法怎样？就是：遇到感到矛盾的时候，竭力去解决那矛盾。到了后来自然而然地解决矛盾的能力进步了。同时，他认为成功的人，少做——或者不做——矛盾的事；失败的人，常做——或者喜做——矛盾的事。成功的人会先造成一个不矛盾的环境，免除自觉的矛盾；再进一步提高自己的知识，免除不自觉的矛盾。虽然有时也偶然做了一件矛盾的事，但是，"吃一次苦学一次乖"，决不会再做同样的矛盾的事了。

4月30日 《新评论》第十期出版，发表《矛盾篇（下）》。章乃器认为，要成功必须有坚强的自信力；但是自信力坚强的人便不免要刚愎自用；刚愎自用的人往往要失败！于是产生很显著而且普遍的矛盾："要成功不可无坚强的自信力，但是有了坚强的自信力，却又不免因刚愎自用而失败"——要成功不可无坚强的自信力；但是要成功却不可有坚强的自信力。怎样具有坚强的自信力而不刚愎自用呢？他认为"自信力是要你相信自己的能力，而不是要你相信自己的意见——相信自己的意见就是刚愎自用"。

相信自己的能力而同时相信自己的意见，固然不好；相信自己的能力而不相信公意，也很危险：因你就不免要把自己的能力估得太高，还是不免要失败。所以一定是相信公意下的自信力，才算健全的自信力，才是经济的自信力。

关于仁慈和势利，他认为，第一只要问那亲爱或者唾弃的动机是自利的或是利他的；第二只要问那亲近或者唾弃的标准，会不会有"成败论人"的意义。倘使那唾弃的动机是利他的，而所以唾弃的缘故，并不是由于努力后的意外的失败，那就要算是仁慈的反应。倘使亲爱的动机是自利的，而崇敬的标准，只在那"已得"而没顾到"应得"和"不应得"，那就是势利了。

同时，他认为在物质文明还在幼稚的今日，绝对的不欺骗是做不到的：所以不能说欺骗一定不道德。只要问他那欺骗的目的，是自利的还是利他的。"倘使是利他的，就不算不道德。"

5月15日 《新评论》第十一期出版，发表《向日本帝国主义者——不是日本民族——宣战》。在文中，章乃器表示反抗一切的帝国主义，本来是革命导师孙中山先生坚决固定的政策。虽然我们还是赤手空拳，我们的光明磊落的态度、纯正的宗旨、合乎理性的动作，不但能够代表全中国民族的意旨，而且可以得到全世界的同情。日本民族倘使不赶速起来尽他们应尽的责任，我们会在不远的将来取有力的行动！

摘要　中国民族倘能再容忍此种重大的侮辱，则是对内致失去民族的自尊观念和自信力，对外必招致不断的侮辱，因此，中国民族非至灭亡不止！完全为着民族的生存起见，不能不向日本帝国主义者宣战……我们决不要向日本民族宣战，我们不过要向占日本全民族极小部分的帝国主义者宣战，这少数帝国主义者，不但是中国民族的仇敌，而且是日本全民族的压迫者；不仅如此，而且是全世界和平的破坏者。我们向日本帝国主义的宣传，是要解除日本民族的痛苦，是要保持世界的和平。

同期发表《中国民族的自救》。

摘要　有益和胜的把握，固然要干，没有益和胜的把握，也得干，甚至明知其损其败，其势也不能不干；因为你哪怕想不干，别人也不容你不干。这不是你愿不愿的问题。而是别人许不许的问题。

眼前的问题，不在干不干，而在怎样去干。我的答案是：依照经济原则，求以最小的牺牲得最大的效果。详细点，我把他分为①应付日本，②应付世界列国和③自己的准备。怎样应付日本？最重要的就是使她国内的野心家失去势力。我们要对日本国内的帝国主义者宣战而同时对日本民族表示亲善。再说到应付世界列国。要使他们明白中国此次所受的耻辱是不论何种民族难以忍受的耻辱。我们不过是自强以求存，并不是自强以犯人：要使他们相信我们绝不含着过分的自大和过高的希求。说到自己的准备，我们要缩短战线，不多树敌；一面再保全实力，准备持久。我们要乐观，但是不可大意；要自信，但是不要骄矜。

同期发表《陈公博的错误》。

章乃器认为陈公博的《国民革命的危机和我的错误》一文有两点错误。第一，陈公博对于"帝国主义"的意义是误解的。帝国主义实际上是侵略主义，没有妥洽余地而且也无须妥洽的。第二，陈公博认为"帝国主义的总退却"是武汉经济破产的原因，但实际上，帝国主义的政治势力可能退却，但经济实力不会总退却，以日本和法国为例，他们就连侨民都退出武汉。

同期发表《农民银行论（待续）》。章乃器在文中认为：农民银行的说法是很平常的，应当是自己可以随便察觉到的"常理"，而不是在高雅玄妙的研究室里才能得到。中国有过农民银行，就是从前的农工银行，目的是扶助农工业，但办理者却对农工银行的意义没有明确，存在两种错误。第一种错误是见到"银行"两个字而忘却"农工"两个字，最终把精神移到了商业银行的路上。第二种错误是把农工银行当作单纯的营利机关。最终由原来的"扶助农工"的路转到"盘剥农工"路上去了。农工银行倘要真能发挥农民银行应有的本能，必须要认清："农民银行是推行农业政策的中心机关，而不是仅仅一个农民的借贷机关。"

5月31日 《新评论》第十二期出版，发表《不寄递日本人的邮件吗？》。

摘要 报纸上登出来一些工会停止寄递日本人的邮件的消息。这种做法实际上是给了别人口实。在欧洲大战的时候，敌国间的邮件还是极力设法互相寄递。别人正得不着机会恢复他自己的邮局，我却要给他一个口实！别人正在宣传中国民族是未开化的野蛮人，我们却自己出来证实！

同期发表《不需要的威权》。章乃器在文中表示：革命群众的唯一要素就是一种合乎理论的基础。世间不能有怕理论的攻击的革命党，要么那个党已经走到反革命的路上去了。怕别人的理论的攻击而要用威权去禁止它，那就不啻自认："理论上说你不过，威权却是我强。"就不啻自认理上的失败和屈服。

同期发表《潮流只许追逐吗？》。章乃器认为"潮流完全是社会进化过程的必然趋势"这句话不是必然的。应当"指导"潮流。"指导"有因势利导的意思，完全不是逆势而拒的意思。在潮流应到的所在掘一条深沟，在他不应到的所在筑一条高堤：那样的工作，应当是可以做的。

同期发表《关于余美颜①的几句话》。他认为余美颜在现有的社会道德的信条之下的一种堕落。但是，章乃器认为她的堕落完全是环境造成的："怪诞不经的性行，往往不过是环境刺激的反应。"倘使一个人照了社

①余美颜（1900—1928），女，别号梦天，出生于广东台山，从小生活于富商之家。1918年和谭姓公子结婚，后丈夫出国经商，自己南下广州，混迹于各种娱乐场所；随后结识港商与之结婚，但因挥霍无度而离婚。她的三段恋情失败之后，将自己与情人的情书印刷成册，起名为《摩登情书》，1928年4月在从香港至上海的轮船上跳海自杀。

会的信条做，经过相当的时间而仍得不到一般人的谅解，同时又得不到
应得的成效，自然就是因为愤恨的缘故而照一般人以为是"倒行逆施"
的方法去做了。这是很自然的应有的反动。

同期发表《国民党的生死关头》。在文中，他表示：现在的国民党如何？
它以"停止民众运动"为名，实施摧残民众组织，"在都市当中，我所
只看见党里要人，勾结政客式的商人，分赃自肥；而没看见顾到一些民
众的利益的。在乡间，我们只看见党员们坐上土豪劣绅的位置，代行压
迫民众的职权，而不再看见真能推翻那位置的，专向穷人头上搜刮的捐
税，'萧规曹随'地继续实行下去而且还要'变本加厉'，拿'新财政
学原则'按负担能力的大小面征收的捐税"。他认为，国民党的腐败的
政治和黑暗统治，纯粹是旧军阀式统治的翻版，国民党虽在天天诅咒军
阀，行动上却重蹈旧军阀的覆辙，成为军阀的取代者，自己也变成了新
军阀。他们与旧军阀一样害怕人民，残酷压迫人民，对帝国主义列强妥
协。他尖锐地提出，中国革命的对象依然是统治阶级，被统治阶级是广
大民众，国民革命任务并不因为赶走几个军阀而已经完成，新的军阀——
蒋介石统治集团依然是革命力量所要推翻的政权。章乃器认为中国现阶
段的革命不是资产阶级革命，中国资产阶级发育不全，尚找不出领袖人
物；也不是工农革命，工农处在社会的最底层，没有做中坚力量的勇气，
"中国的革命，还只能由有知识阶级里的高等游民领导，而以无业阶级
里的低等游民做中坚"。这样革命随时都有可能实现，因为知识分子十
有八九不满意生活，甚至无法得到可过的生活，低等游民革命情绪更加
浓厚，他们盼望革命解决他们最基本的生计问题。谁是革命的对象呢？
军阀、官僚、土豪、劣绅自然是，还要加上财阀。"他们勾结官僚、资
助军阀，投降帝国主义者。他们把持财政，与贪官污吏紧密勾结，帮助
官僚军阀，来刮削一般工商业者及农工。有一次政变，他们得一次暴利，
所苦的只是一般人民！即以公债一项而言，一般人民，往往由政府强派，
以面额数购入，辗转以极低折扣落入财阀之手。财阀固与官僚声息互通，
知其金虚实之确况，可以贱买贵卖，倒把居奇，以图非分之益。他们的
金钱，或存放于外商银行，资助帝国主义者的经济侵略，或同以操纵公

债证券的市面。他们绝对不肯拿出钱来办工商事业，因为那样他们认为不合算呀！"章乃器所指的财阀，实际是指操纵金融的官僚买办资产阶级。他排除中国民族工商资产阶级为革命对象，不主张笼统地提倡打倒资产阶级，在这一时期提出打倒官僚买办资产阶级，符合中国社会实际。

在国民党自身，已公然以治者阶级自居而漠视民众，在民众亦视国民党高不可攀：国民党和民众，若对立的治者阶级和被治者阶级！国民党倘使要继续这错误的态度，那么，我要说它要变成一个被毁灭的势力。即不在目前，亦当在不久的将来。民众对于国民党，既然不肯信任，便要事事怀疑，时时存着反抗或者歧视的态度；国民党因为不能得民众的信任，于是对于民众处处防范，对于民众运动随时制止。双方的猜疑和隔膜，日深一日；对敌的态度也自然要日甚一日。

同期发表《济南的商会》。

摘要　在中国对日本的拒抗中，中国的济南商会却要出来以第三者的资格做调停人！在往昔每次的内战，各地的商会仿照卖淫者迎新送旧的方式，一面刚开过欢送会，一面又忙着开欢迎会，彩牌楼上预做好活动的迎字和送字，以求经费和手续的简省：那种把戏，已经是可耻到极点了。好了，现在他们是接到外国客人了！这是"中国人民爱好和平"的美德！

做完了这篇稿子，又见到五月十八日的《时事新报》的济南通信，摘录如下：

"十日战事，尤为激烈。济南两商会及红十字会红写字会向中日双方请求……暂停开火。……城内华军忽奉长官无线电……开始撤兵……至二时许开拔完毕……时日军尚不知情，城内商会乃报告于日军。日军遂于十一日早四点一刻入城。……事后两商会，日本领事及日军司令在商埠商会开会……当议决推前宪兵司令田友望（张宗昌部），为济南临时警察厅长。十二日由商会引导搜查城内党军便衣队。……又由两商会布告，存有武器者，限令一律交警署转交日军。……"

照这个通信看起来，国军的退出，倒不因为商会的劝告，然而商会迎接日军入城，勾结军阀走卒做日本的顺民，却是千真万确的事实了。

我们倘使感情用事一些，那，这班人真是"杀有余辜"；就是平心静气照"法"来讲，也可以成立"通敌罪"和"叛逆罪"。（章立凡选编：《章乃器文集（下卷）》，华夏出版社，1997 年）

同期发表《阶级问题：驳覆弱水》。他认为：弱水先生在第六期《战线》上发表了一篇《阶级问题》，文中有几处漏洞。第一，作意是作意，而实现又是实现，两者不一样。弱水先生提出"用资产阶级打倒贵族阶级的作意"，又说"造成了资产阶级和贵族阶级混合握权的局面"，很明显两者关系没有搞清楚，而且不符合中国现实。第二，弱水先生提出的"武人阶级"也是一种错误。"武人"意义很广泛，掌权的不过是武人中的超人阶级。弱水先生也没有讲出比超人阶级更加确切的压迫阶级，他对"阶级"两字含义也很游移。

同期发表《缺乏工友问题》。他认为工厂要工人不"跳厂"，第一要平时有优渥的待遇，使工人对于工厂生了休戚相关的观念，第二要加点工资。……用积极的奖励方法使工人继续留厂——如工作年份多者给他一点特别利益——才是正当办法，哪能用使工人受亏的消极方法限制跳厂？

5 月　由于《新评论》的销路增加，半月刊从创办时的四十页扩至五十页，内容增加。

6 月 15 日　《新评论》第十三期出版，发表《国民党到底代表什么？》。

摘要　本来，政府应当是代表人民的：实际上世界上固然还极少真正能够代表人民的政府，但是表面上总还是这样说着，只有中国不然。在较远的过去，人民偶尔有一些反抗帝国主义的运动，政府便要加以严厉的制止。到后来进步一些了，人民反抗帝国主义，政府装聋作哑地不问不闻。外国人质问起来，便说："这是人民的自由行动，政府无权干涉。"在表面上，这种推诿算得轻巧极了。实际呢？严厉的干涉表示政府和人民立在反抗的地位；轻巧的推诿表示政府与人民不相干：总之仍是明白表示政府不是代表人民的；在外交政策上的地位，一样是妥洽外交。

我们是因为不要再有代表"官"的政府，希望有代表"人民"的政府，所以要革命。所可怪的是目下的革命当局的心目中，似乎也觉到只有代表"官"的政府的可能了。建都南京以前，国民党都很明白而且确定地代表

"人民"的。等到建都南京以后，要人们的心上便觉到矛盾："代表人民怎样取到政府的国际上的地位呢？"所以前一次日本出兵山东的时候，人民起来反抗，那时的中央会通令各机关及各级党部不得参与反日运动。

倘使要做一个代表人民的国家，那就只能听从大多数人民的意旨。日货的应否检查，反日标语的应否张贴，只要问大多数的人民的意旨怎样。中央党部会议中的所谓"不举行"和"停止"，是对党的内部而言呢，还是对人民而言？倘使对人民而言，那是跑到更远的倒路上去了——政府要和人民立在对抗的地位了——那就不必说了。倘使是对党的内部而言呢，那是抄抄"无权干涉人民的自由行动"的老方子：教训也已经受够了。

但是，要怎样解决人们心中的矛盾？怎样可以使他们能够代表人民而同时不失为政府？那是极简单的：只要回复到党即人民、政府即党的地位；对外痛痛快快坚决地表示不但对于人民的行动负责，而且要领导人民的行动。只有和人民站在一条线上的政府，能取到真正的国际地位。我此处所说的人民，当然是指大多数的人民。少数人的行动，政府是应当干涉的。

同期发表《短评：有人注意到济南的情形吗？》。章乃器评论说，济南城内的奸商，已经串通军阀走卒在做顺民了。现在晓得顺民是做得更像样了。

最近还有一家报纸，登载数千中国被俘的军士反缚长跪在很少几名的日军之前。他们以为这是表示日人的横暴，其实呢，"还重在表示中国民族的可耻的懦弱——奴隶性！"这是指导社会的舆论界——不但没有外交常识，简直连做人怎样做都没有晓得的！尤其可耻的舆论界！

同期发表《对日宣战》，章乃器认为："中国民族的自救"里的主张有两点误解。第一，"坚壁清野"的策略不是进一步的经济绝交。"坚壁清野"是宣战以后的工作，那时就不谈什么"绝交"了。第二，主张的"退"和"放弃"，绝对不是像济南那样的退出，当然要携带所有的人民和财产的，携带不了的，就只有毁了它。总之，主张的并不是让步，也不是退让，而是不屈服的退却。屈服的让步和不屈服的退却是应当分得清楚的：谁都明白军事上一种有计划的退却的意义是很重大的。

同期发表《再谈到党的组织》。在文章中章乃器认为：一般人所认为党的最大的危险，就是内部意见的分歧。其实呢，意见的分歧，绝对算不了什么危险；没法调和这分歧的意见，那才算是危险。只能有主义相同的同志，不能有意见一致的同志。

怎样调和？第一是有适宜的纪律，第二是要有称职的领袖。纪律的效用，就在能使党的团结坚固——就在能整理而且调和这不同的意见。领袖的职责，不在执行"朕即国家""朕即法律"式的威权，而在辅助纪律的不足，调和那纪律所不能调和的意见。

所以，假使是真个能做领袖的，不要有现成一致的意见，而要有经过纪律和他自己的纯洁的诚意和公平的态度所调和的一致的意见。

同期发表《短评二：不统一的外交的效果如何？》。章乃器认为：虽然我再三主张要有统一的外交，可是"英雄主义"的要人们，总觉到非直接能和外人说话不算出风头。

现在出风头的效果出来了，报上消息说联盟会因为中国各省对于济案单独发电陈诉，反疑国民党政府不能代表革命各省。

6月30日　《新评论》第十四期出版，发表《这只是我们的不肯承认！》。

摘要　甚嚣尘上的国民政府承认问题，实际上的价值怎样？恐怕是和几年以前轰动一时的所谓"公使升大使"的问题的一样没有意义罢了！我们在第十期《中美宁案解决》里已经说过："只要我们能够打到北京，我们还用得着它们的承认吗？……永远不承认应该怎样？我们难道就不能国于世界吗？"这是很清楚的：已经承认的袁世凯时代的北京政府，会要承认廿一条件，而未经承认的武汉时代的国民政府，却能够收回汉口的英租界。要得外交上的胜利，是要得国民的承认，还是要得外国的承认？事实很清楚地摆在面前。

承认的意义既然不过是这样，那为什么做外交官的还整天在做承认的文章？我的答案是：他们的超人思想的表现。好摆空场面的中国人，结婚只要锣鼓打得热闹，出丧只要仪仗排得威风……一切的一切，只要名目好听，场面阔绰，便有人来恭维来赞叹，有没有实在的意义，那是不会有工夫去研究的。

一个一向只配和领事说话的外交部长，一旦能和"列强"的公使平等交际，那是何等威风？儿子替父母做寿，居然请到钦赐匾额，那当然是了不得，而值得一般人的崇拜。看！前次黄郛能够和美国公使直接谈判，那代表民意的言论界，不已经是大吹大擂，说是开国民政府外交上的新纪元而算是承认国民政府的先声吗？不是还说汉口的中英交涉，英国的代表不过是一个参赞吗？它们的意思：只要对方的代表的官衔高，就算交涉胜利，条件怎样可以不问：所以南京的中美交涉在外交史上的地位，会比汉口的中英交涉高。倘使外国的元首肯亲自出马到中国来一次，那我们简直可以把全中国送给他，因为那样，总算开中国历来外交史上的新纪元了！

只有袁世凯计划中的帝国，才必须以承认廿一条去交换承认。

只有不能得国民的承认的政府，才要费尽心力急于要求外国的承认；借外国人的牌子吓倒国民。所以，一个政府，倘使不悉心研求什么是国民的需要，不竭力求国民的满意的同情，而只热求外国的承认，那个政府就已经是走上了背叛国民的路上去，或者可以说是想要背叛国民了。一个外交官，倘使只计较自己个人的虚名和功利，而不顾到实际上国家得到的利益，那只是一个投机的官僚，一个叛逆者。至多，也只能算是一个自私的超人主义者。

同期发表《新八股和阶级：答复一氓》。章乃器认为阶级的意义，用"掠夺"来解释，还是不透彻：我还是主张用"压迫"来解释，因为"压迫"可以包括"掠夺"，而"掠夺"不能包括"压迫"。

要研究中国的社会，至少要注意下列三种历史的特殊情形：1. 统治者的"圣贤思想"和"英雄思想"的浓厚；2. 资本家的智识的低微；3. 产业的落后。此处的圣贤思想和英雄思想，就是超人思想的一部分。

同期发表《反共联俄的日本》。他认为一个最爱讲"中庸"和"中和"的中国民族，做起事来却无处不在走极端！"爱之欲其生，恶之欲其死"，这真能体现出来中国人的本性。在对外，打倒帝国主义之后，便只有妥洽帝国主义；联俄的时候，便要尊俄人为国父；绝俄的时候，便要喊出"杀尽俄匪"！其中原因就是"懒惰"二字，因为懒惰的缘故，所以一切事不肯做精密的分析与研究。

7月15日 《新评论》第十五期出版，发表《废除党外的政府》。

摘要 一年来"军"和"政"蹂躏下仅存灰烬的党，近来正在图谋复活，然而各处已经传来不绝于耳的党和政府冲突的声浪了。北伐以后的革命史，"（国民）党"和"政"的水火，要占很重要的篇幅。不是党权凌越政权，便是政权摧残党权。

地方党部要和政府对立而且冲突：因它们在制度上本来是对立而且冲突的。处在对立而冲突的制度之下而要它们不对立不冲突，那是"纯唯心"的迷梦。

所谓党部"站在指导政府的地位"，那更只是理论如此而制度适得其反。省政府之上有国民政府，县政府之上还有省政府，上级政府当然也是要指导下级政府的。

总之，党外的政府的设置，完全是革命者的不革命的精神的表现；或者可以说就是革命者的"做官热"的表现。历史上本来有一个政府，便觉到终究少不了一个政府，没有政府就似乎得"不成体统"，内不足以安人心，外不足制强邻似的。

在"党即政府"的原则下施政有几个好处：党权的实质的提高、冲突的消减、效率的增进、靡费的节省、人才分配的便利。

同期发表《"坚壁清野"政策的讨论》。章乃器认为关于"坚壁清野"政策的讨论中有几点错误。第一，放弃海口不是立刻放弃，而是在日本帝国主义海军来袭击时我们自计不足的时候。这个时候不可能把"公理"和"正义"搬到海口战场上去。因此，退到较远地点集合，再谋有计划抵抗，以免无谓而不值得的牺牲。第二，德佑先生没有明白海口的效用和价值。中国人要有退的决心和准备，才能争取更多的国际支持，而不能只是喊打喊杀。

7月31日 《新评论》第十六期出版，发表《对于五中全会的要求》。

摘要 这是很明显的，因为现存的制度阻碍可能的理念的实现，所以要革命。革命当局的职责，是在探求——不仅仅是接受——民众的理想上的需求，求其最大的可能的实现。民众对于革命当局的要求，只要问其是否为大多数人所需要，照当时的物质条件，是否有实现的可能。是的话，那就是应有而且不可少的要求,革命当局便只有接受而且实行的份儿。不然呢,它就不配做革命当局,它就会自然而然地变成一个被革命者。所以,民众对于革命当局的要求,用不着说什么"最低的限度",那只是对于被革命者商量妥洽条件的说法。革命当局对于民众的要求,只有两种处置的方法:第一是毫不迟疑地接受而且实行;第二是切切实实地指出那要求不是大多数人所需要的,或者它的实行还缺少某种物质条件的存在。敷衍塞责掩耳盗铃式的执行和含糊其辞官样文章式的拒绝,都只是反革命者和他们的投降者的举动!

我们现在就遵着上述的意义,向五次全会提出我们的要求。同时希望他们能够负起革命当局的责任,给我们上述两种处置方法的一种。

同期发表《非"国家主义的爱国思想"》。

摘要　国家主义和民族主义的区分,是很划然的:前者是用人为的国家的威权来限制自然的民族的自由,而后者是保存自然的民族以进求世界的大同;前者所表现的是原动的压迫和侵略,而后者所表现的是反动的压迫的解放,和[对]侵略的反抗。

同期发表《角力者的经理》。章乃器在文中说:

在外国,有专以角力为职业的人,他要有一个经理人。他的经理人的职务是:平时留意他的生活和行动,不要有伤害体力和荒怠技术的事;上斗台以后,观察对方的形势而指导给他一种攻守的策略。角力者的胜败,经理人往往要占过半的功罪的。

"当局者昧",不单角力者是这样,政治家和军事家也是这样。在台下神清气爽,上台便手忙脚乱,这几乎"尽人皆然"。依靠左右心腹做经理人,只能增加昧者的昧。因为左右心腹都是依附那当局者的寄生虫,既没有独立的人格,又没有可以独立的技能。他们的患得失的心思,要比当局者还切,自然他就比当局者更要"昧"了。

同期发表《唯心与唯物》,章乃器认为在无产阶级的阵营里要加入非无产阶级,太"唯心"了。既然说阶级的形成完全由物质条件,却又在阶级之外别立阵营的名称,希望非无产阶级的参加,这只是唯物者的唯心工作。阶级的形式,是很不确定的。

所以"中国的目前的问题，不重在第四阶级——无产阶级，而重在第五阶级——无业阶级；不在纠正生产关系，而在减少'不生产'的危险"。同时中国的压迫阶级，绝对不是以资产阶级为中心。做中心的只是超人主义的军阀官僚。

总之，精神既然有支配物质的时候，思想就有造成阶级的时候。所以超人思想会造成超人阶级。思想造成的阶级，必要除了它的"圣母的思想"，然后可以除去阶级，所以要打倒超人思想。

8 月 15 日　《新评论》第十七期出版，发表《穷形极相的种种》。在该文中，章乃器认为从冯、阎列席五中全会的呼声说起，整件事显现出军阀的形成特点。军人之所以成为军阀，全属环境使然。动作简单的军队生活，本足以造成简单的头脑；而"服从命令"的铁律，又易造成妄自尊大的思想。只要旁边再有一二阿谀的金壬，终朝歌功颂德起来，再引导他干涉些政治，以便从旁窃取自己的利益，那个军阀就已经是完成了。军阀之所以为军阀，就是这样简单。"军阀本身并没有什么罪恶，罪恶的还只是那些造成军阀的金壬！而尤其罪恶的，还是那阿附金壬的言论界！"

同期发表《第三党问题》。章乃器认为第三党是否需要取决于国民党的行动。问题是"社会的革命的需要，要有充分的供给；青年的革命本能，要得充分的发挥"。倘使国民党的一切表现，不能满足社会的革命的需求，不能给青年分子以发挥革命本能的机会，那么，第三党要变成切需的。

"党的组织不必有客观的需要，而党的行动，则须应客观的需要。"只要当事者高兴，什么时候都可以成立一个党，用不着问有没有客观的需要。可是一种革命，却非有客观的需要不可。

同期发表《反对"化兵为匪"的裁兵》。章乃器在文中表示，震动一时的裁兵问题，所唱的高调是：化兵为工，以兵筑路，移兵殖边……说得娓娓动听。事实呢？还是走着"兵匪循环"的老路，化兵为匪！依照目下的情形，兵是不能不养的。"人民负担养兵的费用，好比是出了一笔保险费——这话的意思，并不是说养兵所以卫民，乃是说养兵所以除匪，或者是化匪为兵。"

照全社会的利益来讲，固应当反对"化兵为匪"的裁兵，就照道义来讲，这种需要则招之来，不需要便挥之去，完全不管他们以后的死活，完全不想到他以前冲锋陷阵的勤劳，完全把人当作工具的行为，也应当反对！

同期发表《简单地答复〈革命周报〉》。一个署名为"宗"的作者在《革命周报》上发表文章，批评《新评论》的一些看法。章乃器认为他提倡的"分治合作"实际上是加给人民更重的压迫，文章全篇充斥着谩骂，呼吁的自由实际上是军阀的自由。

同期发表《国本教育……政治分会》。在文章中章乃器反对"分治合作"，但是不主张政治分会的取消，理由是：我们主张彻底地废除党外的政府——由国民党政府到地方政府——主张党外无政府，所以更不必提出党外的政治分会。

8 月 31 日　《新评论》第十八期出版，发表《自杀问题》。

摘要　自杀还是说不到防止的，只要少加以奖励就得了。在懦弱的一般人眼里，自杀当然是算得上一个至高无上的反动了。哪怕是一个罪大恶极的人，只要肯自杀，便多少可以得到社会的同情。哪怕是一个懦夫，只要肯自杀，马上便变成轰轰烈烈的好汉。

要减少自杀的事件，第一要社会留意对一件事的本来的是非，不要因自杀而增减这件事的是非的程度。对于一个人的批评，也要留意于他的原来的事迹，不能因自杀而给他一种非分的原恕或赞美。更不能因为一个人致使别人的自杀而给他一种不应当的唾弃，要再考查那自杀者的应当不应当。

对于在失望的青年要说几句话。现在的社会，外观上的确是一切都绝望了。实际呢？却存着无限的希望——一切都有希望。

对于青年的失望应当有一种积极的补救。思想上的出路，当然是这种补救的方法之一。

同期发表《枪林弹雨中拼出来的应当怎样？》。文中章乃器批评"枪林弹雨中拼出来的便可以为所欲为而不受社会批评"的观点。倘使是的话，那么，吴佩孚、张作霖、孙传芳，以及段祺瑞、陈炯明、袁世凯，都是枪林弹雨中拼出来的，为什么我们要对他们喊"打倒"？兵士和下级军官的枪林弹雨中的奋斗的努力，不在总指挥总司令们之下，是否他们也可以提出"枪林弹雨中拼出来"的勤劳，做"为所欲为"的盾牌？

"勤劳是勤劳，而批评又是批评。国家酬答勤劳，自有适宜的方法，决没有以免除受批评的义务作为酬庸的工具的。"

同期发表《摧残下的平津民众团体》。

摘要　集会，是人类本能的一种。不使他们公然集会，他们也要冒险私自去集会。专制时代秘密党的横行，便是一个好例。公开的行动，不论如何，还有所顾忌。还能引起社会的注意，随而得社会的批评，使他们知所纠正。对于当局，还可以提出公开的意见，当局对之，还可以给他们明白的解释：因此，就可以免除许多的误会和隔膜。一走到秘密的路上，便非各趋极端终于决裂不可。

9月15日　《新评论》第十九期出版，发表《势所必然的党的左倾！》。在该文中，章乃器认为造成国民党左倾的原因：一是党的青年化。二是青年的自然的左倾。青年人对于社会，没有很深的关系。因为没有很深的关系，所以对于社会组织的破坏，不至有投鼠忌器的顾虑。三是从国民党历史来看，并不是"革命的应当左倾"，而是"革命的只有左倾"！左派的幼稚病，是应当防止的。三民主义容许充分的左倾。可以有识时势的俊杰，而不能有造时势的英雄。

同期发表《所请于先生者》，章乃器针对缪斌发表的《我们要认清国民党的共产主义者》一文，认为其中有些问题应当被阐释清楚。如"阶级调和"，但历史上以此出现的循环往复的案例有很多，最后没有实现好的效果。要真的实现阶级调和，国民党当局应当承担起责任。"目下最危险的不是存在劳方的阶级意识，而却是存在资方的阶级意识。"阶级调和是要以公平的态度，着眼于劳资双方的。又如，唯物历史派并不是罪恶的等问题。

同期发表《蒋介石氏最近的言论》。章乃器认为蒋介石最近的谈话，"可见到他始终抱着与党存亡的决心；他能从历史上看出党的重要，没有党决计不能有革命成功的可能"。但是，其中对陈公博和吴稚晖的评价却不恰当。他批评蒋介石"小册子愈多，危害愈大"的观点，认为"革命刊物发行以后，使彷徨无主的青年，顿觉到党内一线的曙光，使他们对于党有坚强的信仰"。

他表示："党员对于党的批评，不能公然到外发表：这是我昔所主张的。"但是，要做到这，第一先要党员在党内有充分批评的自由，第二要党的本身，对于党员的批评加以充分的注意。"党内没有完善的批评制度，党员就自然只有到外发表以求社会的同情。"

同期发表《注意所谓"英国的对华投资"！》。章乃器在文中认为输入外资，是中山先生素所主张的。但是，在历史上，"输入外资"的背景，往往是"输入外侮和输入祸乱"。

摘要　所以，我们一面遵照中山先生的意旨，欢迎纯粹投资性质的外资，一面要反对带着政治侵略或经济侵略的背景的外资，我们要定下下列几个标准：一、禁止任何地方政府接受外国的投资！二、禁止任何私人接收外国的投资！三、外国投资，由中央特设设计机关接收分配。四、外国投资的使用，以遵照民生主义，应属国营的企业为限。五、性质上应归国营的企业，而目下尚属私营者，不得接受外资。六、利用外资建设的程序，由设计机关按照缓急，详定计划，投资者无权过问。七、技术人才，优先任用中国人；需用外国技术人员，由设计机关聘任之。八、原料、材料，优先采用国产。九、投资者对于所建事业之行政事宜不得过问。

9月19日　为《内功拳的科学的基础》一书出版作序。全书分为绪言、内功拳的本质、内功拳的效用、结论四章，约三万字。该书由生活书店于本年出版。

摘要　在这本书里，有几点我自己以为是多少可以影响学术界的。道家的养生方法，在所谓东方文化当中当然要占很重要的位置。可是，因为中国人好卖弄秘诀的缘故，到现在，不但外界的人莫名其妙，连学道的人都没有几个人真能懂得。原因是：祖师本来已经是知其然而不知其所以然；他原来的虚幻的认识，已经离实际的科学的真的本体很远，再用怪诞的隐语寓言烘托起来，自然就不会有人懂得了。在这本书，我已经把他们所谓踏破铁鞋无觅处，得来毫不费工夫的所谓"道"赤裸裸地揭露了。什么丹田、太极、无极……都变成了极平凡的现象。

从此，谁都能豁然贯通，而不必踏破铁鞋了。

这本书不但说出他们的所能说的，而且说出些他们所不能说的他们心目中的所谓道，就在他们自己都还是一个闷葫芦，到底还要自己骗自己在玄想中幻出仙境天堂来聊以自解！就是近年蒋维乔、刘仁航、顾实诸氏所著静坐养生等书，以科学做幌子，实际上还不是在走玄学的门？要看见这本书，他们才会恍然；原来有的不过是生理学上的现象，而有的不过是物理学上的作用！

儒释道三教一体，这话我们早听见过了。但是，怎样会一体？却没人能明白痛快地回答。在这本书里，我已经替道家、儒家之所谓道和释家之所谓法门，找到一个会通的枢纽。

以上是讲对于旧的整理，现在再讲到对于新的贡献。

在这本书里，可以见到好多一般生理及医学的书籍中所没有说到的事情，如：疲劳的新解释、胃肠的天然的位置、衰老的根由、长生的可能。更可以见到艺术的书籍里所找不到的事情，如：艺术的新意义，"处女美"名称之不通。

更可以见到哲学的书里所找不到的事情——新唯物道德论。

实际上，这本书打破二元哲学论者的"东方文明是精神文明"的谬说；纠正一般唯物论者对于所谓"东方文明"的漠视，使他们晓得外观上残缺不完的东方文明中，隐藏重大的科学价值：不但是合于科学，而且要大大增高科学的地位。

9 月 30 日 《新评论》第二十期出版，发表《所望于胡汉民先生者》。章乃器在文中希望胡汉民对当前的问题应该处置得法，第一，不要摒弃党，中国无党不能治。党即使不积极地建设理想的国家，至少可以消极地拔除社会祸乱的根源。第二，不要摒弃青年。在消极的方面，青年的呼声，是只许任令依照有条理的法则而发泄，而不许加以强力的压迫的制止；在积极的方面，建设新社会的生力军，究竟还靠着青年人。第三，学土耳其、意大利技术上的设计，而不要学政策。

强力压迫政策的施行的可能性和施行范围的大小成反比例。要造成一个强力压迫下的家庭是十分容易的，一个国家就比较的难。

同期发表《中国社会的解剖（上）》。章乃器在文中提出目前中国最切要的社会问题："不是贱卖劳力的农工，却是欲贱卖劳力而不可得的无业阶级。"他认为在中国，处社会的最低层的不是无产的农工，而是无业的游民。社会纷乱的结果，不受损失的，只有无业游民；农工阶级却有降低做无业阶级的可能。

因此，"在中国能做社会革命的敢死队的，不是农工阶级而只是无业的游民。中国农工阶级的地位"，有点像欧美的小资产阶级，它是游移于革命和不革命之间的——是往往没有彻底革命的勇气的。

民国以来历次变乱，原因包括：①思想上的偶像打破以后，圣贤思想者之过多，②没有一个能够控制无业阶级的中心势力，③外力的暗中干预。

国民党倘使不着眼于无产阶级的安置，国民党是要失败的。

同期发表《资格问题：请教于仲怀先生》。文中章乃器认为于仲怀先生在《青年呼声》第十九期上发表《五院组织及权限的商榷》一文，其中关于议员资格的内容是有错误的。他认为"人各尽其才"意义下的考试，就不当有所谓的资格，"所需要的政治不是书本上的政治，而应当是社会的政治"。

同期发表《人为什么要生存？》。他在文中认为：多数青年都有共同的问题——人生观。"等命运"的人生观，过于消极。在积极的方面，人是为寻求人生的兴趣而生，它的范围广泛，归纳为个性的发展和人类的同情。

青年感到生活的绝望，"那就因为他还没有革命的精神，他还没有勇气脱下高贵的长衫或者西服，他还维持他在社会的偶像的地位。一面要革命，而一面自己先不能革命；这样矛盾的情绪，自然要感到极端的困难；有这样矛盾的方策，自然要失败"。

他认为青年感到事业的绝望，是因为他的英雄思想的浓厚，"流芳百世""名垂青史"是他们心目中的所谓"成功"。青年要对社会问题的绝望，是因为没有认识社会的情况。"青年所痛恶的，是社会上腐旧的势力。然而那腐旧的势力，是多么脆弱呀！倘使加以有组织的攻击，真如摧枯拉朽，毫不费力。"他号召青年要"到民间去"，就是到社会里去，叫"入世"，而并不一定要到乡村里去。

10 月 10 日　与胡子婴在上海静安寺路华安保险八楼大厅举行婚礼，特邀邹韬奋观礼并讲话。

10 月 15 日　《新评论》第二十一期出版，发表《眼前的青年问题》。章乃器在文中认为，当下青年的第一件罪恶，是不肯读书。但是青年之所以不读书，就因为"社会用不着肯读书的青年！"青年的第二种罪恶是爱管事。但是青年之所以要管事，就因"年长人太不管事"。青年的第三种罪恶是幼稚。是要年长人出来指导青年，统率青年，青年人就不会显出幼稚的弱点。要领导青年，必要站在青年的阵线上，要青年相信他是同志者，然后能够得到青年的信任。

同期发表《上海邮局的罢工》。章乃器认为物不得其平则鸣，"社会不得其平则革命。要消减革命，必须建设一个平的社会"。适应潮流的改良，是防止革命的唯一方法。

中国的大患，不在处社会底层者的阶级意识，而在处"社会上层者的阶级意识。阶级斗争的挑衅者，往往不是下层阶级而是上层阶级"。

同期发表《中国社会的解剖（下）》。在文中章乃器表示：社会上需要革命的人，有三种：①本能、天才、受压迫的，②受不到愿得的生产报酬的分配者，③生活受压迫的。

"能组成伟大的革命队伍的，只有受生活压迫的人和受不到应得的生产报酬的分配的人。"

同时，他认识到"革命行动的危险性，往往等于革命参加者自身本有的危险"。革命的领袖，不是利用天灾人祸社会公众饥寒交迫的时机，以发动危险的革命，便是要等待势力充分扩张，革命的危险性减少以后。

使人民有可过的生活，社会绝无剧烈的革命。中国的游民革命，是随时都有实现的可能。不太平，他们就可以生活，而且有光明的希望；一太平，他们就要沦为饿殍了！"只有民生问题，能引起暴烈的革命；也只有民生主义，能防止暴烈的革命。"所以，在革命的过程中，我们虽然不能用治本的方法解决民生问题，然而必须用治标的方法加以救济。

他认为"打倒资产阶级"是完全错误的：农工固然不配做打倒资产阶级的革命队伍，资产阶级的势力更不配做革命对象，资产阶级也还没有值得打倒的重大罪恶。

他总结："革命的目的，是要造成一个平的社会：不平的社会是要循环发生革命的。革命的手段，是要打倒军阀、官僚、洋奴、财阀、土豪、劣绅。从事于生产事业的资产阶级和地主，要以政治手段限制其非分的生产盈余的分配，而维持其适当资本利息。对于农工，要使之得适当的盈余的分配，再积极的增加生产盈余。对于游民，暂时的要使之能维持最低的生活，再永远的化之为生产者"。要行不限资格的"普通考试"制，要应用适宜的考试方法，以求人各尽其才。国家要积极的开辟用人之路，生利之道，一面充分容纳农工阶级和游民阶级的人才，一面再以所生之利分配于农工阶级——那时当然不容再有游民了。那样，就可以使劳资合一——不是所谓"劳资协调"。在目前，中国的革命只有游民革命，中国的最重要的社会问题是游民问题，而民生主义的起点就在处置游民问题。我们要用革命的手段解决游民问题，用政治的手段提高农工生活。

10月30日 《新评论》第二十二期出版，发表《目下的外交（上）》。

摘要 妥洽外交失败的原因：妥洽外交只适用于地位相等的国家。不处在相等的地位，而高谈妥洽外交，结果便只有投降。"列强希望中国的和平"，这是的确的，但是决不希望中国的统一与强盛。最好是整个的中国，分裂成十廿个小部落，然后，那些小部落，在列强的支配之下，行割据的妥洽。那样，她们——帝国主义的列强——就可以不居瓜分之名，而得瓜分之实。和平是有了，在和平的当中，她们可以多销一些过剩的产物，充分地实现她们的经济侵略政策。

对日外交不能有完满的结果。和平和妥洽是有区分的。妥洽是牺牲了自己的立场和标的，而和平不过是更换到那标的的手段。

同期发表《亲友主义》。章乃器在文中认为：有权的人要安插私人，几乎成为定例了。事情能不能做得好，那是社会的利害，是不必顾虑的，所重要的还是亲友能不能应付。

就整个社会而言，亲友主义可以使社会丧失重要的活动力，更使这重要的活动力趋向于破坏社会的方面，结果要使社会因纷乱而倾覆！这是口口声声在喊"保持社会安宁"的人们的极端矛盾的行动！这是当局在掘自己的坟墓！

对于个人自身，亲友主义的效果是：虚耗金钱，虚耗光阴，做了社会的罪人，而害了自己一生！所以，为整个社会计，为个人自身计，我只能够大之有一个社会主义，小之有一个社会主义下的个人主义，而不应当有中间的亲友主义——外不足以利社会，内不足以利自身的亲友主义！

同期发表《青年问题（四）：一个总答复》。

摘要 青年的自身，也要负点责任。青年的缺点，是对现社会存着出世观，而不存着入世观；是仇视现社会，而没有去设法改造他。青年的脑筋中，还是映着状元、举子、圣人、贤人的偶像，怀着浓厚的超人思想，而以一切事为不屑为。青年的失败，因为只有破坏的革命力，而没有建设的革命力。

革命的人要反对超人思想的救国救民主义，要明白救国救民要从平凡的小处落墨！

11 月 15 日 《新评论》第二十三期出版，发表《目下青年唯一的生路：合作运动》。在这篇文章中，章乃器认为目前青年问题，最迫切的几种包括：读书、生计、改造。后两者尤其重要。青年的生计，除了自己创造的路，便只有妥洽或者同化于旧势力的路。然而，妥洽未必就能解决生计问题。青年妥洽的出路，恐怕只有教育和政治二者。但不难发现，妥洽的路十分之七是走不通的。

摘要 要归纳社会的改造问题于青年问题之内，因为青年对社会的改造，怀着最迫切的希望，更有切身的利害关系。所以，1. 青年要解决自己的生计问题，最好是走自己创造的路；2. 青年要改造社会，必须造新的组织，去代替旧的社会组织。

科学的应用，始自组织。必须有科学的组织，然后能有科学的经营。说到组织，我们当然只有走合作的。合作的组织，有三种特长。第一是：可以集合小资本成为大资本，资本的募集既易，资本的势力亦可臻于雄厚。第二是：因为投资的关系，可以集中青年的努力。第三是：青年走上事业的路，然而不会走上资本主义的路。

只有创造的事业，是青年的事业；奔走依附于权贵之门，仰别人的鼻息，窥别人的意旨，寡廉鲜耻地跟别人喊几声"打倒"以求所谓"官"，那是十分可羞而要辱及人类原祖的。

是年 结识共产党员许德良，参加青年之友社的活动。许德良出版进步刊物《青年之友》周刊，同时创办了青年之友社。《青年之友》的内容，着重于提高青年人的修养，要求青年们对社会负起责任来，而不要随波逐流、趋炎附势或意气消沉，丧失斗志。《青年之友》每期发行一千份。青年之友社的目标定于"改造社会，实际上是要为实现社会主义而斗争"。青年之友社在南京东路近河南路一家水果店的楼上。当时，章乃器、沙千里等人常去交流座谈，相互勉励。（章翼军：《回忆与怀念——为先父章乃器百岁冥诞暨逝世二十周年而作》，载政协包头市昆都仑区文史学习委员会编《昆都仑文史·章乃器专辑》，1996年）

1929 年（民国十八年）33 岁

1月14日，毛泽东、朱德率领红四军主力进军赣南，相继开辟赣南、闽西革命根据地。后来这两块根据地连成一片，以其为中心发展为中央革命根据地即中央苏区。

4月8日，国民党三届一中全会闭幕，蒋系独掌实权。

5月5日，粤桂爆发战争。中旬，蒋介石、冯玉祥开战，韩复榘、石友三叛冯拥蒋。

6月1日，孙中山的灵柩由北平移至南京中山陵。

1月　《新评论》出版第二十七期，改为月刊。刊物的容量较前增加了一倍多。在该期，章乃器发表《青年成功的路》。他认为不断的进化，便有不断的成功的后人，也便有不断的失败的古人。成功也并不是一般人所认为升官发财的意义，也并不是要做一般人所谓的"大人物"，办一般人所谓的"大事业"。因为成功的意义是这样的简单，所以成功是谁都有份的——谁都可能得到成功的。成功有四个基本条件：第一是一个强健的身体；第二是充足的学识（基本知识、生活知识即常识、用以对付特殊环境的专门知识），第三是相当的信用，信用不是一般人心目中的以金钱做本位的所谓信用。信用有两种——能力和品性。第四是一些坚强的自信力。自信力存在的时候，胸中充满着勇气。呼吸是调和的，神经是清醒的，肢体筋肉是自在的，所以做起什么事来都如意。

成功的方法，只有"经济"两个字。可以分为时间经济、劳力经济和财务经济。劳力经济包括内在和外延的两种。外延的劳力经济包括效果的预测、事前的计划、机会的利用。

2月　《新评论》出版第二十八期，发表《革命的理论和革命的行动》一文。

同期发表《关于合作运动的一点新贡献》。文中，他提议以救国基金创办中央合作社，只有合作事业的勃兴，才能办到对日经济底最密的封锁；合作事业能迅速根本解决目前青年的生计问题。与其说和平的谋生足以腐化青年的革命性，毋宁说凶恶的掠夺要终止青年的革命活动。合作事业无论如何都不至于会走上掠夺的道路。在革命的阶段当中，民族主义的最重大的使命，就是反抗帝国主义。合作社的组成，绝对以人为本位而不以资本为本位：这是一种纯洁的民主精神，也就是民权主义的精义底所在：它能给予一般公众以极好的民权的训练。

同期发表《对于内功拳的讨论：答蔡文思先生》。文中章乃器认为自己对于儒家"求放心"的解释，犯了断章取义的毛病。不过是由于偶然的疏忽，而不是故意的。然而，孟子所说的求放心的方法，欠精妙。心不像是一只幼犬，放了出去之后，不追求回来，便算失去。要晓得"放散"不过是心的作用，而不是心的本体。在目下，我们晓得古人所谓心的作用，其实就是神经系的作用。所以，所谓心的本体，就是神经系。而所谓求心的本体的安放，当然就是求神经系的安适了。"追求放心"的方法，比心理的放心方法还要拙劣，自然更还比不上生理的放心方法。

摘要　关于"观自在"的意义。所以，神经系是本体，智慧是本能，而意识则为作用。我们说到"观"，则作用业已存在，那观者当然是作用的意识，而不是本能而智慧了。

关于阴阳五行说。"粉碎虚空""精神魂魄"等都是虚空的玄学的说法，而并不是实际科学的说法。

关于丹田。决不能随意指膀胱底下的一个什么夹室说是丹田。丹田之所以能取得丹田的地位，一定还有生理系统上的重要的关系。

关于儒释道三教和养生的方法。三教的指归，并不在所谓的养生，而是由养生得一些进一步的精神上的效果。不能舍身的人，便往往不能养生，能养生的人，也就往往能舍身。

3月　《新评论》出版第二十九期。发表《革命的理论和革命的行动(续)》。

摘要　现在的核心问题，还是统治阶级依然是早昔的革命对象，而被统治阶级依然是早昔的革命群众。……旧军阀换新军阀，或旧军阀改做新军阀，还不依然是一个军阀？财阀买办阶级的专横，还不是日甚一日？帝国主义还不依然是我们的"国父"？目下的修约，还不依然是段祺瑞时代的修约？倘使革命不过如此这般，这几十万的生命和几十亿财产的牺牲，意义究竟在哪里？这一类的改良，段祺瑞、吴佩孚、张作霖、孙传芳等——谁不会做？……几十年以来的帝国主义的压迫，几十年以来的政府的压迫，几千年以来封建制度的压迫，这许多压迫不够沉重吗？当然，这一定需要革命——激烈的革命，非如此，无以发泄郁结的民气。

之后，《新评论》被政府以"袒共"罪名查禁。

冬　章乃器解送现银到英商设立的麦加利银行，该行的主管人员要他把现银放在那里，另约时间再行点收。章乃器回答："我们送到了，收不收是你们的事；从我送到的时候算起，以后的拆应当归你们负担。"麦加利银行的主管人员只能当场点收。按照银行法规，往来户之间应互换有权签发票据的经理人员的中外文印鉴底册备案，凭此核对真伪。各银行均按此规定往来，唯有英商汇丰银行与华商银行往来时，出现由其他人员签发票据，与原备案印鉴不符，违反规定。章乃器坚决抵制，予以退回。（胡子婴：《我所知道的章乃器》，载中国人民政治协商会议全国委员会文史资料研究委员会编《文史资料选辑》第八十二辑。章翼军：《回忆与怀念——为先父章乃器百岁冥诞暨逝世二十周年而作》，载政协包头市昆都仑区文史学习委员会编《昆都仑文史·章乃器专辑》）

是年　著文建议改革银行"报单"（分支机构间划拨款项时所用的凭证）制度，简化手续，提高效率。参加浙江实业银行建行二十周年纪念征文，获得董事会的高度评价，并得到现金奖励。升任浙江实业银行检查部主任。（胡子婴：《我所知道的章乃器》，载中国人民政治协商会议全国委员会文史资料研究委员会编《文史资料选辑》第八十二辑）

第二辑

（1930—1948）

中国征信所原址现况（今上海圆明园路 133 号）　　二十世纪三十年代的章乃器

《章乃器论文选》　　《中国货币制度往那里去》　　《中国货币金融问题》

救国会在大陆
商场发动的群众性
示威活动

救国会宣传团
游行示威

1936 年 3 月
初，市民、学生在
江湾上海市政府门
前示威，抗议当局
颁发《维持治安紧
急法令》

《救亡情报》创刊号

1936 年 5 月 31 日，在上海博物馆路（今虎丘路 131 号），举行全国各界救国联合会成立大会

1936 年 6 月 21 日，上海各界救国会联合会组织市民赴南京请愿，北站被请愿的队伍占领

救国会成员向群众宣传抗日救亡

走在鲁迅葬礼送葬队伍前面的蔡元培（右一）、李公朴（右二）、王造时（右三）、章乃器（后排左一）

上图为章乃器在鲁迅葬礼上发表演说。下图为宋庆龄与章乃器走在送葬队伍中。

原江苏省高等法院（今江苏省苏州市道前街 170 号）

　　1936 年 12 月，李公朴、章乃器、沈钧儒、邹韬奋、王造时、沙千里（右起）拍摄于狱中

上图为五人在监舍前的操场上打球。中图为六人唱抗日歌曲。下图为沈钧儒、沙千里、章乃器、邹韬奋、李公朴、王造时（右起）

六人在监舍里读书、写作，右一为章乃器

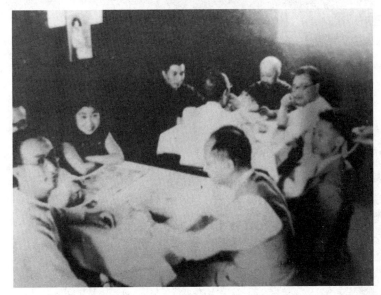

章乃器（前排右一）在狱中会见亲友

　　由于史良被关押在女监，无法与其他六人合影，当时的报纸、杂志在刊登照片时，把史良的头像加了上去

章乃器（左一）与上海请愿慰问代表团合影

社会人士看望七君子

张仲实（后排右一）等看望七君子

与前往狱中探视的黄炎培等人合影

　　章乃器（前排左二）与沈钧儒、邹韬奋、李公朴、王造时、沙千里以及家属在狱中合影。前排左一为胡子婴

李公朴、沈钧儒、章乃器、王造时、沙千里、邹韬奋（左起）
在狱中合影

王造时、邹韬奋、沈钧儒、沙千里、章乃器、李公朴（左起）合影

出狱前合影（章乃器在后排右四）

　　章乃器（后排右四）出狱前与沈钧儒、邹韬奋、李公朴、王造时、
沙千里以及家属的合影

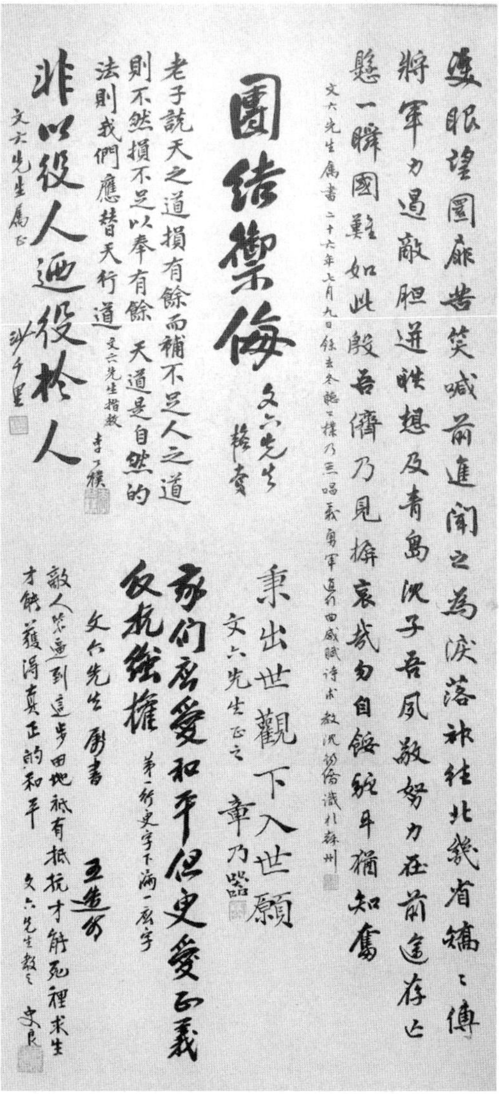

團結禦侮
文六先生
老子說天之道損有餘而補不足人之道則不然損不足以奉有餘 天道是自然的法則我們應替天行道
文六先生指教
李公樸
非以役人迺役於人
文六先生屬正
沙千里
秉出世觀下入世願
文六先生正之
章乃器
文六先生屬書
王造時
敵人緊逼到這步田地祇有抵抗才能死裡求生才能獲得真正的和平
文六先生教之
史良

七君子题字

邹韬奋、李公朴、沙千里、沈钧儒、章乃器、史良、王造时（右起）
出狱时合影

七君子在马相伯寓所前合影。前排左起为沙千里、史良、马相伯、王造时、李公朴，后排左起为杜重远、章乃器、邹韬奋、沈钧儒

章乃器、沈钧儒、李公朴与从日本归国的郭沫若合影

与新四军军长叶挺的合影。左起：沙千里、邹韬奋、沈钧儒、
叶挺、章乃器、张申府、王炳南

安徽地方银行发行的纸币

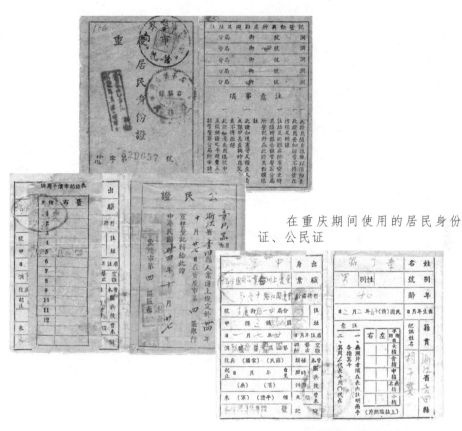

在重庆期间使用的居民身份证、公民证

章乃器在重庆的住所冉家巷9号（现为大同巷5号）

上川实业股份有限公司章程和认股数目清册封面

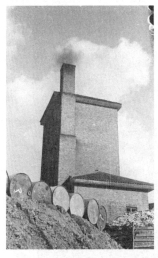

上川实业公司酒精厂外貌　　酒精厂的工人在工作

《迁川工厂联合会全体会员名录》

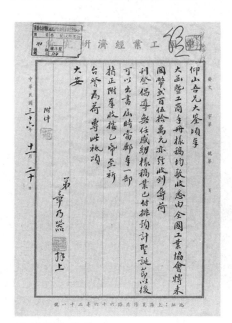

致潘仰山的信

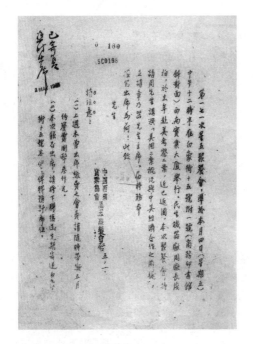

章乃器担任"星五聚餐会"主席的有关通知

重庆白象街西南实业大厦，现为中国民主建国会成立地旧址陈列馆

民建理事监事名单

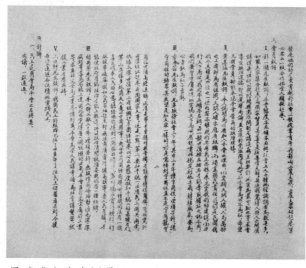

民建成立大会记录

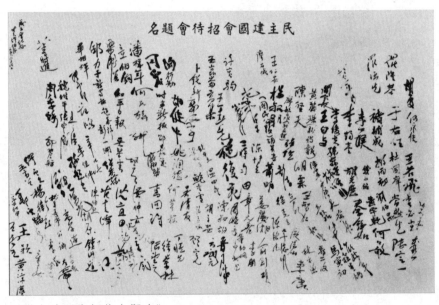

《民主建国会招待会题名》

《八千里路云和月》海报

陪都各界庆祝政协会议成功大会现场

《一江春水向东流》剧照

在香港期间的章乃器

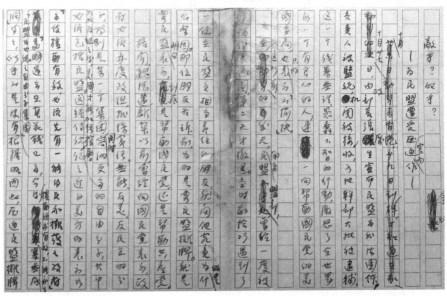

章乃器手稿

1930 年（民国十九年）34 岁

1 月 5 日，毛泽东撰写《星星之火，可以燎原》。

3 月，中原大战爆发。

5 月 6 日，《中日关税协定》在南京签订。

11 月 4 日，中原大战结束。

7 月 14 日　与王镜娥生女章畹。

10 月 7 日　与胡子婴生女章湘谷。

冬　参加沙千里、许德良等组织的"蚁社"[①]，从事进步活动。

[①] 1930 年 12 月，沙千里、李伯龙和许德良等人决定以原有的《青年之友》社员为基础，成立蚂蚁社（简称"蚁社"）。为了争取合法，在送审的章程中写着"本社以联络感情，增进友谊，从事文化运动为宗旨"。蚁社社员逐年增加，最后增至八百人之多，是当时上海进步群众团体中人数最多的一个社团。社员中大多是中下层青年职员，有些人入社前就信仰社会主义；不少人具有初步的爱国主义思想。他们通过社内活动，逐渐倾向进步，其中许多人后来成了共产党员。

1931 年（民国二十年）35 岁

7 月，全国十六省遭洪灾，灾民五千万人以上。

8 月 4 日，长江发生特大洪水，中下游淹死十四万人。

9 月 18 日，日本侵略军发动九一八事变。上海各界抗日救国委员会成立。

11 月 7 日，中华苏维埃共和国在瑞金成立。

12 月 15 日，南京国民党军警镇压请愿学生。

是年，中国新闻学研究会在上海成立。红色中华通讯社在江西瑞金创建。《红色中华》报在江西瑞金创刊。

5 月　陈云调任中共中央特科负责人后，派章秋阳通过章乃器的关系进入金融界，了解金融情报，协助处理大宗外汇市场兑换事宜。（中共中央文献研究室编：《陈云年谱》）

九一八事变后，日本帝国主义大举侵略中国，章乃器投身于救亡运动，除了继续撰写有关国际形势和财政金融方面的文章外，还不断地发表抗日救亡的文章，抨击国民党的对日屈辱政策和先安内后攘外的错误方针。（胡子婴：《我所知道的章乃器》，载中国人民政治协商会议全国委员会文史资料研究委员会编《文史资料选辑》第八十二辑。章翼军：《回忆与怀念——为先父章乃器百岁冥诞暨逝世二十周年而作》，载政协包头市昆都仑文史学习委员会编《昆都仑文史·章乃器专辑》）

秋　赴日本考察。

11 月 17 日　在《银行周报》发表《漫无组织之金融市场》。章乃器在文中认为："金融之义，在乎流通。流通之道，首贵统一。欲其统一，则必须有中心势力之树立。有中心势力，则金融之流通，犹之血液之循环于心脏周流而不息，如百川之汇于海，不团结而团结自致。"金融业的业务是信用的授受，"信用者，流通之原动力也。倘无信用之授受，则人各收藏其现金，虽有百万万数，而其效等于零。信用之授受，必须有一中心，一面可以受同业之信，而一面能授信于同业，则现金可以集中，而统一之金融市场以成"国家银行当市面弛缓，普通银行滥于放资之际，提高贴现率，减少资金之流出，以示警戒。而当金融紧急，普通银行资金短细之际，辄竭力贷出资金，以缓和人心之恐慌。此贷出之资金，往往不久即仍流入于国家银行之金库，而不致损及其资力。于是一操一纵之间，使信用之制度，不致破损，而金融之流通，常能保持其常态。盖所谓国家银行者，上受政府之特许，有代理国库及发行钞票之权；故对于社会，不能不负保持金融市场之重责也。

他认为我国金融的事业，尚处在幼稚阶段，表现为银行制度方多纷更，中心势力尚未确立。"每有事变，则人人皆为自固吾圉之图；紧关严闭，金融之流通先绝。"文章最后，他表示：确立中心势力刻不容缓，在法律上，中央银行为国家银行；而在事实上，中国交通两银行，实握有最大之钞票发行额。十数年来，上海存底，"能逐渐由洋商银行集中于华商银行者，未始非三银行发行业务发达之结果"。（章乃器：《章乃器论文选》，生活书店，1934 年）

12 月 8 日　在《银行周报》发表《当前之票据交换所问题》。文章中章乃器提倡票据信用制度，鼓励一般工商业者发行本票汇票。但是，又认为不能专门提倡银行发行本票，"若加本票信用以特别保障，即为特例，不为法律之所许"。"似尚不如仿多数银行对于储蓄存款之办法，由董事及经理人员无限责任之为妥善。而本票之保障，亦不能作为促成交换所之工具。"至于，草案所拟收票的办法，如编番号、造清单等等，均为银行内部的手续，"初无与于收票之对方"。在文中，他又表示，"所谓收票之对方昔之掉取划条者，今则盖取收票回单，手续非特不至加繁，且反减省"。

摘要　缴纳基金为所员银行之债权，而收受之存放基金，则为所员银行之债务。其间法律上之地位，区别了然。何至等于不纳。且上项存放方法，不过为业务规则之规定，则理事会尤有随时变更处分之权。至于准备金酌给利息，则业务规则草案三十五条，固已明白规定矣……吾人应认在终极目的尚未达到之前，其所谓交换所云者，因犹在筹备期间之中，而在此筹备期间之中，吾人固不能遽责以理想中省时省费之标准。吾人但认定所求者为将来之成功与幸福，则目下宁不能少安毋躁，甚至稍有牺牲，或亦分所应尔。仓卒陈辞，语多不择，幸谢君之进而教之。（章

立凡选编：《章乃器文集（上卷）》）

12 月　与李公朴、吴耀宗①、沈体兰②、曹亮③等参加时事研究会（简称"时社"），座谈抗日救亡问题。

是年　升任浙江实业银行副经理，主管检查部。在业务上，在防错、防弊、加强管理等问题上，采取了不少措施，改进工作，成效显著，挪用行款、贪污舞弊的事不断减少。

章乃器坚持按银行往来规定办事，维护中国人的利益和尊严，为当时的银行界和工商界人士所称道。

---

①吴耀宗（1893—1979），广东顺德人，1924—1927 年在美国纽约协和神学院及哥伦比亚大学攻读神学、哲学。回国后历任中华基督教青年会全国协会校会组干事、青年协会书局总编辑等职。抗日战争全面爆发前夕，常与陶行知、章乃器等人讨论时局，坚决主张抗日。1936 年参加救国会。第一至五届全国人大常委会委员。

②沈体兰（1899—1976），原名流芳，字体兰。江苏吴江人。长期致力于教育事业。抗日战争时期，担任中国人民救国会中央临时工作委员会和国难教育社理事。抗战胜利后，同张志让等组织上海各大学民主教授联谊会，任该会总干事。1949 年 5 月，参加第一届全国青年代表大会。先后担任上海市体委主任、政协上海市委员会副主席、中国民主同盟上海市常委等职。

③曹亮（1904—1992），湖南常宁人。1931 年九一八事变后，支持沈体兰发起"救国十人团"，并组织时事研究会，座谈抗日救亡问题。1934 年加入中国共产党，先后在周恩来、郭沫若的直接领导下工作。解放战争时期，继续从事地下工作。1948 年护送大批爱国民主人士到东北和河北的西柏坡。1955 年因冤案株连，被关押审查，1979 年经中央批准改正，恢复名誉。

1932年（民国二十一年）36 岁

1月28日，日军大举进攻上海，一·二八事变爆发。

1月31日，上海沪西区十七家日本纱厂的四万多工人大罢工。

2月5日，日军攻占哈尔滨，东三省沦陷。

3月3日，第十九路军撤退，淞沪战事结束。9日，伪满洲国在长春出台。

3月，伪满洲国在长春成立。

4月15日，中华苏维埃共和国临时中央政府主席毛泽东发表直接对日作战宣言。

5月，中日签订《淞沪停战协定》。

是月，《独立评论》创刊。

12月17日，中国民权保障同盟在上海成立，宋庆龄任主席。

是年，商务印书馆上海总厂、东方图书馆毁于战火。总馆厂停业，后复业。

1月17日 在《时事新报》上发表《债市之救济与金融财政之前途》。章乃器表示：现在债市极端虚弱，"倘一面能减少虚浮票额一万万，而一面更有一千六百万元之资金作平准市价之后盾，市价必可转趋稳定"。金融恐慌与财政难关将迎刃而解。

摘要 按现今一般所谓库券者，其特点为按月付还本息；而其缺点，则为按月还本之后，额面并不减少。以十八年关税库券为例，发行额为四千万圆，目下已还本百分之四十五而弱。倘用抽签法还本，则自下在票额，已仅为二千二百余万圆。不幸而凭本息票还本付息，故目下在外票额，乃仍为四千万。倘吾人将此项库券，悉数加以整理，改照实际负债数，一律换给新公债，则债券在外流通额，可以减少一万万之谱。此项替换之新公债，仍可保持每月还本付息之原则；惟还本方法，则改为每月抽签，故以后票额，仍可逐月减少也。

于此，有须申言者：则交易所为事实上便利计，对于库券买卖，率以原额面计算。故债额仅有五十五圆零之十八年关税库券，买卖仍作为百圆计算。于是，只十八年关税库券一项，即须溢出可供买卖之虚浮票额约一千八百万。债券之购买人，惟真正投资者，乃能考虑实际债额之曾否减少，而加减其购买额。一般投机者，则但计算买卖之数额，而对于所谓实际债额，决不肯加以考虑，故在投资者心目中，或觉二万之十八年关税库券，仅等于一万之裁兵公债；而投机者，则买卖二万之十八年关税库券，与买卖二万之裁兵公债，心理上决无二致。交易所中之买卖，什九属于投机；故此项虚浮票额之存在，其结果殆与发行额之增加相等也。（章乃器：《章乃器论文选》）

1月28日 日军进攻上海，遭到十九路军的英勇抵抗。章乃器参加了上海各民众团体救国联合会，动员人力、物力支援十九路军，并亲赴火线慰问抗日将士。后来，他回忆道："1932年'一·二八'的上海抗战，虽然事态的严重远不如'九一八事变'，但因为事情发生在我们的眼前，我们自己也参加了战斗，所以对于我们的感受。却更为深刻。死守吴淞炮台的翁照垣旅长在悲愤之余，竟发誓不再做国民党的官，背起小木箱擦皮鞋过活。虽然他的做法太消极，不足以效法，但以此表达人心的愤慨，却仍然有它动人的作用的。"（章乃器：《我和救国会》，载周天度编《救国会》）

3月23日 在《大晚报》发表《中日外交之展望》。

摘要 沪战以后，中日双方均已成骑虎之势。非有一方遭遇不能忍受之牺牲，决不足以言和。否则屈辱求和之一方，其政府必至受人民之唾弃。倘长此相持，则日方在上海一隅防守特别支出，每月达日金五十万元；此外工商业之损失，尤属不资……故愿我国民作进一步牺牲之准备，以求最后之胜利。更愿我政府诸公，知己知彼——念淞沪及关外民众家破人亡之惨况，则对于目下减政减俸之痛苦，应受之若甘；回忆往昔疏于误国内战桑邦之怨尤，更应痛自忏悔，发奋为雄。倘再昧于大势，吝于暂时放弃自身安富尊容之乐，而不惜屈辱以急于求和，则恐诸公即欲图补报于将来，以求人民之谅解，而人民终将不假诸公以时日也。（章乃器：《章乃器论文选》）

3月 与多位上海银行界人士成立中国兴信社，当选为该社干事。作为公益性资信调查研究机构的兴信社，以研究信用调查方法，促进信用调查技术，交换信用调查资料为职责。之前，上海有五家从事这项业务的机构：日本人办的上海兴信所、帝国兴信所、东京兴信所；美国人办的商务征信所、中国商务信托总局。（刘凤华：《近代中外银行调查机构比较述略》，中国社会科学网，2019 年 12 月 9 日）

4 月 3 日　在《大晚报》发表《中日纠纷与国际形势》。在文中章乃器认为：自九一八事变以后，出现中日纠纷恶化的现象是政府当局所持和平政策所招之结果，令人十分痛惜这种和平政策之表现，在昔为无抵抗以求公理之胜利；在目前为一面抵抗，一面求和。他认为如果九一八事变发生之初，东三省将士官吏能以边防为己任，加以抵抗；则关东三省，不至于沦入敌手，即近今沪变，亦更无自发生。

摘要　退言之，则沪变方在酝酿之际，倘拥兵自卫之军事首领，能作一致御侮之强烈表示，日人或不敢于轻动。所可痛者，则当彼其时，对于十九路将士，上有避免冲突之命令，下有环请勿战之商民，而实操兵柄者，方且与日人信使往还，诿咎于十九路将士以示观善！因是之故，日人遂以为十九路军一经消灭，即无与彼为敌之军事势力，遂敢公然挑衅矣！复退言之，则沪变将发之际，倘无屈辱条件之承认，与和平空气之弥漫全沪，闸北居民，或求得及早从容逃避；生命财产之牺牲，或不至若是之巨。以故，此项民众之牺牲，可谓为非牺牲于战争，而实牺牲于和平运动也！

就社会言，则虑社会秩序之扰乱者应为富有之人，而贫乏者，则或且以扰乱为快。

日人之所以敢于出此者，自有其独到之见解。彼以为英美虽欲争太平洋之霸权，然绝不敢于此国内经济社会动摇之际引发世界大战，以自速其倾覆。彼明知一味恃强之结果，英美在表面上，纵与中国以若干之同情，而在事实上，仍将压迫中国，使之就范而以中国为若辈苟延世界和平残局之牺牲品。（章乃器：《章乃器论文选》）

5 月 24 日　在《银行周报》发表《金融业之惩前毖后——在中国银行演讲》。

摘要　照今天的题目，不外要指出我们金融界过去的若干错误和今后的若干纠正的办法。可是我要声明：我存心决不是要派谁的错，或者派那一个机关的错；我是泛指金融业一般的错误。我们金融界里的人，有一种毛病，就是讳疾忌医。尤其是位置高一些的人，不肯认错。他们恐怕一认了错，就失了他们的尊严。其实呢，错是圣贤都难免的。俗语说得好，"做到老，错到老"。所以，要不错，除非什么事都不做。就说我个人吧，我昨天做的事，往往今天就觉得错。所以，今天所指出的许多错误，恐怕多半已是我自犯过的。在三五年以前，我常常要怨上面人给我的权力欠大，不能使我有充分的作为。近年，我自己检查检查我过去的错误，才觉到那时他们不给我过大的权力，实在是成全我。而同时呢，我还亲眼看见许多失败的银行家；那失败的因，就是他的权力超过他的能力。固然，许多的银行家都是几十万或几百万的学费学习出来的；然而，这当然是社会经济的一笔大损失。倘使能少出一些学费，养成一个银行家，那不是更好了吗？少出些学费的方法，第一是授权的适当。授给一个人的权力，固然不可过小，然而更不可过大。最适当的方法，是逐渐地增加他的责任。比方，挑担的人，能挑五十斤的，不妨给他五十五斤；等他能挑五十五斤的时候，再给他六十斤。那么，他的能力就可以逐渐增进。倘使能挑五十斤的人，马上给他挑一百斤，那就不单是挑担的人要送命，恐怕连担子都要给他倒毁了。第二，就是大家肯说出来自己过去的错误。因为那样，可以使别人不至于再蹈同样的错误，银行就可以避免许多损失。所以我觉到，大家聚拢来谈谈自己的错误，是十分重要的。（章乃器：《章乃器论文选》）

5月30日 在《大晚报》发表《上海与东三省》。

摘要 吾今且言东三省矣。东三省幅员之广、物产之丰，论者言之祥矣。最后，有敢再与国人一言者：则求中国民族有一线生机，其最低条件，绝不能容许租界存在。吾人在此关税壁垒高筑之环境中，如求国际贸易有一线转机，则最低条件，为舍弃财政的关税政策，而实现经济的关税政策。然而目下有名无实的关税自主，固绝不足以应此要求。（章乃器：《章乃器论文选》）

6月6日 出任中国征信所董事长。所址设在上海圆明园路1号（今圆明园路133号）。该征信所在中国兴信社的基础上发展而来，"以调查工厂商号，暨个人身家事业之财产信用，以及市场消息为职务"。其基本会员为十八家华资银行代表，后来又吸纳了多家外商洋行、企业和银行的代表，聘请各行专业人士和经济学家为顾问，极大地促进了近代中国征信制度的发展。

中国征信所"由各银行共同出资作为会员银行，并公推章乃器、资耀华[①]、张禹九[②]（祝仰辰代）三人管理中国征信所的日常工作，采取轮流值班制，但每日中午则都来所商谈。并从日本人在上海早已开办的帝国征信所请来有经验的中国工作人员来所工作。采取严密的科学的工作制度，一切调查工作按照调查、复查、审查三个程序进行。据此做成报告，分送各会员银行。遇到特殊情况，可用快报方式分送各家，从而获得各会员银行一致的赞许"。

章乃器以"审慎以求真""忠实公正以求善""详尽明晰以求美"的工作态度，将调查工作分为调查、复查、审查，各自背靠背独立进行。这种方法既科学又艺术，堪为国人资信调查方面的创举，只四个月时间，业务就扩大了三倍，它以公平竞争击败了同类型的外资机构。它编发的《征信工商行名录》图文并茂，超过了过去几十年间最有影响的英国人办的《〈字林西报〉行名录》。

后来，章乃器回忆："以我当时在银行界的影响来说，征信所的董事长远比银行的副经理大。因为，征信所是我创办的；在我领导下，他打垮了三家日本人的信用调查机构和一家美国人的信用调查机构，成为全国的独占事业；它还出版了《行名录》，压倒了英国人《字林西报》

---

① 资耀华（1900—1996），本名资朝琮，字璧如，湖南耒阳人。17 岁留学日本，26 岁毕业于日本京都帝国大学经济学院，1933—1934 年在美国宾夕法尼亚大学沃顿工商管理学院进修，1947 年在美国哈佛大学工商管理学院研究和考察。曾任北平法学院、中国大学教授，《银行月刊》总编辑。1928 年入上海商业储蓄银行，历任调查部主任、天津分行经理、华北管辖行总负责人。中华人民共和国成立后，任上海银行总经理，为第二至七届全国政协委员，并长期担任中国人民银行参事室主任。

② 张禹九，即张嘉铸。系中国银行常务董事兼总经理张嘉璈（字公权）之弟，为中国银行代表。

独占了几十年的行名录。这都可以是为中国人扬眉吐气的。它的工作效率之高和开支的节约，更是有口皆碑的，我这董事长每天到所办公，而不支分文的车马费，这在工商界也是史无前例的。"（刘凤华：《近代中外银行调查机构比较述略》，中国社会科学网，2019 年 12 月 9 日。资耀华：《章乃器与中国征信所》，载青田县政协文史资料委员会编《青田文史资料（第四辑）·章乃器专辑》。章乃器：《我和救国会》，载周天度编《救国会》）

6 月 7 日　在《银行周报》发表《发展农业金融以巩固经济基础议》，文章写道：我国近年来水旱频繁，农作歉收；丝茶出口，屡遭失败。农村经济呈现崩溃的景象。加上内乱迭起，烽火满郊，内地游资纷向口岸输送，农村金融枯竭，现金集中点在上海，"则五年以还，现金增加之数，几及四倍，殊为可惊。以致年来金融市场之通常状态，为农村通货之极度紧缩，与上海通货之极度膨胀"。又因为上海金融市场组织散漫，无中心势力调剂，通货膨胀的结果使得证券地产各种投机营业的飞跃，与一般社会人心之浮动；一有事变，则惊慌失措，群趋紧缩，而酿成金融之恐慌。

摘要　今以言我国，则上海金融，犹之循环系失去心脏，血液无所调节而成为乱流；全国金融，则犹之循环系失去输血管，血液淤积于心脏而无从转运于四肢。上海为全国金融中心。其在昔日，四、五、六三月，东南茶苗与北方小麦登场，八、九、十三月，秋获上市；在此期间，金钱由上海输送内地，收买农产，由商人之手，转入农民手中。在其余数月中，复因舶来品与工业品之消费，金钱再由农民之手，转入商人之手，再辗转流入上海。如是。金钱一年二次之来回，犹之血液之二度循环；金融乃得周流而不息，比岁以来，华北苦旱之后，继以东南空前之水患；丝茶出口，复一落千丈。金钱无由再向内地输送。输血管之作用，几已完全停滞。而农作歉收之结果，食粮反时须由外洋进口，输送内地；加以内乱匪患之频发，殷实富户，渐向口岸迁移。金钱流向上海之趋势，反愈加甚。回血管之作用，益以亢进。……吾人所然于怀之一点，则吾人之设施，仍不外凭借上海之租界。惟有堪足自解者，则此种凭借，要尚为有益于国民生计之举，为利用租界而来，为租界所利用耳。（章乃器：《章乃器论文选》）

7 月 12 日　在《银行周报》发表《旧事重提之废两改元问题》。文章分为废两改元之迫切、历来废两改元之障碍、目下为废两改元之绝好时机、废两改元以后关税之增加收入、废两改元与金本位制、废两改元实施之步骤、关于废两改元是否发生阻力之问题、银圆对于银两之公定换算率、新币之重量及成色、铸币权之集中与自由铸造、中央造币厂之组织、新币之流通问题，共十二个部分。并有总税务司梅乐和氏认改两为元难以实行之理由、二十年度关税收支之换算式、银圆之法定纯银量及重量问题等四个附注附于文后。

在文中章乃器认为：废两改元问题，不仅为金融币银问题，也成为严重的社会问题。银圆在过去数月间，由通常等于规元七钱二分左右之市价，惨跌至六钱九分以下。依薪水工资度日者，在受金贵银贱严重影响之后，复受两贵元贱之影响。不知不觉中，收入又跌去百分之五。社会经济，再增一重之不安。金贵银贱关系世界，或非我国独力所能挽救；而银与银间之强立界限，使币价摇曳无定，则纯为不需要不应有之变端。消除人为的银与银间之界限，稳定币价，以安社会而定人心，实为当前之急务。

摘要　往昔一般人对于废两改元问题，认为窒碍难行者，不外四端。其一，银圆为数不多，恐不敷用。其二，通常银圆市价，高出所含纯银实值颇多；改革之际，规定银两换算率，倘以市价为标准，则反对者必以银圆成色不足为口实；倘以实值为标准，则拥有银圆者又觉亏耗过大。其三，事实上历来主张废两改元者，其所拟议之换算率类多以平均市价为标准；或议以规元七钱二分合银圆一元，或议以银圆一元四角合规元一两；对于海关收税，甚至有人主张以银圆一元五角合关平银一两；（如照七钱二分换算率，以一百一十一点四计算，每关平银两应合银圆一元五角四分八厘。）因之，此首应实行废两改元之海关，即以恐须影响税收理由，表示难以照行（附注一）。其四，造币权未曾集中，银圆成色重量之是否一致是否准确，并无切实之保障。（章乃器：《章乃器论文选》）

7 月 15 日　十八时，出席《申报月刊》社举办的创刊号出版聚谈会，刘湛恩[①]、高君珊、左舜生[②]、王志莘[③]、刘大钧、戈公振[④]、张肖梅、俞寰澄、何德奎、周宪文、朱百英、张志让[⑤]、朱懋澄、徐新六[⑥]、穆藕初[⑦]及《申报》

①刘湛恩（1896—1938），湖北阳新人。1918年赴美留学，先后入芝加哥大学、哥伦比亚大学，获哲学博士学位。1922年回国，在东南大学、大夏大学和光华大学执教，曾任中华基督教青年会全国协会教育总干事，1928年起任上海沪江大学校长。1931年九一八事变后，积极参加抗日救亡运动，被推为上海各界救亡协会主席。1938年，拒绝出任伪职。4月7日，和家人乘车外出时，遭日伪特务暗杀身亡。1985年被民政部追认为革命烈士。

②左舜生（1893—1969），名学训，字舜生，号仲平，湖南长沙人。1919年加入少年中国学会。1920年在中华书局编译所任职。1924年参与创办《醒狮》周报，任总经理，加入中国青年党。1941年参与发起中国民主政团同盟，任中央常务委员和总书记，1945年12月退出民盟。1949年去香港，1969年去台湾。

③王志莘（1896—1957），原名允令。上海人。1909年入钱庄当学徒，后就读于南洋公学、上海商科大学。同时兼任中华职业教育社编辑及会计主任，后赴美国留学。回国后执教于上海商科大学，并参与中华职业教育社，担任《生活》主编，兼教于中华职业学校。1931年任新华信托储蓄银行总经理。中华人民共和国成立后，曾任上海市金融业同业公会副主任、中国银行常务董事及财经出版社副社长等职。

④戈公振（1890—1935），名绍发，号公振，江苏东台人。中国新闻记者、新闻学者。著有《中国报学史》《新闻学撮要》等。

⑤张志让（1893—1978），江苏武进（今常州）人。早年留学美国和德国，攻读法学。回国后历任北京大学、东吴大学、复旦大学教授。积极参加抗日救亡和民主革命运动，任复旦大学校务委员会主任委员。历任最高人民法院副院长，全国人大法案委员会委员、法制委员会委员，第五届全国政协常委。

⑥徐新六（1890—1938），出生于浙江杭州。1908年赴英国留学，1914年回国，任财政部公债司佥事。1917年后任财政部秘书、中国银行北京分行协理等职。1919年任巴黎和会赔款委员会中国代表和中国代表团的专门委员。1921年任浙江兴业银行董事会秘书、总办事处书记长、副总经理、常务董事兼总经理。抗战期间和李铭受孔祥熙指派，负责维持上海租界内的金融事业。1938年8月24日，所乘飞机被日机击落，不幸罹难。

⑦穆藕初（1876—1943），江苏川沙（今属上海市浦东新区）人。1909年赴美留学。1913年毕业于伊利诺伊大学，又入得克萨斯农工专修学校学习。1915年与胞兄穆湘瑶共建德大纱厂，自任经理。此后，创办了厚生纱厂、豫丰纱厂。1920年，发起组织上海华商纱布交易所，被推为理事长。1928年以后，出任国民党政府工商部常务次长、实业部常务次长等职。有《穆藕初文集》。

馆总经理史量才、《申报月刊》余颂华等二十余人，讨论了"日本军阀在我东北之种种暴行，是否有引起世界第二次大战之可能，如果第二次大战发生，中国将处于何种情况，国人对此应有何种准备"。（谢长法：《刘湛恩年谱》，人民出版社，2020 年）

7 月 17 日　上海信托同业联谊会成立，代表浙江实业银行参加。据该会负责人李文杰回忆："我们共同负责召开业务讨论会、学术报告会、联谊聚餐会。乃器同志关于金融业务、信托理论、政局形势的报告，对同仁有极大的吸引力……"这个会还编辑出版《信托季刊》，章乃器为主笔之一。（李文杰：《回忆章乃器同志几件事》，载政协包头市昆都仑区文史学习委员会编《昆都仑文史·章乃器专辑》）

7 月 23 日　出席上海银行学会第一次筹备会。（王晶：《上海银行公会研究（1927—1937）》，上海人民出版社，2009 年）

8 月 2 日　在《银行周报》上发表《废两改元之最后挣扎》。文章认为废两改元已成为无可逃避之结果，大势之所趋。但是，最后挣扎者则勉强牵合废两改元问题与所谓纸币政策为一谈，耸人听闻，意图中伤者有之；抓拾一二言之不能成理之闲言妄语，自欺欺人，以肆狡辩者有之；散布谣言，欲造成金融风潮，俾可借口阻挠者更有之。殆见煽惑之失效，而民众团体与社会舆论反群认废两改元为天经地义、福国利民、刻不容缓之举，而金融基础之安定，恐慌复非徒托谣言之所能造成，则更挽出一二对于经济金融基础知识未具之名流，发表意气用事、幼稚可笑之文字，以图挽回颓势。局势至此，殆已入于不较理论只斗虚声之阶段。世间不论何种改革，必有极少数因以为利之人，抵死争持，不计成败。利欲之念，既足以蔽其良知；所谓大局大势云云，自更非若侪之所能见及。此谓之最后挣扎，此谓之不到黄河心不死。

摘要　所谓纸币政策云云，已经当局之否认，似可不复置议。惟以废两改元与纸币政策混为一谈，则诚所谓牛头不对马嘴。政府而果欲施行纸币政策也，奚必有待于废两改元之实施？"纸币充斥市面"，既如论者云云，则废两改元以前之状况已若此，废两改元复与纸币政策何与？以丝毫不发生因果关系之纸币政策，而强令与废两改元牵合一气，其命意所在，明眼人自能见之。

所谓废两改元须先整理硬币云云，实为颠倒因果之谈。试问银两不废，硬币何由统一？银圆重量成色之必须统一，吾人亦主张之。惟废除银两与统一银圆重量成色，同为整理硬币计划之重要部分；为可以并行不悖互为表里之两种手段，而且为必须同时实行之两种手段。

（章乃器：《章乃器论文选》）

8月16日 在《新社会》发表《客观的中国》一文。文章分为何谓客观、"国是"在哪里、中国往哪里去、所谓"科学的民主政治"、目下的世界大势、中国的民族、中国的语言、中国的文字、中国的宗教、中国的统一问题、中国的交通、中国的货币和金融、中国的财政、中国的文化、国家主义在中国、中国的出路在哪里、偶像和最后挣扎、结论十八个部分。批评当时的中国政治家"顶顶喜欢作唯心论略者"，并点名批评了胡适。在分析世界大势时，指出帝国主义之间存在的七种矛盾；而英国工党的失败，说明改良主义的末日即临头。在论述中国的财政状况时，指出国民党政府"可以说是由帝国主义的口角唇边乞取余涎以度日"。"这种经济上畸形发展的结果的矛盾性，自然会使人民觉悟到，倘使要求整个民族的出路，只有用壮士断腕的勇气，割弃了这疮疣和他上面的寄生虫！"在谈及以张东荪为代表的国家主义时，他说："国家主义不能在中国繁殖已成历史的定论。"文章最后分析中国的出路时，他认为"中庸之道"行不通，只有向苏联学习，才能消灭私有财产制度。他指出："唤起民众革命的人，在革命高潮的时候突然说不革命了，自然别人反过来要革他的命！"他的结论是："资本主义是旧路！"此路不通。

摘要 中国往哪里去？上述国际和国内的经济制度的矛盾，已经给我们以深切的暗示。当九一八事变发生的时候，反日的高潮中，爱国的呼声高倡入云，国家主义一时大大的抬起头来。那时我曾经预言：这一时的发于冲动的右倾思想，恐怕不久就要翻到左倾的方面去！因为我明知，五年以来的妥治帝国主义的历史，已经造成现当局对日屈服的必然性！这或者可以说是历史的问题，而不是贤不肖的问题。要维持现状，谁都只有这样做：姓蒋的如此，姓汪的也如此，姓胡的上台恐怕也不过如此！这种屈服的结果，必然会使青年分子感到右倾思想的没有出路。在这个纷扰不宁的局势当中，任何中间、中和、中庸的路都走不通；这上文已经说过。所以，结果只有翻到左倾的一条路！（章乃器：《章乃器论文选》）

9 月　受聘担任上海沪江大学商学院教授。

10 月 10 日　在《大晚报》发表《九一八事变后的国内经济》。

摘要　这一年间各银行发行数的减少，在九千万元以上：用百分数比例起来，要减少百分之三十。这在不懂金融的人看起来，一定认为是金融界很坏的现象。其实呢，从盈利的方面说，自然不免要受影响；而从稳妥的方面说，却是甚可乐观——这当然也是单就金融本身而言。因为，华商金融业一面有三千万元的现金的增加，而一面又减少了九千万元的债务，基础自然是十分稳固了。当然，这并不是说任何银行或钱庄都不至于关门，而不过是说金融的大局不至于发生乱子；基础薄弱而受到重大打击的金融业者是甚可能站不住的。（章乃器：《章乃器论文选》）

是日　在《大晚报》发表《民族的出路在那（哪）里》一文。文章分为封建势力的摧毁、帝国主义侵略、革命势力的失败、妥洽政策下造成的局面、民族的出路五个部分。文中指出：中国不能走资本主义道路"有四种特殊原因"：中国是一个农业大国，农村组织散漫；封建势力的反动；帝国主义的经济侵略；帝国主义与反动封建势力的勾结。

关于民族的出路问题，作者表示：中国民族会不会灭亡？许多人都在那里这样的问。倘使是在五十年以前，我要回答一个"可能"。而在今日，我却可以坚决地回答一个"绝不"。在目下，一切的殖民地都在那里蠢动的要求解放，帝国主义因为内部矛盾的日趋尖锐化，现制度发生显著的动摇，对于殖民地的治权，不得不日趋弛懈的时候，而说这硕大的中国民族，反会重新沦为日本的属国，那是绝无此理的。

摘要　中国民族的出路，决计不是和平妥洽苟且偷安的路，而是艰难困苦流血斗争的路！偷生怕死希冀安乐的人，赶快投到帝国主义的怀里去做顺民！坚决奋斗的革命势力自然而然地会组织起来，经过了这一次的反动，反革命势力的面目暴露了；革命的对象，清晰地摆在我们面前！

我们以后的途径，必然是死里求生，乱中求治；和革命对象的决斗，而绝不是和平快乐的坦途。

过去二十几年的历史，已经给我们以明白的暗示。没有帝国主义资本势力的侵略，就没有辛亥的革命。没有袁世凯的媚日求荣，就没有民五护国军的崛起。没有曹、章、陆和安福系的卖国，就没有五四运动中民众革命势力之勃兴和以后国民革命的进展。帝国主义的最后挣扎，固然是失败；虎伥汉奸的出卖民族，自然也会受民众的裁判。

历史的途径就是这样。应该走哪一条路，就请你们自己抉择！（章乃器：《章乃器论文选》）

10月16日 在《新社会》发表《由韩刘之争说到个人主义政治的没落》一文。

摘要 这还不过是三个月以前吧，有一位朋友和我谈起韩复榘在山东的许多德政，最主要的就是韩氏统治下的山东的农村工作。据说：韩氏现在十分信赖一位哲学家梁漱溟，把二十几县的农村工作全权交给他；县长要完全受他的指挥。梁氏对于农村工作，在教育方面，鼓励而且指导各地的绅老，自动地创设了许多的公民学校；在经济方面，他组织了许多生产合作社，置办了许多手织机，租给或者卖给农民；同时大量买进棉纱，转卖给他们做原料。据我的朋友的观察，在不久的将来，不但山东人民的教育要有惊人的成绩，连经济也可以自给而逃出帝国主义的剥削。依我的朋友的见解，这也许是目下中国唯一的出路。因为倘使大家都能够这样做，中国不就富强了吗？即使不能大家都这样做，单就整顿这样的一个地方，也可以保存一部分的民族元气，做防御外侮的最后长城。

个人主义的政治，冲突矛盾是必然的；目下不过是冲突的端倪罢了。我们倘使再从反面想想那一个月以前高唱入云的所谓"国内废战运动"实在是和韩复榘的唯心的政治思想左右相辉煌。终结地说一句："幻想是幻想，而事实还是事实。"（章乃器：《章乃器论文选》）

11月上旬 与蔡承新（中国银行代表）、金侣琴（交通银行代表）、资耀华分头接洽，组织上海银行学会银行实务研究会。（王晶：《上海银行公会研究（1927—1937）》）

11 月 14 日　在《申报》发表《农村衰落中食粮入口之概观》一文。

摘要　目下农村衰落，其原因自甚复杂。如丝茶出口失败，而农村对于工业品之消费，依然未减，以致金钱流向都市。农村金钱窘迫，农产物遂不能不急于求售，价格缘以暴跌。又如商人财力之消失，足以使农产物需要减少；而秋收丰稔，复使供给增多。此要皆为目下农产跌价农村恐慌之元凶；然其最主要之原因，则为外国农产在华之倾售。（章乃器：《章乃器论文选》）

11 月 15 日　出席上海银行学会发起人大会。（王晶：《上海银行公会研究（1927—1937）》）

11 月 16 日　在《新社会》发表《对于农村衰落的认识》一文。在文中章乃器认为"现社会的危机，并不在于江西一带的红军和散布各处的共产党，而是这判若鸿沟的阶级的分界，这是社会革命客观条件的完成。"

11 月 21 日　在《申报》上发表《入超激增与外人在华金融势力之活跃》一文。他在文章中指出：本文"不过指出目下外人在华金融势力活动之因果关系。一所以示入超之抵补，自有相当实质之代价，而绝无任何意外之便宜。而吾国目下之贸易状态，已如中落之家，因连年入不敷出之结果，甚至须举债以购日用之所需"。

11 月 27 日　在《申报》发表《银问题与世界经济会议》一文。

摘要　国际间之会议虽多，然大别之，则不外普遍的与局部的二者。前者如过去之银会议与军缩会议，以各列强为中心，而以弱小国为陪衬。后者如洛桑会议与渥太华会议，出席者或为一部分之列强，或仅限于某帝国主义与其殖民地。

银问题在未来的世界经济会议中，终必须经一度之讨论，则因银问题之历史及其在舆论中之地位，实为无可避免之事实。解决银问题之方案，不出二端：其一，为限制生产，其二，为增加用途，而所谓增加用途者，自以恢复银币为主眼。关于此点，在美国舆论中，既有"银贱吾人须以银为币，贱棉花则将亦以棉花为币乎？"之妙论。（章乃器：《章乃器论文选》）

12 月 1 日　在《新社会》发表《国难中的人生观》一文，明确指出"胡适一派已变成帝国主义的工具"，认为实际的人生观应该是乐观的、积极的，这种乐观和积极的意义之下的奋斗，可以使新时代的实现格外迅速。

12月3日　在《申报》发表《甚嚣尘上之欧洲战债问题》一文。

摘要　吾人就现况观察，则今番届期之战债，英、法或将终于照付，而附以战债必须重行整理之条件。在明年举行之国际经济会议中，美国或将以裁军为条件，而允许战债之减付。惟自一九三〇年海牙赔偿会议之后，至一九三一年而复有停止战债之举；世界情形之恶化，既日甚一日，则战债问题，即能告一段落，亦不过暂支残局之一种表现耳。（章乃器：《章乃器论文选》）

12月7日　在《申报》发表《美国的饥民队》一文。

摘要　近数月来，扰乱于白宫所在地之华盛顿者，始则有欧战退伍军人之要索年金风潮，哗噪旬日，终至流血。近日则复有饥民队之进袭。当局戒备森严。如临大敌；警察会以泪弹与饥民周旋。

目下之世界恐慌，为私有财产制度下生产力膨胀必然之结果；故生产力越大，恐慌之严重亦逾甚因。（章乃器：《章乃器论文选》）

12月9日　上海银行学会成立。与张公权[①]、贝淞荪[②]、徐新六、李馥荪（铭）、陈光甫[③]、钱新之[④]、周作民[⑤]等为上海银行学会基本会员。

①张公权（1889—1979），即张嘉璈（字公权），江苏宝山（今属上海）人。曾任中国银行副总裁、总经理，铁道部部长，交通部部长。1949年后赴澳大利亚、美国从事教学和研究工作。
②贝淞荪（1892—1982），名祖诒，江苏吴县（今苏州）人，曾在汉冶萍公司统计部、中国银行工作，后来担任中国银行广州、香港、上海分行经理，总行副总经理，1945年任中央银行总裁。
③陈光甫（1881—1976），字光甫，江苏镇江人。辛亥革命后历任江苏省银行总经理、财政委员会主任委员、国民参政会参政员等职。1914年转任中国银行顾问。翌年6月创办上海商业储蓄银行。1923年在银行属下成立旅行部，后改名为中国旅行社。
④钱新之（1885—1958），名永铭，字新之。浙江吴兴（今湖州）人，生于上海。1917年后任交通银行上海分行经理、上海银行公会会长。1922年6月，任交通银行总行协理，后担任盐业、金城、中南、大陆四行联合准备库主任。1928年后任国民党政府财政部次长、浙江省财政厅厅长、交通银行董事长、中华职业教育社董事会主席等职。1949年后去香港，后去台湾。
⑤周作民（1884—1955），原名维新，江苏淮安人。早年留学日本。1935年任金城银行董事长兼总经理。

上海银行学会是学术性团体，宗旨为"促进本国银行界研究、容纳银行学术及养成银行业实用人才提倡学术研究"。（王晶：《上海银行公会研究（1927—1937）》）

12 月 18 日　在《申报》发表《中苏复交后对于苏俄应有之认识》一文。

摘要　惟其经济上之关系若此，故日人而争夺长江之霸权者，苏俄必袖手旁观。即争夺东三省之经济霸权，苏俄亦未必以兵戎相向。然争夺东三省而欲树立一反苏俄之满洲伪国，则患在肘腋之间，苏俄为自身安全计，不能不予以重大之注意。此则为苏俄与吾国利害相同之点，亦即吾人所可冀于中苏复交以后国际形势之变化者。（章乃器：《章乃器论文选》）

12 月 25 日　在《申报》发表《日本帝国主义对华之行动》一文。

摘要　吾人于此，有须郑重为国人告者，则日本帝国主义对华侵略之加紧，既为其国内资本主义发达必然之结果，而并非出于一二政客军阀之野心，倘犹欲望其觉悟，冀其退让，则怠贻误既往者，将更贻戚于将来。吾人唯一之出路，厥唯准备牺牲，积极奋斗，而决非任何和平之迷梦。（章乃器：《章乃器论文选》）

是日　在征信所接待潘仰尧[①]等人，介绍征信所的组织、职能及配备专业人员，外勤调查、收集保管资料、研究编写报告等方面的情况。（李文杰：《回忆章乃器同志几件事》，载政协包头市昆都仑区文史学习委员会编《昆都仑文史·章乃器专辑》）

[①]潘仰尧（1893—1973），名文安，江苏嘉定（今属上海市）人。与黄炎培等人发起中华职教社，任中华职业学校校长，兼任上海商科大学、大夏大学、江苏商业专科学校教授。1936 年 2 月，当选为上海职业界救国会理事，1945 年抗日战争胜利后，参与中国民主建国会的筹建工作，分别当选为中华职教社第三、四届理事会理事。

1933 年（民国二十二年）37 岁

3 月 4 日，热河沦陷。15 日，红军打破国民党军第四次"围剿"，中央苏区与闽浙赣苏区连成一片，红军迅速扩大到八万多人。

6 月 18 日，中国民权保障同盟副会长杨杏佛遭国民党特务刺杀身亡。

9 月 25 日，蒋介石对苏区发动第五次"围剿"。

11 月 19 日，十九路军将领蔡廷锴、蒋光鼐等联合李济深等人在福建发动政变，公开宣布反蒋抗日，并与工农红军签订了抗日停战协定。

1 月 1 日　在《东方杂志》发表《新年的梦想》。

《东方杂志》以新年的梦想为题，向社会知名人士征文，最后择用了一百四十二位参与者撰写的二百四十个梦想，以特刊号名义刊登，一定程度上反映着他们关于中国建构现代国家的思考。章乃器认为中国"非革命无以图存"。他许下了这样的心愿："中国将来的革命，必然是一个向整个的上层阶级进攻的左倾的革命。那个革命的目标，不单是要推翻帝国主义，而且同时要推翻帝国主义的虎伥。"

摘要　任何民族的出路，都必然是自然而且平凡的。弱小民族的唯一的出路，是牺牲、奋斗、艰难、困苦的革命的路，而决不是苟且偷安的和平妥洽的路。希望帝国主义主持公道，甚至希望他们觉悟、垂怜，那就等于希望天上降下来一颗救星，安稳的超度我们脱离苦海。那是虚幻玄妙自欺欺人的梦想，而决不是自然而且平凡民族的出路。这种思想的荒谬，可说是和义和团的神符宝箓抗洋兵异曲同工！

自从世界恐慌日趋严重，帝国主义在整个的崩溃之前，不能不加急的向外侵略，以图苟延其残喘。主张中国门户开放的，不过是想以中国做他们的过剩商品倾销的尾闾。主张东亚门罗主义的，是进一步要独吞中国的富源，独占中国的市场。一切的一切，都逃不出加急侵略四个大字。加急侵略的结果，使中国内部的矛盾，也日趋尖锐化：使中国民族明白地见到，非革命无以图存。

倘使我们认定中国必然要革命，我们就要想到一个更进一层的问题：中国最近的将来的革命，究竟是右倾的民族斗争的革命，还是左倾的社会革命。关于这个问题，我曾经在《客观的中国》一文内（《新社会半月刊》

三卷四期至六期），用历史和地理的关系，指出右倾思想和右倾行动在中国不可能发展，指出屈服在帝国主义势力之下的中国上层阶级，在内部矛盾日趋尖锐化，自身基础正在动摇的时候，不能领导任何的民族斗争。所以，中国将来的革命，必然是一个向整个的上层阶级进攻的左倾的革命。那个革命的目标，不单是要推翻帝国主义，而且同时要推翻帝国主义的虎伥。当然，这样的一个革命，是要和遍满世界的革命潮流互相呼应一致行动的。所以，这个革命成功的日子，就是全世界弱小民族同时解放的日子，也就是帝国主义整个崩溃的日子。（章立凡选编：《章乃器文集（下卷）》）

是日　在《时事新报》上发表《四个月间中国征信所》。

摘要　中国目下的大患，就是大家对于技术的疏懈；而社会的不安定，一面往往不能维持一种技术机关的存在，一面又要使人民没有恒心去做抱残守缺的技术上的钻研。所以到了今日，社会上尽多万能之人，而没有专能真能之人，说中国没有灭亡吗？技术上早就已经是无国之人！关于国内经济的调查，经常出版而有参考的价值的，只有一份外人主编的海关报告。中国国民，没有出版过连续二期以上的中国年鉴；而英国人胡德海氏所编的英文本中国年鉴，却继续出版了十年以上。这表明中国人并不愿意或者需要了解中国的事情，而外国人反比我们注意。中国征信所的设立，表示中国人对于技术的需要，有了觉悟。中国征信所目下的基础的稳定，表示中国人对于技术工作的能力，并不亚于任何外国人。我们再希望中国征信所将来的发展，可以引起一切技术机关的发展；使中国人舍弃过去凭依情感的不规律的判断、知其然而不知其所以然的惯例和听其自然的迷信观念的处理事务的手段，而趋向到科学的手段。（章乃器：《章乃器论文选》）

1 月 8 日　在《申报》上发表《一九三三年如何》一文。在分析了资本主义社会的矛盾不可调和后，他说："但求社会之能现光明，个人之牺牲，复何足以介意？……曙光已见，来日方长，愿吾国人共勉之！"

摘要　过去一年间之经验，已明示吾人以世界恐慌日趋深刻之际，即为帝国主义向中国侵略加紧之时。强者之恐慌必求转嫁于弱者；故一九三三年之中国，其困难苦厄之加重，恐为无可逃避之事实。吾人之所可引以自慰者，则现制度下一切冲突矛盾之加重，既为新时代莅临之表征；则当此去旧更新之一阶段中，吾人或可以对于新时代之热望，未减此当前之痛苦。吾人有更须了然于怀者，则世间一切之快乐，均须于牺牲奋斗中求之；困难苦厄即为新时代降临之代价。吾人只须认清个人不过社会中之一份子，现时代不过历史中之一阶段；则但求社会之能现光明，个人之牺牲，复何足以介意？但求整个历史之永续向上，则现阶段之苦厄，更应该处之泰然。世间之最可痛最可怜者，绝为无意义之牺牲与无价值之苦厄。牺牲之意义已明，苦厄之价值已定，则更应磨砺以须，讴歌而进，奋起以于侵略之国家殊死作战。（章乃器：《章乃器论文选》）

1月16日　在《新社会》上发表《现阶段的对日问题》一文。文中表示："攘外必先安内，这是什么话？依照现阶段的形势，我们应该说安内必先攘外，或者非攘外无以安内！"他在文中写道：国民党政府"图穷匕见"，"虎伥、汉奸、买办阶级、秦桧、吴三桂……到现在都必然会原形毕现！"骗人的一骗再骗三骗……终于要露出马脚来。不兑现的支票发得太多了，终于会被人拒绝接受。一切的推诿，一切的借口，到了日本人打进山海关的今日，都失去他们的作用。他呼吁：全国的枪口一致对外！不能领导反帝的民族革命的人请及时回避！"让我们起来打倒日本帝国主义为最后的一拼。"

摘要　目下中国的分裂，就因为一部分的拥兵的人和帝国主义私相授受的分别去妥洽。目下国内政见的纷纭，就因为对帝国主义没有毅然决然的鲜明的态度。眼前可能的举国一致的出路，只有反帝的民族革命！所以，欲求中国的统一，我们应该说"非攘外无以安内"。

目下中国的匪，是帝国主义经济侵略结果的必然的产物。经了几十年的剥削，中国已经到了民穷财尽的时候，自然许多人要铤而走险。目下农村经济的破产，又谁能说不是帝国主义经济侵略的结果？

目下日本帝国主义对华的策略，依然还是伊藤博文的故智：就是利用拥兵的人们的同床异梦的心理。一·二八事变的时候，他们的骗人的口号，是"打蔡不打×"。目下他们的口号，在北方似乎已经提出"打张不打汤"，在南方当然也不免要提出"打×不打×"的口号，这样的联甲倒乙，远交近攻，自然就很容易得到逐个击破的结果。现在拥兵的人们，是不是秦桧、吴三桂的后身？就看他能不能立刻拿枪口向外！（章乃器：《章乃器论文选》）

2 月 7 日 在《申报》上发表《英国对华之态度与妥洽主义者》一文。

摘要 英国之于我国，从无领土之野心，而在客观上，终不出于设定势力圈，以肆其经济上之宰割；瓜分豆剖，不过易其方式而行。列强对于弱小民族之政策，一脉相承，无能外此；吾人固无足为英人怪。所可痛者，则国内之妥洽主义者，其立场乃无以异于英人耳。和平之市场，为英国之所需，然亦即为我国买办阶级之所需。（章乃器：《章乃器论文选》）

2 月 13 日 在《申报》上发表《热河问题与最后决心》一文。

摘要：近来事实所给与吾人之教训，其一，则日内瓦我方甫表示较强硬之主张，国联已略变其一味迁就日人之态度；其二，则热河将领方作拒敌之准备，日人即暂延其取热之野心。于此，吾人当可知引起中国全民族之斗争，不特为列强所不愿，抑亦为日人之所不敢；破坏整个中国之市场，于列强固为重大之损失，而日本实为主要之损失者。惟我有破釜沉舟之决心，乃能冀日人之悟其非计，乃能冀列强之加以援手。（章乃器：《章乃器论文选》）

2 月 16 日 在《申报》上发表《中日互惠税率问题》一文。

摘要 中日互惠税率问题，议论纷纭，颇多误会。有认为中日通商航海条约者，有认为中日关税协定者。实则中日通商行船条约，早经期满宣告废止；而拟议改订之中日通商航海条约，亦迄未缔结。中日关税协定，不过为在通商航海条约未缔结以前之一种过渡办法，不能视为通商条约。而所谓互惠税率者，则仅为关税协定附件换文之一，更与关税协定正文无关。该换文之内容，不过表示双方政府，于三年期内，维持某种进口货物之某种税率，维持云者，原有暂时之意。（章乃器：《章乃器论文选》）

2 月 21 日 在《申报》发表《公然之战与不宣之战 举国之战与一隅之战》一文。

摘要 吾人认今日之战，其一，对外即避去国际法上绝交宣战之名辞，而对内必须有公然作战之坚决表示。其二，必须置全国于战时状态之下，

使全国枪口，一齐向外；维持安宁，谨能认为战时巩固后防之一种副行动。（章乃器：《章乃器论文选》）

2月27日 在《申报》发表《国际形势与中日之争》一文。

摘要 就世界经济情形以视察，非掀起一国际之战争，诚不足以解救资本主义国家当前之恐慌。所谓世界大战者，资本主义之列强，恐无人不愿其实现。徒以国内社会骚动，参加战事，或不免踏帝俄之覆辙，乃徘徊瞻顾而未发耳。集欧美列强之力，于短时间内战胜日本，以分割其拥有之市场，策之中者也。

倘日人而得志于中国也，太平洋之霸权，固永非英美之所能希冀；英美在西太平洋之殖民地，恐亦将渐不保。（章乃器：《章乃器论文选》）

3月5日 在《申报》发表《承德失陷》一文。

摘要 自东北三省失陷，东北军退守锦州以后，守土将吏昭告吾人以决心御侮。然不久而锦州又告失陷！由锦州至退守榆关，抗敌御侮，又复文电皇皇……

锦州之失也，北方来电，曾宣传其如何抵抗。然外电消息，则日人兵末血刃，我方亦未以一弹相遗。（章乃器：《章乃器论文选》）

3月11日 在《晨报》发表《美国金融风潮》一文。

摘要 自一九二九年末叶以至今日，经济日趋衰落，金融业也就不断地受它的影响。当经济走上繁荣的路上的时候，金融业一面在股票上作巨大投资，一面对于工商业竭力贷放款项。等到经济衰落了，以投资为目的买入的股票，都跌价了；抵押下来的证券和商品，也都跌了价。工商业亏本的亏本，倒闭的倒闭；大宗的有价证券和商品，由抵押品变成银行的资产。银行的账簿上面，发现了许多不能归还的放款。一面银行的资产部分减少了价值，另一部分变成了呆账；而另一面银行的负债却依然是不折不扣的负债……欧洲的经济专家，早就预言美国必须放弃金本位。由去年的春天开始，欧洲各国的金融家，几次的向美国提回存款。可是到了去年冬季，因为英国战债的支付及别种原因，现金又向美国流入。同时，人民窖藏的现金，也陆续回到银行的金库里去。去年年终美国的存金数目，已经恢复了春夏之交所流出的数目，而还有余。就在今年一月间，存金的增加还有美金五千一百万元之多。不料到了二月中旬，密其根就发生了金融风潮；在两个星期之间，蔓延全国。罗斯福在走马上任的当儿，却遇到这样的一个悲惨的庆祝，真是一件煞风景的事！（章乃器：《章乃器论文选》）

3 月 12 日　在《申报》发表《德意志反动政权之前瞻》一文。

摘要　由意大利反动政权之前例，已不难窥见德意志之前途。然墨索里尼者，犹幸遭遇时会，故能支撑以至今日。意大利反动政权开始之日，适值战后生产力凋敝之时；在周期率上，为由衰落以至繁荣之一阶段，凡所设施，遂能推行尽利。而战后之意大利，一面挟战胜国之余威，以临德、奥，北顾法兰西，实力损失过大，亦非其敌。（章乃器：《章乃器论文选》）

3 月 15 日　在《申报月刊》上发表《国联报告书之意义与价值》一文。文章指出：中国自一九三一年九月把中日争端交给国联办理以后，过了一年五个月后，国联遣派了所谓第一流的外交官，让国人读了国联调查团报告书和国联报告书。这两个报告书给予国人的唯一的帮助，就是让国人得到了一个"是"字。在极明白的事实之下，"是"和"非"两个字还用得国人出代价去买吗？中国人对于这个"是"字所付出的代价，并不仅仅是第一流外交官的气力和一大注的金钱，而还有比那个大几千倍几万倍的土地、人民和财产的损失！

摘要　（报告书的建议案）主旨，是要顾全中国的面子，给你一个空洞的宗主权，而给日本以充分的实际的利益。它的理由是：非但不足以保障远东的和平。它的最扼要的两句话，仍然是引用国联调查团报告书的话："如仅恢复一九三一年九月前之情形，不能作为永久之解决；而维持与承认……现有政体，亦不能认为解决之办法。"简言之，就是要造成一个对于日本较九一八以前格外有利的局面。我们试想：这个有利的局面，还不是日本的武力侵略的报酬吗？这和所谓"不承认以武力造成的局面"的原则，是不是自陷于矛盾？这就是所谓国际公道！我奇怪的是当国联调查团报告书发表的时候，国内还有许多反对的批评；而对于这以调查团报告书为骨子的国联报告书，竟会没有人说半个不字，这样，时间愈长，人心麻木愈甚，中日的争端，也是终有一日会自然解决的呀！

我们倘使要给这个国联报告一个总估价，我们或者可以说：还远不如史汀生几次宣言的价廉物美！对于史汀生的宣言，我们总算没有花费什么，其措辞的简洁，有力量，倒还在这国联报告书之上。（章乃器：《章乃器论文选》）

3月16日　在《新社会》发表《关外的汉奸和关内的汉奸》一文，向国人指出："我们说起了汉奸，千万不可忘了关内的汉奸。……关内的汉奸，是握着我们的政权，骗去了青年的热心，一而再一天天地把土地送给敌人！这种汉奸，才算是汉奸！"

3月20日　在《申报》发表《山雨欲来之欧洲政局》一文。

摘要　除欧洲国际间风云之紧张外，各国内部之危机，亦日趋锐化。匝月之间，报章所载，有西班牙、波兰及罗马尼亚之乱事，有荷兰之海军叛变，有英国数十万失业者之示威。凡诸种切，均足表示社会革命之连续线，已加速其密度。（章乃器：《章乃器论文选》）

3月21日　在《银行周报》发表《承受业务与信托事业之前途》一文，认为：信托从业者，需要具备下列条件：①要了解法律，②要认识社会——练达世故人情，③要有缜密的思想——因为信托事业往往都是需要钩心斗角的设计的，④要忠实——可得人信仰，⑤要和蔼而热心——不然呢，别人就不敢以私事相托。然而，这样的人才真是谈何容易。所以我希望今天在座的同人，还要负起一个训练人才的责任来。

3月25日　在《申报》发表《对日抗争与口岸封锁》一文。

摘要　中国之对日抗争必须为一反帝的民族革命，已属显然，倘中国而不能以壮士断腕之勇气，放弃事实上原为帝国主义经济侵略大本营之口岸，牺牲帝国主义资本势力控制下之幼稚的民族资本，固决不敢以言战。而在此财政命脉系于贸易，金融势力集中口岸之际，非准备对于财政政策及货币制度作非常之改革，亦决不足以言战。必有如是之决心、毅力，乃能破日人以华制华之毒计，乃能使列强间之利害冲突，因中国市场之杜绝而瞬趋锐化。虽然，此又能希冀于苟且偷安沉湎忘返之国人哉？（章乃器：《章乃器论文选》）

3月28日　在《银行周报》发表《关于票据法及其施行法之各种疑问》

一文，谈了以盖章画押代签名、支票金额文字与号码不符的问题。票据法第三条原文："票据上之签名，得以盖章画押代之。"立法本意，究为"盖章及画押"，抑为"盖章或画押"？文义不明。依民法第三条之规定，印章可代签名，而以指印及十字代签名，则须有二人以上之证明。其规定较为清晰。究竟票据法第三条本意，应为盖章及画押之并用，始可代替签名，抑为单独盖章与单独画押，均可代替签名？应加解释。又如单独画押可以代替签名，则证人是否必需？

支票金额文字与号码不符时，依票据法第四条规定："票据上记载金额之文字与号码不符时，应以文字为准。"但银行通例，对于支票之付款，当文字与号码两战时，往往退交发票人更正，或就其较小之数目支付之。

3 月 30 日 在《申报》发表《对华侵略中日本帝国主义内在的矛盾》一文。

摘要 日本帝国主义对华之侵略，不问其为成功抑为失败，均徒增其内在的矛盾，而无以解救其当前之恐慌，既如上文所述。于是，希冀妥洽者流，或将以此而衔其隐忍屈辱之得计。吾人于此，有必须加以申说者：资本帝国主义之对华侵略，既发生于整个资本主义内在的矛盾，然侵略之结果，复使中国社会之矛盾瞬趋尖锐。时代的环境既促中国反帝国民族革命客观条件之完成，则妥洽之流，徒然延长日本帝国主义最挣扎之时间，置自身于革命对象之列，而妥洽终无以实现也。（章乃器：《章乃器论文选》）

4 月 3 日 在《申报》发表《中俄商约与全国消费协社》一文。

摘要 对苏贸易局之通常意义，系因苏联之对外贸易悉由国营，事权夺一而政策一贯。倘我以私人分头与之进行交易，则因互为竞争之结果，恐不能取得优越之条件；而彼方分头对付，亦属不胜其烦。

当此世界一切商品生产过剩之际，资本主义列强之所以觊觎于吾国者，实为此广大之消费市场，足以消纳其过剩商品。以故，消费市场之控制，实为对付列强最有效之方法。（章乃器：《章乃器论文选》）

4 月 8 日 在《申报》发表《农村破产中之安内问题》一文。

摘要 在此农村破产之际，吾人认为安内之工作，绝非对内军事之所能为功夫。政治上之成功，为利用环境与适应大势。目下农村之破产，既为长时期剥削后革命客观条件之完成，则舍破釜沉舟，领导人民向日本帝国主义作民族革命之殊死战外，实无其他途径。作战贵有目标，牺牲须有意义。（章乃器：《章乃器论文选》）

4月12日 在《申报》上发表《华盛顿会议弦外之音》一文。

摘要 华盛顿会议之不能有造于目下之经济恐慌，已具见昨前两日本报所论。罗斯福计划之主点为①充分减低关税以鼓励国际贸易，②逐渐恢复金本位以安定国际汇税，③提高物价以解救目前之恐慌。此外银价问题，亦在讨论之列。其标榜之主义，则为普通的放弃国家主义的经济政策。（章乃器：《章乃器论文选》）

4月16日 在《新社会》发表《民族的出路》一文。

摘要 自从九一八事变发生以后，中国人民因为受了外侮的刺激，民族的出路问题，忽然地抬起头来！我们翻一翻报章和杂志里的论调，多半是论到民族的出路；街谈巷议，多半说的是民族的出路，表示悲哀的，是感觉到民族没有出路；表示愤恨的，是感觉到民族没有走上理想的出路；慷慨陈词的，是在指出他心目中理想的出路；申申争辩的，是在维护他平昔主张的出路……

眼前的中国问题，就是在这资本主义内在的矛盾充分暴露之后，帝国主义在最后挣扎的当儿，不能不向殖民地和准殖民地加紧侵略，以图苟延残喘。日本帝国主义吞并东三省，就是因为在最惠国条款下的自由贸易，还不足以消纳他的剩余商品，所以要以武力夺取东三省，以求独占市场。

所以，认清时代认清环境的人，自然会乖乖地跟着时代潮流跑。不愿跟着时代潮流跑的人，只好反动、彷徨、没落、自杀！（章乃器：《章乃器论文选》）

4月20日 在《申报》上发表题为《民族之前途如何？吾人将何以自处？》一文。

摘要 以言抗争，则安内攘外之先后，复成问题。下绝大之决心以抗日，则士气振奋，人民欢忻，一转移间，而民族之生机立见：此主张攘外先于安内之说也。先求腹地之安宁，乃足以言长期之抵抗，清后方之扰乱，乃足以固抗日之军心，此攘外必先安内之说也。（章乃器：《章乃器论文选》）

4 月 25 日 在《申报》上发表《美国放弃金本位之意义》一文。

摘要 美利坚对于此国际间之币制革命，殆亦已竭尽其挣扎之能事。终胡佛政府之世，固无日不努力于金本位之维持；而竞选之际，民主党之政纲，亦犹以保持币制尊严为己任。然所谓罗斯福政策者，既以致力于减低关税壁垒、抬高物价及解决失业问题为其主点，吾人即已断定其除停止金本位外，别无可循之途径。盖不废止金本位而图减低关税壁垒，则外货销倾之结果，物价必至再度低落，失业必至再度增加；全盘计划，适自陷于矛盾。如曰求国际之合作也，则金本位维持之企图，适为外交上予人要挟之重大弱点。自身退让过甚，既有所不甘；对人希望过高，亦徒成画饼。要之，一年余美利坚对于金本位制之挣持，已达力竭声嘶之阶段；而外在矛盾之锐化，又处处使内在矛盾随而加速锐化。为减低未来华盛顿会议中列国所提出交换条件之力量计，为整个经济组织着想，舍屈服于国际间之币制革命势力外，无他途也。（章乃器：《章乃器论文选》）

5 月 8 日 在《申报·自由谈》发表《我也来谈谈中国的国民性》。

摘要 依我的研究，中国的国民性，是最能牺牲的，最顾大局的；总之，是最具有"大国民的风范"的。依照中国士大夫们的逻辑方法，是只要举出少少的几个人的"丰功伟烈"，就可遮盖了一个时代的国民性的。因为，有这少数人先"以身作则""竖之楷模"的做起来，依照"正心，修身，齐家，治国，平天下"的顺序，当然那一个时代当中，就不会有胡适博士所谓具有劣根性的人民了。（章乃器：《章乃器论文选》）

5 月 14 日 在《今日之苏联》发表《中苏经济关系进展的观察》。

摘要 我们对于复交后中苏经济关系的进展，或者已经有点眉目了。中国本来是帝国主义的一个巨大的市场。在中苏复交了之后，这个市场里面，自然要多了一个有力的角逐者。这在帝国主义看起来，自然是很不利的一件事。而在我们呢，竞争的人多了，或者可以得着一些较便宜的货物。我们既已经知道，苏俄的社会制度，不啻是一个大家庭。他们是用自己的劳力、自己的生产工具，甚至大部分还是自己的原料，来生产自己的产品。这样，成本计算在他们的确是无所谓。

同时，我们恐怕也不能希望和苏俄在物物交换的形式之下进行贸易，因为我们可能输出的物品实在太少了。（章乃器：《章乃器论文选》）

5月15日 在《申报月刊》发表《中日问题之又一个烟雾弹》。作者认为日本帝国主义占据了滦东，危及平津，忽然向后撤退——这是他们放的一个烟幕弹。这阴谋，第一对于欧美资本主义的列强，日本帝国主义本来是用反苏联战线作幌子，实行并吞"满蒙"的策略，要在"满蒙"建设白色的保护国，以阻止苏俄势力的南下。所以，它认为只要向苏俄做适可而止的挑衅，自然就可以博得资本主义列强的同情，结果东三省就可以在资本主义列强的同情之下，安稳地落它的腰包了。第二，它是想从社会意识上蒙蔽中国上层分子。因为反苏联就是反共，而反共恰好是中国的上层分子所主张的。在这共同反共的旗帜之下，它就可以得到中国的上层分子的同情。这是日本的计策。

作者认为日本的第一次烟幕弹，避免了欧美列强实力上的制裁，而未能避免它们的"道德的制裁"，所以在国联高倡制裁的时候，日本便马上转过头来对苏俄送秋波。甚至有一度要想和苏俄订立不侵犯条约。现在，开始了第二次的烟幕弹，在这烟幕弹之下，整理而且稳定它的新占领的热河，进窥察绥，做进一步的侵略。

是日 在《新生活》发表《和战之间之羊肠小道》。

摘要 倘战而终于不可免也，则纵不能言战，亦终不得不出于一战。于不能战之中，而求其可以战之道，要为弱小民族中兴之唯一关键。倘畏首畏尾，则历史上固甚少能战之民族；惟破釜沉舟，乃能启民族奋斗中兴之生路。坦途在望，要惟处之者之善于运用踊跃以赴之耳。（章乃器：《章乃器论文选》）

6月1日 在《新社会》发表《中东路事件与苏俄之外交政策》一文。

摘要 近年以还，苏俄之外交政策，无处不表示其对外敦睦。日内瓦之和平使者苏俄代表，亦占一员。彼盖已深念，惟国际之和平，乃足以完成社会之革命；而苏俄之参战，实为革命之危机。吾人犹欲冀望苏俄

以武力应付日本乎？关于中东路事件，当知南辕北辙矣！（章乃器：《章乃器论文选》）

6 月 2 日　写毕《急转直下之华北停战问题》一文，于 6 月 15 日发表在《申报月刊》上。

摘要　在一面交涉一面抵抗的原则之下，华北的中日停战协定居然在短时期内签订了！

本来，倘使军事都可以变作"修辞学上的军事"，外交自然更应该变作"修辞学上的外交。"

日方"攻击张家口"又是什么用意呢？几月来北方的局面，在一面抵抗的意义之下，几位肯抵抗的民族英雄，都已经受着重大的牺牲而至于无从抵抗了。

时代变了。今后的华北，与我们一向憧憬中的华北两样了！照这样情形下去，我们以前的批评和对于抗日军事进展的热望都错误了！（章乃器：《章乃器论文选》）

6 月 16 日　在银行学会做演讲。他讲道："我们都知道，银行学是很泛大的一种学问；事实上恐怕没有一种学科有银行学那样的广大的范围。比方金融和财政是连联系的，我们就得懂财政学。金融是经济社会的枢纽，我们不懂经济学就不能对付经济社会的变迁，银行家要明白金融市场的变化，就不可不懂货币学。银行家外面要对付顾客，内里要对付同人，所以必须懂得人生哲学和心理学。银行家对外要明白市况的趋势，对内要明白业务的变迁，就不能不利用统计学。银行对于事务的处理，对内要保护自己的利益，对外还要保护顾客的利益，所以更不能不懂法律。此外关于商事和商品的知识，以及基础的算学和论理学，更是缺一不可。所以狭义的银行学比较还简单；而广义的银行学，内容真是包罗万象……"

该演讲稿以《银行员与法律》为题，发表于同年 7 月 18 日的《银行周报》。

7 月 1 日　在《今日之苏联》上发表《国际反苏联的变迁》。

摘要　所谓四强联盟者，既然已经因为法国和小协约国的反对而流产了。英美在新由美国提出的关税即时休战问题上，已经发现了裂痕。

印日商约的废止，日英间的冲突，同时尖锐起来。这新反苏联战线前途的暗礁，也就可见一斑了！（章乃器：《章乃器论文选》）

7月15日 在《申报月刊》上发表《矛盾百出之世界经济会议》一文。他认为资本主义国际间的矛盾，分为军备战争、关税战争、货币战争三种现象。

摘要 资本主义国家为销售剩余商品计，不能不积极开拓海外的市场——殖民地的经略。而经略殖民地，便不能不维持甚大的军备。这种军备，更要不断地加以扩充。因为，在消极方面，倘使要想维持原有的海外市场，那么，在别一个资本主义国家扩充军备，或殖民地人民反抗情绪高涨的时候，它也就不能不跟着扩充军备。而在积极方面，新殖民地的取得，本来也是资本主义国家不断的企图，在新殖民地的夺取上面，军备的扩充尤其是必要。

资本主义国家一面要开拓海外的市场，而一面却要防止别国的商品侵入它自己的市场。它的防止的手段，就是提高关税率，建立起来一个严密周至的关税壁垒。国际上的剩余商品，常向着关税壁垒较低的方向流。所以，当一个国家，感觉到自己的关税壁垒还比较别人低的时候，或者别的国家增高关税壁垒的时候，它一定马上把自己的关税率尽量地提高。这样，你提高百分之五，我提高百分之六，他却要提高百分之七，你再度提高到百分之八……就成为资本主义国际间的关税战争。（章乃器：《激流集》）

8月10日 在《新中华》发表《中国金融统制论》一文。他认为所谓的金融统制，包含发行控制、汇兑管理、禁止现金输出、禁止现金储藏四种方式。

摘要 纸币的发行，在一个政治上轨道的国家，本来都是由政府经由中央银行或者联合准备银行的作用，而加以控制的。这就是所谓发行权的集中。发行权的运用，虽然不是一桩"新把戏"，然而，在这很时髦的金融统制当中，它依然占着很高的地位。

银行便可以借此重振其已经趋于衰落的发行业务。租界以内的人自然——连中国人在内——必然要想出法子来使华商银行的纸币跌价，而以外商银行的纸币作为价格的标准，正如港纸在广东的情形般。连带的，华商银行里的存款，要逐渐地被提存到外商银行里去。这个经验，武汉的国民政府曾经有过。

从前，我曾经主张在管理黄金的输出之外，再要管理银的输出入。这样，在汇兑上我们可以占一些优势。固然，这去金融统制还很远，但是可能实行的恐怕只有这一些！（章乃器：《中国货币金融问题》，生活书店，1936 年）

8 月 11 日　在《新社会》上发表《今日之冯玉祥》一文。

摘要　（北）平方和冯玉祥谈判最后的决裂，是因为冯氏要求平方电复"抗日为中央之整个计划"和宋哲元回察。而复电问题，似乎是一个焦点。中央对于抗日，自有整个计划，本来是几月以前要人们的口头禅，自从华北协定签字后，这个口头禅早已经在心照不宣的状态之下撤销了……

有人说：目下的北平当局，内有东交民巷里日军的控制，外有滦东西伪军的胁逼，耀武扬威地向冯玉祥大张挞伐，活像是在火山旁边跳舞，这话，从正面看来似乎很对，从反面看来却不然，是使一个人变成火山的动物和火山做了朋友了，他还怕什么？东北的汉奸，在别人看来，不也是一样地在火山旁边跳舞吗？他们自己却觉得火山是"靠山"呢。在过去的几个星期中间，我们还看见冯玉祥军队向多伦出发的消息，甚至北平来电冯玉祥的伤兵运到北平。现在呢，一切的真相都看不到了——说冯玉祥未折一兵而得多伦。此外，甚至常常还有冯玉祥投日的消息！明眼人自然了然于中，一般人却莫名其妙了。

冯玉祥，总是一个牺牲者。他较之得高官厚禄而自说是牺牲的人，所牺牲的虽不同，而为牺牲的则一。我的意见是，牺牲了别的不要紧，然而千万不可牺牲了人格！（章乃器：《激流集》）

8 月 30 日　写毕《关于中国经济的改进几个问题》。章乃器认为："外交上没有强有力的对策，不足以言经济的改进；社会制度没有确定可循的途径，也不足以言经济的改进。我们在外交上，究竟应该仿照德国的先例，公然对外表示贫困之余不能再受剥削呢？还是讳疾忌医，粉饰太平？……我们必须管理贸易，鼓励生产工具的输入，而屏无谓消耗品于国门之外。

假如帝国主义凭借租界以抗拒，我们就不惜加租界以反封锁。万一他们以武力相加，我们要不惜放弃沿海各口岸。反过来说，倘使我们依然要保持这终须崩溃而且已经在崩溃中的现社会制度，那么，外交上就只有讳疾忌医，粉饰太平，让外交官保持他们的虚伪的体面。同时，我们只有避免牺牲整理残余，以作帝国主义的续命汤！那还何用谈什么经济改进？"该文于 9 月 15 日发表在《大晚报》。

9 月 15 日　在《申报月刊》上发表《九一八事变后日本经济状况及其对华政策的前途》一文。作者不认为日本人口过剩而移民东北是日本对华侵略的原因。如果日本的人口过剩，生产何至于也过剩？他认为人口过剩和生产过剩不可能相关联，失业者是过剩的人口。日本对华侵略的原因是生产过剩引发的经济危机。

摘要　目下一部分日本的理想的政治家，也在觉悟到武力对华的非计，而主张对华怀柔。同时，中国方面，也居然有"中日共存"的呼声——还有人在研究中日经济协调的可能性。我要坚决地说一句：这种种的运动，在日本方面是要骗人，而在中国方面是梦想！

这还不过依民族间的恶感立论，倘使客观地依照经济条件来分析，所谓中日的经济协调是不是可能的呢？上文已经说过，日本倘使要解救它的经济难关，必须要使对华输出增加一倍半。这样的巨大的数目，中国人民仅有的购买力能胜任吗？中国当局肯决然地限制别国的输入以开拓日货的市场吗？这已经是一个大大的问题，然而还不止此。过去日货秘密的倾销，已经要使中国的新兴产业濒于破产，妥洽后的加紧倾销，必然要把中国的新兴产业斩绝根株！中国目下的妥洽派，多少还代表中国的民族资本，倘使要牺牲了新兴产业以求苟安，那又是他们所不能忍受的。所以，他们结果必然要后悔。这样，目下的妥洽运动，至多只能取得一时的苟安，使人民遭受日本帝国主义进一步的剥削；结果呢，依然不会有结果的。（章乃器：《激流集》）

是日　在《大晚报》发表《改进中国经济问题》一文。

摘要　我们必须管理贸易，鼓励生产工具的输入，而屏无谓消耗品于国门之外。假如帝国主义凭借租界以图拒抗，我们就不惜加租界以反封锁。

万一它们以武力相加，我们要不惜放弃沿海各口岸。事实上，一个和内地隔绝的口岸，不过是死口岸，而以炮火夺取市场，所得的也不过是一块糜烂的肥肉。日本在上海和华北的战事之后，所以急于言和，就是想到糜烂的肥肉不能受用；而它所以敢在上海战事之后，再发动华北的战事，却是看准了这懦怯的民族，不能忍受较大的牺牲。其实，倘使我们不怕糜烂，它又何肯真个加以更大的糜烂？

当然，这样的一个对外政策，不可能在目下的社会制度上发展出来。倘使我们依旧认目下寄在租界附庸于国际资本主义的幼稚的民族资本为国家的生命线，我们便不能下这样的决心。倘使财政上的运用仍旧依赖现行的货币，财政的来源仍旧仰给于通商口岸，即使下这样的决心也终归于惨败。所以，这样的一个强有力的政策必然是对外对内两方面的。而这样的一个两方面的政策，它的严重性恐怕就不下于孙中山先生遗嘱里所倡导的民族革命。

反过来说，倘使我们依然要保持这终须崩溃而且已经在崩溃中的现社会制度，那么，外交上就只有讳疾忌医，粉饰太平，让外交官保持他们的虚伪的体面。同时，我们只有避免牺牲，整理残余，以作帝国主义的续命汤。那还何用谈什么经济改进？（章乃器：《激流集》）

9 月 16 日　在《新社会》上发表《对日妥洽没有出路吗？》一文。

摘要　站在民族的立场，我们不单是不主张对日妥洽，对任何的帝国主义都不主张妥洽。也并不是不主张妥洽，是事实上不可能妥洽。半殖民地对于帝国主义，除了斗争就只有投降，根本没有具备和他们妥洽的条件——根本谈不到妥洽。

说到半殖民地人民对帝国主义的斗争，我们根本的应该提出剥削残余的农工群众的斗争情绪和觉悟分子的社会意识。然而，我们既然假定地站在现当局的立场，这些问题便无从提出——这些问题的提出要使这假定的立场根本消失。

那我们且退一步提出民族意识。在民族意识上，目下除了日本的奴才、汉奸以外，有人赞同和日本帝国主义妥洽吗？除了若干客观地、不自觉地做了日本帝国主义的代理人的幻想的学者、政客和商人之外，有人会在意想对日妥洽吗？倘使一面向敌人乞怜，一面又埋怨人民不肯谅解，那个结果，便只有心悦诚服地投降到敌人的膝下去！（章乃器：《激流集》）

9月 在《时事月报》上发表《国际银协定的检讨》一文。

摘要 至于限制中国售银的利害问题，我以为可以有两种看法。第一，银协定仅仅限定中国政府售银；事实上，中国的售银者，多数还是操纵外汇市场的洋商银行，中国政府是不可能售银的。照这种解释，银协定对于中国的限制，可以说是具文。第二，倘使认为这种限制可以通用于一切的售银举动，或者中国政府利用这个协定，干涉一切银的输出；那么，在金融方面，可以免资金枯竭的恐慌，在产业方面，容易维持较高的物价。对于这两方面，都是可有利益的。只有货物进口，要因现金输送作用的停滞而有时要受到妨碍——银的出口，多少总还带有几分现金输送的意义。但是，这也是一时的，我在上文已经指出，货物的进口是要靠货物的出口去清债的。（章乃器：《章乃器论文选》）

10月7日 在《生活》发表《崩溃中的中国经济社会》一文。

摘要 中国的中产阶级的组织成分，是农村里的地主和城市里中等以下的经纪阶级。倘使这种解释是适当的，那么，我们就没有理由说中国的中产阶级没有没落。事实上，所谓农村的破产就代表地主的破产——贫农和雇农本来是无产可破的。经纪阶级呢，他们的财产大部分是商品，而一小部分是农田。年来物价跌落的结果，他们的商品的价值大大地减缩了；而农村的破产，他们的农田也变成不值钱。东三省市场的被夺和日本帝国主义在上海及华北的军事行动，使整个的经纪阶级根本动摇。在这两年中间，有几处商埠里商店数目减少了一半，有的减少了三分之一。中等以下基础较弱的商家，有的已经关门大吉，有的正在力竭声嘶地挣扎。在一·二八沪战之后，大多数的商店不愿复业。多数的商人，公然喊出情愿大难早临，免受"欲死不得欲生不能"的痛苦。这种种一切，还不能证明中产阶级的没落吗？

农村的破产和中产阶级的没落，表明中国的社会必然地要发生革命，也可以说革命早已经开始。我们要留恋旧时代吗？那就只有痛哭流涕以至于自杀。我们只有追求新时代，然后能得到一线的曙光。我们怕痛苦怕牺牲吗？流血是产母不可免的牺牲，她只有忍痛为婴儿而牺牲！我们要减少牺牲吗？减少革命阻力是唯一有效的手段，因为牺牲是阻力所造成的呀！（章乃器：《激流集》）

10 月 9 日　为《章乃器论文选》作序。他认为自己是一个矛盾的人，这两年间的作品，也充分表示出来矛盾。不但是思想矛盾，连文体也矛盾。矛盾的原因，有的是因为思想的改变，有的是因为环境的支配，有的却已经在发表之前受过别人的修改了。到底哪篇能代表我的衷心的思想和我的最近的思想，请读者自己评判；正动和反动也听凭读者仁者见仁、智者见智地去认定。

摘要　我很情愿地放弃一切安富尊荣的生活走到民众的队伍里去做一般人应做的工作，度一般人应度的日子。然而，这也并不是虚玄的梦想，而是客观条件替我安排好的一条路……我是反对一切虚玄的梦想的。

现在，我觉到我的错误了——我对于我自己的出路，依然还憧憬在定命论的领域里面。我那时是希望一种"命所应尔"的潮流，来解救我的矛盾。其实，我倘使能够应用现代的逻辑，我应该知道矛盾的结果，一定会自动地冲破了矛盾，而踏上新的人生之路。我十分自信，我不会长时间地矛盾下去。而且，我相信，任何人都不会长时间地矛盾下去。不是改变了行动去迁就思想，就只有使思想去投降行动。（章乃器：《章乃器论文选》）

秋[①]　参加由中共地下党组织的秘密外围组织——苏联之友社，研究和介绍社会主义，宣传中国共产党的抗日救亡主张。参加者胡愈之[②]、沙

[①]据章翼军在《回忆与怀念——为先父章乃器百岁冥诞暨逝世二十周年而作》一文中，称苏联之友社成立于 1933 年下半年；360 百科人物词条"金仲华"称苏联之友社成立于 1933 年秋。这里依照后者。

[②]胡愈之（1896—1986），原名学愚，浙江上虞（今绍兴市上虞区）人。早年创建世界语学会，与沈雁冰等成立文学研究会。1928 年流亡法国，入巴黎大学国际法学院学习。1931 年回国后与邹韬奋共同主持《生活》周刊，主编《东方杂志》等刊物。1935 年后参加上海文化界救亡运动，为救国会发起人之一。1945 年加入中国民主同盟，在海外宣传党的方针政策。中华人民共和国成立后，历任《光明日报》总编辑、国家出版总署署长、中国民主同盟中央委员会副主席、代主席，第六届全国人大常委会副委员长和第五届全国政协副主席等职。

千里、钱俊瑞①、钱亦石②、曹亮、王新元、沈志远等。

章乃器回忆道："苏联之友社我也参加了的，但参加的经过记不起来了。当时的活动分子大概有钱俊瑞、沈志远、胡愈之、张仲实、王新元、曹亮等。记得当时有一位从苏联回来的进步新闻记者戈公振，称苏联为"庶联"，很别致。他到处演讲写文章，为苏联大肆宣传。我当时也听说过他的演讲。他不久去世了，我们沉痛地追悼了他。在当时，为苏联宣传也是有危险的，有可能被扣上红帽子，甚至被诬为'吃卢布的……汉奸'。苏联之友社的活动不外介绍苏联的政治、经济、社会情况；在外交上，主张以莫斯科路线为主，华盛顿路线为辅，绝对不许走东京路线。苏联之友社的社长，大概是宋庆龄大姐，邵力子也占很高的地位。以后到重庆，苏联之友社发展为中苏友好协会了。"（章乃器：《我和救国会》，载周天度编《救国会》）

11 月 16 日　在《新社会》发表《现代的慈禧太后》一文。

摘要　目下的慈禧太后，可不是那时所谓的"慈闱"了。那时的慈禧太后只有一位，目下却有几千万位。那时的慈禧太后是女性的，目下却是男女性都有。凡是目下在租界里面住洋房、坐汽车、锦衣玉食的，

---

①钱俊瑞（1908—1985），江苏无锡人。1927 年毕业于江苏省第三师范学校。1929 年参加陈翰笙领导的无锡农村经济调查工作，1933 年发起成立中国农村经济研究会，1934 年加入左联，次年加入中国共产党，1939 年后历任皖南新四军军部战地文化服务处处长、政治部宣传部部长等职。中华人民共和国成立后，任教育部副部长、文化部副部长。1955 年当选为中国科学院哲学社会科学部委员，并任世界经济和政治研究所所长，中国世界经济学会会长及北京大学教授等职。
②钱亦石（1889—1938），字介磐，生于湖北咸宁。1920 年毕业于武昌高等师范学校。1924 年，由董必武、陈潭秋介绍，加入中国共产党。1928 年 8 月，到莫斯科特别班学习。1930 年，回到上海从事文化活动。1932 年起，被上海法政学院和暨南大学聘为教授。此外，他还在《世界知识》等刊物上发表了近百篇论文。1936—1937 年，任中国社会科学家联盟党团书记、中国左翼文化界总同盟成员、苏联之友社党团书记，还与邹韬奋等人组织全国各界救国联合会。八一三淞沪抗战爆发后，任第八集团军服务队少将队长，率领三十多位作家、艺术家奔赴抗日第一线。1938 年 1 月 29 日在上海病逝。

都是我们的"颐养备极尊崇"的慈禧太后。上面那篇上谕虽然提出许多理由，然而顶顶主要的理由，就是"不要使慈禧太后受苦"。这背后自然还蕴伏着一种意义："朕自也不愿意受苦。"你想，那时只有一位慈禧太后，已经要中国向日本服，目下有这么几千几万位的慈禧太后，中国哪能不向日本投降？

目下，日本的说客野田文一郎已经劝告我们，不要"故违天意"，还是乖乖地早点投降；中国的士大夫们——现代慈禧太后的一分子——也在那里赞美日本天皇的德政，劝中国人赶快投降。所以，在这样的内应外合的攻击之下，上面的一篇上谕，不久恐怕是要窜改重新发表的。

甲午乞和之后，总算过了几十年，清廷才被推翻——甲午之役当然是被推翻的一个远因。袁世凯签订《二十一条》，不出一年就覆了。"殷鉴不远，在夏后氏之世！"（章乃器：《激流集》）

是日 《新社会》刊登了章乃器的《对于农村衰落的认识》一文。

摘要 中国社会的演化，恐怕也是逃不出世界潮流的支配，帝国主义本身的危机，就是社会阶级的分界愈趋愈显，社会革命的阵势摆得更加清楚。在中国，农村经济破产的结果，农村成为穷民窟，遥遥地与上层阶级的根据地都市相对峙。所以，我认为现社会的危机，并不在于江西一带的红军和散布各处的共产党，而是这判若鸿沟的阶级的分界，这是社会革命客观条件的完成。（章乃器：《章乃器论文选》）

1934 年（民国二十三年）38 岁

4 月 20 日，《中国人民对日作战的基本纲领》发表。

5 月，中华民族武装自卫委员会总会在上海成立。

10 月 10 日，中国工农红军开始长征。

1 月 1 日 在《东方杂志·个人计划》上发表《我的来年计划》。作者开门见山地写道："我的来年计划，简单地说一句，是要更密切地适应时代潮流。"他认为时代是沿着曲线前进的，长江水向东流，然而有几阶段向西流。如果我们只见到那小小的一阶段，就断定长江是向西流的，那不是笑话吗？时代也是这样，整个的人类史向着进化的方向发展，中间免不了有几段向着反方向走，如果我们认为反方向是代表大势的，那么，等到有一天转到了顺势，必然要成为岸边的落伍者。所以，这里我们必须放大我们的眼光，把整个的历史作全盘的观察，借以明"大势"之所趋。不然呢？必定要因为拘泥于"小局"而迷了自己的前路。

摘要 所谓适应潮流云者，决不是坐以待毙的意思。是必然要有行动。我在行动方面可以告诉诸位的就是"生活后退思想前进"八个字。我深深地明白，倘使我再在生活方面求前进，我必然要骑上"为现时代挣扎的虎背"。即使我安于目下的生活，我必然也要成将来时代中一个不适宜的人，因为我觉得目下的生活太高了。我必然要先把我的生活降到水平线附近，然后，我才有勇气为将来的时代奋斗。然而，倘使我不是同时在思想方面求进步，恐怕慢慢地我要认不清自己的环境，我也许就要错认了时代。所以，一面在思想方面求进步是万万不可少的。也就在思想前进的过程中，我可以得着内心的安慰。（章乃器：《激流集》）

1 月 10 日 在《申报月刊》上发表《世界经济的前瞻》。作者认为世界经济呈现资本主义各国的经济社会矛盾日趋尖锐而崩溃的惨象、社会主义苏俄的经济社会矛盾渐消而转有欣欣向荣的两种趋势。

摘要 资本主义的矛盾，反映出来它的衰老；而社会主义的繁荣，却正因为它的健壮。资本主义在崩溃的过程中，必然地发生出来步步为营的挣扎。挣扎的目的本来是要调和矛盾，然而，因为资本主义本身的矛盾太严重了，挣扎的手段里也依然表现出来种种的矛盾。这种矛盾，在这世界资本主义的代表美国——在资本主义的英雄罗斯福进行所谓复兴计划之后——尤其是十分显著……最后说到苏俄。社会制度的改变都是这样的：在这时代的外围发展出来新时代的基础。也正和封建残余做资本主义的营养料一般，资本主义是在做社会主义的营养料。帝国主义政治和经济间的矛盾——他们在政治上虽然是反苏俄，而在经济上却在争夺对苏俄的贸易——使苏俄很从容地完成了他的五年计划。他们互相的政治的矛盾，使苏俄稳定了他的政权——目下帝国主义抢着向苏俄送秋波。将来呢，恐怕是他们相互的战争，使社会主义扩大他的领域。（章乃器：《激流集》）

是日　在《新中华》发表《中国经济的过去与今后》。作者认为中国的经济问题，除了这几个现代化的都市之外，还有广大的半封建农村，逐水草而居的蒙、藏游牧民族，未开化的苗瑶民族，复杂错综。本来，历史上没有清一色的社会制度，也没有划然的清晰的时代分界。所以，这复杂错综的现象不足怪异。作者认为研究一个民族的经济，须在复杂错综的现象里面提出某一种现象为中心，再说明其他种种的重要经济现象对于那中心现象的关系。作者研究中国的经济，采用了这一方法。他提出研究中国经济以农村经济为问题的中心，再说明集中在都市里的新兴民族资本和伟大的国际资本对于农村经济的关系，原因是农村经济在殖民地的经济形态里面的确是一个主角，被国际资本主义压迫在底下的有半封建的农村社会，介于两者之间的，有都市里的买办阶级。附丽于买办阶级的，有都市里的新兴民族资本、农村里的经济阶级和军阀官僚的政治组织。同样的遭受压迫的，还有从农村里逃避出来农民化身的工人。

摘要　中国农村可在国际资本势力之下工业化吗？只有殖民地的政权，稳定在一个帝国主义势力之下，农村才有工业化的可能。对农村的投资和工业投资完全不同。工业投资可以集中在甚小的帝国主义炮舰控制下的口岸，而对农村的投资必然要深入广漠的内地。这是非有绝大的政治势力的保护不行的。事实上，中国历来的统治者，对于人民的汗血可以让别人榨取，而对于土地却不肯随意任外人收买。这就是所谓"守土有责"。中国因为土地的庞大和帝国主义势力的对立，过去的几十年当中既然没有任何帝国主义能在中国确立一个单纯的政权，今后国际资本的农村工业化自然更谈不到。在这半封建农村经济崩溃暴动蜂起的时候，只有农村资本的外移可能，而决没有任何资本输入农村的可能。帝国主义自身正在矛盾而将近崩溃的时候，恐怕也没有从容的时间容许它们工业化中国的农村。

那么，中国农村的工业化，恐怕只剩有社会主义的一种方式——就是农村在国有农场和集合农场制度之下工业化。恐怕也只有在这一种方式之下，倒置的经济组织可以变为顺置，而一切文明的设施，可以供我们的利用。然而，这个过程又是怎样呢？（章乃器：《激流集》）

2月1日 在《世界知识》上发表《大战前夜各国的货币政策》一文。

摘要 目前世界各国正在利用货币政策以为第二次世界大战的准备。要说明这种货币政策的种种复杂关系及其前因后果，必须先说明为一般人平时所不注意的货币的三种不同作用。第一、货币的作用是因人而异的。第二、货币的作用是因地而异的。第三、货币的作用是因时而异的。等到恐慌发生以后，货币便常常躲在各银行的库房里，不敢再向工商业界活动。工商业界得不到足够的货币以应对当前的需要。结果，工厂、商店因缺乏流动资本而停止或倒闭以增加失业者，使恐慌更形深刻。在这时候，大金融资本家却拥有巨额的货币，保持着无上的权威。他们对于工厂押款、土地押款的无力取赎者，一律没收或拍卖，直接或间接成为他们的产业。而很多的小银行，也在这暴风雨中牺牲了。

货币就是这样一件东西；而到了现在，已经可以说是货币的转变时期。因为经济恐慌的日益深刻化，货币在最近数年，已经发生了不少的变化，这就是本文下面各节所要叙述的。

五年来的货币的改变，是货币史中重要的一页。

教科书告诉我们：国际贸易所产生的国际分工，固然可以促进世界大同，货币的国际化也可以促进世界大同。而目下是怎样呢？生产在自足自给的关门主义之下固然成了极端的国家主义化，货币也照样地成为国家主义化。世界大同的任务，只好留待未来的社会制度。

教科书还告诉我们：商品的生产量能用供求律去控制它，货币的流通量也能用供求律去纠正它，而经济恐慌也能由供求律自己去消灭它，而目下呢，商品的生产显然地已经变成无政府的状态，经济恐慌更决非供求律

所能自然地加以消灭。目下的货币，不单是离开金融学派或法制学派的领域而且完全在政治手段控制之下了。（章乃器：《激流集》）

3 月 10 日　在《女声》上发表《妇女与妇女运动》一文。

摘要　倘使你们是准备为妇女而运动，你们便应该放大眼光，看到这占妇女的最大多数的劳苦妇女群众。你们更应该见到，社会运动是整个的，妇女运动不过是社会运动的一面，而劳苦妇女群众也不过是劳苦群众中的一部分。在任何的一国，整个的劳苦群众不解放，妇女也不能得着解放。在次殖民地的中国，整个的民族没有解放，妇女也谈不到解放。要在这样的一个轮廓之下，我们才能求求到妇女运动的意义。

我用十二分的诚意，希望参加妇女运动的人们，脱离了"被欺"的领域，消灭"自欺"的幻想，放弃了"欺人"的勾当，大踏步地向妇女解放的康庄大道迈进！特别是中国的参加妇运的人们，是要站在反帝的民族斗争的阵线里，认清她们的地位，认清她们的目标。（章乃器：《激流集》）

4 月 10 日　《章乃器论文选》由蔡元培题写书名，生活书店总经销，各地书局发行，售价每册大洋九角。该论文选共分四卷，自序一篇。卷一：中国问题，收录《民族的出路在那（哪）里？》《入超激增与外人在华金融势力之活跃》《农村衰落中食粮入口之概况》等十篇文章；卷二：中日纠纷，收录《日本帝国主义对华之行动》《国际形势与中日纠纷》《国难中的人生观》等共二十一篇；卷三：国际事情，收录《银问题与世界经济会议》《英国对华之态度与妥洽主义者》《中苏复交后对于苏俄应有之认识》等共十三篇；卷四：币制金融，收录《漫无组织之金融市场》《中国金融统治论》《美国金融风潮》等共十三篇。

《章乃器论文选》主要收录他在 1934 年这两年间在报纸杂志发表过的文章，因朋友敦促而出版。

4 月 20 日　与宋庆龄、何香凝等联合发起中国民族武装自卫委员会筹备会。该会制定简章，拟于上海设总会，各地设分会，以自动武装民众进行抗日斗争。该会发起人及赞成人共一千七百七十九人，发表了由中国共产党提出，经宋庆龄、何香凝、李杜等签名的《中国人民对日作战基本纲领》，纲领共六条：全体海陆空军总动员对日作战；全体人民总动员；

全体人民总武装；立刻设法解决抗日经费（没收日本帝国主义在华财产，没收一切卖国贼的财产，国库一切收入用作对日作战经费，实行财产累进所得税，在国内人民、国外华侨及一切同情中国的外国人士中进行募捐）；成立工农兵学商代表选出的中国民族武装自卫委员会为抗日总机关；联合日本帝国主义的一切敌人。纲领指出"中国人民只有自己起来救自己""中华民族武装自卫，才是中国人民自救亡国的唯一出路"。

5月1日 在《民生》发表《第二次世界大战与工人》一文。

摘要 现代的战争，已经不是少数英雄的事，而是整个资产阶级的事；少数英雄不过做了资产阶级的工具或者代表罢了。

资产阶级为什么需要战争呢？这是因为利润的缘故。在资本主义的经济制度之下，利润的取得是资本家投资的目的。而利润的取得，自然只有生产多而分配少的一种方式。所以在资本主义的生产关系中间，生产超过消费是必然的。资本主义在某一个国家里面发展到高度的时候，那个国家就必然有多量的剩余的商品，这就是所谓富强之国。然而这种剩余商品的处分，却要成为问题。就是说，倘使这些剩余商品不能找到消费的市场，那个国家就要发生生产过剩的恐慌。怎样去找消费市场呢？最后的方法逃不了是这残忍的恐怖的战争。这就是资本主义演进而为帝国主义的一阶段。（章乃器：《激流集》）

是日 在《新社会》发表《我们应该怎么应付酝酿中的世界大战》一文。

摘要 依然想"隔岸观火"吗？要认清别人正是在我们的房子上放火。叫我们目下"力持镇静"等到大战开始的一天，我们就可以得着生路；那是官僚们骗人的话。要晓得大战开始之日，正是中国民族大难临头之时。官僚们的金钱财产，在帝国主义保护下的租界里面，他们自然可以"隔岸观火""说风凉话"；战场里的老百姓和整个的中国民族，却只有做牺牲品。中国要想得着出路，是要消灭第二次大战的祸根——最低的限度也要不许别人划定我们的国土做战场。做了别人的战场还说是有出路，那只有"隔岸观火"的官僚才会说得出。

怎样消灭第二次大战的祸根呢？帝国主义是战争的制造者；战争的目的是在市场的夺取；而市场的夺取，却是处理剩余商品的必要的手段——资本主义就是这样的必然要帝国主义化，而帝国主义也就是这样的必然要制造战争。我们要避免在第二次大战做牺牲品——做一个被解决者，我们必须立刻反对帝国主义划定我们的国土做战场。而要做到这个，也决不是空言所能成功的；我们必须发动一个反帝的民族革命。（章乃器：《激流集》）

5 月 3 日　出席中国民族武装自卫委员会（简称武卫会）筹备会第一次会议，推选宋庆龄为主席。出席会议者有宋庆龄、章乃器、李定南、林里夫、李国章、陈璧如、黄申卿、东北抗日联军代表和中共中央代表。（尚明轩主编：《宋庆龄年谱长编》，社会科学文献出版社，2009 年）

5 月 15 日　晚，出席《申报月刊》社在上海举行的第四次讲谈会，讨论《日内瓦莫斯科与东京三条外交路线之得失》。出席者还有刘湛恩、赵正平、沈志远、毕云程、陈彬龢[1]、胡愈之、俞寰澄等共十六人，并发表讲话。（谢长法：《刘湛恩年谱》）

摘要　说到外交，第一要有实力，第二要有政策，第三才谈得到路线。外交不过是实力的和平的运用；所以，不知运用实力和不敢运用实力的人，就不配言外交。弱国无外交吗？不然，不然！不知运用实力或者不敢运用实力，才无外交。实力是什么呢？帝国主义的实力是飞机大炮；而弱小民族的实力是民众。飞机大炮固然有很大的威力；然而，民众的怒吼和抗争，很可以使飞机大炮无由施展它们的威力。过去中国革命群众在沙面、武汉、九江等处反抗帝国主义的胜利，就是很好的例子。

有了外交的实力，然后可以决定外交的政策，是应该取强硬的政策呢，还是取退让的政策？强硬可以到什么地步呢？退让不能超过什么地步呢？这是应该拿民族的利益和自己的实力以及对方的情形配合估量而后能定立下来的。比方，自从九一八事变以后，日本的外交政策，有所谓"焦土外交""协和外交"和最近的"水鸟外交"；这都是配称为外交政策的。[2]（章乃器：《激流集》）

7 月 10 日　在《新中华》发表《第二次世界大战底前途》一文。

---

[1] 陈彬龢（1897—1945），江苏吴县（今苏州）人。1926 年 3 月因参加反帝爱国运动遭段祺瑞政府通缉。1928 年堕落成日本的职业特务。
[2] 该会议的发言内容发表在同年 6 月 15 日的《申报月刊》上。

　　摘要　帝国主义在中国建立起来反苏联的大本营的情况之下，无疑的，中国是一个未来的战场；而在大战前夜进一步地殖民地化的条件之下，中国人民不单是要做低等的劳动群众，而且要做最前线的炮灰！在东北四省，日本帝国主义不是在那里造军用铁路、筑飞机场，准备对苏联的战争吗？东北……伪军，不是在日人的训练之下，预备做反苏联战争最前线的炮灰吗？甚至，关内的劳苦群众，也是成千累万地被汉奸们诱骗过去，在日人的枪头的威吓之下，充当兵役！看到这种种一切，中国进一步地殖民地化，究竟是如何景象，已经是不难洞见了。在领土做战场，人民做炮灰的条件之下，我们从什么地方去找出路？我们能用这样重大的牺牲，去找投机取巧的出路吗？

　　无疑地，叫中国人等待第二次世界大战降临的时候再找出路，不过是帝国主义代理人欺骗中国人民的鬼话！中国人倘使真要得着出路，只有马上立刻拿民族革命去消灭战争，而不能期待战争的到临！（章乃器：《激流集》）

　　7月15日　在《申报月刊》发表《世界政治经济概况》一文。章乃器在文中写道："我们应该由经济危机去认识战争危机和革命危机，再由革命危机的加强去认识战争危机的迫切；由战争前夕的军事准备去认识当前资本主义暂时的稳定，同时由最后挣扎的法西斯运动去认识资本主义暂时的稳定中资本独立化的加强和所加于劳动阶级的剥削的加甚，再由资本独占化的加强和所加于劳动阶级的剥削的加甚去认识资本主义国际和国内的矛盾的尖锐化；由资本主义国际和国内的矛盾的尖锐化去认识反苏战争运动的加紧。"接着，他又写道："由这发展达到极高度的资本主义下的恐慌过渡到繁荣，唯一的桥梁是战争；由战争危机过渡到和平，唯一的桥梁是革命。……因此，目下整个世界的局面，成了战争危机和革命危机相持的局面。革命固然是反对战争的唯一有效的手段；而战争也是压服革命的顶厉害的方法。"

　　在文章的第六部分，他写下结论：在这战争危机和革命危机相持的时候，中国应该怎样做呢？不明世界大势不顾民族利益的人们，或者是在那里期望战争的到临，但他们没有见到，日本刚在第一步准备进攻苏联，东北四省已非我有。他们也没有想到，中国之被瓜分，将为第二次世界大战中的一幕。他们更没有意识到，中国在大战当中要成为别人的战场。中国应该希望战争之到临吗？战争爆发之后帝国主义所加于中国的更严重的压迫，还能够容许中国从容以求出路吗？倘使不然的话，我们除了立刻发动民族革命，增强以民族革命消灭国际战争的运动之外，还有什么呢？

7 月　在《社会经济月报》发表《上海底两个证券市场》一文。

摘要　说到上海的证券市场，一般人都只知道有一个华商证券交易所——以前还有一个证券物品交易所，也设立一个证券市场，现在已经合并到华商证券交易所里去了。

同时，谈到证券，一般人都只知道有政府发行的公债、库券；报纸上的证券行市，也只有公债和库券的盘子。我们去翻阅几本关于国内和上海的金融市场的书籍，所告诉我们的也只有这一些。

大家似乎都忽略了，忽略了公债库券市场之外的一个股票和公司债市场，忽略了一个外人经营的众业公所。（章乃器：《中国货币金融问题》）

8 月 22 日　在《大晚报》发表《当前的白银问题》一文。

摘要　四年后的今日，又要闹"金贵银贱风潮"。"俯仰由人"的中国，别人有余的时候可以做他们的"尾闾"；而别人不足的时候却又可以做他们的外府。在这双料的"任务"之下，"风潮"自然是格外的多了。

这次的银潮，在今年春间美国抬高白银价格的消息传出来之后就经开了端倪。然而，到六月底为止，半年间上海一埠现银的出超，还不过三千万元。

说到补救的方法，有人主张禁银出口，有人主张统制贸易，更有人主张统制汇兑，然而，同时便有人顾虑到，一个半殖民地的国家，统制贸易能不能得帝国主义的许可呢？倘使以向来私运人造丝和砂糖的军舰来私运白银，白银出口又何从禁止呢？没有一个禁止白银出口做工具，汇兑又何从统制呢？所以，到目下为止，还只有一个毫不费力的听其自然的方案。

然而，倘使我们认识目下的白银问题不过是大战前夕的一个恐怖，那么，根本还要问：我们怎样应付战争？假如对于战争结果依然是束手无策，那么，即能勉强应付了目下的银潮，依然还是没有意义的！（章乃器：《中国货币金融问题》）

8 月　受聘担任私立立信会计专科学校教授。

9月15日 在《申报月刊》发表《"九一八"三周年祭》一文。

摘要 救亡之道，须找求中心之所在，而决非补苴罅漏之所能为功。所谓中心，对内在树立一举国翕然之政策，以求人民一致之团结；对外在示人以无可逾越之界限，以杜此去彼来无餍之要请。然欲达此目的，则第一，应具敌忾同仇之念——即人民之所谓敌，决不容少数人认之为友；人民之所谓贼，亦决不容少数人认之为父。第二，应表示最后之决心——即容忍止于一时，退让须有限度；逾此限度，则破釜沉舟，亦所不惜。总之，以言大势，则人心终须振奋，国格终须保持；以言利害，则无牺牲之决心，必招致更大之牺牲。当此九一八事变三周年之日，谨举此为国人告！（章立凡选编：《章乃器文集（下卷）》）

9月16日 在《世界知识》上发表《三年来之远东战争》一文。

摘要 在历史的使命上，我们应反对帝国主义战争；在人道主义上，我们应该反对一切残杀人类的战争；而在民族的立场上，我们更决不能帮助我们最大的敌人——日本帝国主义——作战。然而，在形势上，日本帝国主义正在强逼我们做它的最前线的牺牲品！所以，今后的局势，是比过去三年间更严重的局势，我们应该怎样对付这空前严重的局势呢？中立吗？这是日本帝国主义所万难容许的。我们除了服从，恐怕就只有抗争！

怎样抗争呢？由淞沪之役，我们可以认识民众的力量；这一个月余的苦战，不是军事的力量，而是民众的力量。由历次的战事，我们更可以认识孤军一隅之战，徒然牺牲了英勇的战士，而结果终不免被敌人各个地击破。所以，倘使我们以后再要抗争，我们必须集中全国民众的力量，发动一个举国一致的民族革命战争！我们要以民族革命战争，一劳永逸地消灭帝国主义战争！（章乃器：《激流集》）

9月22日 下午，出席《女声》社纪念创刊两周年联欢会。联欢会在香港路银行俱乐部举行。到会的有刘王立明、黄碧遥、郭步陶[①]及各报馆、

---

①郭步陶（1879—1962），原名成爽，后改名惜，字步陶，别署景卢，四川隆昌人。近代著名新闻记者、新闻研究者，曾经历任《申报》编辑、《新闻报》编辑主任和主笔、复旦大学新闻系《评论练习》教授，著有《西北旅行日记》《编辑与评论》《时事评论作法》等。

各通讯社记者、各校校长等六十余人。主持人黄养愚报告招待各界的意义及该社改组经过；刘王立明陈述两年来的奋斗成绩及对于今后的希望；章乃器对《女声》半月刊予以称赞与鼓励，他说："《女声》事实上是为社会之声，女声社工作人员均有新精神。"（《申报》1934 年 9 月 23 日第 15 版、25 日第 11 版）

9 月 在《社会经济月报》发表《银问题与财政问题》一文。

摘要 自从美国宣布白银收归国有之后，银价就再度暴涨起来。当然在外国政府以人为的手段抬高银价的时候，海外银价必然要比中国银价涨得快；因此，中国银价就变成比海外银价低。由市价低的地方向市价高的地方流，本来是一切商品的通常现象；因此，价格较低的中国白银就很迅速地流向海外了。同时，因为远东战云底弥漫，而禁银出口的声浪，又曾经一度呼得很高；于是，除了因市价不平衡的关系而外流的白银之外，更有为"避难"而外流的白银；白银外流的趋势，因而格外的严重化起来了。

白银外流问题之所以严重，是因为白银是中国的本位币金属不断外流的结果，必然要发生金融枯竭的恐慌。上海在最近的几年中间，现银增加的数量造成空前的纪录，金融业大都在叹息"有钱无处放"，可是在这次白银外流的当儿，华商银行底存银并未见减少，而"虚惊"所造成的恐慌，却已经显现了端倪；拆息忽然由常的几分高涨到一角以上。公债行市也开始跌落，无组织的金融市场，至是遂再度地暴露出弱点来。

倘使远东战争终难幸免，倘使美国的白银国有政策，不过是战争的一种准备，那么，我们如果不是醉生梦死脑满肠肥的人，应该会感到来日大难。一个不能应付目下轻松平淡的白银问题的制度，还能应付将来严重十百倍的局势吗？我们可能在苟安政策下找到出路吗？（章乃器：《中国货币金融问题》）

11 月 15 日 在《申报月刊》上发表《白银出口增税以后》一文。

摘要 自从一九二九年世界经济恐慌开始以后，资本主义各国由高筑关税壁垒进一步而管理贸易，由放弃金本位进一步而管理通货，由产业合理化进一步而限制生产；经济学上的自由主义，在时代潮流的激荡之下，无形地没落下去。英国是自由主义的祖国，而从自由转变到管理，它始终未甘后人。管理通货底施行，事实上英国是领导者。它不单是在本部施行它的管理，而且把那范围扩大到殖民地；这种趋势，在渥太华会议中已经充分表现出来；而印度、澳洲和英属马来群岛各处对于进口货的种种限制，也给我们以许多片段的印象。

在这种转变之下，各种市场——金融市场和商品市场——都变成政治的，而不是经济的。经济学上的供求原则，由王位退处于附庸的地位。投机市场里的群众，从前虽然是大资本家股掌间的玩物，然而总还能在供求形势中间看到一些所以然的原因。现在呢，很轻松的一纸命令，就可以制他们的死命。

于是，我们不能不下一个结论：中国问题是整个的问题，而我们所需要的管理或者统制，也必然是整个的。最后，我还要提出，目前的白银问题不过是货币战争之一幕，而货币战争又不过是未来大战的前奏。（章乃器：《中国货币金融问题》）

12月1日　在《时代日报·两周纪念特刊》上发表《我国银行业的前途》。章乃器认为，金融是经济社会的循环系统、工商百业的枢纽。因为，在任何的现代资本主义国家里，金融资本支配了一切。金融业何以能有这样的势力呢？它的基础，依然是建立在工商百业的基础上。金融业的伟大势力，是工商业替它造成的。

12月12日　在《东方杂志》上发表《跃跃欲试之日本西进政策》一文。文中表示：日本帝国主义对于中国满蒙地区的军事侵略，是由于国内经济恐慌日趋深刻，社会矛盾日趋尖锐，不得不以此来缓和内部冲突的手段。然而，这种说明，还是不够的。

摘要　九一八事变以后，日本外交官曾经昭告世界：日本必须以实力防阻远东……这种宣言，倘使我们仅认为是侵略中国的借口，我们就不免要陷于判断的错误。因为，在主义上，还带着若干封建意味的日本帝国，和苏联的对立只有比其他帝国主义高；而因为国土相接，对于第一次五年计划完成第二次五年计划正在迈进的苏联，更不能不感到严重的忧虑。它正和其他帝国主义一样，自然感觉到：倘使它不在目下及早发动对于苏联的进攻，迅速长大的苏联将不容许它有这样的企图。所以，进攻苏联一着，在日本帝国主义也是认为十分迫切的。这就是日本西进政策的内容。

最后，我们便要觉到：在这牺牲弱小民族以促进反苏联阵线的原则之下，中国事实上已经是一个最大的牺牲者。以后的牺牲还有何呢？我们将何以自救呢？（章立凡选编：《章乃器文集（下卷）》）

12 月 在《社会经济》发表《金融恐慌与币制危机》一文。

摘要 中国虽然有过许多次数以上海为中心的金融恐慌，然而，三年以来的两次金融恐慌，包含着特殊的严重性。一九三二年一·二八事变后的金融恐慌，是日本的军事势力震撼了这金融中心——上海——的安全，搅乱了这一般人所重视的"大结束"；整个闸北的毁灭和几乎全体工商业长时间的停顿，也给金融业以很严重的打击。一九三四年八月九日以后美国对于世界白银底收买，到年终为止，使上海丧失了几及半数的存银。信用收缩的结果，使上海的地产、证券和商品都跌价；许多工商业家宣告破产，或濒于破产。这两次金融恐慌的特质，是它们的造因都包含着外来的政治势力。

最后我要声明的，就是上文种种，大都不过是我个人推测的结果；我绝对没有得着任何负责人士任何资料的供给。我不敢以"高瞻远引"自居，然而欢喜推论却是我的特性。我十分相信，许多我所指出的形势，并未见诸事实。（章乃器：《中国货币金融问题》）

1935 年（民国二十四年）39 岁

1月15日，中共中央政治局在遵义召开扩大会议，确立了毛泽东的领导地位。

8月1日，《为抗日救国告全体同胞书》发表。

10月19日，中共中央、红一方面军主力长征结束。

12月9日，在中国共产党的领导下，北平大中学生数千人举行抗日救国示威游行，反对华北自治，反对日本帝国主义，要求保全中国领土的完整。

12月17日，中共中央召开政治局扩大会议，分析华北事变后国内阶级关系的新变化，制定了抗日民族统一战线的策略方针。会议通过《中共中央关于目前政治形势与党的任务的决议》。

1月1日　在《世界知识》上发表《中国的国际收支》一文。在该文中，章乃器认为中国的统计工作十分可怜，政府机关发表的统计资料，具有深远的历史和相当严整的系统要推海关出版的《贸易年报》和《月报》等刊物，但是，主持统计资料公布的依然是外国人。此外各种机关公报，大都只有一些散乱的资料，往往不正确。有些机关保存一些档案上的资料，自己却没有能力用统计的方法去整理，而且不肯让别人调阅；结果是陈陈相因，成为废纸。近年来，财政部税则委员会和实业部国际贸易局出版了许多有统计价值的刊物，这是一件可喜的事。

摘要　说到中国的国际收支，这是一个谜一般的问题；原因就是不容易找到可靠的统计资料。本文的目的，也不过是介绍几位专家的估计，带便再写下来一些我个人对于各种估计的批评和国际收支问题对于社会经济的几种重要的意义罢了。

总之，就是用常识判断，中国是一个入不敷出的国家，而且是一个债务国，是毫无疑义的。上述外人在华投资额的激增，还不是一个明例吗？中国人民迅速地走上贫穷的一条路，更是谁都不能否认的事实。在今年，银价暴涨，而入超依然达五亿元之巨；白银不断地流出，造成严重的金融恐慌。这些都可在事实上证明乐观论者的夸大。乐观论的用意究竟何在呢？是要中国人欢迎帝国主义的侵略，而永远地安处于半殖民地的地位吗？或者，进一步希冀中国的完全殖民地化吗？这在外国人的立场上，我们是不能疵议他们的。然而，竟会在以发扬民族革命思想自命的《民众论坛》中发表像郝伍德氏一类的论调，就不能不使我们骇怪了。这是发扬革命思想呢，还是麻醉革命思想？（章乃器：《中国货币金融问题》）

1 月 15 日 在《中山文化教育馆季刊》发表《货币金融所反映出来的中国社会》[①]一文。

摘要 对于一个社会的观察，自然要以它的普遍的状态为对象；所以，以社会一角或者某一种现象来判断整个的社会，往往是不正确的。因此，我在写这篇文字的时候，我并不想说：货币金融所反映的社会形态，就可以代表整个的社会形态。不过，因为货币金融是社会经济中顶顶重要的一部门，而且一般学者都认为是社会经济的枢纽，所以，我敢说：它们的代表性是很高的。

在分析一个社会的时候，并不是我欢喜把一切的现象归纳到"帝国主义""新兴资本"和"封建残余"三种势力下面去。简单地说：倘使中国没有一种自救的方法，封建势力是要和帝国主义势力同时前进的，一直到中国完全殖民地化为止。（章乃器：《中国货币金融问题》）

是日 在《申报月刊》上发表《中国财政金融之现势》一文。

摘要 我在写这篇文字的时候，我想到一点：倘使我仅仅不过介绍一些数字给读者，而不能把这些数字背后的社会关系显示出来，我就不能使读者对于中国的财政金融得着一个"明确的概念"；我就无以副本书编者的本意。很明白的，数字的介绍，是年鉴的职责，而不是本书的使命。

因此，我就定立下来一个方针：数字的介绍，以能说明社会关系为止。

[①] 1936 年 1 月，章乃器在《我的研究动机和研究经历》中写道："一九三五年春天，我写了一篇《货币金融所反映出来的中国社会》，发表在《文化季刊》上面，才算把和我的职业有关的货币、金融问题弄个清楚。在那篇文字里，我用我所知道的事实，解释帝国主义和封建两种势力在货币、金融中的成分。从表面看来，这种工作是不难做的；但是，在事实上，中国许多对于社会性问题的论文，一部分是从农村经济着眼，另一部分是从都市里的工商业资本着眼，很少着眼于货币、金融问题的。把平时关于货币、金融的研究和政治见解统一起来，很明确地认识帝国主义和封建势力是到处存在着的。所以，我当时是觉得十分快活的。"

读者倘使要找更详细的统计资料，还得去翻别种书籍——如《申报年鉴》之类。然而，依然因为篇幅有限，个人见闻不周，连说明社会关系的数字，怕都不免有舛误遗漏的所在；这是深盼读者所能给我指正的。（章乃器：《中国货币金融问题》）

1 月 在《世界知识》上发表《英美在华的货币战争》一文，他大胆地指出：美国的白银政策和英国对华投资的酝酿，目的在夺取中国的货币权；而拥有强大军事力量的日本的态度，是一个决定因素。

2 月 15 日 在《中山文化教育馆季刊》发表《经济论争中的两条战线》一文。

摘要 中国的学术界，从清末维新和守旧两派的斗争到近年来革命和反革命的斗争，可以说是一个极大的开展。在那过程中间，守旧派的政治活动，由张勋的复辟到袁世凯的称帝，以至溥仪的甘为傀儡，他们的理论斗争，由袁世凯的下令读经到吴佩孚的"半部论语治天下"，以至目下的存文、复古、读经和关内外交响的所谓王道。他们由过去的把握住整个的反革命集团到目下的仅仅占反革命集团中一方面的势力，由过去的"苦心孤诣、抱残守缺"，到目下的"廉耻道丧、斯文扫地"，丑恶的面目，可说是暴露无遗了。凡是还有点是非之心和羞恶之心的人们，都会判定他们是历史上的叛逆者，都知道他们的理论是奴才哲学，是汉奸哲学！他们和外洋进口的种种色色的古典学派与复古思潮凑合起来，成为整个的反革命阵线。这个反革命阵线，在目下垂死的一个阶段当中，在帝国主义的保护、合作之下，和新的、进步的革命势力，作狰狞的最后挣扎。这是目下中国民族解放斗争中的一个重要部门——文化部门；它是随着目下中国民族解放斗争的尖锐化而尖锐化的。（章乃器：《中国货币金融问题》）

2 月 18 日 在《交易所周刊》发表《上海的金融》一文。

摘要 提起上海的金融，许多人总会立刻联想到上海金融市场里的三个集团——钱庄、洋商银行和华商银行。

中国目前不能采用虚金本位，目下采取虚金本位，必然是加入某一个国际货币集团。美金集团和英镑集团，固然是纸本位，法郎集团也随时可以变为纸本位。那样，所谓虚金本位，不过是外国的纸本位；也可说是货币殖民地化的别名。此外，中国如加入任何集团，必须要卷入世界货币战争的漩涡，币值的不安定，或者要更甚于今日；而远东均势进一步的失坠，更足以促成太平洋战争。

上海华商银行的存银，尚有一亿七千万元。较之去年五月间最多时，不过丧失了二千万元，实力尚属甚厚。以后只须政府财政能量入为出，人民勿庸人自扰，竞提现金，则目下难局，当可安稳渡。

外债不妨借用，然不能以让渡货币权为条件——即不能加入任何国际货币集团，然而仍须自己财政及金融有相当办法，方不致饮鸩止渴。（章乃器：《中国货币金融问题》）

2 月 21 日　午后，与黄炎培、江问渔①等谈金融问题，主张建设贴现市场、资本市场。对中日经济提携之危险，黄炎培认为"有深切的指示"。（黄炎培：《黄炎培日记》，华文出版社，2008 年）

2 月 24 日　与蔡元培、邵力子、叶圣陶、巴金、老舍、李公朴、朱自清、叶籁士等二百位文化教育界知名人士发起提倡手头字（简体字）运动。日常生活中有许多使用便当的字，手头上大家都这样写，可是书本上并不这么印，识一个字须得认两种以上的形体，十分不便。众人主张把手头字用到印刷上去，省掉读书人记忆几种字体的麻烦，使文字比较容易识、容易写，更能够普及到大众……决定把手头字铸成铜模浇出铅字来，用来排印书本，先选出手头常用的三百个字来为第一期推行的字汇，以后再逐渐加添，直到手头字跟印刷体一样为止。（《手头字之提倡》，《申报》1935 年 2 月 24 日第 14 版。潘大明：《章乃器与汉字简化运动》，《档案春秋》2020 年第 6 期）

2 月　应中国新村建设社之邀，作为首场演讲嘉宾在八仙桥青年会大礼堂进行演讲，使更多人认识与了解新村建设。（陈琳主编：《刘王立明年谱》，北京师范大学出版集团、安徽大学出版社，2018 年）

3 月 14 日　与杨荫溥、张肖梅联名发表《工商业金融问题研究报告书》。

---

①江问渔（1885—1961），名恒源，字问渔，又号蕴愚，以字行。江苏灌云人。职业教育家。

摘要　中国金融年来最大之进步，为废两改元以后，长江下游币制之统一。此种进步，必须加以保持。而中国金融目下之缺点则为由对人信用进于对物信用之后，即成停滞不前之局；证券信用之发展，仅为偏向财政证券（公债库券）之畸形发展。此为无可讳言之事实。但此种因果，亦多为环境使然，殊不能认金融界应独负其责也。夫求本身事业之安全，为金融工商百业之所同。然金融业一面固须负扶助工商业之重任，而一面受存款人托付之重，亦应筹谋其安全。金融贵乎流通，而资金之贷放，则为金融界自身之利益。金融业只须安全得所保障，自身资金，无复呆滞之忧，固决无不乐于贷放之理。

尚能如上所述，以稳健的扩张信用之手段，代替不健全的通货膨胀手段；则增加之筹码，较之仅凭地产及商品之保证，发行流通券，将有过之而无不及。盖账簿上债权之运用，尚非流通券发行之所能包括也。

在此次严重恐慌之下，中国经济界已有空前之觉悟。一方产业界团结以图存，要为良好之现象。而他方金融界在现银不绝流出之际，亦深感非促进国内产业，减少入超，无以安定金融之基础。倘于此际通力合作，彻底建树金融业与工商业辅车相依之关系，一致对付外来之攻袭，则不特经济界之幸，抑亦民族前途之福也。此外关于技术上之设计，因内容比较复杂，当另作专篇详述之。（章乃器：《中国货币金融问题》）

3月15日　在《申报月刊》发表《经济恐慌中的危机与觉悟》一文。章乃器认为，民力枯竭，金融业决不能单独的繁荣。民力与金融业关系，民族资本中最占势力的金融业，在通常的情形之下，多进口一元的洋货，或者少出口一元的土产，金融业就得多溢出去一元的资金。于是，"上海钱业为自卫起见，决议不再放给经营洋货商人以款项——尤其是经营外国奢侈品的商人"。同时，某些华商银行决定除了机械和必需原料之外，洋货进口押汇和押款，概加拒绝；一面再计划创造五千万元的工商业信用，以策进国内工业和土货出口。这样，在主观上民族金融资本已在企图退出买办阶级底领域，而采取经济独立。但是客观的事实能否容许，却是一个问题。这就是说，如果政治趋向殖民地化，经济独立是不可能的。他指出："覆巢之下无完卵，哪里还谈得到经济独立呢？这是我们应该觉悟的。"

（章立凡选编：《章乃器文集（上卷）》）

3 月 16 日　在《世界知识》发表《太平洋问题之史的展开》。文中他认为"只有中国人民一致奋起以争取中国民族底解放，才能使太平洋问题得着合理而且彻底的解决"，中国的殖民地化，为中国人民不能容忍。如果一时解决太平洋问题，不久的将来必然要成更大的纠纷。中国人民应该彻底地认识帝国主义殖民地化中国的企图，这仅是它们自身最后没落的反映，中国人民在客观的条件上，可以摧毁敌人。但是，如果中国人民不争气，不能努力地运用客观上有利的条件，中国可能一度沉沦。所以，太平洋问题的彻底解决，即中国民族的彻底解放，有待于中国人民的努力。

他在文中表示，除中国人民的立刻奋起，还需要联合以平等待我的民族，在谋求自身解放的过程中，根本地解决太平洋问题。

3 月　在《社会经济月报》上发表《当前的金融问题》一文。

摘要　金融的意义，在"金融"一语中，可以得着很明白的解释。"金"是一种坚硬而固定的物质；而"融"是融化流通的意义。这坚硬固定的金，要使它变成融化的流通的状态，这就是金融的作用。

"金"何以能"融"？这有赖于信用之火的燃烧。但有时信用之火烧得太猛烈了，融化的金腾沸洋溢，反而要浇灭了信用之火；跟着，融化的金也冷却而结冻了。这就是信用过度膨胀成了恐慌的现象——就所谓资产的结冻。

所以"金融"的重要意义，是要金钱融化流通；而顶顶要不得的就是呆滞结冻。

上文所述的方法，自然是有条件的。比方，倘使日本帝国主义真个要到上海来设定 2 亿元的信用，它就可以用同文同种的便利，向中国批发商直接通融货款；那样，我们的信用统制就要消失效力。再呢，倘使地方政府依然会用禁止出境、扣留，以及苛捐杂税等方式，阻碍内地商品的流通，那么，在一面阻碍出口而另一面增加国人对于外货的需要的结果，现金外流的趋势依然不能纠正；信用统制依然不能救治漏血的病症。

所以，倘使政治上是一无办法，经济上也是不可能有万全的办法的。

（章乃器：《中国货币金融问题》）

4月1日 在《中学生》发表《怎样研究中国的金融问题》一文。在文章中，章乃器表示：金融问题是经济学上比较不易了解的问题。然而，也正和经济学上其他问题一样，都逃不出人们日常生活的范围。人们对于自己生活条件的内容往往是忽略的；也并不是忽略，而实在因为那范围太大了——包括社会科学的全部和自然科学的一部分，研究透彻并不是容易的事。

摘要 但是，研究经济问题而能够由眼前的日常生活中的事例去体会，便可以容易得着门径。我看见许多教科书，有的是从古代的社会经济说起，有的是从别国的事情说起；这就要使学者难以领会了。

随着帝国主义在华争夺的激化，中国的恐慌是必然一天一天地加深。中国倘使不能发奋图强，起而拒抗，恐怕在它们的争夺当中已经要牺牲净尽——殖民地化还是以后的事。

怎样研究中国的金融问题？这是一个泛大的题目。要详细地写，决非这一短篇所能容纳。所以，我只是简单地指出由当前的事例去研究问题的方法，即同时提醒有志研究中国金融问题的人们，不要忘记了中国是一个半殖民地国家——是一个帝国主义和封建势力支配下的国家。（章乃器：《中国货币金融问题》）

4月5日 在《申报月刊》发表《由国际货币战争说到"上海金榜"》一文。

摘要 这两种趋势有一个同一的目标，就是提高物价。就人类幸福着想，物价应该跟着生产力的进步，逐渐的下落；所以，提高物价的企图，显然是违反人类进化，漠视人类幸福的一种举动；然而，为了要维持资本家的利益，提高物价的企图，已不自今日始，所谓托辣斯、卡志儿一类的垄断组织，目的均在提高物价，不过，像目下牺牲了币制尊严以维持物价的最后一着，是在近年才发见罢了。

目下的资产阶级，左手垄断了商品，右手垄断了货币；用右手的货币直接去购买左手的商品，它自身却没有偌大的消费力；拿右手的货币分散给大众以增加购买力，或者拿左手的商品分散给大众去消费，那又都是维持私有权义下所不能容许的事。于是，它就用通货膨胀手段去增加右手的货币的数量，企图由币值的跌落反映出来物价底高涨。但是，倘使增加了数量之后的货币，仍然不能流入大众的手里变成真正的购买力，那因刺激而起的投机购买和反映出来的虚幻物价，是不能持久的。在这种情形之下，他们——资本家——唯一的出路，只有运用币值的落后的汇价低落，用货币倾销的方法去开展他们的海外市场，这就开始了国际货币战争。

这由内部矛盾发展出来的向外矛盾——货币战争，从帝国主义间的关系说起来，它是经济战争底最后一幕，后面接着就是军事战争。（章乃器：《中国货币金融问题》）

4 月 16 日　在《世界知识》发表《国际投资市场的中国》一文。

摘要　"中国是世界的中国了"。这是对的，然而是不够的。"是世界的"，固不独中国为然。现时代地球上的任何国家，谁又能不受世界潮流的支配呢？

"中国是列强支配争夺下的中国了"。倘使我们认定中国是一个半殖民地的国家，似乎还应该进一步这样地说明。所谓"列强对华投资"，便是它们支配中国的一种方式，或者一种工具。借外债究竟是利是害？这是一个不能机械地答复的问题。大概，一个国家也和私人差不多；信用好的人，有许多银行钱庄上门去送折子给他请他用钱，那条件自然就十分迁就；穷人拿衣服到当铺里去押钱，所得的自然是吸血的高利贷。有人以为：日本和苏联也都借外债，我们借借何妨？然而，我们自己拿镜子照照，究竟和日本、苏联一样吗？我们已经脱离了半殖民地的形态吗？这未免是太不自量的乐观论了。

自然，倘使条件相宜，外债也大可以借。不过，借债是借债，因借债而牵涉到币制的独立，甚至牵涉到其他的政治问题，那是要不得的。但是，我们可能得着适合这种条件的外债吗？（章乃器：《中国货币金融问题》）

是日　在《世界知识》发表《英美在华的货币战争》一文。文章认为：在资本主义发展到最高形态的阶段，金融资本不单是在国内支配了工商百业，在国外也负着夺取市场、伸展国家威力和稳定殖民地和半殖民地治权的重大任务。它——金融资本——对外攻略的策略，一面要在国内树立起来一个国际金融市场，而别一面，要在国外取得许多殖民地和半殖民地国家的货币权——甚至有许多后进的独立国家的货币权，也可以相对地给它一些控制，这样，一个金融国就可以建立起来，而使帝国主义进一步地完成它的发展。

摘要　我上文曾经指出：虚金本位目下已经变了质了。变了质的虚金本位的采用，就等于货币的殖民地化，这已经是很可怜的一件事；然而，惨痛决不止此。在货币战争的过程中，中国已感受到的痛苦，是如何的严重？未来的过程还很长哩，中国又将何以应付？这是一个问题。其次，倘使货币战争的结果，中国被逼加入英美任何的一方；那么，武力的争夺必然要继之而起。那严重的情形，要比货币战争还高十倍！这又是一个问题。中国要确立一个自己的非金属本位，而实行其所谓货币革命吗？帝国主义势力层层束缚的现状之下，恐怕不能任听你有这样的企图。日本帝国主义势力包庇下的私运，已经使白银出口增税政策完全失败，就是一个近例。（章乃器：《中国货币金融问题》）

4月17日　晚，与黄炎培、李公朴夫妇、沈兹九、张织云、郑正秋、任矜苹等，在地丰路（今上海市乌鲁木齐路）7号三楼陈彬龢家聚餐。（黄炎培：《黄炎培日记》）

4月26日　在《世界知识》发表《美国白银政策与中国》一文。

摘要　世界上的任何国家，都需要一个稳定的币值；币值的剧烈变化，不问是涨是跌，都必然是国民经济的大害。物价的涨落，固然有种种的因素；但是币值的涨跌，必然要反映到物价。币值暴跌，物价暴涨，便要使一般人生活艰难；反之，币值暴涨，物价暴跌，工商业便要破产。就是为了这个理由，我们在一九二九至一九三一年金贵银贱的时候，是希望有人能维持银价；而在目下银价暴涨，却希望有人能平定银价。

银价高涨对于中国物价的打击，固然是严重，然而还是比较间接的，而且是比较慢性的。因为海外银价人为地抬高而引起的中国银价低于海外银价的现象，以至促成中国白银大量的外流，那是给与中国国民经济更大的一个破坏力。（章乃器：《中国货币金融问题》）

7月1日　在《东方杂志》发表《金融恐慌中金融制度的演变》一文。

摘要　目下金融的严重，近因自然是美国的白银政策。白银政策的主要目标，本想在银价提高到每盎司值美金一圆二角九分的时候，把它稳定起来，同时在美国采用金银复本位制，而使这用银的中国，自然地加入美金集团。然而，不期竟因此而引起中国的空前恐慌，这或者并非白银政策的本意。

现在各种改革币制的企图，主要的目标，就在对付美国白银政策，而其着眼之点，则第一、在防止物价的跌落，第二、在防止资金外流。倘使对外国际上没有问题，对内有稳健的控制而不至一发不可收拾，我并不反对币制的改革。不过，改革币制而忽略了国际间对于中国货币权的争夺，甚至不明白目下虚金本位变了质的事实，而不惜以货币的殖民地化换取币制改革的美名，我是不敢赞同的。还有，货币固然是经济界中一个重要的因素，然而绝对不是唯一重要的因素。倘使只顾到货币问题，或者认解决货币问题就可以解决一切，而把其他的经济的和政治的因素都忽略了；那就不是货币专家的态度，而成为"货币迷"的态度了。

我个人对于这次金融恐慌，是乐观的，然而也是悲观的。（章乃器：《中国货币金融问题》）

7 月 10 日　在《新中华》发表《改造中国经济的正路与歧路》一文，章乃器认为，殖民地的一些自由主义者主张，中国先建设民族资本，然后才能反对帝国主义。但是，几十年来的事实告诉人们"在不平等条约重重束缚之下，在帝国主义经济的和军事的侵略之下，中国民族资本只有一天一天地衰落，而几乎走上灭绝的阶段"，要在民族资本建设完成之后再实行反帝，恐怕民族资本已经到了"枯鱼之肆"的程度。显然，这种反帝步骤，目的就在消灭反帝运动。同时，作者认为中国的土地是封建式的零星占有，农民是在封建的豪绅势力之下支配使用，农业生产现代化不可能实现。农村社会还存在若干的政治区域，依然还在封建的割据之下，而这种割据的基础，就建筑在交通不便和币制紊乱上面。提出统一运输、金融建设，割据者就必然要起来为自身利益而反抗。整个的经济建设计划，必然不可能实现。

章乃器指出：帝国主义促成中国内乱、唆使军阀背叛民族，与封建势力互相勾结，相依为命，以阻碍民族中心经济建设的进行。于是，"我们对于中国的经济建设，就不能不定立下来一个前提——要在帝国主义和封建势力消灭之后，我们才可能有一个民族中心的经济建设"。

7月15日 在《申报月刊》上发表《各国金融恐慌与货币战争》一文，文章认为国家拥有大量黄金，而财政弄得没有办法；银行拥有大量的过剩资金，而工商业资金不足；仓库里堆积了大量的过剩商品，而许多人民在半饥饿下度日；社会上充满着失业的工人，而工厂不能开工的现象，关键不是货币问题，而是整个的私有财产制度问题。私有制阻隔了政府和人民中间资财的沟通；阻隔了金融资本家和中小企业家中间资财的沟通；阻隔了资本家和劳动大众中间资财的沟通；阻隔了资本家和劳动群众中间资财的沟通。

摘要 这种阻隔减低目下人类的幸福，其害犹小；抑滞人类文明的进步，其害乃大。无怪乎挣扎徒劳的罗斯福，目下是要进一步主张"均富"了。然而，姑无论罗斯福均富政策的内容是怎样，均富政策的本身就是有弊害的。如何积极地充分利用目下的生产力？如何使目下的生产力成为社会的生产力？如何使生产结果在满足人民的需要之外，再使剩余的价值转变为推进人类文明的新资本？才是当前的根本问题。消极的"劫富济贫"方式的均富，会有什么前途呢？（章乃器：《激流集》）

7月 陈云由重庆到达上海，住进法租界天主堂街（今四川南路）永安旅馆，化名李介生。由于中共党组织屡遭破坏，一时难以接上关系，通过电话簿联系章乃器，由章乃器通知章秋阳，将陈云转移到霞飞路（今淮海中路358弄尚贤坊21号）的家中，后又移至英租界山西路老泰安里的岳母家。（中共中央文献研究室编：《陈云年谱》。章翼军：《回忆与怀念——为先父章乃器百岁冥诞暨逝世二十周年而作》，载政协包头市昆都仑区文史学习委员会编《昆都仑文史·章乃器专辑》）

在《社会经济月报》发表《上海地产之今昔》一文。

摘要 目下地产问题可能的合理解决，只有两种。第一种是发行地产债券。这可以在救济地产的过程中，顺便造成一个资本市场。

第二种是以地产为准备发行公单或者本票的办法。原来，银行业联合准备委员会已经实行以地产、证券及商品为准备发行公单。其目的，就在使市面上能有一种比银行本票信用更高的票据。目下钱庄本票的信用，已经充分地动摇；我以为贤明的钱业领袖，应该破除虚荣心，毅然仿银行业联合准备委员会的办法，发行有准备的公单或者本票，以代替目下无准备的本票。这可以使基础稳固的钱庄，表现它们的实力；而基础薄弱的钱庄，无从滥发本票以贻害社会。在这种准备的用途上，至少也可以使一部分的地产能够流动起来。

上述的两种办法，虽然没有像发行流通券计划那样的伟大，然而是比较可行的，而且是十分合理的。在目下，地产家最高的可能希望，也只能使地产稍露昭苏之象。倘使希望它回复到一九三一年以前的繁荣，那就未免是梦想了！（章乃器：《中国货币金融问题》）

8月1日　与金国宝、潘仰尧等人联名在各报上发表《对于增加筹码问题之意见》一文。

摘要：工商业复兴委员会工作方案，经第一次大会决议，先从调查统计训练入手，并经积极推行在案。旋以各方对于筹码枯竭一端，颇深关切；以为急于治标，对于此问题，亦有加以注意之必要。

一种制度之建议与树立，必求其能适应时代与环境，尤不可漠视人类进化之原则与一般社会之利害。历史上进化之事迹，往往成就于困难之发生与问题之解决；而解决困难问题之技巧，实即为人类进化一般之定义。以言吾国币制金融之历史，民八年五四运动之际，金融恐慌；然鹰、龙洋并用之告成，实为币制统一之先声。民十二年银洋两荒，筹码不敷周转；然领券制及时之发展，无形中遂使华商银行独占沪市之发行。而九一八及一·二八事变以后之发展，如联合准备制之产生，废两改元之实施，票据交换所之成立，其成就尤不一而足。穷则变，变则通，于是而益显然。（章乃器：《中国货币金融问题》）

8月27日　在《通俗文化》上发表《中国金融的现势》一文。

摘要　一个健全的金融组织，要有两个市场——长期资金市场和短期资金市场。

长期资金市场就是产业证券市场，是借股票和公司债票的承受和投资，使工商业得着资本。短期资金市场，就是票据市场，是借票据的承兑和贴现，使工商业得着流动资金。

上海是中国的金融中心。这金融中心的畸形发展，是大家知道的，不过对于这种畸形发展的批评，除了浮泛的"公债投机""地产投机"一类泛辞外，比较深刻严整的实在还很少。

我现在先给它一个简短的批评，就是：中国金融业在帝国主义和封建残余两种势力支配之下，长期资金市场成为喧宾夺主的形势，短期资金市场却依然逗留在高利贷的商业资本时代。

上海原来也有中国人办理的证券市场，就是华商证券交易所；然而，它所买卖的，却只有政府债券——它是财政证券市场，而不是产业证券市场，在资本主义先进国家里，政府债券自然也在证券市场上买卖；不过在地位上，产业证券是主，而政府债券是宾。现在我们是反过来，政府债券是主，产业证券连宾位都排不上，这是第一种喧宾夺主的形态。这种形态，形成于北京政府时代；在当时，可说是封建体系下的高利贷商业资本和军阀官僚的勾结。（章乃器：《中国货币金融问题》）

8月 经章秋阳与在中共上海临时中央局机关工作的杨之华等联系，使陈云了解地下党组织遭受破坏的程度。9月上旬，陈云赴莫斯科，向共产国际报告遵义会议等情况。（中共中央文献研究室编：《陈云年谱》）

是月 在《外交评论》上发表《国际货币战争的剖视》一文。

摘要 我个人的观察，认为目下各国竞自抑低币值的货币战争手段，已暂告一段落。不过在此第二次世界大战一触即发的形势之下，法国的放弃金本位，恐怕是要在战争开始前实现的；即使不公然放弃金本位，也要像德国一样，施行严格的汇兑管理。到那个时候，国际间是不是要再度竞自抑低币值，还是一个问题。

总之，目下，国际货币战争的焦点，似乎在中国货币权的夺取。这土地广大的中国一旦加入任何货币集团，影响是很大的。但试问中国今日究竟应该怎样善为自处，而将何所适从？（章乃器：《激流集》）

9月1日 在《世界知识》上发表《列强在华货币战争的现势》一文。

摘要 列强处理中国问题的态度，大概不出独占、瓜分和共管三种方式。日本是唯一主张独占者，英国徘徊于瓜分、共管之间，而美国是比较的格外倾向于共管。东亚门罗主义、大亚细亚主义、大黄种主义和客气一些而更具体的所谓中日提携，都是日本帝国主义独占中国的手法；而门户开放、利益均沾、国际开发中国和列强共同援华，都是国际共管的外交辞令；瓜分的语调目下很少在外交上公然提出，而传说暗中进行的就是所谓势力范围的设定。（章乃器：《中国货币金融问题》）

9 月 10 日　在《新中华》上发表《中国货币的前途》一文，认为理想中的货币，不但对外要有较高度的独立性，对内还要能够全国统一。中国币制的紊乱，固然是由于封建势力的存在；但是，近年来农村金融的枯窘，甚至货币几乎绝迹；这种现象实在要使封建方式的货币，格外无法扫除。人民缺乏了善良的货币做交换媒介的时候，不良的货币也可以迁就点行使了。

摘要　为了币制的统一，准备金的分散，恐怕也是必须的。我们要整理某一省的币制，不可免的，要在那一省发行在当地有准备的纸币，以代替种种不良的杂币；那样，我们就得把白银移到那个地方去。所以，准备金的分散问题，在对外和对内的意义上，都有超过变更本位问题的重要性。但是，我们有没有毅力完成这一件工作呢？

从前，有人问我对于货物证券作何感想。我当时的答案是：这种货币，在山西省已经是一种比较优良的货币；用这种货币，去代替山西省原有的不兑纸币，自然可说是一种进步；倘使要推行于用惯了硬币的地方，事实上恐怕不可能。我现在想到：如果我们不能把准备金移出了虎口，我们就不能不深刻点研究货物证券；因为也许有一天许多地方都将见不到现金。我们不单是要研究货物证券，而且要研究能力本位和财产本位。我们假如不愿意因为货币问题而投降到敌人的面前去，这种准备工作是应该有的。自然，这话是说得太远了，而且我们也并不希望有这一天。我们所希望的，依然是官僚和买办资本家的势力，不至于阻碍准备金分散运动。（章乃器：《中国货币金融问题》）

9 月 24 日　在《大美晚报》上发表《国难四周告国人》一文。文章在抨击了言论界对九一八事变四周年的到来鸦雀无声、不能代表民意之后，用十二万分的热诚，告诉青年勿动摇、勿懦怯、勿悲观。

摘要　一、勿动摇——卖国贼在那里趾高气扬、威风凛凛，我们不必羡慕。像郑孝胥、赵欣伯一流人物，即使富贵尊荣，能免得了遗臭万年吗？将来还不会铸铁像给我们看吗？就在目前，他们那种受敌人奚落、监视、受万人臭骂的生活，内心的痛苦真也不知多少哩！这值得我们羡慕吗？历史上认贼作父、卖国求荣的人，没有一个不成万世的罪人的！尤其，在目下，人民是那样的觉悟，青年是那样的进步，卖国贼们受人民的裁判，真不过是时间问题。所以你们要咬紧牙关，坚持到底，胜利一定是你们的。

二、勿懦怯——有些人心里十分明白，但是胆子很小，恐怕有祸水，因此便噤若寒蝉。其实呢，就讲法律吧，目下也还没有公然订立出来爱国罪；我们站在民族的立场说几句话，甚至做一些拯救民族危亡的工作，何必畏首畏尾呢？假如说真个有天上掉下来的祸患，那本来是防不胜防的；我们要做人，也只可置之度外了。

三、勿悲观——有些人只见表面的沉寂，就认人心已死；有些人不懂得民族解放，需要长时期的奋斗，因为过去几次革命失败，就觉得灰心；因此，便有中国必亡的谬论。这，我想脑子清楚一点的人和认识实际情形的人，是不会盲从的。还有人以为目下的物质力量太大了，敌人的新武器能消灭我们的群众，敌人的金钱可以收买我们的群众，因此，认为我们的前途没有希望。其实呢，历史上许多革命战争，都已经证明：群众的力量可以使敌人的枪口转换方向。物质的力量，我们应该承认；不过这种物质力量，我们是可以用另外一种方式创造的，而且可以取别人的为己用的。只有这样，历史上的殖民地解放和种种革命功业，才能完成。（章乃器：《激流集》）

9月　与沈钧儒、陶行知、周新民①等组成十人小组，以聚餐会的形

①周新民（1897—1979），原名周骏，别名振飞。安徽庐江人。1922年赴日本明治大学研究院攻读法学，回国后在省立法政专门学校任教。1926年加入中国共产党。二十世纪三十年代中期，协助沈钧儒等筹建上海各界救国会。后受中国共产党的委派，长期从事地下工作。1938年回到安徽，任安徽省总动员会委员会组织部副部长兼总干事。1942年在重庆加入中国民主政团同盟，1948年在香港协助沈钧儒恢复民盟总部，公开声明与中国共产党合作。中华人民共和国成立后，任中央人民政府办公厅副主任、全国政协副秘书长、中国民主同盟中央常委兼组织部部长、中国科学院法学研究所副所长等职。

式进行活动，讨论时局和救亡的方针，酝酿筹建救国会等事宜。章乃器在《我和救国会》一文中回忆："救国会是从一个十人小组开始的，现在记得起姓名的大概是沈钧儒、邹韬奋、陶行知、李公朴、周新民和我。小组的推动者大概是周新民，而公开召集的是沈老。当时所用的是叙餐会形式，每一二星期叙会一次，上次决定下次会的日期和地点[①]。"

在《社会经济月报》上发表《当前的灾荒问题》一文。文章分为是天灾还是人祸、灾荒和封建势力、封建势力中的土地问题、沙田湖田和水利建设的封建性、结论五个部分。章乃器认为：中国的建设重点不是高楼大厦和汽车路，首要的是水利建设。水利建设虽然已经引起一部分人的注意，但是十分不够。水灾是三分天灾七分人祸。

封建割据意识在水灾中得到充分的体现，出现"甲省掘堤决水入乙省，乙省又掘堤决水入丙省的以邻为壑的怪事"。防灾和救灾，都已经忘记了整个民族。这是灾荒中的现象，然而也是中国政治经济各部门普遍的现象。章乃器认为：封建势力的表现，也依然不是少数军阀官僚的偶然行动，而是整个中国社会性的反映。事实上，对于水利和水患问题的冲突，在村和村中间，也是很严重的。在农村中间，连同住在一村内的甲姓和乙姓都往往因水利问题而械斗。干脆地说："中国的水利变成水患，以及水患中以邻为壑的种种矛盾，并不是省和省以至县和县中间偶然的冲突，而实在是成为目下封建势力基础的土地私有制发展的结果。"

占江面围沙田，私有的沙田一天一天的多，而江面一天一天的小了。湖的情形也一样。只要是当地的绅豪，他们所有的沿湖的土地，会一天一天的放大，而没有人会出来说半个"不"字。大规模的做法，他们还可以设立垦殖公司，和官僚串通一起，而大量的化湖为田。湖田日多，湖面日缩；湖的储水量减少的结果，水灾就自然日趋严重了。

他在结论部分告诉读者：水灾严重的原因，不仅仅是水利失修，"而

[①]邹韬奋于 1933 年 7 月 14 日至 1935 年 8 月 27 日流亡海外，他参加聚餐会应在归国后。又据《沈钧儒年谱》："第二次人数稍多，第三次就正式成立了上海文化界救国会。"该会系 1935 年 12 月 27 日成立，故编者认为十人酝酿筹建救国会的叙餐会最早不会在 9 月前举行。

且也由于水利积极的封建性的建设——水利建设因此往往便变成水患之源"。封建性水利建设的基础，建筑在土地私有制上面，所以，要根本解决灾荒问题，只有先解决土地问题。零零碎碎地主张以田还湖、以田还江，不会有多大的效果。

受聘担任上海光华大学教授。

10月5日 在《生活知识》创刊号上发表《半殖民地型的中国知识分子》一文。文章认为半殖民地型的知识分子是在封建的白坯子外面，镀上了帝国主义的黄金。他们是半殖民地的特产，中国自然出产的很多，在外国人口中的所谓高等华人和若干作家所命为士大夫的一流人物，固然是不折不扣的半殖民地型，就是在自命为进步的青年知识分子身上，也往往免不了带几分半殖民地型的特征。

摘要 半殖民地型知识分子的个性，是浪漫疏忽自私和不守纪律。他们在职业上顶自然的出路，是官僚、买办以及清高一些的教授和自由职业者。他们有时候"袭祖先余荫"，变成一个实业家，便会使崭新的事业官僚化。在许多地方，所谓实业家，便是当地的"土皇帝"。他们有时候"际会风云"，握到政治上的权威，便要充分暴露出来他们的颟顸无能和粗忽，对内要"草菅人命"，而对外却要"丧权辱国"。"宁予敌寇，不予家奴"，是典型的官僚外交政策；可是，这两句话便具备了十足的半殖民地型知识分子的风度。不予家奴是秉承了"骂仆人，打丫头"的封建家庭教育，而宁予敌寇却是秉承了帝国主义的殖民地教育。这种人对内是威风凛凛的封建英雄，而对外却是千依百顺的帝国主义的顺民。

我现在希望两件事；第一，是今后的中国青年不要再做半殖民地型知识分子；第二，是能有一位文学家写一本《阿斗正传》，充分点描写半殖民地型知识分子。（章乃器：《激流集》）

10月24日 《各派币制改革论之介绍及批评》写作完毕。文中他认为：革命决不是一件和平的事，经济更不能离开政治而单独革命；如果没有一个轰轰烈烈的革命高潮，反帝反封建的目标，是没有方法可以达到的。

摘要 本来，中国民族革命现阶段的任务，对外是阻抑帝国主义的侵略，对内是解决土地问题和实行重要产业的国营。这些问题，徐青甫和阎锡山诸氏也都已经很大胆地提出。而主张以币制的改革为实施这些问题的主要手段。所以，他们对于舶来品和工业品所加于农民的剥削，理论上似乎不是办法。所可惜的，就是革命决不是一件和平的事，经济更不能离开政治而单独革命；如果没有一个轰轰烈烈的革命高潮，这种反帝反封建的目标，是没有方法可以达到的，就是真个用英雄的手腕来硬干一下，从整个不革命的局面当中挑动一个局部的革命，恐怕结果也是徒然使军阀、官僚和豪绅们能用新的口号加重农民的压迫罢？所谓省统制经济，目下不已经成为大爷和小舅子们的发财工具吗？

因此，许多上层分子读了徐青甫、阎锡山、刘冕执……诸位的文章，便摇头不迭，认为过激。而我们呢，虽然不是那样的固执，也终觉得他们是救国有心，实行无术！结果恐怕也不过是把乌托邦思想重述一番而已。（章乃器等：《中国货币制度往那里去》，新知书店，1935 年）

10 月 25 日 在《绸缪月刊》上发表《罗斯爵士远东之行》一文。

摘要 我曾经指出：中国如果必须改革币制，那也只能使银圆和海关金单位联系，而依然保持货币权的独立；如假使中国货币联系别国的货币，其他的利害姑且不谈，单只是外交上的应付，就要十分为难，甚至要引起纠纷。跟着罗斯氏的来华，华北便有多田小册子的发表，华中便有汉口排日事件的抗议，而华南便有汕头米税事件的发生；这都是响应英国借款和中国加入英镑集团的流言而起的吧？

因此，聪明的罗斯氏，在没有得着日本政府——尤其日本军人的谅解之前，只好暂时不积极劝诱中国加入英镑集团——这在他的谈话中，也已经表示过了。这样，中国如果为了财政的原因必须改革币制，似乎也只能先以海关金单位为本位，以避免外交上的纠纷。国外借款问题，只可暂时不谈了。（章乃器：《中国货币金融问题》）

10 月 《我们应该怎么纪念国庆日》撰写完毕[①]。

摘要 我们纪念双十节，是纪念中国民族革命的开始，而不是纪念革命的成功。是庆祝中国人民在革命过程中意识的提高，而不是庆祝目下的

---

①该文收入 1936 年 10 月生活书店出版的《中国货币金融问题》，文末未标明发表处。

人民生活状况——目下人民的生活状况，只值得我们凭吊。自从洪杨和义和团事变以后，中国固然也有许多次革命的企图；然而那种方式，往往是少数人的英雄行动，其志可嘉，其勇可佩，而他们的行动，是不足为训的。是到了辛亥革命，我们才在大众集合的方式之下，用流血牺牲的精神，发动革命。这是二十四年间民族革命的起点，是值得我们纪念的。

所以，我们目下依然是要在大众集合的方式之下，用流血牺牲的精神，"一则以喜，一则以惧"地去纪念国庆日！（章乃器：《激流集》）

在《中山文化教育馆季刊》上发表《中国国际贸易之检讨》。他认为贸易部门的半殖民地性表现为：帝国主义势力不但侵夺了我们国外的市场，而且强占了我们国内的市场；不但把持了工业品消费市场，而且支配了原料品供给市场——棉花市场就已经在日本人的支配之下了；封建势力，不但用政治势力割据国内市场，而且用商业资本势力阻碍贸易。

摘要　说到商业资本对输出商品的剥削，《金融商业报》记者近来有一种很有兴趣的调查。他说：中国桐油的生产成本连同运至美国费用，每磅不过美金三分，而苛捐、杂税和牙行、居间商的剥削，却往往要到美金一角以上；合计起来，要超过美国桐油的生产成本——每磅美金八分；居间商不但要剥削农民，而且要掺和杂物，使中国桐油品质变劣，信用尽失。这样，封建商业资本不但在价格上使中国出口业没落，在品质上也使它没落！其实，中国的农产品如棉花、小麦、大豆……哪一种不有同样的情形？这是整个的社会问题，而不是在桐油上面偶然发生的。

因此，我们可以明白：专谈贸易问题，甚至空谈贸易问题，还是没有用的。我们即使有很正确的观察和很合理的主张，实现这种主张的前提又是什么呢？（章乃器：《激流集》）

在《社会经济月报》上发表《对于土地村公有制之意见》一文。作者在文中表示，许多人都承认迫切需要解决中国的土地问题，土地制度导致中国灾荒的严重和封建势力的存在。不过，一提到解决土地问题，有些人便谈虎色变，认为这是过激的手段。而原则上同意解决土地问题的，方法上也表现出种种不同的主张。他认为阎锡山氏的主张，要算是大胆而比较彻底的一种。

摘要　对于反对党的镇压政策，大抵有两种：一种是用极端的严峻手段硬干，如意大利的墨梭里尼政权和德国的希式政权，另一种是相当的采取反对党的政策以减低它在群众当中的煽动力量的手段，保持民主制度各国里的政党多用之。阎锡山氏……就是采用后一种政策。

就大体来说，阎氏的办法，是经过周密的考虑的。不过就中国一般的状况来说，地方政治，大半废弛，地方自治，也还虚有其表；要用这种机构去解决这严重而且复杂的土地问题，恐怕那结果，绅豪和农民之间，不是东风压倒西风，便是西风压倒东风，扰乱一定是免不了的。地方政府对付这种扰乱的政策，假如是偏袒绅豪，便违反了拉拢农民……的本旨；假如真个要使农民满意，那所采取的恐怕就成了一种革命手段。阎锡山氏之为政，一向是以稳健著称的；山西省的幕僚体系，据说比较是有点把握。（章乃器：《激流集》）

11 月 1 日　与钱俊瑞、狄超白、骆耕漠合著的《中国货币制度往那里去》一书出版。12 月 5 日再版。1936 年 1 月 31 日三版，2 月 29 日四版。该书由新知书店发行、生活书店经销。

11 月 5 日　在《生活知识》第一卷第三期上发表《金价高涨……物价暴腾》一文。

文章先提出了金价高涨和物价暴腾的原因，暴涨成了经济界里的一桩重大事件。原因是投机市场上散布了通货膨胀的谣言。他认为假如中国已经有一个完整的经济壁垒，那么，主张改革币制以防止倾销，是应该的，而且是有效的。然而，"我们的经济壁垒在哪里？我们的政治壁垒又在哪里？没有经济壁垒而高谈币制革命救国，那结果，最美满也不过是强心针的一时作用，可怕的还有货币的殖民地化，更可怕还有因为经济战争引起军事战争"，结果导致所谓救国云者，便变成欺骗人民，变成误国！

摘要　一种手段之能生效，对外固然需要一个有力的整个的政策，对内还需要一个坚强的政治基础。我们的政治基础又是怎样呢？假如说这一次金价高涨、物价暴腾的现象，的确隐藏着一种通货膨胀政策。那么，在一个有组织的国家，这种政策，就不至成为少数有钱有势的人的投机资料。假如说这完全是无稽的谣言，那么，一个有组织的国家，也应该能够在短时期内镇压下去这种无稽的谣言。然而，我们是怎样？

风潮般的市面，已经继续三个星期了。"现水"由"白划"升到"顶盘"的"七角"；那表示资本逃亡的严重——是许多华商金融业者要现银解交外商银行，"现水"因而飞腾。此外，市场的各部门都在感觉到不安。

话又说回来了；假如这种风潮的背景，的确有一个币制的改革，而这个币制的改革，的确包含着为解放民族起见的国防作用，那么，即使政策的运用不甚巧妙，将来的代价是足以抵偿目下的纷扰的。然而，那只好"存而不论""且看下文"了。（章乃器：《中国货币金融问题》）

11月15日　在《大众生活》上发表《币制改革以后》一文。

摘要　中国的货币制度，经过了三个星期的谣言、投机和纷扰，结果是于本月四日明令改革了。改革后的货币，就是所谓"管理货币"；在国内流通的是纸币，对国际的汇价，是由国家银行用营业手段把它稳定起来。依目下的情形，汇价是和英镑以每中国法币一元合一先令二便士半的比率联系起来。这样，中国在事实上已经加入英镑集团。

因此，我们不得不主张：目下币制改革的力量，需要一个强有力的国策去维持它；而这个国策，必然是革命的，而不是和平妥洽的。这是"败子回头"的唯一做法；也只有这样才能开发潜伏中的元气，使一注强心针能有可以宝贵的效力。（章乃器：《中国货币金融问题》）

11月30日　《科学的内功拳》再版[①]。在《自序》中，章乃器写道：我不能不反对所谓"国术""国学"……一类用国界来肢解学术的荒谬行动；然而，为了我自己的健康，我却已经研究过他们所谓"国术"范围之内的内功拳，而且曾经写过一本内功拳的科学的基础。这成了我自己的矛盾，而因为这个矛盾的存在，使我没有勇气再版这一本书。

"然而许多朋友读过这本书的，都催促我再版；许多身体虚弱的青年们，也来信责问我为什么让这本书绝版。不是我自负，这本书在读者的感

---

①《内功拳的科学的基础》1935年11月由生活书店再版时，改书名为《科学的内功拳》。

想中，的确是很不错的。读了许多以玄学解释内功拳的书籍的人，一朝得到一个科学的解释，必然会感到满意的。

于是，我只好把这个问题严重地考虑一下，而企图解决这个矛盾。而结果呢，是辩证法地解决了。

学术界内偏狭的国家主义和民族主义，我们是应该反对的：然而文化遗产，我们却应该接受而且应该加以整理。用科学方法整理文化遗产，决不反对学术的国际性，更不反对科学，而是充实学术的国际性和充实科学的内容。假如大家都放弃了文化遗产，人类的文明是哪里来的呢？

所以，我反对"国术"，然而可以研究内功拳：这是矛盾中的统一，是辩证法所启示我的。"

12 月 1 日　在《世界知识》上发表《激变中的远东局势》一文。

摘要　中国民族要求解放，也是没有人能够反对的。中国在不平等条约重重束缚之下，国民经济只有破灭，而决谈不到建设：事实就摆在我们的前面。这超过半殖民地国家威力的管理货币，实行以后所给与我们的教训是什么呢？它告诉我们：中国只有用革命的手段，才能取得这种币制改革的成功，否则便要因为币制改革招致更大的损失。假如在这敌人铁蹄肆意蹂躏我们的领土的时候，还有人高谈国家主权，那真是自欺欺人了！中国人民在这意阿战争的刺激之下，是这种画饼充饥的口惠所能满足的吗？

中国民族革命的力量，只有民众。我们固然也应该适当地运用国际形势，然而是极有限度的。倘使超过了这个限度，而成为依赖外力的旧套，结果便只有做国际形势激变中的牺牲者。

中国民族革命的方式，只有拿血和铁和敌人作殊死战。我们固然也要运用适宜的经济和外交政策，然而也是极有限度的。过分提高了这种政策的估量，那是只图享乐苟安的少数人消灭革命的策略，我们是千万不能上他们的当的。（章乃器：《激流集》）

12 月 5 日　在《生活知识》发表《国民经济建设的先决条件》一文。

摘要　那只有革命战士能够做，而决不是主张望风退却、志丧气夺的失败主义者所能效仿。失败主义者所能做的，依然逃不出过去中国军阀官僚有退无进的把戏。而且，退到堪察加去，还得有强有力的革命群众做中心，然后退了之后能进。倘使一个有保守领土、保护人民的职责的政府，为了少数人的苟安，很轻易地放弃了十分之八的领土和人民让敌人去蹂躏，而退到堪察加去组织一个小朝廷，我相信民众是不会拥护它的，而且要痛恨它的。那样，它凭什么力量打出来，甚至凭什么力量自存呢？此外，假如退到堪察加之后，依然不过是由甲帝国主义的怀里出来跑到乙帝国主义的怀里去，那又更不必谈了。所以，就是退到堪察加去建设国民经济，那先决条件，也依然是一个民族革命。放弃了民族革命便谈不到退到堪察加去，更谈不到国民经济建设。

因此，我们不能不有一个结论：中国国民经济建设的先决条件，是民族解放运动——民族革命；中国只能经过民族解放运动取得国民经济建设，而决不能经过国民经济建设取得民族解放。（章乃器：《激流集》）

12月12日 与马相伯、沈钧儒、邹韬奋、陶行知、李公朴、王造时等上海文化教育艺术界二百八十三位知名人士，联名签发《上海文化界救国运动宣言》①，提出八项主张：坚持领土和主权的完整，否认一切有损领土主权的条约和协定；坚决反对在中国领土内以任何名义成立由外力策动的特殊行政组织；坚决否认以地方事件解决东北问题和华北问题——这是整个的中国领土主权问题；要求即日出兵讨伐冀东及东北伪组织；要求用全国的兵力、财力反抗敌人的侵略；严惩一切卖国贼并抄没其财产；要求人民结社、集会、言论、出版之自由；全国民众立刻自动组织起来，采取有效手段，贯彻我们的救国主张。

摘要 东北……沦亡之后，华北五省又在朝不保夕的危机之下了！在这生死存亡、间不容发的关头，负着指导社会使命的文化界，再也不能够苟且偷安，而应当立刻奋起，站在民众的前面而领导救国运动！华北教育界"最后一课"的决心，是值得赞佩的。华北青年热烈的救国运动，尤其引起我们十二万分的同情。因为华北事件的教训，我们应该进一步地觉悟！与其到了敌人刀口放在我们的项颈的时候，再下最大的决心，毋宁早日奋

---

① 《上海文化界救国运动宣言》发表时没有署名，据章立凡考证，系章乃器所作，并收入《章乃器文集（下卷）》。

起，更有效地保存民族元气，争取民族解放。

四年余的事实告诉我们：敌人对中国的侵略，决不是少数人的盲动和野心，而是帝国主义发展的必然结果——积重难返的经济恐慌和赤字财政造成了他积极侵略的大陆政策。假如到了今日还有人想用妥协、提携、亲善甚至游说的方式，希求敌人的觉悟，那真是与虎谋皮了！

争取民族的解放，不单是中国人民的天经地义，而是任何被压迫民族的天经地义。敌人的压迫愈严重，中国人民对民族解放的要求，亦愈高涨。尽量地组织民众，一心一德地拿铁和血与敌人作殊死战，是中国民族的唯一出路。这样的一个神圣战争，世界上凡是有理性的人，都会给我们以深切的同情。一切苟且因循的政策，都只有分散民族阵线，使敌人逐步地消灭我们……（周天度编：《救国会》）

12月14日　在《生存线》上发表《我决不悲观》。章乃器首先设问"我为什么不悲观呢？"他自问自答：因为深深地感觉到"民非亡国之民"。他认为中国民族有四亿五千万的人口，这是我们不至于亡国的一个主要条件。然而，仅这一个条件是不够的。在过去，我们已经亡过了好几次。

中国民族有了五千年的文化，这也是我们不至于亡国的一个主要条件。但是，这一个条件也是不够的。原因是我们的固有文化，有一部分是供少数人鉴赏的，还有一部分是叫人忍让屈服的，这都是最要不得的奴隶文化，但是恰恰就等于全部的士大夫阶层的文化。他表示：中国现有的文化，能当得起救亡的大任的，主要只有两种：一种是固有的民间文化，另外一种是新文化。

摘要　民间文化保留着很浓厚的民族意识。比方，因为弹词、说书、戏剧……民间文化的教育，岳飞变成人人崇拜的英雄，而秦桧变成万人唾骂的国贼。目下，虽然有少数最无耻的文妖，反过来说秦桧是忠臣，岳飞是军阀，然而是不会有人相信他们的鬼话的。

自然，固有的民间文化也是不够的，因为它带着浓厚的封建意识和个人主义。在目下的时代，挽救民族的危亡，靠少数个人做岳飞是没有用的；最切要的，还是靠民众的奋起。然而，民众如何自己组织起来呢？固有的民间文化就没有注意到指示这些了。此外，显亲扬名一类的封建阀阅意识，经过固有的民间文化的宣传，反而成了有力的遗毒。

我目下所可引为快慰的，是一般中国人民政治水准的提高。目下学校青年对于政治的见解，比十年二十年以前是大大地进步了。一个小店员对于政治问题的认识，往往比一般官僚强百倍。在今日，在全世界被压迫群众奋起要求解放的今日，只要"民非亡国民"，即使"官是亡国之官"，中国民族依然会取得最后的胜利的。（章乃器：《激流集》）

12月21日　在《大众生活》上发表《上海文化界救国运动宣言》一文。

下午，上海妇女界在北四川路女青年会召开会议，宣布上海妇女界救国联合会成立。会上选出史良、沈兹九、罗琼、胡子婴、杜君慧等为理事。

12月23日　上海文化界救国运动的倡导者为宣传抗日救国主张，在南京路组织飞行集会，接着举行示威游行，章乃器任总指挥。

章乃器回忆：我们要在一清早就发动，八时半前结束，使得大家可以照常上班。我们在南京路的一个大旅馆里租了一间房间作为指挥部，头一天晚上就把指挥部人员集合在那里，摆了两桌麻将牌作掩护。集会地点在冠生园门前，参加群众分成十人左右的小组，赶七时前埋伏在周围的弄堂里。宣言、传单、标语等印刷品另有专人管理，同各小组群众有联系，但不接近，以免露形迹被没收。我们要在七时半巡捕还没有大批上班以前集会，迅速放鞭炮，喊口号，贴标语，发宣言、传单；即时组成几个大队，先分东西向游行到福建路、浙江路、山西路、河南路，再向南北分开，继续游行。由于行动敏捷，半小时后群众手上已经没有印刷品——当时巡捕抓人的"罪证"，大家可大胆地边走边喊口号，并向路旁的商店做简短的爱国宣传；甚至遇到巡捕，也可以很友好地向他们讲话：大家都是中国人，大家都爱中国，都不愿意做"鬼子"（避免说日本）的奴隶。这样，他们至少是可以保持善意的中立态度的。这样，各路都顺利通过，到八时半前自动解散，各自上班去了。

这次行动是成功的，没有一个人受伤或被捕，但缺点是：上层领导都没有露面，连我这个总指挥也没有同群众见面。这都是预先决定的，因为集会的名义是庆祝文化界救国会的成立，是作为群众自动起来搞的，所以认为上层不露面也可以；同时，这种飞行集会的方式，的确也不适宜于上层领导的出场的。当时参加的群众估计有二千人，游行时还有不少人临时自动参加的。（章乃器：《我和救国会》，载周天度编《救国会》）

12 月 27 日 十五时，上海文化界救国会在西藏路宁波同乡会举行成立大会，与江问渔、沈钧儒、陶行知、王造时等三百余人出席，为大会主席团成员，沈钧儒致开会辞。选举马相伯、沈钧儒、章乃器、邹韬奋、李公朴、陶行知、史良、王造时等三十五人为执行委员。章乃器为常务委员，主管文书部。发表第二次救国运动宣言，提出八项主张：根本改变目前外交政策，公布过去的外交经过；开放民众组织，保护爱国运动，迅速建立起民族统一阵线；停止一切内战；武装全国民众；保障集会、结社、言论的绝对自由；罢免并严惩一切卖国的亲敌官吏；对敌经济绝交，全国恢复抵制仇货；释放一切政治犯，共赴国难。（中共上海市委党史资料征集委员会编：《"一二·九"以后上海救国会史料选辑》，上海社会科学院出版社，1987 年。周天度编：《救国会》）

章乃器在《我和救国会》一文中回忆：第一个公开出来的是文化界救国会。时间可能是在一九三三年日军侵占辽、吉、黑三省之后又进犯热河的时候①。"文救"发表宣言，要求政府停止内战，抵抗侵略，责成汤玉麟死守疆土，不得任意后撤。宣言写好后由我们先签名，再广泛征求签名，以后就根据名单发通知召开成立会，通过章程，推选理事会，但具体经过，都记不清了。我记得文化界救国会成立之初，在讨论名称时，沈老说：不要加"抗日""反日"字样；如定名为"抗日救国会"或"反日会"，日本人拿到文件便向政府交涉，要求解散组织，甚至抓人，日本浪人也可以直接来捣乱；定名为"救国会"，敌人便无所借口了。这点大家接受了。

接着公开出来的是妇女救国会②、大学教授救国会、职业界救国会和新闻记者救国会。学生救国会和工人救国会都没有公开出来，但有组织。

公开出来的条件是要有可以公开的人——有社会地位的人。有社会

①此处章乃器回忆的有误，上海文化界救国会成立的时间应为 1935 年。
②上海妇女界救国联合会于 1935 年 12 月 22 日由《申报》向社会公开。

地位就比较不怕扣帽子，不怕抓。没有社会地位的人，特务就可以随便抓，扣上一顶"乱党"的帽子，还可以随便杀。当时在学生和工人当中，就找不到可以公开的人，而国民党特务在学生和工人群众中也控制得特别紧。有社会地位的人也要敢于站出来，因为，危险总是有的——可以暗杀嘛，杨杏佛便是例子。（章乃器：《我和救国会》，载周天度编《救国会》）

1936 年（民国二十五年）40 岁

1月2日，平津学生组成南下抗日宣传团。

5月31日，全国各界救国联合会在上海成立。

8月25日，中共中央发出致国民党书，再次呼吁停止内战，一致抗日，实现第二次国共合作，组成国共两党合作为基础的全民族抗日统一战线。

11月23日，全国各界救国联合会领导人沈钧儒、邹韬奋、李公朴、章乃器、王造时、沙千里、史良等七人在上海被国民党政府逮捕入狱，此即"七君子"事件。

12月12日，西安事变发生。25日，西安事变和平解决。

1月1日 在《知识》杂志上发表《由爱国救国说到误国卖国》一文。

摘要 屠杀前进青年，摧毁民族元气和轻易断送国家主权和领土的人，即使满口自命爱国，事实自然已经证明他是卖国。只许自己爱国而不许大众爱国的人，即使满口自命爱国，显然也是卖国的人。爱国的人必然是要很热烈地找取伴侣，必然是要使大众一致加入爱国集团的。只有卖国的人，才怕别人爱国，才怕大众爱国。爱国是不许任何人独占的。而且是不可能由少数人把持的。

爱国的人要以行动来救国，这是毫无疑义的。倘使自己没有救国的行动，甚至没有切实的救国主张，甚至刚刚相反的，而有卖国的行动和亡国的主张，而还要整天地高谈"救亡图存"，那和伪满汉奸比较起来，还有什么区别呢？倘使一面高谈"培养民力"，而一面不惜用内战的手段来消耗民力，用屠杀来消灭优秀分子，不问他自命如何救国，事实上已经证明他是促国家的灭亡。

倘使真个要救国，我们要不能牺牲一个优秀分子，更不能伤害一个勇敢的青年，更万万不能压迫任何的民众救国运动。要优秀、勇敢的觉悟分子起来，组织民众、领导民众，然后国家才可能得救。倘使只凭少数人的专横，卖国是够的，而救国是万万不够的。（章乃器：《激流集》）

1月9日 与沈钧儒、顾名、王造时、周新民、潘大逵、潘震亚、孙怀仁、曹聚仁等六十余人发起大学教授救国会，出席上海各大学教授救国会成立大会。会议决定"对于当前全国学生的爱国救亡运动，尽力应加以援助，教授应站在学生的前面，负起领导学生救亡的责任。同时，对于破坏学生救亡运动的青年，教授应以道德的力量加以劝戒和制裁"。

1月10日　在《读书生活》上发表《给青年们》一文。

摘要　青年救国运动如不在唤起群众的工作上努力，而只在学校里面开会，贴标语，或者躲在车厢里等待着往南京，那是绝对错误的。这样的运动，很快地就要因为受压迫而低落下去。尽可能地坚强青年自己的组织，尽可能地唤起群众的参加：那不单是对付目下破坏救国运动的有效手段，而且是国民总动员共赴国难的基本手段。分散青年的组织，压迫民众的组织，使整个的中国民族变成无组织的民族，那是汉奸的毒辣手腕，青年们是万万不可上他们的当的。

青年究竟应该不应该因为救国而旷废学业呢？这也许是青年们当前一个难解决的问题。关于这问题的答案，我们要很肯定地说：救国急于读书。如果国家都亡了，青年们即使读了满腹的书，也只好做汉奸，做顺民。做顺民是不必读书的，而汉奸最好是不让读书。有高深知识的汉奸，危害民族的力量，只有格外的大。（章乃器：《激流集》）

1月11日　在《大众生活》杂志上发表《辟一套亡国论——唯武器论和唯武器史观》一文，指出唯武器论和唯武器史观是"最无耻不堪的亡国理论"。文章认为：在全国民众一致主张武装抗敌的时候，汉奸们也用他们的拼死力量，来反对中国对敌人宣战。他们除了用尽种种的阴谋诡计，勾结敌人来破坏中国的民族革命战争外，还发明一套最无耻不堪的亡国理论——唯武器和唯武器史观论，以期欺骗中国人民。

摘要　他们把中国民族的力量和帝国主义敌人的力量做这样的一个比较：敌人有多少只军舰，我们只有多少只军舰；敌人的军舰有多少吨位，舰龄是怎样的轻，我们的军舰只有多少吨位，舰龄是怎样的老……跟着，他们就下一个结论：中国万不能和敌人作战。

他们把民众的力量和统治者的力量，也照样地做一个比较，而下了另一个结论：民众万不能对抗统治者。

根据上述的结论，他们就老老实实地主张这样的一个策略：对帝国主义敌人，只有彻底地投降，而对于民众，却可以极端地压迫，等到这样的"策略"真个成为国策的时候，那个政权就自然成为不折不扣的殖民地政权了。

根据了唯武器论，他们更发明了唯武器史观。唯武器史观的内容是这样：跟着科学的进步，武器也是一天一天地进步，凡是武器的所有者，力量也就一天一天地伟大起来。他们指出世界各国近古以来朝代变更的较少，作为武器所有者的力量日趋伟大的证明。他们的救亡方案是怎样呢？在唯武器论的意义之下，中国既万不能和某帝国主义作战，要避免这亡国千年的危险，自然就只有妥洽了。那就是说：某帝国主义有绝对的把握可以使中国亡国千年，而只是因为汉奸们的妥洽，中国才有苟延残喘的希望。

唯武器论和唯武器史观是我替他们起的名词，汉奸们平时向人游说的时候，还没有能够这样的很有体系地提出；他们是很凌乱很幼稚地用物质万能、科学计算……口语提出的。（章乃器：《激流集》）

1 月 25 日　在《大众生活》上发表《四年间的清算》一文，系统地清算了国民党当局四年来推行"攘外必先安内"所谓国策所造成的亡国灭种的严重恶果，大声疾呼："停止一切内战，大家枪口一齐对外，大家一齐联合起来抗战自卫！"

摘要　为民族的利益着想，为民族解放的前途打算，凡是爱国的人，都应该希望整个民族的力量，无遗地作为自救自卫的藩屏。国家危急到目下的地步，民众所迫切希望的，是一种抗敌的力量；他们决不会再追究那种力量过去的一切。只要政府立刻动员全部的力量去对付敌人，立刻停止一切以中国人杀中国人的内战，民众自然会一致起来拥护它，一致很热烈地参加救国抗敌的阵线。只有丧心病狂的人，才会无条件地希望某一种势力的消灭，才会在和敌人决死斗的时候，作分裂自己阵线的愚妄工作。这少数丧心病狂的人，民众自然会用最严峻的手段去制裁他们的。也只有只顾自己的权利而忘记了民族前途的人，才会顾虑到自己势力的可能消灭，而不惜苟且偷安以至于误国卖国。所以，清算的意义，是在认清我们的前途，而决不在追究过去的过失。

干脆地说：我们并不是要推翻政府，然而十二万分坚决地要求有一个抗敌救亡的政府！我们希望当局的人立刻负起这抗敌救亡的责任，而勿再顾虑自己的利害，贻误民族的前途；勿再以自杀手段消耗民族的力量。

敌人的目的，是不损一兵，不费一弹，征服全中国——假如它要在征服中国的过程当中，牺牲很大的军力，它便不能负起更大的进攻苏联的任务，甚至不能镇压国内的革命势力。同时，假如它在征服中国的时候，要以高度武器的力量毁灭过多的中国人民的生命财产，它就不能达到夺取市场的目的：中国人民的购买力，便不能作为它和缓国内恐慌的用途，中国人民的生产力，也便不能供给它进攻苏联的军需。

看清了这一点，所以，我在一·二八的时候，就主张我们应该有一个"焦土政策"。事实上，不但欧美列强不能容忍中国化为焦土，我们的敌人也不愿中国化为焦土。"只有不惜牺牲的决心，才能避免牺牲"，这是我当时大声疾呼地提出的。现在，是连胡适之先生都主张"焦土政策"了。然而，在那时候，他还是妥治阵线里的有力分子，他还想做"文化城"里的终身教授呢！是和非到现在是完全有事实的证明了。

敌人的毒计，主要的是以华灭华：它的内容，第一，是使中国各地政权分裂；第二，是使中国政府和民众对立；第三，是使中国民众涣散。（章乃器：《激流集》）

1月27日　袁牧之、陈波儿组织了以电影界编导、演职人员为主体的上海电影界救国会。

1月28日　九时，在上海市商会大礼堂出席纪念一·二八淞沪抗战四周年和上海各界救国联合会成立大会。社会各界代表八百多人参加大会，沈钧儒主持会议。推选沈钧儒、章乃器、李公朴、陶行知、邹韬奋、王造时、史良、刘良模、沈体兰、沈兹九、张定夫、潘震亚、顾执中、潘大逵、彭文应、沙千里等组成执行委员会。决定创办《救亡情报》等刊物。会后，与大会主席团成员一起率领群众游行，由宝山路江湾路直至庙行一·二八淞沪抗战无名英雄墓，来回四五十里。一路高呼口号，高唱《义勇军进行曲》、抗日歌曲，沿途不少群众加入游行，队伍扩大至两千余人。领导群众在英雄墓前庄严宣誓抗战到底。（上海《大美晚报》1936年1月28日第4版。沙千里：《漫话救国会》，文史资料出版社，1983年。邹嘉骊编著：《邹韬奋年谱长编》，上海交通大学出版社，2015年）

1月　在《中学生》杂志发表《我的研究动机和研究经历》一文。在文中章乃器表示："凡是一个有志气的人，不管他所抱负的是社会主义或者是个人主义，不管他所受的是旧教育或者是新教育，都必然要发生一些'志不在温饱'的感想。所以，为生活而生活，就是在温饱的阶层中，也会有许多人觉得是不够。这一些不够的感觉，已经是一个人生哲学的问题，不过还是很粗浅的罢了。"他认为，只有体会劳苦大众的生活之后，才会觉得"为研究而研究依然不是做人的法则"。于是，才会进一步到了为大众利益而研究的态度。这种种的曲折，在一个小资产阶级里的知识分子，往往是必然要经过的。

2月6日　国民党上海市党部制定取缔文化界救国会的办法七项，其中包括："一、由中央禁止《大众生活》发行，凡贩卖及印刷该刊物者一律查办。二、由中央令饬本市党政机关查封生活书店。"要求由国民党中央令上海市政府，查封量才补习学校及量才图书馆，逮捕其主持人李公朴；由市党部密令，禁止参加文化界救国会等社会团体，不许假座开会；令新闻检查所封锁其消息；请中央密令市政府警备司令部，缉捕王造时等。（中共上海市委党史资料征集委员会编：《"一二·九"以后上海救国会史料选辑》）

2月7日　国民党民众训练部密谋取缔文化界救国会，密报"文化界救国会组织，分子异常复杂，活动范围广大，其宣传刊除《大众生活》之外，尚有多种。该团体原定于七日在市商会等两三个场所召集市民大会，经会商市政府及党部通令各人民团体、学校禁止参加，并禁止假借开会场所，并通知工部局办理矣"，并由国民党市党部议决取缔办法七项，"其中沪市党政机关职能办到者，已经实施"。（邹嘉骊编著：《邹韬奋年谱长编》）

2月9日　沙千里等人组织发起由公司、字号、海关、银行诸业中下层职员参加的上海职业界救国联合会成立。

2月12日　国民党在《申报》上发表《告国人书》，污蔑文化界救国会。（周天度编：《救国会》）

2月15日　在《绸缪》杂志上发表《最低限度的牺牲决心》一文。

文中称：自从去年冬天华北伪自治运动发生以后，当局的御用舆论，很迅速地转变为汉奸舆论，民众组织在摧残压迫之后，不能立刻行动起来反抗这种汉奸的伪自治运动；不能立刻行动起来纠正这种汉奸舆论，反而任听汉奸组织，冒充民众，来推进伪自治运动。在这个时候，凡是稍微有点良心的人们，没有一个不悲愤填胸，有的甚至于痛哭流涕。章乃器表示：在惨痛的当中，订立下来一个决心，"准备牺牲六个月的苟安，准备犯任何形式的爱国罪"。

摘要　为什么说六个月的苟安呢？因为照当时的情形，华北有伪自治运动的抬头，上海公共租界更有以日人为副队长的特别政治侦探的设置；华北的知识分子，敌人可以自由地拘捕、绑架，甚至残杀！倘使那样的下去，谁能保证上海不在六个月以内遭受同样的命运呢？

假如敌人的势力真个到了上海——当然，一部分早已经在上海，假如上海变成华北一样，那么，像我们这一班人，在良心上决不肯做汉奸，做卖国贼，在本质上又不配做顺民——敌人决不要有高深知识的顺民，到那时也免不了一个牺牲，然而，倘使到了那无可奈何的时候再牺牲，除了留一个历史上的英名以外，对于民族的贡献，是十分不够的。倒不如提早六个月下牺牲的决心，我们还可以在敌人没有到达我们的面前的时候，唤起民众，组织民众，准备和他们拼一个你死我活；那样，也许到了六个月之后，不但民族前途显现一线的曙光，我们自己也同时可以得活路。即使我们自己得不着活路，我们与其坐待敌人的利刃加胸，也不如先尝试我们自己当局对于我们压迫的滋味。这一点点提早牺牲的决心，我想每一个不愿意做汉奸，做卖国贼的知识分子，都是应该具备的。

所以我要认定这一点点的提早牺牲的决心，是最低限度的牺牲决心。我不敢对知识分子有过高的希望，而只希望他们大家都能具备这一点点的最低限度的牺牲决心。（章乃器：《激流集》）

2月22日　为上海文化界救国会起草的《上海文化界救国会对中宣部〈告国人书〉之辨正》[①]，在《大众生活》发表，对国民党宣传部于2月12日发表的《告国人书》进行了批驳。

①该文发表没有署名。据章立凡考证，系章乃器所作，并收入《章乃器文集（下卷）》。

摘要　上海的救国运动，兴起于华北伪自治运动抬头的时候。当时华北汉奸组织烟民，冒称民众；华北报纸甚至公然以汉奸理论代表民意。国民党宣传部在那是非颠倒、国格危殆的时候，默不一言；政治当局也未能当机立断，为有效之制裁。我们在悲愤之余，感匹夫之责，才有救国运动之发起。两月以来，赖各地学生及民众救国运动的勃发和文化界正确理论的开展，舆论为之清澄，人心为之振奋，汉奸为之匿迹。如果党国诸公真能以民族利益为前提，对于这种现象应该是如何的爱护；即使中间有错误的所在，应该是如何的加以善意的指导。不幸得很，国民党宣传部对于汉奸运动，则默加容许；对于救国运动，反严辞厉色，诬陷侮蔑，无所不用其极！这是我们所感到无限的失望的……国民党宣传部的文告当中，居然重提久已消沉的所谓"赤色帝国主义"……国民党宣传部所提出"集中力量，上下一心"的原则，正是我们所馨香祈求的一件事……我们主张各党各派的合作，主张停止一切的内战，全力对外，便是这种意旨。我们顾念到集中现金以后的中国，事实上已经提取到民族最后的一滴血。我们观察中外历史的先例，认为只能很郑重地用在对外抗敌救亡的战争上面，而不能再在对内的战争上作孤注一掷。倘使不这样，那不但陷民族于覆亡，而且要根本斩绝民族的生机，而置之于万劫不复之境……

总之，民族阵线的完整和破裂，这责任完全在当局。我们希望国民党宣传部顾全国民党的历史，顾全民族的前途，有勇气自己出来纠正自己的谬误！国民党里面尽多贤明之士，他们为了党的历史，为了民族的前途，一定也会出来主持正义，纠正这种错误。（周天度编：《救国会》）

2 月 23 日　陶行知等成立教育界救国组织——国难教育社。

3 月 16 日　在《世界知识》杂志上发表《研究现阶段中日问题的任务》一文。他在文中指出："第一步，是估计自己的实力。在估计时候，主要的便是研究如何团结自己的实力问题。第二步，我们得计划我们友军的力量。现在时代，我们民族解放战争，少不了要和国际形势配合起来——我们应该联合国际友军。第三步，我们便得估计敌人的力量。我们就得计算它的海陆空军力。"

3 月 24—25 日　军警潜入复旦大学逮捕爱国学生，开枪、殴伤学生及该校教职员工。

3月27日 与沈钧儒、史良、沙千里、吴耀宗等代表上海各界救国联合会前往上海市政府，会晤市长吴铁城，要求立即释放被捕学生，严惩失当的公务人员，确保以后不发生同类事件。与吴铁城发生争辩。之后，赴复旦慰问被殴伤师生，并要求目睹暴行的复旦校长李登辉将真相昭告天下，以唤起国民注意。（沈谱、沈人骅编：《沈钧儒年谱》，中国文史出版社，1992年）

4月16日 在《世界知识》杂志上发表《远东形势的蠡测》一文。文章认为进攻苏联是日本的义务，而且是帝国主义的共同义务。日本在欧洲方面的反苏联战争可能同时爆发的条件之下，才愿意承担它的义务。然而，这个条件不容易实现，以目前苏联的强大，日本即使愿意倾覆苏联，然而不敢单独进攻苏联。反之，并吞中国却是日本的"权利"；而这个权利，它认为是可能单独地攫夺。日本为缓和经济恐慌，缓和少壮军人的盲动，最便宜的方法，是一步又一步地向中国侵略。倘使它舍弃了这便宜买卖不做，而冒了大险去进攻西比利亚，即使胜利了，无助于自身的经济恐慌。

摘要 依我的观察，日本虽然已经向帝国主义国际告奋勇，以东亚反共的主力军自任，但是它刀锋所指，依然是在中国。它在排除反日……的口号之下，便可以出兵占领中国任何的地点——因为反日运动已经满布全国了！

我以为我们的国际政策，应该是：利用一切国际的矛盾，然而不能作国际矛盾的牺牲品；接受一切国际的援助，然而不能认贼作父。在过去，我们显然已经做了国际矛盾的牺牲品；帝国主义要用中国领土主权的牺牲，促成日本对苏联的进攻。

我们在这时候，最合理的主张，是从速订立一个更广大的《中苏互助协定》，去代替这局部的《苏蒙互助协定》。我们应该建立一个很坚强的中苏联合战线，再和近东四小国的反侵略阵线联系起来，造成一个很伟大的反帝反侵略战线。（章乃器：《激流集》）

4月25日 在《永生》杂志上发表《民族解放斗争中的几个最低要求》一文。文章分为绪言、一个民族革命的标准、整个国策的重估、国际关系的重建、外交方式的纠正、公开的战争准备、思想的彻底解放七个部分。

在《整个国策的重估》中，他指出："历史上在大敌当前仍埋头内争的国家，没有一个不灭亡。在现代国家意义之下，国防军更绝对不容许在内争上孤注一掷。中国已经不是闭关自守的时代了；列强虎视眈眈，国防军的任务是如何的重大。"

他认为需要公开的战争准备。民族是有人格的集团：中国民族如果还要齿数于人类，我们认为早已超过了最大限度的容忍。在离九一八事变四年七个月的今日，我们更没有理由再言准备，就是退一步而言的准备，也只能用随时作战的决心，做公开战争的准备。

在文章的最后一部分"思想的彻底解放"中，他指出："现代的民族解放运动，是时代进步的产物，是和人类文化合流的。中国是世界的一环，中国民族解放工作，是和全世界被压迫大众的解放工作合流的。在这种意义之下，我们就可以明白：我们不能拒绝现代的思想潮流，也不能违反世界大势。为了要使文化工作在民族斗争上发生力量，我们必须彻底解放思想，努力于文化的推进，努力于世界潮流的吸收。"

4 月 27 日　为《中国货币金融问题》作序。

4 月　中共中央派冯雪峰由陕北瓦窑堡秘密抵达上海，他带了四项任务，第一项即"同当时上海各界群众救亡运动的负责人沈钧儒等取得联系，传达中央政策，并同他们建立经常关系；同时通过各种线索，向各党各派宣传党的政策和开展抗日统战关系"。不久，他与章乃器等救国会的领导人正式取得联系，转达毛泽东和中共中央的抗日民族统一战线政策。他是第一个以公开身份与章乃器接触的中共党员。在冯雪峰的安排下，章乃器与鲁迅见面，介绍救国会的性质、组织机构。

章乃器在《我和救国会》一文中回忆："冯雪峰以党员身份同我们接触。我只记得他安排了一次我和鲁迅的会见，但也没有事前对我有什么交代——没有提出会见的性质和任务，所以会见的结果并不好。"

（周天度编：《救国会》）

是月　潘汉年、胡愈之抵达香港。胡愈之根据潘汉年的意见，说服邹韬奋、陶行知用接近《八一宣言》的基本观点，帮助起草《为抗日救亡告全国同胞书》。邹韬奋、陶行知签字后，由邹韬奋回上海征求沈钧儒、章乃器的签名。

5月1日 在《生活知识》杂志上发表《从酷刑拷讯说到民族道德》一文。

摘要 张佩文女士因为她的丈夫遇害，发表了一篇《泣告全国父老兄弟诸姑弟妹书》，写得沉痛异常。

我读了之后，情不自禁地掉下泪来。我和谌峻岑先生不相识；我所以要下泪，是因为谌峻岑先生的遭遇正是全国救亡阵线被捕诸同志的遭遇，我再联想到北平青年郭清的遇害，便不能不下同情之泪。我想救亡阵线里的同志，一定是和我同感的。

我们对于这个案件应有下列的认识：

一、酷刑拷讯和用威逼利诱的手段使别人丧失政治道德和政治信仰，是最近几年来雷厉风行的一件事，是普遍全国的一件事。

二、这种方法，在目下日本帝国主义势力所及的地带，正在经过它的代理人政权，作为制造汉奸顺民的工具。

三、在这种情形之下，国民党内许多不愿意做亡国奴的人们，便也同样地受到了威胁。

除了谌峻岑案件之外，北平还有几位教授和几百个青年都在遭遇同样的命运。滦东伪政府甚至已经公然采用国民党强逼共产党党员自首、投降的手段，去强逼国民党党员自首、投降。在这民族危亡逼于眉睫的时候，我们决不能站在旁观的地位，认为这是国民党"自作自受"，而要彻底地明白，这是整个民族元气被摧残，民族道德被摧毁的严重问题。国民党里作法的原也不过是少数人，而受害的却是多数的善良分子。（章乃器：《激流集》）

5月6日 由上海文化界救国会、妇女界救国会、职业界救国会、大学教授救国会、国难教育社共同创办的《救亡情报》①出版，此系上海各

---

① 《救亡情报》于1936年5月在上海以半公开的形式出版，每星期出一张（四开），遇有特殊情况出增刊或号外。先后参加编辑工作的有刘群、徐雪寒、吴大琨、恽逸群。该报原系上海文化界、妇女界、职业界等救国会的联合机关报，出满十期后转为全国救国会的机关报。《救亡情报》成为全国救国会的机关报后，直属全国救国会文书部长章乃器领导，编辑部一度也设在他的家中。章乃器多次出席编辑会议，具体指导编辑、记者的编采工作。当报纸遇上经济困难时，章乃器想方设法向社会筹款，甚至不惜毁家纾难，把私人住宅卖掉，所得款项允为办报经费。

界救国联合会的言论机关。

在《救亡情报》上发表发刊词①，章乃器认为抗敌救亡运动已经到了"中国全体民众的呼声"的时候，"只有极少数早为国人所唾弃的汉奸顺民"，在那里主张对敌妥协、谈判；也只有极少数的卑鄙无耻的"官僚学者"，会散播汉奸理论，讲什么"三天亡国论""唯武器论"，为汉奸们的不抵抗主义、投降主义辩护。他认为："在这大难当头，民族的生命已危在旦夕的时候，我们必须联合一致，与敌人及敌人走狗——汉奸斗争。"他告诉读者办该报的目的是："我们为了检讨各部分救国工作的得失，使各地方各界人士能够积极参加救国工作，从救亡斗争中检阅自己阵线里工作不够的地方，互相批判，以加强我们的力量起见，所以才共同发起这个小小的刊物。"

5 月 9 日　八时，与李公朴、王造时、史良、顾执中等在天后宫桥下上海市商会参加五九国耻②纪念大会，并主持，最后发表演说："要坚持实行民族统一阵线，来对抗日本帝国主义和汉奸。"并指出结成民族统一阵线的基本信条和过去救国运动的若干缺点。（《救亡情报》1936 年 5 月 17 日第 2 版）

是日　在《永生》杂志上发表《怒吼吧，长江流域的大众！》一文。

摘要　长江两岸的沃野一片，谁见了都会起无限的羡慕；怪不得，别人是要眼红了。

可怜得很，这一片沃野的长江两岸，大部分的点缀品，仍然是几椽茅舍和几叶帆船。有极少数使我们见了会感到惊奇的点缀品，却就是使我们见了又会感到惊心动魄的点缀品，那便是：帝国主义的兵舰，挂洋旗的外国轮船和带有国际托辣斯意味的外国火油公司的油栈和码头，一切现代的设备，大部分是别人的。几只中国轮船和一些无关宏旨的民族

---

①发刊词没有署名。据章立凡考证，系章乃器所作，并收入《章乃器文集（下卷）》。
② 1915 年 5 月 9 日，袁世凯经过与日本长达一百零五天的谈判和周旋之后，被迫接受日本《二十一条》中的十二条，是为"五九国耻"。条约签订后，全国教育联合会决定，各学校每年以 5 月 9 日为"国耻纪念日"，借此警励国人毋忘此日、誓雪国耻，这一天被民众称为"国耻日"。

工业，挣扎在帝国主义的天罗地网中，差不多是力竭声嘶了。我所乘的招商局轮船，也就是力竭声嘶中挣扎着的一个。我们坐在头等舱里，物质享受虽是够得舒服；然而，一想到中国船业的危机，再想到民族民生的危机，不能不觉得坐不安席，而发生了无限的彷徨。（章乃器：《激流集》）

5月27日　上海市学生救国联合会成立。

5月29日　全国学生救国联合会成立。

5月30日　十四时，与沈钧儒、李公朴、王造时、史良、潘大逵、顾执中等出席在天后宫桥下上海市商会举行的上海各界民众纪念五卅运动十一周年大会，并发表演说。与会群众六千余人，租界当局派出大批探捕到现场监视，发生冲突。会议历时两小时。之后，游行至江湾五卅烈士公墓致祭。（《救亡情报》1936年6月7日第1版）

5月31日　出席全国各界救国联合会（简称全救会或救国会）成立大会。华北、华南、华中及长江流域十八个省市的六十多个救亡团体约五十余名代表，在上海博物院路131号（今虎丘路131号）中华基督教青年会举行全救会成立大会。

6月1日　八时，继续出席全救会成立大会。无锡、泰安代表赶到（共计二十个省市），十九路军代表赶到，约六十余人出席。会上通过了《全国各界救国联合会成立大会宣言》和《抗日救国初步政治纲领》①两个重要文件，建议各党各派立刻停止军事冲突，释放政治犯，派遣正式代表进行谈判，制定共同抗敌纲领，建立一个统一的抗敌政权。全救会愿以全部力量保证各党各派对于共同抗敌纲领的忠实履行，制裁任何党派违背共同抗敌纲领的行为。大会声明，全救会现阶段的主要任务，就是促成全国各实力派合作抗敌，没有任何的政治野心，没有争夺政权的企图，组织全国救亡活动只不过是尽一份人民的天职，站在人民的立场上，不帮助任何党派去攻击其他党派，保持高度的超然性和独立性，维护民族的共同利益。通过《全国各界救国联合会章程》。与宋庆龄、何香凝、马相伯、沈钧儒、陶行知等四十余人被选举为执行委员；与何香凝、沈钧儒、陶行知、李公

①该宣言以及下文中的政治纲领，据章立凡考证，系章乃器所作，并收入《章乃器文集（下卷）》。

朴、王造时、史良、沙千里、马相伯、孙晓村、曹孟君、何伟、张申府、刘清扬等十四人被选举为常务委员。会议至二十三时三十分结束。

会后，全救会在各报上发表《全国各界救国联合会对时局紧急通电》。

章乃器在《我和救国会》一文中回忆：全国各界救国联合会大约是在一九三六年五月末成立的。那时候，我们的情绪已经有了飞跃的升腾。在第二天，又来了几位十九路军的代表。他们怎样进来的呢？是谁介绍的呢？现在都记不清了。只记得他们的调子很高，这就进一步对我们已经飞跃升腾的情绪起了作用。从而，在"全救"的文件里，就暗含着组织抗日政府的要求。文件是我执笔的，但如何提法，我也忘记了。"全救"有多少位代表，有哪些方面的代表，选出了多少位理事，理事是些什么人，我都记不住了。人选大概是，除了上海我们这一群以外，南京有孙晓村、曹孟君，湖北有何伟，广东有何思敬，西北有王炳南，山东有张语还，北京有张申府、刘清扬等等。（周天度编：《救国会》）

是日　两广事变爆发。广西的新桂系李宗仁、白崇禧和广东的粤系陈济棠，以抗日运动之名义，反抗国民党政府首领蒋介石。该政治事件几乎触发了一场内战，但是最终以双方达成政治妥协而和平结束。事变发生后，李宗仁和白崇禧曾派陈劭先①到上海，邀请章乃器去广西参加他们的运动，"而且指名要我当财政部长。我们因为这同救国会一贯主张的团结御侮方针不符，没有同意，而且去电要他们顾全大局，审慎运用他们的实力地位，以争取举国一致的抗日战争的到来"。（章乃器：《抗战初期在安徽》，载章立凡选编《章乃器文集（下卷）》）

6月2日　与沈钧儒、邹韬奋、李公朴将全国各界救国联合会的宣言和初步政治纲领等文件面交上海市市长吴铁城，希望得到国民党当局的认可，争取合法地位。吴铁城不予承认，反而说全救会是"少数野心家"操纵的"反动的东西"，声言要逮捕救国会负责人，威逼章乃器等人放弃抗日救国的立场，解散救国会。（陆诒：《抗战前夕的救国会》，载《上

①陈劭先（1886—1967），原名承志，江西樟树人。中国国民党革命委员会发起人之一。中华人民共和国成立后，任民革中央常务委员，后任全国人大代表、全国政协委员。

海文史资料选辑第七十五辑》。《文史杂忆》，上海人民出版社，1994年）

章乃器回忆：全救会的成立，使国民党惊慌，全国性组织的出现是他们不能容忍的。吴铁城通过市府第一科科长李大超，打电话"邀请"沈钧儒、邹韬奋、李公朴、章乃器四人到市政府便餐。"饭后，吴铁城便谈起'全救'的事情，说我们要组织抗日政府，就是要推翻国民政府。我们请他冷静些，不要听信特工人员的情报，无事生非；'市长既然说政府是要抗日的，那么，现政府就会转变为抗日政府，有什么推翻另组的可能和必要呢？'他说：'你们有了全国性的组织，又有独立的主张，那就是对抗国民政府的，那不是要另组政府又是什么呢？现在我宣告你们的全国各界救国联合会为非法，命令你们：一、立刻写好通告解散全国各界救国联合会；二、把所有印刷品送到市政府来，以备销毁。否则今天便把你们拘留起来！'他还用嘲笑的口吻说：'嘻，你们要做民族英雄吗？那就让你们尝尝民族英雄的滋味吧！'""我们从容镇定地回答他：'全国各界救国会联合会，如同它的名称所表示的，是全国各地的救国会的代表联合组成的，我们没有权力解散它；印刷品已经统统发出去了，没有留存的了。市长要逮捕我们吗？那应当依法由法院出拘票来拘捕。市长邀我们来吃饭，就把我们扣起来，这绝不是市长所应该做的，传出去是要闹笑话的。'我们还特别愤慨于他的用嘲笑姿态对待民族英雄，我们不约而同地集中火力攻击他这一点。我们说：'国难深重，市长不嘲笑汉奸卖国贼，而嘲笑起民族英雄，这使我们感到吃惊！市长难道怕民族英雄太多吗？民族英雄有什么罪过？'吴铁城看到我们没有被吓倒，而他的'失言'倒被我们抓住了，有点窘了。"（章乃器：《我和救国会》，载周天度编《救国会》）

6月5日 吴铁城在全市大中学校长的茶话会上称："现在有少数野心家，组织了一个什么全国各界救国联合会，这里面不过是二三十个人在那里包办，说得上什么全国联合会呢？这个团体简直是一个反动的东西。现在除了汉奸而外，谁也知道要救国。真正救国的工作，不是几个文化人做几篇文章就能办到的。救国乃是一个军事行动。现在政府在那里苦心孤诣地准备，军事秘密和外交秘密有不能向大家公布的苦衷，我们应该诚心地相信政府，服从政府，使他能以全力对外，如果我们不相信政府，使政

府又要分心来'安内'，这是很不好的。"（《救亡情报》1936 年 6 月
14 日第 1 版）

6 月 10 日　应蒋介石的邀请，与沈钧儒、李公朴赴南京谈话。抵达
时戴笠到火车站引接，送往中央饭店休息。

6 月 11 日　午后，与沈钧儒、李公朴见冯玉祥，为两广之事谈甚久。
章乃器说："今日之宣传两广有日人背景……"（中国第二历史档案馆编：
《冯玉祥日记》，江苏古籍出版社，1992 年）

6 月 12 日　与蒋介石会谈，拒绝其提出的救国会在国民党领导下开
展工作的要求。章乃器在《我和救国会》一文中回忆说："见面坐定后，
蒋先同沈（钧儒）老寒暄，接着便同我谈。蒋说，他知道我在银行里工
作得很好，肯研究问题，有事业心……之后，大家沉默了片刻，我们便说，
很关切对日准备情况，请蒋指示。蒋装腔作势地说：日本人是要我们不
战而屈，我现在有把握可以战而不屈。我们说，那太好了，可以立即反
攻了，何以华北还要退让呢？他于是重弹他的老调，什么共产党捣乱后
方呀！共产党的话不能相信呀！共产党是不要国家的呀！等等。我当时
暗想，你千不该，万不该，不该走反共反苏亲日的死路，更不该继续打内战。
可是，因为我们事前已经约定，决不同蒋正面冲突，所以暗想还只能限
于暗想。于是，我们就把话头转入抽象、空洞的方向去了。我说，希望
蒋以百姓为心腹，以舆论为耳目；意思是要他莫偏听偏信 CC 和军统的情报。
谈话结束，他和我们吃西餐午饭，陈布雷作陪。"

之后，访问陈诚。谈话中，章乃器抓住了蒋介石"可以战而不屈"的话，
问陈诚："那为什么仍然不战而一味对敌屈服呢？尤其是为什么继续打
内战呢？内战再打下去，会不会把这点可以'战而不屈'的本钱都输光呢？
还要特别注意，人心愤懑已经达于极点，再不抗战就要发生内部瓦解的
悲剧的呢？"经过一番辩论，陈诚承认说不过章乃器，赌咒发誓地说："乃
器，我们将来总是还要见面的。假如蒋先生终于不抗日，你拿刀来砍我
的头好了。"（周天度编：《救国会》）

6 月 13 日　晚，与沈钧儒、李公朴见冯玉祥，谈他们见蒋介石时所
谈之话。（中国第二历史档案馆编：《冯玉祥日记》）

6月14日 《救亡情报》刊登《全国各界救国联合会对时局紧急通电》①一文，通电表示："若不翻然变计，不分党派，不分阶层，举全国之力，以与敌人一战，则敌势蔓延，病入膏肓，国亡无日矣！"

摘要 四年九个月以来，日本既夺我吉黑，复攫我热河，又进窥我冀察，近更增兵华北，保护走私。按其野心，势非灭亡我中华民国，臣服我中华民族不止。我当局虽忍辱负重，委曲求全，但我退一寸，敌进一尺，我之土地有限，而敌之贪欲无穷，以仅仅四年余之时间，不战而丧失一百六十余万方里之土地，五千余万人民，中外古今，实所仅见。若不翻然变计，不分党派，不分阶层，举全国之力，以与敌人一战，则敌势蔓延，病入膏肓，国亡无日矣！今有报载西南将领，已揭起抗日之旗帜，实行出兵北上。时机迫切，间不容发。我中央当局，亟宜立示决心，领导于上；全国民众，自应群起响应，督促于下。务使全国兵力，一致向外，抗日战争，立即展开，恢复我已失之河山，拯救我被压迫之同胞……（《救亡情报》，1936年6月14日）

是日 与沈钧儒、李公朴回上海。

6月20日 在《永生》杂志上发表《谁是内战的挑拨者？》一文。章乃器开门见山地表明自己是救国阵线的一分子，救国阵线现阶段的主要任务，是"消弭内战，促成抗×"，这当然便成为自己当前的主要任务。他对于西南事件的态度是"绝对同情西南督促中央抗×"，但是希望他们不要超过督促的限度。同时，他热望中央诚意接受西南的督促，因为这种督促代表人民的公意。西南《冬电》的主张，使每一个有良心的人都会感动流泪，这是几年来国内实力派难得发出的声音，对于这种声音，"我们如果不是丧心病狂，如果不曾受敌人的收买和麻醉，是决计不肯忍心害理加以恶意的估量的"。他不但赞成西南实力派这样做，而且希望全国实力派都这样做；用人民的力量，在"抗×第一"的前提之下，造成国内的和平与统一；我们不但反对未来的内战，而且主张停止现有的内战；只要大家都认定"抗×第一"的原则，内战是必然可以停止的。

①该紧急通电，据章立凡考证，系章乃器所作，并收入《章乃器文集（下卷）》。

　　他认为，目前国内有很清楚的两条阵线：一条是帝国主义阴谋网支配下的汉奸阵线，它的目的在"挑拨内战，消灭抗×"；另外一条是有良心的不愿做亡国奴的大众所结合成功的救国阵线，它的目的在"消弭内战，促成抗×"。全国的同胞，你们究竟愿意站在哪一条阵线呢？时机太迫切了！一分一秒也不容许犹豫了！正气不容消沉，是非不容泯灭，你们赶快运用你们最郑重的判断，尽你们最大的努力吧！（章乃器：《激流集》）

　　6 月 21 日　九时，上海各界救国会联合会组织千余名市民、学生，整队赴京请愿，北站被请愿的队伍占领。十四时，军警赶到现场，请愿团撤出火车站。请愿活动造成上海的铁路运输中断五个小时，引起中外各界的关注。

　　6 月 24 日　与沈钧儒、王造时出席上海文化界救国会扩大会议。章乃器报告国际在华阴谋与人民救国阵线的任务。

　　6 月 28 日　十四时，与沈钧儒、李公朴、王造时、周新民、沈兹九在静安寺路基督教女子青年会大礼堂出席上海著作人协会成立大会，当选为主席团成员。

　　大会最后由章乃器讲话，他着重地论述联合战线的问题，"老实不客气的，文化人的任务，是站在指导救亡工作的地位。不待言，是先该把自己的统一战线建立起来。文化人的联合战线和别的救亡联合战线也是一样的。联合战线无非是对共同敌人的结合。我以为联合战线不是折中的、调和的，也不是说各党各派的人，参加了联合战线就放弃他们的主张。而是在一个同样目标下一致对外。文化人的联合战线，也是一样，要对敌人一齐放。自己的行动和任务，还要去发动其他人一致参加救亡运动"。

　　会议通过简单宣誓，选举结果，与诸青来、曾虚白、周新民、王造时、沈志远、李公朴、张仲实、张谓等十五人当选为理事。当场并通过议决案多件：①由协会发宣言或通电中央，请求抗日。②欲求得全国民众对西南的了解，推派代表赴西南调查。③关于非法压迫爱国运动，如禁止演剧、诗歌、唱歌，停闭《永生》周刊等，发表宣言，主张主义等等。

6月　吴铁城胁迫浙江实业银行总经理李铭，警告银行：不应该容留章乃器这样的人，不去掉章乃器，对你们的银行十分不利。李铭向章乃器转告了吴铁城的警告，并表示"你还是出国吧，银行出钱送你到英国去留学，这里的薪水照发给你家用。你到英国去学习三五年回来，那时不但银行需要你，国家也需要你"。（潘大明：《长河秋歌七君子——1936年七君子事件与他们的命运》，中西书局，2016年）

章乃器在《七十自述》中回忆：有一天，浙江银行总经理李馥荪找我谈话，陈朵如老师也在场。他说，吴铁城给他警告，银行里不应容留章某，否则对银行不利。他又说，他已经为我慎重考虑，我最好是去英国留学，银行可以供给我在英国的费用，这里的薪水照旧发给我安家，我如能在英国学习三五年，回国后不但银行需要，国家也很需要。他要我回去好好地和救国会朋友们商量，取得他们的谅解。我听了，不假思索，就回答他：我愿意辞职以免银行受累，我没有必要和别人商量；救国会是一件关系国家民族存亡的大事业，我不能离开它。这样，我就不仅放弃了这个一般人视为极难得的"镀金"机会，而且亲手砸碎了这个经营了二十年的"金饭碗"。许多人知道了这件事，都骂我是大傻瓜，但也有不少人是同情、赞许的——柳亚子先生便是极度同情的。

上半年　在黄伯樵[①]的家里，与黄郛[②]谈话。黄郛认为现在不应该组织抗日救国会，而应该组织"师日救国会"，他列举日本陆军士兵的背包是多长、多高、多宽，日本铁路的货车车厢又是多长、多高、多宽，所以一个车厢能装多少背包，一列车有多少车厢，一共能装多少背包，恰好是够陆军的一个什么组织单位之用，这样，动员起来既方便，又迅速，才能

①黄伯樵（1890—1948），江苏太仓人。留学柏林工科大学，1926年任驻德二等秘书。回国后任京沪杭甬铁路管理局局长，发起成立中国经济建设协会、中国国家铁路公司等。

②黄郛（1880—1936），原名绍麟，字膺白，浙江绍兴人。1905年加入同盟会。辛亥革命时期与陈其美、蒋介石结为"盟兄弟"。1924年一度代理北洋政府内阁总理，段祺瑞临时政府成立后下台。1927年受蒋介石指派在上海活动。参与签订《塘沽协定》。

打现代战争。他继续说：我们要救国，先要拜日本为师，把它的全套治理国家的本事学到手，现在你们空谈抗日，拿什么东西去抗呢？

章乃器答复说："这就叫作标准化，背包、车厢、机车都要合于一定的标准，可是要知道，轨宽首先要标准化呀，这就需要全国的统一。而全国的统一首先要赶走日本侵略者；否则便不可能是我们的铁道标准化，而是'满铁'的铁道标准化！所以，还是抗日第一。"这就使得黄郛哑口无言。[①]（章乃器：《我和救国会》，载周天度编《救国会》）

7月1日　午，赴黄炎培处，与黄炎培、沈钧儒、李公朴等商谈银行解职事。（黄炎培：《黄炎培日记》）

7月9日　夜晚，与沈钧儒、史良、沙千里、彭文应代表全国各界救国联合会，赴南京向国民党五届二中全会请愿。请愿团提出三项要求：立即对日宣战；各党各派合作，释放政治犯，一致对外；开放民众运动，保障救国自由。

7月10日　晨抵南京。国民党五届二中全会召开，讨论对日问题及对西南问题。全救会要求政府立即对日抗战，停止内战，要求大会议决开放民众救国运动，保障言论、出版、集会、结社自由；释放政治犯。

7月12日　邹韬奋携带《团结御侮的几个基本条件与最低要求》，由香港回沪，征求沈钧儒、章乃器的意见。后经章乃器反复修改，由四人共同署名。据胡愈之在《我的回忆》中说："沈钧儒同意签名，章乃器却嫌文件太右了，坚决主张修改，甚至连题目也改为《团结御侮的几个基本条件与最低要求》"。

章乃器在《我和救国会》一文中回忆说：潘汉年代表党在我们面前出现，就负着纠正"全救"文件左偏的使命。他提出了一个由沈（钧儒）老、（邹）韬奋、（陶）行知和我署名的文件的初稿，文件初稿最后经我们订正，叫作《我们对于团结御侮的最低要求》。初稿的调子太低了，我们接受不了，经过多次的修改才定稿。胡愈之参加了修改的工作，执笔的是我。我当时没有深入去理解何以只由我们四人署名。那时一切事情都从负责

①章乃器在《我和救国会》一文中回忆，这次谈话在救国会初期。无从考证的是在上海各界救国会成立初期，还是在全国各界救国会成立初期。故以上半年为妥。

精神出发，绝不考虑个人的权利和名誉。后来（王）造时提出质问，我们才觉得有些不妥当，但已经无法纠正了，（王）造时也不要求纠正。（周天度编：《救国会》）

7月13日　十时，前往国民党中央党部大会召开处，受到大会警卫人员的阻拦。南京市市长马俊超出面接待，全救会要求在大会上发表讲话的预期没有实现。冯玉祥记录："救国会先生们言词相当激烈，然因不知内容而获得到处碰壁。"（中国第二历史档案馆编：《冯玉祥日记》）

7月14日　十五时，在南京礼查饭店举办记者招待会，《新民报》《大公报》等近三十位记者出席。章乃器担任会议主席，报告全救会的态度、主张及请愿经过。

7月15日　与沈钧儒、陶行知、邹韬奋联名签发《团结御侮的几个基本条件与最低要求》。文章回顾了自1935年12月9日学生救亡运动以来的七个月国内一般政治形势，认为"显然有重大的进步和转变"。同时，也看到问题"我们却不能隐讳目前的一个十分严重的问题，就是大部分人民对于团结救亡的认识，还不够彻底；对于全民阵线的信念，还不够坚决"。文中指出："现在虽然大家都叫喊抗日救国，大家都在高谈联合战线，但是政府怀疑民众，民众也怀疑政府；中央不信任地方，地方也不信任中央；国民党怕被共产党利用，共产党也怕被国民党利用，这是谁也不能否认的事实。"

文中表示，"五年来，蒋介石先生历次表示埋头苦干，忍辱负重，准备抗日，这是天下所共闻的。我们也承认抗日要尽可能地作迅速而有效的准备，我们所不能同意的只是准备抗日的方式"。"中国国民党，我们始终认为是中华民族革命历史上的一个主角。"同时，认为中国共产党于去年八月一日发表宣言，主张停止内战，联合各党各派，共同抗日救国。中国红军领袖也迭次发出通电，吁请各方面停战议和，一致对外。我们赞成中国共产党和中国红军这一个政策，而且相信这一个政策会引起今后中国政治上重大的影响。最后他们表示，"抗日救国的基本队伍，当然是人民大众。不管中央当局也好，地方当局也好，国民党也好，共产党也好，都脱离不了民众。要是没有民众的参与，断然谈不到抗日救国。同时在救亡联合战线中，也只有民众是最热诚的，最坚决的，最坦白无私的"。

摘要　我们已经决定，为了国家和民族，牺牲我们的身家性命都愿意，个人的毁誉更算得什么？我们发现了各种不同方面对于我们的误会，我们不仅毫不介意，而且更增加了我们的自信力。因为我们相信我们受到各方面的误会和怀疑，这事实正证明了我们过去忠实于救亡联合战线的立场；正证明我们一面不放弃一点一滴的抗日力量，另一面又不放弃一丝一毫的联合战线立场；正证明我们一面愿意和任何抗日势力诚意合作，然而同时决不愿意迁就任何方面。我们敢宣誓我们今后仍坚决地站在这救亡战线的立场，不躲避，不退却，不放弃立场，不动摇意志，一直到中华民族解放运动达到完全胜利的一天……

什么是救亡联合战线的正确立场呢？

我们以为：第一，抗日救国是关系整个民族生死存亡的大问题，所以只有集合一切人力、财力、智力、物力，实行全面总动员，才能得到最后的胜利。

第二，我们主张各党派各方面共同联合起来抗日救国，这并不是说把各党各派都消灭了，更不是说利用联合战线，把某党某派消灭了。

第三，在联合战线中间，不仅要大家互相宽容，而且要公开，要坦白。凡是利用联合战线，利用抗日名义，作个别的企图，就是破坏联合战线，也就是破坏抗日运动。

第四，联合战线的主要目的，是在扩大抗日救国的队伍，这队伍自然越广大越好。既然是中华民族革命联合战线，那么四万万五千万的中国人中间，除了汉奸以外，没有一个人是应该被摒斥的。

第五，许多人对于联合战线的前途，缺乏坚定的信仰，以为联合战线不过是一时的苟合，过了不久就会分裂的。这一种见解也完全错误。（周天度编：《救国会》）

7 月 19 日　参加职业救国会会议，发表《联合战线的意义和救国阵线的立场》："救国阵线在开展时大家情绪过分热烈，竟超过了联合阵线的限度。我们阵线许多同志认为自己是和政府是对立的，是反政府的，这与争取公开的意愿完全相反。任何国家里都有想推翻政府的人，不过要推翻政府，是要组织秘密团体来做的，并非我们公开团体所能做的，在政府势力下，公然推翻政府，真的太不聪明了！"

摘要　我们开始时有这样错误，大概是因长久高压之下，对政府愤慨甚深，才有对立的样子。现在我们已经相当的冲破这种高压，相当的争取救国自由，我们必须在这时用合理的态度，变更了以前的观点、策略。第二领导群众问题，以前我们始终以为应该领导思想前进、情绪热烈的群众，没有把群众二字扩大到一切愿救国的人群——思想和情绪都比较落后的广大群众里去。（该谈话由李晓夫记录，发表于同年8月2日的《救亡情报》）

7月26日　在《救亡情报》第一版上发表《西南事件所给与我们的教训》一文。

摘要　西南抗日运动已经遭遇着可耻的挫败，真正热心抗日者即使受挫折，他们的历史地位不可能湮灭救国阵线的立场。目下批评西南的目的，是在使有心抗日的实力派，不愿做亡国奴的大众和同志，能够于抗日问题有更深刻的了解，而同时能在将来采取正确的策略和有效的手段。

7月31日　在香港《生活日报》上发表《团结御侮的几个基本条件与最低要求》一文。

7月　辞去浙江实业银行副经理、中国征信所董事长的职务。

征信所员工罢工三天。

8月2日　在《救亡情报》第二版发表上海职业界救国联合会二百余名会员撰写的《章乃器先生辞职表同情的一封信》。

8月5日　在《生活知识》半月刊发表《团结御侮的几个基本条件与最低要求》一文。以后又出版了单行本。

8月9日　九时，与沈钧儒、顾执中、王造时、史良出席由上海各界救国联合会举办的上海民众缉私运动大会①，为主席团成员。章乃器在大会上发言："我们民众愿拥护政府缉私，与政府合作缉私，但政府今天不要我们民众拥护，不要我们民众合作，我们表示严重抗议。"会后，率领群众游行。

---

①该项运动主要抵制日本不通过中国海关，直接向中国市场倾销商品，牟取暴利的行为。

　　章乃器在《我和救国会》一文中回忆：开会的时候，大礼堂挤满了人，连走道、窗外走廊、门外连接马路都站满了人群。大会由沈老（钧儒）主席，我们大家都讲了话，群众中也有人上台讲了话。王造时的讲话特别动人——这是他的特长，我们许多人都不如。会毕出发游行的时候，沈老由于过度兴奋，从主席台上一跃而下，跌了一跤，我们赶过去搀他时，他已经起来奔向队伍去了。游行队伍前面两个壮汉举着两面大国旗——这是抵御警察特务的一种武器，他们怕被指责为侮辱国旗。沈老和我们都走在前头。队伍朝北走向虹口——有许多日本人居住的旧日本租界。商会和巡捕房的人都劝我们不要向北行，以免日本浪人捣乱，要流血。我们没有听从。队伍沿途除了喊口号、发传单以外，还特别向路旁的日本商店宣传：我们不反对你们，我们反对的是日本的军国主义者；他们是我们的敌人，也是日本人民的敌人，我们愿意和日本人民合作，共同反对日本军国主义者。一路平静无事。到虹口公园门口，我们再集合开了一次大会，才将队伍折回向南行，沿途相机逐步解散，以保证群众的安全。

　　这是人数最多的一次行动，游行队伍后来发展到一万几千人至二万人。因为许多北四川路的商店都已经知道我们在市商会开会，我们的队伍经过他们的门前，一经宣传动员，他们就关了店门全体参加游行了。有的人还号召他们的左右邻共同行动，有的人路过熟人或同行的店铺时，也动员他们加入。这是在市商会开会的一种好处。事后检查，也有三点缺点：一、走向虹口是犯了冒险主义的错误。当时日本浪人完全有可能武装冲击我们的队伍，造成流血事件，这是容易吓退刚刚发动起来的群众的，向南行经过热闹的市中心区，影响只有更大些。二、理事会原来的决定只有开大会、发表宣言，游行是在群众的要求下临时决定的。这种临时增加任务的方法是对自己人的一种突袭，是会吓退一般群众特别是上层群众的，以后绝不应采取。三、沿途加入游行的商店和人都没有做记录，不能跟踪争取他们加入组织，轻轻地放过了一次发展组织的好机会。（周天度编：《救国会》）

　　是日　以产业工人为主体的上海工人救国会成立。

　　8 月 10 日　毛泽东发表了致乃器、行知、韬奋、钧儒诸先生及全国救国联合会全体会员们的长篇信函，响应沈钧儒等四人联名发表的《团结御侮的几个基本条件与最低要求》。毛泽东写道：我们在报纸上读到了章、沈、陶、邹四先生所发表的团结御侮的几个基本条件与最低要求和全国救国联合会的宣言和纲领。这些文件引起了我们极大的同情和满意，我们认为这是代表全国大多数不愿意做亡国奴的人们的意见与要求，我代表我们的党、苏维埃政府与红军表示诚恳的敬意，并向你们和全国人民声明：我们同意你们的宣言、纲领和要求，诚恳地愿意与你们合作，与一切愿意参加这一斗争的政派的组织或个人合作，以便如你们纲领与要求上所提出的一样，来共同进行抗日救国的斗争。但是对《团结御侮的几个基本条件与最低要求》中的一些观点，毛泽东婉转地做了批评，如文章中把过去的争论归集为抗日斗争的方法和"安内""攘外"的先后上，毛泽东判断"这只是表面上的，实际上是有些人在民族叛徒与民族英雄之间动摇，在抵抗与投降之间选择道路"。

毛泽东还指出：今天中国只有一个出路，就是一切党派在平等基础上团结起来，实行抗日，并服从全国人民的民主政治。他最后表示："我们诚意的愿意在全国联合救国会的纲领上加入签名。"

该信函于 10 月 30 日发表于中共驻共产国际代表团在法国巴黎出版的《救国时报》上，标题是《苏维埃政府领袖毛泽东先生致章、陶、邹、沈四先生信——关于团结御侮的几个基本条件与最低要求的讨论》。（周天度编：《救国会》）

8 月 16 日　在《救亡情报》上发表《全国各界救国联合会等为绥远事件宣言》，宣言指出："绥远并不是绥远人的绥远，它是中华民族的绥远。如果敌人以全力进攻绥远，而我们仅仅以绥远一隅之师去应付，那在胜利上，自然是毫无把握，而我们便依然要中了敌人逐个击破的毒计。"

是日　在《新世界》创刊号发表《中国应取的外交政策》一文。

摘要　站在人民的立场，为争取民族的解放而努力，我们就可以谈到外交政策了。关于这问题，我们曾经提出"利用一切国际的矛盾，然而不能做国际矛盾的牺牲品，接受一切国际的援助，然而要认清友敌"的主张。过去五年间我们做国际矛盾的牺牲品已经做得够了！这还能继续吗？友与敌也早已分明了，还用得着犹豫吗？自然，加入国际和平阵线，是我们唯一的出路。

加入和平阵线会不会使中国变成目下的西班牙呢？不。本来，中国的牺牲程度，早已超过西班牙。西班牙究竟还不曾有帝国主义的直接军事干涉呢！中国毅然决然地加入和平阵线，只有增高中国的国际地位，增强中国的国际保障，而使敌人惶惧。自然，我们自己的决心和努力依然是基本的力量，我们只能接受国际的援助，而决不能依赖国际的援助。（章立凡选编：《章乃器文集（下卷）》）

8 月 23 日　上午，与沈钧儒出席四川旅沪各界反对成都设领联合会。发表讲话，指斥日本帝国主义非法在成都设立领事馆一事。

9 月 5 日　救国会领导人和上海市政府谈判，政府默许救国会提出的召开一个盛大的九一八纪念会。南京政府担心救国会利用九一八纪念日，掀起一场反对日本帝国主义入侵的群众性示威活动，刺激日方，因为日方已扬言用武力干涉中国经济发达的长江中下游地区。国民党政府授意吴铁城设法阻止救国会组织的九一八纪念活动，提出邀请沈钧儒等救国会领袖赴南京接受蒋介石的接见。章乃器与沈钧儒、李公朴、邹韬奋拒绝。

9 月 6 日　与宋庆龄在《救亡情报》第一版联名发表《为中国人民自卫委员会事告大众》。

摘要　我们都是武装自卫会的发起人，我们对于八月二十七日及二十八日上海各报所登以该会名义发表的无耻宣言，不能不加以驳斥。该会自成立以后，中间经过几次的破坏，关内会务，大体是处于停顿状态，只有在关外义勇军方面，依然保持很好的发展。

无耻宣言中自称干部的王顺芝诸人，我们完全不曾知道他们用什么手段取得干部的地位，我们根本不能承认他们的干部地位。不论用上级指派或者会员选举的方式，我们处在发起人和总会负责人的地位，是不应该完全不让我们知道的。

因此，我们认为他们根本没有资格代表该会说话，尤其可笑的，历史上也不曾看到过任何政治集团的干部能够率领他们的群众投降，所以他们的行动，不单是欺罔上级，而同时是诬蔑下层群众。也在这一点上，我们还可以看出来，这是威力和无耻手段制造成功的一个虚伪文件；或者连署名的人也不曾同意。

我们绝对否认该会和共产党有任何的关系；该会的发动，完全是纯洁的自发的，我们也不承认该会有向任何国内政权表示归顺的必要，因为该会对国内任何政权都不取对敌的态度。该会的敌人，是日本帝国主义和汉奸；只有在日本帝国主义和汉奸之前，才能说得到投降，或者归顺。尤其可笑的，他们要牛头不对马嘴，不相干的牵涉到救国阵线。也许这，就是这个文件的主要意义吧？然而手段实在太牵强了，太劣了。主动者卑劣的心肠，毕竟逃不过明事实的大众。

9月12日　午，参加上海市市长吴铁城在国际饭店举办的招待餐会，商议九一八纪念仪式。同时出席的有吴铁城、黄炎培、杨啸天、沈钧儒、李公朴、邹韬奋、王造时、史良、杜月笙、王晓籁、虞洽卿、钱新之、潘公展、李大超。之后，救国会不得已放弃原计划，改成在距市区三十里的漕河泾地区举行九一八纪念碑奠基典礼，并限定人数。（黄炎培：《黄炎培日记》）

9月13日　在《救亡情报》上发表《九一八五周年给救国阵线战士一封公开的信》，向救国阵线战士致信，表示："我们用行动来纪念九一八，自然先要冲破代理人下的压迫，然后才能向日本帝国主义抗争。尤其是在今年的九一八，日本帝国主义除了利用蒙伪军进攻绥远之外，还要扩大成都事件和北海事件威吓代理人们，以图根本消灭中国人民反抗运动。九一八已经经过五个年头的今日，还依然有敌人来压迫民众，那自然就是甘为代理人的汉奸，是敌人豢养的奴隶，我们是要毫不犹豫地杀尽这一班无耻的国贼的。"

摘要　九一八到如今已经整整五个年头了。在这五年中间在每一次纪念的时候，我们翻开中华民族财产目录，总要丧失了不少的领土主权，我们如果再是这样一年年的纪念下去，在不久的将来，我们便要变成无祖国的人民，是敌人可以随意侮辱、杀戮的奴隶，我们现在要用行动纪念，不能再做形式的追悼了……

我们要长固我们的队伍，扩大我们的阵线，整齐我们的步伐，大家合力一致去铲除亲日派汉奸，肃清恐日派官僚，打倒日本帝国主义，以雪九一八的奇耻大辱。

同期，上海各界救国联合会发表《九一八五周年纪念宣传大纲》。

9 月 17 日　下午，上海市政府借口宣布取消第二天的奠基典礼。章乃器与救国会其他领导人于当晚发动两千人左右进行"游击宣传"，每个宣传队四人，散布在上海的大街小巷。　宣传队员不断向群众分赠宣传品，宣传结束内战、团结一致抗日的主张。（潘大明：《长河秋歌七君子——1936 年七君子事件与他们的命运》）

9 月 18 日　在《救国时报》上发表《全救会对国民党二中全会宣言》。《宣言》认为摆在中国的前面，是历史上一个最严重的关头，可能是中华民族的空前危机，也可能是中华民族的一个莫大转机。究竟是危机还是转机，需要依靠人民的努力。国民党二中全会是关键。同时，《宣言》指出：在中国的政治舞台上，有两种不同的努力：一种是少数汉奸的活动，他们一面向地方进行分离运动，一面向中央当局进行讨伐运动，他们的目的在挑拨内战，消灭抗日；另一种是人民的呼声，他们赞同地方当局督促中央抗日，然而反对向外投降的分离运动；他们要求中央当局以抗日求统一，消弭内战，促成抗日。

摘要　各国历史的教训，尤其过去五年间我们的历史教训，都告诉我们：只要对外能够发动抗日战争，对内就可以根本消灭一切的纠纷。我们试想一旦中央决心领导抗日，那时人心振奋，万众欢腾，任何的仇怨都涣然冰释，大家都心印心，手拉手和敌人拼一个死活，还用得着什么猜疑和惶惧呢？

因此我们做人民的，应该发动一切的力量，使二中全会能够接受人民的要求，决定由中央领导全国立即对日抗战，并实行：

一、停止内战，一致对外；

二、释放政治犯；

三、给人民以抗日救国的言论、出版、集会、结社的自由；

四、以武力制止日本在华北增兵；

五、以武力制止日本武装走私；

六、罢免并惩办亲日派官僚政客。

是日 毛泽东代表中共中央撰写致章乃器、陶行知、沈钧儒、邹韬奋的信函。毛泽东在信中说："乃器、行知、钧儒、韬奋先生：先生们抗日救国的言论和英勇的行动，已经引起全国广大民众的同情，同样使我们全体红军和苏区人民对先生们发生无限的敬意！但要达到实际的停止国民党军队对红军进攻，实行停止内战一致抗日，先生们与我们还必须在各方面作更广大的努力与更亲密的合作。""我相信我们最近提出的民主共和国口号，必为诸位先生所赞同，因为这是团结一切民主分子实行真正抗日救国的最好方案。""付上我们八月二十五日致国民党书，请求诸位先生予以审察，并以高见惠示我们。""国民党军队继续对于红军进攻与一切野蛮法令的尚未撤废，到今天仍然把我们与先生们远远地隔离着，彼此不能经常共同讨论与交换抗日救国的具体意见。这也就不得不使诸位先生对于我们今天所执行的抗日民族统一战线的方针与实际行动，尚有若干的隔阂与误会。因此，我委托潘汉年同志与诸位先生经常交换意见和转达我们对诸位先生的热烈希望。"（中共中央文献研究室编：《毛泽东年谱（1893—1949）》，中央文献出版社、人民出版社，1993 年。中共中央文献研究室编：《毛泽东书信选集》，人民出版社，1983 年）

是日 十五时，与沈钧儒、李公朴、王造时、史良以及大批救国会成员和群众向南市小东门集结，准备乘车赶往漕河泾。大批军警已暗伏在南市小东门一带，一见市民聚拢，就挥舞棍棒驱散人群，手无寸铁的群众被迫撤离。一部分群众在王造时、史良的率领下，突破警戒线，向老西门进发，高呼纪念九一八的口号，高唱救国歌曲，秩序井然。老西门已布置下了警察和便衣侦探。十六时二十分游行队伍一出现，军警们一拥而上，用刺刀和棍棒殴打示威者，血案终于发生。人群里响起了"中国人不打中国人"的口号，已受命的军警们挥舞棍棒扑向示威者。

游行人群顿时四处散开，有的避入沿街的商行，有的逃到弄堂深巷。军警们不顾一切追赶、殴打，不少妇女、儿童遭到暴虐，无法逃脱，遍体鳞伤。章乃器掩护沈钧儒冲出重围；史良在阻挡军警殴打游行妇女时，手臂、背部多处受伤。冲突持续四十分钟，被殴伤者达百十多人，被捕失踪者三十余人。

9 月 19 日　与沈钧儒、王造时等出席在宁波路邓脱摩饭店举行的记者招待会，向新闻界通报惨案真相，并发表演说。

9 月 20 日　上海各界救国联合会在《救亡情报》上发表《为上海市民众纪念九一八发生惨案告全国同胞书》，指出：当局不惜用刀棍对参加纪念九一八的徒手群众施行残酷的压迫，是想向日本帝国主义证明中国人已忘了九一八。"这还不是单纯的压迫，这中间还有毒辣的预谋，对敌人束手无策，一味乞怜，而对自己的同胞，则压迫唯恐不周，摧残唯恐不毒；这种误国的官吏，我们不能不宣布其罪状于全世界，以求人类理智的裁判。"南京政府的暴行引起了社会各界的共愤，宋庆龄、何香凝发表声明："请一致主持公道，严办负责官吏，抚慰受伤人民，释放被捕诸人，以安人心，至为企盼！"李宗仁、白崇禧也致电救国会，慰问纪念九一八惨案中受伤的同胞。

9 月上、中旬　《中国的一日》由生活书店出版、发行。茅盾主编。王统照、茅盾、章乃器、钱亦石、沈兹九、柳湜、张仲实、邹韬奋、金仲华、陶行知、傅东华等十一人组成编委会。助理编辑孔另境。该书要求全国著名作家和读者各自撰写本年 5 月 21 日的事情。（邹嘉骊编著：《邹韬奋年谱长编》）

9 月中旬　出席全国各界救国联合会第二次执委会，代表宋庆龄申述意见。会议指出："要扩大阵线，加强组织一切落后（人物）的行动，如以防空名义等等活动，把落后的人物都拉到我们里面，以扩大我们的阵线。至于压迫我们，计划打击我们的，在这里应该特别的注意，我们除了严密组织之外，并要争取上层分子如张学良、冯玉祥等。"

10 月 1 日　《救亡情报》发表《全国各界救国联合会等为虹口事件宣言》一文。

10 月 9 日　与王造时在大东茶室招待日本改造社代表内山，阐述上海文化救国会关于中日关系问题和中华民族解放立场。（《王造时章乃器答日本改造新志代表》，《救亡情报》1936 年 10 月 11 日第 3 版）

10 月 11 日　《救亡情报》发表《全国各界救国联合会为团结御侮告

全国同胞》一文，呼吁停止内战，团结全国力量，共赴国难。从日本帝国主义看来，国民党和救国阵线同样的是眼中钉；它所提出的条件，国民党和救国阵线同在取缔之列。国民党一想到抗敌战争中民众组织的重要，对于救国阵线，应该是如何的爱护有加，甚至应该是如何的热烈参加合作。它一想到同受敌人的歧视和摧残，对于救国阵线，应该是如何的惺惺相惜，应该是如何的手拉手心印心地合力去反抗共同的敌人。国民党对于政权的把握上，也丝毫不必顾忌救国阵线的扩大；我们已经一再声明，救国阵线绝不夺取政权。我们真不明白，为什么国民党对于救国阵线，依然是那样的不了解。国民党过去对于政敌的剔除，消耗了极大的民族力量，而未能得到很大的效果；倘使再要进一步而想消灭党外的爱国分子，那恐怕不单是不应该，而且是绝对不可。我们希望国民党从今天起，能把过去消极防范民众的力量，移动到领导民众共同抗敌的任务上去；能把所有的特务工作力量，集中到铲除汉奸的任务上去，不要再来摧残救国阵线。我们希望大家，开诚合作。

最后，我们还要重申停止内战和释放政治犯的要求，团结全国力量，捐弃前嫌，共赴国难。我们要痛哭流涕、大声疾呼地对全国同胞重申"兄弟阋墙，外御共侮"的呼声。

摘要　日本帝国主义在最近期内，在成都、北海、汉口、上海四处，连续激动以致造成杀害日本人民的惨案；在丰台，他还挑拨起来中日军队的冲突。他就在这种惨案和冲突之后，向我国派遣大批的海陆军。也就在这时候，日本驻华大使川越向我国开始解决整个中日问题的交涉。这种时间上的紧凑和巧合，表现出来敌人一贯的阴谋，那就是：以海陆军力的威胁，作为交涉胜利的保证，而以惨案和冲突的借口作为提出要求和遣派海陆军的理由。

10月14日　潘汉年携带毛泽东9月18日致章乃器、陶行知、沈钧儒、邹韬奋的信函，于9月24日从保安到西安。是日，从西安去上海。到上海的同日，将信函、《中国共产党致中国国民党书》副本交章乃器等人。（尹骐：《潘汉年传》，中国人民公安大学出版社，1996年。中共中央文献研究室编：《毛泽东书信选集》）

10月16日 上海各界救国联合会致傅作义将军快邮代电，将募捐所得四百三十八元七角六分先行汇奉，"分犒前线军士"。

10月18日 与马相伯、宋庆龄、何香凝、沈钧儒、王造时、李公朴、史良等联名在《救亡情报》上发表《更正国民党上海市党部侮蔑救国会之通令启事》，抗议国民党上海市党部诬蔑救国会，陈述实情，要求予以更正。

摘要 查九月十七日、十八日各报载有上海市党部严禁借名募捐通令，内中牵涉各界救国联合会，认为未经党政机关许可之非法团体，且诋为反动分子之集团，甚至诬为借救国为名敛钱肥己，殊深骇异！相伯等对于救国阵线，或身居指导，或直接负责，曾否敛钱肥己，想为国人所共谅。十年来敛钱肥己者究为何种人，亦难逃国人之耳目。市党部果见有敛钱肥己之事实，尽可按法惩治，何能一纸文书，妄加污蔑救国阵线下之全国各界救国联合会、上海各界救国联合会及其他救国团体。所以未向党政机关备案者，一因结社集会之自由，载在约法，而目下对于人民团体之许可法令，已将此项自由摧残净尽，为维护约法精神计，殊不愿拘泥违反约法精神之法令；二因本市党政机关自九一八事变以后，屈从敌人要求，封闭一切救国团体后，始终未敢允许救国团体之组织，是即欲请求许可，亦为事实所不许。窃以国难严重若此，党政诸公既不能领导人民从事救亡工作，人民自动组织，应何欣慰之不遑，拒忍证为反动，实所不解。且其所指事实，系九月六日上海各界救国联合会为绥远抗敌军队募捐，倘为政府抗敌军队募捐而竟成为反动，则岂非媚敌卖国，乃得称为正动乎？除将实情陈述，请予更正，以明是非外，将来募捐结果，再当披露。

是日 《日日新闻》透露消息，南京政府召集蓝衣社上海特区最高会议，决议"将王造时、章乃器、邹韬奋等数十名抗日救国联合会首脑，以对付史量才之手段处以死刑……绝对禁止救国会一切言论、出版、集会等公开行动"。（《救亡情报》1936年11月1日第5版）

10月19日 鲁迅逝世。宋庆龄打电话告诉胡子婴，鲁迅的葬礼由上海各界救国会主办。（胡子婴：《关于救国会和"七君子"事件的一些回忆》，

载周天度编《救国会》）

10 月 20 日　与蔡元培、宋庆龄、沈钧儒、茅盾、郁达夫、邹韬奋等前往万国殡仪馆吊唁鲁迅。（中共上海市委党史资料征集委员会编：《"一二·九"以后上海救国会史料选辑》）

10 月 22 日　下午，与宋庆龄、蔡元培、沈钧儒、邹韬奋、王造时、胡愈之、史良、李公朴、沈兹九、王统照、叶绍钧、陈子展、夏丏尊、徐调孚、郑君平、吴似鸿、蔡楚生、郑君里、蓝苹、周剑云、应云卫、赵丹，日人内山完造、池田幸子等，以及文化界人士郁达夫、巴金、胡风、黄源、郑振铎、欧阳予倩、袁牧之、陈波儿等为鲁迅出殡。出殡由治丧委员会宋庆龄、蔡元培、沈钧儒等发起，也是救国会组织的一次抗日示威游行，送殡队伍近万人。人们从万国殡仪馆出发，浩浩荡荡，声势浩大，一直送到万国公墓。大家一路喊着抗日口号，唱抗日歌曲。到了墓地。安葬仪式由蔡元培主持，宋庆龄、沈钧儒、章乃器、内山完造先后报告鲁迅生前事略。章乃器在墓地发表演说："鲁迅先生所以伟大，是在于他的笔，肯为全世界被压迫大众讲话，肯为特别被压迫最厉害的中国民众讲话。纪念鲁迅先生，我们必须发起一种鲁迅运动。第一，使没有参加联合战线的人，都觉悟了来参加。第二，应使每个人每天都做一小时有利于民族解放的工作。第三，每个人都应该学鲁迅先生的样，为全世界被压迫者讲话，而且至死不屈！"

与沈钧儒、邹韬奋、史良等代表救国会献"民族魂"旗，覆盖在鲁迅的灵柩上，在哀乐声中，由十四位作家抬棺，落入墓穴。

章乃器回忆："最后一次相当成功的行动，是一九三六年十月送鲁迅的遗体进墓地。当时大概是由地下党安排而由许广平大姐出面，指定沈钧儒、邹韬奋、史良和我四人扶柩，灵柩上面还盖了写着'民族魂'的大旗。胡风和萧军临时出来反对，认为我们都仅仅是民族主义者，不配为既是国际主义者又有国际地位的鲁迅扶柩。在许广平大姐的坚持下，仍旧按照原定方案进行。我们在殡仪馆里举行了公祭后，就扶着灵柩出门，群众整队跟在后面，大概有五六千人。回来时，在路旁的一块广坪上，我们开了一次大会，内容是把悼念鲁迅和救国运动联系起来。记得当时有一个被指为特务的人，被一个青年打倒在地上，我们怕出事，把两人隔开了。"（彭子冈：《伟大的伴送》，《生活星期刊》1936 年 11 月 1 日。胡子婴：《关于救国会和"七君子"事件的一些回忆》。章乃器：《我和救国会》，载周天度编《救国会》。沈谱、沈人骅编：《沈钧儒年谱》）

10 月 23 日　在《大晚报》发表《我们应该怎样纪念鲁迅先生》。他认为"鲁迅先生的死，不但是中华民族的损失，而且是全世界被压迫大众的损失。'鲁迅先生精神不死'，才能弥补巨大的损失。然而，这是需要我们能继续他的精神……"

摘要　我们要用鲁迅先生不屈不挠的精神来纪念他，要用行动纪念，要用战斗纪念鲁迅。朋友们，今天我们就总动员！（《救亡情报》1936 年 11 月 1 日第 1 版）

10 月 25 日　《救亡情报》发表社评《最后关头》。

10 月　《激流集》由生活书店出版，每册实价国币八角。该书收录作者自 1933 年至 1936 年上半年撰写、发表的四十五篇文章，分为国际一般、中日问题、抗敌救亡、中国经济、杂文五编，重要的文章有《九一八事变后日本经济状况及其对华政策的前途》《对日妥洽有出路吗》《我们应该怎样纪念国庆日》《辟一套亡国论——唯武器论和唯武器史观》《民族解放斗争中的几个最低要求》《四年间的清算》《改进中国经济问题》《崩溃中的中国经济社会》《半殖民地型的中国知识分子》《我的研究动机和研究经历》等。

收入该书的《国际的和平阵线和各国的人民阵线》文末没有标明最初的发表日期和发表处，故在这里进行介绍。作者在文中认为：自从一九二九年世界大恐慌开始以后，资本主义国家发生了两个严重的矛盾——第一个矛盾是一面有了少数人感到生产过剩的恐慌，而另一面有大多数人感受到消费不足的恐慌。第二个矛盾是一面有少数人要关闭工厂，而另一面却有多数人找不到工作。这两个矛盾成为无法解决的社会问题，发展下去会分成两条阵线——战争阵线与和平阵线。战争阵线里有极少数的幸运儿，他们因为资本大，设备好，工厂依然不曾停工，而且往往还可以乘机并吞其他较小的工厂。他们要保持这种优越的万世之业，然而认为社会问题必须要给它和缓一下：他们主张用最残酷的战争手段减少人口，消灭一部分的生产力，以和缓社会问题。和平阵线里的大多数人，认为社会问题必须根本解决，而不可能再使之和缓。他认为："社会问题始终不曾因为战争而和缓，而仅仅只有在战争的痛苦之后，在和平重临的安慰当中，许多人一时地降低了对于生活的要求，因而取得一个表面的稳定。然而，在这个表面的稳定当中，却正好酝酿成功社会问题更严重的一个阶段——一九二九年以后的大恐慌。"和平阵线在各国的发展，便是形成人民阵线。人民阵线是爱好和平的大多数人的集团，它的目的是反对制造战争的法西斯。中国应该很坚定地站在国际和平阵线，组织争取和平的人民阵线，这是民族的国际任务，也是历史任务。然而，还不止此，国际形势已经告诉我们只有这一条路，历史经验——几千万人的血的经验——也已经告诉我们只有这一条路：我们为着自身的利益，为着民族的生存，为着广大的国际援助，只有走这一条路。他认为："人民救国阵线的外交政策，便是组织太平洋集体安全制度——泛太平洋国际和平阵线。"在和平阵线中，辩证的包含不和平的因素的——我们为要争取和平，我们不惜运用武力，我们得认识：在目前的环境当中，没有武装力量是不可能取得和平的。

11月1日　在《救亡情报》第六版发表《时事一周》一文，认为"和平阵线与侵略阵线间的矛盾，是格外尖锐，十月十四日，比利时国王在内阁宣布中立政策，根本动摇了战后数十年法比同盟的基础。中日间的南京谈判，尚未有明朗的开展。我国一再表示不能再有退让，然而日本在华北的掠夺，是一天没有停止，就是我们依然在退让……"

11月8日　在《救亡情报》第一版发表《时事一周》一文，分析一周来发生的国内外重要事件。认为"南京的中日谈判，在须磨回来之后，忽以停顿闻。据说：日方对于华北自主……依然不肯退让，而我方对于这两个问题，却觉得难以全部接受，因此会成僵局。亲日派官僚想完成他们一贯的妥洽投降政策，是没有异议的。但是，因为民众抗日情绪的高涨，因为在当局的体系中，也多不愿意做亡国奴的分子，使挟寇自重的亲日派官僚也不能不有所顾忌。这一个矛盾的开展，就发生了许许多多矛盾的现象。我们在这里必须觉悟：只要救国阵线能够执行很正确的策略，唤起大众的回应和同情，最后的胜利一定属于我们的。"

是日　晚，出席伍展空（廷飏）在中国饭店举办的招待会，为浙江拟办农村建设及从农业仓库下手等事发表意见。同席者有黄炎培、沈钧儒、瞿荆州、周宪文、徐渊若、张天翼等。（黄炎培：《黄炎培日记》）

11 月 10 日　全国各界救国会发表《慰劳傅作义等书》。（《救亡情报》1936 年 11 月 22 日第 1 版）

11 月 11 日　与宋庆龄联名发表《为中华民族武装自卫会紧急启事》。

摘要　中华民族武装自卫会上海分会，早经停止活动。现闻仍有人假借该分会名义，私自进行组织。希望大家不要贸然参加，免受暗算。一切不愿做亡国奴的大众，可以自由加入各救国团体，为民族解放努力！（《救亡情报》1936 年 11 月 15 日第 1 版）

11 月 12 日　与沈钧儒、李公朴、王造时、史良、沙千里在静安寺路女青年会出席孙中山先生诞辰纪念会，发表演讲，主张实现孙中山的联俄、联共、扶助农工的三大政策，国内团结一致，反对日寇的侵略。会议最后，沪东区日本纱厂的一位女工登台演说，揭露日商的残暴和工人们的反抗，引起与会者的同情和义愤，纷纷慷慨解囊，援助工人们的正义斗争。并当即致电国民党桂系高级将领李宗仁，请他支持日商纱厂的工人罢工，给予罢工道义和物质援助。上海各界救国联合会率先发言呼吁，号召全国同胞援助日商纱厂罢工工人："我们首先希望全上海十一万的大中学生，能够首先发动节食运动，减省饭费五分之一，这样我们就可以永远维持日商纱厂罢工工人的生活，而可以使他们长期奋斗下去。""全救会希望华商纱厂的企业主、工友们，能够觉悟日商纱厂的败挫就是华厂的生存，而日厂工人待遇的提高和成本的加重，是华厂战胜日厂的唯一可靠的条件。全救会要求华商厂主及工友一致以实力援助日厂罢工。"全救会继续向其他工厂里的工人、店员、公务员、市民和全国同胞呼吁，团结一致，缩衣节食援助日厂罢工。这样，必然可以在这个经济斗争当中，使日本帝国主义完全屈服。

是日　发起成立日商纱厂罢工后援会。后援会把募来的款换成米票，发给罢工工人兑换成米，保证了工人的生活和罢工的顺利进行。得到援助的日商纱厂大罢工，直接影响了日本的在华利益，日商受到沉重打击。（《救亡情报》1936 年 11 月 15 日第 1 版）

是日 全国各界救国联合会在《救亡情报》发表《我们反对侵害领土主权的新事实》。

11 月 15 日 在《救亡情报·时事一周》中，章乃器写道："久受奴隶待遇的上海日纱厂工人，到这时也完全觉悟了。他们发动了十多家纱厂一万六千人的大罢工，要求增加工资、减少工时、不准打骂侮辱和女工生产不准开除的几个天公地道的要求。""他们是不愿意再做亡国奴了，这是救国阵线力量扩大的一个重大的表征。"

是日 《救亡情报》发表社评《日厂华工同盟罢工和我们》。

11 月 16 日 全国各界救国联合会就绥远问题发表宣言，提出"中央负有全国国防的最高任务，对于绥远的安全，应负绝对完全的责任；政府应该发动全国规模的积极的抗战，应该立刻停止内争，动员全国武装力量抗战"等五项要求。

11 月 17 日 全国各界救国联合会致电张学良。

摘要 望公本立即抗日之主张，火速坚决要求中央立即停止南京外交谈判，发动全国抗日战争，并电约各军事领袖一面对中央为知之督促，一面对绥远实行士兵援助。（《救亡情报》1936 年 11 月 24 日第 1 版）

11 月 18 日 下午，日本驻上海总领事若杉派寺崎赴上海市政府与市府秘书长俞鸿钧协商罢工的解决办法。日方认为，丰田纱厂的罢工完全超出劳资纠纷的范围，纯属暴动，其背后有抗日救国会、共产党派的支持。寺崎提出立即逮捕罢工的支持者即救国会章乃器、沈钧儒、李公朴及其他五人等要求。俞鸿钧表示，寺崎所提到的人员早已在监视之中，但由于他们的社会影响，需要有确凿证据时才能逮捕。寺崎急不可待地说："要等确凿证据，那是遥遥无期，必须立即动手。"他以出动日本海军陆战队相威胁，又说："倘使今后再惹起同样事态，说不定将发生不测的情况。"

日本驻上海领事馆武官佐藤三郎致本国陆海军参谋次长西尾寿造密电："罢工背后策动之共产党及救国会因资金短缺，难于长期主宰罢工，

然又认为此系预演'总罢工'之良好时机。"（邹嘉骊编著：《邹韬奋年谱长编》）

11 月 19 日　《救亡情报》出版《援助日厂华工罢工号外》，吁请全国同胞援助日商纱厂罢工工人，并发表社评《援助日纱厂反日同盟罢工》。

日本驻上海领事武官致本国陆海军电："本次罢工已偏离劳资问题，在抗日救国会（含共产党）之领导下早已恶化，观察者多数认为前途堪忧。"

日本驻上海领事馆若杉总领事致本国外务省有田外务大臣第 537 密电："一、十八日下午寺崎（英成）往访市府秘书长俞鸿钧，就已发电 531 号所述与之指出：丰田纺事件已远离劳资争议，陷入暴乱，背后存在抗日救国会、共产党等不法华人，要求①逮捕除抗日救国会后台章乃器（原浙江实业银行副总经理）、沈钧儒（律师）、李公朴外尚有五人；②缉捕共产党；③镇压各大学（特别是参加暴乱之大夏大学）内之险恶分子；④逮捕暴乱罪犯。此外保留赔偿丰田纺之要求。俞秘书长谓事件当夜现场工人众多，巡捕寡不敌众，纵开枪不但于事无补，且会扩大事态，故尽可能努力驱散工人。今晨公安局及社会局将对煽动日本纺织厂罢工之不法分子严加调查。"

是日　与沈钧儒、王造时致电李宗仁。其电文发表在《桂林日报》，文中表示上海日本纱厂十余家工人因不愿再忍受奴隶的待遇，已一致罢工，此为工人自动觉悟反抗帝国主义侵略之表现，"不愿做亡国奴之全国同胞，自应全体奋起，合力援助，以奠定全国大众抗日阵线之基础。钧座国家柱石，号召救亡，举国景仰，务乞迅予以精神物质之援助"。

是日　晚，应穆藕初之邀聚餐。同席有黄炎培、邹韬奋、李公朴、杜重远、胡愈之、金仲华、江问渔、杨卫玉、毕云程。听杜重远报告西北行所闻所见，二十四时始散。（黄炎培：《黄炎培日记》）

11 月 22 日　在《救亡情报》第一版发表《时事一周》："日本帝国主义的飞机，已经公然向我方防线轰炸。南京'调整中日国交'的谈判，依然继续着，我们人民的意旨是要求政府立即停止南京谈判，同时要驻日大使立刻下旗回国。据说这次中央军是准备参加阵事的，但是要改换绥军的番号！这种偷偷摸摸的手段，我们真不了解是何居心。难道中央军是没有防卫绥远的责任吗？难道政府已经允许敌人占领中绥远央军绝不过问的吗？"

同期发表全国各界救国联合会致国民党政府、傅作义、张学良电文。

摘要　尚望积极作战，乘机收复失地，不徒采取守势，并电请中央速决大计，为全国之抗战，勿使绥远化为地方冲突事件。

是日　十八时，与沈钧儒、邹韬奋、史良、千家驹等在功德林饭庄，就援绥之事与银行、教育、报纸、律师等各界人士聚会。二十三时始散。（邹韬奋：《经历》，生活、读书、新知三联书店，1958 年）

11 月 23 日　二时，在法租界拉斯脱路慈惠村（今太原路 18 弄）24 号被国民党当局逮捕，同时被捕的还有沈钧儒、邹韬奋、李公朴、王造时、史良、沙千里。史称"七君子"事件。章乃器被关押在法租界卢家湾巡捕房（今建国中路 20 号）。

胡子婴回忆说：入狱的当夜，章乃器在看守所托人打电话给我，告知我，他说"钱锁在抽屉里，叫我取用"。"打开抽屉一看，原来是他和广西军阀李宗仁、白崇禧等通电报的密码本。他怕被搜查，示意我给他毁掉或藏过"。（胡子婴：《我所了解的章乃器》，《人民日报》1957 年 7 月 17 日第 4 版）

十五时许，与邹韬奋、史良一起，从卢家湾巡捕房引渡到江苏省高等法院三分院待审室。

十七时许，遭法庭传唤。审判长问：曾否煽动上海的日本纱厂罢工。他抑制不住愤怒，昂首睁圆着眼睛大声疾呼道："我觉得很惭愧！因为我的力量还不够！倘若我有力量煽动日本纱厂罢工，我要很骄傲地回答审判长：我曾经煽动日本纱厂罢工！"审判长停了好一会儿，才又问道："你如果有力量，是要煽动的，那你至少是同情的。"章乃器又不假思索地高声答道："是！"他接着又发出他的吼叫："中国工人在日本纱厂所受的虐待……请审判长问一问全法庭的每一个有良心的中国人，对于本国同胞遭受到侵略者这样惨酷的待遇，谁不表同情！"站在左右的法警弟兄们，听到他这几句激昂慷慨的话语，也不自觉地大点其头！

在张志让律师的协助下，上海市公安局律师代表的陈述被驳回，又无确凿证据，法庭同意律师保释，但要交两家铺保。

二十时许，与律师离开法院。（邹韬奋：《经历》）

是日　《立报》刊登章乃器等七人被捕的消息，《救亡情报》号外刊载胡子婴撰写的《不能忘记的日子》，《大美晚报》转载胡子婴的《不能忘记的日子》和吴大琨的《七人被捕的经过》。

是日　胡子婴将章乃器等人被捕的消息告诉宋庆龄后，宋庆龄致函冯玉祥，营救七君子。托孙科持自己的亲笔信到南京找国民党政府军事委员会副委员长冯玉祥商议营救之事。（尚明轩主编：《宋庆龄年谱长编》）

是日　全救会南京负责人孙晓村向冯玉祥报告章乃器等七人被捕情况。（中国第二历史档案馆编：《冯玉祥日记》）

是日　日本驻华大使馆致本国陆海军电十七（机密第 352 号电）："现已查明，国人纺织厂之背后确有救国会在策动；中国方面亦恐罢工扩大恶化，日前公安局要求工信部协助逮捕救国会干部。今日清晨已在静安寺路署辖区与法租界分别将李公朴、沈钧儒、王造时三人（都有大学校长名义）及史良（女律师）秘密逮捕，并将人员引渡予公安局。为此，须警戒救国会方面发起夺还人员之举动，而公安局也在特别警戒中。"（邹嘉骊编著：《邹韬奋年谱长编》）

日本驻上海领事馆若杉总领事致本国外务省有田外务大臣第 550 密电：二十三日上海俞鸿钧已发电 537 号……谓寺崎云："救国会后台之章乃器、李公朴、沈钧儒、史良、王造时、邹韬奋、沙千里已于昨二十二日夜一举逮捕。中国方面希望公共、法二租界不拘泥于法规常例，将逮捕原委公诸报端。又，本官本日下午因他事而会见市长。市长备述逮捕之苦心，坦诚将尽量作出努力，本官对此努力表示谢意。"（邹嘉骊编著：《邹韬奋年谱长编》）

11 月 24 日　日本驻华大使馆致陆海军电十九："一、昨日逮捕之抗日人民战线一派主要干部（领导救国会者）除沪机第 352 号电所陈四名外，为公共租界之沙千里、法租界之章乃器与邹韬奋，另有四人，合计七人。二、上述于租界逮捕之七人，昨日于特别区法院审判时，因证据不足而获释，然公共租界工部局参照公安局《危害民国紧急治罪法》，今日复将王、沈、

沙正式逮捕（李至今尚未逮捕）。"（邹嘉骊编著：《邹韬奋年谱长编》）

是日 日本驻上海领事馆若杉总领事致本国外务省有田外务大臣第555号密电："同时表示市府决定逮捕救国会之为首者七人。市长表示其正蒙受来自各方之压迫攻击，立场陷于困境，对我方要求之取缔及将来之保障当场承认，至于道歉及赔偿问题，容其考虑后再作答复。"他又致有田外务大臣第559号密电："二十四日本地各华文报纸刊载中央社消息，谓救国会首领七人已受逮捕，该会属不法团体，其罪状为……煽动罢工、罢课、罢市，扰乱治安，阴谋颠覆政府。当局系按《危害民国紧急治罪法》，于租界当局配合下将彼等逮捕者也。七人曾一度受保释，此后除史良一时下落不明外，六人均再次被逮捕拘禁。关于保释，据俞鸿钧给馆员之内部电话，市府与法院方面意见不一。市府于二十三日致电司法部，希法院方面不妨碍市府之行动。"（邹嘉骊编著：《邹韬奋年谱长编》）

是日 中午，与妻子胡子婴接受宋庆龄的邀请午餐。 宋庆龄认为章乃器有生命危险，主张让他进入与法租界捕房有协定的病人可以不受拘捕的广慈医院，暂缓一下。

下午，章乃器被送到广慈医院一间临窗的病室。

二十三时许，在胡子婴、律师张志让的陪同下，章乃器赶到法院，法院开庭。

是日 冯玉祥见杜重远，听取章乃器等七人被捕的详细介绍。后又在铁道部与杜重远谈如何营救之事。其间，冯玉祥到陈立夫处，"为沈、章诸先生被捕事也。吴铁城亦为此事为难，前方正有事，后方应把秩序维持"。冯玉祥以为应设法，请"七位来南京大家谈谈为好，以免自己对立，谈甚久。立夫谈：一、维持政府威信，二、中央不便与地方不一致。我觉得是即是非即非为好"。（中国第二历史档案馆编：《冯玉祥日记》）

是日 全国各界救国联合会为"七君子"无辜被捕一事撰写紧急宣言："救国会认为当局这次的将救亡领袖的无辜加以逮捕，实在是一种对于全国人民爱国运动的一种公开的无理摧残。在这日帝国主义进攻绥远的今天，更完全是一种在客观上助长敌人势力的行动。""我们现在的口号是：一、立即释放被捕诸领袖！二、公开保护爱国运动！三、打倒汉奸！四、立即抗战！"（《救亡情报》1936 年 11 月 29 日第 3 版）

北平文化界张申府、许寿裳等一百零七位著名人士致电国民党政府，要求释放七君子；北平学生救国联合会宣布，罢课两天，派代表赴南京请愿。

11 月 25 日 上海市政府当局对外正式公布七人被捕原因，称他们具有"非法组织所谓'上海各界救国会'""妄倡人民阵线""主张推翻国民党政府，改组国防政府""密谋鼓动上海总罢工"等项罪名。

是日 李宗仁、白崇禧等人向南京政府军事委员会副委员长冯玉祥以及孙科、居正等人发出特电，指出："沈钧儒等七人平时或主教育或主言论，其为爱国志士，久为世人所公认，如政府加以迫害，是使全国志士寒心。"

是日 天津文化界举办会议，决议援救在沪被捕的七人。

11 月 26 日 凌晨，被押送到毗邻高三分院的上海特区第二监狱羁押。与邹韬奋同为一监室，仅一张床。以掷小银角的方式决定谁睡地铺。章睡地铺。

清早，隔壁囚室递过来一封长信，是一个二十岁左右的青年写给章乃器的。他不知道邹韬奋也在这里，所以信里也问起邹韬奋被捕的情形。这封长信，充满着热烈和挚爱的情绪。后来他们见了面。十九时许，押送高三分院。（邹韬奋：《经历》）

是日 宋庆龄以全救会执行委员的名义撰写《救国联合会七领袖被捕声明》，对章乃器等七人的被捕提出抗议。

摘要 "余以全国救国联合会执行委员之一，鉴于全国救联七领袖被捕，特提出抗议；反对此等违法逮捕，反对以毫无根据的罪名横加于诸领袖。""任何理智清晰的人士都明白，这种逮捕以及这些罪名都是由于日本帝国主义者的影响所致。""我要指出日人方面这种策略，完全会出乎他们原来的意料之外，仅能更引起中国人民反日的忿怒和爱国的热诚。""救国会的七位领袖已经被捕了，可是我们中国还有四万万人民，他们的爱国义愤是压迫不了的。让日本军阀们当心些罢！他们虽

可以指使七位领袖的被捕，但还有全中国的四万万人民在这里哩！"（《救亡情报》1936 年 11 月 29 日第 1 版）

是日 为"七君子"事，孙科带宋庆龄信交冯玉祥。冯玉祥复函宋庆龄："孙夫人惠鉴：顷由哲生先生交来大函，读悉种切。章乃器诸先生被捕之事，祥亦有所闻知，已与哲生先生设法营救，并为介石先生去电，请其早日释放，乞释雅怀。其他详情，晚间拟再与哲生谈商，容另奉告。专复。顺颂 时绥。冯玉祥敬启。"（中国第二历史档案馆编：《冯玉祥日记》。《宋庆龄冯玉祥等营救七君子电函选》，《民国档案》1981 年第 2 期）

李宗仁、白崇禧、黄旭初以"国密"特急致电南京冯玉祥、孙哲生等："当此日人主使匪伪侵我绥东，全国舆情极端愤慨之时，政府对于爱国运动，似不应予以压迫。况声援抗日战士，立意极为纯洁，纵或对日纱厂罢工工友有同情举动，亦系爱国热情所应有之表现，与危害民国实极端相反。""务恳迅予援救，以顺舆情"。

冯玉祥致电蒋介石，认为七人热心国事，把他们羁押起来，会引起社会的公愤，请求蒋介石释放他们。于右任、孙科、李烈钧等二十余位国民党中央委员发电报给蒋介石，请求慎重处理此案。

是日 广西学生抗日救国联合会通电反对逮捕章乃器等七人。（周天度编：《救国会》）

11 月 27 日 下午，与邹韬奋被移提上海地方法院（管辖租界以外的法院）看守所关押。

全救会发表为七领袖无辜被捕告当局及国人书，对上海市当局所公布的七人被捕原因逐一予以反驳。

是日 李宗仁、白崇禧、黄旭初驰电营救。

陈立夫向冯玉祥报告上海逮捕"七君子"事，称吴铁城很优待他们。陶行知的儿子陶宏来谈七人之事，冯玉祥告知已去电在洛阳的蒋介石，尚未回电云。（中国第二历史档案馆编：《冯玉祥日记》）

是日 全救会南京负责人曹孟君被捕。

11 月 29 日 与邹韬奋被移送上海市公安局，与沈钧儒、李公朴、王造时、沙千里同关押在督察处。与沙千里居一室，其余人同居一大室。

晚，蔡劲军在小宴会厅设宴招待章乃器等六人，并进行三小时的谈话，称："抗日救国，政府和人民没有两样"，只要把"误会"解释清楚，便"没有事"。六人质疑，"辩论良久良久，结果一起含笑而别。当时吾等会要求蔡氏恢复个人自由，蔡答未奉命令不敢擅传"。（时代文献社编：《"救国无罪"——"七君子"事件》，时代文献社，1937 年）

是日　《救亡情报》刊登全国各界救国联合会为《七领袖无辜被捕告当局及全国国人书》。对国民党政府二十五日正式公布的强加在"七君子"头上的所谓"罪嫌"和逮捕理由，逐条进行了批驳，并再次呼吁："中华民族生死存亡之秋，政府如真欲取信于人民，明示抗敌之决心，则首先对民众自动组织之救国团体即应开放，而允许民众以最大限度之救国自由。""其次更必须以事实昭信于人民，表示政府决已愿停止一切内争，一致抗日，而不再……使神圣之民族解放战争仍无从发动，或为他人所误解。""其三，应集中全国注意力于日帝国主义者之侵略行动，及日帝国主义者对华所有之汉奸活动，勿再以赤诚之爱国者作为罪犯。政府当局其真欲抗战乎？敝会其他同人当以此三点观之。"

11 月 30 日　夜，章乃器等六人分别被上海市政府第一科科长李大超和公安局第三科科长黄华召去个别谈话。

南京政府对于如何处理六人感到棘手，原先试图秘密逮捕他们，送军法处关押，被公众舆论揭开后，一下子变得被动起来。他们决定把六人转移至江苏省高等法院看守所关押受审。南京政府司法行政部长王用宾电告江苏省高等法院首席检察官孙鸿霖赴宁，秘密商量对六人的起诉提案，指派资深检察官翁赞年负责对六人的起诉。

是日　《红色中华》报[1]刊登《反对南京政府实施高压政策》一文。文中称："最近上海救国领袖章乃器、邹韬奋、李公朴、王造时等先生

①《红色中华》报是中华苏维埃共和国临时中央政府的机关报，以后又改为中共中央和苏维埃中央政府的机关报。1931 年 12 月 11 日在江西瑞金创刊。1934 年 10 月中央红军撤出根据地后一度停刊。1935 年 10 月，中央红军到达陕北后，于 11 月 25 日在瓦窑堡复刊。

的被南京政府将其扣押，这种行为实为全国人民所痛心疾首的。全国人民决不会为南京政府的爱国有罪政策所威胁而坐视中国的灭亡，必须再接再厉、前仆后继来发展正在开展着的全国救亡运动。"（周天度编：《救国会》）

中共在法国主编的华文报纸《救国时报》发表社论《争取救国自由》，指出："全国各界救国联合会自成立以来，努力从事救国之宣传与救国运动之组织，号召全民团结，一致对外。近来我海内外同胞的救国运动之进展，该会实具有巨大推动与赞助之功。""在全国人民看来，该会之成立和其努力，正是表示中国人心不死，国难犹可挽救。乃南京政府竟突将该会领袖章乃器先生等 7 人横加拘捕，秘密讯鞫，真令海内外同胞万分惊愕！""当此国事更危，正应发展人民爱国运动的时候，南京当局乃依然惟执行日寇'根绝反日运动'的要求是务，且益变本加厉，公然迫害到全国共认的纯粹人民爱国团体的领袖，这更令人感觉到日寇设计的险毒和南京当局之无觉悟！""爱国有罪，这是南京政府数年来对待人民救国运动的酷烈的法律，这是全国所一致反对的足以亡国的暴政。不道正当全国人民正在力争爱国自由的时候，南京政府这一暴政乃更危害到全国各界人民联合组织的救国团体的领袖。几年来南京的这一暴政，真不知道迫害了多少民族志士、爱国先觉。国事危殆至于今日，这正是主要原因之一。为挽救国家的命运，不沦于更甚的悲惨，我们谁都得奋然起来，反对南京这样暴政。""现在应当以反对南京爱国有罪的暴政，争取章乃器诸先生的自由与安全为当前救国要务。章先生等为爱国而被捕，全国一切有爱国天良的人都义无坐视，而必须奋起极力进行援助章先生等之运动。""全国同胞应当万众一心来争取救国自由！"《救国时报》还刊登了《抗日救国运动领袖——章乃器等七人突被捕》的消息，并附文介绍了章乃器。（周天度编：《救国会》）

11 月 张学良得知章乃器等被捕，派部下少将处长应德田前往上海慰问。应德田"带两箱桔子，化名'乔所钦'到南市公安局看望，并转告他们张学良将军反对内战、联共抗日的决心已定。"张学良到了洛阳，单独见蒋介石，请求蒋介石释放被捕的七君子，同时痛陈国情，说明了

只有坚决领导抗日救亡的，才可称得上是中国的领袖，才是中华民族之灵魂的道理。（邹嘉骊编著：《邹韬奋年谱长编》）

12 月 1 日　中共中央和苏维埃中央临时政府在有关绥远抗战通电中强烈要求南京政府开放人民抗日救亡运动，实行言论、集会、结社的民主权利，立即释放政治犯及上海各爱国领袖。

12 月 2 日　八时三十分，黄炎培在职教社与胡愈之、徐伯昕共商营救章乃器等人。（黄炎培：《黄炎培日记》）

是日　天津《大公报》发表消息说："当局对六君子，有意送至外埠静养。"上海《大公报》发表《沈钧儒等六人案杂感》，沈等为官厅所逮捕，"自系认为有犯罪嫌疑，则何不迅依法定程序，由法院办理，而在警察机关羁押多日乎？依照现行法，警察机关须于二十四时内移交法院，今何不采此措置乎？"（沙千里：《漫话救国会》，文史资料出版社，1983 年）

12 月 3 日　蒋介石密电复冯玉祥："宥电敬悉。×密。沈钧儒、章乃器等诸人，有为中所素识者，亦有接谈数次者，前曾以国家大势、救国要义，向之详加劝导，乃彼等不唯不听，而言论行动反日益乖张，若非存心祸国，亦为左倾幼稚病中毒已深，故尔执迷不悟。近更乘前方……紧张之时，鼓吹人民阵线，摇惑人心，煽动罢工，扰乱秩序。中外迭据确报，沪上罢工，其经费均由章乃器以救国会经费散发每日七千元，其背景可知。若非迅予制裁，不特破坏秩序，危害国家，即彼等自身，亦必更陷于不可赎之重大罪恶。值此国难严重，固当集中心力，爱惜人才。但纲纪不能不明，根本不能不顾，故此时处置，正所以保全彼等，使不得更趋绝路以祸国。中意：除依法惩处不令放任外，仍当酌予宽待，以观其后。务望兄等同此主张，以遏乱萌，而正视听，无任企祷。"（《冯玉祥为营救"七君子"与蒋介石往来密电》，《历史档案》1981 年第 1 期。邹嘉骊编著：《邹韬奋年谱长编》）

是日　上午，上海银行公会秘书长林康侯等，相继赴市公安局探望章乃器等人。

阅读《申报·苏州通讯》，获悉"司法行政部长王用宾，特于前日电召江苏高等法院首席检察官孙鸿霖赴京，面示机宜后，即行返苏，派检察官翁赞年承办该案"的消息，猜测晚上可能被押解苏州。（沙千里：《漫话救国会》）

晚，章乃器等人致电在前方的军政部常务处长陈诚，电文由傅作义急转。内容除请陈诚向蒋介石解释外，并表示对前线诸将领之敬意。（时代文献社编：《"救国无罪"——"七君子"事件》）

12月4日 十三时许，午饭后，沈钧儒、章乃器、邹韬奋、李公朴、王造时、沙千里被押解往苏州。临行时，蔡劲军跑到房里来打招呼，说他也是临时奉令。从上海押解到苏州，用的是像公共汽车的大汽车，十几个军警和几个侦探同车押解。车子行到半路，李公朴立起来对同车的军警演讲国难的严重和我们的全国团结御侮的主张。他讲到激昂时，声泪俱下，军警听了都很感动，有些眼眶里还涌上了热泪。随后他们还跟着李公朴、章乃器等人唱起《义勇军进行曲》。

十六时，到达苏州。换乘黄包车，军警两旁随押。

十七时许，到达江苏省高等法院（今苏州道前街170号）接受审讯。

二十一时许，与沈钧儒、邹韬奋、李公朴、王造时、沙千里被移送吴县（今苏州）横街看守分所。他们被关押在看守所新建成的病监里，为封闭式的小院落，一排六间的监室。第一号和第六号的房间是看守和工役住的，第二号为餐室和看书写字的地方，第三号是沈钧儒、王造时的监室，第四号是李公朴、沙千里的监室，第五号是章乃器和邹韬奋的监室。生活及居住条件远优于一般囚犯，并准许接见家属亲友，但不准阅读报纸。

此后，他们早晨七八点钟起身，洗漱完毕，到小院里去运动。沿着小院的四周跑步。章乃器可跑二十五圈。之后，章乃器练习形意拳，沙千里也跟着他学形意拳。早餐后，章乃器写文章。

这个临时组建起来的"家庭"，推举沈钧儒为"家长"，章乃器做会计部主任。关于伙食、茶叶、草纸等等开支的财政大权，都掌握在他的掌中。（邹韬奋：《经历》）

是日 冯玉祥复蒋介石密电。密电全文："洛阳蒋委员长介公赐鉴：

×密。读江电详示沈钧儒、章乃器等种种行为，如果确有根据，处置极为适当；惟报告与调查，均关重要，万请对于报告者特加注意。是所至祷！祥前因沈、章诸君颇负时望，深恐传闻失实，致招社会之反感，故特为一言。其实无论何事，无不与前方一致也。冯玉祥。支。"

冯玉祥同陶先生"谈七位先生被捕的事"。（《冯玉祥为营救"七君子"与蒋介石往来密电》，《历史档案》1981 年第 1 期。邹嘉骊编著：《邹韬奋年谱长编》）

12 月 6 日　胡子婴与沈粹缜（邹韬奋夫人）、朱秀芳（王造时夫人）及胡愈之等，到黄炎培处谈营救之事。（黄炎培：《黄炎培日记》）

12 月 8 日　在看守所会客室内，受高等法院检察官翁赞年偕同书记官讯问，内容涉及救国会反对政府，主张停止内战有袒护共产党嫌疑，鼓动工潮、提倡"人民阵线"是反动口号等。

12 月 9 日　与沈钧儒等五人致函冯玉祥，言"纯系误会，因他们拥护政府绝无他意"。（中国第二历史档案馆编：《冯玉祥日记》）

12 月 11 日　晚，蒋介石命令中央军接替东北军和西北军的任务，继续对付共产党。张学良和杨虎城分别召见东北军和十七路军的高级将领，宣布 12 月 12 日清晨进行兵谏。

是日　冯玉祥为沈钧儒、章乃器等六人被捕之事，写信给蒋介石。

12 月 12 日　五时，蒋介石被捕。同时，十七路军扣留了陈诚、邵力子、蒋鼎文、卫立煌等国民党军政要员，邵元冲等人身亡，西安事变爆发。张学良和杨虎城向全国发出了关于"改组南京政府，容纳各党各派，共同负责救国；停止一切内战；立即释放上海被捕的爱国领袖；释放全国一切政治犯；开放民众爱国运动；保障人民集会、结社等一切政治自由；确实遵行孙总理遗嘱；立即召开救国会议"八项主张的通电。

是日　晚，出席由看守所长朱材因设的拜师宴，其子拜邹韬奋为师。席间，章乃器等人得悉西安事变，且悉国民党内部陈果夫、陈立夫等人主张枪杀章乃器等人，遭冯玉祥等人阻止。（胡子婴：《关于救国会和"七君子"事件的一些回忆》，载周天度编《救国会》）

12 月 14 日　看守所禁止接见包括家属在内的任何人。从这天起，相当长的时间，气氛十分紧张。看守所甬道里增加了三四个看守，荷枪来回巡逻。本来看守所已有法警看守，又从苏州派来保安队。而且宪兵司令部也派来人，每班三人轮流换班监视，并在看守所门口抄摘探视的亲友的姓名、住所。章乃器等人估计可能遭毒手。于是，大家一致商定：在押赴刑场时，齐声高唱《义勇军进行曲》，临刑一致高呼："打倒日本帝国主义！民族解放万岁！"章乃器回忆："我们入狱不久就发生了双十二西安事变，张学良、杨虎城两将军的通电，重点提出了释放我等的要求。于是陈果夫就在国民党高级会议中提出枪毙我们的主张。冯玉祥将军很机智地用几句话挽回了这个危局。他说：'我们的人被扣在西安的不止七个，而且中间有蒋委员长。这时千万不能动杀机！动了杀机我们的危险太大。'于是陈果夫就只好沉默下去了，陈果夫是当时江苏的省主席，苏州正在他的统治下，看守所内忽然增加了宪兵，给予我们以警告。但我们早已计议到可能的杀身之祸，我们准备高呼爱国口号，从容就义。"（章乃器：《七十自述》，载中国人民政治协商会议全国委员会文史资料研究委员会编《文史资料选辑》第八十二辑。沙千里：《漫话救国会》）

12月15日 张学良在西安市民大会上发表讲话时，谈及"七君子"事件时说：蒋介石"在上海逮捕了七位救国领袖，我为了这件事，曾单身一个人没有带，乘军用机飞洛阳，请他释放那几位无辜的同胞"。"蒋委员长决不采纳我的请求。后来我说：'蒋委员长这样专制，这样摧残爱国人士，和袁世凯、张宗昌有什么区别？'他回答说：'全国只有你这样看，我是革命政府，我这样操作，就是革命。'诸位想想，他这话有没有道理。"

是日 全救会在《救亡情报》发表《为当前时局紧急宣言》。

12月16日 马相伯、何香凝、宋庆龄三位救国会领导人在《救亡情报》上向全国同胞发表了《为七领袖被捕事件宣言》，"要求政府立刻无条件恢复被捕九位（指上海七人加11月28日在南京被捕的孙晓村、曹孟君）先生的自由，释放一切因爱国行动而被捕的同胞，以巩固政府与人民之间的合作，加强全民族抗敌的力量"。《宣言》发表后，国民党政府继续对救国会施加压力，九十六岁的马相伯即被迫去了南京，被软禁。

12 月 18 日　中共中央就西安事变问题致电国民党中央，指出"武力的讨伐，适足以杜塞双方和解的余地"，呼吁国民党立刻实行下列处置：①召集全国各党各派各界各军的抗日救国代表大会，决定对日抗战，组织国防政府，抗日联军；②将讨伐张、杨与进攻红军的中央军全部增援晋绥前线，承认红军、东北军及十七路军的抗日要求；③停止一切内战，一致抗日；④开放人民抗日救国运动，实行言论、集会、结社的民主权利，释放一切政治犯及上海爱国领袖；⑤实现孙中山先生的三大政策。（中共中央文献研究室编：《毛泽东年谱（1893—1949）》）

12 月 23 日　张学良、杨虎城、周恩来同宋子文谈判，以期和平解决西安事变的问题。次日，周恩来、张学良，杨虎城又与宋子文、宋美龄谈判。周恩来提出六项条件：①停战，南京方面撤军至潼关外；②改组南京政府，排逐亲日派，加入抗日分子；③释放政治犯，保障民主权利；④联合红军抗日，允许中共公开活动；⑤召开各党各派各界各军救国会议；⑥与同情抗日的国家合作。张学良、杨虎城同意以此为基础谈判。宋子文表示同意，并答应转告蒋介石。关于放蒋介石的条件，宋子文提出只要蒋介石下令撤兵，即应允回南京，到南京后再释放爱国七领袖。张学良、杨虎城、周恩来要求先撤兵，释放政治犯；蒋介石才可回南京。当晚，周恩来等会见蒋介石。蒋介石表示同意联共抗日等条件，但他要求不采取签字形式，而以他的"人格"担保履行协议。张学良、杨虎城同意其要求。（中共中央文献研究室编：《毛泽东年谱（1893—1949）》。中共中央文献研究室编：《周恩来年谱 1898—1949（修订本）》，中央文献出版社，1998 年）

是日　章乃器等人在看守所会客室内，受高等法院检察官偕同书记官讯问。

12 月 25 日　《救亡情报》被迫停刊，发行《休刊号》。在社论《把握着新形势下的新任务》中，提出三条呼吁：①坚决反对退让苟安主义者制造内战……阴谋，我们务使政府立即实现抗日的民族自卫战争；②

为扩大抗日力量，在最广范围内动员全国人民起见，更需坚决要求政府开放民众组织，充分实现政治上的民主精神！③为同一目的，更需坚决要求政府立即无条件释放我们的七大救国领袖及一切政治犯，承认救国会为合法的民众团体，并立即归还人民结社、集会、言论、出版等一切自由！报头一侧发表"紧要启事"说明因经费等困难，无法继续刊行。另一侧刊"征求会员"启事，欢迎一切不愿做亡国奴的人们参加救国会，请寄信给各救国团体的领袖。

是日 山东救国会、广东各教授、美国纽约华侨均要求政府释放"七君子"。

12月28日 《救国时报》载全欧华侨抗日救国联合会、巴黎中国学生会、旅法华工总会、侨商协会及陈铭枢、方振武等致电南京政府，"日寇攻绥方急，正应团结抗日，仍乃自毁长城！望速释放"救国会领袖。

在美国的陶行知、陆璀、陈其瑗、柳无垢、冀朝鼎等三十三人发起援救爱国七领袖及马相伯先生的运动，发表《旅美华侨告海外同胞书》："吾人深信全国救国联合会及沈、章诸先生团结御侮、联合抗日之主张，乃全国不愿亡国之同胞一致之主张；对上海市政府逮捕七人并累及九八老人马相伯先生事件，引为莫大之憾事。若沈、章诸先生救国有罪，全国救国同胞谁不自危？吾人虽不知此种不幸事件之由来，究系政府之政策，抑系少数亲日分子播弄所引起，但吾人必须向我政府为赤诚之呼吁：如政府有爱护国家爱护人民之诚意，在此国难严重之日，即应改变外交政策，对内保护爱国运动，而首先须释放沈、章七领袖及马相伯先生。"三百多人签名响应。

12月30日 章乃器等人受讯问。史良自动赶到苏州道前街，向江苏省高等法院投案。法院检察处对她做了侦讯，当即转入司前街看守所13号一室牢房收押。

章乃器等向看守所要求，因念子女心切，要求允许幼年子女到监狱里探望，以解想念之苦，得到看守所所长的同情。每天有一家能将幼年子女白天送进监狱，傍晚接出。孩子成了秘密通讯员，携带信件、通讯。章、邹、李三家子女均在十岁上下，遂当此任务。此事一直延续数月。（沈

谱、沈人骅编：《沈钧儒年谱》）

12 月　画家、李公朴的岳父张小楼赴看守所探望，将自己的新作一幅《新篁解箨》墨竹画赠给沈钧儒、章乃器等以示慰问。为感谢看守所所长朱材因的同情和照顾，沈、章将此画转赠朱材因。

是年　出售在引翔港虬江码头（今上海市杨浦区）附近的别墅。别墅占四亩，刚装修完毕，搬入法租界拉斯脱路慈惠村 24 号，房租八十五元。同时，出售自备汽车。（《七人家属访问记·章乃器夫人打算住亭子间》，载时代文献社编《"救国无罪"——"七君子"事件》）

《中国货币金融问题》由生活书店出版，每册实价国币八角。《中国货币金融问题》收录作者自 1935—1936 年四月撰写、发表的 35 篇文章，分为概论、国际争夺下的中国货币金融、白银问题与货币制度、中国金融制度、附录五编，重要的文章有《货币金融所反映出来的中国社会》《当前的财政金融问题》《列强对华货币战争的现势》《我国银行业底前途》《金融恐慌中金融制度的演变》等。

1937年（民国二十六年）41 岁

1 月 13 日，中共中央机关迁驻延安。

6 月 8 日，国共两党在庐山谈判，周恩来向蒋介石提交了中共中央草拟的《关于御侮救亡、复兴中国的民族统一纲领草案》。

7 月 7 日，日本侵略军向卢沟桥一带的中国军队开火，中国守军第二十九军奋起还击。

8 月 13 日，日军以租界和停泊在黄浦江中的日舰为基地，对上海发动了大规模的进攻。中国驻军奋起抵抗，开始了历时三个月之久的"淞沪抗战"。

8 月 25 日，在陕甘宁边区的红军主力部队改编为国民革命军第八路军（简称"八路军"），朱德任总司令。

10 月 12 日，国民革命军陆军新编第四军（简称"新四军"）成立，叶挺任军长。

11 月 12 日，日军占领上海。13 日，上海市市长俞鸿钧宣布上海沦陷。

11 月 20 日，国民党政府宣告迁都重庆。

12 月 13 日，南京沦陷，日本侵略军开始了长达六个星期的大屠杀。在整个南京大屠杀期间，逾三十万同胞被杀害。

1 月 1 日　经与看守所反复交涉，未获准接见亲友，由看守传递纸条，与来访亲友笔谈。

1 月 12 日　沈钧儒接检察官通知：嘱转告家属"来信勿提时事"。沈钧儒发明信片告诉儿子沈谦，并嘱与各位夫人加强联系，务必隔二三日约定见面一次，"庶能消息相通"。（沈谱、沈人骅编：《沈钧儒年谱》）

1 月 19 日　章乃器等人在看守所会客室内，受高等法院检察官偕同书记官讯问。

1 月 20 日　上海各界救国联合会请愿慰问代表团二十一人公开具名，备了呈文，到苏州高等法院请愿，要求尽快无条件释放章乃器等人。并要求入狱探视，未获批准。仅留下呈文、慰问信及慰问品送入。在打开慰问品时，诸人发现食品盒的底面和包扎的"招牌纸"的反面都写上了简单热情的词句，如"希望你们早日恢复自由""救国会的组织越加健全，工作依然不懈！"等语。（沙千里：《漫话救国会》）

1 月 21 日　检察官来到看守所，拿出请愿慰问代表团的名单，要章乃器等人辨认。

1 月 28 日　章乃器等人举行简单而庄严的仪式，纪念一·二八抗战五周年。这是他与沈钧儒等人经过三四天的商议而决定的。看守所会客室布置得整洁严肃，作为会场。十时整，六人肃立于会场，李公朴领唱《义勇军进行曲》，继而六人又合唱一遍。随后肃立五分钟，为一·二八遇难将士、民众及历年因抗日救国而牺牲的同胞默哀。默哀毕，沈钧儒以沉重的语调说道："一定把日本帝国主义打倒，对于救国运动决不退缩！"以表示共同的誓言。纪念会在肃穆的气氛中结束。史良在女牢也进行了纪念活动。（沙千里：《七人之狱》，生活书店，1937 年。沈谱、沈人骅编：《沈钧儒年谱》）

1 月 29 日　救国会成员顾留馨和任崇高在上海被江苏高等法院第二分院传讯，后来又传他们到苏州作本案的"证人"。二月四日法院把他们扣押。与此同时，国民党政府在南京先后逮捕救国会成员孙晓村等人；在镇江逮捕罗青，张仲勉、陈道弘、陈卓在无锡也先后被捕。在美国讲学的陶行知被法院通缉。这样，这一案件随着案情的发展，逮捕、通缉的已经不是七人，而是十四人。

2 月 3 日　章乃器等人在看守所会客室内，受高等法院检察官偕同书记官讯问。江苏高等法院裁定，延长七人的羁押期至两个月。（沈谱、沈人骅编：《沈钧儒年谱》）

2 月 5 日　陶行知联络美国著名学者杜威、爱因斯坦、保罗·孟禄、保尔德·罗格等，致电南京政府蒋介石、孔祥熙，冯玉祥营救章乃器等七人的电文在《救国时报》上发表，称："我们以中国朋友的资格，同情中国联合及言论结社自由，对于上海全国各界救国联合会七位学者被捕的消息传到美国，闻者至感不安，同人尤严重关怀。"（周天度编：《救国会》）

2 月 9 日　章乃器在转赠朱材因的《新篁解箨》墨竹画上题写"直节虚怀"。

2 月 11 日　春节，家属均可入内探视。（沈谱、沈人骅编：《沈钧儒年谱》）

2月14日　翁赞年检察官告沈钧儒、章乃器等："关于接见事，如各家属真有要事，可格外通融，准许接见。惟尚不能公开，暂不必向外宣布。"自此，又获接见家属的权利。（沈谱、沈人骅编：《沈钧儒年谱》）

2月15—22日　国民党召开五届三中全会，由于人民群众的压力和国民党左派的努力，使国民党该次全会实际上接受了停止内战一致抗日的提议，原则上承认国共合作抗日，接受抗日民主统一战线政策。

根据法律规定，法定羁押侦查两个月，根据需要可延长一次，为期两个月。因此，章乃器等的羁押期于4月8日到期。许多社会人士都以为他们必可无罪获释。

2月29日　接到国民党江苏高等法院的裁定书，根据检察官的申请，裁定："沈钧儒、王造时、李公朴、章乃器、邹韬奋、沙千里之羁押期间，自民国二十六年二月四日起延长二月。"（沙千里：《七人之狱》）

3月13日　以杜文为笔名，在《立报》发表狱中杂著之一《反不凡主义》。在文中，章乃器认为：本来"不凡""独到"……都是很好的，这就是一般所谓天才者和富于创造性者的特质，而天才者和富于创造性者是在无论哪一个时代、哪一种社会里都迫切需要的，而应该受人尊敬的。但是"不凡主义""不凡观念""不凡思想""独到主义""独到观念""独到思想"……都是要不得的。原因就因为不凡主义者是不愿社会、民族和团体的利害，而只求一己的不凡的，这正和英雄是任何时代、任何社会都需要，而英雄主义却绝对要不得一样。

3月25日　撰写羁押生活的感想。

摘要　在羁押中，使我特别心领神会有两点：其一，为集体生活之可贵，其二，为哲学信念之不可或缺。有许多人恋家庭，就因为家庭是与生俱来的一个集体。但是善始善终处群的人，可以到处为家。社会进步了，职业群、思想群、娱乐群，以至社交群等，形形色色的集体生活都发达了，家庭的重要性，就慢慢地减少了。牢狱之所以不似外间想象的苦闷，也就因那里面一样的有人群，一样的可以过集体生活，只要我们善于处群。所谓处群之道无他，只要把自己当作人，把别人也当作人就行了。

哲学的信念，不管是好的，或是坏的，对于自己都是有益的，都可以使人在危难中处之泰然，持之弥坚。历史上一切视死如归，从容就义、可泣可歌的事迹，都是哲学信念所造成的。但是我们必须有一个最好的、最正确的哲学，一个颠扑不灭，而可与人类共始终的哲学。不正确的哲学，固然一时也可以使你心安理得，然而一旦被事实揭穿了，那个彷徨的痛苦，是很难堪的。这也就是你意志顶顶薄弱的时候，恶魔就在这时候趁机毁灭了你的灵魂。（沙千里：《七人之狱》）

3月26日　蒋介石派浙江省政府委员罗霞天到狱中探访，单独会见沈钧儒，说：只要发表一个声明，再到反省院办个手续，就可以得到自由。沈钧儒将此情况告诉章乃器等人，一致认为，此举无异于写悔过书，向南京政府表示投降，坚决不能干，遂当即回绝。

3月29日　夜，在李公朴珍藏的画集中为沈钧儒画像，上书"沈衡山先生造像"，旁书"写博公朴兄一笑。乃器"。（沈谱、沈人骅编：《沈钧儒年谱》）

3月　南京政府制造欲释放章乃器等人的假象。侦察期满前，一些当权人物前来表示，侦察期满，本案不会提起公诉，但章乃器等人恢复自由后，无论自动、被动，均需至南京与当局开诚谈话，逐渐消除隔阂等。

4月3日　国民党政府对章乃器等人的法定羁押、侦查有两个月，以后又延长两个月，江苏高等法院以"危害民国紧急治罪法第六条嫌疑"对沈钧儒、章乃器等人正式提起公诉。（时代文献社编：《"救国无罪"——"七君子"事件》）

是日　黄炎培赴苏州监狱探望，并合影留念。（黄炎培：《黄炎培日记》）

4月4日　十八时，江苏高等法院送去《起诉书》。《起诉书》认为：沈钧儒等涉嫌"组织非法团体，煽动罢工罢课，扰乱地方秩序，图谋颠覆政府各嫌疑，连同证件移送侦查到院。兹经侦查明晰，认本案各被告共犯以危害民国为目的而组织团体，并宣传与三民主义不相容之主义属实"。

摘要　一、《全国各界救国联合会大会宣言》内有："少数别具肺肝的人们，依然认为苏联和共产党是中国民族的主要敌人"。证以《救亡情报》中，类此主张者，亦不一而足……

二、查被告等同在国民政府统治之下，沈钧儒与罗青并自称"亦系国民党党员"，明知国民党为中华民国建国之惟一机构，国民政府为中华民国之惟一政府，乃竟侪之于各党各派之列，妄倡人民救国阵线，自称"愿为介绍谈判"，曰"立时释放政治犯"，曰"立刻派遣正式代表"，曰"迅速建立一个统一的救国政权"，措词荒谬，肆无忌惮，其不承认现政府为有统治权，并欲于现政府外更行组织一政府，已可概见。

三、沈钧儒、章乃器、陶行知、邹韬奋四人所发表之《团结御侮的几个基本条件与最低要求》刊物内有："和红军停战议和共同抗日""这里所谓各党各派，主要的自然是指中国共产党""现在共产党已经提出了联合抗日的主张，国民党却没有表示，这结果会使一般民众相信倒是共产党能够顾全大局，破除成见"。

四、沈钧儒、王造时、李公朴、沙千里、章乃器、邹韬奋、史良、顾留馨、任崇高等，虽主张人民救国阵线，与共产党所倡之人民阵线口号不同，并据邹韬奋提出其自著之《生活日报》以为证明；然据共同被告罗青供述："现在名词还未统一，人民阵线、人民救国阵线、救国阵线、统一阵线、民族阵线、联合阵线，都是一样的。"

五、共产党毛泽东答复沈钧儒等信函（系印刷品）内有："南京政府五月五日颁布的宪法与国民大会组织法、选举法，我们认为是反民主的，根据这些法律组织的国民大会，我们不能承认他有代表全国人民和民意的权利""我们认为这种国民大会的存在是有害的""我们希望你们及全国一切救国团体，派代表参加苏维埃政府"。其抨击宪法一点，尤与被告等所称"含有制礼作乐的宪法是多余的"等语，若合符节。

六、被告等除坚不承认有鼓动学生罢课情事外，对于组织工人罢工后援会，则并不否认，并称"工人救国会亦加入上海各界救国联合会之内"等语，其用救国会名义，散发《为上海三百五十万市民请命》传单，亦有"这二十余万的工人，都可训练为冲锋陷阵的英雄"之语，对于智识简单之工人，竟不惜多方煽惑，以遂其不法之企图。乃被告等犹以"意在救国，并无其他作用"，斤斤置辩，显属虚饰之词。

七、在邹韬奋家搜获共产党刊行之《斗争报》，其中虽曾批评"章乃器是叛卖阶级的史大林派"，并称："反对章乃器们的救国阵线没有政治野心，没有夺取政权的企图，引入爱国一途，减少斗争的力量。"

八、被告等虽称伊等与第三国际并无关系，然查人民阵线即系第三国际第七次代表大会所通过之口号，其关于中国成立人民阵线议决案，内有："在中国必须把扩大苏维埃运动与巩固红军的战斗力，与在全中国开展人民反帝运动连结起来""苏维埃应当成为全中国人民解放斗争的中心"。并于《团结御侮的几个基本条件与最低要求》第五项载有"我们赞成中国共产党和中国红军这一个政策"之语，尤显与前述第三国际议决案相一致，自无解于危害民国之罪责。

九、上年十二月十二日西安事变，据张学良所提出之八项主张，内有"容纳各党各派负责救国及立即释放被捕之爱国领袖，立即召开救国会议"等项，被告等对此虽坚称"毫未与闻其事"，此查上年五月六日《救亡情报》创刊号，即有"西安学生悲壮的救国运动"，又同年十一月二十二日第二十七期《救亡情报》载有全国各界救国联合会致西安张学良电报："望公本立即抗日之主张，火速坚决要求中央立即停止南京外交谈判，发动全国抗日战争，并电约各军事领袖，一面对中央为一致之督促，一面对绥远实行出兵援助，事急国危，幸即图之！"

十、罗青承认担任组织江苏各界救国联合会属实，并称："与章乃器接洽时，沈钧儒、邹韬奋亦一同在座。"此外复在身畔搜获有：①《全国各界救国联合会大会宣言》；②《抗日救国初步政治纲领》；③《团结御侮的几个基本条件与最低要求》；④《共产党致国民党书》；⑤毛泽东油印回信；⑥江苏各界救国联合会筹备会木戳等件，足证其参加以危害民国为目的之团体为不虚，依法应认为共同正犯。

综上所述，本件被告沈钧儒、王造时、李公朴、沙千里、章乃器、邹韬奋、史良、陶行知、罗青、顾留馨、任崇高、张仲勉、陈道弘、陈卓共同以危害民国为目的而组织团体，并宣传与三民主义不相容之主义，依刑法第十一条、第二十八条，系共犯《危害民国紧急治罪法》第六条之罪。
（时代文献社编：《"救国无罪"——"七君子"事件》）

根据法律关于每个被告可以请律师三人为辩护人的规定，决定每人请律师三名,组成辩护团。为章乃器辩护的律师是陆鸿仪[①]、吴曾善[②]、张志让。主要起草《答辩状》的是章乃器的辩护律师张志让,胡愈之予以协助。(沙千里:《漫话救国会》)

4月11日 毛泽东致电潘汉年:"闻法院对沈钧儒等起诉将判罪,南京又有通缉陶行知事,爱国刊物时遭封禁,我方从上海所购之书被西安政训处扣留,南京令华北特务机关密捕我党党员。以上各事完全违反民意,违反两党团结对外主旨,望即入京向陈(立夫)、张(冲)诸君提出严正抗议,并要求迅即具体解决。"(中共中央文献研究室编:《毛泽东年谱(1893—1949)》)

是日 周恩来得知苏州法院以"危害民国罪"将救国会领袖沈钧儒等"七君子"提起公诉后,致电张冲,指出国民党此种做法"大失国人之望",希望张"进言当局,断然改变此对内苛求政策"。十五日致电蒋介石,指出沈钧儒等七人"其心纯在救国""锒铛入狱已极冤",苏州法院的做法"不特群情难平,抑大有碍于政府开放民主之旨",要求释放、并取消对陶行知等五人的通缉。(中共中央文献研究室编:《周恩来年谱1898—1949(修订本)》)

4月12日 中共中央发表《中国共产党中央委员会对沈、章诸事起诉宣言》,指出:"日本帝国主义的疯狂侵略、国民党的不抵抗政策,造成了数年来沉重的国难,大好版图,沦亡异域,民族生命,危若累卵。""稍有热血之人,莫不奔走呼号,以解除国难、解放民族为己任。沈、邹、章、李、王、沙诸先生,则为此种救国运动之民众爱戴之领袖。诸先生以坦白之襟

---

①陆鸿仪(1880—1952),字棣威,号立盦,江苏苏州人。清光绪二十九年(1903年)进士。1906年选送日本中央大学,攻读法律,学成归国。1923年,设立律师事务所。1949年10月,担任中华人民共和国中央人民政府最高人民法院委员兼民事审判庭庭长之职。
②吴曾善(1890—1966),字慈堪,号小钝,江苏元和人。早年毕业于上海法政学堂,先后在苏、沪两地任司法行政官、律师,曾任吴县律师公会会长,兼任东吴大学法学教授。抗战全面爆发前夕曾任苏州抗日后援会会长。苏州沦陷期间迁居上海,以卖字画维持生计。1954年任上海市文史馆馆员,从事古籍整理、文字改革等工作。

怀、热烈之情感、光明磊落之态度，提倡全国团结，共赴国难，停止内战，一致抗日，此实为我中华男女之应尽责任与光荣模范，而为中国及全世界人民所敬仰。""吾人对此爱国有罪之冤狱，不能不与全国人民一起反对，并期望国民党中有识领袖之切实反省。""吾人为中华民族之解放与进步计，自当要求国民党之彻底放弃其过去之错误政策，而此种彻底转变之表示，应由立即释放沈、章、邹、李、王、沙、史诸爱国领袖及全体政治犯，并彻底修改《危害民国紧急治罪法》开始。"（《解放》周刊创刊号，1937 年 4 月 24 日。韩信夫、姜克夫主编：《中华民国大事记》，中国文史出版社，2017 年）

是日　周恩来致电叶剑英，告以为沈钧儒等七人被捕及通缉陶行知等事，毛泽东已电潘汉年赴南京谈判，并准备发动援救沈钧儒、陶行知等人的运动。要叶通知中共西安地下党组织准备响应。（中共中央文献研究室编：《周恩来年谱 1898—1949（修订本）》）

4 月 13 日　午，接上海来长途电话通报，胡子婴盲肠已开刀，一切顺利。（王健等整理：《李公朴狱中日记（1937.4.25—1937.7.27）》，《党史研究资料》2002 年第 6 期）

4 月 15 日　周恩来致函蒋介石，要求释放章乃器等爱国领袖。（周恩来：《释放七君子以一新天下耳目——致蒋介石》，载中共中央文献研究室编《周恩来书信选集》，中央文献出版社，1988 年）

4 月 16 日　以杜文为笔名，在《立报》发表狱中杂著之二《大学程度时局观》。文中写道：在本月 6 日《大公报》的社论中，发现了一个新名词"初中程度的时局观"，由此便有了"大学程度时局观"，胡适这样的人物很配资格。他曾经做文章大捧《塘沽协定》，认为此后中日两国可以相安无事，胡适这样的"大学程度时局观"是错误的。同时，"大学程度时局观"的人们所足以自豪的，只是多了一些"内幕的消息"。但是很可惜的，他们少了一个完美的理论工具，不能把这些"消息"做一个有系统的观察，所以结果是看清一株一株的树木，而看不见树林；自然更谈不到把这些"消息"做一个见筋见骨的解剖，所以难以称为"内幕"，而实际却不过是大汗满头的在皮外面数一根一根的毛，回头给我们一个毫无用处的报告！

是日 章乃器等人的伙食得到改善,由临近纯一中学的厨师蒋林代包。(王健等整理:《李公朴狱中日记(1937.4.25—1937.7.27)》,《党史研究资料》2002 年第 6 期)

与上海试通电话。

4 月 25 日 晨,周巍峙来访,带来两本《民族呼声集》,章乃器等人唱了半日歌,很是高兴。

是日 律师张志让、刘崇佑(京津地区著名律师)、鄂吕弓三人同来,探望七君子。

胡子婴的哥哥与吴大琨前往探望。

4 月 28 日 邹韬奋的妻子沈粹缜来探视,讲述杜月笙的意见。李公朴认为“惟以过去经验,有好消息固属可喜,但中间阻碍想定仍很多耳”。

4 月 29 日 傍晚,张志让来看守所与七君子商酌辩诉状,十九时散。

4 月 起诉书公开发表,上海的几家大报纸纷纷发表文章,指责南京政府破坏团结,影响国内民众的国防心理的形成。

5 月 4 日 下午,褚辅成①来访,谈及国民党中央党部叶楚伧②等对本案的意见。①叶楚伧表示“应顾到党部威信”。李公朴在日记中记录了他们的想法:党部威信的受打击,一由于日本帝国主义之压迫,一由于党部自身之不健全。本案无论怎样办法,其挽回党部威信的地方有限得很。对外则恐惧,对自己的组织散漫,却可置之不顾,而对于可压迫的人则利用其政治权力,任意施用,不顾舆论以至封锁舆论,吾以为这一切都不是真要希望挽回党部威信的办法。②我们应感觉满足的!因为我们比最近东四省保国会的人好得多了,他们直接受汉奸、日本军的惨杀,我们呢,还不过是受自己的政府所误会,做政治运动的工作,这是不能免的事。我们若

---

①褚辅成(1873—1948),字慧僧,一作惠生,浙江嘉兴人,九三学社发起人、社会活动家、爱国民主人士。

②叶楚伧(1887—1946),江苏吴县(今苏州)人。南京国民党政府成立后,历任国民党中央宣传部部长、江苏省政府主席、国民党中执委常委兼秘书长、苏浙皖三省京沪两市宣慰使。

是想到现在其他国家受黑暗势力无理由的压迫事实，那我们现在这样还能依法办理的情形也就要觉得算不了什么了。③我们向来主张是抗日不反对政府，现在我却并不因为受了冤屈就改变主张。中华民族若再分裂，即无以图存。政府在文字上决议案虽有表示，但事实上仍实行得不够，我们应继续促政府反省，个人坐几年牢是件小事。（王健等整理：《李公朴狱中日记（1937.4.25—1937.7.27）》，《党史研究资料》2002 年第 6 期）

5 月 23 日　周恩来致电中共中央，准备赴庐山见蒋介石，商议共同纲领、联盟或改组国民党、释放政治犯等包括释放"七君子"等问题。（中共中央文献研究室编：《周恩来年谱 1898—1949（修订本）》）

是日　傍晚，叶楚伧致杜月笙、钱新之函。

摘要　沈事宣判之日，自当同时谕交反省院，以便一气呵成。至就近交反省院一节，弟意不如在京，因在京出院以后，出国以前，更可多得谈话机会。中央同人颇愿与倾心互谈，一扫过去隔阂，而于其出国之时、归国之时，均可于此时日中重开坦白光明之前途，于公于私，均为有益。若虑及途中引起注意，自可设法避免一般递解之形式，毫无形迹可寻也。（王健等整理：《李公朴狱中日记（1937.4.25—1937.7.27）》，《党史研究资料》2002 年第 6 期）

5 月 24 日　南京赵先生①来探望章乃器。

5 月 25 日　章乃器等人表示："如须赴京谈话，固所愿也，在苏保出后即可进京，或与保人同往，在出国前可在京小住。如坚持在恢复自由前赴京，恐其中尚有曲折也。"

章乃器等人致函杜月笙、钱新之，就 23 日叶楚伧函表示意见。

摘要　顷汝兼来苏，转示楚伧先生致先生等一函，借悉一切。先生等斡旋及照拂之盛情，无任铭感。楚伧先生表示愿倾心互谈，一扫过去隔阂，措辞诚恳，尤所欣慰。钧等亦甚愿面聆中央诸公之教益，惟愚意政府既有意扫除隔阂，何妨再示宽大。窃钧等事之解决途径，不外法律

①据《李公朴狱中日记（1937.4.25—1937.7.27）》记载，"南京赵先生来视乃器"。赵先生之生平事迹不详。

程序与政治救济。就法律方面言，目前尚可撤回公诉，或宣判无罪，此不但无损于政府之威信，反可表示政府之德意，似不必坚持判罪；就政治救济方面言，判罪后尚可特赦，亦不必坚持进反省院。衡以扫除隔阂之原则，似不宜再令案情表现过于严重；而进南京反省院一层，尤难索解。倘仅为谈话方便起见，则钧等本意，不论撤回公诉，或判决无罪，或在苏保释，均拟即日赴京面谈，以期完全谅解。此外当日保释一层，楚伧先生信内未提只字，亦属可异。诚恐夜长梦多尔，时外间如略有反响，又引以为打消保释之根据，则更解决无期矣。先生等于钧等爱护备至，不能不尽举所见以告，幸乞再加考虑，相机进言，至深盼祷。（王健等整理：《李公朴狱中日记（1937.4.25—1937.7.27）》，《党史研究资料》2002年第6期）

5月26日　章乃器的话"眼对着前面的曙光，脚踏着身边的实地，一步步迈进""历史上赴汤蹈火，视死如归的人物所靠的就是一个坚定的信念。要有坚定的信念，先要有正确的信念；只有正确的信念才不会动摇，才能坚定""我们一说出抗日两个字，就要想到倾家荡产，粉身碎骨是意中事，就应该立刻下牺牲一切的决心"由李公朴记录。（王健等整理：《李公朴狱中日记（1937.4.25—1937.7.27）》，《党史研究资料》2002年第6期）

5月27日　李公朴在狱中日记中记录："关于本案，我们始终自信无罪，中间虽经友人代向中央解释，以及其他调停办法，我们在根本上虽是不愿意，但我们也根本无权力反对任何办法，或接受任何办法。最近家属来谈，外间有我们同意什么什么办法的传说，这显然是一种误会，或为一种恶意的宣传。当然在政府一定要判罪的决定下，友好为我们进行特赦，或其他可避免执行缩短刑期的办法，我们在不损立场与不丧人格之条件下当然也不反对。"（王健等整理：《李公朴狱中日记（1937.4.25—1937.7.27）》，《党史研究资料》2002年第6期）

6月1日　章乃器等六人再次致函杜月笙、钱新之。

摘要　沈钧儒、章乃器等以和平奋斗之手段，为抗日救亡之呼吁，冤被羁押，迄已六月，徒以旨在团结全国，故始终不顾以个人之屈辱，稍示愤怒，致重违团结之初衷。但自问无罪，为国家民族前途计，亦终认救国无罪四字应令其永留于史册。但能否达此目的，则仗义执言，责在社会，而最后决定权在政府。钧儒等身羁图圄，惟有尽其在我而已。目前待时先生来苏，述及判罪送反省院后当日保释，为政府已定之办法，但谓送反省院仅为便于交保之一种手续，并不实际留羁，亦不须签署任何书状。钧儒等秉爱国之热忱，竟被处害国之罪刑，闻之深滋悲痛。虽承待时先生详为说明政府宽大之至意，仍不足已其内心之怆感。但事属内定，不容置喙，故仅就该办法指出若干不妥之点，请其转达左右，加以考虑；且说明此事在钧儒等为无法抗拒，绝不足以言接受与同意，惟望先生等详为审虑，策其万全，为之尽最后之努力，以尽平素爱护之意而已。后奉任之先生函，始知所虑各点，亦少改善之余地，寸心惶惑，益莫能释。复思通常反省人出院以后，行动须受监视，仍为不自由之人。钧儒等如遭同样待遇，则反不如在监静待执行期满之能取得完全自由。且念钧儒等以外，尚有因到苏请愿而被累及之任崇高、顾留馨二人须同时受审，复有陶行知等四人仍在通缉之中，如钧儒等释放，而任彼等羁留监狱，或长在逃捕之中，亦将何以对人？而当庭声明不服上诉与抗议送反省院，于理于情于法，均难缄默。愈想愈觉不妥。故惟有不惮烦琐，竭诚奉陈，希望先生等不吝赐教，另求适当之办法。先生等主持正义，肝胆照人，素荷厚爱，想必能于万难中为之熟筹一切也。（王健等整理：《李公朴狱中日记（1937.4.25—1937.7.27）》，《党史研究资料》2002 年第 6 期）

6 月 6 日 上海的全救会部分负责人胡愈之、潘震亚、钱俊瑞等召开辩护律师会议，商讨案情及出庭辩护的策略和要旨。各界知名人士及家属亦参加。会上除揭露国民党消极抗日、积极反共外，同时扩大宣传救国会的正义主张。会上明确了辩护律师的分工等事。（邹嘉骊编著：《邹韬奋年谱长编》）

6 月 7 日 章乃器等人送出《答辩状》。

摘要 缘东邻入寇，得寸进尺，侵扰三边，囊括四省。迨民国二十四年十二月，长城以北察哈尔又丧失过半，榆关以内，冀东伪组织亦宣告成立，驻兵日增，特务林立，走私猖獗，浪人横行，封豕长蛇，气吞宇内。而河北奸民方假请愿自治之名，以行为虎作伥之实。形势岌岌，不可终日。

于是平津教授呼号于前，学生市民奔走于后，风声所至，举国奋兴，沪上人士乃有救国会之组织。查二十五年一月一日《申报周刊》记载此事之宣言曰：此一消息传出以后，上海文化界马相伯等三百余人鉴于中华民族之危机日迫，特发起救国运动，并发表宣言，提出主张七点：①坚持领土和主权的完整，否认一切有损领土主权的条约和协定；②坚决反对中国领土内以任何名义成立由外力策动的特殊行政组织；③坚决否认以地方事件解决东北问题和华北问题；④要求即日出兵讨伐冀东；⑤从略（原文从略，谅系恐启对外纠纷之故）；⑥严惩一切卖国贼并抄没其财产；⑦要求人民结社、集会、言论、出版的自由。不图于去年十一月廿二日午夜，忽同时在上海公共租界及法租界分别被捕；卒由上海市公安局函送钧院检察处侦查，中经延长羁押期间两月，期满之日，竟以共犯《危害民国紧急治罪法》第六条之提起公诉。

答辩理由：按《危害民国紧急治罪法》第六条所定之罪，为"以危害民国为目的，而组织团体，或集会，或宣传与三民主义不相容之主义"。起诉书认为被告等有共同以危害民国为目的而组织团体，并宣传与三民主义不相容之主义之嫌疑。然以被告等爱国之行为，而诬为害国，以救亡之呼吁，而指为宣传违反三民主义之主义，实属颠倒是非，混淆黑白，摧残法律之尊严，妄断历史之功罪。《全国各界救国联合会成立大会工作检讨》第十五面载："联合战线的意义是，在横的方面，团结各党各派，在纵的方面，团结社会上的各阶层，去对付共同的敌人。这样的扩大的团结，是需要极端的诚意和极端的宽大容忍的态度的。"

钧儒、乃器、韬奋及陶行知等四人用个人名义所发表之《团结御侮的几个基本条件与最低要求》第十二面载"随后我们更希望蒋先生亲率国民政府统辖下的二百余万常备军，动员全国一切人力、财力、智力、物力，发动神圣民族解放战争"各等语。究竟救国会之目的系救国抑系害国；其主张系违反三民主义，抑正为三民主义之所规示，实可不待烦言而解。起诉书虽胪列犯罪证据至十款之多，然无非将救国会之各项文件，断章取义，穿凿附会；曲解对外敌忾之旨，为对内攘夺之意；并未就本案之事实与证据，为整个之观察，终至支离破碎，真相不明；而于国际情势与国策内容之如何，尤多未晓。兹为抉剔谬误起见，仅就所列十款，逐一答辩如次：
①起诉书于第一款内主张被告等有意阻挠中央……之国策，系引全国各界救国联合会大会宣言内所载两项辞句，以为论据。然查（甲）所称"全国各界救国联合会大会宣言内有'列强攻苏之误……'等语，明于所引词句之上加有引句符号以示直引之意。而遍查该宣言中，并无此语，实足使人惊诧。"

该宣言末面所载："不要再听信日本帝国主义的花言巧语，企图以中国为牺牲，在远东发动反对苏联战争。"前后参阅，其意益明。

（乙）至起诉书于同一款内，又引该宣言第二面所载……等语，以为第二论据。则查该项辞句之意旨，仍与上述各语相同，即中华民族之主要敌人为志在亡我之日本。起诉书苟不否认日本为我国之主要敌人，即不能对上述辞句有何指摘。

起诉书于第二款、第五款及第十款内均涉及乃器将印刷文件交与罗青一节。章乃器于罗青来晤时曾因索取之故，将《全国各界救国联合会大会宣言》及《政治纲领》与《团结御侮的几个基本条件与最低要求》三种印刷品交与。至于其被捕时在其所寓之江阴饭店内同时搜获之印刷文件《共产党致国民党书》及毛泽东之油印书函，则并非乃器交与。试思乃器家中所有印刷文件，均于被捕之时，为市公安局人员搜索取去，至今均仍存在案中，而其中并无该两种之文件。且谓以此种文件随意交与一素不相识初次见面之人，实属太不近情，根本上已不足信。

起诉书又于第十款谓罗青供称："与章乃器接洽时沈钧儒、邹韬奋亦一同在座。"然事实并非如此。钧儒从未在乃器家中与之相遇。韬奋则即乃器当时所住之宅，亦从未到过，更无相值可能。盖乃器于去年九月间始迁入该宅，距罗青来访之时，尚仅一月也。且起诉书主张钧儒、韬奋在乃器家中偶与罗青相遇，亦本属琐屑之情事，苟非确与事实相反，又何必提出置辩！

起诉书于第二、第五、第十各款内既置罗青明认自动组织江苏各界救国会之供词于不顾，而武断其为出于乃器之所命；复凭罗青一面之辞，强指乃器为以共产党书函之印刷品交与，并认钧儒、韬奋亦曾与其相遇，其为有意罗织，实至显然。

据上陈述，可知被告等从事救国工作，无非欲求全国上下团结一致，共御外侮。与政府历来之政策及现在之措置，均无不合。起诉书于救国会之目的及政府之国策，均有未明，所列犯罪证据十款，无一足以成立。用敢据实上陈，伏乞钧院秉公审理，依法判决，谕知无罪，以雪冤狱，而伸正义；并请赐予停止羁押，俾得在外候审，实为公便。谨状江苏高等法院。（时代文献社编：《"救国无罪"——"七君子"事件》）

上海许多报纸全文刊登，用大量事实驳斥《起诉状》中列的所谓"十大罪状"。

6月9日　十一时三十分，章乃器等人签发致杜月笙、钱新之函。

摘要　六月一日曾快邮一函，谅蒙鉴察，久未获示，深以为念。钧等对本案态度，始终坚守不妨碍救国运动及不侮辱个人人格之原则，为救国无罪而努力，诚以个人受屈事小，国家前途及民族气节事大也。区区苦衷，必蒙亮察。现开庭之期已迫，深恐法院匆促宣判，我方依法力争，同时进行上诉，不但有损司法尊严，且使本案之解决愈感困难，故切盼先生等立即设法延迟判决，一面再为筹更妥之解决。钧等辩诉状发表后，深信各方当能愈加谅解，此时能由鼎力斡旋，必可挽回局势。以先生等平素关爱之深，想决不厌其烦也。（王健等整理：《李公朴狱中日记（1937.4.25—1937.7.27）》，《党史研究资料》2002年第6期）

6月11日　十一时三十分，和沈钧儒等在武装警察的押解下，乘车到达法庭。途中经养育巷，观者塞途。院门前贴出布告，称"规定决议停止公开审理""所有已发出之旁听券一律无效"。从上海去的新闻记者和被告家属一起被挡驾在门外。法院门口挤满了人，遍站了宪兵和警察。家属们在门外喊着："为什么不公开？这就是司法吗？"夏雨不停地落在法院门前千余民众的身上。一点钟开庭时间到了。二十几位律师在休息室集中等候，被告们一致表示此案没有秘密审理的必要，要是不公开审理，他们决定拒绝答话。律师转述被告的抗议和态度。几经交涉，当局被迫答应新闻记者和家属进法庭旁听。从远道赶来的一部分人，非家属，非新闻记者，全被挡在法庭门外。（时代文献社编：《"救国无罪"——"七君子"事件》）

十三时五十分在江苏高等法院刑事第一法庭首次开庭，审理"七君子"事件案。

摘要　第二被告章乃器供词。

审判长问章乃器：上海各界救国联合会是什么时候成立的？章乃器答：民国二十五年一·二八纪念在市商会开大会成立的。

问：全国各界救国联合会什么时候成立的？答：廿五年五月三十一日。

问：你是全国各界救国联合会的执行委员吗？答：是常务委员。

问：在上海文化界救国会你担任的是什么职务？答：也是常务委员。

问：谁都可以加入各界救国联合会吗？答：参加各界救国联合会以团体为单位，个人不能参加。

问：个人参加的是各个救国会吗？

答：是的。比方在文化界的参加文化界救国会，工商界参加职业界救国会等是。

问：另外还有一个国难教育社呢？

答：也是一个救亡团体，但是我没有参加。

问：你参加的单是上海文化界救国会吗？

答：是的。

问：参加全国各界救国联合会的都是些什么人？

答：是各地救亡团体派来的代表。

问：上海各界救国联合会你担任职务吗？

答：也是常务委员。

问：当时出席全国各界救国联合会的代表有多少？

答：五月卅一日成立大会时参加的有五十余人。在那时的《救亡情报》上有详细的记载。

问：全国各界救国联合会设常务委员几人？

答：十五人。

问：你和沈钧儒、王造时、李公朴、沙千里、史良、邹韬奋都是吗？

答：邹韬奋不是常务委员，是执行委员。

问：顾留馨、任崇高担任什么职务？

答：不知道。

问：他们参加上海职业界救国会吗？

答：大概是会员。

问：罗青在什么时候见你的？

答：大约在被捕前一个月看见过他一面。

问：是他找你，还是你去找他的？

答：是他来找我的。

问：他为什么来找你呢？

答：他要跟我交换救国的意见。

问：《团结御侮的几个基本条件与最低要求》是你做的吗？

答：是由沈钧儒、陶行知、邹韬奋和我四个人联名发表的。

问：是你把那本小册子交给罗青的吗？

答：是我交给他的。

问：共产党给国民党的信是你交给他的吗？

答：我并没有交给他。

问：你派他去组织"江苏救国会"吗？

答：没有。

问：你和他说些什么话？

答：关于抗日救国的问题。

问：结果怎样？

答：他当然赞成我们救国会的主张。

问：你为什么接见罗青，本来认识么？

答：只要时间许可，对每一个为了救亡运动而来看我的青年，我都愿意接见。本来不认识他。

问：罗青加入救国会没有？

答：他没有加入我们的救国会；当然，他要加入，是欢迎的。

问：他如果加入，是加入全国各界救国联合会呢，还是加入上海各个的救国会？

答：全国各界救国联合会个人是不能参加的。

问：罗青怎么会来看起你来？

答：他说是看见救国会的文件，所以要来看我。

问：他有没有到内地去组织救国联合会呢？

答：各地的各界救国联合会，只有当地的救国团体的代表才能发起的，个人不能组织联合会。

问：他到底是不是别处救国会会员呢？

答：我不知道，至少他没有对我表示他是救国会会员。

问：你知道罗青对救国会见解怎样？

答：也许他只是为个人的爱国热情所驱使，他对救国会的意义了解不了解我不知道。

问：你知道罗青到什么地方去的？

答：就我所知道，他是回家乡去的。

问：《救亡情报》是谁出版的？

答：是上海几个救亡团体出版的。

问：全救会宣言是不是在大会成立后发表的？

答：是的。

问：作什么用的？

答：向政府和民众表示我们的抗日主张。

问：救国会的目的是什么？

答：说起来很简单，对外求抗日，对内求和平统一。

问：你们以为抗日是第一件事吗？

答：当然。

问：你们救国会的宗旨是救国，但从哪一方面着手呢？

答：已经说过了，也是对外求抗日，对内求和平统一。

问：你说和平统一用什么方法？

答：尽量用和平手段团结各党各派和各阶级。

问：你们说的各党各派，是指什么党？

答：全国各党各派都在内。

问：共产党在内吗？

答：是。

问：国民党也在内吗？

答：当然也在内，并且认为国民党是站在领导的地位的。

问：团结各党各派是组织政府吗？

答：不是的。团结各党各派并不要他们争政权，而不过要他们贡献力量抗日。我们只希望国民政府能有一个统一的抗日政权。

问：你对于各党各派是主张联合的吗？

答：在这国难空前严重的时候，每一个中国人都愿意各党各派联合起来一致抗日。

问：用什么方法去联合呢？

答：我们认为只要中央能够提出一个具体的抗日国策，向各党各派说明，取得他们的谅解，各党各派一定可以联合起来一致抗日的。

问：为什么你们反对国民党政府颁布的国民大会组织法和宪法草案，说它是想巩固一党专政的基础？是否反对一党专政？

答：关于这一点，我先想请问一下审判长：宪法颁布之后，是不是依然要一党专政的？（承审推事不回答）据我所知道，三民主义明明规定不能再有一党专政。宪法也规定人民有结社、集会、言论、出版的自由。事实上，我们批评宪法，并不是反对宪法。

问：你觉得现在颁布的国民大会组织法怎样呢？

答：我觉得还不够。

问：哪一点不够？

答：比方，候选人要政府圈定，就不够民主化，现在这一点已经修正了，可见我们的反对并不是没有理由。

问：你们在抗日救国初步政治纲领里面主张要有一个各党各派的抗日会议，还要有一个以普遍选举方式产生的国民救亡会议，那不是违反宪法的吗？

答：不知道有什么违反宪法的地方。

问：你对于共产党的抗日有什么意见？

答：如果共产党要求抗日，自然应该让他来一同抗日的。

问：毛泽东的油印品什么时候收到的？

答：大概是去年八九月间。

问：你知道共产党抗日另有作用吗？

答：我相信大多数有良心的中国人，决不会另有作用；倘使少数人另有作用，我们不必怕。

问：你们主张抗日，不是和共产党一样吗？

答：我相信，在抗日这一点上，政府现在的主张与我们也是一样的。

问：你是主张抗日的，你对于抗日的主张怎样？

答：我们相信，每一个有良心的中国人，都有主张抗日的义务。

问：西安事变你知道么？

答：审判长可以常识判断，那时我们正被押在看守所里，有什么方法可以知道呢？

问：你们不是有电报给张学良吗？

答：那远在被捕以前。在这一点上，我很奇怪：为什么在同一张《救亡情报》刊印了三个电稿，给国民政府、傅作义主席和张学良将军等，同样的要求援绥抗日，而检察官偏偏只拿出一个电稿来作为起诉的根据？

问：你和沈钧儒等四人发表的小册子是什么意思？是不是和全救会宣言的意思一样？

答：是一贯的，都在要求全国各党各派在中央领导之下抗日。

问：你们对上海日本纱厂罢工有"罢工后援会"吗？

答：那不是救国会组织的。在孙中山先生诞辰纪念会里面有日纱厂工人代表，要求组织的。

问：事前知道么？

答：不知道，是事后援助他们的。

问：为什么要援助他们呢？

答：因为工人没有饭吃，捐一点钱给他们救救饥饿。

问：罢工后援会什么时候成立的？

答：廿五年十一月十二日。

问：人民阵线与救国阵线有什么分别？

答：人民阵线是法国、西班牙等国的人民反对国内的法西斯势力的，救国阵线是联合全民族一切力量反抗外来的侵略势力的。

问：人民阵线与救国阵线不是都主张联合各党各派吗？那么，救国阵线还有其他作用吗？

答：除抗日救国外，没有其他作用。

问：你加入共产党么？

答：没有。

问：你们主张联合共产党是什么作用？

答：希望他们的力量也加到抗日阵线里面来。

问：给张学良的电报是谁打的？

答：上海各界救国联合会打的。

问：《为上海三百五十万市民请命》中所说的话有什么作用呢？

答：我们当时认为在敌人势力支配下的虹口区城几十万工人，如果一任他们凭敌人来处置，是很危险的。我们主张组织他们，训练他们，目的就在使他们不致受敌人的威迫利诱，供敌人利用，而要使他们能为我们自己的国家努力抗敌。

问：你们打过援助西班牙政府电文吗？

答：没有。

问：学生救国联合会是全国各界救国联合会的会员么？

答：不是的，那是一个独立的救亡团体。

问：你还有什么话么？

答：旁的没有，只有一点：希望审判长对于救国会文件，要看全文意旨，千万不可像起诉书一样断章取义。什么文章都经不起断章取义的！（时代文献社编：《"救国无罪"——"七君子"事件》）

是日 晚，和律师们分析白天的审判，根据国民党当局决定第二天结审后，将按照《危害民国紧急治罪法》判罪并送诸人到反省院的情况，决定根据法律提出声请回避，章乃器等人认为："审判开始，审判长对于各被告为本案事实之询问后。各被告及辩护律师先后就起诉书所列举之事实，提出有利于被告之证据方法，申请法院调查者，共有二十余点之多；方审判长均不假思索向陪审之汪、郑两推事左右回头默示，立即谕之驳回申请之裁定。甚至仅以摇头示意，不加置答。辩护人均以重加考虑为请，亦竟以时间关系为辞，制止发言，令人莫测高深，此种宣判态度与方法，在任何刑事案件，均不能谓与刑事诉讼法第二条之规定相符。况在本案，事关危害民国，法定管辖，属于高等法院，被告于事实上防御权之行使，只此一番；而在公诉提起前检察官之侦查，历时四月，所定罪证，多至于此款，并对于被告就任何一款提出任何重要有利于辩解而调查并无困难之证据，悉予摒弃不理。其为合议庭事全体已具成见，不能虚衷听讼。而将专采起诉书所举不利于被告之主张以为诉讼资料，断难求得合法公允之审判，显已具有刑事诉讼法第十八条第二款所示之原因。合应查照同法第二十条第一项，前段具状申请主判本案之方判长及汪、郑两陪席推事均行回避。并依同条第二项之规定指明，即以本月十一日宣判笔录上就调查证据之申请一律驳回之记载，为释明方法。乞即依法裁定，并依同法第二十二条之规定，停止诉讼程序，是为德便。"（时代文献社编：《"救国无罪"——"七君子"事件》）

随即递上《声请回避状》。

6 月 12 日　十五时二十五分，开庭继续审理时，法庭内外警察、宪兵密布，法庭内外没有一个群众，全体律师没有一个到庭。法庭宣布："被告对本审判长及推事声请回避，现静候裁定！退庭。"由此，取得了推迟审判的结果，使国民党政府随审随判罪，强迫送往南京反省院的企图落空，迫使他们只能搞更新审理。退庭后，诸位"在候审室大讲其笑话，笑声充满庭院"，还与新闻记者交谈。（沙千里：《漫话救国会》）

6 月 13 日　上海五千市民举行抗议大会。大会当场通过要求：宣判七领袖无罪，取消《危害民国紧急治罪法》；肃清亲日派，打倒日帝及汉奸；拥护政府救国。同时，发起释放七人的签名运动，有上万名群众签了名。大会宣言表示："我们人民因为国难严重，老早就希望政府领导我们救国，对于这七位热心的救国领袖，自然没有一个不要求政府把他们早一点释放出来。"

十四时许，市民六百余人分集于南市大吉路、菜市路、徐家汇路、贝勒路等处路口空地上，并散发传单，高呼要求当局释放沈钧儒等七人，并讨论提案，直至十八时余始散。

是日 十六时，杜月笙、钱新之、黄炎培等人来到看守所探访沈钧儒、章乃器等人。杜月笙、钱新之再次奉蒋介石令，转达"关怀宽大"之意。章乃器等六人遂即作函并亲笔签名，请杜、钱二人转致蒋介石，表示愿面谈以求合理解决。

摘要 顷月笙、新之二先生来视，且述钧座对钧儒等关怀宽大之意，至深感谢。钧儒等前年在华北垂危之际，发起救亡运动，为全国团结御侮之呼吁，其动机纯在发动人民之力量，为中央制止分离运动之后盾，使国家增强统一抗敌之基础，其决无反对政府之用心，可质天日，所发表文件足资证明。徒以运动开展之后，未能随时向中央及地方当局倾诉衷曲，致生误会，事后思之，不胜遗憾。就逮以来，倏逾半载，在此期间，政局趋势益见明朗。三中全会对于和平统一抗敌御侮，以及开放言论、改善民生之意旨，均有剀切之宣示，尤为全国所共鉴，此皆钧座精诚之感召有以致之，而为钧儒等之所深切体会者也。钧儒等在羁押中，对个人利害，非所计及，其所忧惶系念者，则为救亡运动之前途。如能在政府抗敌御侮之国策下努力工作，关于此问题，深愿得间面谒钧座，倾怀陈述，冀获得钧座剀切之指示，以求得合理之解决，则对国家对社会始均可告无罪，而无负于钧座之厚望焉。余意除请月笙、新之两先生转达外，仅此布臆，敬颂钧安。（王健等整理：《李公朴狱中日记（1937.4.25—1937.7.27）》，《党史研究资料》2002年第6期）

6月17日 国民党江苏高等法院裁定，照准章乃器等人申请推事回避状，改派刑事第二庭承办。

晚，沈钧儒、章乃器等人在给杜月笙、钱新之的信中明确表示："顷汝兼来苏，传达尊处所得消息，斡旋之劳，益增铭感。介公爱护盛意，钧等为公为私，始终感激。如蒙准予保释，趋赴庐山，必可剖陈一切，获得合理之根本解决。对于经过反省院一点，钧等认为于国家前途无益，于个人人格有损，万难接受，不得不誓死力争，惟有尽其在我依法应诉而已。先生等鼎力惠助至今，尚望将弟等坦白挚诚之意，向蒋委员长及各方详为解释，继续从中转圜为荷。专此布陈，并颂钧安。"（王健等整理：《李公朴狱中日记（1937.4.25—1937.7.27）》，《党史研究资料》2002 年第 6 期）

6 月 22 日　沈钧儒、章乃器等七人向江苏高等法院提出《政治意见书——第二次答辩状》，进一步驳斥《起诉书》内所列的所谓政治罪状，论证了爱国无罪。（时代文献社编：《"救国无罪"——"七君子"事件》。沈谱、沈人骅编：《沈钧儒年谱》。沙千里：《漫话救国会》）

6 月 23 日　在看守所接受上海《新闻报》记者陆诒①的采访，介绍"七君子"在看守所的生活情况，在记者的笔记本上题词："正义感是我们这一阶层人为民族、为社会奋斗的发动机，但这是不够的。我们还要有一个正确的理论做我们的舵。"

是日　杜月笙、钱新之带着蒋介石给叶楚伧的电报，以及叶楚伧给杜、钱二人的电报到看守所，要章乃器等七人写悔过书。七人回答：我们没有"过"，用不着"悔"，拒绝写悔过书。当晚，七人写信给蒋介石，并附上他们的答辩状，表明无过可悔的鲜明态度。

摘要　顷杜月笙、钱新之两先生来苏，转示钧座致杜、钱两先生寒电，请杜、钱两先生偕同钧儒等赴庐晋谒，面聆教益，具见钧座宽大恳挚及爱护钧儒等之至意，公谊私情，铭感曷已。钧儒等曾于本月廿日向江苏高等法院呈递二次答辩状，于法律之外，谨再就政治方面，表示爱国愚诚，愿在钧座及中央领导之下，为抗日救国前途尽瘁，并说明已往鉴于国难危迫，虽政府因环境牵制，自有苦衷，而你等爱国心长，迫不得已，乃有急切之呼吁。顾以赋性坦率，而诚信未孚，致重贻政府以忧虑，问心自谓无他，而文词表现轻重缓急，间或易被认为过当，迄今思之，

---

①陆诒（1911—1997），江苏省上海县（今上海市闵行区）人。中国共产党党员，中国民主同盟盟员。曾任上海《新闻报》《大公报》记者，汉口、重庆《新华日报》记者、编委，上海《联合晚报》《联合日报》编委、记者，香港国际新闻社主任，香港达德学院新闻专业班主任，香港《光明报》主编。中华人民共和国成立后历任上海《新闻日报》副总编辑、编委兼复旦大学教授、民盟第五届中央委员，是第五、六届全国政协委员。著有《战地萍踪》等。

殊为抱憾。惟以钧座精诚为国，万流共仰，钧儒等感于钧座主持和平统一，保全主权之坚（艰）苦奋斗，深为佩慰。嗣后如获在钧座领导之下，竭其驽骀，为国效力，不胜大愿。一俟由杜、钱两先生保出，即当随同杜、钱两先生赴庐聆训。先此奉陈，并附二次答辩状副稿一纸，尚祈垂察。（沙千里：《漫话救国会》。王健等整理：《李公朴狱中日记（1937.4.25—1937.7.27）》，《党史研究资料》2002年第6期）

6月24日　章乃器等人向法院提出《声请调查证据状》，除要求法院调查前次提出的二十多个问题外，另提出十个问题，要求调查证据。（沙千里：《漫话救国会》）

6月25日　在江苏高等法院进行第二次开庭，全日询问达七小时之久。旁听者仅限于家属和新闻记者。九时二十分法院工作人员抱卷入庭，五分钟后审判长朱宗周，推事李岳、张泽浦，检察官翁赞年、书记官管翎飞进入法庭。律师鱼贯而入（初入时为十八人），被告亦被传来。十个人由内向外排成一行。依次是沈钧儒、史良、邹韬奋、王造时、章乃器、沙千里、李公朴、罗青、任崇高、顾留馨，各人衣着大致与上次开庭时相同。不过各人都像很严肃。十时，开庭审理，主审判长朱宗周对于各被告所讯问的要点，计有：①各救国会之组织；②全国救国联合会宣言中所谓"联合各党各派"及"建立一个统一的抗敌政权"之意义；③《团结御侮的几个基本条件与最低要求》一书中所列有容共嫌疑之字句；④人民统一救国阵线与人民阵线之区别；⑤救国会与毛泽东及共产党之关系；⑥抨击宪法草案；⑦日商纱厂之罢工及学生之罢课，与各被告有无关系；⑧与张学良有何关系及与西安事变有无因果；⑨《救亡情报》之发行；⑩释放政治犯之主旨。审判长对于上述各项问题，反复讯问，态度异常和蔼。各被告之供词，亦均大同小异。且供词之主旨，与十一日第一次开庭时之所供完全相同。唯对于检察官起诉书中所列各点，则均称是断章取义，故意入人于罪。

法庭询问章乃器，审判长问章乃器："你们主张抗日救国是被共产党所利用吗？"章乃器反问："我想审判长也是和我一样主张抗日的吧，难道也被共产党利用了吗？"

他反问道：共产党在中国以前称"工农苏维埃"，现改为"人民苏维埃"，我们主张与苏维埃大会议决案同不同？不知是哪点？我们没有提国防政府的话。

其后他对训练虹口工人、西安事变又有说明，并请求调查张学良、马相伯等人证。有记者记录下当时的情景："章先生讲话的音调抑扬顿挫，很使人感动。这时，有一位被感动的法警用水汪汪的眼睛注视着审判官，审判官低头看着卷宗不作声，大概也有动心于中吧。"

律师敬树诚说："检察官侦查费四月之久，起诉书完全错误了。"检察官这时气极，他不等律师说完就立起来，"我没有这样说，请书记官记入笔录，将依法起诉"。审判长朱宗周态度安详缓和，就劝两方息争，他暂时做了调解人。而全体律师这时又全体起立，说检察官不应以"记入笔录，起诉"来威胁辩护人，检察官这种话，也请书记官记入笔录。刘崇佑、俞承修做有力的辩争，说检察官不应忽视被告利益，检察官忍不住了，又愤愤地说："你叫什么名字？请书记官记入笔录，要依法检举。"庭上此刻应被告要求发下"请愿通知书"，唐豪说："这是二月三日的，不是一月三日的传单，请检察官说明，书记官请也记入笔录。"

检察官："不用说明。"章乃器跑到审判长前说："请审判长注意，检察官是代表国家的，我们又要请他代表国家的人格，不要与老百姓见解一样。"检察官听了更生气说："什么叫代表国家人格，不要和老百姓一样？请记入笔录，我要检举。"法庭内的情形已达从未有的紧张，旁听人与法警都张大眼注视检察官和每个辩护人的嘴。（时代文献社编：《"救国无罪"——"七君子"事件》）

是日　宋庆龄、何香凝、胡愈之、胡子婴、彭文应、潘大逵等十六人向上海新闻界发表书面谈话，声明救国与爱国无罪。同时，还发布了《救国入狱运动宣言》与《救国入狱运动规则》，庄严地向全社会声明：我们准备好去进监狱了，我们自愿为救国而入狱，我们相信这是我们的光荣，也是我们的责任。质问蒋介石、国民党说："沈先生等犯了什么罪？就只是犯了救国罪，救国如有罪，不知谁才没有罪？"严正指出："我们都是中国人，我们都要抢救这危亡的中国。我们不能因为畏罪，就不爱国，不救国。所以我们要求我们所拥护信任的政府和法院，立即把沈钧儒等

七位先生释放。不然,我们就应该和沈先生等同罪。"(尚明轩主编:《宋庆龄年谱长编》)

是日 上海文化界谢六逸、胡愈之、夏丏尊、欧阳予倩等百余人,联名呈请南京政府恢复沈钧儒等人的自由,并请求撤销对陶行知等人的通缉令。

6月29日 "七君子"在狱中同幅题词。章乃器题:"眼对着前面的曙光,脚踏着身边的实地,一步步迈进。廿六年六月二十九日章乃器。"

6月 全国一些主要城市的报纸,如南京《新民报》、天津《益世报》、北平《民报》都撰文公开自己的立场。一时,全国又形成了声援爱国七君子、要求国内联合统一抗日的群众性运动。

北平数千学生上街示威,反对法院起诉七君子。

北方各界救国联合会推出代表,赴苏州监审。北平的著名律师也组织南下辩护团,为七人辩护,民众纷纷发起为七人募集讼费的活动。

广州七千余学生签名要求政府宣判无罪。

7月1日 陈诚签《呈委员长蒋为沈钧儒等七人案请准予先行交保送训》。陈诚受人之托把其收到的两封信函的主要内容抄呈蒋介石。第一封信陈诚说是"友人"所写,自称与沈钧儒等素昧平生,给陈诚写信之意是认为"七君子"的行为是出于爱国,希望政府方面应该宽大为怀,建议以"准予交保,并调至庐山受训"的形式让"七君子"出狱,并认为这样对政府最为有利。第二封信是章乃器代表"七君子"所写,主要意思也是希望以"准予交保,调至庐山受训"的形式出狱。(陈诚:《陈诚回忆录——抗日战争》,东方出版社,2009年)

是日 以金锋为笔名,在《学生之路》发表狱中杂著之三《救国会和救国运动的前途》一文。章乃器认为联合战线的斗争与通常的革命斗争一样艰苦:"联合战线的斗争,甚至比通常的革命斗争还要艰苦,我们难道不看见:别人为了联合战线的胜利,还要大流血吗?"他认为只有幻想的人、投机取巧的人,才会希望有一帆风顺的前途。这些人根本不配做任何的政治斗争,因为任何的政治斗争都是艰苦的,都是要抱定极大的牺牲决心的。"真能做政治斗争的人,只问我们有没有光明的前途,只问目下的路线能不能达到这个光明的前途。"他认为救国运动，必然是荆棘丛生。乘风破浪，斩除荆棘，是当然的任务，无法逃避。

对救国运动和联合战线的前途究竟能不能乐观的问题，章乃器在文中这样回答："我们相信中国必然不会灭亡，而且相信中国必须在抗日战争中争取到民族解放，我们就无论如何也不能否定救国运动是一个历史的神圣功业，它的前途是再光明不过的。同时，这也是很明白的，联合战线的对（立）面便是不断的内战，中国人民已经不容许任何人再进行内战。那么，不管说救国也好，说建国也好，除了联合战线还有第二条路吗？"

他谈到"七君子"被捕的问题时，认为应该努力营救，在营救运动中扩大影响，把营救工作和救国运动联系起来。然而，营救的方式绝不能超过联合战线的态度；尤其不能因为七人的被捕和提起公诉，而怀疑联合战线，甚至主张放弃联合阵线而和当局对立起来。"既然联合战线是我们的终极目的，我们便没有理由因为在战斗中间受了打击就主张放弃这个目的。我们只要认定联合战线的战斗是很艰苦的，我们并不是希望不费力而取得成功的投机政客，我们更没有理由经历了一些打击就马上怀疑联合战线的前途。七先生提倡联合战线而被捕，他们早已经声明，愿为联合战线尽瘁，我们难道应该违反他们的意旨，因为他们的被捕就怀疑联合战线，使他们心痛吗？"刚刚相反的，我们应该更加努力于联合战线的完成，才能使他们得到莫大的安慰。七先生在狱中，会对人说："想到无辜被捕，不能不能有一些忿怒，但是，一想到东北同胞在敌人铁蹄下的惨状，不觉心平气和了。"这种只记国仇，不计私怨的沉痛、诚挚的言论，就是联合战线的一个标准；我们对国内除了汉奸以外，对于任何人，都应该这样宽大的。要时时想到：联合战线的对面既然只有不断的内战，不断的内战的结果自然只有全国的灭亡，那时候，梦想联合战线也再也不可得了！我要指出：我们没有更好的路，我们只有联合战线这条路！

摘要　我们还得明白营救七先生的运动，早已是一个联合战线运动。且看，除了救国会之外，党国要人、工商巨子、名流学者，以至许多和救国会没有关系的大众都在为七先生奔走呼吁。祖国阵线真是广泛极了。这一面表示七先生平时促成联合战线的主张和赤诚，已经博取了广大的同情——联合战线在影响上已建立起来不可磨灭的胜利，而另一面却可以表示出来联合战线的作用，是如何的平凡而伟大。我们只要明白这种事实，便知道我们必须要在扩大联合战线的影响当中，要从更广大的群众口中提出"释放七先生"的口号，才能达到营救运动的胜利。简单地说，我们要从联合战线的胜利当中取得营救运动的胜利……从历史的任务来看，从过去的一年间的收获来看，救国运动和联合战线前途的光明，都已经毫无疑义，当作推进救国运动的一个工具看的救国会，是应该以救国运动的前途为前途的；只要救国运动发展，我们便没有对救国会悲观的理由，倘使救国运动这一个名义可以号召，我们便不需要拿出救国会的名义来号召。我们所要完成的是救国运动的金字塔，而救国会不过是石匠的铁锤。

7月2日 作家何家槐、新波、梅雨等十三人向江苏高等法院投案，愿为救国而与"七君子"负连带责任。

7月3日 因国民党政府准备重新审查沈钧儒等"七君子"案，毛泽东、周恩来致电潘汉年，要潘汉年立即通过"七君子"的家属和律师同"七君子"磋商，设法与CC方面出面调解的人谈判，以"不判罪只到庐山谈话则为上策，只判轻罪而宣告满期释放此为中策，释放而请到南京做事或出洋此为下策"。（中共中央文献研究室编：《周恩来年谱1898—1949（修订本）》）

是日 应云卫、袁牧之、赵丹、郑君里、瞿白音、金山、王莹等十三人，向法院提出入狱的要求；上海一部分公司职员亦提出入狱要求。

7月4日 部分洋行职员和光华、暨南、复旦大学的学生申请入狱。

7月5日 宋庆龄、胡愈之、胡子婴、彭文应、潘大逵、诸青来、汪馥炎、张定夫、张宗麟、陈波儿、沈兹九、张天翼等十二人，为抗议当局无故逮捕"七君子"，从上海乘火车赴苏州。九时四十分，十二人分乘黄包车，直至江苏高等法院自请入狱。坐等首席检察官和高院院长，三十分钟过去，宋庆龄终于忍不住讲："他们一天不出来，我们等一天！两天不出来，我们等两天！"首席检察官慑于十二人的阵势出场了，表示："我现在是以私人资格来见你们，不然我们也不能在此相见。我现在开导你们，希望你们还是马上回去，现在时候已不早了，至于沈案的有罪无罪，现在也不得而知，诸位一定要请求收押，我的开导无效，我也没办法。"

十七时，狱中七人得悉宋庆龄等来法院投案，派出亲属沈钧儒的女儿沈谱、张曼筠（李公朴夫人）、沈粹缜一同买了水果、饼干、蚊香等来慰问。正谈得热闹，书记官领进会客厅一位夏姓检察官。坐定后，他先述说他是首席检察官指定派他来办理这个案件的。他的态度很谦逊。宋庆龄第一个表示，她说："我是救国会兼全救执委，我与他们七位在工作上做同样的事情，在法律上也愿意负同样的责任，请你把我收押起来，与他们七位一样的受不自由的处分。"大约谈了三刻钟，有人将夏检察官说的话整理成文，请他过目，他认为不错，有人再递去与法院院长看，院长不仅表示同意，还答应发表这份文稿。几经交涉，十二人表示满意，决定返沪补递证据，再听候传押。宋庆龄一行去囚室探望了章乃器等七人。

二十一时许，宋庆龄等乘上火车回上海。（时代文献社编：《"救国无罪"——"七君子"事件》。胡子婴：《赴苏投案始末记》，《妇女生活》，1937 年 7 月）

是日　工商界十一位爱国者要求法院释放七人，若继续拘押将一同坐牢。又有职员四十二人，声援狱中的七君子。

7月6日　章乃器等七人联名致函宋庆龄表示感谢，"庆龄先生钧鉴：闻昨日扶病率诸友莅苏投案，正义热情，使钧儒等衷心感动，无可言状。但一念及先生之健康，关系民族解放之前途至深至大，则又为忧惶不已。钧儒等深信先生之伟大号召，必能使全国人心为之振奋，司法积弊，逐渐澄清，民主权利，奠定基础。其在历史上意义之重大，实不可思议也。惟劳顿之后，务请善自珍摄，以慰千百人喁喁之望。谨布微忱，专送钧安。"（沈谱、沈人骅编：《沈钧儒年谱》）

是日　与潘大逵下围棋。

是日　宋庆龄电告南京党政府，申诉江苏省高等法院的无理和傲慢，表达自己入狱的决心。

是日 教授华丁夷、戏剧理论家唐纳、音乐家周巍峙以及大学生二十人要求入狱，声援狱中的七人。

7月7日 日本侵略军在北平的重要门户宛平卢沟桥进行挑衅性军事演习，借口一名士兵失踪，要求进入宛平城搜索，遭到中国驻军的拒绝。日寇竟然发动进攻，炮轰卢沟桥，并从东西两侧夹攻宛平城。中国驻军第二十九军二一九团立即奋起阻击，给日本侵略者以沉重打击。由此，中国人民全面抗战的大幕拉开了。

是日 宋庆龄致国民党政府主席林森、行政院长蒋介石、中央政治会议主席汪精卫和军事委员会副委员长冯玉祥等电。

摘要 "前日，同往苏州，于晨间九时余先后谒见同院院长，与首席检察官面陈，首席检察官竟不愿论理，中途离席，欲以不理了之。庆龄等愿牺牲个人全部之自由，以明沈等之忠诚，立愿而来，岂能因长官之充耳高倨而自罢？自惟有留院守候，静待理解处置，时阅整个下午，充耳高倨如故。庆龄等本携有入狱用具，当即准备在院守候彻宵，庶冀翌日或可得一合法合理之处置。迨至傍晚，忽由夏检察官出见，接受庆龄等所提出之四点，嘱庆龄等一面回沪，自将证据检出呈递，即当从事侦查云云。并通告首席检察官及院长亦均同意。庆龄等始于午后七时余离院回沪。""沈钧儒等爱国救亡，不应有罪。迄今被押已逾半载，自应一面从速先予停止羁押。庆龄等及全国救亡运动中人，断不敢坐视沈等瘐困而己身独享自由。除一面仍依所立志愿并遵检察官之指示进行外，特亟专电奉达，祈讯予主张公道，勿失全国志士之心。"（时代文献社编：《"救国无罪"——"七君子"事件》）

是日 江苏高等法院送达章乃器等人裁定书："刑事裁定，二十六年度高示一五号，右（指七君子）被告等因危害民国一案，经本院于民国二十六年四月五日羁押，业已届满三月，证据尚未调查完备，尚有继续羁押之必要，合依刑事诉讼法第一○八条第二项之规定，将该被告等羁押期间，自本年七月五日起，延长二月，特为裁定如右。"（时代文献社编：《"救国无罪"——"七君子"事件》）

7月8日 蒋介石给二十九军军长宋哲元回电"宛平应固守勿退，并须全体动员，以备事态扩大"。中国共产党向全国发表《中共中央为日军进攻卢沟桥通电》："中华民族危急！只有全民族实行抗战，才是我们的出路。"毛泽东等九人联名打电报给蒋介石，表示红军将士愿为国家效命，与敌周旋，以达到保地卫国的目的。

是日 冯玉祥致函蒋介石："顷间畅谈，至快至快，关于沈钧儒等七人事，祥意应立即无条件释放，请其来庐居住，以便接受我公训指导。此事关系收拾人心至大也。祥信此今日拥护中央与国人当无二致，此后如有反动，再为逮捕，国人当无不谅政府者。近读我公笔记，对张学良、杨虎城二人，愿以耶稣爱人精神待之，高怀海量，令人钦佩。愿对沈等亦以此宽大待之也！党部工作同志对公此举定能体会，盖党部同志有党部同志责任，中央亦有中央责任也。我祈我公毅然决然采取释放办法，党国同利赖之，专此奉陈，敬明刻祺！"

冯玉祥读宋庆龄电函后"心中万分难过"，表示：无条件释放"此事如果办到，定能收与西安一样之意外效果，全在努力如何耳。为什么不放沈钧儒呢？真是不解"。（中国第二历史档案馆编：《冯玉祥日记》）

7月9日 彭德怀等红军高级将领率全体红军，致电蒋介石，表示"我全体红军，愿即改名为国民革命军，并请授名抗日前锋，与日军决一死战"。

是日 与沈钧儒等人为文六先生题写"秉出世观 下入世愿"。

7月11日 日本内阁会议一致通过参谋本部的要求，决定立刻从日本本土向中国华北增兵，并发表增兵声明。不久，日本增调十万陆军来华，动员四十万日军参加对华战争。

是日 晨，浙江实业银行职员徐又德、金惠民、潘稚南乘车去苏州探监，看望章乃器等人。章乃器题词："抗战固准备之目标，然同时实为准备之先决条件。"

7月17日 中共谈判代表周恩来、秦邦宪、林伯渠在庐山同蒋介石、张冲、邵力子继续谈判。

是日 蒋介石在第二次庐山谈话会上，报告政府对卢沟桥事变所采取的方针及其个人对事变发展的观察，并于19日公开发表作为政府对于解决卢沟桥事变之立场，表示"如果战端一开，那就是地无分南北，年无分老幼，无论何人，皆有守土抗战之责任，皆应抱定牺牲一切之决心"。

7月21日 章乃器等人致信蒋介石。

摘要 家属见告，钧座昭告国人以最后牺牲之决心，为谒求和平之后盾，而以卢沟桥事件之能否结束，为牺牲最后关头之境界，其解决之条件，亦须一本领土主权不受侵害之原则，否则惟有以牺牲到底之决心，为民族生存之保障，义正辞严，不胜感奋。深信在此伟大号召之下，必能使全国人心团结愈固，朝野步骤齐一无间，同在钧座领导下，以趋赴空前之国难。钧儒等身羁囹圄，心怀国族，寇氛日亟，倍切忧惶，赴难无方，赤诚共抱，企望旌麾，无任神驰。（王健等整理：《李公朴狱中日记（1937.4.25—1937.7.27）》，《党史研究资料》2002年第6期）

7月30日 江苏省高等法院裁定称："（主文）被告沈钧儒、章乃器、王造时、李公朴、邹韬奋、沙千里、史良，应各提出殷实之人或商铺二百元之保证书，准予停止羁押。（理由）按刑事诉讼法第一百十一条第一项规定，许可停止羁押之声请书，应命提出保证书，并指定相当之保证金额。本件联请人沈钧儒等各被告因危害民国一案，羁押时逾半载，精神痛苦，家属失其赡养等情，声请停止羁押，本院查核尚无不合，应予照准。但声请人应提出殷实之人，或商铺二百元之保证书，以便交保开释，特为裁定如主文。二十六年七月三十日，审判长朱宗周，推事张泽浦、李岳。"法院同时提出交保开释。

章乃器等人交保开释，只是停止羁押，属于具保释放性质，案件并未了结。直到第三年，即1939年1月26日，才由四川省高等法院一分院宣布撤回起诉。至此，在司法上做了了结。

7月31日 十四时，章乃器等人办理交保方式手续，章乃器由李根源①保释。

---

①李根源（1879—1965），字雪生，云南腾冲人。1923年辞去国会代表一职，隐居吴中。1940年春，返回昆明就任云贵监察使职。1965年病逝于北京。

十七时，史良由司前街看守所释出，乘车至横街看守分所，与章乃器等人会晤。

十七时二十分，章乃器等人出所，看守所长朱材因亲自送至门外。当出门时，民众一二百人，站在烈阳之下，高呼欢迎及抗日救国口号，一时军乐齐鸣；爆竹声与欢呼声响彻云霄，情况颇为热烈。沈钧儒代表章乃器等人表示："钧儒等自经法院羁押，迄已半载余，虽在图圄，身体颇感舒服。此次司法当局裁定，准予停止羁押，关于此案将来结果如何，自当听候法院处理。至钧儒等今天步出狱门，见抗敌之呼声，已普遍全国，心中万分愉快，当不变初旨，誓为国家民族求解放而斗争。"之后，由各方派代表及学生等数十人，各持旗帜列队前导，沈钧儒等人初坐人力车，继即全体步行后随。一路由欢迎人等高呼口号出金门，经大马路而至花园饭店。吴县（今苏州）各界抗敌后援会歌咏团要求沈钧儒等表示意见，沈钧儒等因出狱，无何意见，唯为表示精神起见，与该团合唱《义勇军进行曲》一遍，唱毕由史良领导，共喊"中华民国万岁，万万岁"口号，旋沈钧儒等向该团一鞠躬而散。

十九时许，李根源、张一麐①等多人在国货公司三楼大菜部屋顶花园设公宴，宴请沈钧儒、章乃器等人。

是日　为狱中"七君子"治病的中医陈起云得知"七君子"获释的消息，前去迎接，并请为其题词留念。"七君子"在一幅一百一十九厘米长的扇面上留下手迹。

8 月 1 日　早上，章乃器等人分别走访各自的保人，表示感谢。原本准备赴南京，后来因没有接到南京政府方面的复电，临时决定坐火车回上海。九时十五分，离开苏州。

十一时三十分，到达上海北站。钱俊瑞、彭文应、胡愈之和许多青年已先在月台上等候。沈钧儒、章乃器、邹韬奋等人依次下车，与欢迎

---

① 张一麐（1867—1943），字仲仁，江苏吴县（今苏州）人。武昌起义后，劝说江苏巡抚程德全脱离清朝独立。曾任袁世凯总统府秘书长等职。袁世凯死后，南北分裂，力谋统一未成，遂隐退回苏。抗日战争全面爆发后，在苏州开设医院，救护伤兵，收容难民，并和李根源等人倡议组织老子军。

者热烈握手，从月台到休息室，沿途都是欢迎者。章乃器与沈钧儒、史良先回家和家人团聚。

十二时三十分，章乃器等人的亲友、各团体代表和救国会负责人胡兰畦（何香凝代表）、胡愈之、张志让、沈兹九、谢承平、罗叔章、梅龚彬在邓脱摩饭店设宴为章乃器等七人洗尘，这时来了一百多位青年学生，要章乃器等七人讲话，一个大厅内挤满了二三百人。

章乃器说："入狱时华北还在，而现在平津已失，今晨看到汪兆铭的谈话，我觉得从今以后，大家内部不必算旧账，一致努力向前抗日。"

沈钧儒最后代表七人报告三点：一、七个人在狱未写过悔过书；二、出狱是蒋先生的意思，我们对他很感激；三、本来预备去京，因未接蒋复电，预备在沪暂候。

十五时三十分，席散，章乃器等人又被外国记者包围起来拍照。

是日 为《"救国无罪"——"七君子"事件》一书出版题写"只要能发动全民族的抗战，必然可以取得最后的胜利"。

8月2日 午，上海文化界救亡协会设宴欢迎章乃器等人和从日本归国的郭沫若。沈钧儒代表章乃器等人发表共同谈话："关于时局问题，我等过去主张，只有二个：一为团结，即全民族联合战线；一为抗日。目下全国团结已有坚强基础，抗日亦已为全国一致之要求，深信在中央领导之下，必可展开极伟大之民族解放战争，而且必可取得最后之胜利。我等惟有准备牺牲一切，在民族解放战争中，尽一分人民之天职。"潘汉年介绍"七君子"与宋子文见面，以推动国民党政府转向抗战。（邹嘉骊编著：《邹韬奋年谱长编》）

8月3日 章乃器等救国会领导人应国民党政府的邀请，"到南京，约作10日的勾留""贡献一些关于救国运动的意见"。在南京期间，他们"所晤及的党政军要人，所谈的也不外救亡运动的问题"。"看到各省的军事领袖，如阎锡山、白崇禧、刘湘、龙云诸氏"。

是日 章乃器等人与杜重远一起看望爱国老人马相伯并合影。

8月5日 以聂奇为笔名，在《新学识》发表狱中杂著之四《中国的前途》。章乃器认为必须平心静气地摒弃一切过去的成见，在应付目前国难的大前提之下，根据客观条件，为国家的未来订立下这一个轮廓。只要这个轮廓订立得很适当，大家都愿在这个轮廓里面加紧努力，苦闷自然可以解除，国家的前途也可以格外光明。他表示："希望在抗敌救亡和完成统一方面，能有土耳其的成功；其在民主政治方面希望能采取墨西哥的标本；对于政治理论，我们希望大家能够一致以三民主义为行动纲领，而保持思想的自由，对于领袖，我们希望他有凯末尔的权力，而具有咯地那的宽大精神。"他认为，只要大家能够一直在这个轮廓里面努力，中国必然可以救亡图存，必然可以争取民族解放，而且必然可以成为一个进步的国家。只要中国能够建设一个进步的国家，我们就可告无罪于历史；只要中国能够积极地反抗帝国主义的军事侵略，消极地不走上意德法西斯的路线，我们就可告无罪于世界。

8月7日　六时，章乃器等人往访冯玉祥处，分析形势，商谈救国方针。

午后，章乃器等人对阎锡山、刘湘等人进行礼节性的拜访，希望团结抗日。

晚，与沈钧儒、李公朴乘火车返沪。其余四人继续留南京访问。

章乃器在《我和救国会》《七十自述》中回忆：我们从苏州看守所出来之后，便去南京。这时国民党派陈立夫、邵力子、叶楚伧同我们谈判，要我们解散救国会。我们据理力争，坚持救国会不能解散，一连谈判了三天都没有结果。回到上海，救国会已被接收，改组为救亡协会了。救亡协会的比较重大的一件工作是捐募手套，那是同国民党上海市党部捐募寒衣运动唱对台戏的。人们嘲笑地说："一件寒衣要抵多少副手套呢？你们这个唱对台戏的戏台太小了！"唱对台戏本来就违反团结御侮的精神，而又唱得不像样，这不能不是一个失算。我当时写文章建议：赶快埋下头去，把里弄（胡同）居民组织起来，把家庭妇女、儿童老人都卷到救亡工作中去；这种工作做好了，眼前和将来都很有用。我这个建议当时虽然救亡协会负责人没有采纳，但群众还是执行了我的建议。在军事退却后，里弄组织工作是更加广泛、深入地展开了——直到敌人占领的最艰苦年月，里弄组织仍然起到它的应有的作用。随着上海战争的结束，救亡协会也消失了。它的寿命还不到三个月。

8月13日　日本近卫内阁召开临时会议，决定派陆军到上海。第二次淞沪抗战拉开序幕。参加由宋子文任会长、陈立夫为副会长、宋庆龄等为常务委员的救国公债劝募委员会工作。（胡子婴：《我所了解的章乃器》，《人民日报》1957年7月17日第4版。孙彩霞：《章乃器因何退出救国会》，载青田县章乃器研究会、青田县文联编《青田名贤章乃器》）

8月19日　在《立报》发表《由前方主义转到后方组织？》。章乃器认为民众运动的一个总的原则就是"民众情绪过分消沉，应该把房子里面的人动员到马路上去，以唤起民众的爱国情绪。在民众情绪过分兴奋的时候，我们却应该把马路上的人动员到房子里去，运用他们的爱国热情"。他主张现阶段的民众运动应该克服前方主义，稳定人心，以职业和弄堂组织为经常工作的中心。在工作中，补充一些前方工作的训练，准备在不得已的时候再冲到前方去。战斗的时期是很长久的，战斗的过程是很艰苦的，拼命的机会正多着哩！现在大家还需要稳定情绪，负担起艰苦的组织民众和训练民众的工作，用最高的理智运用自己的爱国热情，"只有这样，民众的力量才能表现出来，也只有这样，青年的苦闷才可以解除"。

8月23日　在《抵抗》发表《怎样展开弄堂组织》。章乃器认为做民众工作的人，必须把自己当作大众之一员。根据这个原则，他反对掮着旗子到别的里弄里去组织，因为大众见了掮着旗子的人，就会感觉到和他们自己不同，就不敢去接近他，除非在里弄组织已经有极广泛的宣传和极广大的展开之后，那时大众见到里弄组织的旗子，也许不觉得奇怪了。他认为里弄组织必须从自己的邻居着手。

他把里弄组织工作的步骤思考得十分清楚：先和管弄堂的人谈一次话，告诉他要维持弄堂的安宁，必须有一个组织，使他明白这是为着要减轻他的责任而设立的。再向他调查弄堂里住户的职业。进一步，去访问几位在社会上比较有地位的住户，和他们谈本里弄互助会的组织，并且要很诚恳地请他们来共同发起，自告奋勇地负担起来事务的工作。再进一步，就把发起互助会的缘起写好，张贴在招租牌上。自然，倘使我们已经在弄堂里有许多熟人，调查和访问的工作就可以省去了。

8 月 25 日　在《救亡日报》发表《抗战以后》。章乃器认为抗战开始，抗战的初步胜利已经到手中了。中华民族的伟大力量，在国际上已经显现出来璀璨的光芒。战争未爆发之前，少数人散布的悲观气氛，被抗战的光荣胜利扫荡无遗，民族的自信力量重新建立起来了。他也认识到，战争的前途很艰苦，不能出现一帆风顺的胜利。"我们不害怕一时的挫折，也不骄矜一时的胜利。然而我不能不指出：在这次胜利当中，包含一个重大的意义：它继承了一·二八战争，更确实地证明最后的胜利一定属于我们。"

摘要　在我们国内，岂止是万众一心，而实在是四万万五千万众一心——抗战到底。团结的巩固，可说是历史上所未有。抗日必然可以统一，已经有铁一般的事实证明了。在从前，是主战者不敢言战，现在，是主和者不敢言和。即使真有少数人还偷偷摸摸地在那里进行和平运动，我们不管他们是善意还是恶意，是目的还是手段，可以密切注意，而不必过分忧虑。我们只需在积极方面巩固四万万五千万人的团结，从四万万五千万人的口中同时喊出"抗战到底"四个字去答复他们。（章乃器：《出狱前后》）

9 月 1 日　在《申报》上发表《少号召，多建议》一文。主张信任国民党政府，在此基础上，少向人民号召，多向政府建议。他认为："人民多多在国策的原则之下建议，政府充分考虑人民的建议：这是上下一心共同对外的唯一办法。"他提出，现在要少号召、多建议；立宪国家平常时期竞争选举的方式，现在万万不能用了。之所以如此建议，为的是要"集中力量"，避免"彼此派别之见"，不再"在明争暗斗中消耗一丝一毫的国力"。

摘要　在国策还未确定的时候，我们不能不多作政治的号召，使国策能够早点确定下来。在国策已经确定的今日，我们却应该少作政治的号召，多作积极的建议，使国策可以早点充实起来。国家到了生死存亡的时候，政府既然已经有确定的国策，有点心肝的人，谁还愿标新立异以鸣高？大家应该是集中力量、培养力量之不遑，那能再存彼此派别之见，在明争暗斗中再消耗一丝一毫的国力。

国策的轮廓和大政的方针，人民是不能不要求知道的；国策的详细内容和大政的具体步骤，人民是不应该要求知道的。好比坐船一样，目的地是必须问明白的，航线也不妨问一个大概；但是究竟怎样经过这条航线达到目的地，我们却只好信任舵师。我们反对"民可使由之，不可使知之"的专制观念，然而也绝对不能主张船客可以去干涉舵师的职务。就是典型民主制度之下的议院，参加的也只有少数的代议士，而代议士也不能处处干涉政府的行动。国家在非常的时期，议会往往还要给政府以较大的职权，使得可以作应急的处置。在半殖民地的中国，特别在这全面抗战已经爆发的时候，我们为民族的利益打算，不能不多信托一些政府，使他能够运用较大的权力，同时保守较多的秘密。所以，我们要求民主，但是绝不能马上梦想一个典型的民主。时代和环境是必须顾到的。（章乃器：《出狱前后》）

该文发表后，引起社会关注和不同观点的争论。

9月4日　在《立报》上发表《回乡运动》一文。

摘要　他们必须有组织的回乡，回乡以前还要经过迅速而周密的讨论和研究。否则倘使用"遣散"的方式送回去就算，是不会发生力量的，有思想的青年也绝不愿那样做，因为以后文化上的饥饿和精神上的孤单，是要使他们苦闷到不能忍受的。我必须有一个联络的机会，使大家可以报告工作，可以提出工作上的困难、问题要求解决，还可以经常的知道这一门运动进行的状况，自然，这个联络的机会至少每周要发生一次通信，一面报告，给他们时事消息和工作进行，一面指示他们工作方法，并要求他们报告工作情形。（章乃器：《出狱前后》）

9月6日　在《抵抗》发表《合理的统制》一文。

摘要　全面的战争已经开始了，一切经济、社会部门的工作，都应该有一个统制，那是谁都赞成的。尤其对于后援的工作，统制的需要可说是特别的大。因为，后援工作和战争有紧密直接的关系，是一丝一毫都不能松懈、疏忽的。

"统制"两个字，也有代以"合理化"三个字的。的确，统制是不能不合理的；不合理的统制，结果是消灭！因为少数的汉奸活动而阻碍多数的民众活动，因为偶然的流弊而一笔抹煞必然的利益，那还不是消灭吗？所以我不能不痛切地陈辞，请大家加以严重的注意。

我万分恳切地希望大家放弃彼此派别的偏见，在合理的统制之下，动员一切的人力、物力，争取民族解放战争的最后胜利！（章乃器：《出狱前后》）

9 月 8 日 在《申报》上发表《论战时金融》一文。

摘要 战时金融是什么？简单地说，是用金融的力量，去动员全国的人力、物力应敌。详细点说，是①节约私人的消费以充实战争的经费，②节约商业资本以充实农工业资本，③节约非国防工业资本以充实国防工业资本，④维持物价、稳定汇价、保证金融机构以增强抗战力量。

对目下金融国策不满的论调，大概有两种：一种是根本反对限制付款的，一种是认为限制付款以后的积极开门工作还不够的。前一种是错误的，上文已经检讨过了。后一种是必须重视的，然而我也有一点意见。我们应该迅速动员全国的人力、物力应敌，这个原则是谁都同意了。那么，我以为感觉目下金融国策积极性还不够的人，还是应该从大处着眼，赶快提出一个全国动员的方案请求政府采纳，再依据这个方案，有条理、有步骤地发动金融力量去执行动员，以充实金融国策的积极性。没有一个具体的方案，而只是枝枝节节的要求积极性，即使有一些效果，也不免头痛医头、脚痛医脚的弊病。让我们多多注意全国动员的整个方案而暂时少谈局部的金融问题吧！（章乃器：《出狱前后》）

9 月 11 日 施复亮[①]在《文化战线（上海）》第二期发表《多号召，多建议》的文章，不认同章乃器的观点。他认为：章乃器"实质上是把抗战只当着政府的事，否定了动员人民群众的必要性，是一种迁就蒋介石国民党政府片面抗战路线的妥协表现。建议也可以'标新立异''扰

---

①施复亮（1899—1970），原名施存统，浙江金华人。1920 年加入上海的中国共产党早期组织。大革命失败后脱党。后从事马克思主义和革命理论的著译工作，并任上海大陆大学、广西大学教授。1945 年参与筹建中国民主建国会。1949 年出席中国人民政治协商会议第一届全体会议，被选为第一届全国政协常委。后任劳动部副部长。曾当选为民建中央副主任委员。是第一至三届全国人大常委会委员。

乱人心'。问题的要害不在于'少号召，多建议'，而在于怎样'号召'，怎样'建议'；凡是全面的持久的抗战所绝对必须的，都需要一面向政府建议，一面向民众号召"。（何民胜编著：《施复亮年谱》，商务印书馆，2019 年）

9 月 23 日 在《抵抗》上发表《现阶段的救亡工作》一文。

摘要 目下民众力量薄弱的现象，简单地说来，是供给和需要不调和，是动员工作和组织工作都不够。因此，有些方面需要人的力量，然而没处找，同时有许多人要贡献他们的力量，却是没有路！这种现象反映到民众方面来，便变成上层消极，下层苦闷！前方将士在那边诅咒民众没有力量，哪里知道后方有千千万万的民众正在那里感慨投效无门呢？

我们要明白自己的责任，决不是个人的牺牲，而是动员更广大的群众去牺牲；更要明白战斗的时期是很长久的，更艰苦的阶段还在后面。我们目前千万不可因为不能奔赴前方就感到苦闷，而要认定后方的后援工作和组织工作实在是特别的重要。我们应该把后方的组织工作当作经常的工作，应该在努力经常工作中准备随时动员到前方去，而不能再期待前方动员中忽略了更重要的组织工作。我们要准备负担起来，更艰苦阶段的任务，准备在那时候发挥更大的力量，而用不着急于牺牲，更不应该因请缨无路而苦闷、消沉。（章乃器：《出狱前后》）

9 月 25 日 在《立报》上发表《反求诸己》一文。

摘要 我曾经说过：要我们自己先下极大的决心，我们的友邦才能对我们下援助的决心。我们的决心，在军事上已完全表现出来了，在舆论上也已经完全表现出来了，在外交上却表现得还不够。比方，驻日大使许世英，为什么还依然留在东京呢？再比方，最近还主张承认"满洲国"与日本言和的胡适之博士，究竟是谁派他出去做国民外交代表的呢？

现在，整个的国策已经明朗化了，部门的外交政策却不够明朗化。全国国民相信明朗化的国策，所以都相信政府决心抗战到底；但是友邦是重视外交政策的，外交政策不够明朗化，就容易使友邦不肯下更大的决心。这一点是我们必须"反求诸己"的。

我重复地指出：只要我们在外交上再表示决心，只要我们在抗战上

继续努力，国际关系是用不着悲观的。（章乃器：《出狱前后》）

是日 《申报》登出启事："本报自十月一日起约郭沫若、邹韬奋、章乃器、胡愈之、周宪文、金仲华、武堉干、张志让、郑振铎、陈望道、沈志远、孙怀仁撰写专论，每日在第四版发表。"之前，由邹韬奋、金仲华约胡仲持、马荫良在申报馆五楼拟定撰稿人名单，马荫良提出"是否可约撰稿人聚会一谈。邹韬奋和金仲华说，现在大家都很忙，不必再浪费时间、精力和金钱，你们排定日期表通知撰稿人即可，我们会和他们联系。由于金仲华、邹韬奋的热情组稿，其余十位撰稿人个个都如约交稿"。（马荫良：《仲华同志对我的帮助》，载张承宗主编《金仲华纪念文集》，上海市政协文史资料编辑部，1997 年）

9 月 26 日 在《申报》上发表《再论战时金融》一文。

摘要 "金融是国家的血液，不是谁家的私财；金融机构是国家的心脏，不是谁家的店铺子。"这是我从前说过的一句话。

根据这个原则，我曾经要求：平时金融要为国际收支和国民收入打算，而不能专为金融部门的损益和利益打算。

最后，我希望大家对于我们的战时经济，丝毫不必悲观。我敢说，我们的战时经济真好比是"旭日东升"，而敌人的战时经济却正是"日暮途穷"。在我们，利用战争的机缘，正可以把平时的买办经济和奴隶经济的臭皮囊抛到汪洋大海里去，而跨进国民经济的大道。我们有无限的人力可以动员，有无限的资源可以开发；只要运用目下已经振奋起来的人心发动已经集中起来的金融力量，去开发这无限的资源，真是打一天好一天，进一步光明一步。而敌人呢，平时经济已经到了山穷水尽，逼不得已才来一个侵略的军事投机；资源本来贫乏，壮丁的蒸发又要使生产机构趋于破灭，回光返照的战时经济早已露出来最后崩溃的预兆。（章乃器：《出狱前后》）

10 月 1 日 《抗日必胜论》一书由上海杂志公司出版，发行九千册。从理论上系统地阐述抗日必胜的思想。他在《自序》中表示："时代变得太快了，有许多写下来的话都变成'明日黄花'。出狱后编者来催稿，又腾不出时间来重新整理。没法子，只好把不需修改的抗日必胜论和民众基本论先抽出来分作两个小册子。统一战线论也许在最近的将来，就可以交稿。这一编是今年三月里写的。有许多话不会说到最近的事实，因为没有功夫改写，只好由他去了。有一点堪以自慰的，就是过去写的，现在重新看一遍，大体上还没有错误。"

　　全书共分六章，在第一章《机械的失败论》中，他说："机械论者是不会了解的。在他们看来，危机便始终只是危机，从危机当中转变出来生机，在他们的形式逻辑里面，本来是找不到的。以这种机械论为出发点，所得着的结论，自然便有失败论。在失败论之下，有血气的人也不过以文天祥、陆秀夫自命，以身殉国；留得个人青史上的英名，而不能救国家于危亡。"在第二章《机会主义的抗日论》中，他表示：机会主义者对于抗日必胜论，没有坚强的自信，而认为我们只能在能够抓住这个或者那个机会的条件之下，能取得一个不可必得的胜利。他们把自己的力量估计得依然太微弱，而把外来的力量估计得比自己的力量还要大；他们忽视了抗日胜利的必然性，而重视了抗日胜利的偶然性。他们虽然不会完全否定了抗日胜利的可能性，然而同样的也不敢肯定抗日胜利的可能性。这种理论，依然不能坚定民族的自信力；依然要使我们的行动陷于取巧投机，甚至要"舍己从人"。在第三章《科学的抗日必胜论》中，他指出："我们主张抗日，是要以抗日必然胜利的把握为基础的。这种胜利的把握，并不是根据妄自尊大的傲慢心理，拿很神秘的'黄帝子孙'的空行头来自己骗自己；也决不是从经验论的领域里面，拿出'多难兴邦''否极泰来''物极必反'……一类没有内容的成语，来聊以自慰。我们的抗日必胜论，是要切切实实的根据着当前的客观条件和主观力量，紧紧地把握住敌人内部的矛盾，而决定下来的。"在第四章《机械的定命论》中，他表示：科学的抗日必胜论，是以我们能够紧紧把握住当前的客观条件，同时能够充分运用我们的主观力量为前提的。那就是说：如果"人谋不臧"，我们的抗日战争也有失败的可能的，或者至少要使斗争的过程延长，而使民族受着不必要的牺牲的。因此，我们得再检讨一下机械的定命论。在第五章《帝国主义的战争论》中，他认为：中华民族的抗日战争决计不是要灭亡日本，而不过是要自救——把自己的民族从灭亡的路上救回来。在力量上，我们本来谈不到灭亡日本；在公理正义的观点上，我们自己不愿做亡国奴，根本也就不应该希望别人做亡国奴。最后一章为结论，他写道：所谓"紧紧地把握住矛盾"，虽然是哲学上的一个重要原则，但是倒并不是神秘莫测的玩意。有许多政治家和军事家，在技术的修养到了高度而同时把民族、国家的利害打算得厘毫不苟的时候，往往就已经能够不自觉地运用这个原则。在坚强的链条中找取最脆弱的一环，在坚强的防线中找取最薄弱的一点，集中自己的力量去攻击，那可说是任何政治斗争和任何战争中取得胜利的唯一不二法门。特别是以弱攻强的革命斗争和民族解放战争，这种原则的运用，是丝毫都不能忽略的。我再要指出：紧紧地把握住矛盾，是一切革命斗争的钥匙，是民族解放斗争的宝筏。在目下的中国，不能把握住矛盾的人，往往就要做恐日派，做顺民，甚至做汉奸；顶好的也不过变成文天祥、陆秀夫自居的失败主义者！然而，机械论者是永远不会把握住矛盾的！

　　10 月 2 日　在《申报》上发表《今年的棉花问题》一文。

　　摘要　因为战争的爆发，国内四分之三以上的纱厂停工了；再因为海岸的被封锁，出口变成极端的困难。因此友人估计今后一年间的销数，连少数的出口在内，至多只能有八百万担。那样，即使明年的产量打一个对折，后年的产量再打一个对折，陈陈相因的棉花存货，要经常地在一千万担以上，继续至三四年之久。那就是说：这六万万元的收集棉花款项，大半要变成长期呆账。现在急如星火的军需用款是那样的多，我们哪里能有这偌大的闲资去囤积这种不急之物呢？（章乃器：《出狱前后》）

　　10 月 10 日　在《救亡漫画》上发表《今年的双十节》一文，在文中表示："想一想华北形势的严重，应该知道我们的任务是多么艰苦；简直每一个人每一秒钟都要把斗争放在心上，才算尽了做国民的任务。再想一想壕沟里面的战士，他们所做的是怎样的工作，所过的又是怎样的生活，我们更应该怎样的激励自己。"他认为："今年的双十节，光明已在我们的前面，但是需要我们用血和肉去取得这个光明！"

　　10 月 15 日　《民众基本论》一书由上海杂志公司出版，发行六千册。从理论上系统地阐述民众是胜利之本的思想。全书共分群众的怒吼、觉悟的民众、有意识有组织的群众、个人主义的救国理论、民众救国论、官办的民众组织、结论七章，他在结论中表示："我们现在要抗敌御侮、复兴民族，究竟靠什么呢？我们就靠着一个伟大的民众壁垒。只有民众的团结，才能冲破一切敌人的隔离，造成整个民族的团结；也只有民众的力量，才能填补军事、政治、经济壁垒的缺口，抗拒敌人的横行。东北四省和冀东、察北是被敌人占领了，然而东北和冀东、察北的人民，依然是我们的同胞；民众组织的发展，就可以把这四千万的同胞组织在民族阵线之内。只要民众救亡运动能够有一个自由开展的机会，走私的商品便可以在民众缉私工作之下，完全绝迹于市场；敌人在中国的产业，也可能使它个个破产，至少也可以使它没有力量来压迫民族工业。

中国的情形和先进资本主义国家是不能相提并论的。在先进资本主义国家里面，因为产业的发达，大多数人民都已经很自然地组织在国民经济体系之下，所以，国民经济总动员就已经差不多是国民总动员。在中国，大多数人民都还很散漫地处在中古时代的农业和手工业的体系之下，根本谈不到组织；其次，从事于贩卖和轻工业的人民，虽然有薄弱可怜的组织，然而大半还是属于买办经济体系的，而只有少数是属于国民经济体系的。所以，倘使我们想从国民经济总动员的路线去执行国民总动员的任务，那个结果必然是很悲惨的。我们只有艰苦一些，先组织民众，再从民众组织的路上去执行国民总动员的任务，甚至还要从民众组织的路线去执行国民经济总动员的任务。

因此，我们得赶快建立起来一个坚不可摧的民众壁垒。但是，一个坚不可摧的民众壁垒，是只可能用'亲爱精诚、和平合理'的三合土黏合的。"

10月16日 在《宇宙风》发表《我与青年》一文。该文为《狱中杂著》之六。作者在文中写道：有一天，一个女学校请我去演讲，我看见前面有许多纯洁的青年伸长着脖子，等待着我的指示，联想到许多华北的青年正在被别人欺侮，不觉悲从中来，情不自禁地大哭了一场，在场的青年也都共同地哭了起来！过了些时候，我才咬紧了牙齿，告诉他们："哭是没有用的，我们现在不必流我们的泪，应该要流我们的血，你们有一个自然的集团，你们应该先起来；但是你们要努力团结学校以外许多想救国而找不到一条路来参加这时代巨流的人们！我告诉你们十六年以前我自己的一个故事吧！"

摘要 一二·九和一二·一六的大示威，使我的心灵受到无限的刺激。我们的青年战士为要参加救亡运动的巨流，有的冒了大险爬城墙，以图击破城门的封锁，有的成群结对地跳出城墙，以击破学校当局的压迫。他们用血和肉抵抗军警的长枪大刀，用心灵发出的热力抵抗天上来的风雪和水龙里喷出来的冷水。中华民族绝不会灭亡，不灭亡的基础，就靠千千万万宁死不愿做亡国奴的青年。中华民族是伟大的，这伟大就表现在千千万万为公理、为正义而不惜牺牲自己生命的青年。（章乃器：《出狱前后》）

10 月 17 日 在《救亡周报》上发表《负担起来新时代的艰苦任务》一文。

摘要 二十六年以前的今天，我们爆发了对内要求解放的神圣战争；二十六年后的今天，我们正在进行着对外要求解放的神圣战争。这是中华民族历史上极伟大的两个阶段，而这两个阶段的划分，是有他的必然性的。让我们从今天起加倍努力，负担起这个艰苦的任务吧！要知道民众力量一天不发达，国力便一天多虚弥。工作即使艰苦一些，总比在敌人铁蹄之下做工作来得更便当吧！（章乃器：《出狱前后》）

10 月 19 日 在《抵抗》发表《平凡的领导和平凡的组织》一文。他认为在许多人的脑子里，一听到领导两个字，便联想起手拿指挥刀在大队人马前面发号施令的司令官，或者是一位在讲台上向满堂的听众致训辞的新式绅士，除了觉得领导"神秘玄妙"外，还有些"谈虎色变"之慨。事实上这种领导的方式和大多数人是不相干的。他认为平凡的领导，比如绅士式的领导，无疑地是因为他们在落后的农民当中起了领导的作用，凭着他们高一些的智识，替农民解决许多困难问题，因而取得农民的信仰。他们从来不开会，从来不知道什么领导，而只知道向什么先生请教和什么人谈天。就在请教和谈天当中建立起来领导的关系。这是平凡的领导十分真实的领导。

章乃器认为"许多人认为组织必须订立章程，填志愿书，开成立大会，以至选举执行委员，那才算是组织。还有人一提到组织，便联想到秘密党会的组织；那不但是神秘玄妙，而且还带有危险性。其实，前一种组织，也只有少数智识分子才配参加的，而后一种组织，是只有更少数的特别勇敢的分子才能参加的。广大的落后群众只知道有事情的时候邀人一同做，有急难的时候大家一齐来抢救"。

摘要 一号召，就领导起来几万人，一开会，就组织起来几千人，那都是很需要的方式，然决不是唯一的方式，而且也不是深入民间的方式。老实说，这样领导起来的群众，还不足以言组织，而这样组织起来的群众，也不足以言行动。它的范围，自然也只浮泛在上层社会里面，和广大落后群众简直是不相干。我们必须明白：领导起来的群众，倘使不进一步加以组织，那不过是"乌合之众"；他们可以一呼而集，也可以一哄而散的。我们更必须明白：只讲求形式的组织，所能得到的固然只有上层分子，而加入的分子，往往也不过做一个挂名会员罢了。用这种方式来组织广大落后民众，事实上是不可能；用这种组织来应付当前危局，力量上也决不够。

平凡的领导是无可争的领导，而同时是唯一能够深入大众的领导；平凡的组织是不易阻碍的组织，而同时是最可靠的组织。自然，这种工作是很琐碎，很费力的，但是，我们决不能怕琐碎，怕费力。统一战线工作之所以艰苦，就在这里。我们既然不能像北伐时代一样，可以提出工农本身的经济要求做组织群众的工具，那么，除了准备格外艰苦以外，还有什么办法呢？倘使我们不准备格外艰苦地去做，那么，即使争取到一个完全的民众组织自由，会有什么用呢？

10月23日 在《申报》上发表《抗战时期的民主问题》一文。文中表示近来有些人一听到民主两个字，便立刻要想到抗战时期正需要一个有力量的政府，抗战时期正需要拥护领袖，为什么还谈民主？章乃器答复："民主就是民权，这一点孙中山先生已经对我们说过了；我们目下的抗战，并不是从天上掉下来的，而不过是国民革命的一个新阶段，是三民主义进一步的实行。"那么，谁又能说抗战时期就不需要民主呢？但，我们不愿意提出这样简单的理由，我们要进一步研究这两个问题的内容。

摘要 孙先生在《民权主义》里，曾经把政权和治权分析得很清楚。他说："想造成的新国家，是要把国家的政治大权，分开成两个。一个是政权，要把这个大权完全交到人民的手内，要人民有充分的政权可以直接

278

去管理国事。这个政权便是民权。一个是治权，要把这个大权，完全交到政府的机关之内，要政府有很大的力量，治理全国事务。这个治权，便是政府权。"他又说："政府的威力可以发展，人民的权力也可以扩充。有了这种政权和治权，才可以达到美国学者的目的，造成万能政府，为人民谋幸福。"

这两段话证明：民权的发展，不但不会降低政府的威力，反而可以增加政府的威力。历史所给与我们的教训，也只有民主制度能够彻底扫除政治上、经济上一切封建割据的势力，完成一个真正统一的国家，建立起来一个有力量的政府。欧美各国近数十年间民主制度所造成政治上的纠纷和政府基础的脆弱，并不是民主政治的先天弱点，而是民主政治的后天病态。这是因为议会渐渐地变成少数资本家的工具，不能反映大多数人民的公意；资产阶级内部的矛盾才会反映到议会里去，而大多数人民一致的意见，反而表现不出来。我们且看看，各国在推翻封建制度、建立民主制度之后，专制的淫威是消灭了，政府的力量却只有增加。一个操生杀予夺大权的帝王，表面上看起来是"不可一世"，然而哪里能动员全国的力量？倒是一个民主国家的政府，虽然平时有议会的牵制，但是国力的增长和国力的动员，却绝对不是封建政权所能企及。我们再看看，近年来有些国家的人民大众渐渐地觉悟了，渐渐地能选出代表自己利益的代议士了，政治的基础便比较地稳定起来。要之，民主政治暴露弱点的时候，便是议会不能代表大多数人民的时候，便是民主变成虚伪民主的时候。民主本身会有什么罪恶呢？

说到我国的民主问题，抗战以前的民主呼声和抗战以后是不同的。抗战以前我们谈民主，是要政府执行人民公意，抵抗侵略；抗战以后我们谈民主，是要政府集中国力，动员民力，抗战到底，以取得最后的胜利。老实说，目下民众所顾虑的，不是中央权力的过大或者领袖权力的集中，而是怕中央的权力不能及于地方，领袖的意旨不能达于下层，以致削弱了抗战的力量。我曾经说过：目下"上下一心"是做到了，中层却还有部分的问题。人民要抗战，领袖已经发动抗战；人民要抗战到底，领袖也要抗战到底；人民要动员自己参加抗战，领袖也说非动员全国人民参加抗战，不能取得最后的胜利。领袖已经完全执行人民的公意，从领袖和人民的关系来说，那可说是再民主不过了。但是，中层却存在着少数的障碍物！从军事来讲，华北战事初期的失利，谁都是知道少数地方军人还存着封建割据的意识，上不能执行中央的意旨，下违反了士兵抗战的要求，以致坐误戎机，迭失名城。倘使没有这中层的障碍，中央意旨和士兵要求能打成一片，又何至于此？我们也知道：在这伟大的抗战潮流中，一切腐败龌龊的物事都要被冲洗得干干净净，一切障碍物都要被淘汰以尽。但是，用玉石俱焚、丧师失地的方式来冲洗淘汰，对于国力的消耗实在大了！其次，在政治方面，贪污、颟顸的官僚风气，垄断、把持的阀阅意识和播弄是非的政客伎俩，依然到处遗留着，甚至认贼作父的敌探、汉奸，也不断地发现出来。无疑的，过去十年间对内对外的妥洽政策，曾经使许多恶腐习气重新抬头，同时，许多恶腐分子，也乘机混到政治机构里来。他们有的欺上蒙下，有的谄上虐下，一面阳奉阴违，阻碍中央政策的执行，一面狐假虎威，削弱大民对于政府的信仰。万一军事上受了顿挫，重新提出妥洽主张，企图动摇抗战的，恐怕也就是这一班人。

复其次，在社会方面，新旧土劣把持后方工作及保甲制度，以为个人乘机渔利的工具的，也所在都有。如制裁汉奸及抽调壮丁，便在许多地方成为土劣敲诈平民的口实。他们为了要掩盖自己的劣迹，便不能不压迫民众的抬头。国家在抗战时期中如何迫切需要民众的奋起，哪里是这一班人所能了解、所肯计及？这一班自私自利不知羞耻的棍徒，在敌兵压境的时候要重新为了自己的私利变成汉奸傀儡，自然都是意中事。

这种种中层的障碍物，上面篡窃了政府的治权，下面掠夺了人民的政权。我们现在要求民主，便是要他们把治权还给政府，把政权还给人民。就政府和人民的关系来讲，我们希望政府能够肃清一切欺上蒙下、谄上虐下的恶腐分子，造成一个上下一心的局面；就中央和地方的关系来讲，我们希望中央能够肃清一切封建割据的残余意识，以造成一个真正的统一国家。为要达到这种希望，我们认为政府必须先给人民以更多的民主权利，一面使人民可以自动组织起来保护自己的利益，同时贡献自己的力量；一面使舆论能成为民众的喉舌，足以暴露一切巧取豪夺、欺压平民的劣迹，纠正一切把持垄断、腐败颠顶的风气。这种任务的彻底执行，专靠上面一个雷霆万钧之力，是不够的；即使布置一个侦察网，恐怕也收效甚微。一定下面有民众的力量做基础，上面的力量才能发挥出来。恶腐分子所怕的，并不是挂一漏万的上面的制裁，而是万目睽睽的民众的制裁。

伟大的抗战是整个民族的试金石，也是每一个人的试金石。谁爱国，谁不爱国，谁进步，谁腐败，就从他们对于抗战的热情当中充分表现出来。我们在这个大潮流当中，用不着有什么党派意识，也用不着有什么阶级成见；因为，民族的利害终超过任何团体的利害，而亡国奴的痛苦毕竟是超经济的。更具体点说：我们用不着过分重视一个人的过去历史和经济基础，而只须注意他在今天的表现；一个军阀参加了抗战，一个土劣发动了后援，我们就应该立刻引为同志。阵线太容易划分了，一切笼统的"反对""打倒"口号，现在都不需要了。只要大家都能化除成见，联合一切爱国的人，同时破除情面，制裁一切自私的人，中层的障碍就可以很容易地扫除干净。

历史上民主制度的实行，往往就在大潮流当中。我们现在上面有执行人民公意的领袖，中层有很多纯良的干部，下层还有意志统一的民众；民主权利的开放和政府治权的提高，已经变成不相抵触不能分离的两件事，还有什么值得顾虑呢？难道"民主集权"四个字的涵义都会忘记了吗？

总之，为要保证抗战的最后胜利，我们需要一个万能的政府；但是，一个万能的政府，必须有伟大的民众力量做基础。抗战时期的民主，目的就在提高民众的力量，排除中层的障碍，使民众和领袖打成一片，使中央和地方合成一体，以造成一个万能的政府。（章乃器：《出狱前后》）

10月29日　在《国民》上发表《现阶段的救亡运动》一文。他在文中认为，现阶段的救亡运动目的是在发动更大群众参加抗战，用一切力量巩固民族统一阵线，以争取民族解放战争的最后胜利。为要发动更广大的群众，我们一面要争取更多民众组织的自由，一面要备做艰苦的组织工作。

摘要　提到现阶段的救亡运动，也许就有人要问：救国会现在怎样了呢？关于救国会问题，我在看守所里曾经以金锋的笔名，在《学生之路》

发表一篇《救国会和救国运动的前途》。我在那篇文字里就指出：救国会已经到了扬弃自己的一个阶段了。

我们做救亡工作，目的在发动自己最大的力量，为国家谋最大的利益。在那时候，因为我们七人的被捕和各处救国会的受打击，救国会的名义已经不适宜于组织群众，倘使再用救国会的名义去组织群众，徒然吓跑了群众，同时惹起了对当局的摩擦；无补于群众组织的发展，而有害于全国团结的加强。所以，我那时就主张我们应该停止以救国会名义去组织群众。（章乃器：《出狱前后》）

11月4日 在《申报》上发表《以抗战到底的决心去运用九国公约会议》一文。

摘要 我们能不能对九国公约会议存很大的期望呢？我们不能。九国公约所订定的办法，不过互相咨询而已。我们只能希望他能判定日本已经破坏过公约，希望参加会议的国家，除了日本的与国意、葡两国之外，能进一步作超出公约的共同行动，而不能希望公约本身发挥实际的力量。这种共同行动，我们目下也还只能希望他们一面消极地给日本以外交上的威胁，如召回各国驻日大使之类，而一面积极地给中国以物资和技术的援助。此外如经济制裁、军事制裁，以至建立太平洋集体全安制度，我们目下应该要求，将来希望可以做到，然而不能希望很快的就可以做到。（章乃器：《出狱前后》）

11月5日 《抗日必胜论》一书由上海杂志公司再版，发行两千册。

11月初 接待前来拜访的第三党的蒋中光与其他几名青年。蒋中光问蒋介石会不会投降，章乃器表示不会。理由有二，一是中国地广人多，回旋余地很大，二是蒋先生要维护自己民族领袖的历史地位，不会轻易投降。（章立凡：《君子之交如水》，作家出版社，2007年）

11月12日 毛泽东在《上海太原失陷以后抗日战争的形势和任务》一文中，对章乃器提出的"少号召、多建议"做出了评价。"在上海，对'少号召、多建议'的章乃器主义给了批评，开始纠正了救亡工作中的迁就倾向。"（《毛泽东选集（第二卷）》，人民出版社，1991年）

是日 离开上海，到香港。

11 月 19 日　在《国民·救亡论坛》第十九期发表《答复施复亮先生》一文。对施复亮的观点进行回复，他认为"民族统一战线的基础，是不做亡国奴的要求，对内是超党派超经济的——是超经济的"，该战线的信条是"开诚合作，任何党派、任何阶级都不能想在抗战期内乘机取利，篡夺其他党派其他阶级利益"。统一战线的政策"是对外革命，对内改良；工农士兵生活的改良，须通过政府政策的施行和立法的运用，而不能有直接的行动"。他认识为施复亮曾经号召的政治民主化、改革政府机构、改善人民生活，"都是我们过去不断号召而现在依旧不断批评、建议的。施先生自命为得意之作的号召部分，事实上往往就是反统一战线部分——就是足以破坏统一战线的高调和空论"。

同期评论专栏中，还发表了《加强信念奋斗到底》的文章。他认为："每一个参加抗战的人，每一个不愿做亡国奴的中国国民，对于最后胜利这一点，是必须建立起来不可动摇的信念的。在不可动摇的最后胜利信念之下，还得进一步认识持久战的意义。""总之，我们要进一步信任国策，拥护领袖，加紧团结，加强信念，奋斗到底。"

11 月　与国际友人、国内工商界和文化界人士发起中国工业合作协会设计委员会。

12 月 25 日　《出狱前后》一书由上海杂志公司出版，发行四千册。他在自序中写道："倘使自己的主张不是合情合理的主张，到了受难的时候是可能动摇的。倘使平时有一丝一毫自私自利的念头，一经打击便要气馁；倘使平时的行动不过是意气用事，一经打击便要消沉。只有平时已经建立起来极正确的宇宙观和人生观，一心一意循着真理谋取大众的幸福，才能百折不挠，生死以之。我们入狱的时候，一般人认为我们失败了；但是，我自己检点一下，我没有违背真理，没有自私自利，所以依然觉得安心安理，俯仰无愧。出狱的时候一般人认为我们胜利了，我依然不敢有丝毫的骄矜，更不敢有丝毫的嚣张。"他认为，救国是重中之重，"个人的生死和胜败，能算得什么呢？我们只能计较民族的生死，而不能计较个人的生死；只能计较抗战的胜败，而不能计较个人的胜败，我们要把个人的利害融化到民族的厉害里去，争取抗战的最后胜利，图谋民族的永远生存！"

　　该书目录后用大号字标明：纪念沈钧儒先生和同时入狱的七位同志，纪念一二·九以后在救亡运动中受难的同志，纪念领导入狱运动的宋庆龄先生和其他同志。

　　该书收录了他自3月至11月撰写的文章，共计二十三篇，其中二十二篇发表在报刊上，另一篇论述宪法的文章为狱中所作，系狱中杂著之五，由于淞沪战事爆发，《新学识》杂志已经排版，但未能付印。故该文为首次发表。作者在文章中表示："首先要提出和每一个人有切身利害关系的顶顶迫切的要求，而不应该提出空泛的、高深的理论和条文，然后才能够唤起大众的注意，然后才能够使大众踊跃参加。"他认为必须提出起码的而最迫切的救国自由和参加救国工作机会平等的要求，同时要坚决地反对人人切齿痛恨的非法逮捕、非法拘禁和一切非法的压迫。先根据约法争取起码的权利和保障。

　　年底　李宗仁派韦永成和黎蒙来找章乃器，请他出任安徽省政府秘书长。韦永成等人告诉他说，李宗仁兼任安徽省主席，由于他的主要职务是第五战区司令长官，军务十分繁忙，分不出多余的时间管理省政，秘书长要代行省主席的职权。他们认为这个任务意义重大，要章乃器务必答应，并且能够即日动身与他们一起去安徽。章乃器在《抗战初期在安徽》一文中表明了自己的想法："当时抗日民族统一战线已经建立了必要的基础，但亟待充实与巩固。国民党当时对日作战是比较努力的，但民众没有唤起，军民关系和官兵关系没有改进，战争就不能胜利。因此我们如能引导国民党内的各派在开放政权和唤起民众两个方面展开竞赛，把局限于政府和军队的抗战改变为全民动员的人民战争，这对于充实和巩固统一战线，保证抗战的胜利，是会起到重大作用的。在这一点上，李宗仁所代表的桂系显然是有可能同蒋介石的中央展开这种竞赛的。"（章立凡选编：《章乃器文集（下卷）》）

1938 年（民国二十七年）42 岁

1 月 6 日，新四军军部在南昌成立。

1 月 11 日，中共中央长江局机关报《新华日报》在武汉创刊。

3 月 29 日，蒋介石在武汉召开国民党临时全国代表大会。

4 月 7 日，台儿庄战役取得胜利。

6 月 12 日，安庆沦陷，武汉会战拉开帷幕。

7 月，国民参政会第一次大会在武汉开幕。

9 月 29 日—11 月 6 日，中国共产党在延安举行扩大的六届六中全会。会议确定党在抗日战争战略相持阶段的基本方针和任务，重申了必须独立自主地领导人民进行抗战的要求。

10 月，广州沦陷。武汉三镇失陷，武汉会战结束。

1 月初　随李宗仁的派遣人员韦永成、黎蒙北上，至武汉。章乃器在《抗战初期在安徽》一文中回忆："在主观意志上，当时我抗敌救国热情高涨，达于极度，认为我等既奋不顾身，力争全面抗战于前，现在抗战已经实现，就应该献身于抗战事业，以共谋必然胜利之实现于后。所以，当时一心就想奔赴抗战的前线，尽自己一份力量，毫不计较条件和地位。安乐淫靡的香港，我是片刻都不愿停留下去了。这样我很快地答应，而且两三天内就同他们一起动身了。我同他们两人先到武汉，逗留了一些时间……"（章立凡选编：《章乃器文集（下卷）》）

1 月 11 日　致函张宗麟、胡愈之，提及救国会沪上款项之事。此前，救国会款项支款数目，"大多是章乃器先生面允"。（《张宗麟、胡愈之致章乃器、沈钧儒、邹韬奋函》，载周天度编《救国会》）

1 月 13 日　国民党安徽省党部、安徽省政府由安庆迁至六安。在武汉期间，入住汉口璇宫饭店办公。据孙诗圃[①]回忆，他和章乃器的弟弟、单线领导人章秋阳（郁庵）均住在璇宫饭店，协助章乃器工作……后来章乃器要去安徽战时省政府所在地六安，周恩来指示公开身份为中国茶叶公司专员兼安徽办事处主任的章秋阳，表示要孙诗圃"仍留在章乃器处担任

[①]孙诗圃，别名希明，1911 年出生，浙江萧山（今浙江省杭州市萧山区）人。1925 年在上海商务印书馆工作时，由陈云、薛兆圣介绍加入共青团，1926 年冬转为中共党员。

私人秘书"。（孙诗圃：《章乃器在安徽》，载青田县政协文史资料委员会编《青田文史资料（第四辑）·章乃器专辑》）

王北苑[1]在《抗日战争初期在安徽——回忆章乃器先生》一文中写道："据说章先生此次来汉的目的有二：一是向八路军办事处要干部到大别山打游击，保卫大别山革命根据地；二是公开招聘一批流亡青年到安徽参加财政工作，以便有计划地整理财政。"他和石云阶在延安学习结束后来到武汉，住在八路军办事处招待所等待分配工作，愿意去安徽工作。经过八路军办事处同意，通过沙千里转请沈钧儒推荐，并在璇宫饭店与章乃器见面，章乃器告诉他们："目前安徽存在的问题是财政困难，机关混乱，逃跑风、贪污风很严重。……我们回去后要整理财政，建立制度，铲除贪污、浪费，而最重要的是招聘和培养人才。大别山的生活较困难，我们一定要坚持下去。"

其间，安徽省高等法院原院长陈则民、院长廖江南，到璇宫饭店看望章乃器。章乃器叮嘱他们实行国共合作抗日，释放政治犯的命令。（孙诗圃：《章乃器在安徽》，载青田县政协文史资料委员会编《青田文史资料（第四辑）·章乃器专辑》）

1月23日 十四时，国际反侵略运动大会中国分会[2]（China Branch）在武汉市商会召开成立大会，被推定为理事。各界共千余人。大会推定分会理事、名誉主席团及赴伦敦代表团，通过简章八条，至十七时许在高唱抗战歌曲中散会。

1月27日 上午，在邹韬奋处与沈钧儒见面。晚，在浙江实业银行

---

①王北苑系中国社会科学院原研究员、江苏省哲学社会科学研究所原所长。
②1936年9月3日，西欧各国爱好和平的人士在比利时布鲁塞尔成立国际反侵略运动大会，宗旨是：反对战争、维护和平、恢复国联机构的活力。中国分会由马相伯等发起筹备，于本日成立。理事由朱家骅、章乃器、杜重远、王造时、董必武、黄琪翔、罗家伦、周恩来、王云五、李公朴、陶行知、章伯钧、邹韬奋、罗隆基、沙千里、潘汉年、王昆仑等一百三十九人担任。名誉主席团由宋庆龄、李根源、陈诚、宋美龄、冯玉祥、宋霭龄、蔡元培、沈钧儒、宋子文、马相伯、毛泽东、陈绍禹、何香凝等七十二人担任。

与周恩来、沈钧儒长谈至二十四时。（沈谱、沈人骅编：《沈钧儒年谱》）

　　章乃器在《抗战初期在安徽》一文中回忆：“在武汉，我见到了周恩来同志。他嘱咐我两件事：一、彻底执行释放政治犯的指示；二、搞好同新四军的合作关系。”（章立凡选编：《章乃器文集（下卷）》）

　　1 月 30 日　在徐州过春节。在徐州期间，与李宗仁见面。章乃器在《抗战初期在安徽》一文中回忆：“在徐州，初次会见了李宗仁。他给我的第一个印象是朴素、谦虚。他对我表示了开放政权和唤起民众的必要和决心，并举出事实：一、省政府人事，除我以外，还邀了参加青年党的十九路军将领丘国珍任保安处长；二、已决定成立省民众动员委员会。”（章立凡选编：《章乃器文集（下卷）》）

　　2 月 11 日　国民党政府主席林森、行政院长孔祥熙签发《国民政府令》，任命“张义纯、朱佛定、章乃器为安徽省政府”。（《国民政府公报·令》，渝字第二十二号，1938 年 2 月 11 日）

　　2 月 13 日　与第五战区司令长官、安徽省政府主席、保安司令的李宗仁坐汽车来到战时安徽省会——六安上任。（陆诒：《怀念章乃器先生》，载政协包头市昆都仑区文史学习委员会编《昆都仑文史·章乃器专辑》）

　　2 月 14 日　李宗仁告诉章乃器，蒋介石不同意他任秘书长，只同意任命为省政府委员会委员。因为没有合适的人选，李宗仁继续要求他代理秘书长。（章乃器：《抗战初期在安徽》，载章立凡选编《章乃器文集（下卷）》）

　　宣誓就任安徽省政府委员，暂时代理省政府秘书长。

　　是日　接受《新华日报》驻五战区战地记者陆诒的采访，表示“当年救国会所主张的国共合作、团结抗战如今实现了，救国会同志应当珍惜此机会，在各自岗位上为抗战贡献力量。我到安徽还不久，深感没有民众帮助，抗战是抗不成的，这在战区表现得更加显著”。（陆诒：《怀念章乃器先生》，载政协包头市昆都仑区文史学习委员会编《昆都仑文史·章乃器专辑》）

　　2 月 23 日　董必武和叶剑英通过安徽知名人士与李宗仁协商，第五战区民族总动员委员会安徽省分会（以下简称为省动委会）宣布成立。会议由李宗仁主持，在省党部临时办公址六安一品斋笔店业主夏悦斋住宅召开，有党政军各部门负责人、社会贤达、各界代表二十五人参加。章乃器等十人被推为常委。章乃器由省政府临时秘书长转任省动委会秘书（实为秘书长），主持会务，制定工作规划。

省动委员推选出以第一次国共合作时期的皖籍国民党员朱蕴山（总务部长）、童汉璋（总务部副部长，后入中央）、沈子修（组织部部长、跨党人士）、周新民（副部长兼总干事、跨党人士）、光明甫（宣传部部长）、狄超白（宣传部副部长兼总干事，跨党人士）、常恒芳（后勤部部长）、朱子帆（副部长兼总干事）、丘国珍（情报部长）、黄宾一（情报部副部长）和中共安徽省工委推荐的共产党员张劲夫（时任省工委常委、宣传部部长）、孙以瑾、汪胜文、徐智雨、顾训方、何兆玲、胡竺冰、詹远生、史维岫等担任各部主任干事。省动委主任委员初为张义纯，7月17日后由代理省主席朱佛定兼任。（《董必武传》撰写组：《董必武传》，中央文献出版社，2006年）

省动委会发表由章乃器起草的《告全省民众书》，号召全省人民行动起来，有钱出钱，有力出力，保家乡、救国家，打倒日本强盗。接着筹备发起民众总动员宣传周、肃清汉奸宣传周、防空宣传周、经济宣传周等一系列活动，同期调配、考核进步青年，向各界派出指导员和动员工作队，以积极指导、推动各界及区、乡（镇）分会和"青年抗敌政协会""农民抗战协会"的建立和动员工作的开展，加强培训工作，筹备组建工作团。

3月5日 由安徽省政府秘书处编译室主编的《安徽政治》第二期，发表章乃器起草的《安徽省民众总动员初步纲要草案》，纲要指出："随着安徽省政府的改组，安徽省民众动员的条件可说是特别地有利。但是，同时，安徽省民众动员的任务也特别的加重。至少下列的两种任务，安徽省分会是必须额外地负担起来：甲、基层政治组织的改善和充实，乙、战时生产动员。"纲要认为上述两项任务为组织条例所未载，可以说是额外的任务，然而并不是次要的任务。老实说，如果基层政治组织——保甲制度——不改善不充实，总动员的障碍便无法排除，总动员的目的便永远不会达到。自李宗仁就任以后，屡次提出改善基层政治组织的问题，原因也就在此。至于战时生产动员，以安徽省在抗战中的特殊地位，在持久抗战的原则之下，是一点都不能忽视的。我们或者可以说，前一种任务是总动员的先决条件，而后一种是总动员的基本要求。纲要指出："根据这种特殊条件，在原定任务之外加上这两种新任务，作成安徽省民众总动员初步纲要。"

3月9日　国民党政府主席林森、行政院长孔祥熙签发《国民政府令》，任命"章乃器兼安徽省政府财政厅厅长"。（《国民政府公报·令》，渝字第三十号，1938 年 3 月 9 日）

3月15日　省动委会在六安体育场召开万人宣传动员抗日救国集会，章乃器主持，作《总动员的意义与宣传方针》，指明动员工作的意义、目的，要求宣传工作的要点："我们应该有很大的自信力，只须一切是为着民众，平时能与民众共甘苦，那么我们自然可以领导民众，民众也自然可以与我们共患难共生死了。在我们动委会的组织里面有党、政、军的代表，大家也应该自信可以领导民众，只要大家能努力地为民众谋福利。

最后，对于宣传工作，可以归纳成以下八个要点：第一、为了保证抗战的最后胜利，必须民众起来参加总动员；第二、民众欲保障生命财产，必须参加总动员；第三、目下政府与民众已上下一心，从中作梗的只是贪官污吏、土豪劣绅的恶势力；第四、排除动员障碍，必须铲除贪污土劣；第五、铲除贪污土劣，应该从刷新保甲制度做起；第六、本会任务在彻底执行政府抗战政策，所以一切行动必须遵照法令；第七、总动员的目的，在于对外抵抗强敌，而对内的排除障碍，则实在是一种不得已的手段；第八，现阶段的中心任务，在培养民众动员情绪。"（张冰宜记。安徽省政府秘书处编译室：《安徽政治》1938 年第 3 期）

集会上，还宣读并散发章乃器主持起草的《本省民众总动员宣传周市民大会宣言》。

3月17日　被任命为省财政厅长，主持战时财政。当时，安徽省大部沦陷，直接控制的只有皖西大别山及周边几个县。沿江和江南等经济较发达地区，尽入敌控。全省的农业收成不及原来的一半，财政收入（月）由原来的一百二十万余元锐减到五十万余元。职员、军警欠饷达两三个月。财政十分困难，省库空虚，财政来源大半早已断流。章乃器主要精力转向"铲腐开源，为抗战时经济筹措资金"。他上任前，几次邀集财政厅的科长、秘书进行恳谈，摸清了底，得知安徽财政的贪污、浪费很大，如能铲除贪污、节约浪费，事情还是可以做好的。他向李宗仁提出铲除贪污、节约浪费等四项建议。李宗仁在省务会议上宣布了铲除贪污和节约浪费的方针，认为不仅是省财政的主要方针，而且是战时省政治的重大方针。"我宣布了省财政在省务会议中彻底公开，打破过去财政部门用款优先的'近水楼台先得月'的恶例。财政厅的经费收支也彻底公开，包括厅长的办公费，打破过去厅长包办经费的恶例。同时，由李以省主席兼保安司令的名义，发通电给全省的专员、县长和保安团队，宣布贪污有据、浪费严重和扣留应该上交的税款、公款的人员一律按军法惩处。"铲除贪污和节约浪费很快成了通行安徽的两大口号，出现了弊绝风清的局面，一大批被各县扣留着的赋税款项上交到省财政，各部门、各级都核实了经费支出，消除了吃空额和浮报开支的漏洞；收入增加了，支出减少了。很快就做到了收支平衡而略有节余。省动委会的日常工作由朱蕴山、周新民实际分担。章乃器对受董必武直接领导的中共地下党周新民暗中掌握日常会务一事深感快慰。此后，他对省动委会就只做承上启下的工作和批阅重要文件。（杨钰侠：《抗战初期章乃器在安徽》，《党史纵览》1994年第6期。周天度主编：《七君子传》，中国社会科学出版社，1989年。王北苑：《回忆章乃器先生在安徽》，《安徽江淮文史》1996年第3期。章乃器：《抗战初期在安徽》，载章立凡选编《章乃器文集（下卷）》）

上任时，财政厅只剩五十余人，人手严重缺额。章乃器与章秋阳、孙诗圃密商，决定以安徽省急需充实干部为理由，由章乃器报告李宗仁，经同意后，在武汉登报招收战区失学流亡青年。"由沙千里先生主考，章秋阳负责录取工作，招收学员190人。由江男俊（中共党员、救国会员，后病故大别山）、夏沂（救国会员）分批带队到立煌（金寨）。这中间有不少优秀人才后来成为章乃器先生改革安徽财政的得力助手……后成为新中国财经战线上的骨干。如陆慕云（上海市人民政府财贸办公室顾问，1987年4月病故）、程万里（原上海公用事业局领导成员，后在华东电业管理局离休）等。"（孙诗圃：《章乃器在安徽》，载青田县政协文史资料委员会编《青田文史资料（第四辑）·章乃器专辑》）

3月　财政税务训练班开学了，共三十人左右，学习期限为十五至二十天。开学典礼那天，"章先生亲临讲话，除讲抗战形势外，还讲了以下要点：（1）铲除贪污，厉行节约，反对浪费。目前省财政入不敷出，公职人员欠薪欠饷已达三个月之久。人心混乱，贪污横行。（2）制止逃跑风：国民党省党部、教育厅厅长都逃走了。财政厅原有一百二十人的编制，已走了近五十人。县以下的干部极端缺乏，全靠我们自己来解决。（3）配备各县财税领导骨干。建立进出口货物检查处，征收检查税，粉碎敌人'以战养战'的阴谋，开辟财源。同时发行一点公债，以公债保证地方银行的小额钞票，解决金融流通上的困难。（4）重点解决各县财税机构、制度的建立和健全，充实干部，摸清情况。"（王北苑：《抗日战争初期在安徽——回忆章乃器先生》，载政协包头市昆都仑区文史学习委员会编《昆都仑文史·章乃器专辑》）

4月20日　黄炎培来访。章乃器介绍财政方针，总结为公平两字。介绍皖财政状况，发动民众问题，主张组织青年工作团下乡号召民众大会，唤起民族意识。（黄炎培：《黄炎培日记》）

4月27日　《动员民众与保甲制度》发表在《安徽政治》第十期。章乃器在文中认为："抗战和建国同时并进，既是国家的新的政策，故决不能拿对外做借口，任令贪污土劣的横行！"同时，他表示肃清贪污土劣，固然应当要力持宽大，但必须要看他有无民族良心的发现，自抗战以后是否一反从前贪污土劣的行为条件；处置贪污土劣，固须要依照合法的手段，但是群众的检举，经过政府命令的执行，甚或加以司法的裁判，都是妥当合法的。他文中强调群众的力量，认为一个国家的进步，可以从群众集合数量的大小来判断，进步的国家必然要有广大群众的集合才能表现出来。[①]

4月　回武汉。在武汉的时间为4月20日前后。

5月14日　合肥失守。安徽省财政月收入从五十万元锐减到十余万元。章乃器从调查研究着手，力求全面了解实际情况，制定解决方法。他委派十余名青年到各县进行实地调查，得出老百姓交了三个钱的税款，收税款的人

---

①该文分两次刊登。4月27日未刊登的部分，在5月27日《安徽政治》第十一期上刊登。

贪污了三分之一以上，支出时层层中饱私囊，又是三分之一，真正派到用场的不足一个钱的结论。章乃器在皖西财政会议上，决定大张旗鼓地开展铲除贪污、反对浪费运动，制订开源措施和培养干部的具体办法、步骤等等。

铲除贪污方面，最大的是检举教育厅厅长杨廉的贪污劣迹。杨廉虽已逃到四川，在证据确实面前，仍受到枪毙的极刑。撤职查办了一些贪污有据的县长、税务局长。反对浪费方面，省财政厅采取先严格审查各单位预算，事后切实审查实际执行情况的办法。

在开源措施方面，一个措施是发行安徽地方银行小额辅币票、银行本票，解决货币奇缺，搞活流通，活跃市场；另一个措施是设立货物检查处，对敌占区与我区之间进出口物资分类进行查处。这一措施，一方面有力地抗击了日寇"以战养战"的阴谋，另一方面也为省财政开辟了大宗税源，充裕了战时物资的需求。在此之前，还对全面抗战开始前后国民党储备的一些战略物资如粮、盐等统一掌握起来，保证了战时的军需民用。

同时，章乃器通过各种人事关系特别是孔祥熙的关系，以战区田赋免征为理由，争取到国民党中央拨的协款六百万元，补助安徽地方财政。（孙诗圃：《章乃器在安徽》，载青田县政协文史资料委员会编《青田文史资料（第四辑）·章乃器专辑》）

5月　与董必武在六安见面。据孙诗圃回忆："董必武来六安检查工作，章秋阳命我陪同董老去财政厅晤章先生，就统一战线事商谈了两次。"（孙诗圃：《章乃器在安徽》，载青田县政协文史资料委员会编《青田文史资料（第四辑）·章乃器专辑》）

电沈钧儒，表示："当此二期抗战，稍受挫折，一切举动愈须取得中央之彻底谅解；否则，我则居心无他，人将谓我乘机别有企图。"他建议起一个能实现抗战建国纲领的超党派组织。对他的这一主张，在武汉的原救国会同人表示不同意见。（孙彩霞：《章乃器因何退出救国会》，载青田县章乃器研究会、青田县文联编《青田名贤章乃器》）

6月2日　九时，在安徽省政府行署，与张义纯、杨廉、刘贻燕、朱佛定出席省府七百一十次委员常会，核议财政厅四项签呈。（安徽省政府秘书处编译室：《安徽政治》，1938年7月14日）

6月10日 八时，与张义纯、杨廉、朱佛定出席安徽省政府三百二十三次委员谈话会议，列席者丘国珍、朱蕴山等。财政厅四项签呈被核议。（安徽省政府秘书处编译室：《安徽政治》，1938年7月14日）

由于日本军队逼近，安徽省政府撤离六安。途中，遇倾盆大雨，又需徒步涉水，许多人患疟疾。章乃器建议省政府设立医务所。[①]随即想到新四军在多雨的山区行军、训练、作战，也缺少医药。他就通过财政厅战时工作团，由李人俊代表省厅以慰问前线抗日部队的名义，多次到新四军驻地，送去大批急用药。（孙诗圃：《章乃器在安徽》，载青田县政协文史资料委员会编《青田文史资料（第四辑）·章乃器专辑》）

6月14日 七时，在立煌县（今金寨县）、霍山、裕安三县区交界处的麻埠镇安徽省政府临时办公厅，与张义纯、朱佛定出席省府三百二十四次委员谈话会议，列席者丘国珍、朱蕴山、陈言等。财政厅一项签呈被核议。在麻埠期间，开设培训班（短期干部人员补习班）[②]，章乃器、张劲夫给学员作报告、讲课。后来，这些学员大部分参加了新四军。（蔡晓鹏：《有腔热血效前驱——抗战初期章乃器先生在安徽》，《新三届》2019年11月14日）

6月17日 七时，与张义纯、朱佛定出席安徽省政府三百二十五次委员谈话会议，列席者丘国珍、朱蕴山等。财政厅一项签呈被核议。

6月21日 七时，与张义纯、朱佛定出席安徽省政府三百二十六次委员谈话会议，列席者丘国珍、陈言等。

6月24日 七时，与张义纯、刘贻燕、朱佛定出席安徽省政府三百二十七次委员谈话会议，列席者丘国珍、朱蕴山、朱子帆等。

6月27日 安徽省政府迁立煌县（今金寨县）金家寨镇。财政厅的办公地址在金家寨镇外山脚下的桂家老屋，章乃器住在治平街。

6月28日 十六时，在立煌安徽省政府行署，与张义纯、杨廉、朱佛定出席安徽省政府三百二十八次委员谈话会议，列席者陈言等。财政

---

①此后，省政府在立煌县城包公祠内设立医务所，由李人俊推荐叶辅勋主持，免费为干部治疗，解决山区医药困难。

②麻埠开设的培训班以后在立煌县（今金寨县）金家寨镇继续举办，共四期，培养了几百名知青干部。

厅三项签呈被核议或备案。

上半年 组织财政厅运输队。财政厅鉴于战事紧张，报经省府会议批准，成立武装运输队，有八十人左右的队员，由焦作煤矿撤退的工人组成，有旧式步枪二十来支，队长王月汀。这个运输队主要是准备在情况紧急时负担运输转移财政厅的账册、物资和省金库（安徽地方银行）的现金册等。平日只做防空洞的工程。（孙诗圃：《章乃器在安徽》，载青田县政协文史资料委员会编《青田文史资料（第四辑）·章乃器专辑》）

7月1日 十六时，与张义纯、杨廉、朱佛定出席安徽省政府三百二十九次委员谈话会议，列席者孙象震、陈言等。财政厅二项签呈被核议。

7月5日 十六时，与张义纯、刘贻燕、朱佛定出席安徽省政府三百三十次委员谈话会议，列席者孙象震、滕大春等。财政厅四项签呈被核议。

7月8日 十六时，与张义纯、刘贻燕、朱佛定出席安徽省政府三百三十一次委员谈话会议，列席者丘国珍、滕大春等。财政厅一项签呈拟修正。

7—8月 回武汉。接受蒋介石召见。蒋提出要他留在中央工作。他回答："安徽事务恐难摆脱。"蒋意不为所动，表示即电话陈诚，让陈诚与他谈。"三四天内，陈诚邀我便餐谈话，给我厚厚的一份三青团的印刷品，要我在团中央帮忙；孔祥熙邀我便餐谈话，要我在工业合作社负责；徐堪代表孔请我吃二百元一席的最昂贵的酒席，欢迎我留在中央；陈立夫亲自到旅馆里来找我长谈，要我加入国民党；徐恩曾接我去郊外谈话，要我介绍得力干部；蒋的侍从秘书李某来找我，劝我接受蒋的意旨。""当时刚好李宗仁在东湖疗养院休养。我一面致电廖磊①，一面找到李宗仁，告诉受包围的实情。果然李宗仁坚决要我回皖，这里的事情由他应付，而廖

---

①廖磊（1890—1939），国民党抗日爱国将领。1938年，据淮为守，多次率部向皖东出击，歼击日寇，使局势得到稳定。在武汉保卫战中，给日军以沉重打击。1938年10月，兼任安徽省政府主席、保安司令、豫鄂皖边区游击兵团总司令。1939年，因脑出血病逝。

磊回电则催我即日回省。但报上已经发表，蒋派我为三青团书记，孔派我为工合总干事。我于是只好送信给蒋、孔，告诉他们廖来电促归，不能再留；给陈诚的信还狠狠地批评三青团关于训练和服装的规定完全模仿了法西斯，就动身回皖了。"（章乃器：《抗战初期在安徽》，载章立凡选编《章乃器文集（下卷）》）

8 月 6 日　在《安徽政治》第十五期发表《自由与纪律　团结与组织》。

8 月 30 日　十六时，与朱佛定出席安徽省政府三百四十三次委员谈话会议，列席者孙象震、陈言、滕大春等。财政厅九项签呈被核议。

8 月　第四期民运干部补习班结业，给学员华恩的题字是："进步的积累，就是胜利的保证。"（王北苑：《抗日战争初期在安徽——回忆章乃器先生》，载政协包头市昆都仑区文史学习委员会编《昆都仑文史·章乃器专辑》）

9 月 2 日　十六时，与朱佛定、蔡灏出席安徽省政府三百四十四次委员谈话会议，列席者孙象震等。财政厅四项签呈被核议。

9 月 3 日　晚上，日伪军进入八里畈，离开立煌城郊只有六十里。章乃器写道："省会兵力极为单薄，后援一时又不能来，在炮声连天，人民迁避络绎不绝的情景之下，拥有十六支枪，负着财政厅和地方银行两个机构的重任的我，幻想着能够开来五百名的抗战武力——不管是哪一方面的武力。只要有五百名的武力，我们进一步就可以凭借天险，截击敌人，退一步也可以掩护退却，进行游击战争。甚至来一百名的运输队都很好，因为在那时候，我们已经雇不到挑夫；倘使敌人再进三十里，我们不能不退却，而退却的时候，我们必须携带重要文件和财物。"

他立即召集财政厅全体人员开会，命令："紧急动作时均须为公家携文卷，私人物件有损失，当由公家赔偿。"并准备将财政厅存留的十六支枪分发给能使用者运用，以保卫国家财产。次日，我军克复叶集、八里畈，歼敌百余，人心方定。但敌机又开始轮番轰炸金寨，每次均以财政厅的大茅屋为轰炸目标，附近已多次中弹，居民一日数惊，"恐怖空气满全城"。（章乃器：《团结之道　建国之道》，《大公报》1940 年 3 月 10 日第 2—3 版）

9月6日 十六时，与朱佛定、蔡灏出席安徽省政府三百四十五次委员谈话会议，列席者孙象震、滕大春等。财政厅八项签呈被核议。

9月11日 "立煌已是一座死城了，出城的人，彻夜不绝。"章乃器反对逃跑，召集财政厅同人谈话，勉励大家"向积极方面着想，努力建设防空"。（周天度、章立凡：《章乃器传》，载周天度主编《七君子传》）

9月下旬 在皖西财政会议和省动委会干部补习班发表讲话，强调坚持抗战，保卫皖西。他还发表题为《死守皖西，屏障武汉，保卫中华民国》的文章说："消极的逃避是终于没有办法的，我们还只有积极的抵抗。""为了国家，为了整个的抗战，死守皖西是有很伟大的意义的。"文章还强调要不怕死，不爱钱，不闹意气，共同坚持抗战。（周天度、章立凡：《章乃器传》，载周天度主编《七君子传》）

9月 责成财政厅驻武汉办事处，购买四川的五万石食盐，于是年运进大别山。

章乃器说："这五万石食盐，只要真正到了老百姓手里，将来大别山再怎么样的紧张，敌人再怎么封锁，我们是可以支持一个时期的。为了持久战，要搞好山区县与县之间的交通，要动员农民种棉、纺纱、织布。一定要使皖西抗日根据地坚持下去，直到抗日战争的最后胜利。""现在要立刻解决的是，怎样能把大别山储存的茶叶（包括皖南）、皖北的黄豆等运出去。这些物资运不出去，产农就有困难，也影响政府的财政收入。"这件事在1938—1939年也得到了彻底解决。（王北苑：《抗日战争初期在安徽——回忆章乃器先生》，载政协包头市昆都仑区文史学习委员会编《昆都仑文史·章乃器专辑》）

10月下旬 财政厅遭到狂轰滥炸。章乃器和工作人员一起将现款、票证、账册全部抢出。章乃器跑出房间，他的办公室就被敌机炸毁。事后检查，虽然财政厅被夷为平地，他的马也被炸死，但财政厅的票款、账册无一损失。这已经是他第二次遇险，此前一次是敌机轰炸时他的坐骑受惊，载着他向满是林木和电线的山坡狂奔，冲断了多根电线后，他才把马刹住，倘不是他当时戴的一顶盔式帽有绝缘作用，后果不堪设想。（周天度、章立凡：《章乃器传》，载周天度主编《七君子传》。王北苑：《抗日战争

初期在安徽——回忆章乃器先生》，载政协包头市昆都仑区文史学习委员会编《昆都仑文史·章乃器专辑》）

10 月 29 日　第 21 集团军司令廖磊正式接任安徽省主席兼动委会主任委员。廖磊一到任，便与章乃器商讨财政和盐、米储存的问题。（章乃器：《忆廖磊将军》，《大公报》1939 年 11 月 17 日第 3 版）

廖磊出席省动委会第九次常委会，以争夺动委会领导权，改变动委会"国共合作、共同抗日、全国抗战"的政治宗旨。章乃器辞去秘书一职。方治任安徽省政府委员兼教育厅厅长。

10 月　在省总动委会举行的群众大会上，"章先生在讲话中，既讲了当前抗日斗争的重大意义，又讲到当年苏联十月革命的伟大意义，台上台下掌声雷动。"（王北苑：《抗日战争初期在安徽——回忆章乃器先生》，载政协包头市昆都仑区文史学习委员会编《昆都仑文史·章乃器专辑》）

11 月　力排反对意见，按月向新四军补助三万元的经费。"经过情况是：何伟受周恩来派遣，以新四军参议驻国民党安徽省政府代表的公开身份进行交涉。财政厅报省政府会议拟按月补助三万元。有人竭力反对。章先生说：'中央协款（协饷）几百万元的钞票，安徽地方银行的新印辅币 50 万元，从武汉运到皖南后，都是由新四军负责安全护送偷渡长江到达省府的。如果请中央军护送，能办得到吗？即便办到，也得发送慰劳金吧！'省政府秘书长朱佛定先生也支持章先生的观点，终于取得了李宗仁、廖磊的同意。"[1]（孙诗圃：《章乃器在安徽》，载青田县政协文史资料委员会编《青田文史资料（第四辑）·章乃器专辑》）

年底　提议开办省干部训练班。班主任由省主席兼任，下面分财会、民政、教育三个组，由财政厅厅长、民政厅厅长、教育厅厅长分兼组长。三个组各自招生、各自管理、各自训练，班主任根本不管。第一个登报招生、开学的财会组，招到了二三百人。训练时间三个月，主要是学业务；教员由厅内的科长、秘书兼任。政治课每周只有半天，由省主席、秘书长和各厅、处长讲授本省的形势和大政方针，各厅、处的业务和对于财政部门的要求。

---

[1]补助新四军三万元的经费，在本年十一月以及以后开始实行。亲历者、时任章乃器秘书的孙诗圃回忆，这项补助"经过李宗仁、廖磊的同意"。

章乃器抽空给他们讲授国际、国内的情况，并解答学员提出的问题。（章乃器：《抗战初期在安徽》，载章立凡选编《章乃器文集（下卷）》）

是年 于学忠[①]部驻扎在金寨县附近的山区，因交通不便，部队的经费没有收到，总部伙食粮开不出来了，于学忠商请章乃器暂借三万元以解燃眉之急，言明中央所拨部队经费一到，就立即归还。章乃器命秘书孙诗圃分二次把借款送往于学忠总部。第一次是二万元，第二次是一万元。章乃器把此事在省政府会议上说明，请求备案。中央的拨款不久即到，于学忠总部即全数归还。（孙诗圃：《章乃器在安徽》，载青田县政协文史资料委员会编《青田文史资料（第四辑）·章乃器专辑》）

应地方父老光升（光明甫）、常恒老（常潘侯）诸公及周新民、何伟之请，在省府会议上力主拨发经费，支援安徽地方民主人士余亚农等领导的抗日地方武装。"这支有3000人的抗日地方武装，均是太和、涡阳一带的子弟，驻扎在河南、安徽两省的交界地带和涡阳、亳县等处。他们与我新四军彭雪枫部队配合抗击日本侵略军，关系密切。桂系对余亚农部队不仅多有留难，且有并吞图谋。"（孙诗圃：《章乃器在安徽》，载青田县政协文史资料委员会编《青田文史资料（第四辑）·章乃器专辑》）

参加三青团，任中央干事会干事。春夏之交，陈诚曾派赵志垚看望在武汉的章乃器，"提出要他担任三青团中央临时干事会干事兼安徽省三青团书记长"。章乃器商之于其弟章秋阳（中共秘密党员），章秋阳向周恩来做了汇报。周恩来指示说："应当把安徽省这个阵地拿下来为我所用。"（《孙诗圃致章立凡函》，载章立凡《君子之交如水》）

结识蒋燕[②]，同居。（陈木云：《章乃器家世简述》，载青田县章乃器研究会、青田县文联编《青田名贤章乃器》）

①于学忠（1890—1964），字孝侯，山东蓬莱人。主张抗日，积极参与西安事变的和平解决。1949年拒绝去台湾。中华人民共和国成立后，任河北省人民政府委员、民革中央委员。
②蒋燕（1912—2003），原名蒋航之，四川泸州人。曾在新四军军部工作，皖南事变中受伤被俘，后获保释。1944年，以中苏文化协会工作人员的身份，在重庆从事地下工作。后加入中国民主革命同盟。二十世纪五十年代在上海中苏友好协会工作。

1939 年（民国二十八年）43 岁

1 月 13 日，中共中央南方局成立，周恩来任书记。

8 月 23 日，苏、德两国在莫斯科签订《苏德互不侵犯条约》。

1 月上旬　"为了具体落实第四支队的军饷问题，张云逸专门找到国民党安徽省财政厅厅长章乃器。章表示将按国民党方面承认的第四支队两个团和一个游击纵队的编制发放军饷"。（温瑞茂主编：《张云逸传》，当代中国出版社，2012 年）

2 月 14 日　在重庆《大公报》发表《知识分子的时代任务》一文。作者认为知识分子不能妄自菲薄，也不能妄自尊大，憧憬过去"工农领导"的口号，彷徨于书本上"动摇性"的批评，而不切实负起领导抗战建国的神圣使命，这是对历史的误解和推卸责任。知识分子以主人自居，轻视工农，那是封建残余的意识，是不配领导抗战建国的大业，将被抗战的怒潮淘汰。知识分子想在抗战当中浑水摸鱼，投机取利，预备在抗战结束之后做大资本家，是对三民主义的叛逆，他呼吁"知识分子要做民众的公仆，要做保卫工农利益的革命者"。

摘要　不要彷徨，因为知识分子应该是民族战争的领导者，不要偏狭，因为这一个历史上空前壮大的民族统一战线，是一个历史上空前伟大的民族战争，是要有宽大的胸襟和伟大的精神去适应它的。

"君子群而不党"这句话早已过时了，国民党应该是"为群而党""为民族战争而党"。甚至"为世界大同而党"，当然决不能为"党而党"，更不能"为私而党"。我赤诚的热望每一个国民党党员都能赶快振奋起来，以新的最积极的态度出现，牢牢的记取中山先生的宽大仁厚的遗教……创造中华民族最光荣的一页，也正是创造全世界弱小民族解放历史最光荣的一页。

春　安徽省政府主席廖磊曾对章乃器表示："在三月以前，我们的物资条件很艰苦，精神上倒觉得愉快；现在物质条件是比较好一些了，精神却时常感到痛苦。"（章乃器：《忆廖磊将军》，《大公报》1939 年 11 月 17 日第 3 版）

开办规模较大的财政训练班。共办了两期，每期学员二三百人。第一期学员是由动委会战地服务团转过来的，第二期是各县保送来的。章乃器执教，常和学员一起住茅房、点油灯、吃粗饭素菜，共度艰苦岁月。共产党员孙诗圃负责总务，共产党员浦滨、狄超白负责教务，分配方案由共产党员吴耕阳等拟定。

这些学员"对解决当时安徽省的财政、金融起了决定性的作用，不仅配齐了各县货物检查处的干部，而且也充实了各县税务局的领导骨干。这就使各县的贪污、浪费问题以及财政来源问题得到了根本的解决"。（杨钰侠：《抗战初期章乃器在安徽》，《党史总览》1994 年第 6 期。王北苑：《回忆章乃器先生在安徽》，《江淮文史》1996 年第 3 期）

方治等向国民党中央报告：章乃器收买东北军于学忠部，送去现钞几万元；组织武装，有人枪三千；勾结新四军、共产党。（孙诗圃：《章乃器在安徽》，载青田县政协文史资料委员会编《青田文史资料（第四辑）·章乃器专辑》）

4 月　接到蒋介石"赴渝述职"的电告。（章乃器：《抗战初期在安徽》，载章立凡选编《章乃器文集（下卷）》）

章乃器回忆在安徽的这段经历，这样写道："从上海银行经理的生活落到苏州看守所的生活，自然是一个剧变。但，更大剧变却是从二十多年的城市生活落到战时的大别山山村生活。五六千人进入到荒凉的金家寨，生活问题的严重是可以想见的。准备有了一些，但很不够，连饮水碾米等问题都是临时解决的。中间有一时期在敌人的四面包围下，枪声历历可闻，而内部还要应付 CC 团方治和军阀张义纯的排斥，生命的危险是随时可以发生的。但这一切都被我挺过去了。我不但挺过去这许多严重的危难，而且还取得了巨大的成绩。在'铲除贪污、节约浪费'两大口号下，我把安徽的战时财政由大量的亏空转变为收支平衡而略有节余，此外还发清了欠薪欠饷，适当改善了职员、士兵的生活，而并不增加人民的负担。我还以换取统一税收的名义，每月补助新四军三万元。这是一件极其大胆的统一战线工作，是任何地方政权所不敢做的。""这时候还有一件值得高兴的事情，就是我在这短短的一年多时间内，培养了数以千计的财经干部。据了解，他们没有人犯贪污，更没有人投敌，他们的绝大多数投入了党的革命事业，其中有不少人还起了重大的作用。已故的中央财政部副部长范醒之便是其中之一。""蒋介石在发动反共高潮之前就先罢免了我，安徽的统一战线政权从此结束，全国的统一战线局面也从此破碎，皖西根据地也日渐糜烂下去，终于一度沦陷。同学钱尊三兄就是在沦陷时牺牲的。"（章乃器：《七十自述》，载中国人民政治协商会议全国委员会文史资料研究委员会编《文史资料选辑》第八十二辑）

6月1日　离开安徽前往陪都重庆。（章乃器：《抗战初期在安徽》，载章立凡选编《章乃器文集（下卷）》）

章乃器回忆：从安徽回到重庆后，有人散布了一种流言：章乃器要到中央训练团受训去了。果然不久，贺耀祖奉蒋介石之命，征求他去中央训练团受训的意见，说是受训以后可以给他更重大的任务。他回答："受训吗？我认为我不需要，去讲讲课是可以的，讲战时经济和战时财政，每周三五小时，可以讲两三个月。"之后，蒋还委任他到四联总处当专员，被他辞去。这期间，邹韬奋邀请他在生活书店做了一次关于安徽青年动员的报告。史良当面指责他不该当财政厅厅长，胡子婴认为他不就"工合"总干事职，对"工合"、对自己损失都很大。（章乃器：《我和救国会》，载周天度编《救国会》。章乃器：《抗战初期在安徽》，载章立凡选编《章乃器文集（下卷）》）

7月13日　国民党政府主席林森、行政院长孔祥熙签发《国民政府令》，"安徽省政府委员兼财政厅厅长章乃器另有任用，章乃器应免本兼各职"。（《国民政府公报·令》，渝字第一七〇号，1939 年 7 月 13 日）

8月16日　在重庆《大公报》发表《由新的不平衡说到战区建设》。文中章乃器认为"应该要有一个全国规模的国民经济建设"，重要组成部分是战区建设。战区建设并不是调和论者的求得分润，乞取后方的一些剩余下来的点滴利益去敷衍一下，而是要求从根本上把偏安观念和残局观念先纠正过来。

摘要　在抗战以前，中国经济的发展，本来是一个不平衡，这就是所谓都市的畸形繁荣和农村的衰落。这种不平衡的现象，我们到农村里去实地考察一下就可明白的。战区经济的衰落，一言以蔽之，就是通货的极端紧缩。

经济的发展，走向一个新的不平衡，那就是后方空前繁荣和前方的普遍衰落。这是一个公平的循环往复，但是不够公平的；这是一个好的现象，但也不够好的。

8月17日　《由新的不平衡说到战区建设》续篇在重庆《大公报》发表。章乃器根据自己一年以来在战区的实地观察，认为敌人以战养战的政策已经很脆弱，"只要我们能够坚决的，有计划地建设战区，我们以建国助抗战的对策，一定可以粉碎敌人的阴谋"。同时，他认为战区很多方面形势已经稳定，投资安全的保障也绝不下余后方。他希望大家一致来关注建设战区的问题，共同推动这一个工作的迅速进行。他告诉读者，突破新的不平衡之后，就可以进入更光明的抗战建国的阶段。

8月25日　在重庆《大公报》发表《从实际经济抗战想到战地经济建设》一文。

作者认为安徽的困难，不在政治，而在经济。安徽的政治力量，可以执行经济抗战的任务。然而，因为没有经济建设做后盾，经济抗战的成果不可能圆满。他认为这不是安徽的特殊现象，而是战地的一般现象。文中他把经济抗战的内容分为商品斗争、人力斗争和货币斗争三个部分加论述。

摘要　为什么说当前的困难只在经济建设呢？那就是日用品的补充和禁运货品的出路问题。比方，四大需要之一的衣，为了上海的纺织业大部分已经被敌人侵略去了，纱和布的来源如果彻底禁止仇货，原有手工纺织是还不足以供给人民的衣被的。火柴印刷用品和一部分的文具，也有同样的情形。我们应该如何推广小工业和手工业，以补充这一部分日用品的供给呢？这是经济建设的问题了。

8月26日　《从实际经济抗战想到战地经济建设（续篇）》在重庆《大公报》发表。章乃器认为必须建立战区的关税。但是，他不主张普遍推行，比如安徽的检查处制度，中央推设战区关卡派员指导监督，地方政府办理，敌人也按一定的比例分派给地方一部分。原有的政治基础是不够的，而由中央直接办理，人员的配备固然不容易，武装保护也是必须的。

9月3日　午后，与沈钧儒、史良、沙千里到外交宾馆拜访来华的印度国大党领袖尼赫鲁，约谈两小时。（邹嘉骊编著：《邹韬奋年谱长编》）

9月24日　在重庆《大公报》发表《论恶性膨胀》一文。文章由什么是恶性膨胀、敌人恶性膨胀的危机、我们不具备恶性膨胀的条件、物价问题的观察 、把握膨胀与运用膨胀、以战养战和发展敌后等六个部分组成，系统阐述了章乃器的战时经济思想。作者认为，战时财政金融恶性膨胀不是一种政策，而是一条战时财政的末路，谁也没法终止它。但是，它的恶性膨胀具有特殊性，不是由于货币发行量过大，而是由于军需购买和军事支付太多，造成市场上商品数量的骤减和通货数量激增，同时由于战争对生产力的破坏，造成减产和商品价格的暴涨；一面诱致投机的囤积居奇，一面促使军事支付的进一步扩大和通货数量的增加，形成恶性循环。对此，章乃器形象地譬喻说："通货、物价和军事支付三者，好像是三匹脱羁的马，兜着圈子疯狂地前后追逐，但又好似被鬼捉弄的，永远的谁也追不上谁。最后它们是同时声嘶力竭地倒毙下去了。"

他对中日两国的财政和经济形势进行了比较分析，指出日本"军需膨胀超过了人民的负担能力，公债发行超过了人民的储蓄总额，和战时生产绝对配合不上战争消耗，这三个因素使日本具备了十足的恶性膨胀的条件"。与此同时，他认为中国不具备恶性膨胀的条件，军需膨胀很有限，战时动员不像别的国家，需要增加好几倍的常备兵额；战时军费主要用于兵员补充、军队调动、防御工事建设以及武器弹药的消耗，增加数量不是很大，特别在抗战以后战略的改变，伤亡率大大降低，调动也较前减少，防御主要的依据天然地形，由于战略的改变，无多建筑，武器弹药的消耗，在游击战当中，也节约了很多，军事费除非为着反攻。所以，他认为中国"因物价上涨而危险恶性膨胀"是没有理由的，人们不必过分焦虑物价问题。

对付日本的"以战养战"的政策，中国在原则上依然与"抗战建国"同时并进，在敌后进行经济抗战和经济建设。日本的弱点是先天不足，中国的优势是地大物博人多。在先天不足的基础上面加上了一般帝国主义应有的平时生产力已经到达饱和点，使得日本在战时很快表现出来恶性膨胀的必然性。中国在地大物博人多的基础上面，加上平时人力动员和资源开发都十分不够的条件，就可以持久抗战而必然不走上恶性膨胀的末路。

文章最后，章乃器认为目前最要不得的，除了妥洽观念就是偏安观念，就先从心理上把地大物博人多的条件放弃给敌人，"我们已经知道：'妥洽就是灭亡'！我现在引申一句'偏安决难久安'！也就是说：'偏安终于灭亡'！我们必须上下一心，把偏安观念从根清除，以积极建国的精神，动员大量的资力人力去发展敌人后方"。

章乃器主张应该运用合理的、平衡的膨胀，建立起经济上自足自给自力更生的基础，根本地消灭恶性膨胀的危机，只有这样做，中国可以进一步巩固自己的货币基础，同时粉碎日本"以战养战"的阴谋，使他早日走上恶性膨胀的末路。

10月19日 十八时，参加冯玉祥的宴请。同时出席的有钟可托、张澜、邹韬奋、章伯钧、张申府、沈钧儒。（周天度、章立凡：《章乃器传》，载周天度主编《七君子传》）

10月 在重庆参与发起成立"统一建国同志会"①的工作。

在沈钧儒寓所良庄，欢送叶挺将军出任新四军军长。参加欢送的还有沈钧儒、邹韬奋、沙千里、张申府、王炳南。（邹嘉骊编著：《邹韬奋年谱长编》）

11月5日 在重庆《大公报》发表《中国战时财政的特质》一文。作者认为财政、金融和国民经济，好像是一栋三层的建筑，财政的来源依赖国民经济，而财政的运用依赖金融，它们的关系是国民经济为基础，金融为中层建筑，财政为上层建筑。战争的要素是武力和财力，财力的基础是国民经济，武力的基础也是国民经济（土地、人口、资源和生产力），国民经济是武力和财力的源泉，国民经济决定了战争的前途。他认为资本主义的战时财政，就方法来说，尽管有募集内债，借外债，停付旧债，创办新税，增加旧税，征用民间财政和提高国营事业收入等许多项目，但就原则来说，则在于动员储蓄、控制膨胀、减低生活和运用

①统一建国同志会是中国民主同盟的前身，由当时"第三方面"的国家社会党、青年党、第三党、救国会、中华职业教育社、乡村建设学会的上层人士和部分无党派人士共同发起。

外交四个范畴，不可能有第五个来源。他认为资本主义国家战时财政的重要规律，在消极方面不可能持久，在积极方面适宜速战速决。中国的国民经济和金融、财政情况，则完全不同，我国的国民每月收入平均每人恐怕还不到三十元，与先进的国家比较，增加十倍都一点不稀奇，在战争的时候，"增加半倍到一倍应该是不难的"；人力至少还有百分之四十没有动员；农工的生产力如能相当的科学应用，增加三分之一以致一两倍都是可能的；地下的资源，更是百分之九十以上都不会开发。国民收入的增加就是税源的增加，这种税源的增加是永远可以取用而不受时间的限制。他认为中日战争中方的"持久抗战"，日本国内是不具备打持久战的条件，除非是依赖占领地，进行以战养战，我们应该粉碎敌人以战养战的阴谋，告诉敌人持久战是中国的专利品对于动员储备、控制膨胀、降低生活和运用外交这四个范畴，"我们是不是弃而不用呢？不是的，除了降低生活这一个范畴之外。我们还应该尽量地运用。特别是控制膨胀"。

他认为战时的财政特制的运用，不但需要健全的基础干部，而且需要能启发民族爱国热情的宣传员。不是发布政令，而是要动员民众，没有这种动员工作，"不但新税制不能推行，金银不能收集，公债不能销售，生产不能发展，甚至连剔除贪腐和简约浪费都不能彻底"。

11 月 17 日 在重庆《大公报》发表《忆廖磊将军》一文。章乃器在文中回忆了二人的交往，表示廖磊的遗嘱"坚持巩固大别山根据地"是具有深刻意义的，大别山根据地的巩固和安徽政治建设还需要努力。他希望今后的安徽环境不要再像过去的九个月，而是要出现一个精诚团结的新安徽。他认为廖磊的成功和感人，没有什么玄妙的秘诀，而不过是具有一种伟大的热情，产生了负责、爱民、提拔青年、爱惜国力，以至公而忘私的牺牲精神。

摘要 去年三月里在六安初次见到他，一位朴素、醇厚、谦虚、平易近人的农民本色的中年军人。要不是他的领章表示出来他的阶级，几乎使人忘记了他是一位身经百战，指挥 × 万大军的人物。当他说完一段对战略上有重大贡献的意见之后，他结束一句："我是不懂得的，不过是照土法子想来应该如此罢了。"那态度完全不是虚伪的客气，而是虚心的诚意，真是难能可贵的农民本色。只要我们的军人个个都如此，内乱是绝对不会有的，军民合作更不会成为问题。

11月23日 章乃器在重庆青年会参加统一建国同志会秘密成立会议。参加会议的有中华民族解放行动委员会（第三党）的章伯钧、丘哲；中国青年党的左舜生、曾琦、李璜、余家菊；国家社会党的罗隆基、罗文干、胡石青；救国会的沈钧儒、邹韬奋、张申府、章乃器；中华职业教育社的黄炎培、江恒源、冷遹；乡村建设协会的梁漱溟以及社会贤达张澜、光升等。会议选举黄炎培、张澜、章伯钧、左舜生、梁漱溟为常务干事，公推黄炎培为主席。会议通过了由章乃器与左舜生合作起草的《统一建国同志会信约》和《统一建国同志会简章》①，以"巩固统一 积极建国"为宗旨，主张"以诚意接受三民主义为抗战建国最高原则"，"对外抗战，对内建设"，强调"国家至上，民族至上"。这是一个以三党三派为基础，包括少数无党派人士在内的中间势力的联合体，会员仅有几十名，大多是国民参政员。其宗旨为集合各方热心国是之上层人士，共同探讨国家政策，以求意见之统一，促成行动之团结。统一建国同志会的成立密切了国共之外的抗日党派和主张抗日的无党派人士的联系，在组织上实现了各党派的初步联合，为后来中国民主政团同盟的成立打下了政治上和组织上的基础。按照后来《中国民主政团同盟成立宣言》和《光明报》社论的说法，统一建国同志会是民盟的前身。

摘要 吾人以诚意接受三民主义为抗战建国最高原则，以全力赞助其彻底实行，并强调"国家至上，民族至上"。吾人认定：中国今后唯需以建设完成革命，从进步达到平等；一切国内之暴力斗争及破坏行动，无复必要，在所反对。吾人相信，中国今后须为有方针有计划之建设。此建设包括新政治、新经济乃至整个新社会文化之建设而言，且彼此间须为有机的配合。吾人承认今日较之以前已进于统一；但为对外抗战、对内建设，吾人要求为更进一步之统一。今日之统一，非出于武力，而为国人抗日要求之一致所形成。今后仍应本此方向以求之；务于国人之

①章立凡认为《统一建国同志会信约》和《简章》由章乃器与左舜生合作起草，并收入他选编的《章乃器文集（下卷）》。

意志集中、意志统一上，求得国家之统一。凡遵守宪法之各党派，一律以平等地位公开存在；但各单位间应有一联系之组织，以共同努力为国是国策之决定与推行。一切军队属于国家，统一指挥，统一编制，并主张切实整军，以充实国防实力。吾人不赞成以政权或武力推行党务，并严格反对一切内战。吾人要求吏治之清明，而以铲除贪污、节约浪费为其最低条件。吾人主张现役军人宜专心国防，一般事务官吏宜尽瘁职务，在学青年宜笃志学业，均不宜令其参与政党活动。吾人主张尊重思想学术之自由。（中国民主同盟中央文史资料委员会编：《中国民主同盟历史文献（1941—1949）》，文史资料出版社，1983 年）

11 月 29 日 梁漱溟面见蒋介石，递交了《信约》，并着重说明统一建国同志会的"第三者立场"，要求蒋介石允许民主人士"有此一联合组织"。蒋介石提出不组织正式的政党为条件，允许成立统一建国同志会。（梁漱溟：《中国民主同盟的创建》，中国政协网）

1940 年 （民国二十九年） 44 岁

1月，毛泽东发表《新民主主义论》。

3月6日，毛泽东提出实行"三三制"。

8月20日，百团大战开始。

1月11日 三时，关于民主政治的促进会筹备会常务委员会在重庆康宁路5号张申府家举行，到者还有沈钧儒、董必武、于毅夫、沙千里、张友渔、刘清扬（女）、曹孟君（女）、韩幽桐（女），未到者孔庚、梅龚彬、康心之、章乃器、周钦岳、莫德惠、褚辅成、李中襄、左舜生、章伯钧、李璜、许孝炎、秦邦宪、史良、许宝驹。

夜，出席统一建国同志会在普海春酒店的聚餐，到者黄炎培、左舜生、刘清扬、沈钧儒、章伯钧、晏阳初、周士观、李璜、张申府、杨赓陶等。（黄炎培：《黄炎培日记》）

1月15日 下午，赴黄炎培处，谈共同发起消费合作社，黄炎培拒却。（黄炎培：《黄炎培日记》）

1月 应艾黎之邀，与梁思成前往宝鸡考察"工合"。

2月17日 以中国工业合作协会浙皖办事处主任身份、从事中共地下党秘密工作的章秋阳，在屯溪被国民党特务杀害。

3月10日 在重庆《大公报》发表《团结之道 建国之道》一文。章乃器以事实作论据，在文章开头时就表明"抗战可以巩固团结，抗战必须团结""非团结无以抗敌，任何内部的纠纷，都只有为亲者所痛，仇者所快"的观点。他呼吁为御侮要团结，为了建国要团结。他认为抗战取得胜利后，需要有一个长时期的和平建设时期，"一直到三民主义完全实现，奠定永久的和平"。

他认为团结之道就是建国之道，好比铁路有两条钢轨一样，巩固团结，完成建国。

他认为，几十年来道德出现堕落，"残酷险恶决不是人类社会的常态，因为人类是要求自由幸福的，是愿意和平亲爱的"，道德信条是任何的社会都要建立起来的。他在抗战以前就主张建立新的政治道德，内容包括"忠诚"，表现出的是"信义"，忠诚是守法的基础。在党派关系上，忠诚表现为政策的内容和外表趋向必须一致，所不同的是详略之分——外表不妨简略，而内容可以详细。"一切口是心非，外表团结，内里摩擦，外表拥护，内里夺取的政策，都应该一扫而空。"另外一种上层宽大、下层偏狭的政策也是不适合的。他比方说，要达到邻里和睦的目的，贤明的家长总是嘱咐人们不要相互冲突，把纠纷报告到家长加以解决。如果，纠纷一定层出不穷，而终不免与决裂。邻里间的事情这样，党间的事情也是这样。他认为政治道德的沦丧，是过去长时间的内战的结果，如果顺其自然，可能造成新的纷争。因此，为了团结，不能不迅速建立起来新的政治道德。

他认为，为了争取最后的胜利，必须摒弃个人自由主义和苟安自私的心理；严格地注意任意剥夺人民自由和扰乱社会幸福的罪恶。这两件事情，往往是互为因果的，无理由剥夺人民自由必然要引起扰乱，而不需要的造成扰乱也要招致自由被剥夺。换个角度说，"为了团结抗战，为了团结建国，大家都要建立起来对于自由幸福的正确了解；两面的错误观念都是要不得的"。

在文章的最后，章乃器表示：党派不是区分友敌的界限，抗战和反抗战才是界限，在团结和建国的功业上，重申这一点依然很重要。友敌界限不明，便容易做出"亲者所痛，仇者所快"的事情。

3月　为重庆《大公报·星期论文》写稿，回忆在安徽撤退时，曾想过"要有一个抗战武力……不管哪一方面的……掩护多好"。他说："在艰危的时候，自己人毕竟是自己人。'抗战可以巩固团结，抗战必须团结'，道理就在这里。"后来他说："非团结无以抗战；任何内部纠纷，都只有为亲者痛，仇者快！""为了御侮固然要团结，为了建国尤其要团结。"

是月　四女董淑萍生于皖南泾县小河口的新四军后方医院，由生母送给当地农民董长柏当养女。（陈木云：《章乃器家世简述》，载青田县章乃器研究会、青田县文联编《青田名贤章乃器》）

第一季度　为开展民主运动，救国会在重庆成立了十七人座谈会（不是团体，不设机构，只是原救国会核心人物的一种活动形式）讨论政治问题，成员有沈钧儒、张申府、章乃器、邹韬奋、柳湜、张友渔、钱俊瑞、沈志远、于毅夫、李赓等。扩大活动范围的分工计划，其中各党派方面的活动主要为统一建国同志会，由沈钧儒、章乃器、张申府、邹韬奋、史良

负责。（沈谱、沈人骅编：《沈钧儒年谱》）

章乃器回忆："我从安徽回到重庆。我发现救国会活动的圈子很窄，工作也只是重复党的声音和行动，而不能加以发展和扩大，所以起不了多大的影响。同时，内部已经发生了张申府和沈老（钧儒）争夺领导权的斗争，而且已经表面化。我对于当时左舜生之流以'给我官做'为主要内容的所谓'开放政权'是憎恶的。但当时重庆的民主运动，左舜生之流的声浪比救国会大。我这就得出了这样的一个结论：没有经济基础的政治运动，最后总不免要流为政客活动。正是这种思想，使我后来发起了民主建国会的组织。我认为需要动员那些不靠做官吃饭、更不靠做官发财的工商界人士参加民主运动，要把他们组织起来，成为一个政治团体。这样，我就在不动声色、不伤感情的情况下，悄悄地离开了救国会的活动。"（章乃器：《七十自述》，载中国人民政治协商会议全国委员会文史资料研究委员会编《文史资料选辑》第八十二辑）

5月　经上海银行总经理陈光甫的同意，由上海银行投资主办上川实业公司，由章乃器担任总经理，开始筹备公司成立事务。"该公司下设酒精厂、手摇发电机厂、翻砂厂和一个畜牧场。他聘请了许多专家和技术人员，根据当时实际需要开工生产。由于当时缺乏汽油；酒精生产供不应求。加之他的理财手段，不长时间内就大获其利。"（章翼军：《回忆与怀念——为先父章乃器百岁冥诞逝世二十周年而作》，载政协包头市昆都仑区文史学习委员会编《昆都仑文史·章乃器专辑》）

章乃器回忆："我回到重庆后，生活马上发生问题，于是就成立了上川公司。"（章乃器：《七十自述》，载中国人民政治协商会议全国委员会文史资料研究委员会编《文史资料选辑》第八十二辑）

6月11日　重庆《大公报》发表《上海银行投资工业生产·章乃器谈上川公司创办经验》一文。文中介绍说：经过一个月的准备，上川实业公司大致就绪。畜牧场已有乳牛八十头，乳羊五十头，每日出产牛奶百余磅，增产后可以为仿造德国酪胶生产提供原料，酪胶为战时空防必需品供飞机三甲板使用；乡民如愿改良牛羊种，该场亦可代为交配。酒精厂自糖浆提炼酒精，七月将出货，初出每日可有五百加仑，之后能增产至一千加仑。

无线电机厂资本达七十万,机器厂所费资本六十万,八九月间可以开工。到目前为止,仅设一试验场制造变压器。

章乃器告诉记者:"自抗战后银行资本家未尽其最大之努力,放款投资性质改变甚少,用于工业放款者不多,投资工业者更为寥寥。事实上此项投资最为需要,可平衡物价,提高货币价值。应与高业投资之作用相反。吸收沦陷区游资亦至为切要。至今上海有游资三十万万,如能内流,定可起相当大作用。"他表示:自从草创上川公司,乐趣故多,困难也不少,"原定资本三十万,今已超过五倍,人才亦殊难觅。今后或将开班训练。觅厂址煞费苦心"。

6月23日　十时,参政会一部分同人借暇娱楼会餐聚谈,主人周士观,到者黄炎培、左舜生、沈钧儒、章乃器、章伯钧、邹韬奋、张申府、杨赓陶,"谈国际大局问题、国共合作问题"。（黄炎培:《黄炎培日记》）

7月1日　进行身份证登记。内有姓名、年龄、籍贯等相关记录。配偶姓名:胡子婴。职业:重庆上川企业公司总经理。服务处所:重庆临江路16号。住址:四分局中一路蘑芦、四区观音岩镇三保。居住年月日:廿八年七月一日。空袭避难处所:第四区蘑芦防空私洞。

8月30日　对文化团体谈物价问题,认为造成物价高涨的主要原因是囤积,抗战以来,银行家主要为对外汇市场的破坏,而漠视生产事业。但是从去年秋天欧战发生,过去破坏汇价者内移破坏物价,以致物价高涨。对此,他并不悲观,认为政治力量加强即可渡过。

他从两种看法、紧缩时代、游资充斥、物价高涨等几个方面谈了物价问题,认为物价高涨是最近发生的事情,中国法币外流达二万万美金,即国币四十四万万元,接近政府公布的法币发行总额。欧战爆发后,使此外流法币走投无路,约有一万万美金回流,动向囤积居奇。上海物价先涨,沪渝中间运销利润减少之后,重庆囤积者,即以本地农产品做囤积,此笔巨款投入囤积圈,对物价影响巨大。

章乃器肯定地表示:物价增高,只由于囤积一途。虽然,囤积之结果,并不能造成巨大危机,原因中国为农业国家,并无生产不足,劳动力不足的困难;货币赶不上物价,货币并非过多,四万万五千万人民只有法币，不过美金二万万。"当前问题，即要打胜仗，则一切问题均告解决，而平定物价，则需政治力量之加强云。"（《章乃器昨对文化团体谈物价问题》，《大公报》1940年8月31日第3版）

9月8日　在重庆实验剧院讲物价问题。他认为目前的物价上涨，并不存在危机，实际是囤积居奇所致。对物价产生影响的是商品与货币，绝对的影响是商品的供需情形，货币对物价的影响是相对的。货币方面，在中国的物价演变过程中，货币对物价的影响，在欧战前是平衡的，欧战发生后货币的增加，还不及物价高涨的速度，目前法币发行额四十万万元，较战前增三倍，但物价则以增加十倍，故货币需要增加。货物没有膨胀危机。商品供需，影响物价最基本之因素为商品缺少，过去三年来，商品供给情形，全国工农业产品现增加，运输条件也能保持。抗战以来，人民购买力、战争消费较武汉失陷前都在减少，顾从商品供给需要者，物价高涨，由国债所致。他认为抗战开始时，财政措施有所失当，使的资金充斥市场。欧战爆发后，又转而侵扰物价，法币已有大量回流，需要设法稳定。（《物价问题　章乃器昨日演讲》，《大公报》1940年9月9日第3版）

9月10日　八时三十分，黄炎培至章乃器家，"晤其夫人"。（黄炎培：《黄炎培日记》）

9月15日　在重庆《大公报》发表《物价问题的症结》一文，章乃器认为在1939年上半年以前，物价的膨胀和货币的膨胀尚属基本平衡。但到下半年欧洲大战爆发，特别是1940年春法国投降后，欧洲外汇市场一路狂跌，"过去经过黑市逃避国外的资本，大部分都逃回来了"，其总量至少在两亿美元之数："这一数目，照目下的黑市汇价计算、就达国币五十亿元，超过了四行公布的法币发行额的总和"。其时，重庆当局所公布的法币发行额为三十九亿元，尽管它较战前的十四亿元已膨胀了近两倍，但比之这庞然五十亿元的游资仍不过是小巫见大巫："一个数达五十亿元超过全部法币发行额的游资，它的破坏力量是相当大的：它在外汇黑市活动的时候，我们就没有方法维持平准基金；而在商品市场的时候．倘使我们没有强大的对策，就可能没有方法供给养料。"

9 月 16 日　《物价问题的症结（续篇）》在重庆《大公报》发表。章乃器认为："倘使我们发国难财者都是没有民族良心的人，那也未免太机械。奸商的称呼往往是客观的，在主观上，他们大多数还和平常人一样。他们经营这种业务，而国家不曾严密的去管理他们的业务，他们就变成奸商了。只要有公平的方法，有完善的政治动员，赚了钱的人要他出点钱买公债，并不是很难的。"

摘要　最后，我们更不要忘记：增加生产是平抑物债的最基本的手段。因此，我们千万不能因为惧怕膨胀，而减少甚至停止农工业的生产资本的投放。我要重复的提出：同是一百万元的资金，膨胀在商业资本和膨胀在农工业资本，会是绝对不同的结果。前者的结果是囤积居奇，高抬物价，而后者的结果是增加生产，平抑物价。我们用不着说，农工业依然投资，要有精密的计划和严格的用途的限制。

11 月 13 日　在重庆《大公报》发表《从厨房前线动员起来，节储运动深入民间的一条路》一文。他认为在中国现代化的过程中，有两个必须普遍推行的运动，一个是农具改良运动，另一个是厨具改良运动。这两项运动，在重要性方面一定比重工业的建设、运输交通的组织，以至于其他方面的运用要弱一些，但在普遍性方面一定很高。

摘要　在这生活高昂的时候，谁不愿意能够减轻一些负担呢……节约储蓄运动应该把基础建立在节约运动上，而节约运动，却应该以"最小劳费最大效果"的经济原则为中心。这样，储蓄就不会是勉强的，而节约也不会是消极的。只要全国人人能有这种训练，那就可能成为发展国民经济的善良基础，同时还可以把政治上、社会上一切腐化的现象，给它应该大扫除。同时，节约运动要跟着科学进入每一个厨房之后，节约储蓄运动就跟着进入每一个家庭。一个运动的展开，自然应该先由政治机关和产业机关来倡导，但，倘使终久只在这些机关中盘旋，那就可能因浮泛而处于消灭。必须使它进入家庭，才能深入民间。才能有永久不拔的基础。

以上我是去年在工厂联合会演讲当中的一段意思。我认为这不单是妇女的责任，而是每一个国民的责任，尤其，在我国，这一个工作不是单纯的节约运动，需要大家不分男女一起努力。

1941 年（民国三十年）45 岁

1月6日，皖南事变发生。20日，中共中央军委员会发布命令，宣布重建新四军军部。

3月，周恩来等向国民党提出解决时局问题的十二条要求，遭拒绝，中共因此拒绝出席第二届国民参政会。

4月13日，苏、日两国签署《苏日中立条约》。

9月7日，中国军队进行第二次长沙会战，至10月9日结束，共歼灭日军三万余人。

12月9日，中国正式对日宣战。

12月25日，日军占领香港，香港沦陷。

4月13日　苏联与日本签订了《苏日中立条约》。这一条约规定：如果缔约一方成为第三者的一国或几国的战争对象时，缔约另一方在整个冲突过程中将保持中立。条约中还包含一项声明：苏联保证尊重"满洲国"的领土完整和不可侵犯，日本保证尊重蒙古的领土完整和不可侵犯。《苏日中立条约》的签订，对苏联而言十分必要，但是严重损害了中国主权和领土完整。当时，中国正处于抗日战争最艰苦的相持阶段，除法西斯国家之外，还没有任何一个国家承认"满洲国"的傀儡政权。

消息传到重庆，章乃器与沈钧儒、李公朴、王造时、史良、沙千里等谈论形势，对苏联与日本签订中立条约，认为有公开表示反对态度的必要。诸人推举王造时起草致斯大林的公开信，在肯定苏联积极援助中国抗战的同时，表示该条约妨害了中国领土和行政的完整，有着很大的遗憾。王造时后来回忆道："旋经开会修正通过。当时我们七人，除韬奋因生活书店被压迫已潜往香港外，我们六个人都在重庆参加会议（记得王炳南、张友渔同志等也参加会议）。开会决定由沙千里誊清两份，于次日早在史良家里签字。签名的有沈钧儒、章乃器、史良、李公朴、沙千里、张申府、刘清扬、胡子婴和我九人。记得陶行知声明对致斯大林大元帅的信是赞成的，但不赞成公开发表，故未签字。"

签字的信件共有两份，一份由沙千里派人送苏联大使潘友新转交斯大林，另一份则由王造时送国民党宣传部部长王世杰，交中央社发表。周恩来得悉后，将当时国内外形势以及该公开信在客观上可能产生的不利影响告诉沈钧儒，认为公开信极容易被国民党利用以进行反共。沈钧儒当即认错，表示撤销自己的签名。萨空了、李公朴同访沈钧儒和沙千里，提出发表这样的公开信有不妥之处，不利于国际统一战线。沈钧儒听后，认为意见很好。事后，沈钧儒、李公朴、沙千里、史良从国民党宣传部要回了即将在中央社发表的这封信。

章乃器不同意收回，认为救国会作为一个以抗日救国为宗旨的独立政治团体，如果在这一关键时刻不对苏联的做法公开表态，就会使蒋介石指责救国会为中共的外围的说法得到印证，从而失去其自身的独立性及其在社会各阶层的影响。（潘大明：《长河秋歌七君子——1936 年七君子事件与他们的命运》）

据胡子婴回忆：在受了周恩来的批评后，"沈衡老表示救国会要作自我检讨。章乃器对这件事很不以为然。他认为救国会发表宣言是救国会的事，共产党无权干涉，救国会也不应该检讨。他争之不得，就退出了救国会"。"章乃器回到重庆后，和救国会领袖们的思想更远了。因为当时皖南事变已爆发，国民党消极抗日、积极反共的行动愈来愈变本加厉了。许多在后方的爱国人士和国民党展开了剧烈的斗争。救国会领袖们是站在民主运动的前面的，是受党的领导的。他就和救国会领袖们闹意见。最主要的原因是，他认为救国会应该有独立的行动，不应该跟共产党跑。"（胡子婴：《我所了解的章乃器》，《人民日报》1957 年7 月 17 日第 4 版。章立凡：《君子之交如水》）

9 月 26 日　在重庆《大公报》发表《季鸾①先生不死》一文。八月下旬，章乃器在乡间接到胡子婴的来信，说张季鸾"虽身体衰弱而精神奕奕，病危之说，则不可信"。不久，他看见报载，张季鸾竟一病不起了。在章乃器看来，用"忠勇"两字，不足以代表张季鸾的风格，能代表他风

---

①张季鸾（1888—1941），名炽章，字季鸾，陕西榆林人。1912 年任南京临时政府秘书。后因撰文揭露袁世凯、段祺瑞的卖国行径而两度入狱，1926 年与吴鼎昌、胡政之接办天津《大公报》，任总编辑兼副总经理，直至病故。著作编为《季鸾文存》。

格的是"忠勇谦谨"四个字。"谦"是"谦于探讨"，"谨"是"谨于下笔"。

摘要　尽管也有时不尽同意于《大公报》的判断和论调，然而终觉得《大公报》的立场——无党无私的立场就是我的立场。也就是每一个国民的立场。

先生死了，《大公报》的同人，不但能继续先生的精神，而且一定还能发扬光大，以尽新陈代谢中人类进化的天职。不但《大公报》如此，我希望全国的报人都能如此。

10 月 13 日　在重庆《大公报》发表《中国的工业化问题》一文。章乃器以农业立国与工业立国、战时生产与工业、战后恢复与工业、落后的中国工业、工业资本的来源、工业资本的发展等六个方面谈了中国的工业化问题。在文章中，他认为三民主义的国家是非资本主义的，所以，民生主义里有节制资本的规定。节制资本的方法很多，如金融事业、交通事业和重工业的国营，以及捐税政策的运用等等。节制资本要以不妨碍工业建设迎头赶上为前提，必须高速度发展国家资本。国家资本如果能够突飞猛进地跑在前，让私有资本急起直追地跑在后，就可以达到工业划时代的进步。只有国家资本领跑，私有资本直追的积极节制资本的手段，才可以保证不会妨碍国家现代化的进程。一切枝枝节节地限制私人资本发展的消极方法，不但有害，而且是不必要的。"自然，金融事业、交通事业和重工业的经营，主要的要掌握在国家手里，这是不可能动摇的原则。"

秋　与胡子婴离婚。

11 月 23 日　在重庆《大公报》发表《由节制游资说到国民财产总登记》一文，主张冻结游资、规定法币使用限额、推广票据流通，同时对国民的土地、商品、外币、证券和债券等财产实行总登记。章乃器认为节制游资的办法是：规定法币使用限额，每人每月不得超过若干元，十岁以下孩童减半。工商业者以过去六个月之平均营业额为标准，视国家社会对于该业之需要，酌量增加或减低之。私人所有法币，不论现款或存款，超过一个月之法定使用额者，工商业者所有法币，超过十日之法定使用额者，均须向政府指定机关登记。银行、邮局、乡（镇）保公所，均为办理登记机关，并得依照法令，径行核定其使用额。县政府仅负审核之责，并将其结果汇报上级政府，而由财政部总其成。以后一切支付，满一千元者，必须以支票支付，否则其收付及其关联之交易，均为违法，处以重刑。扩大邮政储金之范围，并准发行限额支票；各都市普遍设立票据交换所，以利支票之流通。银行或邮局对于以后存入之法币，不论支票或现款，均须调查其是否合法，支出亦然；零售商及公用事业之收入，积少成多，势须存入一千元以上之法币，则由警察局随时调查其账簿，以与银行存款核对。

通过上述措施，他认为可以达到冻结大数游资，购买力转移到政府及政府所认为须加鼓励的工商业的目的。政府对于这种工商业，除增加限额外，可指示银行给予贷款的便利；大数游资冻结的结果，商品市场自可稳定；限制钞票合法偿付的范围；推广票据流通，推广者仅支付票据，不增加膨胀的危险；收入支出，均有踪迹可寻，防止贿赂贪污及其他非法之收支；民生日用所需的小额收付，不受登记束缚，不至于影响社会经济之正常活动；因主要市场及大量购买力均在都市，即使乡村不贯彻执行，也可以受到巨大的影响；法币使用额度有限制，可以起到杜绝奢侈的效果。

对于实行节制游资措施可能带来的弊病，章乃器也有清醒的认识，"节制游资办法实行以后可能的流弊，不外商品的长期囤积与货币以外各种财产物物交换的流行。在我看来，商品囤积的心理，还是由于认为政府对于货币没有办法的一种错觉。一旦政府拿出办法来，形势只会好转。物物交换之风亦然"。

章乃器还主张增加生产，达到平抑物价的目的。因此，他认为千万不能因为惧怕膨胀，而减少甚至停止农工业的生产资本的投放。他说："同是一百万元的资金，膨胀在商业资本和膨胀在农工业资本，会得着绝对不同的结果。前者的结果是囤积居奇，高抬物价；而后者的结果是增加生产，平抑物价。我们用不着说，农工业依然投资，要有精密的计划和严格的用途的限制。"

12 月 26 日　在《西南实业通讯》发表《当前工业金融问题》一文，主张中国战时经济体制应"以德国式的统制为主，以英美式的自由为辅"，并进一步提出工业立体发展的理论。

是日　在星五聚餐会①第二次会议上演讲《当前工业金融问题》。（赵宾：《民建先贤与星五聚餐会》）

---

①星五聚餐会由中国西南实业协会主办，1941 年 12 月 19 日，星五聚餐会第一次会议举行。此后数年这一聚餐会持续开展，到 1948 年总共举办三百余次。到会者少则一二百人，多则四五百人，参加者有民族资本家，国民党要员，金融、实业界人士，中共南方局的领导人，社会贤达等。演讲者大多是金融、实业界、学界的专家、名流，演讲内容包括经济信息、经济理论、经济政策、实业生产、国际政治经济形势、当前实业界存在的问题等。

1942 年（民国三十一年）46 岁

1月，中国军队在第三次长沙战役中击败日军。

2月1日，延安整风运动开始。

12月30日，中共在陕北开展大生产运动。

2月13日　十九时，与黄炎培、徐景微、朱通九、张梓生、刘攻芸等二十四人，座谈英美借款之运用与公债新方针问题，并扼要发言。（黄炎培：《黄炎培日记》）

3月15日　在重庆《大公报》发表《工业的立体发展》，他认为现代战争是立体战争，现代的工业发展也应该是立体的发展。所谓立体的发展，并不是说工业必须造飞机和潜水艇，而是说工业组织和工业技术应当向高和深的方向发展。目前，对我国的工业有就业问题的争论，他认为解决这一问题没有什么困难：从平面发展的观点来说，不能不承认部分充分就业状态的存在；从立体发展的观点来说，绝不能有充分就业的想法，"倘使像我们这样一个工业落后的国家都要以充分就业自居，德国的四年计划就真无从解释了"。

他认为工业的立体发展是必然的结果，在自由的经济制度之下，平面的发展达到充分就业的顶点，经过了大量的浪费和重大的牺牲之后，再来一个自然的合并运动优胜劣汰，以树立一个不够完整的立体组织。同时，在技术方面听凭许多专家关起门来的研究，结果是闭门造车，有的做了许多冤枉的重复工作，有的摸了长时期的黑弄堂，然后才得着一些曙光，随着时间的消耗，虽然也能达到高和深的水准，浪费可怕。那么，工业的立体发展是不是就等于计划经济呢？章乃器的回答是"也不尽然"，他看到"许多计划经济的方案依然是平面的、立体的，发展意义更不是发展重工业所能尽"。重工业的发展，尤其是初期的发展，往往还是平面的，而轻工业也可能有立体的发展。章乃器要求的工业的立体发展究竟是什么？他的回答是"以自足自给为最高目的，运用高度的组织力和高深的技术的一种完备而又彻底的计划经济"。他表示，"运用高度的组织力量和高深的技术"把国营工业和民营工业组成一个立体的、有机的组织体系，以国营工厂为主导，对生产技术、设备、原料等实行统一指导和管理。并建议"经济部应该有一个强有力的技术团，那里面不但要容纳国内第一流的技术专家，而且要即速展开外交活动，多邀请英、美、苏各国有经验的技术专家，担任工业立体化的指导工作"。

3月　在《金融知识》上发表《由物资问题说到战时工业》一文，提出战时生产动员应当包括八项任务：甲、适当分配工业地域；乙、统筹供给工业资金；丙、确立工业生产计划；丁、管理原料动力与技术；戊、实施设厂核准制；己、厉行生产标准化；庚、注意工业的分工合作；辛、确定工业保障。（周天度、章立凡：《章乃器传》，载周天度主编《七君子传》）

4月17日　迁川工厂联合会第五届会员大会上通过章乃器撰写的提案，决定筹建中国工业经济研究所。

7月7日　在重庆《大公报》发表《做人·做事》一文。他认为抗战到了今天，怕的是不争气。有人很悲观，担忧战时的经济问题和战后的政治问题，他以为这不是什么了不起的问题，所怕的还是"自己不争气"。在文中，他把三年来自己做人、做事的方法，总结后摘录下来，用以自箴和青年朋友的借鉴。他认为做人"大志不可无，野心不可有。大志的出发点是为人，而野心的出发点是为己"，要做事的人，所抱的是"什六主义"。那就是说一件事只要有十分之六的把握，就应该做。不做事的人，所抱的是万一主义。那就是说一件事，只要有万分之一的危险，就绝不去做。

8月23日　在重庆《大公报》发表《涨价休战》一文。章乃器认为，当前的物价情况，可说是一种疯狂的涨价竞赛，粮食、原料、成品、舶来品、工价等等，循环往复地上涨，都是盲目的、无意识的，见到别人涨价，自己马上跟着涨价；你涨一成，我要二成，轮到他就要涨一成半了，这种失常的群众心理，支配着大多数人。他认为，这种心理的病态不是任何心理的药剂所能治疗的，所以新平价运动必须切实地把握住利害关系，即涨价休战。第一，政府要认定平定物价为今后半年内的中心工作，要用统一、整齐的步伐，应付物价问题，具体的措施：粮食部向工商业表明，在六个月之内，以不超过某种限度的价格，充分就地供应粮食；经济部向工商业表明，在六个月之内，所有该部管制下的煤、铁、钢、化学品、动力、花纱布等，决不涨价；交通部向工商业表明，在六个月之内，邮电运输费用，决不涨价；财政部向工商业表明，在六个月之内，不增加捐税的负担，不提高专卖品的价格，不增加利息的负担；社会部向工商业表明，在六个月之内，工价决不增加。由工商业自愿向政府保证，在六个月之内，成品和商品决不涨价。政府公布货币实况及战后货币政策，与工商业战后可能遭遇的困难，保证对于参加涨价休战的工商业予以维护。不参加涨价休战者，除战后不予任何救济外，目下并不给与资金上、业务上任何的利便。

章乃器认为，战时经济到了今天，实在需要我们产生一种新的精神，创造一种新的作风：第一，政府各部门间要有更多的协调，要消除任何的矛盾，千万不能再为自己部门的工作成绩和工作便利，而有丝毫足以影响物价的行动。只要方法周密，态度公平，政府又能以身作则，人民自愿为国效命。第二，是政府与人民之间要真能开诚相见，坦白磋商。过度的秘密，只有招致更多的怀疑，引起更多的谣言，使失常的群众心理更加根深蒂固。

10月4日 与黄炎培、崔唯吾、吴羹梅在求精中学内待帆楼聚餐，"餐后讨论所草宣言稿"。（黄炎培：《黄炎培日记》）

秋 应在重庆沙坪坝松林坡的南京大学"名人学术讲座"的邀请，主讲计划经济问题。他说："计划经济的前提是发展民族自主经济，不然的话，你计划来计划去，反而替帝国主义国家和国内寡头财团当上了参谋，发展了洋人根子的买办经济殖民地经济。人民受剥削而穷困，国家将财竭而濒亡。离开前提来谈计划经济，这是毫无意义的！"他又说："发展民族自主经济措施是：反对亦官亦商。因为官商合一会形成不顾大局，内外勾结，竞谋私利，为己计划的坏局面；所以要反对这种官商不分的经济体制。严格实行人民监督。如果做到人民真正的监督而不是形式监督，就能保证计划经济的顺利执行。要制订翔实的计划内容，特别是各方面的协调发展内容，才不致流为空洞。这三项经济措施要同样重视，不可偏废。偏废则劳而无功，难收成效，使殖民地经济依然故我。"（程章：《忆章先生》，载青田县政协文史资料委员会编《青

田文史资料（第四辑）·章乃器专辑》）

12 月 29 日　参加筹备中国工业经济研究所发起人会议。会议通过章程及第一年度研究计划，并推定章乃器与胡厥文、胡西园①、吴蕴初②、吴羹梅、林继康等二十一人为常务董事，公推吴蕴初为董事长，章乃器为所长。章乃器认为中国要富强，只有走工业化道路，他提出"工业立体发展"的理想和开发大西北的构思。（吴羹梅：《我从事民主运动的良师益友》，载青田县政协文史资料委员会编《青田文史资料（第四辑）·章乃器专辑》）

是年　浙江内地的衢州、遂昌一度沦陷。在重庆的遂昌人程章家庭接济中断，程章写信向章乃器求援，托《大公报》编辑部转交。信去第三日就得章乃器函复："程章同学：《大公报》转来你信已悉，所商可以照办。今邮汇二百五十元，望向沙坪坝邮局具领。希奋发学习，将来以学致用，为救国事业作出贡献。乃主持上川实业公司，地址在重庆临江路 10 号，星三、星五都在公司办公，希时来晤叙为盼。"（程章：《忆章先生》，载青田县政协文史资料委员会编《青田文史资料（第四辑）·章乃器专辑》）

---

①胡西园（1897—1981），又名修籍，浙江镇海人。中华人民共和国成立后，任民建中央常务理事、杨浦区政协委员。
②吴蕴初（1891—1953），江苏嘉定（今属上海）人。化工实业家，中国氯碱工业的创始人。在中国创办了味精厂、氯碱厂、耐酸陶器厂和生产合成氨与硝酸的工厂。中华人民共和国成立后，任上海市人民政府委员等职。

1943 年（民国三十二年）47 岁

3 月 16—20 日，中共中央召开政治局会议，会议通过了《中央关于中央机构调整及精简的决定》，推选毛泽东为中央政治局主席、中央书记处主席。

6 月，共产国际正式解散。

11 月 22—26 日，中、美、英三国首脑在埃及开罗举行会议。

11 月 28 日—12 月 1 日，美、英、苏三国首脑在伊朗德黑兰举行会议。

1 月 8 日　出席黄炎培主持的星五聚餐会。市长贺贵严、动员委员会副秘书长端木铸秋、市秘书长陈介生、参政员邓飞黄报告后听取各方陈述意见。章乃器与崔唯吾、吴羹梅、徐青甫、柏坚及三团体提出书面意见。（黄炎培：《黄炎培日记》）

2 月 1 日　中国工业经济研究所开始筹备。

3 月　东吴大学、沪江大学联合法商学院工商管理系正式开学，章乃器兼任工商管理系主任、教授，讲授《工商管理》课程，并在其他系讲授金融课。"我班的《工商管理》课教材就是章教授亲自编写由书局出版的正式教课书。章先生在课堂上还经常讲解时局和形势，慷慨激昂，振振有词，抨击和揭露国民党反动派的卖国行为。"（彭士杰：《章教授在重庆沪江大学》，载青田县政协文史资料委员会编《青田文史资料（第四辑）·章乃器专辑》）

5 月 16 日　在重庆《大公报》发表《我国战后经济建设的两大问题》一文。文章分为绪言、工业化的两重任务、民生主义的积极性、限制商业资本和土地资本、消灭秘密财产制度、战后的保护政策如何、吸收外资的方式、自己的努力等八个部分。章乃器认为，我国战后经济建设的两大问题是如何大量动员国内私有资本，而同时能防止资本主义的抬头；如何大量吸收国外资本，而同时能保护国民的产业。在他看来，"大规模经营是现代企业的要件。我们要使民营工业在战时发挥力量，固然应该鼓励规模的扩大；要使他们能在战后和外国工业竞争，更应该鼓励规模的扩大。我们不要有大资本家，但是须有大规模的企业"。按他的设想，"那可能是合作制度，也可能是大公司小股东的制度"。此外，作为防止资本主义抬头的办法，他还提出了两种政策性主张：一是要限制商业资本和土地资本，二是要消灭秘密财产制度。在第二个问题上，他认为，虽然通过"修约运动"使各列强取消了在华种种特权，但毕竟他们产业发达，又高唱打破关税壁垒并贯彻贸易自由，这使得产业微弱且尚在工化业起步中的中国，不能不有自己的产业保护主义政策。除了保护关税、统制贸易及统制外汇等手段外，章乃器还提出，将来在与各国谈判商约的时候，可以提出这样两条原则："（一）国际通常贸易，以输出输入能够平衡为原则。如有入超，入超部分必须为输入国所需要之物质，而由输出国以借款方式给予之；（二）通常贸易，亦不能有对输入国无益甚至有害的商品，输入国得提出理由，随时限制或禁止某项商品之输入。"

同时，为争取工业化的时机，要有计划地鼓励外人在内地设厂，自己不能制造的物品和不能开发的资源，还是有计划地欢迎外人来办理。最好的办法就是借外债，聘请外国技师，以至购买外国的专利，而不必让外人设厂。外人投资设厂，自然要采取特许制。要订立合同，规定年限，还要附带在一定时间以内以技术传授国人的条款。

6 月 参加第二届全国生产会议，和吴羮梅、吴蕴初联名提出"工矿业固定资产增值转作资本的建议"，经会议制定方案，报由经济部、财政部拟具办法，提交行政院通过，转送国防最高委员会审核。但到抗战胜利时，这个建议方案还未获得实现。（吴羮梅：《我从事民主运动的良师益友》，载青田县政协文史资料委员会编《青田文史资料（第四辑）·章乃器专辑》）

7 月 18 日 午，五工业团体第二次联席会议举行。潘仰山[①]、朱联馥、章乃器、颜耀秋[②]、张剑鸣、吴羮梅、张澎霖、程觉民、黄任之、崔唯吾、

①潘仰山（1895—1982），豫丰纱厂经理。
②颜耀秋（1894—1964），别名颜昌潘，浙江桐乡人。1930 年创办上海机器厂，1931 年仿制成功德国式立式冲床、单汽缸发动机，负责南京金陵兵工厂的业务，兼营制造枪弹和军械零件。1937 年与胡厥文一起组成上海工厂联合迁移委员会，任主任。中华人民共和国成立后，任公私合营上海机器厂厂长、上海市通用机械公司经理兼上海市通用机械同业公会主任、上海市机器商业公会监察主任、上海市工商联监察委员、常委等职务，1958 年当选上海市第三届人大代表。

吴味经、吴蕴初、胡西园、周茂柏、黄炎培、毛庆祥、程嘉厚、徐鸿涛出席。"到者潘（主席）、朱、章、吴、吴、黄、崔、胡、周、程十人讨论生产会议各案执行意见：①资产增值案；熊式辉归提教部计划被驳，现交熊式辉、王世杰等五人。②工厂人员留学问题；③营业税问题；④工业会法案；⑤临时票据存兑所问题。"（黄炎培：《黄炎培日记》）

8月17日　夜，五工业团体假冠生园聚餐后举行黄金与物价座谈会，发言者章乃器、冀朝鼎、王寅生、周茂柏、顾毅夫、戴立庵等。（黄炎培：《黄炎培日记》）

9月1日　中国工业经济研究所正式成立。先后聘请毕相辉、周有光、沈经农为副所长。陆续举行了黄金问题座谈会、物价与工业问题座谈会、工业问题座谈会。对于经济法令施行实况进行了研究，并召开了两次座谈会，编印了《经济法令施行实况座谈纪要》两册，分送有关方面参考。此外，该所开始发行物价旬报，将物价指数、外汇行市、各重要城市利息行业、国家岁出岁入预决算、外人在华投资等数据随时汇集成刊，分送工商界人士参考。章乃器主持编纂《工商手册》，全书共四十章，约六十万言，包括了各种工商事业的组织、管理、会计、法令、税收等有关专题，聘请专家和各部门主管官员分章撰述，并附有详尽的数据、公式、文簿程式等，成为一部工商业的小型百科全书。（吴羹梅：《我从事民主运动的良师益友》，载青田县政协文史资料委员会编《青田文史资料（第四辑）·章乃器专辑》。周天度、章立凡：《章乃器传》，载周天度主编《七君子传》）

9月6日　十时，五工团会议召开，"假迁川工厂招待所报告参政会关于工业建设状况，到者潘仰山、吴羹梅、章乃器等"。（黄炎培：《黄炎培日记》）

11月9日　参加迁川工厂联合会五团体举办的工业界的问题座谈会并讲话，认为解决工业危机，首要解决钢铁销路。他强调目前工业的危机并不于工业界本身，而关系整个国民经济及中国工业化的问题，在论及物价时，他主张运用二万万美金，以稳定币值，物价问题及工业困难都可消除。各代表专家等发表意见甚多，都以解决钢铁销路为首要，办法：①请求政府建设轻便铁路，修理船舶。各厂家联合组织企业公司，官商合办。

欢迎民间投资者，不必在国库支出，而由政府为其保息，则交通问题、钢铁销路均同时解决。②重工业、轻工业以及工业与农业必须配合发展等。各代表讨论热烈至六时始散会。（《工业界的问题　五团体昨开座谈会》，重庆《大公报》1943 年 11 月 10 日第 3 版）

11 月 29 日　参加在重庆打铜街原交通银行二楼召开的《宪政月刊》发起人会议，商谈创刊办法。与会者黄炎培、张志让、康心如、吴羹梅、陆鸿仪、陈时、卢作孚、杨卫玉、向乃祺等二十六人。（黄炎培：《黄炎培日记》）

12 月 7 日　午后，到参政会，参加经济建设谈话。被邀出席者黄炎培、张丽门、刘攻芸、王道之（泷）、叶竹。（黄炎培：《黄炎培日记》）

是年　与上海银行因人事问题出现矛盾。"经过调解，上川实业公司支付章乃器五万美金，作为酬劳和红利，退出上川实业公司。就着手筹办上川企业公司，从事土产运销和进口业务。"（章翼军：《回忆与怀念——为先父章乃器百岁冥诞暨逝世二十周年而作》，载政协包头市昆都仑区文史学习委员会编《昆都仑文史·章乃器专辑》）

1944 年（民国三十三年）48 岁

1 月 3 日，中国远征军在缅甸向日军发起反攻。

3 月，昆明货物囤积，四川物价飞涨。

4 月，豫湘桂会战爆发。

5 月 20 日，国民党五届十二中全会在重庆开幕。

5 月 21 日，中国共产党召开六届七中全会。七中全会第一次会议选出毛泽东、朱德、刘少奇、任弼时、周恩来组成主席团，毛泽东为主席团主席，并决定在全会期间由主席团处理党的日常工作，书记处及政治局停止行使职权。

9 月 4 日，中共中央提出建立联合政府的主张。

9 月 19 日，中国民主同盟在重庆成立。

9 月 24 日，重庆各界爱国人士和各党派代表董必武、张澜、沈钧儒、冯玉祥等五百余人举行会议，要求实行民主。

11 月 7 日，美国总统特使赫尔利飞抵延安。

1 月 1 日　《宪政月刊》出版创刊号。发行人黄炎培，主编张志让。据尚丁回忆："乃器先生积极支持《宪政月刊》，为它写文章，特别是在《宪政月刊》和《国讯》杂志联合召开的'宪政座谈会'上，他每会必到，到而必在会上慷慨陈辞。"（尚丁：《民主风云中的闯将——章乃器在重庆》，载青田县政协文史资料委员会编《青田文史资料（第四辑）·章乃器专辑》）

1 月 14 日　黄炎培到中国工业经济研究所，与章乃器、陆绍云、毕相辉讨论工业管理问题，"决定由章、毕草进行步骤，陆草工作竞赛要点，下星期餐会时会谈"。（黄炎培：《黄炎培日记》）

年初　与吴蕴初、吴羹梅联名发起组织新兵服务社。参加发起签名的还有潘仰山、胡西园、庄茂如、黄墨涵等二十五人，立即受到迁川工厂联合会、重庆市国货厂商联合会和中国全国工业协会等七个团体的响应和赞同，联合发出倡议。（吴羹梅：《我从事民主运动的良师益友》，载青田县政协文史资料委员会编《青田文史资料（第四辑）·章乃器专辑》）

4 月 11 日　上川企业公司成立，任总经理。董事长李桐村，副总经理黄玠然[①]，襄理杨家伦、陆嘉书。股本为法币三百万元。

4 月 22 日　傍晚，在上川企业公司接待黄炎培，商谈物价问题建议稿。（黄炎培：《黄炎培日记》）

4 月 27 日　午后，经济建设策进会小组召开会议，讨论章乃器草拟的建议书。（黄炎培：《黄炎培日记》）

5 月 5 日　下午，与经济建设策进会两组驻会常委，讨论急救物价狂涨危机建议书。"到者黄炎培、御秋、孝炎、明剑、春藻、惜冰及章乃器、蔡某等，定下星期三续讨论。"（黄炎培：《黄炎培日记》）

5 月 24 日　与胡厥文、吴羹梅等推动迁川工厂联合会等五个工业团体的八十九位工业界人士集会，要求政治民主、生产自由、保障人权，并联名向国民党五届十二中全会递交《解决当前政治经济问题方案之建议书》。

6 月 9 日　午，"星五聚餐会听王仲武演讲，与章乃器谈《宪政月刊》集资事"。（黄炎培：《黄炎培日记》）

8 月 28 日　午，至九尺坎 40 号国货厂商联合会，参加五联会议，主席潘仰山，推定文书崔唯吾，事务吴羹梅，财务庄茂如，编纂章乃器，联络龚毅刚。（黄炎培：《黄炎培日记》）

9 月 1 日　与黄炎培、杨卫玉、张志让、孙起孟、吴蕴初、吴羹梅、卢作孚等三十人，联名发表《民主胜利献言》，提出实现民主，保障人民自由权利，开放言论，维护民族工商业等九点主张。（尚丁：《民主风云中的闯将——章乃器在重庆》，载青田县政协文史资料委员会编《青田文史资料（第四辑）·章乃器专辑》）

10 月 10 日　迁川工厂联合会和全国工业协会在重庆牛角坨生生花园，联合举办了会员厂矿出品展览会，章乃器担任编纂组长，吴羹梅任总务组长兼主任秘书。"重庆大小工厂都参加展出。参观的人莫不赞扬这个展览会显示出抗战大后方工业生产的能力。特别令人感到荣幸的是周恩来和邓颖超大姐，偕同董必武一同莅临参观，并都题字纪念，周恩来题字为'合

[①]黄玠然（1901—2004），原名黄文容，浙江浦江人。1926 年加入中国共产党，中华人民共和国成立后历任中央工商行政管理局副局长、中华全国工商业联合会党组副书记、秘书长，中国民主建国会中央常委、代秘书长等职。

作奋斗，发展生产'；邓颖超题字为'供给前方战士的生产，是国防工业第一要义'；董必武的题字为'极艰难的条件下奠定新中国工业的基础'。"（吴羹梅：《我从事民主运动的良师益友》，载青田县政协文史资料委员会编《青田文史资料（第四辑）·章乃器专辑》）

11 月 18 日 新兵服务社正式成立。为了做好征募工作，组织了征募委员会，分设十一个征募总队及新闻、律师、西医、中医、会计师、建筑师等六个直属大队。并商请若干机关、工厂、商行和自由职业的诊所、事务所为团体社员，另以其中的全部工作人员、从业人员为个人社员。从各方面积极开展征募，为了解决新兵的生活困难，在几个有关地点提供特别营养，对有病的新兵进行门诊医疗，虽然没有得到普遍发展，但在战时后方起了一定作用。

冬 在贵阳与杨美真①结婚。

----

①杨美真（1904—1991），湖北孝感人。1930 年毕业于上海沪江大学。1934 年赴英国伦敦出席世界妇女节制大会，转赴美国留学。1936 年获宾夕法尼亚大学社会学硕士学位。1936 年 9 月回国，历任北平、贵阳女青年会总干事、重庆儿童营养会营养研究组主任等职。1945 年参与发起成立中国民主建国会，被推选为监事。中华人民共和国成立后，曾任民建中央秘书处处长，第一至四届中央委员，第一、三、四届中央常委、中央咨议委员会常委等。

1945 年（民国三十四年）49 岁

2 月 4—11 日，雅尔塔会议召开。

6 月 7 日，中国军队在湘西大捷，歼灭日寇两万四千人。

7 月 17 日，苏、美、英三国首脑在柏林近郊波茨坦举行会议。会议期间，中、美、英三国发表了促令日本投降的《波茨坦公告》。

8 月 14 日，日本政府照会美、英、中、苏四国，宣布接受《波茨坦公告》。

8 月 15 日，日本宣布无条件投降。

8 月 28 日，毛泽东抵达重庆，开始与蒋介石会晤。

10 月 10 日，中国共产党和中国国民党签署《双十协定》。

12 月 16 日，中国民主建国会在重庆成立。

1 月 1 日　与黄炎培等六十四人署名，发表《为转折当前局势献言》，进一步提出：准许各政党公开，并与各党派推诚合作，切实保障人身、言论、出版、新闻自由，释放政治犯，征收累进富民捐；并利用私人外汇以裕国库，防止通货膨胀等二十条主张。它明确表达了中国的民族资产阶级在抗日战争胜利在望的形势下，要求与闻国是，澄清吏治，实现民主政治、发展民族工商业的政治要求。"不难看出，这些主张，正出之于乃器先生。"（尚丁：《民主风云中的闯将——章乃器在重庆》，载青田县政协文史资料委员会编《青田文史资料（第四辑）·章乃器专辑》）

1 月 28 日　与吴蕴初、刘鸿生[①]、胡厥文、胡子昂、李烛尘、胡西园等三十余人参加周恩来举办的招待产业界人士会。与会者一致赞成民主，反对国民党一党专政。周恩来在讲话中强调抗战要坚持到底，民族要独立，国家要富强，工业家要为国家做贡献。（中共中央文献研究室编：《周恩来年谱 1898—1949（修订本）》）

3 月 6 日　下午，经济策进会邀顾问会员召开座谈会。出席者黄炎培、章乃器、吴蕴初、孙越崎、胡叔潜、潘仰山、张剑鸣、余名钰、章剑慧、章友江、颜耀秋、程嘉厚、何公敢、谢澍霖、刘和、楼震旦、蔡叔厚、崔

---

①刘鸿生（1888—1956），浙江定海（今舟山）人，生于上海，以经营开滦煤炭起家，后投资轻重工业、运输业、商业和金融业。中华人民共和国成立后，历任上海市人民政府委员、民建中央常委、全国工商联常委。

温桥、王陵南、杨荫溥。（黄炎培：《黄炎培日记》）

　　3月15日　九时，与黄炎培、吴蕴初、冷御秋、杨卫玉等谈时局。（黄炎培：《黄炎培日记》）

　　3月22日　上午，至江苏同乡会，与黄炎培、吴羹梅、吴蕴初、潘序伦谈话。（黄炎培：《黄炎培日记》）

　　4月10日　午，至民生路冉家巷9号附2号二楼会餐，胡西园招餐。黄炎培、胡厥文、吴羹梅、潘序伦、刘鸿生、冷御秋、贾佛如（中华职业学校校长）、杨卫玉出席，商谈时事。（黄炎培：《黄炎培日记》）

　　4月26日　午，至冉家巷9号附2号国营招商机器厂办事处餐叙，出席者还有黄炎培、冷御秋、杨卫玉、贾佛如、胡厥文、胡西园、吴羹梅。（黄炎培：《黄炎培日记》）

　　5月4日　十二时三十分，在白象街15号附1号西南实业大厦，主持星五聚餐会。由民主机器厂厂长周茂柏演讲"美国工业概况与中美经济合作之前提"。

　　5月10日　出席在七星岗江苏同乡会举行的座谈会，主题是"对旧金山会议应有之建议与努力"。面对一千多群情激昂的群众，他说："我们要打败日本，并在国际问题的解决中成为有力者，首先必须自身强起来。而要自身强起来，唯有民主，唯有民众有权，政府有能，才能发动几亿民众的力量。所以，要在国际上是个有力者，必须有好的内政为基础。我们中国的内政，当务之急，是言论出版自由的开放，集会结社自由的解禁……"（尚丁：《民主风云中的闯将——章乃器在重庆》，载青田县政协文史资料委员会编《青田文史资料（第四辑）·章乃器专辑》）

　　7月　为中国工业协会成立中外资本技术合作委员会二十一名委员会成员之一。（章翼军：《回忆与怀念——为先父章乃器百岁冥诞暨逝世二十周年而作》，载政协包头市昆都仑区文史学习委员会编《昆都仑文史·章乃器专辑》）

　　8月中旬　在西北考察，途中得到日本无条件投降的消息，立即赶回重庆。杨美真回忆：抗战胜利后，有一天晚饭后，"乃器对我说：

'想动员不靠做官吃饭、不靠做官发财的工商界人士参加民主运动，组织起来，成立一个民主政治团体。'我表示同意他的想法"。（尚丁：《民主风云中的闯将——章乃器在重庆》。杨美真：《忆乃器》，载青田县政协文史资料委员会编《青田文史资料（第四辑）·章乃器专辑》）

8 月 21 日 下午，胡厥文在沙坪坝土湾重庆六厂联合办事处接待黄炎培和杨卫玉。谈及胜利后的国家前途，三人一致认为，在建设中，重工业是首要问题。民族工业界不能只埋头搞实业，还必须有一个自己的政党，取得应有的地位，并商定以迁川工厂联合会和中华职业教育社为基础，发起组织一个新的政团。根据胡厥文"要成立自己的政治团体，必须联合社会上对政治研究有素的高明人士共同参与"的建议，"对章乃器、林继庸、蔡冰新、陶桂林、顾毓瑔、吴致信（日用管理处副处长）、王振山、潘仰山、高事恒、吴羹梅、张禹九、叶晓梅、张剑鸣、章剑慧、钱子宁，皆评论及之"。议定邀请章乃器、施复亮、孙起孟三人参与组织的筹备工作。（黄炎培：《黄炎培日记》。赵宾：《章乃器与民建的创建和新中国诞生的历史贡献》）

8 月 28 日 十五时三十分，毛泽东、周恩来、王若飞、赫尔利、张治中自延安飞到重庆。

是日 十六时，赴胡厥文家，与黄炎培、胡厥文、杨卫玉等商谈发起以民族工商业家和知识分子为主体的政治团体，共进晚餐。（黄炎培：《黄炎培日记》）

9 月 8 日 晚，在家举办会餐，出席有黄炎培、胡厥文、吴羹梅、杨卫玉，商谈组织政治团体之事。"乃器病，夫人杨美真招待。"（黄炎培：《黄炎培日记》）

9 月 11 日 晚，至胡厥文家，与黄炎培、胡厥文、吴羹梅、杨卫玉、胡西园、蔡承新、吴至信、张志让再商组织问题，"一致主张成立政治性组织，推章乃器草拟纲领，定星期五晚再会"。（黄炎培：《黄炎培日记》）

9 月 14 日 晚，黄炎培、胡厥文、胡西园、吴羹梅、杨卫玉在胡厥文家会谈组织，"研究乃器所草纲要"。（黄炎培：《黄炎培日记》）

　　9 月 17 日　下午，应邀出席毛泽东在重庆桂园举行的招待产业界人士的茶话会，听取毛泽东关于中国共产党对民族资产阶级政策的谈话。其他出席者有刘鸿生、范旭东[①]、胡厥文、胡西园、吴蕴梅、吴蕴初、潘昌猷[②]、颜耀秋等工商界人士。毛泽东赞扬他们为发展中国民族工业所做的贡献，同时指出，中国是一个半殖民地半封建国家，民族资本不可能有大的出路，能获得发展的只有外国资本和依靠政治权势的官僚买办资本。毛泽东又说，民族工业要得到发展，首先必须实现民族解放，实施民主政治。现在抗战胜利了，中国应当建设成为一个独立、民主、富强的新中国。在这个新中国里，民族工业应当得到保护，民族工业只有在这样的国家里才能得到发展。随后，毛泽东向他们介绍了中国共产党对待民族资本的政策，如何对待民族工业的问题。他说，中国共产党是工人阶级的政党，同资产阶级是有矛盾的，不承认这个矛盾是不客观的。但是，在现阶段，在新民主主义阶段，中国共产党不主张没收资本家的产业，而主张实行调节劳资矛盾的政策。他希望工商界朋友同工人搞好关系。中国共产党绝不会把爱国工商界人士当敌人，相反，把他们看成朋友，希望大家为建设新中国共同努力。（陆象贤等：《胡厥文生涯——从资本家到副委员长》，上海人民出版社，1996 年。中共中央文献研究室编：《毛泽东年谱（1893—1949）》）

　　9 月 22 日　午，到胡厥文家会谈。黄炎培提出由章乃器起草的民主建国会政治主张草案的修正纲要，"到者厥文、卫玉、西园、起孟、元善、乃器。"（黄炎培：《黄炎培日记》）

---

①范旭东（1883—1945），湖南湘阴人，生于长沙。先后创办和筹建久大精盐公司、久大精盐厂、永利碱厂、永裕盐业公司、黄海化学工业研究社等企业，历任总经理、董事长、化学工业会副会长等职，产出中国第一批硫酸铵产品、更新了中国的联合制碱工艺。

②潘昌猷（1901—1981），号文义，四川仁寿县人，金融家。1924 年被杨森委为成都外东统捐分局局长。1928 年任重庆市金库主任兼市奖券所所长，又与人合伙开设中孚钱庄，进入金融界。1938 年任四川省银行总经理、董事长。大量投资经营工商企业，并担任董事长、总经理。

9 月 29 日　午，在冉家巷 9 号章乃器家餐会，到会者有黄炎培、胡厥文、胡西园、吴羹梅、杨卫玉、孙起孟、章元善，商定该政团名称为"民主建国会"。（黄炎培：《黄炎培日记》。章翼军：《回忆与怀念——为先父章乃器百岁冥诞暨逝世二十周年而作》，载政协包头市昆都仑区文史学习委员会编《昆都仑文史·章乃器专辑》）

10 月 1 日　午，在冉家巷会商民主建国会政治主张草案，讨论及半，到会者有黄炎培、胡厥文、杨卫玉、胡西园、孙起孟、章元善、吴羹梅、章乃器，胡厥文担任会议主席，孙起孟为记录。（黄炎培：《黄炎培日记》）

10 月 3 日　夜，冉家巷民主建国会会餐，到会者黄炎培、胡厥文、章乃器、杨卫玉、孙起孟、吴羹梅、章元善及李烛尘，讨论通过民主建国会政治主张二十条。"深夜始返。"（黄炎培：《黄炎培日记》）

10 月 6 日　十七时，黄炎培、胡厥文、胡西园、吴羹梅、章乃器、章元善、杨卫玉、孙起孟在冉家巷续谈，"政治主张草案定稿，讨论组织原则及征求人选"。（黄炎培：《黄炎培日记》）

10 月 12 日　夜，参加民主建国会成员聚餐，黄炎培、胡厥文、胡西园、章元善、章乃器、杨卫玉商定章程草案。（黄炎培：《黄炎培日记》）

10 月 18 日　午，黄炎培、吴羹梅、胡厥文、胡西园、庄茂如、章乃器、厉无咎，"就特园招同盟诸人餐"。（黄炎培：《黄炎培日记》）

10 月 26 日　夜，中国民主建国会成员聚餐，到会者有黄炎培、章乃器、胡厥文、吴羹梅等。黄炎培"提草拟口号：一、生产；二、团结；三、纪律。待各自考虑"。（黄炎培：《黄炎培日记》）

10 月 27 日　在重庆市第四区参加重庆市第一届参议会选举宣誓登记，获得公民证。

10 月 31 日　迁川工业联合会召开会员大会，发表宣言，并被推举为代表，"赴行政院向宋子文请愿"。（章翼军：《回忆与怀念——为先父章乃器百岁冥诞暨逝世二十周年而作》，载政协包头市昆都仑区文史学习委员会编《昆都仑文史·章乃器专辑》）

10 月　写信给老朋友徐又德，请他设法给民建会上海分会物色会址，找房子。后又委托周肇基找徐又德帮忙。（黄炎培：《黄炎培日记》）

11月2日　午后，与黄炎培、胡厥文、施复亮、徐崇林等三十一人参加由迁川工厂与《国讯》等刊物发起的民主座谈会。发言者沈钧儒、胡西园、胡厥文、陈伯康、施复亮、马雄冠、章乃器、余名钰、卫挺生、徐崇林、高功懋、张雪澄、魏如，共十三人。

晚，参加由黄炎培主持召开的会议，章乃器"就所拟的政治主张作补充草稿发言，与会者进行讨论和修改"。（黄炎培：《黄炎培日记》）

11月9日　晚，与黄炎培、施复亮、胡厥文、胡西园、徐崇林、张雪澄等聚会，由黄炎培报告大局现况。（何民胜编著：《施复亮年谱》）

11月16日　晚，参加民主建国会的筹备会议。胡厥文主持会议，黄炎培、胡西园、章元善、施复亮、徐崇林、孙起孟、张雪澄等九人参加，决定将《民主建国会政治主张》改为《民主建国会政治纲领》。形成决议：①假定12月1日开成立会；②推章乃器、施复亮、张雪澄、孙起孟研究政治纲领。（黄炎培：《黄炎培日记》。何民胜编著：《施复亮年谱》）

11月19日　下午，出席陪都各界反内战联合会成立大会。大会在西南实业大厦举行。参加会议的有文化教育工商各界数百人，黄炎培主持并致开会词，梁漱溟、郭沫若、罗隆基、刘王立明、章乃器、陶行知、邓初民等发表演说、致辞，章乃器在会上当选为常务理事，最后大会通过宣言。（重庆《大公报》1945年11月20日第3版）

11月23日　出席在西南实业协会举行的星五聚餐会。外交部特派员凌其瀚报告越南情形后，主席张肖梅请章乃器演讲目前的局势。

11月24日　《新华日报》以《章乃器大声疾呼要用人民力量消灭战争》为标题做了报道：昨天（二十三日）的星五聚餐会……章先生开头就说：第三次世界大战是不可能的，美、英、苏都要和平，都不愿轻启战争。只有那种"混水摸鱼"和"唯恐天下不乱"的具有法西斯头脑的人，才希望并且挑拨第三次世界大战。有人以为有了原子弹，第三次世界大战应该提早，对于这种人，章先生明白地告诉他们：要知道有一种力量比原子弹的力量还要强大，这种力量就是民主家内的人民公意，今天除了少数反动派，全世界人民的公意都反对战争，要求和平。章先生大声疾呼：今天正是民意要抬头，而且要用人民的力量来消灭战争的时候。

章乃器的演讲，给一些倡言第三次世界大战已在进行的言论深深地一击。

11 月 27 日　到黄炎培处，商谈中国民主建国会的进行步骤。（黄炎培：《黄炎培日记》）

11 月 28 日　下午，参加在迁川工厂联合会举行的民主建国会筹备会议，约三十人出席了会议。与黄炎培、胡厥文、胡西园、孙起孟、章元善、施复亮、鄱云鹤、胡子婴、辛德培、黄墨涵、张雪澄、陈之一（钧）、徐崇林、周子义（焕章）等十五人被推举为筹备干事。（黄炎培：《黄炎培日记》。何民胜编著：《施复亮年谱》）

11 月 30 日　下午出席在“菁园”黄炎培家举行的民主建国会筹备干事会第一次会议，与会者黄炎培、胡厥文、章乃器、胡子婴、周焕章、徐崇林、辛德培、张雪澄、陈之一、鄱云鹤、孙起孟等。（黄炎培：《黄炎培日记》）

12 月 5 日　下午，出席在西南化工厂办事处召开的民主建国会筹备干事会第二次会议，通过了章乃器起草的《民主建国会成立宣言》。（何民胜编著：《施复亮年谱》）

12 月 16 日　下午，出席在重庆白象街西南实业大厦举行的民主建国会成立大会。成立大会选出黄炎培、胡厥文、章乃器、施复亮、胡西园、吴羹梅、李烛尘、王纪华、杨卫玉、孙起孟等三十七人为理事。选出李组绅、阎宝航、钟复光等十九人为监事。大会通过了《民主建国会成立宣言》[1]，宣言指出：直到如今，自命为“万物之灵”的人类，依然在少数人的驱使之下，进行自相毁灭的战争，愚顽的特权阶级依然在制造社会的矛盾，执行殖民地的黑暗统治，逼成玉石俱焚的流血革命，以自陷于覆亡！这到底是什么原因？这就因为全世界的平民没有普遍的觉悟，没有广泛的团结，因而不能发挥他们潜在的伟大力量。

摘要　无数次的惨痛教训终究会使大多数人慢慢地清醒过来。科学上原子能的发现，应该还可以帮助人类恢复了灵性，走上合理的大道。从今以后，我们应该可以踏进平民世纪、和平世纪了吧？……但是，我们也不

---

[1]章立凡认为民主建国会的宣言、政纲等大量文件，均为章乃器所起草，故收入他选编的《章乃器文集》。

能一味地乐观，更不能忘记了我们自己的努力！

　　平民世纪决不会由天上掉下来，而是要平民用自己的力量去争取的。只有平民普遍的觉悟、广泛的团结，才能建立真正的平民世纪，也才能保证和平世纪的存在。我们这一群人，都有自己的工作岗位，并不需要玩弄政权以发展自己的抱负，实在是因过去几十年的教训太惨酷了！为着国家，我们不但不能做自了汉，而且也不能让自己汗血牺牲所争取的成果，永供别人的糟蹋毁灭，所以我们必须有一个自己的经常组织，积极地与闻国家大事。

　　我们现在是要在极端尖锐的国际竞争当中完成工业化的大业。我们为求工业化过程的迅速，还不能不欢迎外人的合作，把国际竞争领到大门里来。在这种情形之下，我们的工业化倘使还要保持操之在我的主权，那么，政府和平民一体，资本家和劳工合作，以至工业和农业兼顾都是绝对不可少的。一面以平民的资格把权力争取到手。而另一面马上让自己变成了新的贵族阶级，去践踏另外一批的平民，这种情形，在中国不但是不应该重演，而且也不可能重演的。

　　对于国内政治，我们主张和平统一、民主集中，政府必须即刻停止以武力干涉人民的政治活动，充分尊重人民身体、信仰、言论出版、结社、集会、通信的自由，以昭大信于天下；各政治党派以国家利益为前提，相忍相让，通过政治的民主化以达成军队的国家化。然后由直接普选产生各级议会，由议会行使各级政权，以彻底铲除贪污，充分提高行政效率，从人民有权以进于政府有能。同时，以户为单位的保甲制度必须取消，改用以人为单位的自下而上自动自发地组织，以实现真正的自治。所有足以阻抑人民参与政治的公民宣誓，以至民选官吏及人民代表候选人必须经过考试考核的规定，必须完全废除。

　　对于经济，我们主张有民主的经济建设计划，与在计划指导之下的充分企业自由。在目前阶段，国家必须以全力培养资本，同时集中力量，用和平合理的手段解决土地问题，以解除农民痛苦并扫除国家工业化的障碍。工业、农业必须兼筹并顾，以谋国民经济发展之健全，货币、金融、贸易、捐税等政策必须彻底改善，期能密切配合国家工业化的要求。工业区必须迅速指定，工业标准必须尽速完成，以便利人民之经营。

我们不是一个党同伐异的政党，我们对于一切为民主建国而努力的党派及个人，都愿保持极度的友善，然而同时保留对于任何方面的完全的批评自由，我们愿以纯洁平民的协力，不右倾，不左袒，替中国建立起来一个政治上和平奋斗的典型。我们要以光明磊落的作风，伸张公道，主持正义，使这堕落不堪的政治道德重新抬起头来。国事不能再有丝毫的耽误了！多少黄金时代已经错过，多少罪恶已经造成，我们做平民的，不能一味地责备别人而必须自己反省，自己觉悟。一误再误，还能就此永远耽误下去吗？我们相信，在全国的平民当中，和我们同一理想同一态度的，必然占极大的多数，我们盼望大家赶快一致起来，参加本会，共同为世界的和平、国家的民主统一和人生的自由康乐而奋斗！

成立大会通过了《民主建国会政纲》，《政纲》分为总纲、政治、经济、社会、教育文化五个部分，四十六条。

摘要　甲、总纲：一、建国之最高理想，为民有、民治、民享，我人认定民治实为其中心，必须政治民主，才是贯彻民有，才能实现民享。建国之途径，经数十年之惨痛教训，大体已趋一致，今后不在多言，而在实践。我人认为亟应根据人民之利益与要求，采取孙中山先生所定全民主义中之重要进步部分，订入宪法，以确定全民共同信守之范围。政治须以文化为指导，而以经济为基础，始能期其正确而切实。军人武断政治，与夫官僚政客包办政治，均非现代国家之所许，必须使从事生产各阶层之广大人民拥有最大之发言权，而以文化教育之力量融和其矛盾，扶助其发展，然后民主始不落玄虚，进步始不超时代。经济须以科学为指导，而以社会为基础，始能迎头赶上，利及全民。因此从事生产，必须充分尊崇科学研究，以求理论与应用之相互发明、相得益彰，而发展工业尤须同时谋农业收益之增高，与一般人民生活之改善。政治之安定有赖于公道之伸张，舍公道而尚威力，为政治祸乱之源，而经济掠夺与社会黑暗亦均由此而起，拨乱反正，必须以国家利益与人民公意为准绳，明是非，正功罪，以彰公道，抗战为空前大业，在此时期政治上、社会上一切是非功罪，尤应依此

339

论定。抗战既获胜利，我认为必须于和平中完成建设；以恢复元气，增进国力。于统一中实行自治，以安定秩序，发挥民力。而和平与统一，均须于民主政治中求之。有效之国防，亦端赖政治进步，经济充实，益以教育文化之发达，始能奠定其基础。

乙、政治：民主政治之基本条件，为人民身体、信仰、言论、出版、集会、结社、通信等之自由，应予切实保障，在不违反国家利益、社会安宁条件之下，绝对不得加以限制；所有侵害人民自由之特殊机构，应即解散。我人认为现代国家，必须人民有权，政府始可有能。政令固需人民之协力推行，而铲除贪污，提高行政效率，更需人民之监督；在人民未得充分民主权利以前，绝对不应提高政府之政权。为保障民主政治，必须建立各级议会，行使各级民权，议会之代表必须包括各阶层及各界，以期能充分提出切身之要求。

丙、经济：经济建设须有全国性计划，以谋发展之平衡与配合之妥善，惟计划之订定，必须依照民主方式，在计划规定之下，人民须有充分经营企业之自由，除保护劳工及防止独占法律以外，不得再有其他之限制，我仍认为经济民主应以此为起点。国营事业之官僚化与私人企业之独占化，同为经济建设之大敌，以我国现势而论，前者之危机远过于后者；因此我仍一面主张国营事业国家化、私人企业社会化，一面更反对在官僚化尚未肃清以前，扩大国营事业之范围。

丁、社会：人民应有工作权，为谋工作权之切实赋予，政府应依据国家建设及人民生活之必需，订定全部就业计划，并动员财政金融及民间事业力量，负责求其实现。国家对于愿意从事工业之失业人民及失去工作能力之老弱残废，应负切实救济之责。对于患病无力就医者，应免费为之治疗。所有卫生保健工作，均宜从社会最低层入手，以纠正粉饰表面之作风。社会保险制度，必须逐步施行，限期完成。灾患之救济，尤须求其切实而有效。一切社会设施，均应以贫苦无告之人民为主要对象。

戊、教育文化：发展教育，量的扩大与质之提高，必须并重。前者须厉行义务教育，以求普及，而后者更须充实学校设备，提高教学水准。免费学额须大量扩充，以求教育机会之均等。为谋改变学风与适应时代需要，人格之培养与生活不虞匮乏的普遍能力之养成，必须同时兼顾，民主研习与科学探讨为教育之自由，而其中心关键则在于教育之自由，此点尤须于各级教育中，特予注意。

12 月 19 日 出席迁川大厦举行的民主建国会第一次理事、监事联席会议。会议公推李烛尘为主席，互选胡厥文、黄炎培、章乃器、李烛尘、胡西园、施复亮、黄墨涵、杨卫玉、孙起孟、章元善、吴羹梅等十一人为常务理事。黄炎培、胡厥文、章乃器、胡西园、施复亮、吴羹梅、李烛尘为下届召集人。常务监事五人：李组绅、冷通、彭一湖、张雪澄、刘丙吉，推彭一湖为下届召集人。决定暂借迁川大厦办公。

12 月 20 日 午后，出席中国民主建国会第一次常务理事会。黄炎培被推为主席，互推秘书处主任孙起孟、副主任范尧峰，财务主任黄墨涵、副主任鄢公复，办事处会员组主任章乃器，分支会组主任杨卫玉、副主任温仲六，言论出版组主任施复亮，副主任毕相辉、伍丹戈，技术研究组主任胡厥文，事业推广组主任章元善，对外联络组主任胡西园、副主任徐崇林。

12 月 24 日 与彭一湖、梁漱溟、张东荪、罗隆基、张申府、宋云彬①、沈钧儒、章伯钧、刘清扬、胡厥文、柳亚子、史良、李公朴、蒋匀田、周鲸文、杜国庠、廖国镇、郭沫若、冯乃超、陶行知、刘王立明、曹孟君、郭思明、甘祠森、黄墨涵、何公敢、侯外庐等代表陪都各界反战联合会致函毛泽东。

摘要 八年以来，先生领导贵党努力抗战，在敌后守土卫民，勋劳卓越，中外同钦。八月间应蒋主席电邀，翩然莅渝，共商国是，拳拳之诚，实为天下所共见。而商谈期间，复一再表示愿在蒋主席领导下，为和平建国而努力，尤予全国以莫大之慰安。不意商谈纪要甫告发表，而内战已突然爆发，人民于水深火热之余，复遭妻离子散之祸，惨痛之情，何难想见！同人等认为以政治解决政治，其势甚顺，而其道亦不甚难，凡会谈纪要中所已决

---

①宋云彬（1897—1979），浙江海宁人。曾任黄埔军校政治部编纂股长，后任开明书店编辑，主持编辑校订大型辞书《辞通》，主编过《中学生》杂志。抗战胜利后到重庆主编民盟刊物《民主生活》。1949 年到北京，参加教科书的编审工作。1952 年回浙江，任浙江省文联主席、浙江省文史馆馆长。

定之事项，协力促其实行，其未决定之事项，由政治协商会议商讨决定，则一切纠纷即可迎刃为解。时至今日，万不宜诉诸武力，使治纠而益纷。同人等懔国亡无日之戒，爰成立本会，除已另电国民政府蒋主席有所呼吁外，特向先生请求，务希即行停止武装冲突，促进政治协商，以和平建国大义，国人幸甚、同人幸甚。（陈琳主编：《刘王立明年谱》）

12月 出席陪都各界追悼昆明一二·一惨案死难烈士大会，为主席团成员。他赠送的挽联是："反对内战，人民天职，有何理由置之于死，残暴专制，一至于此，国家之耻，当局之耻；精灵感召，全民都起，亿兆同心，内战必止，和平以奠，民主以至，独立中华，名垂青史。"（章翼军：《回忆与怀念——为先父章乃器百岁冥诞暨逝世二十周年而作》，载政协包头市昆都仑区文史学习委员会编《昆都仑文史·章乃器专辑》）

是年 至1947年，"上川企业公司先后以父亲和沙千里两户代表人名义，投资天山工业公司（天山化工厂）法币五百万元"。（章翼军：《回忆与怀念——为先父章乃器百岁冥诞暨逝世二十周年而作》，载政协包头市昆都仑区文史学习委员会编《昆都仑文史·章乃器专辑》）

1946 年（民国三十五年）50 岁

1月7日，周恩来、张群与美国代表马歇尔组成的军事三人小组在重庆成立。

1月10日，国共两党以及各民主党派（民盟、青年党等）为抗战后的和平建国大业在重庆召开政治协商会议。

4月29日，远东国际军事法庭开庭。

6月26日，内战开始。

7月11—15日，国民党特务先后暗杀李公朴和闻一多。

1月2日　民建会第三次常务理事会上，推定章乃器、徐崇林、胡子婴、朱世杰、范尧峰等五人负责组建政治协商会议后援组织，与重庆的进步团体联系；民建还拨出五万元法币，作为此项活动的经费。"在乃器先生的积极筹划推动下，重庆二十三个社会团体，组成了'政治协商会议陪都各界协进会'，推出胡厥文、章乃器等35人为理事。"（尚丁：《民主风云中的闯将——章乃器在重庆》，载青田县政协文史资料委员会编《青田文史资料（第四辑）·章乃器专辑》）

1月7日　出席政治协商会议中共代表团在重庆胜利大厦举行的新年鸡尾酒会。

1月8日　十四时，出席民主建国会在西南大厦举行的各党派政协代表茶话会。到会政协代表、各界人士及新闻记者共一百一十余人，中共的董必武、王若飞、陆定一；国民党的邵力子，民盟的罗隆基、章伯钧、张东荪、张申府、梁漱溟、青年党的陈启天、常乃德；无党派代表王云五、胡霖、郭沫若、钱永铭、缪云台、李烛尘等；于右任、马寅初、陶行知、褚辅成、王昆仑、阎宝航、陈铭德等各界知名人士出席。代表民主建国会向与会人士宣布了《民主建国会向政治协商会议提供初步意见》，意见为八项。结尾说："如果会议失败，下一个题目将是国际友人直接干涉！所以几位老先生要以'必死的决心'来达到会议的成功。"

摘要　第一，开会以前诚意的表示重于开会以后的协商——因此内战必须先停止；人民身体、信仰、言论、出版、结社、集会、通信等基本自由必须先全部赋予；释放政治犯、政党合法化和特务机构的解散，必须先

343

全部实现。在上述各款当中,停止内战、释放政治犯和解散特务机构,我们是向国、共两党提出的。第二,协商要有结果。会内会外的组织必须健全——因此,我们认为会内须有专家顾问的协助,会外还必须组织军事调查团。第三,要协商能得一致的同意,须有广大民意的反映——因此,会议必须完全公开,还要发动全国人民组织政治协商会议,随时表示意见。第四,为促进统一,国民党必须开放政权——其方式,或为组织最高政治委员会,或者就利用政治协商会议而充实其职权。这些,我们都没有什么成见。但认为此新组的机构,必须为最高政权行使机构,以符合开放政权的本意。同时自治必须切实推行;除建立各级地方议会外,地方官吏也须实行民选。目下中共管辖区内的民选官吏,我们赞同在各方面监视之下重行选举。第五,为达到军队的国家化,必须大量裁兵,国军官兵必须脱离党籍,军费必须出自人民可以控制的来源,军权必须交给无党关系的文人,一切军管党化的方式都必须全部废止——原子弹的发明,不但使大量的陆军成为不必要,甚至连大海军、大空军都成为不必要。第六,为保持……国民大会组织法和代表选举法必须修改,国民大会代表必须重选。宪法必须重行起草——现行国民大会组织法和代表选举法,实在太欠缺民主精神,实在太不适合时代。如果不加修改,一定会贻祸将来。原有国民大会代表的选举,事实上是由国民党主持一切。第七,在过渡期间,必须商定共同政治纲领,以代替训政时期临时约法。第八,会议还应该检讨一下当前的复员问题和一般经济政策——如交通工具调度不善等等。(《和平与民主的诞生期——政协会开幕前夜的重庆》,《华商报》1946 年 1 月 17 日第 4 版。章立凡选编:《章乃器文集(下卷)》)

1 月 11 日　参加在迁川工厂联合会举行的政治协商会议促进演讲会。会议决定由民主建国会、救国会、文化界政治协商会议协进会筹备会、中国经济事业协进会、全国邮务总工会、中国农业协进会、中国妇女联谊会、陪都青年联谊会、三民主义同志联合会、中国劳动协会、育才学校等二十三个单位组成"陪都各界政治协商会议协进会"(简称"协进会"),推选章乃器、胡厥文、施复亮、孙起孟、陶行知、李公朴、李德全、茅盾等三十五人为理事;章乃器与胡厥文、徐崇林为协进会的常务理事。民建出资五万元作为协进会的活动经费，下设秘书、联络、新闻三处。会议决定在政协会议期间，每日举行一次各界民众大会，邀请政协代表报告当天开会的情形，听取人民群众的批评和建议；近期举行"陪都各界民众庆祝和平大会"。受到邀请做报告的政协代表有章伯钧、罗隆基、李烛尘、郭沫若、张东荪、梁漱溟和中共政协代表王若飞等。（《陪都各界组织协政会议协进会》，《华商报》1946 年 1 月 18 日第 1 版）

1 月 12 日 《平民》周刊正式出版。与伍丹戈、施复亮、姜庆湘、孙起孟、章元善、毕相辉、彭一湖、张雪澄为编辑委员。周刊社址设在重庆江家巷 1 号迁川工厂联合会（即民建总会办公地）。发刊词表明："本刊是民主建国会的机关志。说民主建国会的主张和态度，就是本刊的主张和态度。民主建国会是一个主张民主建国的团体，本刊自然也是一个主张民主建国的刊物。我们认定：在抗战胜利以后，全国平民最重要的最根本的任务，就是同心协力建设一个富强康乐自由的民主国家。要建设这样的国家，首先必须停止内战，恢复和平，结束党治，促成团结，尤其要'唤起民众'，把全国平民组织起来，让他们有机会和力量来过问政治，过问国家大事。这样，我们的国家，才会变成真正民有、民治、民享的民主国家。"

发刊词声明以实现民主为目的："我们只以实现民主为目的，并不以争夺政权为目的。一切有利于民主建国的言论和行动，都为我们所赞成和拥护；反之，一切有害于民主建国的言论和行动，都为我们所不满和反对。民主建国会的这种态度，同时也就是本刊的态度。"

发刊词阐明为平民的利益而奋斗："民主建国会是为平民的利益而奋斗的团体，《平民周刊》当然也是一个为平民的利益而奋斗的刊物，只要是有利于平民的言论和报导，本刊无不竭诚欢迎；只要不是违反平民利益的，任何不同的意见，本刊都愿意代为发表。"

同期发表《内战大概可以停止了》一文。

是日 在迁川工厂联合会礼堂，主持陪都各界政治协商会议协进会第一次各界民众大会。协进会从此日开始举行，一共举行了八次群众大会。第一、二次在迁川工厂联合会礼堂举行，大会由章乃器主持；第三次大会在合作会堂举行。从第四次大会起，迁到沧白堂举行。（尚丁：《民主风云中的闯将——章乃器在重庆》。林涤非：《一个昂首挺胸向前看的人》，载青田县政协文史资料委员会编《青田文史资料（第四辑）·章乃器专辑》）

1 月 13 日　在迁川工厂联合会礼堂，主持陪都各界政治协商会议协进会第二次各界民众大会。

1 月 14 日　十时，与黄炎培、胡厥文、章元善、酆云鹤、孙起孟等访问美国总统特使马歇尔，"于其怡园寓所"，阐明民建政治主张，强调政治协商会议应以人民自由、经常性军事制度为要点。（黄炎培：《黄炎培日记》）

1 月 18 日　晚上，主持陪都各界政治协商会议协进会第六次各界民众大会。

1 月 19 日　晚上，主持陪都各界政治协商会议协进会第七次各界民众大会。这次大会邀请国民党的政协代表张群和吴铁城，以及民盟政协代表梁漱溟出席并做报告，而张群和吴铁城因"事"未来，即由梁漱溟报告整军方案。其间，国民党特务五次投掷石块，燃放鞭炮，进行破坏捣乱。"章乃器非常镇静地主持大会，并严正地谴责特务这种不得人心的勾当。所以，当石雨狂泻进会场；群众纷纷奔出时，听到乃器先生镇定的召唤声，就马上回到座位上，报告又继续进行。"（尚丁：《民主风云中的闯将——章乃器在重庆》，载青田县政协文史资料委员会编《青田文史资料（第四辑）·章乃器专辑》）

1 月 24 日　上午，在家与黄炎培、李烛尘等共商纲领问题。

1 月 27 日　下午，政协会陪都各界协进会新闻处记者李学民遭特务殴伤甚重，协进会召开中外记者发布会，并推章乃器、曹孟君等亲往慰问。（《重庆特务殴伤记者》，《华商报》1946 年 1 月 30 日第 1 版）

晚，与李公朴、阎宝航组成主席团，主持陪都各界政治协商会议协进会第八次各界民众大会。这次大会，邀请国民党政协代表张厉生和吴铁城，以及郭沫若、王若飞做报告。张厉生和吴铁城因事未到，即由王若飞报告停战问题，郭沫若报告共同纲领的草拟情况。特务叫嚣、谩骂和投掷石块，并殴打工作人员，还追逐郭沫若和李公朴。在广大群众的维护下，郭沫若等免受伤害，这就是"沧白堂事件"。（尚丁：《民主风云中的闯将——

章乃器在重庆》，载青田县政协文史资料委员会编《青田文史资料（第四辑）·章乃器专辑》）

1月31日　晚上，出席重庆中小工厂联合会举办的各界招待会，会上章乃器呼吁，"中小工业家应该组织起来，争取经济上的民主自由"。（《争取经济民主，中小工业家代表谒蒋主席请愿，要求贷款救济，反对轻工业国营，主张召开全国经济会议》，《华商报》1946 年 2 月 7 日第 1 版）

2月5日　章乃器偕同黄墨涵亲至重庆市商会理事长仇秀敷家，送交了给市商会的通知，并请仇秀敷转邀市农会、市工会、市教育会、市会计师公会、市妇女会、市律师公会、市中医师公会派人参加筹备工作。

2月8日　参加召开"陪都各界庆祝政治协商会议成功大会"筹备会第一次会议。筹备会对大会议程和大会主席团等做了充分的酝酿和协商，选出李德全、李公朴、章乃器、施复亮、马寅初、黄洛峰、顾锡璋、阎宝航、祝公健、尚丁等人，组成大会主席团，郭沫若、梁漱溟、罗隆基、邵力子、曾琦、陈启天、李烛尘、张君劢等参加大会。

2月9日　下午，出席人民自由保障委员会发起人会议。会议推出章乃器等二十七人为该会筹委。梁漱溟、章乃器、黄次咸[①]为召集人。（《保卫自由！陪都各方人士筹备人民自由保障委会》，《华商报》1945 年 2 月 11 日第 1 版）

是日　二十二时，刘野樵、谭泽森、古铎等突然闯入章乃器家中，出示一份由重庆市农会领衔但未盖公章的所谓"八团体公函"，声称"要参加庆祝大会，并须出席为大会主席团主席"。章乃器当即表示："人民原是一家人，个人甚表欢迎。筹备会且曾发函通知，以未见派人出席为憾。"刘野樵等称没有接到通知，章乃器当场举出事实，揭穿了他们的谎言。同时，承诺向筹备会转达他们的要求。为顾全大局，章乃器当晚征得筹备会其他委员的同意，决定多备若干"主席团"标志，接纳这些人与会。

①黄次咸（1890—1952），四川荣昌（今重庆市荣昌区）人，曾任中华平民教育促进会四川分会总干事、重庆市临时参议会候补委员、民建重庆分会临时工作委员会委员、民建全国会务推进委员会委员、中国红十字会办公室主任。

2月10日　上午，"陪都各界庆祝政治协商会议成功大会"在较场口广场举行，到场群众达万余人。八时刚过，政协代表及筹备会推定的主席团成员尚未到达，刘野樵、吴人初、周德侯等率领特务打手七八百人，身藏凶器，抢先进入会场，分组包围了主席台，部分特务则分布在会场周围街巷的出入口。刘野樵等自行登上主席台，待大会主席团成员李公朴、章乃器、施复亮等到达时，刘野樵等即以推举大会总主席的问题为借口，寻衅闹事。章乃器与刘野樵严正交涉，坚持按筹备会的推定，由李德全任大会总主席。刘野樵带来的几个打手一拥而上，对章乃器破口大骂，劈胸就是一拳。章乃器就势一闪，打手的拳头落了空。台上台下的特务大肆起哄，抢占扩音器，强行宣布"我们选占中国人口百分之八十的农会代表刘野樵担任总主席"，李公朴、章乃器、马寅初、施复亮等当即提出抗议，特务流氓们乘机挥动铁尺、钉棒大打出手，会场上砖石纷飞，秩序大乱，李公朴、郭沫若、马寅初、施复亮等皆被暴徒打伤，当场受伤及失踪的群众逾六十人。章乃器得到几名青年的掩护，戴上一顶便帽，被护送出会场，脱险后得知，暴徒们事先得到指示，重点围殴章乃器，故章乃器在会场上首当其冲。

十五时，筹备会在黄家哑口中苏文化协会举行中外记者招待会，由李德全、黄洛峰报告庆祝大会的筹备经过。章乃器说明了重庆市农会等八个团体同他接洽的情况。钟复光宣读了她笔录施复亮的《愤怒的抗议》。阎宝航转述了李公朴的控诉。郭沫若带伤到会讲话。他们一致谴责国民党反动派的法西斯暴行，揭露了"较场口事件"的真相。最后，章乃器指出："有人想把严重问题大事化小，小事化无来缓和事态。有人说这是地方性问题，也有人说是法律问题，还有人说是习惯问题。"他说："在陪都发生这样的惨案，决不能看作是地方性的事件。很明显，这是一种有组织的破坏政治协商会议的行动，决不能单纯说成是法律问题，而是一个政治问题，是民主与反民主的问题。至于说习惯，恐怕只是法西斯的习惯。"他认为，要缓和事态，只有惩办凶手和幕后指使者。（章翼军：《回忆与怀念——为先父章乃器百岁冥诞逝世二十周年而作》，载政协包头市昆都仑区文史学习委员会编《昆都仑文史·章乃器专辑》）

二十时，周恩来、董必武、王若飞、章伯钧、沈钧儒等十一位政协代表联名向蒋介石提出紧急抗议。血案的真相经《大公报》《新华日报》《新民报》《民主报》等多家报刊报道后，很快在全国人民中间激起公愤，各地纷纷组成二·一〇血案后援会，强烈要求惩治主凶，形成了声势浩大的争民主、反迫害的政治浪潮。

国民党当局为混淆国内外视听，公开造谣，将血案说成是"民众团体互相殴打"所致，颠倒黑白，并扬言要"惩办此次肇事者李公朴、章乃器"。特务刘野樵等还盗用市农会等八团体名义，刊登歪曲事实真相的《启事》。

2 月 13 日　以陪都各界庆祝政治协商会议成功大会筹备会的名义，发表《民主建国会等二十三团体发表声明向全国同胞控诉！——报告二月十日陪都血案真象》，指出：较场口惨案"是一个最无耻的预谋，一种最卑鄙的行动，一件空前严重的血案！在市党部直接领导之下的人民团体代表，在陪都所在地，在万目睽睽的光天化日之下，竟会做出以参加庆祝大会为名，骗取主席团标志，随而指使打手，软硬兼施，抢夺主席，强占会场，盗用名义，发表文件，公然表示反对政协协议，同时殴打政协代表，殴打原推定主席团同人及与会人士，最后还要伤天害理，诬指受伤害最大的中国劳动协会会员，幼年组成的育才学校学生和未排成队伍更未携带旗帜出席的民主建国会会员为打手！这是对国家的一种公然侮辱，也是对蒋主席的一种公然侮辱，更是对全国人民的一种公然侮辱！"

章乃器概括本案的八项关键的所在，提出了严惩主犯并彻底查究幕后的主使者及其他凶犯；严格查办维持治安不力的负责当局；赔偿受伤害者的一切损失及会场损失；从速颁行妨害人民自由治罪法等七项要求。

2 月 23 日　上海杂志界致电慰问"郭沫若、李公朴、施复亮、章乃器及其他受伤的诸位先生"。（《沪杂志界电蒋主席，为较场口事件提出抗议》，《华商报》1946 年 2 月 23 日第 1 版）

2 月 25 日　华中文化界顷致电慰问郭沫若、马寅初、李公朴、施复亮、章乃器诸氏。（《华中文化界电慰郭沫若等，呼吁惩凶》，《华商报》1946 年 2 月 25 日第 1 版）

3 月初　刘野樵等向重庆市地方法院起诉李公朴、章乃器、朱学范、施复亮、陶行知"聚众行凶，扰乱集会，伤害他人身体"。国民党发出"依法制裁肇事祸首李公朴、章乃器等"的言论。

3月9日　在《平民》周刊第四期发表《我想写一篇小说——二十年一梦》，借一个梦抒发他对未来的理想。他以小说主人翁做梦的形式，描绘了他理想中的中国社会前途。文中说，1945年元旦，他做了一个美好的梦，梦中见到中国二十年来是个美满理想的社会，过去的一切不幸和丑恶现象都不曾发生过。孙中山先生不但没有死，而且在"连任了两次大总统之后，就拒绝做总统候选人了"。并且由于他的诚意，加入国民党的共产党员和国民党员"团结得愈趋愈紧"。"他不让左倾的人超时代，更不让右倾的人开倒车。"所以他希望每天晚上都能做这样甜美的梦，更希望今后的二十年"至少和梦中的二十年一般的美满"。

摘要　像我这样一个心浮气躁的人，本质上就只配学写一些粗枝大叶的政治经济论文。在言论未得自由，舆论不发生力量的时候，连写政治经济论文都觉得有些不耐烦。要学些迂回曲折、托云托月的技巧，是不耐烦之一；发表了之后常常要在若干年之后才得着事实上的反应，是不耐烦之二。有时幻想着最好模仿古人"藏之名山"的办法，写时痛快地写，写完了之后放到抽斗里去，过了三五年，看环境差不多成熟了，再拿出来发表。可是，一个修养不够的人哪里能有这种耐性，那就干脆还是不写就算了。

有时幻想着写几篇小说，觉得写小说比较自由。第一，是选择题材自由。上自历史案件、国家大事，下及兔子、乌龟、蜉蝣、细菌……可以随心所欲，信手拈来，毫无拘束。第二，是叙述自由。小事可以放大，大事可以缩小，死的可以说他活，活的可以说他死。没有人会说你不合事实，甚至来一个更正。第三，是批评自由。你可以谐声射影，痛骂一下你所不欢喜的人和事，或者把你所欢喜的人和事捧到天上去，或者更可以把你自己写成一个人间未曾有的完人。没有人会来更正，甚至和你打官司。每每在受气，感觉不平，以至怨恨、忿怒的时候，我就想动手写。可是一个性急的人，又没有一些些的文艺在才，灵感来了又去，去了又来，始终不曾写成过半篇。（章立凡选编：《章乃器文集（下卷）》）

同期发表《由法统论说到国大问题》一文。

3月14日　《华商报》发表《反对轻工业国营——国民党统治下中

小工厂的自救运动》①。文章指出：抗战胜利以来，敌伪工业被国民党
政府接收并独占，民族工业家却没能有机会在战后弥补自己的损失。官
僚资本无耻地垄断了几乎全部轻工业，并冠以"国营"的幌子。文章肯
定了重庆产业界人士组织的中国经济事业协进会，展开"中小工厂自救
运动"。同时引用章乃器等人的话来驳斥宋子文为垄断官僚资本所做
的辩护。章乃器说："如果借缺乏承购的力量，就把轻工业不交于民营，
正是□明了政府没有扶持民族工业的决心和政策。正因为我国民族工业
落后，政府应采取合理的政策，给予协助，今天是背道而驰。""不合
理的剥夺人民赚钱的机会，而造成自己几个集团赚钱，这就是今天的所
谓'国营！'"

是日　李公朴、章乃器、陶行知、施复亮、朱学范等人向法院提出反
诉状。

3 月 17 日　陪都各界庆祝政治协商会议成功大会筹备会再次举行记
者招待会，章乃器在会上驳斥了反动派散布的较场口事件系"地方性问
题""法律问题""习惯问题"的论调，严正指出："在陪都产生这样的
血案，决不能看作只是地方性事件，这一破坏行动的企图，很明显是一种
有组织破坏政治协商会议决议的行动，所以不单纯是法律问题，而是一政
治问题，是民主与反民主问题，至于说习惯，只是法西斯习惯。"他充满
自信地表示："光明终要战胜黑暗，正义在我们人民方面，同情也在我们
方面，我们要争取民主，为民主而奋斗。"

3 月 18 日　《新华日报》发表上述谈话。

3 月 19 日　《华商报》发表《民盟领袖与中共发言人均发表讲话
促国人监督实施坚持到底准备奋斗》，国民党二中全会闭幕。章乃器与民
盟成员章伯钧、罗隆基即对民主报记者发表对该会的观感和希望。

摘要　章乃器说："听说国民党二中全会中有少数人认为政协决议违
反中山遗教，我认为政府推行新县制把省自治制取消，才真违反中山先生
主张，而政协决议才是真正的符合中山遗教。"（《华商报》1946 年 3

①该文系 3 月 11 日来自延安的电文，由《华商报》刊登。

月 19 日第 1 版）

3 月 20 日　下午，至青年路重庆招待所参政员宿舍 313 号房，与黄炎培、施复亮、范尧峰交谈。（黄炎培：《黄炎培日记》）

3 月 21 日　在《华商报》发表《民主同盟领导人对国民党二中全会观感》一文。

摘要　章乃器认为："政治协商会议之决议案，必须保持其尊严性，绝不容许任何党派或个人加以推翻。假如一个党派推翻一个决议，那么五个党派不是要推翻五个决议了？这样一来，一切的努力岂不是白费了？听说二中全会里有少数人认为政协□决议，是违反总理遗教的，但是联合国内一切力量以救国、建国，不正是总理的意见吗？相反，在政治协商决议以前，倒有□□真正违反总理遗教的措施，譬如新县制就等于取消总理所主张的省自治，这是非常明显的。至于说到总统制的问题，我觉得现在的主席制度不就是等于总统制吗？许多事实都证明□种办法是需要改变的。所以我希望二中全会能根据□国民众的要求，最终作出符合民意的决定。"（《华商报》1946 年 3 月 2 日第 3 版）

3 月 22 日　国民党当局挑动重庆部分学生举行反共、反苏的游行，捣毁《新华日报》及民主报社营业部，打伤九人。数日内上海、成都、北平、昆明、南京等城市也出现了类似的游行。"父亲这时的处境确很危险。好心的人都劝说他离开重庆，但他没有走。他写了许多文章驳斥国民党宣传机构所制造的谎言。并在家中准备了酒瓶、石块以应付暴力。后来，在全国人民的声援和支持下，市法院表示不准备传问此事。这件事也就不了了之。"（章翼军：《回忆与怀念——为先父章乃器百岁冥诞逝世二十周年而作》，载政协包头市昆都仑区文史学习委员会编《昆都仑文史·章乃器专辑》）

章乃器在《七十自述》中回忆：我回到重庆后，生活马上发生问题，于是就成立了上川公司。上川公司也安排培养了一批革命干部。但数量、质量都远比不上安徽时代了。借助于迁川工厂联合会，我推动了大后方工商界的民主运动，以后发展为民主建国会的政治组织。在著名的争取和平、民主的沧白堂、较场口事件中，我成为国民党打击和诬告的主要对象……在这个事件中共同斗争、始终不懈的，有王葆真先生和陶行知兄。行知兄就在这时去世了！《新民报》是发表我们的文件最后的一个报刊。沧白堂、较场口的打风发展为更大的法西斯打风，随而有《新华日报》和《民主报》的被打被砸。当时我的处境很危险。许多朋友劝我逃避，我不听，并在家中准备酒瓶、石块，抵抗暴力。直至一九四六年春，法院表示消极对待国民党的诬告，我才飞沪。（章乃器：《七十自述》，载中国人民政治协商会议全国委员会文史资料研究委员会编《文史资料选辑》第八十二辑）

　　4 月初　从重庆回到上海[①]，同机到达的还有行政院长宋子文夫妇。杨美真和章翼军到机场迎接。入住胶州路二百七十三弄三鸿新村 70 号公寓的两室一厅，室内陈设简单。（章翼军：《回忆与怀念》，载政协包头市昆都仑区文史学习委员会编《昆都仑文史·章乃器专辑》）

　　4 月 10 日　上午，黄炎培"访周孝怀介（绍）袁文卿（良）长谈，同座章乃器"。（黄炎培：《黄炎培日记》）

　　4 月 12 日　民主建国会举行迁沪第一次常务理监事联席会议，产生参加上海人民团体联合会代表三人，是为总会正式从重庆迁沪后第一次集会。（《平民》一二三合刊，1946 年 1 月 10 日。民建中央宣传部主编《中国民主建国会简史》，民主与建设出版社，2010 年）

　　4 月 18 日　《华商报》发表《上海文化界声援南通惨案，向当局抗议提五项要求》的通讯。南通惨案临时呼吁会招待上海各界，章乃器等百余人到场。会上南通临时代表指出最近大批青年被捕，民主的争取遭受恐怖镇压，南通已成恐怖世界。而上海文化界各代表均发声，并决议争取民主，向当局提出五项诉求。"章乃器先生更是拟定了几个要点，希望新闻界文化界一致呼吁，一致抗议。"

　　4 月 30 日　九时，在上海槟榔路（今安远路）玉佛寺召开上海各界

---

①章乃器由重庆回到上海的时间，不同的回忆文章有不同的说法，大都集中在本年五六月份，如章翼军在《回忆与怀念》一文中，写作"六月"；周天度、章立凡在《章乃器传》中，认为是五月。编者认为应该在本年四月初，但是具体的日期无从考证。

追悼"四八烈士"①大会，宋庆龄、左舜生、黄炎培、柳亚子、马叙伦、马寅初、陶行知、章乃器、叶圣陶、潘梓年、华岗、许广平等二十四人被推选为大会主席团成员。（尚明轩主编：《宋庆龄年谱》）

5月15日　中午，赴南海公园，出席黄炎培的餐会，与黄炎培、马叙伦、林汉达、沙千里、许广平、王绍鏊（却尘）②等商谈大局。（黄炎培：《黄炎培日记》）

5月22日　民主建国会总会举行第五次常务理监事联席会议。会议决定，总会全体理事（胡厥文、章乃器、黄炎培、胡西园、施复亮、吴羹梅、李烛尘、杨卫玉、孙起孟、章元善、黄墨涵）都为民建上海分会筹备会委员。产生平民出版社筹备委员会。（民建中央宣传部主编：《中国民主建国会简史》。《民讯》创刊号，1946年10月10日）

6月9日　出席中国民主建国会举行的第六次会员座谈会，会议专题讨论如何挽救民族经济危机的问题，会上提出派代表到南京请愿一事。出席会议的还有盛丕华③、包达三④、张絅伯⑤、王绍鏊等，与会者一致主张：

① 1946年4月8日，出席国共谈判与政治协商会议的中国共产党代表王若飞、秦邦宪等人乘飞机由重庆回延安向中共中央汇报工作，因飞机失事，不幸在晋绥边区兴县黑茶山全部遇难。同机的还有叶挺及其夫人。
② 王绍鏊（1888—1970），字却尘，江苏吴江（今江苏省苏州市吴江区）人。九一八事变后，在上海发起组织国难救济会。1934年加入中国共产党，1936年6月被捕入狱，后经营救出狱。1945年12月，在上海与马叙伦等发起成立中国民主促进会。1946年1月为民建上海分会筹备委员会筹备委员。1949年9月作为中国民主促进会代表出席新政协会议。中华人民共和国成立后，历任政务院财政部副部长等职。
③ 盛丕华（1882—1961），浙江镇海（今浙江省宁波市镇海区）人，1920年当选上海总商会会董，创办上海上元企业公司。1946年为民建上海分会召集人之一。1949年9月作为全国工商界代表出席新政协会议。中华人民共和国成立后，任中央人民政府财政经济委员会委员等职。
④ 包达三（1884—1957），浙江镇海人。1927年后创办黄海渔船公司、永达药厂、雷石化学公司等企业。1949年9月作为全国工商界代表出席新政协会议。中华人民共和国成立后，任中央人民政府财政经济委员会委员等职。
⑤ 张絅伯（1885—1969），浙江宁波人。1923年赴青岛筹设明华商业储蓄银行分行和东海饭店，后任经理。1946年作为上海人民和平请愿团成员赴南京请愿。1949年9月作为全国工商界代表出席新政协会议。中华人民共和国成立后，任政务院外交部条约司专门委员。

要求蒋介石实行"四项诺言"①；反对美国为加强独裁政权贷款给中国一党政府，每一位中国人要以主人翁的身份过问国事，并酝酿推派代表进京请愿，面陈对时局的意见。（中国民主建国会上海市委员会编：《上海民建五十年》，1995 年）

6 月 15 日 民主建国会举行第七次会员座谈会，经过充分讨论，一致认为"和平不能等待，要人民去争取"。正式决定推派代表进京请愿的主张。（中国民主建国会上海市委员会编：《上海民建五十年》）

6 月 18 日 《华商报》发表《沪文化界呼吁和平 马叙伦等一百四十六人签名，上书蒋主席马歇尔及各党派》，章乃器为签名人之一。

文中提到自抗战以来，牺牲者不计其数，战后百废待兴，人民生活还未走向正规，即便是上海这样的富庶之区也已朝不保夕。因而希望蒋主席能够适可而止，以百姓为重，和平处理内政问题。感谢马歇尔特使其两度来到中国以及对中国和平团结运动所做出的努力，同时指出现今内战愈演愈烈，经济遭受重创，因而希望马歇尔做更大的有效努力，以制止正在扩大的内战。同时呼吁各党派齐心合力，停止内战，协商和平，以救危亡。

6 月 19 日 为民建起草发表《为挽救国运，解决国事、奠定永久和平而呼吁》的文件。

文中说："为了国家，为了人民，为了国共双方，唯一的出路只是和平。"

6 月 26 日 在《文汇报》发表《为挽回国运解决国是奠定永久和平而呼吁》。他认为在抗战初期，"我们曾经为着'抗战必胜，建国必成'的启示而热情奔放"，在抗战面临胜利的时候，"我们更曾经为着国际上五强地位和东亚领导地位的获得而欢欣鼓舞"。而时至今日，不堪回首了。

他认为这一切都是因为内战，"在抗战以前，内战已经延续了十余年，糜烂了十数省，人民伤亡，以百万计。在抗战期内，内战分散了对外的兵力，腐化了政治，增加了人民的痛苦，而且几乎使抗战沦于溃败。胜利到来以后，我国竟又遭遇到规模浩大空前的内战——比对日作战更加暴烈的内战"。

① "四项诺言"是指 1946 年 1 月，蒋介石在政协开幕词中宣布的"保障人民自由、保障各党派合法地位、实行普选和释放政治犯"。

他认识到，中国人民用流血流汗艰苦得来的国际地位，因为内战低落了一大半。"美国已经有人提议东北交付托治了，荷、印数千的侨胞，已经被杀害了，这还配称为五强之一吗？"同时，政治民主化的推进，已经赶不上日本，工业和科学的成就，更是落后。他问："我们将凭什么力量，保持东亚的领导权？"

他批评有的人的认识——以为国共之间有三条路可走：和、战、拖。他认为可走的路只有两条，战就等于拖，"拖的结果怎样呢？除了国家毁灭，人民遭殃之外，先要来一个经济崩溃"，拖依然是死路。活路，只有一条，就是和。

6月　联华影艺社成立，被推为总召集人。议决分别由史东山、蔡楚生负责，准备拍摄故事片《八千里路云和月》和《一江春水向东流》。第一笔制作经费有十万美元，由章乃器、任宗德和夏云瑚三人分担。任宗德回忆："其中，章先生出资最多，我次之，夏云瑚最少。""凡有重大事务，由章乃器召集有关人员商议决定。实际上，起决定作用的是阳翰笙、袁庶华和蔡叔厚。而在艺术创作方面，则有阳翰笙、史东山、蔡楚生。郑君里、陈鲤庭、徐韬、王为一等人负责。那时，章乃器和我对经营电影业都完全是外行，阳翰笙、孟君谋、夏云瑚等内行权威人物说怎么办我们就怎样办……"（章立凡：《君子之交如水》）

7月10日　中午，接受黄炎培的邀请，出席民建诸友聚餐，被邀者还有包达三、张绚伯、胡厥文、俞寰澄、阎玉衡、盛丕华、沈肃文、杨卫玉等。（黄炎培：《黄炎培日记》）

7月17日　午后，出席民盟招待工商界人士会议，黄炎培被推为主席，会场在红棉酒家。出席且发言的有：孟广明、包达三、张绚伯、徐永祚、胡厥文、章乃器、莫艺昌、吴承禧，"对李、闻被狙极愤慨"。（黄炎培：《黄炎培日记》）

7月25日　陶行知在沪逝世。与杨美真、章翼军在赴江湾参加追悼会途中，遭遇国民党特务捣乱，被迫折回。（章翼军：《回忆与怀念——为先父章乃器百岁冥诞逝世二十周年而作》，载政协包头市昆都仑区文史学习委员会编《昆都仑文史·章乃器专辑》）

8 月 13 日　民主建国会召开理监事会议，授权章乃器起草《对马歇尔特使及司徒雷登大使之联合公报发表意见》。该文在上海各报（《文汇报》《时代》《时事新报》等）公开发表。《意见》虽然批评了美国援蒋的政策，但是仍然寄希望于美国，表示"本会愿意号召全国同胞，一致呼吁请马、司两使继续为我国之和平民主而努力"。

摘要　马歇尔特使莅华之初，本会代表即向其进言："将军为中国和平而努力，自为举国之所热烈欢迎。惟此项工作，倘无广大民众力量之配合，结果恐总归失败。"当前之事实，证明本会之观点完全正确。

七月来，一面人民之合法和平民主运动仍遭受严重之压迫与打击；另一面一部分负领导社会之责者，对于此生死攸关之和平民主，仍采袖手旁观之态度，甚且有为反和平反民主势力所利用者。

其次则美国对华政策，实有重加检讨之必要。中国应为美、苏两大国亲善之桥梁，实为无可移易之至理。本会政纲，主张以主动地位执行对美对苏平衡政策，亦即此意，但如美国如欲以中国为防苏根据地，中国倘亦自愿为防苏之前锋，则其结果自必背道而驰，其足以妨害马、司两使之努力。

中国之和平民主团结统一，本为极端艰巨之工作。以故当前之挫折，与其认为意外，毋宁视为固然，本会愿号召我全国同胞，一致吁请马、司两使继续为我国之和平民主而努力。（《民讯》创刊号，1946 年 10 月 10 日。陈竹筠编：《中国民主建国会历史研究（民主革命时期）》。章立凡选编：《章乃器文集（下卷）》）

8 月 23 日　筹备"美军退出中国运动周"运动。中国民主促进会、上海人民团体联合会、民主建国会、九三学社、上海工商协会、人权保障促进会、中国妇女联谊会、文协上海分会、争取和平运动大会、中国和平事业协进会、中国农村经济研究会、全国文化界协会、基督教民主研究会等党派团体，决定响应美国全国争取和平委员会和美国远东政策委员会发起的"美军退出中国运动周"运动，推定沈钧儒、张绚伯、章乃器、胡子婴、章伯钧、刘王立明、罗叔章、沈体兰、吴耀宗等为筹备人，连续招待中外新闻记者、英美在沪工商界、中国工商界和文化教育界，进行要求美军退出中国的宣传活动。（陈琳主编：《刘王立明年谱》）

8月26日　与马叙伦、沈钧儒、章伯钧、黄炎培、阎宝航、茅盾、刘王立明、吴晗、沈佩兰、包达三、胡子婴、雷洁琼等十五名上海市各人民团体代表联名致函巴黎和会，称中国已濒大规模内战之危境，不根绝法西斯则和平无保证，要求促进中国和平。

摘要　吾人对于今日中国迄未成为统一与民主国家，甚表遗憾。吾国虽有代表出席和会，但彼等所代表之国家，现已濒于大规模内战之危境。吾人固知民主对于中国恰如对于世界一般地区同为和平之锁钥，故除非法西斯势力能从根铲除，而战争中所获得之民主成果，能确实树立，则未来之和平无有保证。

目前和会已有若干分裂为两个对立集团之迹象，此种违反团结与民主之情形，只有鼓动全世界反民主力之复活，而使中国为统一与民主之斗争更形艰苦。

吾人确知世界和平之不可分割，因此必须提出：中国现状日益严重，将影响于远东之和平。惟有恢复同盟国家间之信任合作及推动民主与人权，各民族始克确保胜利之成果，而给予广大人民以机会，得以实现反法西斯侵略战争之苦难岁月中所追求之幸福与进步也。（陈琳主编：《刘王立明年谱》）

9月23日　"美军退出中国周"举行，活动内容如下：第一天招待外国新闻记者，第二天招待英美工商界，第三天招待中国新闻界，第四天招待中国工商界，第五天招待文化教育界，第六天招待妇女界。（《民讯》创刊号，1946年10月10日）

下午，在上海酒楼招待外国记者。各团体不仅要求美军撤出中国，且从根本上要求美国改变其对华策略。章乃器说："要求美军撤退中国，为人民之心声，尤其是身受战祸之华北人民，更深切感受到美军之撤退为彼等解除痛苦之切身问题，因华北人民即使在敌伪统治时期，也未有如今日之痛苦者，彼等日夜处在内战之炮火中，而美军、美械、美机、美车乃使内战之火越烧越烈之原动力。"（《请美军退出中国　上海人民团体响应"退出中国周"》，《华商报》1946年10月3日第3版）

9月24日　民主建国会召开理监事会议，决定推派章乃器、王绍鏊、陈钧等代表民主建国会，参加上海各界联合举办的"美军退出中国周"的活动，同时，还推派张䌹伯、胡子婴、罗叔章等参加筹备工作。（陈竹筠编：《中国民主建国会历史研究（民主革命时期）》）

是日　《八千里路云和月》在徐家汇摄影场开机。不久，由蔡楚生、郑君里联合编导的《一江春水向东流》也投入拍摄。章乃器晚年曾回忆：当时制片耗资巨大，几乎吃光了手头所有的流动资金，不得不四处调集头寸，以保障拍摄的正常进行。据说他解决燃眉之急的方法之一，是找老朋友吴蕴初帮忙，这位"味精大王"照例会给他一张产品提货单，倒手就可变出现金来办事。（章立凡：《君子之交如水》）

9 月　周恩来在上海期间多次同宋庆龄、郭沫若、沈钧儒、马叙伦，马寅初、谭平山、柳亚子、黄炎培、章伯钧、章乃器、周建人、梁漱溟、许广平、沙千里、史良、包达三及青年党、民社党的人士会晤、交谈。（中共中央文献研究室编：《周恩来年谱 1898—1949（修订本）》）

10 月 4 日　上午，携女儿出席上海各界人士在天蟾舞台举行的追悼李公朴、闻一多烈士大会，并与黄炎培一起被推为主席团成员。听取邓颖超宣读周恩来的悼词："时局极端险恶，人心异常悲愤。""心不死，志不绝，和平可期，民主有望，杀人者终必覆灭。"出席大会的民建会员还主动担负起维护秩序的任务。虽然国民党特务控制了会场，但追悼会仍在悲痛的氛围中顺利进行。与黄炎培在《文汇报》上发表悼念李公朴、闻一多的诗作，赞扬他们的革命精神，对国民党特务的暴行表示极大的愤慨。民主建国会对国民党特务残害李公朴、闻一多的暴行表示强烈谴责。民建会员三十三人会同上海各界人民团体发起悼念李公朴、闻一多的活动，民建捐献三十万元作为纪念活动经费。（中共中央文献研究室编：《周恩来年谱 1898—1949（修订本）》。民建中央宣传部主编：《中国民主建国会简史》。章䂀：《永恒的怀念——在父亲章乃器身边的日子》，载青田县政协文史资料委员会编《青田文史资料（第四辑）·章乃器专辑》）

10 月 6 日　上海各界在静安寺集会，公祭李公朴、闻一多两先生。民建负责人黄炎培、章乃器、胡厥文、杨卫玉出席。在公祭仪式上，胡厥文代表民建主祭，杨卫玉宣读祭文，表达了对两位先烈的哀思和对国民党

反动统治的愤恨。（中国民主建国会上海市委员会：《民主革命时期重要活动》，上海民建网）

10月9日 下午，在青年食堂出席中国国际人权保障会会议[1]并发表讲话，以完成陶行知的遗志。（《沪市中西男女领袖组国际人权保障会李济深说历史进入黑暗阶段》，《华商报》1946年11月16日第1版）

10月11日 《文汇报》发表章乃器为民建会起草的《对于当前时局的意见》。意见书指出：内战日益扩大，时局万分严重，今后的中国，统一还是分裂，和平还是内战，建设还是毁坏，都是决定于当前时局的如何解决。这是关于四亿五千万人民的生存和幸福问题，与每个人都有切身利害关系，绝不仅是国共两党的私事。中华民族，"主权在民"。他在文中认定："当前时局的病根，在于没有实行民主。真正要解决当前时局和国共纠纷，只有立即结束党治，实行民主，才能完成统一，保证和平，进行建设。"同时认为："政治协商会议已经替中国的民主政治做了一个良好的开端，而且替我们开辟了一条目前唯一可行的民主道路。政协的前提是停止内战和承认各党派平等合法；政协的精神是各党派平等协商和诚意合作。"因此，真正要解决当前时局，只有立即无条件地实行全面停战，回到政协的老路，重新召开政协会议，至少也应当召开政协综合小组会议。"今后的国共谈判和政治协商，必须全部公开，过去的谈判情形、一切正式来往文件和谈判记录也须立即全部公开。"

10月22日 民主建国会总会第九次理监事联席会议，决定改组上海分会筹备委员会，上海分会的筹备工作才得以继续进行。改组后的筹备委员会由章乃器负责召集，其组成人员还有施复亮、张勉之、尚丁、范尧峰、周肇基、林大琪、胡肇昌、孙云仁等人。（陈竹筠编：《中国民主建国会历史研究（民主革命时期）》）

秋 参加上海大学教授联谊会成立。他和"学者周谷城、马寅初、张志让、楚图南、翦伯赞、叶圣陶、蔡尚思等一起，积极参加了反内战、

---

[1]中国国际人权保障会，由陶行知生前筹备，委员有章乃器、章伯钧、王绍鏊、李济深、谭平山、马叙伦、沈钧儒、刘王立明、刘尊棋。

反迫害、反饥饿、反法西斯专政和支持罢工、罢课、罢教的民主运动"。
（章翼军：《回忆与怀念——为先父章乃器百岁冥诞逝世二十周年而作》，载政协包头市昆都仑区文史学习委员会编《昆都仑文史·章乃器专辑》）

11 月 1 日 代表民主建国会致第三方面函。函由黄炎培转沈钧儒、张君劢、梁漱溟、罗隆基、章伯钧、张申府、莫德惠、郭沫若等十六位参加旧政协的民盟、无党派人士、青年党代表。函中指出："诸公此次晋京调解国共纷争，已逾一旬，时局不但未见好转，且有更形恶化之势，在此万分紧急的关头，诸公的地位和责任异常重要，诸公均为中国人民瞩望最殷之公正代表，对于当前时局的如何解决，均有切身利害关系，因而也就不得不有自己独立立场和独立的主张，决不能做无原则的和事佬，专以调和国共异见为能事。诸公能否善用自己的地位，善尽自己的责任，此点实甚重要。今日国共两党均有武力，且各以武力以政争的工具。而诸公的立场只有代表多数无武力的爱好和平的人民，坚决反对内战，力争和平民主的实现，政协决议为实现和平民主的唯一途径，且为诸公与国共两党代表所共同制定，自应排除万难，维护到底。抛开人民立场，诸公则无立场。抛开政协决议，诸公即无原则。"（陈竹筠编：《中国民主建国会历史研究（民主革命时期）》）

11 月 3 日 晚，偕妻杨美真出席民建会招餐会。听取黄炎培报告南京工作经过。到会者施复亮、章元善、杨卫玉、范尧峰、马寅初、盛丕华、包达三、俞寰澄等。（黄炎培：《黄炎培日记》）

11 月 6 日 出席民建会员座谈会。

11 月 9 日 出席中国国际人权保障会成立大会。上海各界名流和国际爱好和平民主进步人士，为完成陶行知生前曾发起组织中国国际人权保障会的遗志，在上海青年食堂召开该会成立大会。该会宗旨是：为调查各种剥削人权事实，揭露真相，联合全世界民主进步人士及团体为反对法西斯残余势力而斗争。李济深、章伯钧、章乃器在会上发表演说，章乃器说：我们人民今天尚为争取基本自由而挣扎，这是很悲惨的，今后本会责任重大，前途困难很多，我们要团结一致，负起时代的使命。大会推选李济深、章乃器、刘王立明、马叙伦、史良等为理事。（陈琳主编：《刘王立明年谱》）

11月10日　出席民建上海分会成立大会。出席会议者还有黄炎培、胡厥文、杨卫玉、施复亮、包达三、王绍鏊、盛丕华、张纲伯、孟望渠、陈巳生、俞寰澄等一百二十人。大会先由主席团主席章乃器致辞。他说："民主建国会成立11个月以来，从各方面争取民主、奔走和平的经验来看，更加坚信民主建国会的一切主张都非常正确，例如民建会主张在对外方面，面对美、苏采平衡政策，中国要做美、苏友善的桥梁。在对内方面要实施政治协商会议决议。今天已切实证明，民主建国会的主张，实在非常正确，而且是唯一的道路。"然后报告分会筹备经过。接着胡厥文代表民建总会致辞。他说："民主建国会的主张是中国应走的唯一道路。大家本着这个信念，虽然不断遭受挫折，但终将达到成功，那样的成功，才是真成功。"大会通过了上海分会成立宣言，选举林大琪、周肇基、郝玲星、何萼梅、胡肇昌、莫艺昌、笪移今、孙运仁、尚丁、朱德禽、勇龙桂、叶敝、潘公昭、林永俣、张勉之、李正文、姜化民、袁庶华、顾思义十九人为理事，张沛霖、辛德培、黄菊森、夏循元、史慕康为候补理事；徐永祚、孟望渠、盛康年、沈子槎、吴蜀希、吴荫松、王憩新、王炳南、杨椒其为监事，吴盘勋、顾留馨为候补监事。最后由盛丕华致闭幕词，会议在非常和谐热烈的气氛中结束。（中国民主建国会上海市委编：《上海民建五十年》）

是日　民建召开常务理监事联席会议，讨论《中美友好通商航海条约》签订以后民建的主张和态度，并决定举行工商界座谈会讨论，同时授权施复亮、章乃器、胡厥文为民建的发言人，公开发表谈话和著文，反对《中美商约》。章乃器等人在谈话中指出："一个生产落后的国家和一个产业进步的国家订定商约，字面平等，必然不会是实质的平等。"并指出，中国"经济正向殖民地经济的绝路迈进"。（陈竹筠编：《中国民主建国会历史研究（民主革命时期）》）

11月12日　蒋介石下令召开"国民大会"后，章乃器力主抵制。（章翼军：《回忆与怀念——为先父章乃器百岁冥诞逝世二十周年而作》，政协包头市昆都仑区文史学习委员会编《昆都仑文史·章乃器专辑》）

11月15日　晚上，与马寅初、盛丕华、胡厥文等赴黄炎培处，听黄

炎培报告在南京的四天经过。（黄炎培：《黄炎培日记》）

11 月 17 日　下午，参加民建常务会议。

晚上，章乃器、杨美真夫妇请客，黄炎培出席，"为胡西园、吴羹梅事，夜半回"。（黄炎培：《黄炎培日记》）

11 月 27 日　《华商报》发表《修正出入口贸易办法背后秘闻不少香港吸收侨汇达三千万，章乃器氏作对记者谈话》的专讯。

摘要　记者访章乃器，和他谈起国内金融及工商业问题。章乃器提到几点，一是国大开会后国内政治局势更加恶化，致使上海金融剧烈波动，黄金外币上涨；二是美汇牌价暂不会改；三是指出沪工商金融界十分苦闷，各行均亏本，若和平不实现，则前途不会乐观；四是指出政府宣布输入品申请许可办法的几个动机；最后谈及香港与内地的经济关系，指出香港已经成为走私的大漏洞，而取缔措施不易有效，同时香港吸收侨汇千万，中国政府设法套回已不会成功。

11 月　和其他党派共同发表声明，坚决反对国民党一手包办的"国民大会"的召开。

12 月 4 日　中国国际人权保障会召开理事会，会议推选李济深、耿丽淑、章乃器等为常务理事；设干事部，刘王立明为总干事，许啸天为宣传干事，张曼筠（李公朴夫人）为出版干事，闵刚侯为法律干事，均为义务职务；设人权保障信箱；予以实际法律援助等。最后，通过临时动议，电慰在香港受伤的理事朱学范。（《大公报》1946 年 12 月 4 日第 4 版。陈琳主编：《刘王立明年谱》）

12 月 17 日　出席上海经济团体联谊会举行的第十七次会议。李济深报告时局情形并讨论通货膨胀和信用紧缩的问题。章乃器针对政府膨胀通货紧缩信用的政策发言："认为膨胀通货已经夺取了人民百分之三十到五十的购买力，而政府用于内战，更破坏了人民仅存的生存权。现在的一二十亿贷款杯水车薪、无济于事。"章乃器还拟了一副对联："膨胀通货，打大内战；紧缩信用，杀尽工商。"（《李济深谈时局》，《华商报》1946 年 12 月 22 日第 3 版）

1947 年（民国三十六年）51 岁

10 月 5 日，国民党非法劫持了中国民主同盟一部分领导人，强迫他们宣布解散。

10 月 10 日，中共中央公布《中国土地法大纲》。

11 月 12 日，石家庄解放，成为中国第一个解放的城市。

1 月 3 日　出席民建常务理事会，详细地讨论时局问题，一致通过《民主建国会常务理事会反对国民党召开国大通过宪法的决议》，再次表明了民建反对所谓"国民大会"的态度。（民建中央宣传部主编：《中国民主建国会简史》）

1 月 11 日　晚，参加民建在八仙桥青年会举行的新年联欢茶会，并签名留念。茶会邀请中共代表董必武，工作人员潘梓年、陈家康等参加。民建会员百余人出席。董必武在讲话中称国民党发动全面内战，中共代表仍留在南京、上海继续谈判；中共对和平的基本条件是："唯有遵照政协决议，恢复 1 月 13 日的军事位置，才可以表示出真正和平的诚意，这是一个最合理、最基本的条件。"他还批评美国在其声明中"把内战责任推到中国人的身上，似乎美国没有丝毫关系，这也是可笑的"。章乃器发表讲话。（《民主的汇流　沪民主人士举行新春联欢》，《华商报》1947 年 1 月 18 日第 1 版。章翼军：《回忆与怀念——为先父章乃器百岁冥诞暨逝世二十周年而作》，载政协包头市昆都仑区文史学习委员会编《昆都仑文史·章乃器专辑》。中国民主建国会上海市委员会：《民主革命时期重要活动》，上海民建网）

1 月 12 日　对马歇尔声明，发表"貌似公平，实系偏袒"的评价。（《马歇尔声明续受批驳，章乃器称之为貌似公平实系偏袒》，《华商报》1947 年 1 月 17 日第 1 版）

1 月 16 日　午后，赴黄炎培处，与胡厥文、杨卫玉、孙起孟等五人共商民建事宜。（黄炎培：《黄炎培日记》）

1 月 18 日　晚上，与杨美真赴杨卫玉书斋，和民建在渝发起人黄炎培、胡厥文、杨卫玉、章元善、胡西园、吴羹梅、鄞云鹤、施复亮等，畅谈民建方针。（黄炎培：《黄炎培日记》）

1月26日　民建发表《和平运动宣言》，章乃器负责宣言的起草，并署名。

2月1日　民建对"反对内战争取和平"发表意见书，指出："本会自成立迄今，一年有余，始终为制止内战实现和平而努力，绝不因战事优势属于任何一方而稍有更易。本会此期间，亦曾不断鼓励工商界领袖，公开反对内战争取和平，但参加者仍属少数。此次本市工商团体及各界人士，发起和平运动，本会极表感奋。"意见书否认过去以工商团体名义发表的主战电文；坚持反对内战，争取和平的意志；要求军队国家化，必须兼及国共两党，更须要求国民党由从速实现蒋介石的四项诺言，切实保障人民的基本自由，以证明其政治民主化之诚意。"历史发展，有其路线，解决纠纷，应找寻最适宜之段落，为双方共释前嫌各守信约之起点。而此最适宜之段落，无疑的应为政治协商会议，如各方协议，信誓旦旦之文献，仍不能信守奉行，将更有何可以共信共守之标的？"

2月9日　上海百货业青年职工响应中共地下党"挽救工商危机，反对美货倾销"的号召，五六百人在南京路中华劝工银行大楼举行"爱用国货、抵制美货"的演讲会，突遭特务施暴，当场打伤青年学生和职工数十人，打死永安公司职工梁仁达。（中国民主建国会上海市委编：《上海民建五十年》。章翼军：《回忆与怀念——为先父章乃器百岁冥诞逝世二十周年而作》，载政协包头市昆都仑区文史学习委员会编《昆都仑文史·章乃器专辑》）

2月10日　民建发表声明："此一连串血案之造成，显系出于顽固分子有计划之预谋。日来经济混乱，已濒崩溃，而此辈再施此种卑鄙残忍之手段以对付无寸铁之青年学生与职工，实足以造成社会之混乱，最后将自食其果。""愿全国同胞一起奋起，终止此暴力横行之现状。"为悼念梁仁达烈士，民建会参加各种团体联合会议，商定组织"二九惨案"后援会，立即给予物资和精神的援助。（中国民主建国会上海市委编：《上海民建五十年》）

是日　参加重庆较场口血案周年纪念会。到会的大多是一年前亲历重庆较场口事件的人士：沈钧儒、郭沫若、马寅初、史良、邓初民、罗隆基、章乃器、章伯钧、黄洛峰、胡子婴、张西曼、曹孟君、方与严、陶晓光、林亨元、沈静芷、祝公健、顾锡璋、勾适生等。应邀参加的还有中共代表团的陈家康、华岗以及上海方面的王绍鏊、许广平、张绚伯等。与会者留下了较场口血案周年纪念签名。纪念会由章乃器主持，先为李公朴、陶行知致哀。（何民胜编著：《施复亮年谱》）

2月12日　在南京路慈淑大楼四楼参加中国改建学社成立会议，与张东荪、何公敢等被推定为暂任理事。（《张东荪等在沪成立中国改建学社　以学术研究与现实配合》，《华商报》1947年2月16日第1版）

2月16日　晚上，赴黄炎培处，与之长谈。（黄炎培：《黄炎培日记》）

2月19日　民建召开常务理事会议，决定推派章乃器、胡厥文、施复亮三人代表民主建国会参加各界"二九惨案"后援会。（陈竹筠编：《中国民主建国会历史研究（民主革命时期）》）

2月26日　民主建国会召开会员座谈会，讨论声援"二九惨案"的问题，并决定发动会员参加惨案后援工作；发动工商界组织后援会，公推林大琪、范尧峰、周肇基、笪移今、章乃器、陈巳生等人负责筹备。（陈竹筠编：《中国民主建国会历史研究（民主革命时期）》）

2月　投资拍摄的《八千里路云和月》公映，《一江春水向东流》也拍摄过半。"《八千里路云和月》公映后，理论上虽可回收部分投资，但在结算周期上却缓不济急。"任宗德晚年回忆当时的情形说：作为总召集人的章乃器先生日渐感到自己在创作、管理尤其是在经济上都做不了主，也不及时向他通报有关情况，愈来愈对联华影艺社的状况不满意……所投入的十万美元资金已全部用完，联华影艺社面临着拍摄经费的巨大缺口。此时，虽然《八千里路云和月》一炮打响，受到好评，但是章乃器先生还是坚决地表示了退出联华影艺社的态度。章先生退出的理由有二：一是影片的摄制预算、成本、开支控制不住、随意开销，难以经营；二是夏云瑚不好相处，难以共事……由于章乃器先生执意退出，阳翰笙与我们反复研究，最后决定接受章先生退出的意见，并将联华影艺社改组为影业公司。当时与章先生约定，待影片上映获利后，包括《一江春水向东流》半部，也就是日后剪成的《一江春水向东流》上集《八年离乱》，按当初投资比

例加适当利息归还。（章立凡：《君子之交如水》）

3 月 8 日 出席中华妇女节制协会在八仙桥青年会举办的聚餐会，到会的有美国宪法同盟的代表 Mrs.Ahilling、医药界代表施惠贞等。大会由王瑞竹主持，刘王立明报告会务。会上，Mrs.Ahilling、施惠贞、章乃器等先后发表演讲。（《女声副刊》1947 年 4 月 20 日第 2 版。陈琳主编：《刘王立明年谱》）

3 月 10 日 下午，赴黄炎培处，与胡厥文、章元善交谈。（黄炎培：《黄炎培日记》）

3 月 22 日 与刘王立明等代表中华国际人权保障会举办招待会，呼吁国民党政府制止法西斯式的逮捕。章乃器认为这种情形如任其延续下去，则中国之政治将不如西班牙。招待会决议向上海市府警备部交涉，进行失踪人员家属登记，广泛发动募捐，援助失踪人家属。（陈琳主编：《刘王立明年谱》）

3 月 24 日 下午，赴黄炎培处，与黄炎培、胡厥文商讨民建公开手续的事宜。（黄炎培：《黄炎培日记》）

4 月 3 日 下午，出席中国国际人权保障会第二次理干事紧急联席会议，到会的还有许广平、刘王立明、吴耀宗、马叙伦、文幼章、史良、盛丕华、张曼筠等十余人。会议讨论营救失踪人员，并决定由章乃器、耿丽淑、吴耀宗、刘王立明、鲍惠尔等负责筹备定期召开会员大会。（《大公报》1947 年 4 月 4 日第 4 版。陈琳主编：《刘王立明年谱》）

4 月 10 日 晚上，与黄炎培、胡厥文、张澍霖、鄞云鹤、施复亮等聚餐。（黄炎培：《黄炎培日记》）

4 月 17 日 下午，出席中国国际人权保障会理干事联合会，到会的还有刘王立明、盛丕华、许广平、沈体兰、吴耀宗、耿丽淑、鲍惠尔、文幼章、张曼筠、马叙伦、王绍鏊等。决定接受曾经失踪之张莲华之吁请，将其《我控诉》一文交各中文报及英文《密勒氏评论报》发表，以揭穿国民党法西斯非法逮捕无辜人民之真相。（《大公报》1947 年 4 月 18 日第 4 版。陈琳主编：《刘王立明年谱》）

4 月 29 日 民主建国会致美国华莱士函，函中表示："我们完全相信资本主义、社会主义和共产主义是可能在世界上并存的。但我们决不能相信民主政治可能和法西斯暴力合作。美、苏各趋极端，要酿成第三次世界大战，这是必然的。中国人民特别关怀美、苏关系的改善。"

"我们是一群爱好和平民主的中国自由主义者。我们一向赞美美国的民主政治，但是，正和你所号召的一样，我们为着世界的和平，为着美国的光荣，更为着中国的和平、民主、统一、团结，却决不能同意美国的现行政策，我们相信，全世界为和平民主而奋斗的民众，都站在你后面。我们希望，你的正确主张，能很快地改变美国的政策。"

4月 在《工商天地》杂志上发表《如何恢复政府信用》一文。文章认为：政府要恢复信用，首先必须做到政策稳定，绝对不可朝令夕改。出现这一状况，是制度带来的问题。他认为在民主制度之下，政策由人民代表来决定，自然就稳定。现在要恢复政府信用，必先从建立民主制度入手，"还要下决心不与民争利，更要不与民斗巧"。这与政策稳定、政治民主以及政府的体统有关。政府与民争利、斗巧，不仅表现出来不像样，而且结果必然还是争斗不过人民。他认为少数人要和多数人争斗，结果一定是少数人挫败。在争斗之中，政府不择手段，不惜朝令夕改，政府信用必然丧尽。

春 到台湾拓展上川企业公司业务，创办台湾物产制造公司，购地建厂房，筹办方糖厂。

5月5日 民建发表对时局的意见，指出：在和平统一的前提下，建立适应时代潮流、符合人民愿望的秩序。摒弃权威政治，确立理性政治，以人道主义与服务精神为出发点，通过民主方式，处理国事，贪官污吏应该绝迹，暴官酷吏尤须铲除。政党在当政的时候，随时做在野的打算，决不利用政权谋取非分的政治经济利益。同时还要负责约束党员，不以众暴寡，不以强凌弱，须使反对党得到充分和平活动的自由。人民的义务与权利平衡，政府的权力与责任平衡。人民负担捐税以养政府，服务兵役以卫国家，政府必须负责保证人民能有免于恐怖与免于饥饿的自由。信仰、言论、出版、结社、集会，以至不违反公共利益的营业和职业都得到充分的保障。不是军事支配政治，政治支配经济，而是军事服从政治，政治发展国民经济。在平时，军事管理的方式，绝对不在政治、经济以至教育的领域内施行。政府必须确信民富而后国强，而决不幻想民穷而财不尽；要运用政权为民谋利，而决不滥用政权与民争利。颁布合于人道主义的法律，摈弃一切"乱世用重典""杀以止杀"等落后观念。法院须保持庄严的独立，不受任何政党和社会势力的干涉，更不为达到某项政治目的的工具。

意见书指出："我们认为和平不但是建国的起点，而且是统一最可靠的手段。武力不能达成统一，政治问题须用政治解决，已成一般的公论。政治协商会议已经替中国排好政治解决的大道，我全国同胞只有拥护到底，以求其终于实现。其次，我们以为一个国家要被人看来像一个国家，必须先把人当作人看待。"意见书归纳的主张：爱国护权不要忘记反求诸己，自强不息，和平必须即日恢复，人权必须有充分的保障，一切反民主的暴行，必须彻底查究，负责官吏必须严重处罚，更希望能及早恢复到政治协商的路线，建立一个全国一致的联合政府。以主动地位对美、苏实行平衡政策。我们应该欢迎友邦调处中国国内纠纷，但同时必须反对任何助长分裂的对华政策，更反对在中国设定势力圈和军事基地。

5 月上旬　与施复亮、孙起孟联名致函行政院院长张群和首都卫戍司令宣铁吾，认为此次学生运动所提反内战、反饥饿及抢救教育等口号，"与乃器等平时主张完全符合，极表同情。惟因杂务旁午，未稍尽协助鼓吹之力，正深抱憾。乃闻南京方面近有决定逮捕乃器等说，姑不问此项决定是否确实及凭何理由、据何法律作此决定，但如成事实，俾得与受难青年稍共苦楚，固不敢辞。用特具函开明详细地址，请随时以函件或电话通知，准当即时趋前投案不误。又乃器等均隶属民主建国会，其政纲及主张均经随时公布，是否公平合理可以复按。"以先发制人的策略揭露国民党的逮捕阴谋。（《民讯》1947 年第 4 期）

5 月 15 日　下午，赴黄炎培处，与黄炎培、胡厥文、章元善、盛丕华、杨卫玉"共商民建事"。（黄炎培：《黄炎培日记》）

5 月 18 日　《华商报》刊登《人权保障会议决　邀华莱士访远　并修改会章增加理事》的上海航讯。

摘要　中国国际人权保障会在清华同学会餐厅举行全体大会，由章乃器致开会辞。章乃器指出该会成立半年，会员人数有所增加，因而会章有修改必要。同时由于国内政治形势日趋恶劣，人权更有无保障之危险，所以必须准备与黑恶势力作殊死斗争。（《华商报》1947年5月18日第1版）

5月20日　民主建国会发表对和平运动的意见，指出"要建立真正和平，我们认为必须依据民主原则，遵循政协路线，而且必须以人民力量作后盾，假使不这样做，决不能建立真正和平……因此，我们希望呼吁和平的参政员诸公，一方面要站在人民的民主的立场坚持政协路线的和平运动，同时要跟全国人民争取真正和平的运动相配合，只有这样，和平运动才有成功的希望。和平是全国人民一致的要求，没有人敢从正面来反对。问题不在要不要和平，而在如何才能获得真正的永久和平。我们认为全国要求和平的人民只有凭借自己团结的力量，采取坚强有力的行动，才能争得真正的永久的和平，只有人民的力量和行动，才是争取和平的最重要的保证"。

5月22日　十五时，由章乃器等人发起，邀请上海经济界各学者，在南京路中某大楼四楼大客厅举行盛大茶会。在会上，章乃器宣读了"当前社会经济危机之讨论"大纲，"就目前物价普遍上涨的原因、社会动乱的原因、今后展望及如何挽救的办法三点，作出提纲挈领的解释"。马寅初、胡厥文等一百余位工商界人士相继发言。与会人士对物价飞涨、社会动乱（学潮、工潮、米潮）发生原因、解决途径等社会问题进行讨论，与会者一致认为引起物价飞涨的"真正原因只有两个血腥的大字'内战'"，"如果人人都能安居乐业，当然不会发生学潮、工潮"。最后，由章乃器综合各方面意见，发表三个文件："①呼吁停止内战，实现和平，依照政协路线，解决国是；②取消一切不公正不合理的捐税；③反对抽紧银根政策及发行短期高利库券。"（《上海工商界举行盛大茶会　检讨我国社会经济危机》，《华商报》1947年5月29—30日第3版；民建中央宣传部主编：《中国民主建国会简史》。陈竹筠编：《中国民主建国会历史研究（民主革命时期）》）

6月4日　赴黄炎培处，与黄炎培、施复亮、孙起孟等商谈。（黄炎培：《黄炎培日记》）

7 月 1 日　民主建国会总会及上海分会召开理、监事联席会议，又进一步研究对策。决定一方面在组织上健全小组，坚持公开合法的斗争，经常举行记者招待会和工商界座谈会，以便广为宣传和扩大政治影响；另一方面，决定由章乃器、何民麟、林大琪、严希纯、孙起孟、田钟灵、徐崇林等七人负责筹备海外分会（章乃器为筹备工作的召集人），以便在时局进一步逆转时能坚持活动。（陈竹筠编：《中国民主建国会历史研究（民主革命时期）》）

7 月 14 日　午后，与黄炎培、胡厥文、章元善、杨卫玉"会商经济问题"。（黄炎培：《黄炎培日记》）

7 月中旬　离开上海赴香港，开展筹备民主建国会海外分会。为了避开特务的监视，他以视察公司业务为名到了武汉，然后化装秘密离开。到香港后，同李葆和合作，创办港九地产公司，经营地产业务。（章翼军：《回忆与怀念——为先父章乃器百岁冥诞暨逝世二十周年而作》，载政协包头市昆都仑区文史学习委员会编《昆都仑文史·章乃器专辑》）

8 月初　抵达台湾。不久，折返香港。章炯在遂昌病逝，章乃器电汇五百元，作为丧葬费。

9 月上、中旬　返回上海。

9 月 26 日　应邀参加民主同盟政治设计委员会。（周天度、章立凡：《章乃器传》，载周天度主编《七君子传》）

10 月 3 日　赴黄炎培处，与之商谈。（黄炎培：《黄炎培日记》）

10 月 21 日　晚上，周孝怀请客，与黄炎培、张澜、冷御秋同席。（黄炎培：《黄炎培日记》）

10 月　根据民主建国会的安排前往香港，并在香港创办港九地产公司，建筑豪华公寓并从事房地产买卖，经营得十分成功。住英皇道，与马叙伦、金仲华、萨空了、邵荃麟等都是近邻。（张学继：《坦荡君子——章乃器传》，浙江人民出版社，2007 年。章翼军：《回忆与怀念——为先父章乃器百岁冥诞暨逝世二十周年而作》，载政协包头市昆都仑区文史学习委员会编《昆都仑文史·章乃器专辑》）

11 月 12 日　《华商报》刊登《章乃器先生乐捐》一文。文中称："兹再交上鄙会（中国学术工作者协会华南分会）募得之章乃器先生等乐捐港币一百元正。"

11月15日　《华商报》刊登《美国的援助，救得了经济崩溃吗？——章乃器先生访问记》

摘要　对于政府的经济，章乃器指出"如果没有美国的援助，今年底政府经济就可能总崩溃了"。而对于美国援助，章乃器又说"我想只能少数的援助，大量的援助暂时未必可能，即使能够大量援助，中国的问题也不能解决。"对改革币制，章乃器指出"改革币制或者是政府的一种愿望，但有许多困难，最主要的是财政收支不能平衡"。最后，对于中共方面的经济问题，章乃器说"大概没有这样严重，因为中共区人民负担较为公平，同时生产力方面，有较好的鼓励及帮助"。（《华商报》1947年11月15日第4版）

11月23日　在《华商报》第一版及第三版发表《币制改革之谜》。文章主要讨论国民党政府呼之欲出的币制改革。章乃器认为，现在要进行币制改革，必然要做充足的准备，平衡好政府财政收支和国际收支，不可贸然改革币制。原因是对改革币制所需的白银数目，章乃器估计需四亿盎司（相当于战前的银币六亿元）；对新银币与法币之间兑换率的看法，章乃器指出政府的态度是很矛盾的，他认为在币制改革计划尚未成熟之前，政府会宣传新银币对法币的比值低，而在币制改革前夕，政府会宣传新银币对法币的比值高，以节省白银和屯取大批物资。而币制改革并非如此简单，政府若行此举必会引起人民反感和发生通货紧缩。因此，他推论在不引起民众强烈反感和工商业危机的前提下，政府会尽量提高新银币对法币的比值。然而全国不同地区的物价指数、兑换标准是不同的，十分混乱，并指出数字正是欺上瞒下最便利的工具。

接着章乃器指出：恢复到银本位是切合实际的，因为平衡政府财政收支是必要的，国际收支的不平衡可暂时忽略。但是银本位需要有至少六成的现金准备，而这在内战日趋扩大的当下，国民党政府是无法做到自力更生的，只能寄希望于美国的借款。

布利特认为美国只需准备十三亿五千万美金的借款即可支持国民党政

府的币制改革及内外收支平衡，但章乃器经过分析，认为这远远不够：以现状估算，国民党政府三年间需一百零三亿美元，但这更要看三年内的国内形势变化，如若内战继续发展，那么一切都是泡影。

12 月 20 日　出席《华商报》举办的"展望一九四八年的中国财政经济"座谈会，就国内的财政经济问题加以检讨。对改革币制的话题，章乃器指出："现在南京政府的措施，是不能根据一般经济理论来估计的。"并且"估计法币也支撑不了多久，猜测不久会有另一套东西出现"。在工商贸易方面，他指出"事实上现在主要的出口货已被豪门资本垄断了"。（《展望一九四八年的中国财政经济》，《华商报》1948 年 1 月 1 日第 6 版）

1948 年（民国三十七年）52 岁

1月1日，中国国民党革命委员会成立。

4月30日，中共中央发布《纪念五一劳动节口号》，号召"各民主党派、各人民团体、各社会贤达，迅速召开政治协商会议，讨论并实现召集人民代表大会，成立民主联合政府"。

8月19日，国民党政府发行金圆券。

9月12日，辽沈战役开始。

10月19日，解放军占领长春。

11月6日，淮海战役开始。

11月12日，东京国际法庭判处七名日本战犯死刑。

11月，平津战役开始。

12月1日，中国人民银行成立并开始发行人民币。

1月1日　在《华商报》复刊两周年暨元旦增刊第三版发表《乾纲重振》一文。他写道：多少年来中国政局的写照是"世乱奴欺主，运衰鬼弄人"，今天变得更为强烈。"老百姓豢养的公仆变成特权阶级，进一步我为刀俎，民为鱼肉，要吃主人的血肉膏髓。岂止欺而已？这是真正的乱，老百姓戡乱，就要戡乱这班人。"

在这反常的社会里面，当然是魑魅魍魉，白昼现形，变了鬼世界。连好人都只能自欲"鬼混"！我请浮在社会上层的人们自己检点一下，有几人不在鬼混，哪一天不在鬼混？所谓"运衰"，就是国运衰微。"鬼治""鬼混"的国家，焉得不衰微？

新年伊始，他希冀百姓成主人，人们都抬起头来，重塑一个民主世界，也是人的世界。

1月27日　章乃器委托妻子杨美真赴黄炎培住处，"赠《后起者殊》，并咨询南行诸事"。（黄炎培：《黄炎培日记》）

1月31日　晚，在湾仔轩尼诗道八十七号二楼，出席南洋经济学会召集的座谈会。章乃器作为经济专家应邀到会。对于币制改革，章乃器指出："政府借到钱，要改币制，借不到，相信也要改。但是，不论怎样改，一定没有长久的效果。"并且，"为了保住这个政权，政府什么手段也可能用的"。对于轮管制度，他指出，南京官僚集团是把国家、人民利益服从于个人及派系的。因此，他认为改善轮管制度的可能性极微，即使改善，对商人也未必有好处，因为他们不愿意这样做。（《经济界讨论轮管及币制，一致抨击民死政策》，《华商报》1948 年 2 月 1 日第 3 版）

2 月 21 日　与沈钧儒、陈其尤、伍宪子、翦伯赞、连贯、周颖、庄枫、罗子为、周鲸文、李健生赴丘宅。刘王立明以中国国际人权保障会及民盟救济委员会的双重身份招待。（沈谱、沈人骅编：《沈钧儒年谱》）

3 月 1 日　民盟机关刊物《光明报》在香港复刊。当时民盟及中国人民救国会的经费主要由沈钧儒筹措，经费主要有如下来源：①上海的张澜，张澜与四川的银行聚兴诚有关系；②在香港的章乃器；③南洋兄弟烟草公司董事长简玉阶（琴斋），其女儿简菉特为人救国会同人；④在香港开钱庄的黄长水；⑤其他。（沈谱、沈人骅编：《沈钧儒年谱》）

4 月 7 日　中午，出席刘湛恩殉难十年纪念会，与参会者一起指出"日本是我们的敌人，而现在支持日本帝国主义复兴的美国帝国主义，则是继当年日寇之后的当前我们的大敌，希望继承刘博士遗志的人，要对这点有充分认识"。（《刘湛恩殉难十年，港民主人士追念》，《华商报》1948 年 4 月 8 日第 1 版）

4 月 16 日　与李济深、沈钧儒、马叙伦、章伯钧、郭沫若、翦伯赞、刘王立明、王绍鳌等中国国际人权保障会在港理事召开紧急会议，讨论最近国内各地学生被蒋介石政府迫害的援救办法。保障会拟通过发行英文通讯，向国际人士揭露中国人民的人权被摧残的真相，并联合致电远东民主政策委员会及联合国人权保障委员会华莱士先生等。请发动阻止助长中国内战的军火运至中国，并转请政府从速改变对华政策。（《李济深沈钧儒等向国际人士呼吁》，《华商报》1948 年 4 月 18 日第 1 版。沈谱、沈人骅编：《沈钧儒年谱》）

5 月 8 日　出席《华商报》举办的"目前新形势与政治协商会议"的座谈会，并发表讲话。

摘要　就"目前新形势与政治协商会议"这个题目邀请各位先生来指教，其中包括章乃器。章乃器在发言中指出"中共五一号召的中心意义，我想当是扩大影响和扩大阵容"。而其对未来新政协的希望中，则企盼"能有几位出乎我们意料之外的人的名字"。"这些人当然不能是时代渣滓，而是有代表性的。他们可以代表一部分社会的力量，虽然代表少数，也要让他们充分发表意见。"（《目前新形势与新政协》，《华商报》1948年5月16、17日第1、2版）

5月17日　《华商报》发表章乃器在"目前新形势与政治协商会议"座谈会上的发言。他认为中国共产党的五一号召的中心意义，是扩大影响和扩大阵容。他举例说："在国际上有一个南北朝鲜党派代表的平壤会议。平常我们看作两个反动的领袖的金九、金奎植，也居然去参加。他们开过会又越过封锁线回来，公开招待记者发表谈话，赞同北朝鲜会议，反对美帝国主义统治南朝鲜并且赞美北朝鲜的成就。这说明了美帝国主义不但在希腊、在中国碰壁，在朝鲜失败得更惨。"出现这样的局面主要是南北朝鲜的领袖团结一致，南北朝鲜的政治一天天地成功，以至开会时开诚布公，使金九等不能不心悦诚服。因此，他希望将来在新政协名单里能有几位出乎意料之外的人的名字。这些人不能是时代渣滓，而是具有一定代表性，代表一部分社会的力量，让他们充分发表意见。大家在会外会内耐心说服他们，再使他们能看到当地的进步，使他们心悦诚服，明白地知道这条路是对的。

5月23日　民建总会在上海秘密举行常务理监事联席会议。出席的有：黄炎培、胡厥文、施复亮、张纲伯、杨卫玉、盛丕华、俞寰澄、王纪华、陈巳生、盛康年、郑太朴等，一致通过了"赞成中共五一号召，筹开新政协，成立联合政府。并推章乃器、孙起孟为驻港代表，同中共驻港负责人及其他民主党派驻港负责人保持联系"的决议。（民建中央宣传部主编：《中国民主建国会简史》）

6月4日　与柳亚子、茅盾、朱蕴山、胡愈之等一百二十五位在香港的民主人士联名发表《响应中共"五一"号召的声明》，宣布支持共产党在纪念"五一"号召中提出"召开新政协、建立新中国"的主张，"我们愿意表示对这一提议的热烈赞同"，"新的政协召开之后，中国历史将会翻开灿烂的一页，进一步建立一个统一的真正属于人民的新国家"。

摘要　一年来的中国政府，起了历史上空前巨大的变化。在一年以前，都市里许多不关心政治的上层人物，表示并不反对国民党打共产党，但希望早一点打完共产党，快点给他们和平。现在他们改变了，希望共产党早一点打完国民党，快点给他们和平。

理由十分单纯。第一，自从国民党反动集团由"军事战乱"进一步执行"经济战乱"以后，它不但与全国工农为敌，而且也更显明的与全国工农为敌了。其次，中共开明措施，揭穿了国民党反动集团的虚伪宣传。再其次，他们看透了国民党反动集团真是从根腐烂，无可救药了。说军事，被歼灭的军队人数逾二百万人，被俘的将级军官二百余人，真是史无先例的。说政治，对外奴颜婢膝，有为汪精卫之所不肯为，对内进行选举，威逼贿买。说经济，是剥削工农、摧残工商业的结果，已经到了最后自杀的时候了。

是的，国民党反动集团不但是应该倒，而且也必然倒了。倒了之后将如何呢？一个国家不可一日没有政府，我们将如何组织新的政府？

在这个时候，中共发布了纪念五一劳动节口号，内中第五项就提出了"各民主党派、各人民团体、各社会贤达，迅速召开政治协商会议，讨论并实现召集人民代表大会，成立民主联合政府"。倘使过去的政协是人民代表向反动当局要索一些民主权利，那么将来的政协是人民的政党用民主的方式和全国所有民主势力的代表们平等商谈国家大事。（《香港各界爱国人士联名响应五一号召》，《华商报》1948 年 6 月 4 日第 1 版）

6 月 28 日　与郭沫若、林焕平、夏衍、黄药眠、乔木、冯乃超、张铁生、刘思慕等，出席《华商报》举办的"美帝扶日复兴的现阶段"座谈会。章乃器在会上引用美国技术调查团团长的话："将来蒋政府所得的信用贷款，可以向美国买货，也可以向日本买货。"他指出蒋介石政府即便不会买现成的军火，买化学原料也是可以的，而且美国不一定会自己出兵援助蒋介石，而可能会利用日本旧军等与蒋介石联合为"国际纵队"。章乃器指出："我们要提防这一阴谋。"此外，他也分析了日本国内的情况，美军占领下的日本人民生活急剧恶化。美军的大量花费用于军事建设，致使日本通货膨胀加重，而"人民的反抗相当大"，"几百万几百万工人的罢工和示威"。章乃器指出美帝扶日的目的之一便是转移日本国内的矛盾。(《七七抗战十一周年纪念特刊座谈记录：美帝扶日复兴的现阶段》，《华商报》1948 年 7 月 7 日第 5 版)

7 月 3 日　《华商报》发表《香港文教界人士抗议暹政府暴行　促立即停止对侨教的迫害，释放被捕人士！》一文，暹罗政府宣布"严厉取缔非法华校"，百余所华侨学校"徘徊在死亡线上"，而暹罗政府又于"六月十五日出动大队警探搜查十余华侨学校社团"，并捕去多人。对此，香港文化教育界人士深感震惊，并提出严正抗议。声明署名章乃器等人。

7 月 11 日　与郭沫若、邓初民、方与严、翦伯赞、侯外庐、茅盾等社会大学留港校董、教授暨同学十九人为纪念李公朴殉难两周年发表宣言。宣言指出："历史教训了我们，要民主，要和平，要复仇，都只有把反动集团连根拔起。"(《为李公朴复仇　社会大学留港师生纪念李氏殉难两周年发表宣言》，《华商报》1948 年 7 月 11 日第 1 版)

8 月 2 日　周恩来致电钱之光：以解放区救济总署特派员的名义前往香港，会同方方、章汉夫、潘汉年、连贯、夏衍等，接送在港民主人士进入解放区参加筹备新政协。(中共中央文献研究室编：《周恩来年谱 1898—1949（修订本）》)

8 月 11 日　《华商报》发表章乃器的《日本投降三周年感想》，他指出："胜利的果实，或饱贪污的私囊，徒使肥者愈肥；或膏内战的烽火，重令人民遭殃。"他又指出蒋介石政府的独裁政权腐化，却又依赖外援，"于是，奴颜婢膝，百顺千依，辱国丧权，甚于抗战以前的媚日"。但同时，章乃器也表示不必悲观，"人民的力量，将会'竟抗日战争未竟之功'，使我们在不久的将来，可以很高兴的纪念这日敌投降的日子"。

8 月 16 日　资助史学家翦伯赞在舶寮岛主持考古活动。该活动由章乃器创办的香港南方学院主办，香港大学教授马鉴、侯宝璋，香港史地学家叶灵凤，香港达德学院教授邓初民，南方学院院长林焕平及学生六十多人参加了发掘，《华南日报》《华侨报》的记者也到场采访。考古获得了石斧、陶片等新石器时代的遗物。(章立凡：《不带走一片云彩——章乃器收藏记忆》，载吕章申主编《爱国情怀：章乃器捐献文物》，

北京时代华文书局，2018 年）

8 月 21 日　《华商报》发表《本报专访：揭穿"币制改革"骗局，留港经济学者的意见》。

章乃器提出"金圆券准备不足，加深对人民剥削"的观点，他说：对比自己几个月前对币制改革的预测，改革方法"大致相同"，时间推迟了，"这是美援迟到之故"。南京政府改币制，在经济上比发行大额钞票好处更多，可"借种种因素，拖得一些时日"。他又分析金圆券发行后，"最多可以稳定两三个月""根本不可能长期稳定"，因而改革币制"是一个骗局，只有加深对人民的剥削"。

9 月 20 日　周恩来拟定邀请从香港、上海和长江以南前来解放区商讨召开新政协的各民主党派及无党派人士李济深、张澜、沈钧儒、谭平山、章伯钧、郭沫若、黄炎培、马叙伦、何香凝、史良等七十七人名单。并起草中共中央致香港分局钱之光和上海局刘晓、刘长胜电，征询对七十七人名单的意见，指出：各方人士须于今冬明春全部进入解放区"方为合适"。"北来人士，拟先集中哈尔滨招待商谈；华北人士如直进解放区，则集中华北。视战事发展，明春或来华北，或即在哈市召开新政协。"（中共中央文献研究室编：《周恩来年谱 1898—1949（修订本）》）

9 月 22 日　《华商报》发表《拆穿荒唐谣言　章乃器杜月笙从未通讯，所谓去函复函都属捏造》的本报特讯。

摘要　某报特讯称"章乃器及文化界十二人联名致函杜月笙，让其来港避祸"，同时"强调杜氏已在沪复函，力言'服从政府，拥护领袖'"。记者为明了真相，便去访问章乃器。章乃器称这是一个谣言，随即授权记者做一声明。声明称二者从未通讯，也无较深友谊与往来："此间民主统一战线，无论直接间接，均未与杜氏发生任何关系。"推测谣言可能源于"蒋经国在沪为抛纱案拘捕杜月笙之子杜维屏"，南京政府"捏造此无耻谎言，以防杜有何转变"。最后称最好的办法自是杜月笙出面公布真相。（《华商报》1948 年 9 月 22 日第 1 版）

10 月 10 日　《华商报》发表章乃器的《国庆忆语》。章乃器回忆了此前岁月中的国庆日，想来"值得庆贺的，只有三次——二十六年，二十七年和三十四年"。二十六年的国庆日里,虽然大难当头,但章乃器感到"举国团结,上下一心",因而情绪热烈。二十七年的国庆日,章乃器是在安徽的战时省会度过的,他"负责管理穷困不堪的省财政,处境的艰危真为生平所未有"。不过贪官污吏全都逃往后方,剩下的人共同抗日,情绪依然是奋发的。而二十八年到三十三年,"政治上是反动与腐化的","六个国庆都在极度沉闷中度过"。而三十四年的国庆,"国共和谈纪要"发表,因而"又够得兴奋了"。到如今,"绝望往往会带来新的希望。今年的国庆日,新希望中的光明是越迫近了。我真感觉到空前的兴奋"。

10月13日 《华商报》刊登港讯《改币后的中国经济大势 经济导报刊行》。报道表明《经济导报》第九十二期出版,要目有《改币后的中国经济大势》,记录章乃器等在经济问题座谈会中的发言。

10月22日 《华商报》发表特讯《章乃器评论:蒋政府套美汇,对港币将是种打击》。对南京政府在香港黑市套买美汇,香港政府宣称未获得证据,而据经济专家章乃器称,此事事实已公开证实。并依据经济分析,章乃器认为这"对于港币将是一种打击"。

10月30日 中共中央致电香港分局。中共中央将在哈尔滨讨论修改的《关于召开新的政治协商会议诸问题》草案文件电示香港分局"于接到该项文件后,即抄送民革李济深、何香凝,民盟周新民,民促马叙伦,致公党陈其尤,救国会李章达、沈志远,第三党彭泽民,民主建国会章乃器、孙起孟及无党派郭沫若十一人,并由潘汉年、连贯分别访他们或要求他们一起聚谈,征求他们意见"。香港分局按照中共中央的指示,组织有关民主人士召开了座谈。(中共河北省委统战部编著:《李家庄纪事》,华文出版社,2018年)

秋 出售在台湾的厂房、设备,结束在台湾的物产制造公司的业务。

11月1日 《华商报》刊登《"币改后蒋区经济的现势与前途"座谈会记录》,国民党政府于八月十九日颁布了"财政经济紧急处分令",此令实施两个多月以来,人民生活与工商业等都遭受了打击。因而政府邀请了几位经济专家举行了一次座谈会,对"币制改革后"的经济现势和前途做一总括性的全面讨论。章乃器认为"目前南京的经济情势是进退两难"。

对于南京政府的思想体系，章认为首先是其"一贯的独裁武断，无论政治经济都一样"，并列举了法币和金圆券的例子，说这是对人民最大的一次失信。"这是真真正正完全不替老百姓设想，也正是他失败的要素，吃苦就吃在这种独裁武断的思想基础上。"其次则是其独裁武断的进行手段，"南京政府在这次币制改革时所派出的几员大将，上海的小蒋、北平张万生、华南宋子文，把几张王牌都打出去了。""这都表示这种作风是太不平常，太投机。"同时，"再加上腐化的官僚体系，各方难以密切配合，也促成了他的失败"。再次，章乃器指出"他们的现代货币思想亦不成熟"，不了解通货膨胀法则，对不住老百姓。最后，章乃器对于南京政府的补救措施也提出质疑，"怕是要在进退两难中，直至消磨完毕"。

11 月 8 日　下午，中国国际人权保障会成立两周年，该会留港理事及会员李济深、马叙伦、刘王立明、章乃器、千家驹等举行茶会，以志纪念。（《保障人权的呼声　人权保障会二周年，留港会员茶会纪念》，《华商报》1948 年 11 月 9 日第 4 版）

11 月 14 日　《华商报》刊登特讯《经济专家金融界的意见　蒋府经济新措施的本质是：更大的掠夺！更大的欺骗！无限制的膨胀！》。文中表示："南京政府所发行的金圆券，仅仅经过短短的八十四天的时光就宣布破产了。"之后为了补救，南京政府 11 月 11 日又公布了两项财经措施，即"修正金圆券发行办法"和"修正人民所有金银外币处理办法"。对于新出台的措施，记者询问了章乃器等几位经济专家的意见。

章乃器抨击蒋介石政府这次的新措施"为世界上最荒唐的条文，在条文的本身，就是一个天大的欺骗"。章乃器说南京政府的经济政策早已经走到前有绝路、后有死路的境地，而这两项措施的颁布，就是后头的死路。章乃器指出"南京政府在八十四天中，用二十亿金圆券把老百姓的财富价值都抢去了，抢去之后，就把交给了人民的金圆券宣布贬值五倍，但实际上是贬值了十倍"。条文中将二十亿的发行额放弃了，但是准备监理委员会还存在，因而章乃器说"如果南京政府抢走了人民的财富而垮台了，全国人民要这些监理委员们负责交出'十足'的准备以赔偿人民的损失，让新的政府来负担是不合理的"。而就货币来说，蒋介石政府此举有一定效果，"但今天已不是货币问题，而是社会危机问题，因此这效力也为时甚暂"。对于准许白银流通，章乃器也认为此举靠不住。

11 月下旬　中共中央致电中共华南分局，邀请在上海和香港响应"五一"口号的各民主党派与爱国民主人士代表进入解放区，共同商讨筹备召开人民政协和组织联合政府等问题。

11 月　章翼军回忆："我是一九四八年十一月和两个妹妹一起搭轮船从上海到达香港的。当时我正在上学，处境危险。父亲（章乃器）就给在上海合作金库工作的胡子婴打了一个电报：'大哥（指共产党）事业很大，前途光明，需要你，盼你速来。'于是我们就匆匆动身了，连离校的手续都没有去办。行前转移到胡子婴家居住。"（章翼军：《回忆与怀念——为先父章乃器百岁冥诞暨逝世二十周年而作》，载政协包头市昆都仑区文史学习委员会编《昆都仑文史·章乃器专辑》）

12 月 4 日　上海民建总会负责人黄炎培、胡厥文、盛丕华研究决定，推派章乃器、孙起孟、施复亮为代表到解放区参加新政协的筹备工作，并通知了他们。章翼军回忆："当时父亲（章乃器）还应邀为香港《文汇报》经济新闻版作内容设计。同时受聘在达德学院任教。"（章翼军：《回忆与怀念——为先父章乃器百岁冥诞暨逝世二十周年而作》，载政协包头市昆都仑区文史学习委员会编《昆都仑文史·章乃器专辑》）

是日　民建在香港的章乃器、施复亮、孙起孟和王绍鏊等理事、监事经商议后决定，与民革、民盟等十个民主党派联名发表《为保护产业保障人权告国内同胞及各国侨民》。

摘要　中国革命之目的，在于建设一个民主、康乐、独立、统一的新国家。在革命过程中，要铲除人民公敌，消灭封建残余，反抗帝国主义，完全是为着建设新国家的必需，是无可避免的，也是万不得已的。这和反动势力的嗜好屠杀、蓄意破坏，是截然不同的两回事。因此，一切有利于国计民生的事业，以及所有可能贡献脑力、体力于新社会的个人，不但不稍加损害，且应力予保障。我们不但要尽量利用原有的公私资本，而且要努力积蓄新的资本，在不妨碍本国主权条件下，甚至要欢迎外国资本的合作。我们不但要尽量动员原有的人才，而且要努力培养新的人才，甚至欢迎外国的技术人才。资本和人才是祖先留给我们的最宝贵的遗产，必须极端珍惜和妥善运用，建国大业才能顺利达成。

在上述的原则之下，我们认为中国共产党提出的"发展生产，繁荣经济、公私兼顾、劳资两利"的工商业政策，以及严格保障人权的号召，完全符合我们的理想和一贯的主张。各地民主政府遵循这种政策和号召的一切措施，事实昭然，也早经发挥了极其广大的影响。

我们愿意昭告全国同胞和国际友人：保护私人工商业和保障人权的政策，在未来的统一的联合民主政权之下，必然会更贯彻的继续执行。为着建设新国家的需要，一切有利于国计民生的私人工商业，不但要保存，而且要扶助其发展，外人投资只要符合平等互惠的原则，不但旧的可以继续存在，而且欢迎新的增加。只有那些利用特权损害国家、人民利益以自肥的官僚资本，才会被没收；但对于原有的管理技术等员工，则一律欢迎其继续工作，并给以合理的待遇。我们必须指出：土地的改革，不但为着改善农民生活和发展农业生产，同时，提高农民的购买力，也正是为着工商业的顺利发展。分配土地和保护工商业，是相辅相成的两种政策，中间并没有任何矛盾。（章立凡选编：《章乃器文集（下卷）》）

12 月 26 日　晚上，在共产党的秘密安排下，乘坐苏联货船"阿尔丹"号驶离香港北上。同行的有李济深、茅盾、朱蕴山、彭泽民、柳亚子、邓初民、王绍鏊、马寅初、翦伯赞、洪深、施复亮、孙起孟等二十多名民主人士。中共方面派李嘉人陪同，龚饮冰、卢绪章随行，钱之光则派李海、徐德明在船上照顾一切。（中共河北省委统战部编著：《李家庄纪事》）

李济深在日记写道：晚上十时，分车各行，陈此生与月卿（李济深夫人）同车回家。我则同行人到六国饭店附近上小电艇，驰开"昂船州"附近，海面上一货船，为苏联船，到时已有章乃器、茅盾、彭老（即彭泽民）、邓老（即邓初民）、施复亮、洪深等先生在船上矣。（李济深著，文明国编：《李济深自述》，安徽文艺出版社，2013 年）

是年　在香港，对香港《文汇报》的主笔徐铸成说："香港的市面必定日趋繁荣，地产的总趋势必定日益看涨。"徐铸成表示：当时，由于国内局势的急转直下，香港很多人对前途是消极观望的，而今天拥有大量地产的企业家，当时还远未露出头角……我忽发奇想，假使章乃器一直不走，以经济之长才，如炬之目光，孳孳为利，或者还可以取得政治上的方便，那么，他可能已是亿万富翁，车马盈门，安享清福了。

是年　邀请孙采苹①赴香港，在港九地产公司工作。

章乃器在《七十自述》中回忆：一九四七年，在民主同盟被解散的前夕，我流亡到香港。仍然为了自己和同人的生活，我创设了港九地产公司。在政治活动方面，我又成为"宣言专家"。各民主党派在香港联合发表的文件，又几乎全数是我执笔的。资本主义商业的经营这时也达到了最高峰，我获得了相当多的利润。正因为图利生涯同我的理想矛盾，所以，在一九四八年终，我接到中共中央的电召，便毅然舍去，秘密返回沈阳。（章乃器：《七十自述》，载中国人民政治协商会议全国委员会文史资料研究委员会编《文史资料选辑》第八十二辑）

---

①孙采苹（1911—？），上海人。毕业于日本早稻田大学法政专科。抗战全面爆发后回国，受训于留日学生训练班，任职于重庆民众教育馆和南通学院。后赴台湾，1949年回北京。曾在中国征信所任职。

第三辑

（1949—1977）

　　章乃器（最后排左一）与黄炎培（前排左二）、胡厥文（前排右一）等作为民建代表参加新政协时的合影

在政协会议上发言

1949 年 10 月 18 日，章乃器出任全国政协财经组长，这是他在会议上发言时的留影

政务院政务委员通知书

政务院财政经济委员会委员通知书

二十世纪五十年代初，章乃器在北京

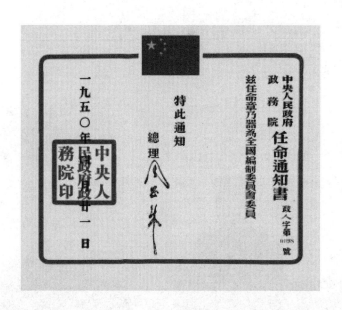

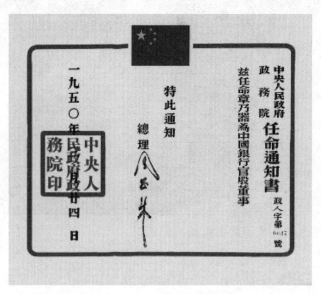

被任命为全国编制委员会委员、中国银行官股董事的通知书

1951年，全国政协西南土改工作团成员合影。前排左九为章乃器

章乃器被任命为中央人民政府粮食部部长的通知书

　　1954 年，章乃器与妻子杨美真（右二），女儿章湘谷（右一）、章畹（右四）、董淑萍（右五）合影

章乃器在会议中遭到批判

　　1962年6月，龙云逝世，章乃器前往吊唁。左起：章乃器、李明灏、许广平、史良

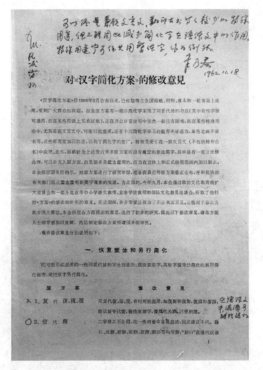

章乃器对《汉字简化方案》的修改意见手迹

晚年的章乃器

1949 年 53 岁

1月31日，北平和平解放。

4月21日，毛泽东、朱德发布向全国进军的命令。

4月23日，南京解放。

5月27日，上海解放。

9月21—30日，中国人民政治协商会议第一届全体会议召开。

10月1日，中华人民共和国成立。

10月19日，中央人民政府委员会举行第三次会议，任命中央人民政府各机构领导人，同时还任命了政务院下属各委、各部的主任、部长。

12月15日，毛泽东应邀访问苏联。

1月1日　在《华商报》发表题为《新的转折点》的新年献词，献词写道："时序更新，人类历史亦翻到更光荣灿烂的新页。今年国际局势，可能较去年为明朗而稳定。亚洲各地民族革命，将因中国革命之胜利，而更加蓬勃，整个亚洲大局，将于今年到了一个新的转折点。这是很重要的一年，也是我们应该特别努力的一年。……战争将证明其为不可能，东西两大堡垒的冷战，似亦虽长此持续，而势将有一个时期的和缓。""中国联合政府成立，全国重要地区，完全统一。南京政权可能尚在台湾作最后之挣扎。国内在多年战争毁坏之后，一时可能遭遇若干经济困难。惟全国人民，已存着一种新的希望，不难协力加以克服。"章乃器预言："英美对于此拥有四亿七千万人口之市场，决难忘怀，对于庞大之投资，亦难相置，可能对新政权妥协，而以和平通商为其初步。""亚洲各地民族革命，将因中国革命之胜利，而更加蓬勃。整个亚洲大局，将于今年到了一个新的转折点。"

1月7日　上午，抵达大连。中共中央派李富春、张闻天等前往迎接，入住大连大和饭店，并在关东酒楼出席欢迎宴会。当晚，到火车头俱乐部观看苏联海军歌舞团的演出。中共中央东北局根据周恩来的指示，给每个人送来了大衣、皮靴等御寒衣物。在河北李家庄的民主人士符定一、周建人、韩兆鄂、翦伯赞、刘清扬、楚图南、田汉、胡愈之、沈兹九、严信民、杨刚、宦乡、吴晗等十九人，联名致电在东北解放区的民主人士李济深、沈钧儒、章伯钧、马叙伦、王绍鏊、陈其尤、彭泽民、沙千里、蔡廷锴、谭平山、郭沫若、章乃器、朱学范、李德全、茅盾等人，电文中说：民主人士对于国民党战犯求和，当前必须要认清三点：一、"养痈遗患，芟恶务尽。时至今日，革命必须贯彻到底，断不能重蹈辛亥革命与北伐战争之覆辙。"二、"薰莸不同器，汉贼不两立。人民民主专政，决不能容纳反动分子，务使人民阵线内部既无反对派立足余地，亦无中间路线之可言。"三、"在中国共产党的领导下，各民主党派和民主人士一致行动，通力合作，完成人民革命之大业。"并提议："倘赞许，尚祈诸公率先发起联衔向国内外发表严正声明。"（中共河北省委统战部编著：《李家庄纪事》）

1月8—9日 在大连、旅顺参观学习。

1月10日 乘专列到沈阳，后去哈尔滨。

在到达解放区之前，章乃器囿于"宣传必须夸张"的旧有观念，对于新华社有关解放区的报道存有疑问。到达东北后，他参观沈阳机车制造厂、兵工厂、抚顺煤矿、小丰满水力发电厂、哈尔滨监狱和一个农村，看到当家做主的工人、农民努力进行生产建设，迅速治好战争的创伤。过去中国常见的烟、赌、淫、乞等社会弊病，在解放区几乎绝迹，到处是一派欣欣向荣的景象。通过和干部、工农的接触和交谈，他感到"人和人之间的关系一般的已经变成坦白而亲睦，彼此间的隔阂和警戒似乎很少遗留下来了，进入这里，真觉得浑身轻松，得着了精神的解放，仿佛如同回到自己的家里一样"。（章乃器：《人民的东北》，载《论中国的经济改造——消肿、去腐、新生》，五十年代出版社，1951年）

工作之余打桥牌、逛旧货市场。据周海婴回忆，打发时间的方式之一是打桥牌，"凑足四人就玩起来，用自然叫牌法，没有固定的搭档"。参加的有章乃器、朱学范、沙千里、赖亚力（曾任冯玉祥秘书）等，其中章乃器、朱学范"牌技不错"，李济深牌技"不算好"，其秘书林一元经常给参战的周海婴使眼色，别让李将军难堪，但周海婴当时年少气盛，不肯让牌，至今犹感歉疚。此外，章乃器与章伯钧常结伴去逛旧货市场，章伯钧一心搜集古籍，他则专注于抢救流散文物。（章立凡：《父亲章乃器在新政协召开前后》，《中华儿女》2009年第3期）

在一次参观途中，同行的人们唱起一支歌，开头的歌词是"没有共产党就没有中国"。章乃器提议增加一个字，改为"没有共产党就没有新中国"。不久，章乃器见到毛泽东，毛泽东对他说，你提的意见很好，我们已经让作者把歌词改了。（民建中央宣传部主编：《中国民主建国会简史》）

1 月 12 日　香港分局经委致电中共中央及统战部，报告半年工作。报告中说：香港工商界近半年有巨大变化，其原因一方面为蒋贼"币改"失败，另一方面为我军秋节攻势大胜利与济南城市政策的影响。他们态度之变化表现在：一、过去不谈政治的，现在谈起政治（如中南银行经理），而过去争与国民党勾结的，现在避免，不出席李大超之宴会（如郭赞、李耀祥及刘德谱等英国买办）……四、过去惧怕我们的，现在敢与我们接触（厂商联合会一部分理事）。五、过去暗中与我们接触的，现在敢于在大庭广众中大谈解放区工商政策。六、承认新民主主义经济制度（如章乃器、陈君冷等领导之工商聚餐会）。七、设法与解放区通商成为今天香港一股巨流。（中共河北省委统战部编著：《李家庄纪事》）

1 月 22 日　与李济深、沈钧儒、马叙伦、郭沫若、施复亮、孙起孟等五十五位民主人士联名发表《对时局的意见》，指出："革命必须贯彻到底，革命与反革命之间绝无妥协与调和之可能""在今天，帝国主义、封建主义和官僚资本主义是中国人民革命之对象，是阻碍中国实现独立、民主、自由、幸福之最大的敌人，倘不加以彻底肃清，则名实相符的真正和平绝不能实现。因此，我们对于蒋美所策动的虚伪的和平攻势必须加以毫不容情地摧毁"。"中共主席毛泽东先生最近发表的对时局声明，为了贯彻革命到底，为了粉碎和平攻势，严正地揭穿了蒋美集团的阴谋，而提出了真正的人民民主和平的八项条件。这正是对于蒋介石所提出的要求的无情反击，我们是彻底支持的。""人民民主阵线之内，决无反动派立足之余地，亦决不容许有所谓中间路线之存在。"并首次公开表示，"愿在中共领导下，献其绵薄，共策进行，以期中国人民民主革命之迅速成功，独立、自由、和平、幸福的新中国之早日实现"。（民建中央宣传部主编：《中国民主建国会简史》）

1月23日　与已经到达东北解放区的施复亮、孙起孟致电在香港的俞寰澄及民主建国会诸同人，电文中说：现在国民党反动派的"和平"攻势方兴未艾，我们正在进一步以团体名义分别发言，给予打击。请你们以在港理监事负责方式，继续发言，以资配合。（中共河北省委统战部编著：《李家庄纪事》）

1月26日　中共东北中央局、东北政务委员会、人民解放军东北军区及东北各界人民代表举办欢迎会，热烈欢迎章乃器等三十四名民主党派、人民团体、无党派人士为参加新政协会议到达东北解放区。东北行政委员会主席林枫致欢迎词。李济深、沈钧儒、马叙伦、郭沫若、谭平山、章伯钧、蔡廷锴、章乃器、沙千里、陈其尤、许广平、许宝驹、邓初民、王绍鏊、洪深、曹孟君等先后在大会上发言。章乃器作为民主建国会常务理事发表讲话，盛赞了解放区的各种建设。他说，解放区人民的伟大力量是我过去所意想不到的。这是一个真正的人民的社会，在中国历史上从来找不到解放区这样光明的时代。接着谈到目前时局，他表示：现在国民党军事上已经完全崩溃了，他们企图以软的办法、和平的阴谋来阻止革命，使革命半途而废。革命战争就好像是一幅很大的图画，如果只画了一半而停止，怎么可以呢？同样地，中国这一半解放了，那一半却得不到解放，不仅解放区的人民不肯，就是蒋管区二亿以上生活在水深火热之中的人民也不会允许的。

最后，中共东北局代表李富春讲话，"诸位先生对时局的主张，证明了全国人民、各民主党派、人民团体需要真正的永久的和平，而不要虚伪的反动的和平，证明了中共中央毛主席对时局的声明，是代表着全国人民的意志，也是诸位先生1月22日的著名声明的立场""今天的欢迎会，象征着中国民主力量的大团结，也象征着全国胜利的快要到来""只要全国人民、全国各民主党派认识一致，步调一致，团结一致，使敌人无隙可乘，我们就一定能争取真正的民主的永久的和平""热烈地希望诸位先生本着知无不言、言无不尽的精神，批评解放区工作的缺点，我们需要这种批评，借以改进我们的共同事业"。（中共河北省委统战部编著：《李家庄纪事》。《各民主人士在东北欢迎会上演说痛斥南京伪

政府假和平阴谋　　主张在中共领导下把革命进行到底》，《人民日报》
1949 年 2 月 2 日第 1 版）

2月1日　章乃器与到达解放区的各民主党派、各人民团体的代表人
物及其他民主人士等五十六人致电中国共产党毛泽东主席与中国人民解
放军朱德总司令，庆祝人民解放战争的伟大胜利。毛泽东、朱德于 2 月 2
日复电。（《毛主席朱总司令电复李济深等民主人士望同德同心为真正民
主的和平而奋斗》，《人民日报》1949 年 2 月 4 日第 1 版）

2月19日　民建港九分会在香港正式成立。（陈竹筠编：《中国民
主建国会历史研究（民主革命时期）》）

2月25日　十二时，在陕甘宁边区政府主席林伯渠、东北行政委员
会副主席高崇民的陪同下，与李济深、沈钧儒、章伯钧、朱蕴山、李德全、
朱学范、梅龚彬、赖亚力、李文宜、马叙伦、王绍鏊、许广平、郭沫若、
彭泽民、丘哲、沙千里、沈志远、曹孟君、谭平山、王昆仑、许宝驹、吴
茂荪、蔡廷锴、李民欣、林一元、施复亮、孙起孟、陈其尤、罗叔章、茅盾、
邓初民、侯外庐、洪深、胡子婴一行，乘天津解放号专列由沈阳抵达北平，
到车站迎接的有林彪、罗荣桓、聂荣臻、董必武、薄一波、叶剑英、彭真、
张奚若、胡愈之、周建人、费孝通等百余人。入住北京饭店。（中共河北
省委统战部编著：《李家庄纪事》。章立凡：《父亲章乃器在新政协召开
前后》，《中华儿女》2009 年第 3 期。《李济深等民主人士由沈抵平在平
中共负责人亲赴车站欢迎》，《人民日报》1949 年 2 月 28 日第 1 版）

2月26日　在中南海怀仁堂，出席由中国人民解放军平津前线司令部、
北平军事管制委员会、北平市人民政府、中共北平市委员会联合举办的
欢迎由东北、天津、石家庄来北平及留北平的各方民主人士大会，章乃
器发表演说：他在工商界三十多年来没有解决的两个问题：第一个问题
是作为一个工商业家，怎样可以一面得到利润，一面又使自己的工作还
能够对人民与国家有些好处；第二个问题是劳资怎样在这种条件之下合
作。这两个问题在帝国主义、封建主义、官僚资本主义的统治之下不可
能解决。只有在解放区，才有可能做到"公私兼顾，劳资两利"。（《北
平欢迎民主人士大会一致表示人民需要北平式的和平要求彻底摧毁国民党

反动政权》，《人民日报》1949 年 3 月 4 日第 1 版。《北平各界欢迎会上，民主人士演词摘要》，载《华商报（第 16 册）》。资耀华：《纪念章乃器同志》，载政协包头市昆都仑区文史学习委员会编《昆都仑文史·章乃器专辑》）

2 月 28 日　参加在北平艺术专科学校大礼堂举行的二二八革命两周年纪念大会并发表讲话。（《留平台湾同胞纪念二二八革命》，《人民日报》1949 年 3 月 5 日第 1 版）

是日　出席民建谈话会，与黄炎培等讨论民建性质、会员事项等。（黄炎培：《黄炎培日记》）

2 月下旬　杨美真和吴羹梅、马叙伦夫人等乘坐"拉丁美洲"号离开香港，月底到达烟台。不久，章乃器的哥哥章培也秘密到了解放区。（章翼军：《回忆与怀念——为先父章乃器百岁冥诞暨逝世二十周年而作》，载政协包头市昆都仑区文史学习委员会编《昆都仑文史·章乃器专辑》）

3 月 12 日　参加部分民主人士就财经问题在中国银行举行的座谈会。与会者有薄一波、南汉宸、姚依林、沈志远、千家驹、罗叔章、吴羹梅、胡子婴、沙千里等二十多人。座谈的问题有：①与国民党统治区通汇问题；②与国民党统治区及国外贸易问题；③税收问题；④工商业资本的估价问题；⑤工商贷款、原料、成品推销问题；⑥劳资关系和工会问题；⑦工商业管理机构问题。（中共河北省委统战部编著：《李家庄纪事》）

3 月 16 日　《人民日报》第二版刊登《中大将有盛会　欢送南下同学》，文中预告：中国大学邀请章乃器于 3 月 18 日上午十时在逸仙堂进行演讲，演讲题目为"东北解放区观感"。

3 月 17 日　《人民的东北》[①]一文撰写完毕。文章从"宣传落在事实之后""出于意外的迅速的进步""伟大的工人阶级力量""奇迹更多的哈尔滨""理想的监狱""世间决没有无因之果"六个方面，记述了他在解放区的见闻和观感，并描述自己的欣喜心情："我近来时常感到散文无用，而必须用诗歌来表达。因此，一向不喜欢诗歌的我，现在却

---

① 此文系章乃器于次日在中国大学的演讲稿。

想学写诗歌，以发泄胸中磅礴的诗意。"

在"宣传落在事实之后"一章中，他说："在香港一年多的逗留，我开始发现了一个例外，那就是新华社的战报。他们的报道真是远远地落在事实之后。倘使战报还不过是在时间上落后的话，那么，对于政治、经济等等的报道，连内容也是太不够的。自然，这也并不是由于新华社工作的不努力，而是，第一、新生的事实太丰富了，他们没有那么大的设备和那么多的篇幅来逐一报道。第二、有些抽象的情况，例如人民的愉快情绪和社会的蓬勃气象，简直不是通讯的体裁所能描写。对于这些，我近来时常感觉到：散文无用，而必须用诗歌来表达。"在"出于意外的迅速的进步"一章中，他表示"人民的力量是伟大的！"这是多年以来我们这一群人的口头禅。然而我敢断言：未踏进解放区以前，对于人民力量的想象还是模糊的，对于人民力量的估计还是很起码而太不够的。解放了的人民力量，表现在大多数人的愉快、活泼、自信。由于生活的改善，没有人吃人、人压人的制度，道德的水准也自然提高了。这种种进步迅速，归于农村土地改革和商业恢复和发展。同时，他在"伟大的工人阶级力量"中表示，工业生产的进步，也是旧世界和历史当中没有的。伟大的进步原因是没有帝国主义商品的倾销，人民自己做的商品，销路、利润都有保障，其次是土地改革后，农民购买力大大提高，大众需要的商品不怕没销路，还有人民政府保护有益社会的工商业。

3 月 19 日　长子章翼军、女儿章畹由香港搭乘巴拿马轮船"宝通号"秘密启程。3 月底，抵达天津，坐火车到了北平。（章翼军：《回忆与怀念——为先父章乃器百岁冥诞暨逝世二十周年而作》，载政协包头市昆都仑区文史学习委员会编《昆都仑文史・章乃器专辑》）

3 月 24 日　与李济深、沈钧儒等十三人，就马来西亚华侨遭受迫害一事发表声明。声明称：英帝国主义压迫殖民地人民、迫害华侨的反动政策和美帝国主义在全世界所策动的反民主反人民的侵略政策，是一致的。且英属之外，越南的法国侵略者，印尼的荷兰侵略者，菲律宾和暹罗的法西斯政府，都同样执行了美帝国主义的命令，围剿、烧杀、逮捕、迫害不甘心做奴隶的爱国人民，遍地造成恐怖的统治。我华侨中爱好自由的人士，遂不免到处遭受囚禁与驱逐。而中国国民党反动政府，不但不能负起护侨责任，反而和帝国主义勾结，为虎作伥。国民党特务人员，到处公开告密，阴谋陷害华侨进步人士，无恶不作。国内反动政府，对于被迫回国的华侨，加以扣押、拘禁，甚且毒刑敲诈。中国反动派甘心做帝国主义侵略者的帮凶，从这里更得到了证明。为此，我们严正抗议英国及其他帝国主义对华侨和殖民地人民目前所采取的反动政策。我们对于遭受迫害苦难以至被驱逐回国的马来西亚侨胞，寄予热烈的同情与诚恳的慰问。祖国人民民主革命最后胜利在望，未来的独立自由强大的民主新中国，将努力担负起保护海外华侨的责任。远在海外的同胞们，把一切民主力量团结起来，反对帝国主义及其在国内外的帮凶，人民的力量终必战胜一切。（《李济深沈钧儒等声明抗议英帝迫害侨胞痛斥越、暹、菲政府排华暴行》，《人民日报》1949 年 3 月 26 日第 3 版）

3 月 25 日　十六时，与李济深、沈钧儒、黄炎培、郭沫若、马叙伦、谭平山、章伯钧、柳亚子、施复亮、吴羹梅、沙千里等各民主党派领导人、文化学术界人士和在北平的工人、农民、青年、妇女等各党政机关负责人千余人，在西苑机场迎接由河北省平山县西柏坡迁到北平的中央领导人毛泽东、朱德、刘少奇、周恩来、任弼时等。毛泽东、朱德等领导人和各界领袖、各民主人士一一握手。接着举行盛大的阅兵式，毛泽东和朱德乘车检阅部队。（中共河北省委统战部编著：《李家庄纪事》）

3 月 26 日　晚，与孙起孟、施复亮、盛丕华、俞寰澄、吴羹梅、盛康年就民建会事进行非正式谈。（盛丕华：《盛丕华日记》）

3 月 29 日　盛丕华由孙起孟陪同前往北京饭店，拜访章乃器以及李济深、沈钧儒、谭平山、郭沫若、王绍鏊、章伯钧、夏康农、沙千里、卢于道、朱学范等诸位。（盛丕华：《盛丕华日记》）

3 月　与沈志远、千家驹三人给华北人民政府写信，希望做一些经济方面的工作。华北人民政府主席董必武与中国人民银行行长南汉宸商量，聘请他们担任中国人民银行顾问。（章立凡：《不带走一片云彩——章乃器收藏记忆》，载吕章申主编《爱国情怀：章乃器捐献文物》）

千家驹回忆：当时董必武主持的华北人民政府登报征求财经人才，

"我同章乃器、沈志远三人给华北人民政府写了一封信，表示愿意在经济工作方面贡献意见。华北人民政府接到信后非常欢迎，不久就由中国人民银行行长南汉宸来看我们，聘我们三人为人民银行总行的顾问"。这样，他们如愿以偿，提前投入经济建设工作。（章立凡：《父亲章乃器在新政协召开前后》，《中华儿女》2009 年第 3 期）

4 月 1 日　上午，出席民建常务理事会紧急会议，通过反对北大西洋公约宣言的决议，因代表署名问题起争执。据《黄炎培日记》记载，到会者有黄炎培、盛丕华（被推主席）、张绚伯、包达三、吴羹梅、章乃器、孙起孟、施复亮等，"提议中共交到反对北大西洋公约宣言稿，征求同意签署，一致同意通过宣言，签名时，须有一人署名，在沪时推定，出席各党派会议，原系章乃器、施复亮、孙起孟三人，而乃器不谋于其他二人，独自代表出席，事后亦不向他二人报告，复亮因此提出纠正，乃器强予答辩，众意对此宣言署名者主张投票表决，乃器提议二人署名，以一人或二人付表决，表决一人，乃器遂退席。投票结果，我以七票当选，正数八票"。黄炎培当选代表签名。

4 月 2 日　晚上，与黄炎培谈经济问题。（黄炎培：《黄炎培日记》）

4 月 7 日　晚上，吴羹梅招餐，至锡腊胡同玉华台。出席者黄炎培、盛丕华、孙起孟、胡子婴。"乃器屡述过去某次选举，不提乃器而提他人，某次某次亦然。对我深致不满，我完全容忍接受，不予深辩，免致当场冲突，冀其自悟。"（黄炎培：《黄炎培日记》）

4 月 9 日　章乃器等三百二十九名北平文化界人士发表联合声明，声讨南京国民党反动卖国政府盗运文物的罪行。（《北平文化界发表宣言声讨南京反动政府盗运文物》，《人民日报》1949 年 4 月 11 日第 3 版）

4 月 11 日　出席中国新民主主义青年团第一次全国代表大会并发表演讲。（《中国新民主主义青年团首次代表大会揭幕　朱总司令勉励青年奋力建设》，《人民日报》1949 年 4 月 12 日第 1 版）

晚上，与杨美真、施复亮、孙起孟、吴羹梅、盛丕华、盛康年一起到厚德福（酒楼）聚餐。杨美真报告要进大学事。（盛丕华：《盛丕华日记》）

4 月 12 日　十五时，与黄炎培、吴羹梅（主席）、孙起孟、俞寰澄、张绚伯、施复亮、包达三、盛丕华、胡子婴等出席民建扩大常会。报告任文华①三人经过，并由任文华推章乃器、施复亮、孙起孟三人为筹备会代表。任文华任务解除，继任俞寰澄报告毕，讨论对外联络员事，盛丕华主二人，张纲伯主一人，表决时，章乃器、吴羹梅未加入，一人多数，通过决议。与黄炎培、施复亮被推为民建宣言起草人，又为各团体茶话会出席人。（黄炎培：《黄炎培日记》。盛丕华：《盛丕华日记》）

4月14日　晚上，与黄炎培、施复亮商量民建宣言的起草事宜，推施复亮执笔。（黄炎培：《黄炎培日记》）

4月15日　毛泽东在北平香山双清别墅宴请黄炎培、盛丕华、章乃器、施复亮、包达三、张纲伯、孙起孟、吴羹梅、胡子婴、俞寰澄、杨美真等十三位民建领导成员及工商业家。席间，章乃器、吴羹梅谈了工商界的困难处境，盛丕华提供了有关上海经济方面的情况，并建议组织一个由熟悉上海工商业情况的人士组成的顾问团，随南下部队一起进入上海，这样有利于上海经济接管工作的顺利进行。毛泽东闻言，深以为然，勉励他们为解放上海效力。（黄炎培：《黄炎培日记》。中国民主建国会上海市委编：《上海民建五十年》）

4月16日　晚，至东兴楼与黄炎培、施复亮等共同议定了《欢迎解放军宣言》。（陈竹筠编：《中国民主建国会历史研究（民主革命时期）》）

4月17日　晚，与盛康年、蔡承新、王纪华、吴羹梅、胡子婴同至东兴楼晚餐。（盛丕华：《盛丕华日记》）

4月18日　下午，出席经济座谈会，讨论房地产、小工厂不停产等事。沙千里、俞寰澄、王纪华、盛丕华等人出席。（盛丕华：《盛丕华日记》）

4月19日　章乃器等民主人士针对法国政府限制出席世界拥护和平

① 1948年11月15日，民建举行留沪常务理监事联席会议，推出处理会务的全权代表黄炎培、胡厥文、盛丕华三人，负责组成上海临时干事会。为了避免特务注意，他们化名为任文华代表民建总会，任（黄任之，即黄炎培）、文（胡厥文）、华（盛丕华），这三位都是住在上海，且在上海有企业、有事业的人物。三人承担民建总会与上海分会的所赋予的职责，领导会员开展地下活动。（王昌范：《民建总会在沪寻踪》，《档案春秋》2019年第1期）

大会代表入境一事发表谈话，提出严正抗议。他表示"北大西洋公约的订立及法国反动当局限制世界拥护和平代表入境，正是表示了帝国主义已经惧怕人民力量的壮大"。（《法国政府限制和平代表入境　民主人士一致抗议》，《人民日报》1949 年 4 月 22 日第 3 版）

4 月 21 日　章乃器等各民主党派及人民团体代表在北平新华广播电台发表广播演说，响应在巴黎及布拉格召开的世界拥护和平大会，声援我出席该会之代表团，并一致痛斥南京反动政府拒绝国内和平协定。章乃器的广播词如下：廿二年来，一贯迷信武力、嗜好战争的国民党反动派，在兵败如山倒、军事主力已被歼灭的时候，忽然在今年初发出和平的呼声，的确是使人难以相信的一件事情。尤其一个出卖国家主权、摧残人民自由超过了历史纪录的国民党反动派，居然在五项和平原则当中，提出什么保障国家主权独立和人民自由生活作为和平的条件，真是临死还要想欺骗中国人民。他们借和平以争取喘息时间，以期卷土重来的阴谋，从这次顽固的反对解放军渡江一点上，更得到事实的证明。

摘要　当然，人民是不会再被欺骗了。国民党反动派的统治区域中，金圆券有如洪水，特务有如猛兽，卖国的勾当在着着进行，除了把国家主权卖给美帝国主义外，还想向英、法以至日本出卖。国统区人民的呼声，是要求人民解放军赶快到来。解放区人民的公意，是赶快解放二万万在水深火热中的国统区同胞，赶快打到江南去，摧毁反动统治，捉拿战犯，使他们不能再出卖国家，伤害人民。北平式的和平解决是好的，但决不能拖延时间，拖延时间对于国家人民的损失，可能比炮火还要大得多。

中共主席毛泽东先生过去提出八项原则以争取革命的和平和今天会同总司令朱德先生下令奋勇进军，都完全符合人民的要求。人民的力量是无可抵抗的。长江北岸的人民解放军和南岸的人民，都将为这一进军令而欢欣鼓舞。他们很快的就可以携起手来。国民党反动派统治之下的军事政治人员，为了国家，为了人民，为了自己和子孙的幸福，都只有赶快投向人民解放军。这是他们唯一的出路。（《陈其瑗章乃器茅盾广播演说　响应召开世界拥护和平大会痛斥南京政府拒绝和平协定》，《人民日报》1949 年 4 月 22 日第 3 版）

4月22日　下午，出席民建总会常务理事会议。出席者还有：黄炎培、施复亮、盛丕华、俞寰澄、孙起孟、包达三、张绚伯、王绍鳌（他人代表），共九人。三人列席，俞寰澄为主席。（盛丕华：《盛丕华日记》）

4月23日　中国人民解放军攻克南京。为解放和接管上海，毛泽东、周恩来多次勉励民建理监事为解放上海效力，黄炎培、章乃器、施复亮、盛丕华、吴羹梅、张绚伯、俞寰澄、包达三、盛康年、胡子婴等，就接管上海问题连续在北京六国饭店开会，先后七次进行专题研究，提出很多有益的建议。（民建中央宣传部主编：《中国民主建国会简史》）

4月24日　与黄炎培、施复亮起草《欢迎人民解放军宣言》，并设法送给在上海的胡厥文，准备在上海解放时发表。（何民胜编著：《施复亮年谱》）

4月中、下旬　入住由中国人民银行安排的外交部大街大羊宜宾胡同19号小院，邻居为沈志远、千家驹。

5月2日　与千家驹一起，参加刘少奇与天津进出口贸易、染织、皮革、火柴等十多个行业的商业家代表座谈会。刘少奇发表了"天津讲话"，指出：目前的主要问题，是恢复与发展生产。政府的方针，就是改善与发展生产，只有这样，国家才能富强。……政府要发展国营生产，也要发展私人生产，这就是公私兼顾。也许私营生产会超过公营的，但政府并不怕。我们的主要目的是发展生产，并不反对哪样生产发展得多。重要的是配合问题。公私合作有全面的，有长期的，也有暂时的。我们有所谓国家资本主义，这就是私人和公家的长期合作。我们希望合作得多、合作得长，使公私两利。不过这种合作是完全自由的，并不强制。我主张采取这样的方针，就是从原料到市场，由国营、私营共同商量，共同分配。这叫"有饭大家吃，有钱大家赚"，就是贯彻公私兼顾的政策。不过这应是双方的，不但我们的贸易公司要公私兼顾，你们也要公私兼顾，顾到国家经济，顾到国家贸易公司的利润。你要不照顾它，它便不会照顾你。在讲到劳资关系时指出，我们的政策是劳资两利，共产党和人民政府是要真正做到劳资两利的。因为不这样，要想把农业国家变为工业国家就不可能。现在私人资本是有积极作用的，必须充分发挥。今天中国资本主义是在年轻时代，正是发挥它的历史作用、积极作用和建立功劳的时候，应赶紧努力，不要错过。会后，与刘少奇交流，一致认同当前的主要任务是发展生产力。（《一代伟人刘少奇·1949 年》，《人民日报》网络版。章立凡：《章乃器与"红色资产阶级"（讨论稿）》，载青田章乃器学术研讨会组委会编《情怀与责任——2019 青田章乃器学术研讨会论文集》）

5月10日　时任东北财经委员会主任的陈云从东北到北平，筹组中央财经委员会。（中共中央文献研究室编：《陈云年谱》）

"从那时起章乃器与陈云共事，为解决接管上海后的粮煤供应，他主张利用外轮运煤，最终被陈云接受。""陈云在谈到他们的合作关系时说：我们过去在这方面经验很少，甚至在许多问题上是没有经验的……以前没有大城市，现在有了大城市，有了国际贸易问题。有一天，晚上十点钟，我还拖住章乃器先生给我上课，讲讲外汇问题。章先生就讲，在外汇中，进出口占第一位，侨汇占第二位，其他零碎的是第三位。所以，合作是必要的，只有大家合作，工作才能做得好。"（章立凡：《父亲章乃器在新政协召开前后》，《中华儿女》2009 年第 3 期）

是日　傍晚，到黄炎培住处。（黄炎培：《黄炎培日记》）

5月15日　参加华北税务局在正式召开华北各省区市税务局局长联席会议前的税政座谈会，对综合所得税、薪给工资所得税、遗产税、工商牌照税及简化稽征手续等问题贡献了许多意见，并认为在支援全国解放战争、争取全面胜利的任务下，照顾财政收入是必要的。（《华北人民政府座谈税收　广泛听取各方意见》，《人民日报》1949 年 5 月 18 日第 1 版）

晚上，应盛丕华约，与黄炎培、孙起孟至东兴楼聚餐，四人"为民建问题行自我检讨"。（黄炎培：《黄炎培日记》）

5月17日　参加北大、清华、燕京三校法学院举行的法学院教育方针座谈会并发言。（《北大清华燕京三大学座谈法学院教育方针　王明周扬同志均出席讲话筹组新法学及马列主义研究会》，《人民日报》1949 年 5 月 19 日第 1 版）

5月21日　陈云约章乃器、千家驹、沈志远到住所谈话。章乃器等人建议：应尽快着手向香港商人购买棉花；上海解放后，应禁用禁持外币，以便使银行换入一千万美元，作为人民政府对外活动的外汇。在交谈中，陈云提出了一些急需解决的财经问题，要章乃器等人加以研究，并致信周恩来，汇报谈话情况。（中共中央文献研究室编：《陈云年谱》）

5月22日　民建会第三次常务理事会推选黄炎培、盛丕华、章乃器、吴羹梅、孙起孟五人代行总会常务理事会职权。（章翼军：《回忆与怀念——为先父章乃器百岁冥诞暨逝世二十周年而作》，载政协包头市昆都仑区文史学习委员会编《昆都仑文史·章乃器专辑》）

5月26日　周恩来同民建负责人黄炎培、盛丕华、章乃器、孙起孟等座谈。在会上介绍新政协筹备会的召开日期、对政府下属各机构设置的研究准备情况和召开各界全国性团体会议等问题。并指出：进行新民主主义经济建设，需要各党派真诚合作。民建的成分有工商业者和与工商业者有联系的知识分子以及文化界人士，因此民建应团结、教育、领导好他们。坚持公私兼顾、劳资两利，为经济建设服务，并建议吸收一些私营和公营企业的厂长、经理参加民建。（中共中央文献研究室编：《周恩来年谱1898—1949（修订本）》）

是日　在《人民日报》发表《平津工商业的胜利》。文章就中华人民共和国成立后平津工商业将要遇到的困难做出分析，认为从经济上来看，思想、资金、生产效能、经管效能上都要经过一个青黄不接的时期，认为人民政府对平津的管理大体上是成功的，希望平津工商业家能够进一步提高积极性。

章乃器在文中表示：新民主主义的经济政策纲领，是"发展生产，繁荣经济，公私兼顾，劳资两利"。这个纲领，不但早已得到各阶层各方面人民的一致热烈拥护，而且在施行上，已经表现了辉煌的成绩。

摘要　建立四面八方的合理关系，是一件艰巨的工作。以解放后的平津来看，我们还可以了解到：初期要经过不可避免的困难，随后才能逐渐进入顺境。为什么会有困难？就因为这是一个革命，特别是一个新民主主义的革命。是一个革命，"矫枉"就难免"过正"。翻身不是一件雍容揖让的雅事，而是一场粗手粗足的斗争，不碰到别人是不大可能的。新民主主义革命的队伍又是那么阔大，包括那么多的阶层。那中间有些人自己还没有意识到究竟是革命者，还是被革命者。当一位友人自己躲到敌人的窝里去的时候，你能找他谈友情吗？即使他躲到一个不可知的去处，你也不容易找寻他呀！从经济一环来说，这种不可避免的困难，表现在思想上、资金上、生产效能上、经管效能上……都要经过一个青黄不接的时期。思想上青黄不接的时期，就是指四面的每一面当中的双方或者一方的思想一时不容易搞通。

资方的思想，往往还继承着国民党所谓"中国只有大贫小贫"的一套，不承认自己够得称资本家，尤其耻为剥削者。管理人员更不肯承认自己代表了资方。

我们的货币基础建立在生产力上，建立在物资供应的充裕上，因此，只要货币发出去能换取同等价值的人民大众所需的物资，或者发出去不久便可以生产出来更多价值的物资，国家银行和公营贸易机构是不会吝啬的。

人民政府对于私人资本的态度是再明确不过了，那就是：投机资本是要加以打击的，正当商业资本是要给予保护的，生产资本是要大力扶持的。（《平津工商业的新生》，《人民日报》1949 年 5 月 26 日第 4 版）

5 月 27 日　上海解放。在《商报》发表与黄炎培、施复亮共同起草的民主建国会的《欢迎人民解放军宣言》，呼吁上海人民协助解放军接管大上海，坚决拥护中国共产党的领导。号召上海的工商业家，按照"发展生产、繁荣经济、公私兼顾、劳资两利"的政策，维持并恢复生产，协助人民解放的事业，并毫不迟疑地振奋起来，支援民主革命在全国的胜利。

是日　与张勉之、范尧峰、张雪澄、胡厥文、俞寰澄、冷遹、杨卫玉、徐永祚、陈巳生、盛康年、章元善、朱德禽、莫艺昌等人联合发表了题为《我们要立即复工复业，尽我们应尽的责任——上海工商界人士宣言》，表示在国家建设中，协助军管会检举四大家族财产和官僚资本主义企业，使人民财产不受损失。以"发展生产、公私兼顾、劳资两利"为原则，在国家的经济建设中发挥作用。（民建中央宣传部编：《中国民主建国会简史》）

5 月 28 日　与千家驹、于立群、王绍鏊、王昆仑、孔德沚、田汉、包达三、朱学范、安娥、宋云彬、沈钧儒、沈体兰、吴耀宗、茅盾、周建人、周新民、孟秋江、林汉达、金芝轩、洪深、胡愈之、胡风、胡子婴、柯灵、马叙伦、马寅初、夏康农、孙起孟、孙荪荃、郭沫若、陈叔通、陈此生、章伯钧、盛丕华、许广平、张志让、张䌹伯、曹禺、曹孟君、梅龚彬、黄炎培、傅彬然、叶圣陶、楚图南、杨晦、褚应璜、寿墨卿、翦伯赞、刘王立明、郑振铎、卢于道、诸文绮、萨空了、谭平山、顾执中等在北平的民主人士，电贺中国人民解放军第三野战军解放上海大捷。

摘要　上海在全中国和世界人民的渴望与焦念中沐见光明，获得了解放。这本来是整个中国人民解放的伟业中的一部，是全中国和全世界人民重建世界的无数事业中的一种。可是这一座作为近百年来帝国主义侵略中国、奴化中国人民的司令台，今天由中国人民的力量夺取过来，这就说明了特殊重大的意义。这不只是报道着中国人民解放事业的全盘胜利，同时也指示出全世界人民与反人民力量对比上的显著变化。尤其是在帝国主义者不肯接受第二次世界大战的教训，企图煽动与组织新的战争的时候，上海的解放是迎面向垂死的帝国主义与殖民地剥削制度给予严重的打击。这在全部世界历史上更有旋转乾坤的价值。中国自己由封建古国沦为半殖民的命运从此宣告结束。全世界上凡是遭受殖民地制度损害与欺辱的人民更从此坚定与确认了争取解放的信心与道路。中华民族整个地象征了对殖民者、剥削者与压迫者搏斗而且胜利了的光明力量。

你们肩负着伟大的毛泽东旗帜，从中国的广大的土地里生根壮大，步五百年来争取中华民族独立解放的无数先烈的血迹，坚定而明确地踏向全盘胜利的大路。面对着民族败类的残余力量幻想凭借帝国主义基地的上海负隅顽抗，你们是那么英勇而又审慎地进军，惟恐伤害了人民的生命与财产。你们体现了中国人民的意志，体现了毛泽东思想，使得全国广大土地上的革命力量和上海人民的革命力量完美配合，造成上海的光荣解放。当我们听到你们进入上海市区后露宿在黄浦滩头，休息久战的疲劳的消息，我们不只感念到你们英勇而纯善的伟大心胸，同时也仿佛看见了整个上海人民激动欢欣的面色。上海人民迎接着这样的自己的队伍，更该怎样坚定自己的信心。人民的力量是这么严整谐合地会师，人民的光明是这么灿烂无边的淹没了反动者的黑暗。对于我们知道什么叫作"上海生活"的人们，我们更能体会到你们给予这一座长期反动统治的罪恶的都市的深厚影响。我们对你们的感谢与敬意是不难想象的：这岂只是三呼"中国人民解放军万岁""中国共产党万岁""毛泽东万岁"所能完全表达的么？谨电祝贺，并颂健康。（《全国总工会等　电贺上海解放》，《人民日报》1949 年 5 月 29 日第 1 版）

6 月 2 日　十五时，与黄炎培、盛丕华、孙起孟"会商民建工作"。（黄炎培：《黄炎培日记》）

6 月 4 日　周恩来在北京饭店主持召开各民主党派负责人及在北平的各级党政机关负责同志参加的会议，宣布在中国人民革命军事委员会之下，建立中央财政经济委员会，由陈云、薄一波负责筹备组织，在召开新的政治协商会议、成立民主联合政府以前的几个月内，计划并领导国家的财政经济工作。

6 月 11 日　中国共产党和各民主党派、无党派民主人士在中南海举行了新政治协商会议筹备会预备会议。与黄炎培、胡厥文、施复亮、胡子婴作为民建的代表。新政协由中国共产党和赞成"五一口号"的各民主党派、人民团体及无党派民主人士等二十二个单位组成，即①中国共产党；②中国国民党革命委员会；③中国民主同盟；④民主建国会；⑤无党派民主人士；⑥中国民主促进会；⑦中国农工民主党；⑧中国人民救国会；⑨三民主义同志联合会；⑩中国国民党民主促进会；⑪中国致公党；⑫中国人民解放军；⑬中华全国总工会；⑭解放区农民团体；⑮产业界民主人士；⑯文化界民主人士；⑰民主教授；⑱中华全国民主青年联合总会；⑲中华全国民主妇女联合会；⑳上海人民团体联合会；㉑国内少数民族；㉒海外华侨民主人士。

会议协商决定各民主党派出席人民政协会议的代表名额共一百三十四人，民建正式代表为十二人，候补代表两人。（中共中央文献研究室编：《周恩来年谱 1898—1949（修订本）》。中国民主建国会上海市委编：《上海民建五十年》）

6 月 12 日　上午，出席民建总会五人小组会议，推定黄炎培、章乃器、施复亮、胡子婴、胡厥文代表民建参加新政协筹备会。

6 月 16 日　出席新政协筹备会第一次全体会议。听取周恩来做的关于《新政治协商会议筹备会组织条例（草案）》的解释报告和草案第八条关于表决问题的说明。周恩来指出：筹备会的主要任务是协商确定参加正式会议的各单位和代表人数，决定召开正式会议的时间、地点、议程，拟定新政治协商会议组织条例草案，起草《共同纲领》，起草成立政府的方案，协商政府领导人选。并说明，起草《共同纲领》"是六、七两月份一个繁重的工作"。过去我们起草过一两次，因为当时战争正在猛烈进行中，因此重点在"动员全国人民力量，支援战争"上面；而现在"我们的纲领不能不转向建设方面""重点要摆在我们共同努力，来建设一个新民主主义的新中国"，同时强调：这次会议期间，"凡是重大的议案不光在会场提出"，而是早在提出之前就"有协商的"。"协商这两个字非常好。"会议修正并通过《新政治协商会议筹备会组织条例》，通过新政治协商会议筹备会常务委员会名单。（中共中央文献研究室编：《周恩来年谱1898—1949（修订本）》）

晚上，出席新政协筹备会常务委员会第一次会议。会议推选常务委员会主任、副主任、秘书长、副秘书长，并通过《各单位代表参加小组办法》。周恩来当选为筹备会常务委员会副主任和起草《共同纲领》小组组长（第三小组）。副组长：许德珩。组员：陈其尤、章伯钧、章乃器、李达、许广平、季方（严信民代）、沈志远、许宝驹、陈此生、黄鼎臣、彭德怀（罗瑞卿代）、朱学范、张晔、李烛尘、侯外庐、邓初民、廖承志、邓颖超。第三小组又分为五个分组，章乃器是财政经济分组的召集人。（中共中央文献研究室编：《周恩来年谱1898—1949（修订本）》。《中国人民政治协商会议第一届全体会议纪念刊》，新华书店，1950年）

6月18日　出席由周恩来主持的第三小组会议。周恩来在会议中指出："我们小组负责起草共同纲领，任务繁重""很紧迫，必须加紧工作"。

6月19日　参加新政协筹备会第一次全体会议闭幕会，会议通过《关于参加新政协会议的单位及代表名额的规定》。新政协筹备工作全面展开。（《参加新政治协商会议筹备会的各单位代表名单》，《人民日报》1949年6月20日第2版）

6月20日　民建总会在北平召开常务理事会，决定成立北平分会，并确定孙锡三、唐庆永、赵宜之、沈讷斋、凌其峻、浦洁修、陈荫棠、姚博岩、肖树柏等九人为北平分会筹备干事（后又补章乃器、鄞云鹤、伍丹戈）。（陈竹筠编：《中国民主建国会历史研究（民主革命时期）》）

6 月 22 日　周恩来在中南海勤政殿，连续一周起草《共同纲领》。

6 月 30 日　《共同纲领》初稿顺利完成。

7 月 1 日　应邀出席纪念中国共产党成立二十八周年纪念大会。（《平市三万人盛大集会热烈庆贺"七一"　毛主席亲临参加　朱总司令等出席讲话》，《人民日报》1949 年 7 月 2 日第 1 版）

是日　在《光明日报》发表题为《私人银行钱庄的前途》的文章。在文中，章乃器引用了中共中央制定的《中国土地法大纲》、毛泽东的《目前形势和我们的任务》、任弼时的《对工商业政策》等文献中的有关精神，提出对私人银行钱庄前途的解决办法——合并和转业。他指出，积极与生产结合，最后融化在生产里，是最光明、最合理的前途。投机取巧和坐吃山空都是绝路。文末，他表示："在崭新的人民时代里，每一个部门的图案，都应该是美丽的；而美丽的图案，一定还可以变成美丽的事实。"（章翼军：《回忆与纪念——为先父章乃器百岁冥诞暨逝世二十周年而作》，载政协包头市昆都仑区文史学习委员会编《昆都仑文史·章乃器专辑》）

是日　《民讯》复刊后第一期登载（民建）临时干事会组织募集基金委员会收到的基金数额及姓名列有"章乃器同志经募美钞二十元（何萼梅经手）"。

出席民建总会第二次扩大会议，决定将民主建国会更名为中国民主建国会，全国会务推进委员会改为总会委员会，取消理事、监事的名义，召集人改为主任委员和副主任委员。会议推举黄炎培任主任委员，章乃器、南汉宸、李烛尘、盛丕华、施复亮任副主任委员。大会通过了《中国民主建国会会章》。会议于七日结束。

7 月 5 日　出席新政协筹备会召集的各民主党派、各人民团体代表座谈会。

7 月 6 日　为了纪念七七全面抗战十二周年，迎接即将召开的新政治协商会议，中共中央华北局书记薄一波、华北人民政府主席董必武、中国人民解放军华北军区司令员聂荣臻，于下午五时，在北京饭店设宴招待在平各民主党派、各人民团体的代表及各民主人士，章乃器应邀赴宴。（《华北党政军首长欢宴在平各界人士　纪念七七迎接新政协　董必武主席强调必须根据〈波茨坦原则〉早日召开会议商谈对日和约问题》，《人民日报》1949 年 7 月 7 日第 1 版）

7 月 7 日　出席北平各界人民在天安门广场举行的纪念七七全面抗战十二周年暨庆祝新政治协商会议筹备会成立大会。

7 月 8 日　在北平中国经济学研究者及经济工作者发起组织中国新经济学研究会，章乃器等十九人为总筹备会常务委员。"到会人员热烈发言，一致认为马列主义经济学与毛泽东思想应该成为该会研究的中心，同时理论与实际工作必须密切配合，使经济学者对新中国经济建设能有所贡献。"（《中国新经济学研究会总筹备会在平成立》，《人民日报》1949 年 7 月 11 日第 1 版。《新经济学研究会发起人在平开会》，《华商报》1949 年 7 月 12 日第 1 版）

7 月 12 日　九时，中国人民政治协商会议选举代表，黄炎培、胡厥文、章乃器、施复亮、胡子婴、阎宝航、孙起孟、陈巳生、章元善、杨卫玉、孙晓村等当选。

是日　中央财经委员会成立，陈云任主任，薄一波、马寅初任副主任。章乃器与黄炎培、胡厥文、孙晓村、盛丕华、胡子昂、包达三、俞寰澄、冷遹、吴羹梅等五十人为委员，胡子婴担任副秘书长。民建成员在参与财经委员会的工作中，为抑制通货膨胀、统一财政管理、调整工商业以实现社会经济的稳定，做了大量工作。（民建中央宣传部主编：《中国民主建国会简史》）

7 月 14 日　《人民日报》刊登《社会科学工作者代表会　发起人今集会　团结全国社会科学工作者　致力新民主主义建设工作》。章乃器出席中国社会科学工作者代表会发起人会议，会议将商讨成立中国社会科学工作者代表会议筹备会，俾能于最近期间召开全国社会科学工作者代表会议，成立永久性的组织，团结全国社会科学工作者，致力于中国新民主主义的建设。

7 月 15 日　撰写《由过去的"银灾"说到蒋匪帮的"恢复银本位制"》

一文，他在此篇文章中梳理了 1926 年到 1935 年的两次银灾，告诫大家要为了自己的利益坚决拒绝接受伪银圆券以外，还希望解放区的同胞认清金银的本质。该文表示"劝告未解放区的同胞们为了自己的利益，坚决拒绝伪金圆券以外，还希望解放区的同胞认清金银的本质，不要再迷信金银而把它们作为储蓄的手段。金银已经完全变成了帝国主义手中的玩物""人民政府不采取金银本位，而采取了以生产力为基础，适合物资生产和商品流通过程的需要的管理货币，这种立场是十分正确的""我们在经济上，必须充分认识帝国主义和代表着买办阶级、地主阶级以至官僚资产阶级残余势力的蒋匪帮的一切阴谋诡计。我们更应该为着国家和自己的利益，运用高度的智慧和警觉，共同努力，粉碎敌人的阴谋"。（《由过去的"银灾"说到蒋匪帮的"恢复银本位制"》，《人民日报》1949 年 7 月 21 日第 4 版）

7 月 16 日　十五时三十分，在中南海怀仁堂出席中苏友好协会发起人大会，章乃器等为主席团成员。（《中苏两国人民友好万岁！　中苏友好协会筹委会成立》，《人民日报》1949 年 7 月 17 日第 1 版。《中苏友好协会筹委会在平隆重宣告成立》，《华商报》1949 年 7 月 18 日第 1 版）

7 月 17 日　与宋庆龄、刘少奇、周恩来等发起成立中苏友好协会。（《中苏友好协会发起人名单》《中苏友好协会筹委会名单》，《人民日报》1949 年 7 月 17 日第 2 版）

7 月 27 日　陈云受中共中央的委托，于本日至八月十五日在上海主持召开华东、华北、华中、东北、西北五个地区的财政、金融、贸易部门的领导干部参加的财经会议。陈云和华东局就这次会议的情况向中央的报告中提出，为克服财政经济困难，控制市场物价，拟在城市和新区的农村市镇发行二千四百亿元公债（旧人民币）。章乃器与陈云、千家驹等人一同前往上海，他们与上海的工商界人士座谈，调研经济形势。章乃器利用自己的影响，积极宣传新政权的经济政策。对于陈云解决战争状态下的南北货运交通、对外贸易等难题，主持反击上海、天津等大城市的纱布、粮食投机活动的大规模经济战役，章乃器提出不少有价值的建议并得到采纳。为稳定金融和发展生产，章乃器向周恩来、陈云建议发行公债。1950 年 1 月，"人民胜利折实公债"首次发行。（中共中央文献研究室编：《毛泽东年谱（1893—1949）》。章立凡：《章乃器与"红色资产阶级"（讨论稿）》，载青田章乃器学术研讨会组委会编《情怀与责任——2019青田章乃器学术研讨会论文集》）

蔡北华[1]在《难忘的记忆》一文中说："解放初，他（章乃器）随同陈云同志到上海研究和解决上海财政金融和物价问题，他（章乃器）在这方面有丰富的经验，提出了不少有价值的意见。当时我主持上海工商行政管理工作，对我们也有不少帮助。"（青田县政协文史资料委员会编：《青田文史资料（第四辑）·章乃器专辑》）

8月4日 东北人民政府和苏联缔结贸易协定的消息传抵沪市后，上海各界人士均表示热烈欢迎。章乃器发表意见，认为这是一个平等互利的协定，目前易货地区虽仅限于东北，但将来必可推广至华北、华东以至全中国，而且中国还可以和东欧各新民主国家签订同样的贸易协定。（《上海各界人士纷纷表示拥护东北苏联贸易协定》，《人民日报》1949年8月5日第1版）

8月11日 为贯彻"公私兼顾，劳资两利"的方针，进一步协调本市私营企业的劳资关系，在上海各界代表会议上曾通过组织劳资关系委员会的决议。章乃器应邀列席。（《沪劳资关系委员会举行首次会议 通过处理劳资争议两暂行办法》，《人民日报》1949年8月17日第2版）

8月14日 毛泽东为中共中央起草复华东局电，请对发行公债问题加以说明："（一）二千四百亿元的用途；（二）为什么需要二千四百亿元之多，是否可以减少；（三）估计城市工商业家对此项公债的态度将如何，是否会拥护，如不拥护，是否有失败之可能；（四）利息四厘是否适当，为什么是适当的；（五）为什么规定明年十一月起还本付息，三年还清，期限

---

[1]蔡北华（1913—1996），广东中山人。九一八事变后，积极参加各种抗日活动，加入中国共产党的外围地下组织，宣传团结抗日。1935年加入中国共产党。1936年赴日本东京大学读书，参与反帝同盟及留日学生会工作。1949年6月，先后任上海市工商局党组织副书记、书记、副局长等职。1977年任上海市工商局革委会副主任和上海社会科学院副院长。1981年10月任上海市财经委员会副主任，第八届市人大常务委员会常委、副秘书长和市人大财政贸易委员会副主任、财政经济委员会副主任。

是否太促，为什么要如此规定？"十五日，陈云复电中央，对发行公债的数额、用途、利率和还本付息的时间等问题做了说明。十七日，毛泽东再次为中央起草致陈云并告饶漱石、陈毅电："公债问题关系重大，请陈云立即回来向中央报告，加以讨论然后决定。同时，请饶、陈试探民建方面资本家的意见，电告我们。"经中共中央讨论研究，十二月十六日中华人民共和国政府政务院通过决定，从一九五〇年一月一日起发行人民建设折实公债，第一期发行一万万分（每分之值按当时物价计算约等于一万二千元旧人民币），计一万二千亿旧人民币。（中共中央文献研究室编：《毛泽东年谱（1893—1949）》）

8 月 16 日　十四时，与黄炎培等参加华东局统战部在金门饭店八楼召开会议。会议提出粮食问题、劳资问题、失业问题、公用事业问题、各地征粮问题。潘汉年、许涤新报告现状与处理方法。接续协商上海新政协代表问题。（黄炎培：《黄炎培日记》）

8 月 19—23 日　出席中共上海市委分别召集的民建负责人、上海产业界代表，以及机器工业、银钱业、纺织业、卷烟、西药、化工各业代表座谈会。二十日，在上海中国银行大会场向与会代表做报告，通报财经困难状况，征求对发行公债等对策的意见，号召各界团结起来，共渡难关。报告指出：当前政府的战争和行政费用大部分靠发行货币，城市供应紧张，有的地区发生水灾；工商界销路未开，运输不便，现金周转紧张；薪水劳动者工作不足，钞票贬值，公私各方面困难都很大。上海的困难虽大，但不应悲观，要看到市场的远景是空前广大的，对主要产业的主要部分，要公私协力加以维持。

8 月下旬　回到北京。

8 月 24 日　毛泽东读本日《人民日报》刊登的民建在北平的发言人发表痛斥美国白皮书的声明①后，函告胡乔木："民建发言人对白皮书的

①这个声明为《加强内部团结和警惕　答告美帝好梦做不成》。声明指出：中国民族资产阶级和帝国主义基本利益的矛盾决定了它对一切帝国主义（包括美帝国主义在内）的态度，中国民族资产阶级不会变成美帝发展"民主个人主义"的资本或条件。只有新民主主义才是它唯一的光明幸福的道路。

声明写得极好，请予全文播、口播，并播记录新闻，当对民族资产阶级的教育起很大作用。"当天，毛泽东还写信给民建负责人黄炎培，称赞民建发言人对白皮书的声明，信中说："民建的这一类文件（生动的、积极的、有原则的、有前途的、有希望的），当使民建建立自己的主动性，而这种主动性是一个政党必不可少的。"二十六日，收到黄炎培的复信后，再致信黄炎培："八月二十四日大示敬悉，很高兴。""民建此次声明，不但是对白皮书的，而且说清了民族资产阶级所以存在发展的道理，即建立了理论，因此建立了民建的主动性，极有利于今后的合作。民建办事采用民主方式亦是很好的，很必要的。此种方式，看似缓慢，实则迅速，大家思想弄通了，一致了，以后的事情就好办了。"（中共中央文献研究室编：《毛泽东年谱（1893—1949）》）

8月31日　华北区财政会议行将召开，华北人民政府财政部将所拟明年财政体制方案初稿送各有关方面与社会民主人士，于今日举行座谈会研究讨论。章乃器参会并在会上发言，指出人民政权的国家财政和国民党发动政府财政的根本不同："国民党统治下，一个县长用几百块钱往往倒要'审计'一下，但老百姓死了多少，国家资源损坏了多少，却无人过问。"到会人士一致同意方案中所拟定的中央、省、县三级财政体制。（《华府财政部邀集专家名流　研讨国家财政体制　一致认为：中央、省、县三级财政制，符合人民民主政权体制，有利生产文化建设事业发展》，《人民日报》1949年9月4日第2版。《平社会名流经济专家研究国家财政体制》，《华商报》1949年9月21日第1版）

9月1日　十六时，在北京饭店113室参加民建会议，与会者还有罗叔章（主席）、孙起孟、阎宝航、俞寰澄、林汉达、沈肃文、施复亮、吴羹梅、杨卫玉、胡厥文、包达三、张绚伯、萧树柏、王绍鏊、黄炎培。黄炎培报告白皮书案经过。（黄炎培：《黄炎培日记》）

9月5日　下午，与吴羹梅、杨卫玉到黄炎培处谈话。（黄炎培：《黄炎培日记》）

9月16日　被邀列席华北全区第二届财政会议，并发言：解放区现行的财政法规中，华北现行农业税则是很详细、周密、公平、合理的。

它是新民主主义中国税法的榜样，是国家今后立法的标本。我相信在不久的将来，都市中的工商业税则方面也会达到和农业税则同样的成就。最后，他表示对明年度国家的财政收支非常乐观，从华北财政的伟大成就来看，明年全国的财政收支很有接近平衡的可能，这对于配合全国解放转入和平的经济建设有很大帮助。（《华北财政会议在平隆重揭幕》，《人民日报》1949 年 9 月 18 日第 1 版。《华北人民政府检讨财政工作，二届财政会议开幕》，《华商报》1949 年 9 月 19 日第 1 版）

9 月 17 日　出席周恩来主持的新政协筹备会第二次全体会议。会上，新政治协商会议定名为中国人民政治协商会议。根据新政协筹备会《关于参加新政治协商会议的单位及其代表名额的规定》，民建协商产生十二名正式代表：黄炎培、章乃器、胡厥文、施复亮、胡子婴、孙起孟、陈巳生、章元善、盛康年、冷遹、杨卫玉、沈子槎；两名候补代表：陈维稷、莫艺昌，合计十四名。（民建中央宣传部主编：《中国民主建国会简史》）

9 月 18 日　参加民主建国会召开的联席会议，根据新政协筹备会《关于参加新政治协商会议的单位及其代表名额的规定》，正式投票选举参加新政协代表，黄炎培、章乃器、胡厥文、施复亮等十二人为参加新政协会议的正式代表。

9 月 20 日　为发展会员，配合经济建设，举行民建总会理监事会议。会议推选黄炎培、盛丕华、章乃器、孙起孟、胡厥文、吴羹梅、施复亮、陈巳生、章元善等九人组成会务推进综合领导小组，由胡厥文为召集人，吴羹梅、施复亮为干事。（民建中央宣传部主编：《中国民主建国会简史》）

是日　陈云同薄一波致电中共中央，汇报吸收民主人士、专家学者与大学教授参加银行工作的情况。电报指出：进入平津后，接收了旧银行职员近三千人，分批进行政治培训，同时吸收了一批专家、学者、教授参加工作，有的给以顾问名义，如章乃器、千家驹、沈志远；有的做研究员或特约研究员。半年来，我们扩大了政治影响，许多学者对我们有了信心，并以参加我工作为荣，他们在旧银行的技术管理及国际汇兑、国外资料之收集与编译方面，给我们的帮助也不少。他们都具有较高的文化业务知识，也愿意做工作，但缺点是对我们的政策、作风、情况不了解，工作不够

实事求是，喜欢出头露面，不愿意进行具体深入的钻研，故教育改造非常重要。（中共中央文献研究室编：《陈云年谱》）

9月21日 十九时，作为民建正式代表出席在北平中南海怀仁堂举行的中国人民政治协商会议第一届全体会议，为主席团成员。（中国人民政治协商会议第一届全体会议秘书处编：《中国人民政治协商会议第一届全体会议纪念刊》，1950年）

9月22日 出席中国人民政治协商会议第一届全体会议，通过主席团的提议，设立六个委员会，即：中国人民政治协商会议组织法草案整理委员会、中国人民政治协商会议共同纲领草案整理委员会、中央人民政府组织法草案整理委员会、中国人民政治协商会议第一届会议宣言起草委员会、国旗国徽国都纪年方案审查委员会、代表提案审查委员会。为代表提案审查委员会成员。（《毛主席等八十九人当选为大会主席团》《中国人民政治协商会议第一届全体会议代表名单》《中国人民政协第一届全会 各委员会名单》，《人民日报》1949年9月23日第1、3版）

是日 民建总会向中国人民政治协商会议发出贺电："象征着全国人民大翻身大团结的中国人民政治协商会议已经在北平开幕，全国人民今后在毛泽东旗帜之下向独立民主和平统一富强的道路迈进，以达到最后的成功，这是中国历史上最彪炳辉煌的一页，是全国人民欢欣鼓舞的日子，我们为此敬向大会致最热烈的庆贺，并保证今后为彻底执行大会决议而努力。"

9月23日 下午，在中国人民政治协商会议第一次全体会议上代表民建发言，表示：参加这一个历史性的盛会，使得我们更深刻地认识到新民主主义的伟大，更亲切地体验到中国共产党领导的正确。会议的成就证明了中国在共产党的领导之下，遵循着新民主主义的道路前进，一定可以达到独立、民主、和平、统一、富强的境界。

摘要 新民主主义代表了中国在政治上一个划时代的进步。根据这个主义来处理国事，事情一定可以做得通，而且一定可以做得好。

我们对于会议的评价是这样：这是在伟大的时代当中，在伟大的理论启示和伟大的领导之下，集合了全国人民的伟大的智慧的一个极其伟大的杰作。

我们民主建国会是一个以团结民族工商业为主要任务的团体，我们特别关心有关经济部门的各种措施。现在大家可以看到，在《共同纲领》里面六十条条文便有十六条是有关经济的——总纲内一条，经济政策章十五条；在《中央人民政府组织法》里面，三十一个部门有十六个是属于财经方面的。这在理论上恰好证明了经济是社会的基础，同时告诉我们，新国家如此的重视经济建设，我们民族工商业家的任务是如何的重大。

《共同纲领》的重要内容之一，便是各革命阶级在工人阶级的领导之下共同合作，各得其所。在经济方面，便是公私各种经济在国营经济的领导之下分工合作，各得其所。在目前，能在广大的经济领域中取到各得其所的环境，就保证了民族工商业有很大的发展的自由。在将来，更保证了要在很美满的社会环境和很优良的生活条件之下，依然是各得其所的和平过渡到社会主义。在那时，我们民族工商业家便可以摆脱资本主义衰老时期的苦恼和罪恶，同为新社会自由快乐的主人。在这里，我民族工商业家必须熟习毛主席的七一论文，取法共产党一面发展自己，一面准备消灭自己的伟大思想，在目前努力发展自己的事业，积累自己的资本，而同时准备在将来条件成熟的一天消灭自己的阶级。用不着说，当消灭自己的阶级的时候，每个人会更愉快地生活着，事业会更光荣地继续为人民服务。

《共同纲领》还告诉我们，在国际上必须首先联合苏联和各人民民主国家。这不但在外交上要如此，在企业经营和技术运用上也要如此。我们民族工商业家必须加紧努力认识我们的老大哥苏联，认识她在学术上极其光辉的成就。要明白，在一个人民国家里面，学术上的进步是不能用旧时代的尺度来衡量的。因为思想基础的一致，我们可以大胆地师法苏联；同时，因为思想基础的不一致，我们必须批判地接受资本主义的学术遗产——除了某些纯技术的部门。实际上，资本主义国家是不会把最精深的学术传授给我们的。只有兄弟国家的朋友们，才肯知无不言，言无不尽。我们实行了这一点，是与国家和自己都有益处的。今后我们和这许多兄弟国家，要加强经济互助，那是当然的事情。

最后，我们要向全体代表们致深切的谢意，因为在会议当中，我们接受了各位代表很多的宝贵指示。各位代表的努力也使我们万分的感动。我们更要向中国共产党和毛主席，向中国人民解放军和朱总司令致衷心的敬意；有了他们的正确领导和英勇斗争，才达到今天革命的成功，替中国人民政治协商会议准备好极其完美的条件。我们民建会对于革命的贡献太微薄，对于这次会议的贡献也太渺小，以后还要恳切地请求各位代表的协助和指示，使得我们民建会能够充实起来，坚强起来，追随诸先进之后，负担起来一部分的时代的任务。（《中国人民政治协商会议第一届全体会议各单位代表主要发言》《中国人民政协会议第三日　十八位代表发言坚决拥护三草案　全体代表分组讨论国旗及国徽图样》，《人民日报》1949 年9 月22—23 日第1—2 版）

9 月24 日　上午，出席民建九人小组会，胡厥文为主席，黄炎培等出席。推南汉宸、凌其峻加入小组讨论，推进会务。推施复亮起草组织大纲。（黄炎培：《黄炎培日记》）

9 月25 日　《华商报》刊登《人民政协各单位代表的发言·民主建国会代表章乃器发言》，章乃器首先肯定了民主讨论和大会报告的意义："做到了知无不言，言无不尽，做到了反复讨论，不厌求详，做到了多数起了决定作用，少数心悦诚服。"称赞它为"真正的、彻底的民主"。其次，章乃器说明其所在的民建，"是一个以团结民族工商业为主要任务的团体"，而今，摆脱了三座大山的压迫和束缚，中国经济建设的园地海阔天空，民族工商业发展的前途不可限量。同时指出我们要提高警觉，防止内外敌人的破坏。最后，章乃器指出要联合苏联和其他人民民主国家，加强经济互助。

9 月28 日　晚上，出席民建常委会，商量参加人民政协全国委员会、中央人民政府委员会的民建成员名单。（黄炎培：《黄炎培日记》）

9 月29 日　九时，在北京饭店413 室，出席民建代表会议。黄炎培报告昨夜常委会修正之两名单：①人民政协全国委员会，内民建九人：黄炎培、章乃器、胡厥文、施复亮、陈巳生（本单位）、盛丕华、李烛尘、包达三（工商界）、冷遹（特邀）。②中央人民政府委员会内民建一人：黄炎培。以上常委会交付研究。结果无异议。（黄炎培：《黄炎培日记》）

十五时，全国政协第七次大会举行，与周恩来、彭真、张东荪、陈铭枢同为执行主席。大会第一项议程是讨论通过《人民协商会议共同纲领》，由周恩来代表主席团常委会对纲领草案作说明。而后章乃器作为大会执行主席主持通过《人民协商会议共同纲领》。会议还通过了中央人民政府副主席与全体委员名额；人民政治协商会议第一届全体会议关于选举全国委员会与中央人民政府委员会的规定。此外，又通过要案数起。（《中国人民政协制定人民大宪章　全体一致通过〈共同纲领〉　并通过中央人民政府副主席及委员名额、关于选举人民政协全国委员会和中央人民政府委员会的规定、主席团关于代表提案的审查报告》《让全世界认识我们的力量——记人民政协第七次大会》，《人民日报》1949 年 9 月 30 日第 1、3 版）

9 月 30 日　十五时，出席中国人民政治协商会议第一届全体会议，会议选举人民政协全国委员会和中央人民政府委员会的主席、副主席、委员。作为中国人民统一战线最高组织的全国委员会的名单是经过各单位协商的，所以采取了用整个名单付表决的方法，表决的结果是全体一致通过。章乃器当选为中国人民政治协商会议第一届全国委员会委员。

随即到天安门广场参加人民英雄纪念碑的奠基典礼，全体代表脱帽默哀，毛泽东宣读纪念碑碑文，周恩来致辞。随后，毛泽东同与会各单位的首席代表执锹铲土，为纪念碑奠基。奠基典礼后，全体代表回到怀仁堂听取中央人民政府委员会的主席、副主席、委员的选举结果。

二十一时，与全体代表到北京饭店出席近八百人参加的盛大宴会，庆祝中国人民政治协商会议第一届全体会议的胜利闭幕。（《中国人民政协第一届全体会议胜利闭幕　毛泽东当选中央人民政府主席　朱德刘少奇宋庆龄李济深张澜高岗当选副主席　中央人民政府委员会委员五十六人亦已选出》，《人民日报》1949 年 10 月 1 日第 1 版）

10 月 1 日　出席中华人民共和国开国大典，与毛泽东、朱德、董必武等中共领导人，民主党派、无党派知名人士，海外华侨等合影。

10 月 2 日　当选中国保卫世界和平大会成立会主席团成员与中国保卫世界和平委员会委员。（《宋庆龄郭沫若林伯渠等一百零五人为大会主席团》，《人民日报》1949 年 10 月 3 日第 1 版）

10 月 5 日　当选为中苏友好协会总会理事。（《中苏友好协会总会

正副会长、理事名单》,《人民日报》1949 年 10 月 6 日第 2 版)

10 月 7 日　民建全国会务推进委员会在北京召开会议,根据会务推进工作综合小组的建议,推选了九十七名会务推进委员会委员。其中除总会理监事五十四人为当然委员外,新增加了四十三名委员。在此基础上,推选出常务委员组成常务委员会,处理日常会务,章乃器等三十八人被选为常务委员。会议通过了《民主建国会全国会务推进委员会组织大纲》。(民建中央宣传部主编:《中国民主建国会简史》)

10 月 9 日　九时,出席民建全国会务推进委员会第一次常务委员会,与黄炎培、南汉宸被选为召集人,罗叔章为秘书处处长。其他各处处长由三名召集人及王新元、施复亮、吴羹梅、杨卫玉共同拟议后,由三召集人提名,讨论推进会务。(黄炎培:《黄炎培日记》)

十五时,出席在中南海勤政殿举行的中国人民政治协商会议第一届全国委员会第一次会议,当选为二十八名常务委员之一。出席会议的委员共一百五十一人。这次会议主要议程是听取周恩来委员报告参加第一届全国委员会的各单位的协商经过,选举中国人民政治协商会议第一届全国委员会主席、副主席、常务委员和秘书长。此外,会议通过了"以十月一日为中华人民共和国开国的国庆纪念日"的建议案,决定送请中央人民政府采纳施行。根据《中国人民政治协商会议组织法》第十五、十六两条的规定,会议选出常务委员:毛泽东、刘少奇、周恩来、李维汉、李济深、王昆仑、蒋光鼐、张澜、沈钧儒、章伯钧、黄炎培、陈叔通、章乃器、郭沫若、马叙伦、张奚若、杨秀峰、乌兰夫、朱德、林彪、刘宁一、邓颖超、冯文彬、沈雁冰、梁希、吴鸿宾、陈嘉庚、邵力子。秘书长:李维汉。(《商报》1949 年 10 月 11 日第 1 版)

是日　当选为中苏友好协会总会常务理事。(《中国人民政协全国委员会举行第一次会议　毛泽东当选全国委员会主席　周恩来李济深沈钧儒郭沫若陈叔通当选副主席　李维汉任秘书长　建议中央人民政府定十月一日为中华人民共和国国庆纪念日》,《人民日报》1949 年 10 月 10 日第 1 版)

10 月 16 日　十五时,出席民建会议。到会者还有黄炎培、南汉宸、孙起孟、杨卫玉、吴羹梅、盛丕华、施复亮、冷遹,众人对新任务都表示

接受。之后，讨论民建内部的分工问题，并用晚餐。（黄炎培：《黄炎培日记》）

10月18日　十七时，参加在中南海勤政殿举行的人民政协全国委员会常务委员会，讨论并通过了全国委员会的工作条例；选出副秘书长及各组长。

十九时半，参加北京饭店座谈会，再讨论修正各机构名单。"章乃器要我向周恩来请求，准其兼任委员……十二时半始归。"（黄炎培：《黄炎培日记》）

10月19日　出席中央人民政府委员会第三次会议，会议通过政务院各部、会、院、署、行人选，陈云被任命为政务院副总理、财政经济委员会主任、重工业部部长，薄一波、马寅初被任命为财政经济委员会副主任。章乃器当选为政务院政务委员，以民建代表、上川企业公司常务董事的身份被任命为财政经济委员会委员。任命通知书由毛泽东签发。（中共中央文献研究室编：《陈云年谱》。《财政经济委员会主任副主任及委员名单》《中央人民政府政务院总理副总理政务委员秘书长副秘书长名单》，《人民日报》1949年10月20日第1版）

10月20日　在《新建设》发表文章《新国家与民族工商业》。（《新建设　双周刊　一卷四期　今日已出版》，《人民日报》1949年10月20日第1版）

10月21日　十时，到朝阳门大街九爷府财经委员会出席中央财经委员会成立会议。听取主任陈云关于财政金融现况、农业、工业、交通的报告。陈云在讲话中回顾了党领导的财经工作的发展过程，分析了当前的财政金融和农业、工业、交通等方面的现状。提出至明年第一季度应进行的工作：①召开全国农业会议，统计全国粮食、棉花的总产量，研究明年可能增产的数字与方法，计划修堤、挖井、造林等工作。②召开工业各行业会议，计算几种主要产品的产量、原料供给、成品分配和运输等问题，组织考察生产情况，力求各地生产的相互衔接。③在商业方面，拟定主要外销产品的收购计划、收购价格和经营方式，拟订必需的进口货物计划并准备充分的外汇，努力维持几个大城市的供求平衡，避免物价波动。

④在交通方面，以主要力量修复军事前线的铁路，加强现已通车的路线，争取使几条主要铁路迅速通车；组织轮船运输与加强内地的水陆运输；统一全国邮电事业。⑤准备召开全国财政会议。以上各项工作，都以各主管部门为主，由计划局协助组织全国性的专门会议。讲话还提出，各部机构应迅速成立，并制订各部组织条例。

章乃器发言。大会推举章乃器、宋劭文、胡子婴等人起草《财经委员会组织条例草案》，交下次委员会议讨论。会后，与会人员摄影，会餐。（《周恩来统一战线文选》，人民出版社，1984年。中共中央文献研究室编：《陈云年谱》。《政务院所属四委员会昨举行首次会议　财政经济委员会陈云主任报告财经情况　提出今后数月主要工作》，《人民日报》1949年10月22日第1版。黄炎培：《黄炎培日记》）

十七时，出席中南海勤政殿中央人民政府政务院扩大政务会议。副总理、政务委员皆就职。政务会议决定：①各部办公厅主任或副主任经常举行联席会议，经常汇报事务问题。②办公制度、公文来往等等，推董必武（召集人）、章乃器、王昆仑、黄绍竑、辛志超起草办法。③派员到南京接收国民党政府各部会文卷人员等事，推陈云（召集人）、邵力子、郭春涛讨论办法。④各部应订组织条例，先订通则，推黄炎培（召集人）、罗隆基、陈劭先、齐燕铭、孙起孟、许广平讨论起草。⑤各部每两月提出综合性报告一次，经常每月一次。⑥任命齐燕铭为代理秘书长，并提出政法委员会秘书长，财经委员会秘书长、副秘书长，各局局长、副局长，文教委员会秘书长、副秘书长，监察委员会秘书长、副秘书长人选，皆通过。⑦定每星期四下午三时常会，下星期二临时会。夜十二时半散会。（黄炎培：《黄炎培日记》）

10月25日　出席中央人民政府政务院第二次政务会议。会议讨论通过关于指导接收前国民党政府中央机构工作委员会工作的原则：①各机构由中央人民政府逐步接管，中央接管前由地方代管；②提请中央人民政府批准设立中央统一接管工作机构；③对原各机构工作人员，在调查研究后因才使用，合理分配工作。会议决定成立指导接收工作委员会，由陈云负责拟订该委员会的工作条例。决议组织接收委员会，由陈云、董必武、邵

力子、黄绍竑、章乃器及下列五人即政务院一人（副秘书长郭春涛），
人民革命军事委员会一人，最高人民法院、最高人民检察署及政治法律、
人民监察两委员会合推一人，财经委员会一人，文教委员会一人组成之，
由副总理陈云负总责。（中共中央文献研究室编：《陈云年谱》。《政
务院开二次会议　设委员会接收伪中央机关呈请接管原华北人民政府
中央人民政府各机构定下月一日办公》，《人民日报》1949 年 10 月 26
日第 1 版）

10 月 28 日　出席中央人民政府政务院第三次政务会议，会议通过《政
务院指导接收工作委员会工作条例》。（中共中央文献研究室编：《陈
云年谱》。《政务院开第三次会议　通过所属各机构组织通则　任命四
委员会秘书长及各局局长　呈请主席批准任命绥远省政府名单》，《人
民日报》1949 年 10 月 29 日第 1 版）

11 月 4 日　出席政务院第四次政务会议。陈云在会上介绍中财委各
部将次第举行二十三个专业会议的安排。这些会议是：水利会议、农业
生产会议、茶叶会议（现已结束）、丝绸会议、猪鬃皮毛油脂会议、保
证各大城市供应会议、航务公路会议、成立邮务总局会议、成立电信总
局会议、钢铁会议、机器制造会议、电器会议、稀有金属及有色金属会
议、煤炭会议、石油会议、动力会议、纸张会议、粮食会议、税务会议、
盐务会议、财政会议、铁道运输会议、进口物资计划会议等。（中共中
央文献研究室编：《陈云年谱》）

11 月 11 日　出席政务院第五次政务会议。会议通过《关于指导接收
工作委员会工作报告》，并决议先组织华东区工作团，统筹指导和处理
华东区接收事宜。（中共中央文献研究室编：《陈云年谱》）

11 月 17 日　新知识座谈会特定于十七日下午七时邀请章乃器、姚依
林、狄超白诸专家座谈目前物价问题，地点在欧美同学会礼堂。（《新
知识座谈会　定十七日座谈目前物价问题》，《人民日报》1949 年 11 月
16 日第 2 版）

11 月 29 日　中国人民政治协商会议第一届全国委员会常务委员会第
二次会议举行，章乃器参加。政协全国委员会主席毛泽东、副主席周恩

来分别主持会议。会议的中心议题是讨论一九五〇年全国收支预算、概算书和关于发行人民胜利折实公债的决定草案。会议还讨论了省、市、县各界人民代表会议的组织通则草案，分组协商了各大行政区及几个省、市人员的任命问题。会议于三十日结束。（全国政协研究室编：《中国人民政协全书（上）》，中国文史出版社，1999年）

11月30日 十五时，政务院小组讨论公债问题。周恩来（主席）、陈云、陈叔通、李烛尘、施复亮、罗隆基、章乃器、黄绍竑、饶漱石、邓子恢、马寅初、邵力子、曹菊如、黄炎培十四人参会。（黄炎培：《黄炎培日记》）

12月7日 十四时三十分举行政务院公债讨论会，通过《1950年第一期人民胜利折实公债条例（草案）》。陈云（主席）、马寅初、章乃器、黄绍竑、邵力子、陈劭先、陈叔通、王昆仑、王绍鏊、施复亮、罗隆基、黄炎培、曹菊如、胡景沄（人民银行副行长）参会。（黄炎培：《黄炎培日记》）

12月13日 撰写《拥护执行1950年的全国财政收支概算》一文。

12月16日 出席政务院会议，通过《公债条例》。

12月17日 《拥护执行1950年的全国财政收支概算》一文在《人民日报》发表。章乃器指出：公粮——农业税的收入，占总收入的41.4%，居第一位。农民的负担仍很重，但由于"政府将在水利的改善上减少农民灾荒损害，在农具、畜力、肥料、种籽（子）的供应，副产的推广，金融的周转和运销的调剂上，帮助农民增加收入""农民生活水平会有很大提高。其他各项税收——主要是城市税，这主要由工商业者来负担。由于这中间的许多间接税仍转嫁给农民，农民负担比工商业者沉重，所以政府发行的折实公债"要求工商业者认购，真是符合'公平负担'的原则了"。公营企业的收入占总收入的17.1%，虽然所占百分比不高，但已经难能可贵，他认为："这一项目的收入，将会逐年迅速长大，这是完全可以预期的，这一棵美丽的幼苗，是值得全国上下珍惜爱护的。"当时通货膨胀相当严重，但章乃器认为共产党"有一个不可及的特点，就是'实事求是'，说得出做得到，甚至是宁可说得少一些，做得多一些"。在1950年度的财政预算中，财政赤字为18.7%，除了靠发行公债来弥补其中的38.4%以外，剩余的 61.6% 还是要靠增发钞票来弥补。但随着解放区的扩大，加上其他各项措施的配合，物价将趋于稳定，人民币的信用度提高，人民就不会急于抛出人民币而抢购货物。这样中央政府可以腾出更多资金投入生产和建设，使财政经济状况趋于好转。

是日　十九时，与姚依林、狄超白参加新知识座谈会，讨论目前的物价问题，地点在欧美同学会礼堂。（《新知识座谈会　定十七日座谈目前物价问题》，《人民日报》1949 年 11 月 16 日第 2 版）

12 月 18 日　下午，出席中国人民救国会光荣结束茶话会。沈钧儒、史良、沙千里一致同意解散该会，并认为该会所号召的政治主张已经实现，该会完成了历史任务，作为政治性的组织已经没有必要存在。沈钧儒宣布："有了人民政协所通过的《共同纲领》作为施政方针，有着中国共产党和毛主席的领导，中国的这一条从新民主主义到社会主义、共产主义的道路，是可以坦步无忧的。我们救国会同人彻底认清了这一点，相信了这一点。 所以我们今天在大家面前，坚决地愉快地来宣布我们的历史任务的终结。"章乃器致辞，回顾了救国会辉煌的历史，对人民救国会为中国革命事业的艰苦奋斗和光辉成就以及救国会同人今后为建设新中国而积极努力的决心表示赞扬。（《奋斗十四年胜利完成历史任务　中国人民救国会宣布光荣结束　京沪同时开会招待各界》，《人民日报》1949 年 12 月 19 日第 1 版）

12 月 25 日　参加全国农业生产会议，并在闭幕时发表讲话。（《全国农业生产会议闭幕　制定明年增产计划　增产粮食百亿斤、植棉五千万亩、产皮棉十三亿斤》，《人民日报》1949 年 12 月 26 日第 2 版）

12 月 27 日　撰写《投机商人赶快洗手》一文。（章翼军：《回忆与怀念——为先父章乃器百岁冥诞暨逝世二十周年而作》，载政协包头市昆都仑区文史学习委员会编《昆都仑文史·章乃器专辑》）

12 月 29 日　晚上，民建开会，章乃器轮为民建召集人，为期两个月，"自此乃器主席"。（黄炎培：《黄炎培日记》）

12 月　政务院及其所属单位机构编制审查委员会成立，负责了解、审查政务院各行政部门以及直属企事业单位的机构和编制的初步审核事

项。章乃器任主任。（张学继：《坦荡君子——章乃器传》）

是年 孙采苹定居北京。

公余之暇光顾文物市场，主要是隆福寺和琉璃厂的店铺，还有东大地（今红桥附近）的地摊。（章立凡：《收藏家的文化精神——章乃器收藏往事》，载故宫博物院编《捐献大家章乃器》，紫禁城出版社，2010 年）

1950 年 54 岁

1月27日，中央人民政府政务院颁布《全国税收实施要则》《工商业税暂行条例》《货物税暂行条例》，规定在全中国建立统一的税收制度。

2月14日，毛泽东、周恩来与斯大林、维辛斯基会谈后，中、苏两国签订《中苏友好同盟互助条约》。

3月3日，政务院通过《关于统一国家财政经济工作的决定》。

6月6—9日，中共七届三中全会在北京举行。毛泽东在会上做"为争取国家财政经济状况的基本好转而斗争"的书面报告，提出全党和全国人民必须有步骤有秩序地进行全国土地改革工作。同时，土地改革中对待富农多余土地财产的政策改变为保存富农经济的政策。

6月25日，朝鲜战争爆发。

6月30日，《中华人民共和国土地改革法》公布施行。

1月3日 在《人民日报》上发表《投机商人赶快洗手！》一文。章乃器认为投机资本是私人资本中的叛逆，是"地主资本、官僚资本、买办资本和流氓资本的化身，本质上就是落后的、反动的"。正是它的存在，才使得市场不稳，物价上涨，正常的经济秩序不能建立，正当的工商业不能发展。因此，人民政府必须坚决、彻底地消灭投机资本。他根据自己的分析，认为人民政府已经具备了战胜投机资本的条件，现在，"任何破坏分子将都逃不出人民的检举——投机商人当然也不能例外"。章乃器认为人民政府的成立，是取得打击投机活动胜利的根本前提条件。在斗争方式上，人民政府采取经济、政治的手段，双管齐下。经济上，一方面，进行物资动员，控制大量物资，适时抛售，打击投机资本；另一方面，恢复交通，提高运输能力，增强物资动员能力，以利于打击投机；同时，采取统一财经政策，减少财政赤字，紧缩通货，稳定物价；另外，折实公债的发行，"势必吸收大量的游资，势必稳定了物价，使投机商人无机可乘"。政治上利用政权的力量，对于那些气焰嚣张、怙恶不悛的投机商人，进行坚决镇压。

他认为，工商业有了广阔的发展领域，具备了前所未有的发展条件：一是丰富的资源等待他们去开发，广大的市场为他们提供广泛的物资交流，广大农民也需要他们的服务。二是工商业者不必再为外货的倾销和官僚资本的压迫而提心吊胆，不会再遭受贪官污吏、特务、流氓、地主的勒索讹诈。在这样好的条件下，工商业发展前途是美好的，他们"只须老老实实地接受国家资本的领导，规规矩矩地做自己的事业，便可以得到政府的保护和扶助"。况且，人民政府是十分宽大的，"消灭投机商人并不是消灭那些人，而不过是要消灭他们的投机行为"。所以，投机商人不要犹豫，回头是岸，"跑出卑鄙龌龊、乌烟瘴气的投机圈子，离开足以招致身败名裂的死路，毅然决然地参加伟大的人民队伍，大伙昂着头，挺着胸，走向国家建设的大道"。投机商人洗手不再从事投机活动，可以适当转业，进行生产活动。他为工商业指明发展方向：面对人民和面对农村；其转业的目标和活动范围是任何不操纵国计民生而有益于国计民生的事业。在具体转业过程中，他指出，在业务方针上，除了必须面对人民和面对农村，为工农服务外，必须接受国营经济的领导，工商业者可以个别或集体去和国营经济的有关领导部门商谈，求得公私经济配合，共同发展，繁荣经济；在生产组织上，不能像以前那样，在工厂里普遍建立封建生产关系，而要力求现代化；在管理上，要发扬民主，要肃清轻视职工的旧思想，要学会和工人协商解决问题。这样，工商业经过适当转业，远离了投机活动，必然会走上健康发展的道路。（《投机商人赶快洗手！》，《人民日报》1950年1月3日第2版。李强：《试论章乃器的经济思想》，安徽师范大学硕士论文，2006年）

　　1月10日　参加民建第五次各处工作会议。会议主要的事项是通过推销人民胜利折实公债的三大决议：①电知各地分会除经常推动工商团体举行各种座谈会、讲演会外，并在二月初旬、三月初旬、四月初旬举办各地分会，同时分别举行会员推销认购人民胜利折实公债汇报大会，凡没有认购的要认购，已经认购的要报告认购分数，并且个别的报告参加推销工作和宣传工作的具体情况，在汇报大会中尽量穿插有宣传意义的短剧或游艺节目。②民建第一、二、三月的各种活动均以推销人民胜利折实公债为中心任务，凡远地分会急电通知，近地分会即时函知，各地分会应随时互相交换工作经验，并将推销工作具体情况报告总会。③"民讯"定于本月内复刊，并出推销人民胜利折实公债专号。（《协助政府推销公债　民革发出号召　民建通过决议》，《人民日报》1950 年 1 月 11 日第 4 版）

1 月 14 日　十五时，民建全国会务推进委员会常务委员会第五次会议举行，主席章乃器首先报告国内外动态。（《民建全国会务推进委员会　常委会举行五次会议　函各分会汇报认购公债分数》，《人民日报》1950 年 1 月 16 日第 1 版）

1 月 17 日　撰写《应用自己的簿记原理记账》，文中强调"用收付方法记账只有比复式簿记便利。在训练会计人员时用生硬的借贷方法要使训练时间延长三四个月，而且依然容易犯错误"。该文发表于《人民日报》及《大公报》。（章乃器：《应用自己的簿记原理记账》，《人民日报》1950 年 1 月 26 日第 2 版。王昌范：《从银行家到政治家的章乃器》，《上海民建会讯》2011 年第 3 期）

1 月 31 日　出席北京市证券交易所开幕式并讲话。讲话中希望北京市的私人企业在解决业务上和技术上的困难后，能够把股票逐渐地到市场来开拍，这样才能使证券交易所达到促进北京市生产事业发展的任务，并吸引其他各地的资金用于首都的生产建设事业。他勉励经纪人学习、进步，要明了政府的政策法令，每个企业的发展前途和营业情形、财产状况，使自己成为一般人民投资的顾问。（《引导游资投向生产事业京证券交易所隆重开幕》，《人民日报》1950 年 2 月 1 日第 4 版）

1 月　向周恩来、陈云建议的"人民胜利折实公债"首次发行，目的在于迅速医治战争创伤，克服当时的财政经济困难。其还本付息的金额以当时若干种类和数量的生活必需品市价加权平均折算，以免受物价波动的影响。此项公债原定分两期发行两亿分，后因国家财政经济状况开始好转，实际共发行一期一亿分，每"分"之值，以上海、天津、西安、汉口、广州、重庆六大城市的大米（天津为小米）六斤、面粉一斤半、白细布四尺、煤炭十六斤的批发价格，用加权平均的方法计算，由中国人民银行每旬公布一次牌价。这次公债的发行数量虽然不大，但对弥补财政赤字、回笼货币、调节现金、稳定金融物价等，都起了很好的作用。1950 年 3 月以后，随着公债款的上缴和其他一系列措施的实施，国家财政收支已接近平衡。此后，全国的物价也逐步稳定下来。

2月1日　十九时，民建全国会务推进委员会常务委员会举行第五次会议。会议主席章乃器。（《民主建国会推进委员会举行第五次常委会议》，《人民日报》1950年2月3日第1版）

2月5日　《应用自己的簿记原理记账》转载于上海市工商业联合会筹备会主办的《上海工商》第1卷第10期。

2月11日　晚，邀请郑振铎、宋云彬、赵万里[①]等吃饭。席间，展示收藏的《李龙眠阿房宫图》，说：“此非赝本，大可观赏。”（宋云彬：《红尘冷眼——一个文化名人笔下的中国三十年》，山西人民出版社，2002年）

2月13日　中财委召开全国财经会议。会议确定1950年财经工作总的方针是：集中一切财力、物力做目前必须做的事情。决定财政收支统一、公粮统一、税收统一、贸易统一、银行统一。陈云在会上做《关于财经工作统一的决定》的报告。报告指出，关税等各税予以统一，每日结算，解缴国库；内外贸统一；各地贸易公司的资金、业务计划、商品调度由中央人民政府贸易部掌握，地方不得干预。会议于二十五日结束。（赵德馨主编：《中华人民共和国经济专题大事记（1949—1966）》，河南人民出版社，1989年）

2月29日　中财委发出《对今后稳定金融物价的指示》。杜鲁门发表反华声明后，一小部分人趁机抢购物资、抬高物价。中财委指示对策为：①按贸易部规定牌价放手抛售；②迅速而有步骤地购买国内市场缺乏的进口品；③适当调整外汇牌价，以利进口；并对私人供汇尺度适当放宽；④加强黄金、银圆的管理，防止抬高银价以扰乱市场。以上措施防止了市场波动。

2月　上川企业公司代表人章乃器和黄玠然投资大储机米厂股份有限公司各一千股，各一亿元（旧币）股金，并担任公司董事长。（章翼军：《回忆与怀念——为先父章乃器百岁冥诞暨逝世二十周年而作》，载政协包头市昆都仑区文史学习委员会编《昆都仑文史·章乃器专辑》）

①赵万里（1905—1980），字斐云，浙江海宁人。版本目录学家。1925年师从王国维。1949年后，任北京图书馆研究员、善本特藏部主任。

　　是月　章乃器撰文《再论应用自己的簿记原理记账》，将讨论引向深入阶段。引发关于收付法与借贷法的大讨论，其建议也为政府所采纳。在文章中他指出，应该使用自己原有的簿记原理记账，因为它是民族的、科学的、大众的。不应该盲目地接受复式簿记的原理，因为它不适合中国民族的特性，从而也就不是中国大众所能了解的。它在科学上的根据，也不及自己的簿记原理。我们说收付记账法是民族的，因为中国自从古老的"四柱清册"开始，一直到山西票号，以致当时的大多数工商业、家庭和个人，都是用收付记账法；我们说收付记账法是大众的，因为一直到现在，90% 以上的工商业者依然用收付方法记账。即使没有学过会计的，我们都可以很容易地教他用收付方法记账。新中国的文化必须是科学的，因为它是进步的，从进步意义上讲，收付记账法远比借贷记账法强。复式记账可能还是物物交换时代的残余，收付记账法是货币交换的产物。因此，固有的收付记账法不但是民族的、大众的，而且是更科学的；反之，外来的借贷记账法当然不是民族的，不是大众的，而且还是不够科学的。不仅如此，收付记账法学习起来也比借贷记账法节省时间，更适宜于账目公开。（王昌范：《从银行家到政治家的章乃器》，《上海民建会讯》2011 年第 3 期。陈元芳：《中国新记账方法倡导者：章乃器》，《财会通讯》2012 年第 28 期）

　　3 月 4 日　在《光明时报》发表《关于政务院颁布〈关于统一国家财政经济工作的决定〉》一文，章乃器高度评价这一"决定"，认为它在节约支出方面，不是采取消极的"节流"；在增加收入方面，采取完全不同于老一套的专为财政打算的聚敛式的"开源"，而是积极地建设新民主主义的制度，发展生产力，以此来解决财政问题；同时统一国家财政经济工作在政治上还起着巩固统一战线的作用；它也充分照顾到人民的生活；还规定了由国家银行统一现金管理的办法。"这一系列的方法，是严格的，周到的，而又合理的。因此，它不但是理想的，而且是行得通的。"面对统一工作中的困难，他主张不应当偏顾统一工作中的小困难，而造成国家经济和人民生活的大困难，应当克服小困难，避免大困难。并根据几个月以来统一工作中的成绩，坚信统一就是力量，统一就是办法。

"我们可以乐观地加一句话：'以争取财政经济状况基本的改善，使中央、地方和全体人民都早日踏进否极泰来的阶段'。"

3月9日　二十点二十分，中央人民广播电台播放章乃器的讲话："两面对照与一面倒——中苏新约的伟大启示"。（《中央、北京人民电台今日广播要目》，《人民日报》1950年3月9日第4版）

3月14日　出席政协第一届全国委员会工作会议第一次会议。会议同意各民主党派的提议，由参加政协的各民主党派、人民团体所推派的代表为主体组成双周座谈会，主要目的是沟通思想，对政策时事、统一战线工作交换意见；成立高级学习组，推定王昆仑、章乃器、邢西萍三人拟定计划和方案，并进行筹备工作。（全国政协研究室编：《中国人民政协全书（上）》）

3月22日　中央人民政府政务院为加强中央人民政府对中国银行的领导和监督及推动该行业务之开展，发布命令：特指定南汉宸、曹菊如、马寅初、胡景沄、沙千里、章汉夫、章乃器、王绍鏊、龚饮冰、冀朝鼎、詹武、孙晓村、郑铁如等十三人为该行官股董事。（《中央人民政府政务院发布命令　加强对中国银行领导监督　指定南汉宸等为官股董监事，原有商股董监事除战犯外均继续有效》，《人民日报》1950年3月23日第1版）

3月24日　十五时，出席中央人民政府政务院第二十五次政务会议，并代表政务院及所属单位机构编制审查委员会做三个月来的审查总报告。（《政务院举行廿五次政务会议　通过统一管理财政收支等决定》，《人民日报》1950年3月25日第1版）

是日　周恩来签发中国银行官股董事任命通知书。

3月30日　十九时，出席中苏友好协会总会欢迎苏联经济学硕士包德列夫的宴会。（《中苏友好协会总会　欢宴包德列夫硕士》，《人民日报》1950年3月31日第1版）

4月5日　在《学习》第二卷第四期上发表《对于统一财经工作的认识》。该文从过去解放区财经工作所取得的成就，谈到1948年12月设立中国人民银行，着手统一关内解放区的货币（不包括东北币）；1949年

12 月中央人民政府委员会通过的一九五〇年度全国财政收支概算是适时的。1950 年 3 月 3 日政务院颁布的《关于统一国家财政经济工作的决定》和以后一系列的补充决定，在上述基础上又提高了一步。他概括为十一条，并归纳为三个特点：①统一的深度及于县以下的区，这在中国是史无先例的（不是机械的、笼统的统一）。②在贸易和金融两个部门，这一次所增加的任务特别大。其三，要求全国机关和学校一律实行定员定额制度，国营工矿企业一律实行定质、定量、定材、定员的定额管理制度，这在中国是一个创举。文章最后写道："这一个大转变是必要的。在人民的国家里面，一切必须属于人民。政治上反人民的势力被粉碎之后，经济上反人民的势力也要被清除的。"（章翼军：《回忆与怀念——为先父章乃器百岁冥诞暨逝世二十周年而作》，载政协包头市昆都仑区文史学习委员会编《昆都仑文史·章乃器专辑》）

4 月 9 日 出席中国银行董事会，当选董事会常务董事。（《中国银行举行董事会 选出常务董事 南汉宸任董事长》，《人民日报》1950 年 4 月 11 日第 1 版）

4 月 13 日 中央人民政府第七次听取和批准了陈云的报告《财政状况和粮食状况》。报告指出，国营企业和私营企业之间的关系需要调整，使公私兼顾的原则在实际政策和具体办法上体现出来；私营企业中的劳资关系应该改进；公私企业的生产和经营应减少盲目性，逐渐增加计划性。中央人民政府成立以来的六个月中，中财委的工作重点放在财政方面，达到平衡收支、稳定物价的目的。今后几个月，应把工作重心转移到调整工商业方面去。（赵德馨主编：《中华人民共和国经济专题大事记（1949—1966）》）

4 月 14 日 《章乃器谈物价平稳这是划时代的转变，对保障人民生活和国民经济发展均有十分重大的意义》在《人民日报》发表。章乃器在这篇专访中指出，物价稳定是一个划时代的转变，具有十分重大的意义。"从今以后，随着通货膨胀带来物价波动的时代已经一去不复返了。全国人民可以安定生活着……正当的工商业者只要好好经营，做到精打细算，业务必然发展。"

4 月 17 日 下午，出席中苏友好协会总会举行的第一届理事会第一

次会议。(《中苏友协总会开理事会议 批准半年工作报告 通过今年工作计划》,《人民日报》1950年4月18日第1版)

4月20日 双周座谈会举行第一次座谈会,讨论中共中央发表的斯大林、毛泽东论共产党员要善于和非党群众团结合作的两个文件;通过政协全国委员会学习座谈会进行学习办法草案,推定王昆仑、章乃器、邢西萍、沈志远、郭则沉、于振瀛、于光远、胡华、王惠德九人组织学习座谈会干事会。(全国政协研究室编:《中国人民政协全书(上)》)

4月21日 经政务院决定,被任命为全国编制委员会委员。任命通知书由周恩来签发。

4月28日 二十时,在中央人民广播电台广播发表题为"在新形势下工商业应该怎样办?"的演讲。(《"新形势下工商业怎样办?"章乃器今晚将在中央人民广播电台播讲》,《人民日报》1950年4月28日第4版)

是日 撰写《币制稳定后私营工商业怎么办?》。

4月 在民建会全国干部会议上做题为《如何搞好我们的会(初稿)》的书面发言,认为在《共同纲领》的领导下,站在统一战线、人民民主专政的大立场代表民族资产阶级,是不会发生"闹独立性"的问题的。民族资产阶级在本质上就不大会闹独立性,它过去怯于革命,今天决不会勇于造反。……民建会不能缺乏知识分子,那是肯定的。但,民建会必须以民族工商业者为主体,我们知识分子是辅佐他们的,为他们服务的,也是必须肯定下去的吧?不如此,就不能说民建会是代表民族资产阶级的。(章立凡:《章乃器与"红色资产阶级"(讨论稿)》,载青田章乃器学术研讨会组委会编《情怀与责任——2019青田章乃器学术研讨会论文集》)

5月5日 《币制稳定之后私营工商业怎么办》在《人民日报》发表。该文指出:军事作战已经基本的过去,现在,"经济作战已获得初步"的伟大胜利!中国人民在短短的三个多月当中,由于基本上战胜了财政赤字,基本上战胜了延续十二年的通货膨胀。今年的中心任务将是经济作战。"日寇和蒋介石匪帮败退之后留给我们两个经济上的灾祸:通货膨胀和贫穷。这是敌人恣意掠夺的必然结果,也是中国人民必须自谋解决的严重问题。"

摘要 面对新的形势,私营工商业除了必须面对人民,面对农村、

切实地注意为工农阶级服务以外，还要诚心诚意地接受国营经济的领
导。……管理上必须完全肃清那种轻视职工的旧思想，要学会和劳方协
商解决问题。工商业家能在国难当中锻炼自己，力求进步，不但对事业
有益，对今后自己做人也是有益的。

我希望全国的工商业家不要听信匪特的谣言，坚决相信政府的政策，
政治上正确的认识和对新国家坚决的信心，对于每一个工商业家应付当前
的新形势都是有头等重要的作用的。

5 月 6 日　出席北京大学为纪念五四运动举行的晚会，做"私营工商
业的前途"的演讲。（《北大纪念五四　各项节目排定》，《人民日报》
1950 年 5 月 3 日第 3 版）

5 月 7 日　九时，出席民建常委会。会议专门检讨章乃器、施复亮互
相"攻击案"，黄炎培主持。南汉宸发言，认为章、施二人都不该将谩
骂对方的文件印刷分送干部学习会议的各个学员，他认为：对内要亲，
对友要和，对敌要狠。不应把医生用的刀当作战场上的刀，不应想靠学
员来解决问题。周士观、罗叔章、俞寰澄先后发言。章、施二人先后发言，
均承认错误，认为是英雄主义、个人主义、主观主义在作怪。

黄炎培宣布：章、施二人既各自认错误，其相互攻击部分，在以南
汉宸发言为总结之下作为结束。其思想部分，如团结工商业问题的解释等，
留待明日星期一下午七时半续会讨论。（黄炎培：《黄炎培日记》）

5 月 8 日　参加全国七大城市工商局长会议——这是政务院财经委员
会着手调整全国公私经济的预备会议。（《全国七大城市工商局长会议
圆满闭幕　公私经济许多问题获解决》，《人民日报》1950 年 6 月 4 日
第 1 版）

十九时三十分，出席民建常委会，讨论工商业问题并发言。黄炎培
主持，孙起孟、孙晓村、施复亮等人先后发言。黄炎培宣布，时间已到
预定制限，"下次再讨论。惟以后应根据两次公意：(1) 不以章、施文字
为讨论对象；(2) 应限于民族工商业和智（知）识分子二者间的联系及其
工作态度问题"。（黄炎培：《黄炎培日记》）

5 月 28 日　在《展望》周刊六卷一期上发表《学习、进步、团结》一文。

文章说：革命理论的学习不是一件容易的事情；但在今天，我们具备了许多有利的条件，可以使得学习比较容易一些。但是，最重要的还是我们现在处在一个革命的社会，耳目所触，随处可以找到革命理论和实际的结合，作为学习的活课本。"因此，倘使我们过去对于美国帝国主义和国内反动势力曾经有过一些幻想的话，今天是不会再有了。同时还得到了一个证明，就是过去所以会有一些幻想，正是由于自己没有搞清楚历史发展的规律，或则对于那些规律的信心不够。"章乃器在这里做自我批评。他说："政府首长和中共党的领袖们所发表的言论，往往是更显著的理论和实际结合的作品。从那里可以学习政策，同时可以学习理论。举例来说：毛主席的'有困难的，有办法的，有希望的'一句话，就包含着充分的辩证涵义。"

5月29日　在《新建设》二卷八期上发表《经济的改造——消肿、去腐、新生》一文。文章说："殖民地和半殖民地的经济，一面保留下封建主义的腐朽成分，另一面输入了资本主义最不堪的腐朽成分，就自然变成双料的腐朽了。所谓高度的依赖性、消费性、剥削性等等，都不过是腐朽的表现而已。这是旧中国经济的本质……"

他在文中指出：人民革命的胜利获得了国民经济的新生，但还带着旧时代留存下来的腐朽和臃肿的外壳，经济结构的改造完全必要。对于国计民生有害的工、商、金融事业本质上就是以私害公的，当然是没有理由要求"公私兼顾"。因此，一定成分的淘汰是无可避免的。这就成为工商界当前痛苦的主要成分。"对那些有利于国计民生的事业，由国家给以适当的扶助，以减轻他们的痛苦，共同渡过难关。"

他认为经济的改造将完全依据《共同纲领》的规定，今后一个时期的调整工作，则完全依据刘少奇副主席五一讲话的原则进行。搞清楚当前痛苦的历史根源和熟习有关经济政策的文献，"对于今天民族工商业家是有用处的。由此而建立起来的信心和决心，对于事业发展的前途是有极大帮助的"。

6月6日　撰写《私营行庄何处去？》。

6月9日　《私营行庄何处去？》在《人民日报》上发表。章乃器认为中华人民共和国成立初期的私人行庄，由于它长期以来所具有的投机性，其不利于国计民生的消极一面是非常突出的。很多行庄仍旧虚设暗账，私营拆放，收取黑市利息，甚至买卖金钞，进行投机倒把，这对恢复生产和稳定物价十分不利。"但另一方面它与资本主义工商业有一定联系，在正确的引导下还可以起调剂社会资金的作用。"他指出私人行庄虽有消极作用，但他们的存在还是非常必要的，毕竟他们是国民经济不可缺少的部分。

既然私人行庄作为民族资本有其存在的必要性，那就"要求他们积极地存在，公私两利地存在"。私人行庄的前途如何，出路何在，章乃器就此提出了如下见解：第一，主张私人行庄积极地转业或合并。他号召私人行庄的员工们进行一场于公于私都有利的转业运动。第二，关于私人行庄合并过程中的人事安排问题。章乃器认为这是合并过程中的一个主要的阻力。"只要合并的各方面能虚心地考虑，坦白地研讨，把共同事业的前途放在第一位，而把个人的'面子'放在第二位，应该不难求得一个各尽其能、各得其所的协议。"章乃器一针见血地指出："一个银行下层员工的待遇要超过大学教授的时代是过去了"，要求他们放下"金饭碗"，回家乡分田或者转业到生产行业上去。这样，"剩下来的行庄就可以有足够的营业而不再为不正当的竞争所困扰"，其员工就有了合理的安排或稳定的职业。这对经济的恢复发展和社会的稳定起积极作用。

6 月 15 日　出席中国人民政治协商会议第一届全国委员会第二次会议。毛泽东主席致开幕词，指出土地改革为这次会议的中心议题。与会人员听取了政协副主席陈叔通的会务报告和政协常委、中央人民政府副主席刘少奇关于土地改革问题的报告。会议通过了《中华人民共和国土地改革法草案》，建议中央人民政府委员会审核通过后颁布实施。会议还听取并一致同意刘少奇、周恩来、陈云、薄一波、郭沫若、聂荣臻、沈钧儒关于政治、财政、税收、文化教育、军事、法院工作的各项报告。通过了关于政协地方委员会的决定，通过了国徽图案，建议中央人民政府采纳。会议收到了各项提案和建议案共七十四件，决定交常委会处理。会议接受中国保卫世界和平大会委员会的建议，决定以一九五〇年七月一至七日为和平签名运动周。（《会议出席人名单》，《人民日报》1950年 6 月 15 日第 1 版。全国政协研究室编：《中国人民政协全书（上）》）

6 月 16 日　轮到章乃器做民建召集人，黄炎培移交相关工作给章乃器。（黄炎培：《黄炎培日记》）

6 月 19 日　政协第一届全国委员会第二次会议即日起分为九组进行讨论，章乃器为财经组成员召集人。（《人民政协全国委员会二次会议　昨日起分九组进行讨论》，《人民日报》1950 年 6 月 20 日第 1 版）

6 月 22 日　在政协全委会第二次会议发言："这次刘副主席的报告和中央提出的《土地改革法草案》，是忠实地执行共同的纲领的，同时又是完全适合目前的新形势的。《共同纲领》……开宗明义很郑重地规定下来四友三敌的界限，这次法案是严格地加以划分的，丝毫没有含糊。但我们已经建立起来全国性的、有高度效率的政权，我们的工作重心已经转入生产建设，这是新形势。"他认为在这新形势下必须更有序地进行土地改革，防止不应有的混乱发生。

首先，所谓"更有秩序"的秩序必然是指革命的秩序，它不同于旧时代学者们说的"法治"。它必须是农民群众在国家法令和政府的领导之下自己起来进行土改，而不是单纯地依靠自上而下的行政措施。其次，保存富农经济的作用，正如毛主席所指示我们的，是为着"以利于早日恢复农村生产，又利于孤立地主，保护中农和保护小土地出租者"。土改工作的基本力量必须依靠贫雇农，团结中农，而富农只是恢复生产所必需的成分。因此，倘使我们可以把农民组织的重心转移到富农的身上去，可以轻视贫雇农，那显然是完全错误的。我们需要中立富农，但暂时也只能做到中立富农。法案不让富农加入农民协会是正确的，否则可能由富农取得了农民协会的领导而消灭了土改。最后，土改工作的骨干，除了上面派下去的干部之外，主要的还是"正派农民中的积极分子"。所谓"正派"或"纯洁"的含义是必须站在革命的立场去理解的。都市里的资方在中华人民共和国成立初期，往往也有"工人知识不够，不配领导的错误想法，因而使自己的事业进行迷失了方向"。

当一个人的既得利益、财产以至威风受到了侵犯时，他必然要骂那侵犯者是流氓，是土匪。对地主阶级的宽大必须是有限度的。《共同纲领》

的规定是"但同时给以生活出路，并强迫他们在劳动中改造自己，成为新人"。超过了这个限度，允许地主们保存过去的威风和优越的生活条件，那就是违反了《共同纲领》，混淆了友敌，动摇了"以工农联盟为基础"的重大原则，那是万万不可以的。

"依照《共同纲领》办事"是一个铁则。不论在会场以内的讨论或者在会场以外的言论，这一点是必须极端注意的。反映偏差是好的，是必需的，是对于政府的很大的帮助，但也须抱定为《共同纲领》而奋斗的精神。要认定偏差是必须纠正的，但同时也是不可免的。指出偏差还要同时指出他们的成绩和功劳，才能使人心服，容易接受纠正。否则，统一战线便会发生不应有的混乱，而讨论离开了原则，也不可能得到结果。团结是有原则的，就是那经过千百次讨论、经过严格考验的《共同纲领》。（《人民政协首届全国委员会二次会议昨继续举行大会　刘副主席作讨论土地改革问题的结论　昨日讨论时有厉无咎等十四人发言》，《人民日报》1950年6月23日第3版。《人民政协第一届全国委员会第二次会议上的发言一九五○年六月二十二日（之二）》，《人民日报》1950年6月25日第3版）

6月23日　中国人民政治协商会议第一届全国委员会第二次会议闭幕，毛泽东致闭幕词。

6月24日　新华社电讯发表了《关于土地改革的几点意见》。章乃器就土地改革在发言中指出：首先，土地改革必须是农民群众在国家法令和政府领导之下自己起来进行土改，而不是单纯地依靠自上而下的行政措施。必须注意自下而上地发动农民的力量，启发其自动性和自觉性。其次，土改工作必须依靠贫雇农，团结中农，而富农只是恢复生产所必需的成分。最后，他还指出土改工作的骨干，除了上面派下去的干部之外，主要的还是"正派农民中的积极分子"。他认为对地主阶级的宽大必须是有限度的。

6月25日　出席民建总会召开的会务推进委员会会议，通过了《拥护政府土改办法和财政措施的决议》等文件。会议于二十八日结束。（《民建会务推进委员会通过决议　团结全国各地工商业者　拥护土改法和财经措施》，《人民日报》1950年7月12日第1版。民建中央宣传部主编：《中国民主建国会简史》）

6月　与孙采苹生子章立凡。

7月1日　各民主党派电贺中国共产党诞生二十九周年。与其事。(《各民主党派电贺中共诞辰　坚决拥护毛主席和中共领导　为收复台湾和一切领土奋斗》,《人民日报》1950年7月1日第1版)

7月15日　十九时三十分,在东单三条协和礼堂参加新知识座谈会,主讲调整工商业的问题。他说,国家为什么要在这个时候调整工商业?简单地说,条件具备了;人们的心理转变了;财政收入增多了,税务人员进行了整风;供需走上正常化与计划化。

关于调整工商业的目的:①使公私企业很好地配合,分工合作,各得其所;②加强国营经济的领导,使私营工商业规规矩矩地做生意。最后,他说:私营工商业应该怎样做法?第一,要按照《共同纲领》办事。学习掌握好方针、政策和发展方向。第二,端正作风。如果还用旧的作风来经营工商业,不善于和工人合作,对抗政府的政策,那也不会有发展的。自卑感也是不必要的。第三,组织起来,团结起来,主动想办法,向政府提出来。只要合乎《共同纲领》规定的经济政策,办法又行得通,政府总是欢迎的。不要叫苦,或只靠政府救济。第四,工商界也要来一个整风运动:是不是衷心地接受工人阶级和中国共产党的领导?是不是有逃税行为?对工人的态度好不好?对工人应得的福利是否照顾到了?生产计划是否征求并采纳了工人的意见?有没有囤积居奇、投机操纵的行为等。(《新知识座谈会今晚请章乃器讲"调整工商业问题"》,《人民日报》1950年7月15日第1版。章翼军:《回忆与怀念——为先父章乃器百岁冥诞暨逝世二十周年而作》,载政协包头市昆都仑区文史学习委员会编《昆都仑文史·章乃器专辑》)

7月18日　出席民建总会第十五次常委会议,讨论通过《民主建国会筹备分支会的原则和办法》等。(民建中央宣传部主编:《中国民主建国会简史》)

7月23日　晚上,在北京饭店出席民建招待四种(贸易、橡胶、食品加工、卷烟)行业来京代表会议,到会二百人,黄炎培主持,毕鸣岐、卢绪章、席文光、洪念祖、李宝森、乔铭勋、陈可、吕奎文、何致中、王汇川、经叔平、陈星五、黄英民、南汉宸、施复亮、章乃器、孙晓村，罗叔章司秩序。末，黄炎培致辞，"对朝鲜、台湾问题提出三点：①台湾必解放，不管海枯石烂。②从容应付，必不挑衅。③有备无患。"（黄炎培：《黄炎培日记》）

7月　以上川企业公司代表人夏沂的名义投资通俗出版社一千元股金，并由夏沂任副经理。（章翼军：《回忆与怀念——为先父章乃器百岁冥诞暨逝世二十周年而作》，载政协包头市昆都仑区文史学习委员会编《昆都仑文史·章乃器专辑》）

8月11日　二十时，以中华人民共和国人民代表团秘书长的身份前往朝鲜参加八一五朝鲜解放五周年庆典。黄炎培代表政务院"欢送朝鲜慰劳团郭沫若、李立三、章乃器等一行二十五人出发，在东车站集合群众三千人"。（黄炎培：《黄炎培日记》）

8月15日　参加平壤市庆祝八一五解放五周年大会。

是日　与黄炎培、南汉宸致电朝鲜首相金日成，代表民建祝贺朝鲜解放五周年，声援朝鲜人民的抗美斗争。（民建中央宣传部主编：《中国民主建国会简史》）

8月16日　庆祝八一五朝鲜解放五周年的中国人民代表团分组进行活动，章乃器、谢邦定作为正、副秘书长，率领一组前往元山等地，调查美国飞机盲目炸射和平居民的实况。于二十日晚回到平壤。（《我国人民代表团在朝鲜访问慰劳朝鲜军民》，《人民日报》1950年8月24日第1版）

8月21日　晚，全体代表团成员参加送别欢宴。二十二日晚动身，二十三日晨到达安东，二十四日晚返抵北京。（《我国人民代表团在朝鲜访问慰劳朝鲜军民》，《人民日报》1950年8月24日第1版）

8月25日　十五时三十分，中央人民政府政务院第四十七次政务会议举行。会议先由刚从朝鲜参加八一五朝鲜解放庆典归来的中国人民代表团团长郭沫若、副团长李立三、秘书长章乃器、团员许广平报告此行经过。（《政务院四十七次会议　听取郭沫若等报告赴朝经过　讨论和批准关于司法会议的报告》，《人民日报》1950年8月26日第1版）

8月　中财委召开计划会议。会议主要讨论编制一九五一年计划和三年奋斗目标。会议指出，在两三年内不可能立即进行大规模的经济建设，主要任务是搞好经济的调整与恢复，为将来大规模的经济建设做好准备。（赵德馨主编：《中华人民共和国经济专题大事记（1949—1966）》）

9月2日　出席民建总会第十七次常委会议，讨论通过《民主建国会分会筹备委员会组织通则》，对地方组织的建立等问题做出明确规定。（民建中央宣传部主编：《中国民主建国会简史》）

是日　十九时三十分，民建北京分会举办新知识座谈会第八十五次会议，章乃器应邀到会，做了朝鲜人民的反侵略战争的报告。他赞颂了朝鲜人民在劳动党和金日成将军的领导下和在苏联无私的援助下所取得的成就，并给美帝国主义侵略者和李承晚集团以沉重的打击。中国人民要学习这种国际主义和爱国主义密切结合的高度典型，同时要大力地支援朝鲜人民。（《新知识座谈会》，《人民日报》1950年9月2日第1版。章翼军：《回忆与怀念——为先父章乃器百岁冥诞暨逝世二十周年而作》，载政协包头市昆都仑区文史学习委员会编《昆都仑文史·章乃器专辑》）

9月3日　十八时三十分，参加在中山公园音乐堂召开北京各界人民欢迎访问朝鲜中国人民代表团返国大会。代表团副团长李立三、秘书长章乃器及许广平报告访朝见闻。（《中国人民反对美国侵略委员会　决定明天下午召开大会　欢迎我访朝代表团返国》，《人民日报》1950年9月2日第2版。《中朝人民加强团结　反对共同的敌人美帝国主义　首都各界五千余人隆重集会　欢迎访问朝鲜中国人民代表团返国》，《人民日报》1950年9月4日第4版）

9月4日　十八时，在中央人民广播电台发表《朝鲜人民胜利的物质基础》的演讲。（《介绍朝鲜人民反侵略的英勇斗争情形　章乃器等七人应邀播讲》，《人民日报》1950年9月3日第6版）

9月9日　十九时三十分，北京市青年会主办新民主主义讲座，"特请中国人民访朝代表团代表章乃器先生讲《访问朝鲜经过与感想》"。（《新民主主义讲座》，《人民日报》1950年9月9日第8版）

9月17日　《朝鲜人民胜利的基础》一文发表在《人民日报》上。章乃器在文章中介绍了苏联对朝鲜的物质援助，指出苏联对朝鲜的援助与美帝在"蒋匪帮"统治时代对中国的所谓"援助"不同,与美帝对"李承晚匪帮"进行的所谓"援助"更不同。提出"我们真应该好好地向朝鲜人民学习,要学习他们善于把国际主义与爱国主义结合起来,还要学习他们建设国家的方法与努力。我们还必须提高警觉,因为帝国主义是疯狂的"。

10 月 18 日　民建北京分会与光明日报社联合邀请了北京市工商界各行业代表人士二十余人漫谈朝鲜战局,由章乃器、凌其翰等做主要发言。(《民革等民主党派中央组织工作人员　联合座谈国际局势　民盟民建京市组织分别集会讨论》,《人民日报》1950 年 10 月 27 日第 1 版)

10 月 26 日　当选为中国人民保卫世界和平反对美国侵略委员会全国委员、常务委员。(《中国人民保卫世界和平反对美国侵略委员会负责人名单》,《人民日报》1950 年 10 月 27 日第 1 版)

10 月 28 日　任弼时同志治丧委员会成立,章乃器列于其中,并前往吊唁。(《任弼时同志治丧委员会成立》,《人民日报》1950 年 10 月 27 日第 1 版。《任弼时同志遗体昨日入殓》,《人民日报》1950 年 10 月 29 日第 1 版)

11 月 7 日　中国民主建国会电贺苏联十月革命节。(《各民主党派电贺苏联十月革命节》,《人民日报》1950 年 11 月 7 日第 1 版)

11 月 10 日　参加中国人民保卫世界和平反对美国侵略委员会第一次全体常务委员会会议。(《保卫和平反对侵略委员会　常务委员会首次集会　决定委员会当前任务是支持和领导全国人民抗美援朝保家卫国运动》,《人民日报》1950 年 11 月 10 日第 1 版)

11 月 12 日　参加中国人民保卫世界和平反对美国侵略委员会总会与北京市分会举行的宴会,招待来访的朝鲜保卫和平全国民族委员会委员长韩雪野与朝苏文化协会委员长李箕永。(《我国和大举行宴会招待韩雪野李箕永》,《人民日报》1950 年 11 月 17 日第 4 版)

11 月 29 日　民建总会扩大会议在北京举行。章乃器在会上做政治报告《全国工商界团结起来为抗美援朝保家卫国而奋斗》。扩大会议于 12 月 2 日结束。(《团结全国工商界抗美援朝　民建举行总会扩大会议　分电毛主席、中国人民志愿部队和朝鲜人民军致敬》,《人民日报》1950

年 11 月 30 日第 4 版。中国民主建国会第一次全国代表大会秘书处编印：《中国民主建国会第一次全国代表大会汇刊》，1955 年）

12 月 9 日　出席中国银行在北京举行的第一届第三次董事会。（《中国银行业务发达　首届三次董事会在京举行》，《人民日报》1950 年 12 月 19 日第 2 版）

12 月 11 日　历时十三天的民建总会扩大会议闭幕。闭幕会上，由章乃器对政治报告做总结讲话并宣读政治报告全文。（《民建总会扩大会议闭幕　决协助各地工商联展开爱国公约签名运动》，《人民日报》1950 年 12 月 13 日第 4 版）

12 月 20 日　下午，出席中国人民保卫世界和平反对美国侵略委员会的第二次工作会议。（《保卫和平反对侵略委员会昨开工作会议》，《人民日报》1950 年 12 月 21 日第 1 版）

12 月　《辉煌胜利的一年》一文在《展望》周刊六卷二十四期刊登。该文总结了中华人民共和国成立一年来取得的成绩，文中表示："首先应该归功于勤劳、勇敢、智慧的人民大众；然而历史已经证明，没有中国共产党的领导是不可能取得这样的成绩的。"作者指出中国共产党给予正确的理论指导，使得在任何的工作部门都不会走错了路线甚至迷失方向。"团结就是力量。伟大的统一战线工作便是团结力量的契机。中共对于统一战线的重视，首先表现在毛主席把中国共产党、中国人民解放军和统一战线当作中国革命的三件宝贝。中共负责同志一再向大家说明：改造思想必须用精雕细镂的工夫，不能用大刀阔斧的手段。他们用极大的力量帮助大家学习，然而丝毫没有'好为人师''我来教你'的表现，因此，学习不但提高了大家的理论水平，同时也端正了大家的学习态度和工作态度"。

他表示历史已经证明，有了中国共产党的领导，中国各民族才有了平等、团结的生活。三千万以上的少数民族衷心自愿地加入中华民族大家庭里，为中华人民共和国建立起来绵长的攻不破的边防。

1951 年　55 岁

1月1日，中朝两国军民把敌人驱逐到"三八线"以南。

2月，《中华人民共和国惩治反革命条例》颁布。

12月1日，《中共中央关于实行精兵简政、增产节约、反对贪污、反对浪费和反对官僚主义的决定》颁布。

12月8日，中共中央发出《关于反贪污斗争必须大张旗鼓地去进行的指示》，反对贪污、反对浪费、反对官僚主义的"三反"运动在全国展开。

1月5日　政务院第六十六次会议通过《企业中公股公产清理办法》。《办法》指出，要对隐匿在公私合营、私营企业中的官僚资本股份进行清理，清出原属官僚资本股份的股权归人民政府所有。（赵德馨主编：《中华人民共和国经济专题大事记（1949—1966）》）

1月27日　主持民建宣教会议。会上着重讨论并决定以反对美帝单独缔结对日和约、重新武装日本及发动春节劳军和救济朝鲜难民为当前具体的宣传教育工作。（《反对重新武装日本　民主建国会举行宣教会议》，《人民日报》1951年1月30日第1版）

1月31日　十八时，应邀出席各民主党派及政协无党派民主人士宴请中共中央统一战线工作会议全体代表的宴会。（《统战工作会议结束各民主党派人士欢宴会议代表》，《人民日报》1951年2月3日第1版）

2月12日　中央财经委员会召开全国工业会议。为了完成本年工业生产、基本建设任务，会议决定：依靠工人阶级，进行民主改革。逐步改变旧的管理制度，实行管理民主化。在工业企业中，党、政、工、团各组织均应以提高生产作为自己最基本的任务。在生产行政管理工作上实行厂长负责制，但实行厂长负责制应同管理民主化结合起来。会议于三月六日结束。（赵德馨主编：《中华人民共和国经济专题大事记（1949—1966）》）

2月22日　中国共产党、中国国民党革命委员会、中国民主同盟、中国民主建国会、无党派人士、中国民主促进会、中国农工民主党、中国致公党、九三学社、台湾民主自治同盟、中国新民主主义青年团及中国人民保卫世界和平反对美国侵略委员会等，联合欢宴中国人民志愿军归国代表柴川若、稽炳前、李维英、董乐辅、张甫、窦少毅。章乃器出席。
（《各民主党派欢宴志愿军归国代表　祝贺中朝人民部队的胜利并预祝赢得更大胜利》，《人民日报》1951年2月3日第1版）

3月2日　十五时，出席中央人民政府政务院第七十四次政务会议，章乃器做了政务院及所属单位机构编制审查委员会一九五〇年下半年审查工作总结报告。（《政务院举行第七十四次会议　批准人事部今年中心工作纲要的报告等》，《人民日报》1951年3月3日第1版）

3月14日　《工商界与镇压反革命》一文在《光明日报》刊登，就湖南零陵发生的纵火案，因反革命分子破坏，使得六百三十二家商户受灾，损失一百五十九亿（旧人民币）的事件发表看法。以事为例，通过启发，提高工商界人士的觉悟。章乃器在文中说："工商界必须完全消除莫管国家大事的思想，而要团结起来，加强同业的组织，共同为镇压反革命而努力。"并结合工商界当时签订《爱国公约》与《业务公约》的动员，要求工商界："必须在爱国和业务公约当中，加入努力镇压反革命的条文。"他总结一条规律：人民一旦有了办法，匪特便没有办法，人民有了力量、有了办法，匪特就无法扰乱市场了。他以真实的事件、血的教训为例，启发、引导工商界除"在商言商"以外，还需要关心国家大事，关心人民的生活需求。（王昌范：《述论全国工商联筹组前后的章乃器》，载青田章乃器学术研讨会组委会编《情怀与责任——2019青田章乃器学术研讨会论文集》）

4月5日　二十时，出席中国人民抗美援朝总会召开的第四次常务委员会。（《抗美援朝总会举行第四次常委会》，《人民日报》1951年4月6日第1版）

4月21日　中央人民政府政务院召开的全国秘书长会议和人民政协全国委员会召开的全国各省、市协商委员会秘书长会议于五月八日闭幕。章乃器在会上做专题报告。（《政务院和人民政协全国委员会分别召开全国秘书长会议　通过关于保守国家机密、进一步加强机关内部统一战线工作等建议案》，《人民日报》1951年5月17日第1版）

5月3日　出席民建组织工作会议。研究确定组织工作的任务和措施。
（民建中央宣传部主编：《中国民主建国会简史》）

5月8日　全国政协组成西南土改工作团，担任团长。团员有梁漱溟、于学忠、尹赞勋、陆志韦、马彦祥、张国藩、林亨元、汤璪真、金善宝、周士观、林传光、黄艮庸、张光宇等二十余人。

5月15日　《上海工商》第二十卷全文转载《工商界与镇压反革命》一文。

5月16日　由中国人民政治协商会议全国委员会参加与参观三大运动筹备委员会（以下简称筹委会）组织的前往西南参加土地改革工作的工作团，"今晨由北京出发，搭乘民航机飞重庆。该工作团团长为民主建国会常委会召集人之一章乃器。17日飞抵重庆，赴四川省合川县参加土改工作65天"。（《人民政协全国委员会　组织土地改革工作团赴西南参加土改工作》，《人民日报》1951年5月18日第1版）

据梁漱溟回忆：一九五一年春，中央有组织赴西南土改团之举。我醒悟主席头年要我看南方新解放区，意在要我看看土改，便自动向统战部报名参加，得到批准。我所在的土改分团由章乃器任团长，有二十多人，从五月上旬抵四川，八月三十日返京，近四个月。刚到重庆，就听邓小平做报告，介绍情况，那时刘（伯承）、邓主管西南和四川。结束时做总结，邓又参加会议，讲了话。邓小平年轻、能干，给我留下了深刻的印象。

我们这个团，在川东合川县（今重庆市合川区）。因为大多是年岁稍长的各民主党派和无党派民主人士，实际并未参加土改工作队，而只是参观土改。大家都住在县城里，白天安排参加一些土地改革的会议和活动。我和随我去的黄艮庸商量，既然来了，就要深入下去，不能只当参观者。我们提出的要求得到部分满足，不久便下到这个县的云门乡，晚间住宿在镇上一家地主的住宅里，白天就有了更多的机会和方便参加各种活动，包括贫雇农诉苦，清算斗争地主，分田地，发土地证，以至直接与农民谈话等等。同我们一起的还有于学忠，他也是一块从北京来的。（汪东林：《我对于生活如此认真——梁漱溟问答录》，当代中国出版社，2013年）

5月23日　在团员座谈会赞成土改，认为"革命斗争当然是剧烈的，没有和平的可能"；但他不同意肉刑吊打，一直主张与地主"斗理斗法"，不赞成眼开眼闭地执行政策，为此与一些领导干部意见相左。他在魏思文做土改报告时提问：吊打是造成僵局还是打开僵局的办法？魏思文想一想后只好回答：绝对禁止。后来川东区党委秘书长赵增益传达了区党委书记谢富治的指示："连激于义愤也不许打。"（章立凡：《君子之交如水》）

6月5日　专著《论中国经济的改造——消肿、去腐、新生》一书出版发行。书中写道："抗战胜利前夕，战后中国的前途引起了社会各阶层的广泛关注。中国向何处去？这不仅是一个政治问题，同时在经济上也面临着严峻的挑战。"本书辑录了章乃器在本年之前所发表的文章，分为"一般、财政、金融、工商业"四部分，详细地阐述了他在中华人民共和国成立初期的经济思想。

7月10日　在日记中，章乃器记录了"与梁漱老谈话"的要点，主要是对封建主义和土改作哲理上的探讨。他们讨论的命题有三：①"一般性与特殊性。一般的与个别的——不是封建是什么？"；②"本质的与形式的——人与土的解放"；③"自由——农村人多了可以放任"。梁漱溟指出中国历史上"官吏代贵族，郡县代封建"是"更提高集中"的形态，对于"封建内部的软化分解"的个别现象，不可忽略其"更集中的一面"。章乃器"认为对封建社会不可'以少蔽多，不从发展看问题，不从实际出发'。梁判断中国封建社会'盘旋不进而不是缓进，不能进入资本主义'"；章乃器提出'帝国主义与资本主义是一是二？'的疑问。对于当前土改中工作团内的种种思想困惑，梁先生的看法是：'理性开发太早，斗争是教育——知识分子主观'，中国文化传统'缺宗教，不重武力——重理性不重武力是提高'"；章乃器认为'理性变为更高的宗教'"。（章立凡：《君子之交如水》）

7月23日　中共西南局来函，批评赵增益所传达的谢富治指示，认为"这是右的命令主义。会使农民束手束足，甚至变成和平分田"。章乃器"再度感到困惑，在当天的日记中写道：'过去减退，吊打流行，可能太左，这次也可能太右。但问题在于会否成为和平分田及吊打能否打开僵局。过去普遍吊打，减退果实也不过 30%，这次不吊打，已超过 30% 了。吊打显然无效。但激于义愤也不能打，可能是右。'"（章立凡：《君子之交如水》）

8 月 27 日　出席全国政协西南土改工作团在四川的土改工作的最后一次总结座谈会。（章立凡：《君子之交如水》）

9 月 2 日　十五时，在中山公园音乐堂，出席首都各界庆祝抗日战争胜利六周年大会。（《纪念抗日战争胜利六周年　首都各界昨举行庆祝大会　彭真同志号召继续加强抗美援朝为实现"九三"联合宣言而奋斗》，《人民日报》1951 年 9 月 3 日第 1 版）

9 月 3 日　傍晚，赴中南海，向毛泽东报告在西南地区参加土改的情况。（汪东林：《我对于生活如此认真——梁漱溟问答录》）

9 月 22 日　政协第一届全国委员会常务委员会举行第二十七次会议，通过《庆祝中华人民共和国成立两周年口号》；会上还讨论了动员中央人民政府各部门、各民主党派、各人民团体和京、津两市机关、团体、学校干部参加土改运动的问题，决定充实"参加三大运动筹备委员会"的组织机构以进行动员和组织工作，推定安子文任筹备委员会主任委员，杨尚昆、章乃器、邢西萍任副主任委员。三大运动筹备委员会成立后，积极动员、策划各民主党派、人民团体干部及各界人士组织土改参观团、工作团，赴朝慰问团，举行镇压反革命问题双周座谈会等，做了大量卓有成效的工作，为夺取三大运动的胜利做出了重要贡献。（全国政协研究室编：《中国人民政协全书（上）》）

9 月　出席民建总会第四十次常委会议，讨论通过《民主建国会总会各大行政区办事处试行组织通则》。

10 月 4 日　政协第一届全国委员会常务委员会举行第二十八次会议，以后又于十七日、二十二日分别举行了第二十九、第三十次会议。会议决定筹备成立全国工商业联合会，推定陈叔通、李维汉、章乃器邀集有关方面进行研究，以陈叔通为召集人。（全国政协研究室编：《中国人民政协全书（上）》）

10 月 10 日　在北京撰写《从西南土地改革谈到民族工商业》。

10月24日　《人民日报》刊登《中国人民政治协商会议第一届全国委员会第三次会议出席列席名单》一文，章乃器列为常务委员。

10月26日　出席全国政协第一届第三次会议。全国政协主席毛泽东致开幕词，指出了这次会议的中心任务是继续加强抗美援朝的工作，增加生产，厉行节约，以支持中国人民志愿军。会议听取了周恩来总理做的政治报告、政协副主席陈叔通所作的常委会工作报告、中国人民抗美援朝总会彭真副主席所作的关于抗美援朝保家卫国运动的报告。会议还听取了陈云、郭沫若所作的关于经济工作和财政工作、文化教育工作的报告。

是日　政协全国委员会为协商组建全国工商业联合会，推定陈叔通、李维汉、章乃器共同负责这一工作。由他们邀请全国政协第三次会议的全国各地工商界代表，举行座谈会协商。

10月27日　《从西南土地改革谈到民族工商业》一文在《人民日报》上发表。这是章乃器在全国政协第一届第三次会议上做的报告。他指出：中国现阶段的革命一面要消灭封建地主阶级，一面要保护工商业。中国民族工商业的发展要能符合"公私兼顾，劳资两利"的原则，工人阶级的领导是必不可少的。民族工商业者要发扬爱国主义精神，就要更好地为人民服务，主要是为工农大众服务。强调"全国工商业者必须进一步从思想意识上割断封建主义和帝国主义的尾巴"。

11月1日　出席中国人民政治协商会议第一届全国委员会第三次会议，毛泽东致闭幕词。会议通过了《关于抗美援朝工作的决议草案》《关于中央人民政府各项报告的决议》《关于常务委员会工作报告的决议》《关于提案审查委员会审查提案报告的决议》《关于支持五大国缔结和平公约的要求的决议》等。

11月2日　《人民日报》刊登《人民政协全国委员会提案审查委员会章乃器委员关于提案审查的报告》一文。

是日　民建总会召开常务委员会扩大会议，拥护中国人民政治协商会议第一届全国委员会第三次会议关于推动思想改造运动的号召。参加会议的除在京委员外，这次来京参加人民政协第一届全国委员会第三次会议的各地民主建国会负责人被邀请列席。会议上，先由民建总会常务委员会召集人黄炎培、章乃器、南汉宸做报告。（《民主建国会总会召开常务委员会扩大会议　决定在工商界开展思想改造运动　确定以北京天津两地作为重点首先取得经验》，《人民日报》1951 年 12 月 6 日第 1 版）

是日　全国工商联筹备会举行座谈会，决定成立中华全国工商联筹备会筹备处。首先推定十八人组成全国工商联筹备处，这是确定全国工商联筹备工作的第一步。筹备处委员人选是：陈叔通、章乃器、沙千里（全国政协委员）、薛暮桥（政务院财经委员会秘书长）、南汉宸（中国人民银行行长）、叶季壮（贸易部部长）、乐松生（华北区工商界代表）、李烛尘（华北区工商界代表）、巩天民（东北区工商界代表）、陈季生（东北区工商界代表）、魏岐山（西北区工商界代表）、经春先（西北区工商界代表）、项叔翔（华东区工商界代表）、苗海南（华东区工商界代表）、江炳炎（中南区工商界代表）、余经堂（中南区工商界代表）、温少鹤（西南区工商界代表）、李琢庵（西南区工商界代表）。陈叔通为筹备处主任，沙千里兼任筹备处秘书长。筹备处成立以后，制定了《中华全国工商业联合会筹备委员会章程》，拟定了全国工商联筹备代表会议的代表产生办法，并进行了关于代表的推动和联系工作，草拟了全国工商联筹备会的各项章程。（黄孟复主编：《中华全国工商业联合会 50 年大事记》，中华工商联合出版社，2003 年）

11 月 16 日　出席中国人民抗美援朝总会召开的第七次常务委员会议，讨论今后抗美援朝的工作。（《中国人民抗美援朝总会　昨举行第七次常委会议》，《人民日报》1951 年 11 月 17 日第 4 版）

11 月 25 日　以民建总会常务委员会召集人的身份，在天津分会主持的新世纪座谈会上做题为"工商界与思想改造的启发"的报告。（《民主建国会总会召开常务委员会扩大会议　决定在工商界开展思想改造运动　确定以北京天津两地作为重点首先取得经验》，《人民日报》1951 年 12 月 6 日第 1 版）

11 月 30 日　《人民日报》刊发《中华全国工商业联合会筹备委员会筹备处成立》的报道，介绍了全国工商业联合会筹备委员会筹备处的成立和组成人员产生的经过。

11月　与陈叔通、李维汉共同署名，将全国工商联筹备代表会议的代表产生办法及初步拟定的各地区、单位名额表寄送几大行政区征求意见。（黄孟复主编：《中华全国工商业联合会 50 年大事记》）

12月14日　在中央人民政府政务院第一百一十四次政务会议，任命为中央人民政府节约检查委员会委员。（《政务院举行政务会议　成立中央节约检查委员会　通过关于调整机构紧缩编制的决定》，《人民日报》1951 年 12 月 15 日第 1 版）

12月20日　撰写的《用批评和自我批评的方法开展思想改造运动　工商界要改造思想，努力增产节约，加强抗美援朝》一文发表在《人民日报》上。

1952 年　56 岁

　　2 月上旬，反对行贿、反对偷税漏税、反对盗骗国家财产、反对偷工减料和反对盗窃国家经济情报的"五反"运动在全国各大城市开始，并形成高潮。

　　3 月 5 日，中共中央规定了对违法资本主义工商户处理的基本原则：过去从宽，今后从严；多数从宽，少数从严；坦白从宽，抗拒从严；工业从宽，商业从严；普通商业从宽，投机商业从严。

　　6 月 19 日，周恩来就中国民族资产阶级的问题发表讲话。

　　10 月，"三反""五反"运动结束。

　　1 月 1 日　出席中央人民政府在中南海怀仁堂举行的一九五二年元旦团拜活动。毛泽东致祝词，号召全体人民和一切工作人员一致起来，大张旗鼓地、雷厉风行地，开展一个大规模的反对贪污、反对浪费、反对官僚主义的斗争，将这些旧社会遗留下来的污毒洗干净！（赵德馨主编：《中华人民共和国经济专题大事记（1949—1966）》）

　　1 月 5 日　晚，出席中国人民政治协商会议全国委员会常务委员会第三十四次会议。周恩来做报告，指出民族资产阶级有其积极进步的一面，还有其黑暗腐朽的一面。中华人民共和国成立后，他们中间有很多人，以行贿、欺诈、暴利、偷税漏税等犯法行为，盗窃国家财产，危害人民利益，腐蚀国家工作人员，以遂其少数人的私利。对这种情况必须加以打击和铲除。（《人民政协全国委员会常务委员会举行会议　周恩来副主席作重要报告　号召工商界人士积极参加反对贪污浪费的斗争进行自我改造》，《人民日报》1952 年 1 月 8 日第 1 版。赵德馨主编：《中华人民共和国经济专题大事记（1949—1966）》）

　　1 月 9 日　在《光明日报》上发表《四个阶级联合与反对资产阶级思想的侵蚀性——工商界必须进行思想改造的理由》一文。

　　1 月 23 日　出席全国工商联筹委会筹备处举行的第五次会议。（黄孟复主编：《中华全国工商业联合会 50 年大事记》）

　　2 月 2 日　《工商界来一次彻底的"大扫除"》一文在《人民日报》上发表。章乃器在文章中认为调整工商业具备了成熟的条件。其条件有四：一是心理转变。一九五〇年初，人民政府实行统一财经、平抑物价的政策。经过几个月的努力，国家财政收支接近平衡，物价稳定。这使得人们的心理从"重物轻币"转变为"重币轻物"。二是财政收入的增多。政府调整工商业，不是消极的救济，而是积极发展国民经济。现在财政收入好转，这是调整工商业的又一重要条件。三是调整税率和税务人员整风。四是加强计划性。由于市场供求平衡，加强对工商业的计划指导，减少生产的盲目性，是符合广大人民利益的。

章乃器认为调整工商业的目的有两个。一是使公私企业分工合作得更好。二是加强国营经济的领导。人民政府是四个阶级的联合专政，结成政治上的统一战线，在经济上，"是要五种经济密切配合，以国营经济为领导，结成经济上的统一战线"。只要私营工商业接受国营经济的领导，在新民主主义经济统一战线的旗帜下，从事合法经营与生产，不但不会受到打击，而且前途也很光明。

2月5日　十五时，中共中央统战部部长李维汉来谈民建问题，"同意于我工人阶级立场。提出①性质和任务——改造资产阶级，而不是代表资产阶级；②吸收中小工商业和从业员；③处理'三反'运动中发生问题的工商业；④准备开一次大会"。章乃器在会上发言表示，资产阶级"坏的一面，是封建主义、帝国主义遗留的；好的一面，接近工人阶级。资产阶级是没有剥削意识的剥削。经济上反动，政治上不一定反动，中国资本主义青年时期经过发育，即可健康、和平地进入社会主义"。他主张："谈思想问题必须平心静气，实事求是。"（黄炎培：《黄炎培日记》）

2月7日　主持全国政协的学习座谈会。在日记中记载，与会者正为"资产阶级猖狂进攻"的提法争执不下，引起争论的人是梁漱溟。"1951—1952年'五反'运动期间，以工商界人士为主的民主建国会受到冲击，章乃器在民建会内被连续批判了八个晚上，认为他的观点代表了资产阶级的利益。过火的斗争造成一些企业家自杀，民族航运巨子卢作孚就是在这种形势下离开人世。但在全国政协的学习座谈会上，却有人发出了不同的声音。"（章立凡：《君子之交如水》）

2月19日　中国人民政治协商会议全国委员会学习委员会召开第一

次全体会议，宣告该会成立并开始工作。章乃器任学习委员会委员。（《人民政协全国委员会学习委员会成立》，《人民日报》1952 年 2 月 28 日第 1 版）

2 月 21 日　周恩来召集王稼祥、南汉宸、雷任民、刘子久、李维汉、章汉夫进一步研究出席莫斯科国际经济会议①的代表人选。这次会议确定代表团成员包括章乃器、李烛尘、盛丕华、吴蕴初。（中共中央文献研究室编：《周恩来年谱 1898—1949（修订本）》）

2 月 26 日　为促进国际间的经济合作，国际经济会议定于四月初在莫斯科举行。国家财政经济工作者、工商业界人士、合作社工作者、工会工作者以及经济学者等组织全国筹备委员会。章乃器担任全国筹备委员会委员。（《积极准备参加国际经济会议　南汉宸马寅初等组织全国筹备委员会》，《人民日报》1952 年 2 月 27 日第 1 版）

2 月 28 日　主持全国政协的学习座谈会。

3 月 1 日　民建以检查工作的名义在会内开展大批判，章乃器首当其冲，施复亮也被捎带上了。章乃器"在会上对自己的观点做了阐释，并引用列宁的话'青年期的特点是自由竞争'，坚持认为资产阶级'大多数是好的'"。（章立凡：《章乃器与"红色资产阶级"（讨论稿）》，载青田章乃器学术研讨会组委会编《情怀与责任——2019 青田章乃器学术研讨会论文集》）

3 月 6 日　主持全国政协的学习座谈会。

3 月 8 日　民建会内的批判结束。（章立凡：《章乃器与"红色资产阶级"（讨论稿）》，载青田章乃器学术研讨会组委会编《情怀与责任——2019 青田章乃器学术研讨会论文集》）

3 月 15 日　周恩来接见出席莫斯科国际经济会议中国代表团全体成

① 世界和平理事会在 1951 年 2 月的柏林会议上决定，在苏联举行经济会议，欢迎各国的经济学家、技术家、工业家、商业家、农业经营者、从事合作事业者及工会工作者参加，来帮助恢复各国间的经济交换，并提高人民的生活水平。经济会议由中国人民保卫世界和平委员会出面组织，由政务院财政经济委员会进行筹备，并指派北京大学校长马寅初、中国人民银行行长南汉宸、中国茶叶公司总经理吴觉农、中国银行董事兼副总经理冀朝鼎作为发起人。

员①，对代表团在这次重要会议的活动指导思想做了交代。他说：参加这样的国际经济会议机会难得，不能放弃。在那里，同外国代表团交往的面要宽一些，争取打开我们同西方国家贸易往来的局面。（中共中央文献研究室编：《周恩来年谱 1898—1949（修订本）》）

3 月 18 日 以中华全国工商业联合会筹备委员会委员的身份列于参加国际经济会议的中国代表团，启程赴莫斯科参会。（《我国代表团名单》，《人民日报》1952 年 3 月 19 日第 1 版）

3 月 28 日 与中国代表团成员抵达莫斯科。

4 月 3 日 国际经济会议举行。四百七十一名代表参加，他们来自四十九个国家，包括苏联及波兰等十二个人民民主国家、十七个资本主义国家、二十个经济落后国家。与会代表中有二百五十余名工商业者、七十名经济学家、六十五名工会工作者、二十一名合作社工作者、十九名议员，以及其他方面人士四十多名。会议采取大会和小组会两种方式进行，允许各国代表自由发表意见，努力求同而避免歧异。同时，每天会议时间较短（约三四个小时），以留出较多的时间让各国代表从事贸易活动、参观及看戏。会议研究了世界贸易现状，认为通过莫斯科国际经济会议及所签订协议，使中国重新建立了对资本主义国家的直接民间贸易关系，在美国对

①按照周恩来的指示，有关部门经过反复斟酌，最后确定了由二十五人组成的大型代表团，南汉宸和雷任民分别担任正副团长，冀朝鼎任秘书长。其他二十二名代表是：孟用潜（中华全国合作社联合总社理事会副主任）、陈维稷（纺织工业部副部长）、刘子久（中华全国总工会文教部长）、章乃器（中华全国工商业联合会筹备委员会委员）、李烛尘（天津市工商业联合会主任委员）、盛丕华（上海市工商业联合会主任委员）、陈翰笙（中国经济学会副主任委员）、吴蕴初（天厨味精制造股份有限公司总经理）、王孝慈（中国铁路总工会全国委员会副主席）、邵井蛙（中国纺织工会第一届全国委员会主席）、刘莱夫（北京市总工会副主席）、曾凌（中国人民银行计划处处长）、康利（贸易部计划司副司长）、卢绪章（中国进出口公司经理）、赵重德（中国畜产公司经理）、石志昂（中国进出口公司上海分公司经理）、张立森（中华全国合作社联合总社理事会理事）、王越毅（中华全国合作社联合总社采购局副局长）、王寅生（中国经济学会常务委员）、樊弘（北京大学经济系主任）、狄超白（北京大学经济学教授）和常景林（中国店员工会全国委员会主席）。

华"封锁""禁运"的铁幕上打开了缺口。同时，中国通过这次会议改变了对资本主义国家贸易的传统做法。比如，以前对英、法等西欧国家的贸易是通过英、法等驻华洋行及香港商人等"老手"进行的，而此时可以直接同西欧国家的工商企业家做生意，减少了中间环节。

中国代表团在会下举行招待会，前后与十四个国家代表进行贸易接触，签订贸易协议，取得了很大成果。（蔡成喜：《1952 年新中国派团参加国际经济会议》，《中共党史资料》2006 年第 2 期）

4 月 12 日　莫斯科国际经济会议结束。

4 月 22 日　下午，出席莫斯科国际经济会议的印度尼西亚代表约普拉伊特诺（国会议员、工会工作者）搭乘飞机到达北京参观。同行的有我国出席国际经济会议的代表团团员章乃器。（《印度尼西亚出席国际经济会议代表约普拉伊特诺和我代表章乃器等同行抵京》，《人民日报》1952 年 4 月 23 日第 1 版）

4 月 23 日　下午，出席中华全国工商业联合会筹备委员会筹备处会同民建总会举办的座谈会，与来我国参观的国际经济会议的各国代表晤面。（《全国工商联筹委会筹备处和民建总会邀来我国的各国经济界代表座谈》，《人民日报》1952 年 4 月 24 日第 1 版）

4 月 26 日　下午，出席中国人民政治协商会议全国委员会常务委员会第三十七次会议，通过了"为庆祝一九五二年五一劳动节的号召"。（《政协全国委员会常委会第三十七次会议通过"为庆祝一九五二年五一劳动节的号召"》，《人民日报》1952 年 4 月 28 日第 1 版）

4 月 29 日　晚上，出席中国人民保卫世界和平委员会、中华全国总工会、中华全国民主青年联合总会、中华全国民主妇女联合会、中苏友好协会总会、中华全国文学艺术界联合会、中华全国自然科学专门学会联合会联合举办的酒会，欢迎来中国参加"五一"节观礼的外宾。（《我国七个全国性人民团体联合举行酒会欢迎外宾　我保卫和平委员会主席郭沫若致欢迎词》，《人民日报》1952 年 4 月 30 日第 1 版）

5 月 3 日　以政协全国委员会常务委员的身份出席中国人民政治协商会议全国委员会招待以宇吞帕为首的缅甸文化代表团的宴会。（《我人民政治协商会议全国委员会昨设宴招待缅甸文化代表团　缅甸文化代表团参观访问我民族学院和民族事务委员会》，《人民日报》1952年5月4日第1版）

5月4日　为执行国际经济会议的决议，积极推动中国国际贸易的开展，中国国际贸易促进委员会正式宣布成立，并举行第一次会议，国际贸易促进委员会秘书长香贝朗出席参加。中国国际贸易促进委员会主席为南汉宸、秘书长为冀朝鼎，章乃器为成员。（《中国国际贸易促进委员会正式成立》，《人民日报》1952年5月15日第1版）

5月5日　下午，中国人民政治协商会议全国委员会约请中华全国工商业联合会筹备处和各民主党派的代表举行座谈会，欢迎缅甸华侨回国观光团。章乃器出席。（《人民政协全国委员会召开座谈会　欢迎缅甸华侨回国观光团并设宴招待》，《人民日报》1952年5月6日第1版）

是日　晚上，出席北京市市长彭真举行的酒会，招待来中国参加"五一"节观礼和参观的外宾。（《人民政协全国委员会召开座谈会　欢迎缅甸华侨回国观光团并设宴招待》，《人民日报》1952年5月6日第1版）

5月6日　报纸发表了亲身投掷细菌弹的美国空军战俘伊纳克和奎恩的供词、广播词以及给中国人民志愿军的公开信，这些材料再次揭穿了美国侵略者发动细菌战的黑幕，激起了各界人民的无比愤慨。各民主党派负责人士为此发表书面谈话，痛斥美国侵略者进行细菌战的滔天罪行。章乃器说：美国空军战俘伊纳克和奎恩的供词，把美国战争贩子在朝鲜进行细菌战的经过和准备原子弹战争的阴谋完全暴露了。这真是"铁证如山"，难道还有狡赖的余地吗？我真是无比的愤怒，但同时觉得，战争贩子的末日到了。中朝人民以及全世界爱好和平的人民，对于这种违反人道、灭绝人性的罪恶，是决不能容忍的。华尔街的战争贩子们！希特勒、墨索里尼、东条就是你们的榜样！你们等候最后的裁判吧！这一个日子是不会太远的。（《各民主党派负责人士发表书面谈话　指出美国空军战俘的供词　再次揭穿美国进行细菌战的黑幕》，《人民日报》1952年5月7日第3版）

5月11日　晚上，出席中国人民政治协商会议全国委员会举办的宴会，招待印度文化代表团。（《我人民政治协商会议全国委员会　昨设宴招待印度文化代表团》，《人民日报》1952 年 5 月 12 日第 1 版）

5月15日　与李维汉同车到上海考察"五反"成果的章乃器，听取上海市工商局长许涤新的汇报。章乃器记录：工业厂家"五个月未做生意，存货多"，"五反"前"许多大厂设备利用定金扩大十倍"，此时则"资金大缺"，小厂吃光了。"30% 定金不够周转"。商业方面"市场与生产成矛盾，两个月收 28 千亿货，仓库存量不够""去年交流大会私资占 1/3，今年一月私资减少 3/4，商业成问题，小厂亦成问题，转业难"。（章立凡：《章乃器与"红色资产阶级"（讨论稿）》，载青田章乃器学术研讨会组委会编《情怀与责任——2019 青田章乃器学术研讨会论文集》）

是日　与陈叔通、李维汉、吴克坚访问张元济。（张人凤、柳和城编著：《张元济年谱长编（下卷）》，上海交通大学出版社，2011 年）

5月17日　出席李维汉在上海东湖路 70 号召开的工商界人士座谈会。

5月19日　出席李维汉在上海东湖路 70 号召开的工商界人士座谈会，记录新华银行总经理王志莘的发言：上海银行业中公私合营占 70%，私营占 30%。"三反""五反"后私、合营存款跌 50% 以上，最近又跌 5%。私人和工商业各占 50%。目前放款跌去三百亿，呆滞多。放款中工多于商，工呆滞更严重。私、合营银行向人民银行借债多。工商资金先天不足，后天失调。（章立凡：《章乃器与"红色资产阶级"（讨论稿）》，载青田章乃器学术研讨会组委会编《情怀与责任——2019 青田章乃器学术研讨会论文集》）

5月21日　出席在上海大厦举行的中小工商业者的座谈会。（章立凡：《章乃器与"红色资产阶级"（讨论稿）》，载青田章乃器学术研讨会组委会编《情怀与责任——2019 青田章乃器学术研讨会论文集》）

5月22日　出席由各党派人士参加的华东军政委员会座谈。

5月23日　出席华东区各省市的工商业者和党外人士的座谈会。

5月26日　中共中央华东局统一战线工作部从今天到二十九日邀请华东各民主党派代表集会座谈。民主建国会总会常务委员会召集人章乃器亦应邀出席并讲话。章乃器在发表关于民建的性质、任务与组织路线的意见后，强调：工商界在消除"五毒"后，必须进一步肃清非《共同纲领》思想和消极对抗思想，应在工人阶级和国营经济的领导下，不断提高经营信心和积极性，发展有利于国计民生的工商业，在新民主主义经济建设中发挥良好作用。（《中共中央华东局统一战线工作部　邀请华东各民主党派代表座谈　并邀请华东军政委员会党外人士座谈征求对"三反""五反"运动的意见》，《人民日报》1952年6月4日第1版）

5月28日　记载谭震林的总结："按《共同纲领》办事。"（章立凡：《章乃器与"红色资产阶级（讨论稿）"》，载青田章乃器学术研讨会组委会编《情怀与责任——2019青田章乃器学术研讨会论文集》）

6月1日　十一时，参加对于恢复和发展中日两国人民间正常贸易有重要开端意义的中日贸易协议签字仪式，协议规定签字双方在以货易货的基础上每方购入与售出价值各为三千万英镑的货物。（《恢复发展中日两国人民间正常贸易的开端　中日贸易协议昨在京签字　双方规定进出口总额共值六千万英镑》，《人民日报》1952年6月2日第1版）

6月20日　出席在北京举行的中华全国工商业联合会筹备代表会议。这个会议原定于三月召开，因为"五反"运动尚未结束，推迟举行。出席会议的代表四百一十三人，包括来自国营企业、合作社、公私合营企业、私营企业的代表，还有少数民族、港澳台同胞和旅外侨胞工商界人士及特邀的工商界有关人士。陈叔通致开幕辞，政务院财经委员会主任陈云讲话。章乃器在会上代表民建总会致辞，表示：这次会议要解决一系列问题。第一步必须掌握全面的情况。这就有待于各位代表积极反映真实情况。第二步还要集思广益，确定解决问题的方法和步骤，这更有赖于各位代表积极贡献意见。必须相信，只有在共产党领导之下，民主才是真实的、充分的。完全相信共产党的号召，大家一致开动脑筋，积极开好会议，是极端重要的。这次会议将测验大家在"五反"运动之后是否建立起来足够的积极性。（寿墨卿编著：《中华全国工商业联合会四十年》。黄孟复主编：《中华全国工商业联合会50年大事记》。《民主建国会召集人章乃器在全国工商业联合会筹备代表会议上致词（摘要）》，

《人民日报》1952 年 6 月 22 日第 2 版）

6 月 21 日　《人民日报》发表《中华全国工商业联合会筹备代表会议筹备经过》一文。文中称：一九五一年十月，人民政协全国委员会常务委员会认为筹组全国工商业联合会的时机已初步成熟，并推定陈叔通副主席和李维汉秘书长、章乃器委员，负责推动筹备工作。在《中华全国工商业联合会筹备代表会议主席团名单》一文中，章乃器位列中华全国工商业联合会筹备代表会议主席团名单。

6 月 22 日　《民主建国会召集人章乃器在全国工商业联合会筹备代表会议上致词（摘要）》在《人民日报》上发表。章乃器在致辞中指出这次会议是中国工商界历史上空前的盛会。"三反""五反"斗争的胜利是很伟大的，使我们大家有了自知之明——认识了自己。

6 月 24 日　陈云在全国工商联合会筹备代表会议上指出，"三反""五反"运动使全国气象焕然一新，我们要在新的基础上来调整公私关系、劳资关系，并就加工订货的合理利润问题、加工订货的规格问题，如何活跃城乡交流、内外交流的问题，银行利息问题、税收问题、劳资关系问题防止"三害""五毒"问题等做了阐明。在谈及如何活跃城乡交流时，陈云指出：在"三反""五反"运动最紧张的时期，工商业曾有部分呆滞的现象，为此，国家贸易机构大力进行加工订货，促使市场情况迅速好转。现在各大城市还有许多工业品没有推销出去，内地小城市和农村市场则感到工业品的缺乏和某些土产品的滞销。这说明需要大力推广城乡交流。（赵德馨主编：《中华人民共和国经济专题大事记（1949—1966）》）

6 月 27 日　在中华全国工商业联合会筹备代表会议选举会上，陈叔通当选为全国工商联筹备会主任委员，李烛尘、南汉宸、章乃器、孟用潜、盛丕华、许涤新、荣毅仁、傅华亭、陈经畬、黄长水、胡子昂、巩天民、李象九当选副主任委员。（中华全国工商业联合会筹备委员会主任委员、副主任委员、委员及秘书长名单》，《人民日报》1952 年 7 月 2 日第 2 版。黄孟复主编：《中华全国工商业联合会 50 年大事记》）

6 月 30 日　中华全国工商业联合会筹备代表会议结束。

十九时三十分，出席中国人民政治协商会议全国委员会在北京饭店举办的酒会，招待出席和列席中华全国工商业联合会筹备代表会议的全体代表。（《人民政协全国委员会举行酒会　招待全国工商联筹备代表会议全体代表》，《人民日报》1952年7月3日第1版）

6月　全国统战部长会议通过的《关于民主建国会工作的要点》最终确认："民建会应成为我党领导下的、以共同纲领为准则的、协助人民政府团结教育和改造民族资产阶级的民主党派。民建会应当代表资产阶级主要是工业资产阶级的合法利益，就是说：在他们遵守《共同纲领》和政策法令，服从工人阶级和国营经济的领导，并积极从事有利于国计民生的经济事业的条件下，应当代表他们的利益。"文件还分析了以往"中小为基础"的提法，认为"事实证明这一方针是不适当的，应加改正"，并纠正了"五反"中一些过"左"的做法。"五反"运动到十月正式宣布结束。

7月1日　出席在北京举行的民建第一次总会扩大会议预备会议，作为总会常务委员名额代表，并为会议起草委员会主任委员。（中国民主建国会第二次总会扩大会议秘书处编：《中国民主建国会第二次总会扩大会议专辑》，1952年）

7月2日　上午，出席在北京举行的民建总会第二次大会。在开幕大会上致开会辞。他指出这次会议是民建全国性会议中人数最多、代表性最广泛的一次会议，也是任务最重大的一次会议。他说全体会员经过了"三反""五反"斗争的伟大教育，普遍感觉有检讨过去、部署将来以迎接新的更大任务的要求，因此就有必要召开这样一个会议。他认为："民族工商业者消极、腐朽的一面已成为历史的陈迹。"大会接着听取了南汉宸所作的民建一九五一年总会工作总结中几个主要问题的结论的报告；施复亮所作的民建会章草案的报告和章乃器所作的关于宣教工作的报告。该次会议出席、列席代表二百七十八人。会议通过了《中国民主建国会章程》。大会决定，民主建国会更名为中国民主建国会。改"会务推进委员会"为"总会委员会"。取消理监事名义，召集人改为主任委员、副主任委员。会议推选黄炎培为主任委员，章乃器、南汉宸、李烛尘、盛丕华、施复亮为副主任委员，孙起孟为秘书长。常务委员有王绍鏊、王新元、包达三、吴觉农、冷遹、沈肃文、周士观、胡厥文、胡子昂、俞寰澄、孙起孟、孙晓村、凌其峻、章元善、张绛伯、陈巳生、黄墨涵、彭一湖、杨卫玉、杨美真、刘一峰、简玉阶、罗叔章、陈维稷、龚饮冰、许涤新、傅华亭、李承干、浦洁修。会议还决定施复亮担任组织委员会主任委员，章乃器担任宣传教育委员会主任委员，李烛尘担任工商研究委员会主任委员。（《中国民主建国会第二次总会扩大会议闭幕　会议确定今后任务和工作方针并通过会章》，《人民日报》1952 年 7 月 12 日第 1 版。民建中央宣传部主编：《中国民主建国会简史》。章翼军：《回忆与怀念——为先父章乃器百岁冥诞暨逝世二十周年而作》，载政协包头市昆都仑区文史学习委员会编《昆都仑文史·章乃器专辑》）

　　7 月 3 日　中华全国工商业联合会筹备委员会召开首次会议。会议通过了筹备委员会常务委员会的工作规程后，一致选出常务委员三十一人，章乃器为常务委员。（《全国工商联筹备委员会选出常务委员三十一人》，《人民日报》1952 年 7 月 4 日第 1 版）

　　7 月 4 日　上午，出席民建第三次大会，做关于宣教工作的报告，并提出了关于宣教工作的决议。（中国民主建国会第二次总会扩大会议秘书处编：《中国民主建国会第二次总会扩大会议专辑》）

　　7 月 6 日　出席中华全国工商业联合会筹委会常务委员会第一次会议。当选为中华全国工商业联合会筹备委员会常务委员、副主任委员。（黄孟复主编：《中华全国工商业联合会 50 年大事记》）

　　7 月 7 日　民建总会会议结束。在日记里记录，李维汉在北京饭店的会议上说："非资产阶级知识分子，不要空谈马列，而须切实谈《共同纲领》，更不要要求超过《纲领》。要注意工商情况，结合业务。要看得起合法工商业者，不应以改造者自居。要以《共同纲领》为准则，去批评，去团结。应采取主动态度，团结工商业者。"（章立凡：《章乃器与"红色资产阶级（讨论稿）》，载青田章乃器学术研讨会组委会编《情怀与责任——2019 青田章乃器学术研讨会论文集》）

　　7 月 25 日　下午，中央人民政府政务院第一百四十六次政务会议举行。会议听取和批准了中央人民政府人事部安子文部长所作的关于召开劳动就业问题会议情况的报告，通过了关于劳动就业问题的决定，并任命了政务院劳动就业委员会的名单。章乃器为政务院劳动就业委员会副主任。（《政务院会议通过关于劳动就业问题的决定　并任命了政务院劳动就业委员会的名单》，《人民日报》1952 年 8 月 4 日第 1 版）

8 月 6 日　参加中央人民政府委员会第十六次会议，听取和批准了财政部薄一波部长所作的《关于 1951 年度国家预算的执行情况及 1952 年度国家预算草案的报告》，并通过了一九五二年度国家财政收支预算。

8 月 7 日　经中央人民政府委员会第十七会议通过，被任命为中央人民政府粮食部部长。任命通知书由毛泽东签发。

8 月 11 日　《人民日报》发表《中央人民政府委员会第十七次会议通过任命的各项名单》，被任命为中央人民政府粮食部部长。

粮食部办公地在北京西城区后达里 40 号（原观音堂 10 号）。

章乃器在主持粮食部工作期间，保持着实业家和学者的本色，做事严格按规律办，强调粮政管理的科学化，通过努力工作，实现了粮食企业的扭亏为盈。由于他勇于负责，多有建树，多次受到毛泽东、周恩来的表扬。毛泽东称粮食部的工作是"后来居上"。周恩来则请章乃器向各部领导人介绍粮食部的工作管理经验。中华人民共和国成立初期，是章乃器最开心的几年。在国民党统治时期，他曾多次拒绝蒋介石的委任，不当国民党政府的部长，但是中华人民共和国成立后他不但担任了粮食部部长，而且工作勤奋，卓有成效，为中华人民共和国的粮食事业立下赫赫功绩。（何立波：《从银行家到新中国首任粮食部长的章乃器》，《文史春秋》2011 年第 9 期）

为了扭转粮食产销的被动局面，章乃器一面呼吁大力生产，一面协助中共中央制定了粮食统购统销的政策。今天看来，这项粮食政策或许有这样或那样的弊端，但在当时是必要的，对解决粮食问题发挥了十分重要的作用。章乃器系统地研究了苏联、日本以及中国历代政府的粮政体制，详尽分析全国的粮食产销形势，创立了我国特有的粮食凭票定量供应制度，最终圆满地完成了粮食统购统销法规的制定工作。

除了粮食统购统销之外，章乃器作为粮食部长，也积极进行了一系列工作；在农村推广小仓库制与义仓制；推行经济核算制，为国家建设积累资金；动员粮食部门开展增产节约工作；制定食用粮加工标准的时候，章乃器提出控制加工精度，多保留有效营养成分；在粮食储存方面，章乃器大力推广无虫、无霉、无鼠、无雀的"四无"粮仓的仓储管理经验。他指出，粮食运输要有计划性，做到分区产销平衡，并要求逐步将包装运输改为散装运输。他还强调粮库人员要参加劳动，对有些人脱离劳动的倾向给予尖锐的批评。章乃器的这些意见和主张，在实践中得到运用，并被实践证明是正确的、可行的。（何立波：《从银行家到新中国首任粮食部长的章乃器》，《文史春秋》2011 年第 9 期）

他的妻子杨美真回忆："为了建设粮食仓库，乃器邀请了几位精通建筑工程的工程师，共同商议研究建设具有'四无'（即无虫害、无鼠害、无腐霉、无火灾）安全措施的粮食仓库。在此期间，乃器坚决贯彻执行了党的'全国粮食统购统销'的方针政策。""粮食部党组书记陈国栋同志以及全体工作人员都是同舟共济，和睦相处，工作效率很高，成绩颇好。当时毛主席、周总理对粮食部的工作提出了表扬。"（杨美真：《忆乃器》，载青田县政协文史资料委员会编《青田文史资料（第四辑）·章乃器专辑》）

9月5日　参加邓小平主持的政务院第一百四十九次政务会议，讨论在全国设置文史研究馆的问题。章乃器提出，有人有专长，雕刻很好，但不是文人，是否可以作为文史馆馆员？邓小平说，也可以包括进去。最后，会议通过《中央人民政府政务院关于设置文史研究馆的决定》。（《小平同志敬老崇文二三事》，《人民日报》2010 年 5 月 26 日第 24 版）

9月24日　十八时，前往机场迎接访苏返京的周恩来。（《周恩来总理等返抵北京　刘少奇宋庆龄李济深副主席等至机场欢迎》，《人民日报》1952 年 9 月 25 日第 1 版）

9月26日　晚，参加锡兰贸易代表团团长沈纳那亚克暨全体团员在北京举行的鸡尾酒会。（《锡兰贸易代表团举行酒会　我政务院副总理黄炎培等赴会》，《人民日报》1952 年 9 月 27 日第 4 版）

9月29日　中央人民政府政务院总理兼外交部部长周恩来在北京举行招待会，欢迎以泽登巴尔总理为首的蒙古政府代表团，章乃器出席招待

会。(《毛主席接见泽登巴尔总理　周恩来总理招待蒙古政府代表团》,《人民日报》1952 年 9 月 30 日第 1 版)

　　9 月 30 日　下午,周康民[1]陪周伯萍去拜访章乃器。这次谈话持续了三个多小时,章乃器留周伯萍和周康民在家吃便餐。席间交谈时,章乃器说:"你已是粮食专家,我是粮食战线新兵,对粮食业务一窍不通,今后要多向你学习。"周伯萍说:"我过去干的只是保证军队和政府的粮食供应工作,缺乏市场调节方面的知识,对粮食购销、基本建设等业务也是一窍不通,同样需要从头学起。"章乃器说:"你讲的有道理,那我们就共同学习……我已下决心最大限度地压缩在民主建国会内和社会上的活动,以便集中精力搞好粮食部的工作。"(周伯萍:《我在粮食部十二年》,《党史博览》2007 年第 4 期)

　　9 月　粮食部临时党组书记、副部长范式人[2]上任,看望章乃器。据周伯萍[3]回忆:见面后章乃器说:"你是共产党员,我是民主建国会成员,我们的领袖都是毛主席,我们的共同经典都是毛主席著作,我们是革命同志。但在工作上,我是部长,你是副部长,你是我的下级和助手。"(周伯萍:《我在粮食部十二年》,《党史博览》2007 年第 4 期)

　　10 月 1 日　应邀到天安门观礼。为庆祝中华人民共和国成立三周年和恢复时期的任务顺利完成、抗美援朝的胜利,天安门前举行了盛大的游行活动。

　　10 月 4 日　上午,粮食部部务会议上,顺利通过了粮食部的议事规则。章乃器出席会议并讲话。他表示遇有需要他出面办的事,他将尽力去办。会议还议定召开第一次全国粮食工作会议。当时各部委召开全国工作会议都在政务院机关事务管理局所属的招待所或宾馆举行,召开会议的部委没有会议的后勤工作负担,较为轻松。章乃器却主张厉行节约,会议就在粮

---

①周康民时任粮食部代理办公厅主任。
②范式人(1909—1986),福建寿宁人,1932 年加入中国共产党。中华人民共和国成立后,历任中央人民政府粮食部副部长、临时党组书记、邮电部副部长、邮电部党组书记。
③周伯萍时任粮食部办公厅主任。

食部办公地举行，后勤工作由部里的同志负责，充分利用粮食部办公地后大厅的五大间房屋和其他可以利用的房屋，白天开会，晚上卸下房门搭床睡觉。参加部务会议的同志经过讨论，都表示拥护章乃器部长的意见。（周伯萍：《我在粮食部十二年》，《党史博览》2007 年第 4 期）

是日　毛泽东在中南海勤政殿宴请以泽登巴尔为首的蒙古政府代表团，章乃器作陪。（《毛泽东主席欢宴蒙古政府代表团》，《人民日报》1952 年 10 月 5 日第 1 版）

10 月 15 日　晚上，蒙古驻华大使贾尔卡赛汗设宴招待泽登巴尔和他所率领的蒙古政府代表团。章乃器参加宴会。（《蒙古驻华大使贾尔卡赛汗举行宴会　招待泽登巴尔总理及蒙古代表团》，《人民日报》1952 年 10 月 16 日第 1 版）

10 月 16 日　第一次全国粮食工作会议在观音堂召开，主要任务是明确粮食工作的方针：任务和相关问题。章乃器在开幕词中指出，这次会议需要解决的两个问题：一是各级粮食机构的编制、工作关系和新旧交接问题；二是中央成立部、大区和省以及各地原有粮食局和粮食公司的两套机构，应即进行合并。中心精神就是根据周恩来的指示，提前集中，以便统一领导、统一计划、统一调度。（周伯萍：《我在粮食部十二年》，《党史博览》2007 年第 4 期）

下午，周恩来设宴招待西藏致敬团及各地区民族代表。章乃器作陪。（《周恩来总理举行宴会　招待西藏致敬团及各地民族代表　周总理号召进一步加强民族团结事业》，《人民日报》1952 年 10 月 17 日第 1 版）

10 月 18 日　晚上，中国人民政治协商会议全国委员会设宴招待西藏致敬团及各地区的民族代表，章乃器出席宴会。（《人民政协全国委员会举行宴会　招待西藏致敬团及各地民族代表》，《人民日报》1952 年 10 月 19 日第 1 版）

10 月 20 日　出席中华全国工商业联合会筹委会常务委员会第二次扩大会议。（黄孟复主编：《中华全国工商业联合会 50 年大事记》）

10 月 21 日　第一次全国粮食工作会议结束。

10 月 22 日　中华全国工商业联合会筹委会常务委员会第二次扩大会

议结束。

10 月 27 日 下午，中国人民政治协商会议全国委员会常务委员会举行第四十二次扩大会。会议在听取了中苏友好协会总会钱俊瑞总干事所作的关于"中苏友好月"的报告后，决定发出"关于庆祝苏联十月社会主义革命三十五周年纪念、动员全国各界人士参加'中苏友好月'活动给各级协商委员会的通知"，章乃器出席。（《中国人民政治协商会议全国委员会发出通知 庆祝苏联十月社会主义革命卅五周年 动员全国各界参加"中苏友好月"活动》，《人民日报》1952 年 10 月 28 日第 1 版）

11 月 7 日 十七时，苏联驻我国大使馆临时代办顾德夫为庆祝伟大的十月革命三十五周年，在北京举行招待会，章乃器出席。（《苏联驻我国大使馆举行招待会 朱副主席宋副主席高副主席周总理等出席》，《人民日报》1952 年 11 月 7 日第 1 版）

11 月 15 日 上午，粮食部新任书记陈希云与章乃器晤谈。陈希云"执礼甚恭，章部长也显得非常热情，气氛融洽，两人都表示有信心共同完成粮食工作的光荣任务"。（周伯萍：《我在粮食部十二年》，《党史博览》2007 年第 4 期）

11 月 29 日 各民主党派的负责人和中华全国工商业联合会筹备委员会的代表举行了联席会议，讨论了《光明日报》的领导机构和今后的编辑方针等问题。章乃器出席。（《〈光明日报〉〈大公报〉和〈进步日报〉调整机构重新规定编辑方针》，《人民日报》1952 年 12 月 25 日第 1 版）

11 月 中央财经委员会发出《迅速进行粮食机构合并工作并加强对粮食部门的领导》的指示，要求原粮食总局系统和粮食公司系统改组归粮食部领导后，都应认真负责地做一交代，以清手续而明责任。其交接办法由中央财政部、商业部、粮食部会商拟定下达；在粮价掌握与市场管理上，应把握下列原则：一、收购及销售计划由粮食部门与商业部门共同制订，报中财委批准后执行；二、购销价格由粮食部门提出意见后与商业部门共同下发通知；三、粮食部门的商品粮报表应同时送给同级商业部门。（周伯萍：《我在粮食部十二年》，《党史博览》2007 年第 4 期）

是月 出席民建总会召开的全体会议。九百八十八人出席、一百一十人列席。参加会议的还有正在出席全国工商联代表大会的民建成员及北京分会委员。（黄孟复主编：《中华全国工商业联合会 50 年大事记》）

是月　粮食部搬到西城区石驸马大街 44 号、45 号办公。

12 月 1 日　中华全国工商业联合会筹委会买下北京沙滩小菜园（北河沿 35 号）新建的大楼，即日迁入办公。（黄孟复主编：《中华全国工商业联合会 50 年大事记》）

12 月 16 日　粮食部在北京召开了第二次全国粮食工作会议。章乃器在开幕词中指出：国家在大规模的、有计划的经济建设前夕，粮食系统的工作必须提高一步。他指出粮食系统要担负起为国家建设积累资金的光荣任务，就应该在粮食经营上推行经济核算制。他接着从"必需"和"可能"两方面，详尽地说明了今年在全国粮食系统内，有步骤地推行经济核算制的条件，并对阻碍经济核算制推行的供给制思想、单纯营利观点和本位主义等偏向做了批判。会议主要讨论《1953 年国家粮食流转计划（草案）》和《国家粮食企业商品粮流转计划（草案）》。第二次全国粮食工作会议完全照计划进行，全部议程都顺利通过，全体同志都很满意。会议于二十八日结束，章乃器做了总结报告。（《粮食部召开全国粮食工作会议决定推行经济核算制为国家建设积累资金》，《人民日报》1953 年 1 月 7 日第 1 版。周伯萍：《我在粮食部十二年》，《党史博览》2007 年第 4 期）

是日　出席中华全国工商业联合会筹委会常务委员会第三次扩大会议。出席会议的有常务委员十六人，在京筹备委员六人，各地熟悉税务的工商界人士二十二人。会议通过关于讨论保证税收、简化税制问题的决议，提供中央财政部参考。通过全国工商联筹委会拥护关于税制修正法令的声明，原则上同意全国工商联筹委会建账委员会组织规程。（黄孟复主编：《中华全国工商业联合会 50 年大事记》）

12 月 24 日　晚上，中国人民政治协商会议全国委员会常务委员会举行第四十三次扩大会议，就中国共产党提议由中国人民政治协商会议向中央人民政府委员会提出定期召开全国人民代表大会和地方各级人民代表大会的建议交换意见。章乃器出席会议。（《中国共产党提议明年召开全国人民代表大会　中国人民政协全国委员会开常委会交换意见　周恩来同志

代表我党说明提议 各党派、各团体负责人一致表示热烈拥护》，《人民日报》1952 年 12 月 28 日第 1 版）

是年 《论中国经济的改造》出版。

1953 年 57 岁

1月5日，中共中央发出"关于反对官僚主义、反对命令主义和反对违法乱纪的指示"。

5月27日，中共中央统一战线工作部部长李维汉向党中央呈送他1953年春带领调查组在上海、南京、武汉等地调查后写出的报告《资本主义工业的公私关系问题》。

7月27日，《朝鲜停战协定》签订。

8月28日，中共中央发出《关于增加生产、增加收入、厉行节约、紧缩开支、平衡国家预算的紧急通知》。

12月16日，中共中央作出《关于发展农业生产合作社的决议》。

1月6日 政务院财政经济委员会组织召开中央财经各部部长会议，由薄一波副主任主持。会议上，薄一波以如何进一步钻研业务、加强财经工作的具体领导为中心，做了重要发言。到会各部部长也都回顾了去年的工作，联系今后的任务，检查了各部的工作情况。粮食部部长章乃器说：由于自己钻研业务不够，在工作中心中无数，很多问题只知道"大概"，今后决心改变这种情况。他说：在粮食部中，经济核算制还做得很差；官僚主义作风也很严重，例如签署文件，层层盖章，谁也不负责任。（《中央财经委员会召开财经各部部长会议　讨论改进领导工作　薄一波同志指示钻研业务反对官僚主义》，《人民日报》1953年1月13日第1版）

1月12日 中国人民政治协商会议全国委员会常务委员会第四十四次扩大会议举行。章乃器出席。会议决定在本月内召开人民政协第一届全国委员会第四次会议，并定于一月二十七日前报到。（《政协全国委员会常委会举行会议　决定月内召开政协全国委员会第四次会议》，《人民日报》1953年1月13日第1版）

1月13日 中央人民政府委员会第二十次会议通过中央人民政府委员会关于召开全国人民代表大会及地方各级人民代表大会的决议。为了进行起草宪法和选举法的工作，并决议：成立中华人民共和国选举法起草委员会，以周恩来为主席，章乃器等为委员。（《中央人民政府委员

会关于召开全国人民代表大会及地方各级人民代表大会的决议》,《人民日报》1953 年 1 月 15 日第 1 版)

1 月 20 日 参加全国工商联筹委会举行的欢迎大会后归来的陈叔通、李烛尘、刘靖基的活动。(黄孟复主编:《中华全国工商业联合会 50 年大事记》)

1 月 26 日 印度共和国驻华大使赖嘉文为庆祝印度共和国成立三周年,在北京举行招待会,章乃器应邀参加。(《印度大使赖嘉文举行国庆招待会》,《人民日报》1953 年 1 月 27 日第 1 版)

2 月 4 日 下午,中国人民政治协商会议第一届全国委员会第四次会议在北京开幕。出席的委员有一百四十八人,章乃器以常务委员的身份出席。全国政协副主席周恩来做政治报告,提出中国人民当前重大的任务之一是开始进行第一个五年计划的国家建设。本年的工农业生产将比去年有显著增长。例如,生铁增长 14%、钢锭增长 23%、粮食增长 9%、棉花增长 16%。在谈到国内商业问题时提出,国内贸易因城乡物资交流的推进而日趋活跃,全国物价稳定。(《中国人民政治协商会议 第一届全国委员会第四次会议开幕》,《人民日报》1953 年 2 月 5 日第 1 版。赵德馨主编:《中华人民共和国经济专题大事记(1949—1966)》)

2 月 7 日 下午,中国人民政治协商会议第一届全国委员会第四次会议举行最后一次大会,会议一致通过《关于政治报告的决议》《关于常务委员会会务报告的决议》《关于支持世界人民和平大会各项要求的决议》《关于提案审查报告的决议》。会议增选第一届全国委员会常务委员二十三人。会议在听取了提案审查委员会召集人章乃器委员所作的关于提案审查的报告后,一致通过了"关于提案审查报告的决议"。毛泽东做重要讲话,指出三点:一要加强抗美援朝的斗争。二要学习苏联。三要在我们各级领导机关和领导干部中反对官僚主义。十七时三十分大会闭幕。(《人民政协第一届全国委员会第四次会议闭幕 毛泽东主席作了三点重要指示 加强抗美援朝斗争、学习苏联、反对官僚主义》,《人民日报》1953 年 2 月 8 日第 1 版)

3 月 6 日 粮食部在北京召开第一次全国粮食储运会议,确定了一九五三年全国粮食调运及保管的工作任务，并制定了具体计划与办法。章乃器主持会议并强调指出：摸清家底、掌握粮食储运的规律性是加强工作计划性关键，各级粮食部门的负责同志应特别重视。尤其目前的清查、调运工作，任务重大，更应具体领导，努力做好。（《中央粮食部确定今年粮食储运工作任务》，《人民日报》1953 年 4 月 10 日第 2 版）

是日 吊唁斯大林。（《哀悼我们最敬爱的导师和朋友斯大林同志的逝世》，《人民日报》1953 年 3 月 7 日）

3 月 15 日 前往捷克斯洛伐克驻我国大使馆，吊唁捷克斯洛伐克共和国总统、捷克斯洛伐克共产党主席哥特瓦尔德。（《首都各界和各国驻华使节等到捷大使馆吊唁哥特瓦尔德逝世　华东区和上海市党政负责人到捷总领事馆吊唁》，《人民日报》1953 年 3 月 16 日第 1 版）

3 月 28 日 出席中国人民抗美援朝总会举行的常务委员会扩大会议。（《抗美援朝总会举行常委会扩大会议　决定组织文艺工作团赴朝慰问》，《人民日报》1953 年 3 月 28 日第 1 版）

4 月 27 日 德意志民主共和国对外贸易协会与中国国际贸易促进委员会联合主办的德意志民主共和国工业展览会在北京市劳动人民文化宫开幕。章乃器参加开幕式。（《德意志民主共和国工业展览会在北京开幕》，《人民日报》1953 年 4 月 28 日第 2 版）

5 月 15 日 中国人民政治协商会议全国委员会举行酒会，欢宴中国人民志愿军五一节归国观礼代表团的代表。宴会由中国人民政治协商会议全国委员会副主席李济深主持，章乃器出席。（《中国人民政治协商会议全国委员会　欢宴志愿军五一节观礼代表团》，《人民日报》1953 年 5 月 16 日第 1 版）

5 月 22 日 出席中华全国工商业联合会筹委会常务委员会第四次会议，会议于二十五日结束。（黄孟复主编：《中华全国工商业联合会 50 年大事记》）

5 月 27 日 在茶话会上讲话，希望民建、工商联两会要使全国五百万工商业者更加积极起来，为社会主义努力，更有利于社会主义建设。（王昌范：《从银行家到政治家的章乃器》，《上海民建会讯》2011 年

第 3 期）

6 月 14 日　全国财经工作会议召开。粮食部和中财委粮食组共同研究后草拟的《粮食收购办法（草案）》《粮食计划供应办法（草案）》经中央初步审阅后，提交正在召开的全国财经工作会议，由粮食组讨论、修改。（周伯萍：《我在粮食部十二年》，《党史博览》2007 年第 4 期）

9 月 7 日　毛泽东邀请各民主党派中央负责人和部分工商界的代表人士召开座谈会，请大家协助做好过渡时期总路线的宣传工作。黄炎培、章乃器、李烛尘、盛丕华等出席。毛泽东发表"改造资本主义工商业必由之路"的讲话。提出"国家资本主义是改造资本主义工商业和逐步完成社会主义过渡的必由之路"。（民建中央宣传部主编：《中国民主建国会简史》）

9 月 8 日　出席中国人民政治协商会议全国委员会常务委员会第四十九次扩大会议。在历时四天的会议中，中国人民政协全国委员会副主席、中央人民政府政务院总理周恩来，全国委员会委员、政务院副总理陈云，政务院财政经济委员会副主任李富春分别做了有关国家经济建设问题及财政、经济工作的报告。与会者根据上述报告做了充分讨论。（《政协全国委员会常委会举行扩大会议　讨论国家经济建设问题》，《人民日报》1953 年 9 月 12 日第 1 版）

9 月 14 日　下午，参加中央人民政府委员会第二十五次会议。与会者听取、批准了中央人民政府政务院副总理兼财政经济委员会主任陈云所做的"关于财政经济工作的报告"。章乃器做关于全国粮食情况的补充说明："我国粮食生产逐年增加，但为了适应随着全国人民生活逐步改善的日益增长的粮食需要，一方面应积极增加粮食的生产，另一方面要努力节约粮食，防止对粮食的浪费。"（《中央人民政府委员会举行第二十五次会议批准陈云副总理关于财经工作的报告》，《人民日报》1953 年 9 月 15 日第 1 版）

9 月 19 日　粮食部召开全体干部大会，布置增产节约的工作。章乃器在会上做报告。他在说明了增产节约的意义后指出：粮食部门的增产节约工作，先要抓住粮食经营和粮食调运这两个中心环节。在收购方面，粮食价格要拟定得合理，国家要掌握大量粮食，用以稳定物价，配合国家建设事业；在销售方面，应合理、适时地掌握各种差价，力求政治任务和经济核算结合起来，避免不必要的赔本。同时，还应从减少费用入手，为国家积累资金，特别要减低调运费用。国家所掌握的粮食，很大一部分需要调运，在粮食商品流通费中，运费所占比重最大。粮食部门必须深入进行调查研究，掌握产销、仓库容量等情况，力求使粮食摆布平衡，调运计划准确，避免迂回运输和倒流等浪费现象。此外，在粮食保管、加工和基本建设方面，要有计划、有步骤而又积极地实行苏联专家的建议，减少粮食损耗率，提高粮食加工成品率，节省建筑材料。关于中央人民政府粮食部机关内部厉行节约一事，章乃器也做了布置。（《中央粮食部发出指示　动员粮食部门开展增产节约工作》，《人民日报》1953 年 10 月 13 日第 1 版）

9 月 23 日　参加中国人民抗美援朝总会的常委扩大会议。为慰问胜利的中国人民志愿军和朝鲜军民，继续加强抗美援朝工作，与会成员决定组织中国人民第三届赴朝慰问团。（《中国人民抗美援朝总会开常委扩大会议　决定组织第三届赴朝慰问团》，《人民日报》1953 年 9 月 24 日第 1 版）

9 月 26 日　下午，在北京劳动人民文化宫参加波兰经济展览会开幕典礼。

晚上，出席波兰驻华大使基里洛克和波兰经济展览会政府代表团团长、波兰航运部部长波彼尔在北京和平宾馆联名举行的招待会。（《波兰经济展览会在京开幕　波兰驻华大使和波兰政府代表团举行招待会》，《人民日报》1953 年 9 月 27 日第 1 版）

9 月 30 日　周恩来在国庆节前夕，于外交部大楼设宴招待在华各国外宾，章乃器出席。（《周恩来总理设宴招待外宾》，《人民日报》1953 年 10 月 1 日第 1 版）

10 月 4 日　任中国人民第三届赴朝慰问团总团副团长。这是在实现朝鲜停战，抗美援朝作战取得胜利的情况下组织的慰问团，全团设八个总分团，共五千四百四十八人。总团长是中国人民解放军西南军区司令员贺龙，副总团长是邢西萍、章伯钧、蔡廷锴、章乃器、朱学范、陈沂、吴晗、刘芝明、康克清、梅兰芳、老舍、赵寿山、王维舟、吴克坚、邵式平、平杰三、张维桢、哈丰阿、周信芳。慰问团通过慰问大会、报告会、座谈会、图片展览、文艺演出、参观访问等多种形式，对中国人民志愿军和朝鲜军民进行慰问。（《中国人民第三届赴朝慰问团总团及各总分团团长、副团长、秘书长、副秘书长名单》，《人民日报》1953 年 10 月 5 日第 1 版。青田县政协文史资料委员会、青田县章乃器研究会编：《爱国君子章乃器图录》，2017 年）

10 月 10 日　出席在北京召开的全国粮食紧急会议。陈云作《实行粮食统购统销的报告》。他指出，在目前全国粮食供应紧张的情况下，仍要出口一部分粮食，不能打减少出口粮食的主意。在十六亿公斤出口粮中，有十亿公斤是大豆，这主要是用来跟苏联等国换机器的。近三亿公斤是用来跟锡兰换橡胶的。还有一些是向其他国家出口的，都是必要的。解决粮食供应紧张的根本办法是实行统购统销。（赵德馨主编：《中华人民共和国经济专题大事记（1949—1966）》）

10 月 13 日　陈云做全国粮食紧急会议总结，传达了毛泽东的意见：农村的征购面，今年控制在 50% 左右，而重点又是 50% 中的 50%，即占农户数 25% 左右的余粮较多的户；征购、配售的名词可以改一下，因为日本人搞过这个事情，这两个名词很吓人；征购要照顾农民的需要，不要把余粮都收走，还要留点给他们；今冬明春农村工作仍然以生产为中心，粮食征购在春节前基本办完；要特别注意落后乡的工作。关于名称问题，陈云说：粮食部长章乃器先生主张将配售改为计划供应，我们不如也将征购改为计划征购，简单地说，新的粮食政策合起来就叫统购统销。（周伯萍：《我在粮食部十二年》，《党史博览》2007 年第 4 期）

10 月 16 日　中央政治局召开扩大会议，通过了经全国粮食会议讨论、邓小平修改过的《中共中央关于粮食统购统销的决议》等文件。

是 日　中央发出《关于粮食统购统销宣传要点》。

10 月 20 日　以贺龙为首的中国人民第三届赴朝慰问团总团及第一总分团全体团员及工作人员一千余人，已于十月二十日下午五时三十分及下午七时先后乘专车到达朝鲜新义州市。慰问团总团团长贺龙和总团副团长兼第一总分团团长邢西萍，总团副团长章伯钧、蔡廷锴、章乃器、朱学范、陈沂、吴晗、刘芝明、康克清、梅兰芳、老舍及慰问团团员下车时，接受了朝鲜少年团团员的献花，并同欢迎者握手。（《我国赴朝慰问团总团到达新义州　朝鲜迎接委员会在车站举行盛大欢迎会》，《人民日报》1953年10月21日第1版）

10月21日　参加中国人民第三届赴朝慰问团干部会，听取中国人民志愿军邓华代司令员在会上的报告。

10月22日　下午，平壤市各界一千多人在牡丹峰露天电影院举行盛大集会，热烈欢迎以贺龙为首的中国人民第三届赴朝慰问团总团及第一总分团全体人员。当慰问团总团团长贺龙，副团长邢西萍、章伯钧、蔡廷锴、章乃器、朱学范、陈沂、吴晗、刘芝明、康克清、梅兰芳、老舍、周信芳等在朝鲜党政军首长和我国驻朝鲜大使馆代办甘野陶的陪同下登上主席台时，全场响起了暴风雨般的掌声。（《朝鲜各界在平壤举行盛大集会　欢迎我国赴朝慰问团》，《人民日报》1953年10月23日第1版）

10月23日　中华全国工商业联合会第一届会员代表大会在北京举行。出席代表六百七十三人。选举产生执行委员二百零九人。大会通过决议：拥护国家在过渡时期的总路线和对私营工商业所采取的利用、限制和改造的政策；号召全国私营工商业者积极经营有利于国计民生的事业，接受人民政府的管理、国营经济的领导和工人群众的监督，以适应国家社会主义改造的要求。会议选举陈叔通为中华全国工商业联合会主任委员，李烛尘、南汉宸、章乃器、许涤新、孟用潜、盛丕华、荣毅仁、傅华亭、陈经畬、黄长水、胡子昂、巩天民、李象九等十三人为副主任委员。会议于十一月十二日结束。（黄孟复主编：《中华全国工商业联合会50年大事记》。《全国工商联会员代表大会闭幕》，《人民日报》1953年11月14日第1版）

10月27日　应邀出席中国人民志愿军出国作战三周年纪念大会。

10月　当选为中国人民保卫世界和平反对美国侵略委员会全国委员、常务委员。

11月9日　民主建国会委员会全体会议在北京举行，会议于二十一日结束。（中国民主建国会第一次全国代表大会秘书处编：《中国民主建国会第一次全国代表大会汇刊》）

11月12日　中国人民第三届赴朝慰问团总团长贺龙，副总团长邢西萍、章乃器、朱学范、陈沂、吴晗、刘芝明、康克清、老舍等一行一百六十多人慰问了海防前线的中国人民志愿军某部指挥员和战斗员。贺龙将军等冒雪在海防阵地上参加了欢迎会。总团长贺龙将军、副总团长章乃器、康克清、陈沂等都先后在会上讲话。当贺龙将军祝贺海防战士的胜利，赞扬他们仗打得好、工事做得好时，战士们齐声高呼"光荣属于伟大领袖毛主席""胜利属于伟大祖国人民"。（《赴朝慰问团在平壤等地继续进行慰问　贺龙总团长等赴海防前线慰问志愿军》，《人民日报》1953年11月15日第1版）

11月19日　下午，出席中央人民政府政务院第一百九十四次政务会议，做关于粮食问题的说明。会议通过了关于粮食工作的决定，并通过了各项任免案。（《政务院举行第一九四次会议》，《人民日报》1953年11月21日第1版）

11月23日　毛泽东设宴招待金日成元帅及他所率领的朝鲜政府代表团，章乃器出席宴会。（《毛主席设宴招待朝鲜政府代表团》，《人民日报》1953年11月24日第1版）

11月25日　金日成和他所率领的朝鲜政府代表团离开北京。章乃器到火车站欢送。（《朝鲜政府代表团离京返国　周恩来总理等到车站欢送》，《人民日报》1953年11月26日第1版）

11月29日　在民建总会扩大会议上做题为"全国工商界团结起来为抗美援朝保家卫国而奋斗"的政治报告。

11月30日　中国人民政治协商会议全国委员会常务委员会第五十一次扩大会议召开。中央人民政府政务院副总理兼财政部部长邓小平在会上做了关于发行一九五四年国家经济建设公债问题的报告。报告先就发行这次公债的必要性做了说明。报告指出：目前正当国家进入大规模建设时期，国家预算的收入部分，除了绝大部分依靠税收和国营企业的利润两项以外，公债也是其中的一项。根据苏联的经验，发行公债是筹集社会主义工业化资金的重要的和经常的方法之一，因此，这次公债的发行有更重要的意义。报告认为，这次发行的公债完全符合公私两利的原则。在城市和农村中，由于几年来生产建设的发展，人民生活逐步得到改善，收入有节余，加以经过抗美援朝和各种社会改革运动，人民的政治觉悟大大提高，因此这次公债的分配数额，一定能够胜利完成，而且可能超额完成。章乃器出席会议并发言。（《政协全国委员会常委会举行扩大会议　讨论发行建设公债问题》，《人民日报》1953 年 12 月 8 日第 1 版）

12 月 6 日　十九时，芬兰驻我国公使孙士敦举行招待会，庆祝芬兰独立日。应邀出席的有：中央人民政府政务院总理兼外交部部长周恩来、教育部部长张奚若、粮食部部长章乃器。（《芬公使孙士敦举行招待会庆祝芬独立日》，《人民日报》1953 年 12 月 7 日第 1 版）

12 月 9 日　致函郑振铎。

摘要　我四十天以后就要搬家。为图省事，我希望您局能在搬家前或搬家后不久将我的一批文物接收过去。否则，一起搬过去，将来又搬您们那里去，十分费力，放在原处过久不放心，占了别人房子问题也多。如何先请考虑，不久将面谒作决。（青田县政协文史资料委员会、青田县章乃器研究会编：《爱国君子章乃器图录》）

12 月 17 日　致函上川企业公司董事长李桐村，表示："我所支用之款，全数购买古物；年来工资收入，用过有余，亦均投入古物。现拟定全数赠送中央文化部。"（章立凡：《收藏家的文化精神——章乃器收藏往事》，载故宫博物院编《捐献大家章乃器》）

12 月 18 日　下午，中国人民第三届赴朝慰问团总团长贺龙，副总团长朱学范、吴晗、刘芝明、康克清、平杰三及总团和第六总分团代表一行三百六十多人，乘火车抵达北京。首都各界人民在北京车站举行了热烈的欢迎大会。到车站欢迎的还有己返京的中国人民第三届赴朝慰问团副总团长章伯钧、蔡廷锴、章乃器。（《第三届赴朝慰问团总团回到北京　首都各界人民在北京车站举行欢迎大会》，《人民日报》1953 年 12 月 19 日第 1 版）

12 月 25 日　各民主党派、无党派人士举行双周座谈会，听取粮食部部长章乃器所作的关于粮食统购统销及市场管理问题的报告，次年元旦后

又对粮食统购统销及市场管理问题进行座谈。（全国政协研究室编：《中国人民政协全书（上）》）

1954 年　58 岁

4 月 26 日，日内瓦会议召开，周恩来率中国代表团参加讨论和平解决朝鲜问题和恢复印度支那和平问题。

6 月 20 日，《中央人民政府关于撤销大区一级行政机构和合并若干省市建制的决定》公布。

9 月 15 日，第一届全国人民代表大会第一次会议在北京召开。

9 月 20 日，《中华人民共和国宪法》通过。

1 月 8 日　下午，出席中国人民抗美援朝总常务委员会第十七次扩大会议。听取中国人民第三届赴朝慰问团总团长贺龙在会上做的第三届赴朝慰问团的工作报告。（《抗美援朝总会举行常务委员会扩大会议　贺龙将军作赴朝慰问团工作报告　会议通过关于赴朝慰问团工作报告的决议》，《人民日报》1954 年 1 月 9 日第 1 版）

1 月 24 日　参加区人民代表大会代表的投票选举活动。这次投票选举活动，北京城内各区有数十万选民参加，行使直接、无记名投票的权利。（《行使民主权利选举区人民代表　首都市区选民踊跃投票》，《人民日报》1954 年 1 月 25 日第 1 版）

1 月　郑振铎从故宫派来六位专家接收文物，"父亲敞开所有的橱柜任其挑选，大概筛选了一个月，有 1100 余件藏品入选。像商代毓祖丁卣、亚父巳簋、西周夺卣、春秋越王剑、唐邢窑白釉瓶、宋龙泉窑青釉五管盖瓶、清代竹雕、饕餮纹三足双耳鼎等精品，都在这次进入了故宫的珍藏"。（章立凡：《收藏家的文化精神——章乃器收藏往事》，载故宫博物院编《捐献大家章乃器》）

2 月 5 日　上午，出席中国人民政治协商会议全国委员会常务委员会、中国人民抗美援朝总会常务委员会举行的联席扩大会议，会上决定组织全国人民慰问人民解放军代表团，慰问辛勤保卫着祖国国防和国家建设的英勇的中国人民解放军。（《政协全国委员会和抗美援朝总会　决定派遣代表团慰问人民解放军》，《人民日报》1954 年 2 月 6 日第 1 版）

2 月 23 日　出席苏联驻华大使馆代理武官富敏科上校举办的盛大酒会，庆祝苏军建军三十六周年。（《苏联驻华大使馆代理武官举行盛大

酒会　庆祝苏联军队建军三十六周年　朱副主席、刘副主席、周总理应邀到会》，《人民日报》1954年2月24日第1版）

　　2月　在天津市工商业联合会第二届第二次会员代表大会上做"信任领导，积极努力，在总路线灯塔的照耀下稳步前进"的长篇讲话，阐述私营工商业的改造问题，指出："一切事实都足以说明，工商界的亲身经验也可以说明，新中国四年多来的成绩也可以证明社会主义是唯一的无限光明的大道。"关于国家在过渡时期的总路线，他说，毛主席曾指示我们："是要在一个相当长的时期内，逐步实现国家对农业、手工业、私营工商业的社会主义改造。"其中特别关系到工商界的，是对于私营工商业的改造过程："第一步是鼓励其向国家资本主义发展，经过国家资本主义的道路，逐步完成由资本主义转变到社会主义的改造。"

　　他认为在宣传工作还没有普遍深入的时候，自然会产生许多混乱的思想，毛主席指示我们："从中华人民共和国成立，到社会主义改造基本完成，这是一个过渡时期。"

　　在讲话中，他表示"凡是人民需要的行业，人民的国家都要加以保护和扶植。经过社会主义的改造，虽然所有制改变了，行业却不取消，甚至反而可以随人民需要的增加而得到发展"。同时他也看到了行业存在的长期性，总路线明确指示逐步实现对农业、手工业、私营工商业的社会主义改造，就说明了手工业和商业，包括摊贩，原则上都是长期需要的，都是可以改造的。

　　过渡到社会主义去，基本问题在于发展生产力。要发展生产力，就必须逐步改善生产关系，消灭阻碍生产力发展的人剥削人的制度，从而达到人人劳动、大家愉快、大家富裕的理想境界。

　　他认为：消灭剥削就是消灭阶级。自由主义的反限制思想是存在于工商界的最危险的思想。在利用、限制和改造的政策当中，限制是具有极大的强制性的。在人民当家做主的国家，任何人都须接受一定的限制；在国家进入计划建设时代，限制必须更严格。

　　限制与反限制的斗争，爱国守法与不爱国守法的斗争，将是今后工商界的重大课题。最基本最重要的，在于信任领导。（《工商界》1954年第2、

3 号）

是月　搬迁至北京市灯草胡同 30 号居住。这是国务院机关事务管理局分配的住房，为四合院，坐南朝北，第一进是外院，院中花坛上有一块太湖石，井边栽两颗黑枣树。进入月亮门后是内院，院内西北角种一株木香树和四棵海棠树。"国家给父亲配备了专车、警卫员和厨师。"（章翼军：《回忆与怀念——为先父章乃器百岁冥诞暨逝世二十周年而作》，载政协包头市昆都仑区文史学习委员会编《昆都仑文史·章乃器专辑》）

是月　接女儿董淑萍回北京。（董淑萍：《和父亲在一起的日子》，载青田县章乃器研究会、青田县文联编《青田名贤章乃器》）

3 月 1 日　《人民日报》报道，中央人民政府成立四年来，国家对粮食工作十分重视，逐步加强粮食的收购和供应，改变了一九四九年之前粮食在地主、官僚资产阶级以及奸商的操纵下"春贵秋贱"的不合理状况，而由国家逐步统一掌握粮食，规定了合理的粮食价格，使我们的粮食工作面貌发生显著变化，全国城乡人民从中获得很大利益。据粮食部七月底的统计，全国已建立两万四千三百八十七个初级粮食市场，比六月初增加了一倍半。六、七月，正是农村进行粮食调剂的最紧要、最旺盛的季节。大批新型粮食市场的建立，对便利群众调剂粮食起了很大的作用。（赵德馨主编：《中华人民共和国经济专题大事记（1949—1966）》）

3 月 14 日　十七时许，以金应基为首的朝鲜人民访华代表团和随代表团同行的艺术团一行，由廖承志、易礼容、陈沂、刘贯一陪同，到达北京。前往车站欢迎的有郭沫若、陈叔通、彭真、刘宁一、程潜、陈劭先、罗隆基、邵力子、王昆仑、李四光、梁希、朱蕴山、张轸、钱三强、邢西萍、蔡廷锴、萧三、陈其瑗、刘子久、许宝驹、洪深、曹禺。到车站欢迎的还有董必武、柳亚子、章伯钧、章乃器等人。（《朝鲜人民访华代表团到京　首都车站上举行了盛大欢迎会》，《人民日报》1954 年 3 月 15 日第 1 版）

3 月 16 日　出席在北京举行的中国人民政治协商会议第一届全国委员会常务委员会第五十三次会议。会议的中心议题是研究组织讨论宪法草案的准备工作。会议修正通过《分组座谈宪法问题的名单（草案）》，决定邀请各民主党派、人民团体的负责人和各界人士组成十七个小组，

讨论宪法草案初稿。（全国政协研究室编：《中国人民政协全书（上）》）

3月19日　下午，朝鲜人民访华代表团的一部分代表访问了中国人民政治协商会议全国委员会，并举行了座谈。参加座谈会的有朝鲜人民访华代表团团长金应基，副团长金达铉、白南云、李东英、李永镐，代表团团员桂应祥、尹凤镇、李光国、李龙奎、洪冕厚、尹澄宇、李钟秀、金硕龙、具富力、吉镇燮、白万镐、李元懋等十七人。中国方面出席座谈会的有：中国人民政治协商会议全国委员会副主席郭沫若、陈叔通，秘书长李维汉，常务委员王昆仑、章伯钧、章乃器、梁希、邵力子、罗隆基、许德珩、钱三强、李德全、廖承志等。

晚，周恩来设宴招待朝鲜人民访华代表团和各艺术团体。出席宴会的还有朝鲜驻华大使崔一和使馆人员。苏联驻华大使尤金院士和各人民民主国家驻华使节也出席了宴会。章乃器出席。（《朝鲜人民访华代表团团长金应基等访问政协全国委员会并举行座谈》《周恩来总理举行宴会　招待朝鲜人民访华代表团》，《人民日报》1954年3月20日第1版）

3月20日　下午，以中国人民保卫世界和平委员会常务委员的身份出席首都各界人民庆祝世界和平运动五周年大会。（《首都各界人民举行大会　热烈庆祝世界和平运动五周年》，《人民日报》1954年3月20日第1版）

春　章乃器在粮食部领导层中反复组织讨论，大家一致肯定了经济核算制，批评了供给制思想。思想统一后，就以部的名义向各省、市粮食厅、局布置财务盈亏指标。到下半年，情况就有了明显好转。（章翼军：《回忆与怀念——为先父章乃器百岁冥诞暨逝世二十周年而作》，载政协包头市昆都仑区文史学习委员会编《昆都仑文史·章乃器专辑》）

4月14日　上午，中国人民保卫世界和平委员会举行第十八次常务委员会议。出席会议的有郭沫若、彭真、陈叔通、司徒美堂、李四光、沈雁冰、邵力子、马寅初、章乃器、许德珩、梁希、黄炎培、廖承志、萧三、罗隆基等二十四人。（《中国人民保卫世界和平委员会　选廖承志为副主席兼秘书长》，《人民日报》1954年4月15日第1版）

4月20日　前往机场欢送由周恩来率领的中华人民共和国代表团，前往日内瓦出席讨论和平解决朝鲜问题和恢复印度和平问题的会议。同机飞离北京的有苏联驻华大使尤金院士。（《前往出席日内瓦会议　周外长率领代表团启程》，《人民日报》1954 年 4 月 21 日第 1 版）

4 月 24 日　出席在北京举行的中国人民政治协商会议第一届全国委员会常务委员会第五十四次会议。会议通过《中国人民政治协商会议全国委员会庆祝 1954 年五一国际劳动节口号》；通过《关于人民代表大会制实行后，对地方协商机关暂时保留的建议》；通过政协全国委员会常务委员林伯渠提出的关于撤销本会于 1952 年 1 月为领导各界人士思想改造的学习运动而设立的学习委员会的建议，决定今后地方协商委员会组织的学习，由地方学习领导机关统一布置；本会学习座谈会干事会仍保留，负责学习座谈会的工作。（全国政协研究室编：《中国人民政协全书（上）》）

5 月 1 日　携家人到天安门观礼，毛泽东接见他的家人，对董淑萍说："长得挺结实。好好学习，长大了好为人民服务。"（董淑萍：《和父亲在一起的日子》，载青田县章乃器研究会、青田县文联编《青田名贤章乃器》）

6 月 10 日　出席在北京举行的中国人民政治协商会议第一届全国委员会常务委员会第五十五次会议。会议听取了政务院副总理兼财政部部长邓小平关于本年国家预算草案的报告和关于大区一级行政机构撤销问题的说明。会议同意本年国家预算（草案）和撤销大区一级行政机构，提请中央人民政府委员会审核通过。（全国政协研究室编：《中国人民政协全书（上）》）

6 月 16 日　出席中央人民政府委员会第三十一次会议。会议听取和批准了中央人民政府财政部部长邓小平所作的关于一九五四年国家预算草案的报告，并一致通过了一九五四年国家预算。在通过一九五四年国家预算之前，李富春、陈云、邓子恢、沈钧儒、彭泽民、程潜、陈叔通、黄炎培、马叙伦、蒋光鼐、章乃器、吴鸿宾相继发言。他们在发言中一致表示同意邓小平的报告和一九五四年国家预算草案。

章乃器说：一九五四年国家预算草案是符合于社会主义基本经济法则的精神，为国家在过渡时期的总任务和第一个五年建设计划的基本任务服务的。它将保证我国的日益富强，保证人民的物质和文化生活的逐步提高，从而也对保证亚洲和世界和平起着巨大的作用。会议于六月十七日结束。（《中央人民政府委员会举行第三十一次会议　一致通过一九五四年国家预算》，《人民日报》1954 年 6 月 18 日第 1 版）

7 月 5 日　下午，出席中国人民政治协商会议全国委员会常务委员会第五十六次会议。会议根据"中华人民共和国全国人民代表大会及地方各级人民代表大会选举法"和"中国人民政治协商会议组织法"的规定，对于应该由中央提名的全国人民代表大会代表的一部分候选人名单进行了协商。在会议上，中共中央统一战线工作部部长李维汉对于这个名单的协商经过做了说明。接着发言的有李济深、沈钧儒、黄炎培、马叙伦、彭泽民、陈其尤、许德珩、郭沫若、傅作义、张难先、吴耀宗、盛丕华、章乃器、史良、蔡廷锴、李烛尘、龙云、王昆仑、刘少奇、陈叔通等。会议在发言后，一致通过了这一经过各方面充分协商而产生的名单。（《政协全国委员会常务委员会举行扩大会议　协商通过全国人民代表大会代表的一部分候选人名单》，《人民日报》1954 年 7 月 6 日第 1 版）

7 月 6 日　下午，与朱德、刘少奇、宋庆龄、李济深等去机场，欢迎出席日内瓦会议的周恩来返抵北京。（《和胡志明主席在中越边界会谈后周恩来总理昨天回到北京　朱德刘少奇宋庆龄李济深副主席到场欢迎》，《人民日报》1954 年 7 月 7 日第 1 版）

7 月 8 日　下午，出席中国人民政治协商会议全国委员会常务委员会第五十七次扩大会议。周恩来在会上就出席日内瓦会议以及访问印度、缅甸和举行中越会谈等事项做了报告。出席这次会议的有中国人民政治协商会议全国委员会主席毛泽东，副主席周恩来、李济深、沈钧儒、郭沫若、陈叔通，常务委员刘少奇、李维汉、王昆仑、蒋光鼐、张澜、章伯钧、黄炎培等。（《政协全国委员会常委会举行扩大会议　周恩来总理出席作报告　到会委员一致赞扬中印、中缅、中越会谈成就　并支持我出席日内瓦会议代表团工作》，《人民日报》1954 年 7 月 9 日第 1 版）

7 月 9 日　上午，出席日内瓦会议的中华人民共和国代表团首席代表、中央人民政府政务院总理兼外交部部长周恩来乘飞机离开北京，前往日内瓦，为解决朝鲜问题和争取恢复印度支那的和平而继续努力。同机飞离北京的，有越南民主共和国驻华特命全权大使黄文欢。

前往机场欢送的有：林伯渠、董必武、陈云、郭沫若、黄炎培、邓小平、沈钧儒、陈叔通、贺龙、习仲勋、彭真、张奚若、彭泽民、罗瑞卿、李先念、沈雁冰、陆定一、黄克诚、萧华、章伯钧、陈劭先、罗隆基、章乃器、邵力子、高崇民、杨尚昆、蔡廷锴、许德珩、刘宁一、胡耀邦、邓颖超、廖承志、章汉夫、伍修权等百余人。（《周恩来总理昨天离北京去日内瓦》，《人民日报》1954 年 7 月 10 日第 1 版）

8 月 1 日　下午，日内瓦会议结束，周恩来先后访问德意志民主共和国、波兰人民共和国、苏维埃社会主义共和国联盟、蒙古人民共和国后乘飞机返抵北京。前往机场欢迎的有：中央人民政府副主席朱德、刘少奇、李济深，秘书长林伯渠，政务院副总理董必武、郭沫若、黄炎培、邓小平，中国人民政治协商会议全国委员会副主席沈钧儒、陈叔通，中央人民政府委员会委员李立三、邓子恢、徐特立、马寅初、沈雁冰、蔡廷锴、彭泽民、李烛尘、章伯钧、张奚若、张难先、龙云，政务院政务委员谢觉哉、曾山、滕代远、陈劭先、王昆仑、罗隆基、章乃器等人。（《周恩来总理昨天回到北京　朱德、刘少奇副主席等到场欢迎》，《人民日报》1954 年 8 月 2 日第 1 版）

是日　四川省第一届人民代表大会第一次会议，即日起到八日在成都举行。到会全省各方面代表人物六百五十名。新近划归四川省建制的重庆市，也派代表团出席了会议。

会议隆重选举了四川省出席全国人民代表大会的代表。中共中央书记朱德以第一名的票选成绩当选为全国人民代表大会代表。当选的还有张澜、吴玉章、郭沫若、章乃器、施复亮、熊克武、刘文辉、程子健、陈晓岚、陈文贵、陈离、邓锡侯、潘大逵、赵世兰、裴昌会、熊尚元、阳翰笙、贺诚、廖苏华、廖井丹、宋裕和、黄汲清、李赋都、侯外庐、沙汀、梁华、张际春、张文治、能海、王宇辉、邵荃麟、孙志远、王维舟、于江震、巴金、胡风、伍修权、萨福均、萨空了、蓝田、徐伯昕、李初梨、李一氓、吴晁恒、田汉、张经武、李伯钊、周泽沼、赵超构、萧龙友、但懋辛、周钦岳、李大章、阎红彦、陈刚、李宗林、范祯辉、杨义平、袁志先、张泗洲、罗世发、邓芳芝、钟体乾、李筱亭、丁道衡、艾芜、夏康农、童少生、谢立惠、徐崇林、彭迪先、王道周、彭劭农、卢子鹤、李劼人、刘承钊、张秀熟、索观瀛、黄鱼门、贾培之、王文鼎、桑吉悦希、华尔功成烈、杨代蒂、苏新、罗文才等共八十七人。（《四川河南开人民代表大会会议　朱德同志等当选为全国人民代表大会代表》，《人民日报》1954年8月9日第1版）

8月2日　晚上，周恩来设宴招待越南民主共和国副总理兼代理外交部部长范文同，章乃器等出席。（《周恩来总理宴请范文同副总理》，《人民日报》1954年8月3日第1版）

8月3日　晚上，出席越南民主共和国驻华大使馆临时代办周亮为越南民主共和国副总理兼代理外交部部长范文同访华举行的招待会。（《为范文同副总理访问我国　越南驻我国大使馆举行招待会　朱德刘少奇李济深副主席和周总理等出席》，《人民日报》1954年8月4日第1版）

8月11日　下午，出席中央人民政府委员会第三十三次扩大会议，听取周恩来在会上做的外交报告。会议接着就外交报告进行了讨论，一致赞同和拥护周恩来总理兼外长的外交报告，认为报告中所提出的我国所一贯奉行的和平外交政策是完全正确的，全国人民应团结一致地为此而共同努力。（《中央人民政府委员会举行会议　听取并批准周恩来总理兼外长的外交报告　决定九月十五日召开全国人民代表大会会议》，《人民日报》1954年8月14日第1版）

8月15日　晚上，朝鲜民主主义人民共和国驻华大使崔一举行招待会，庆祝朝鲜解放九周年。应邀出席招待会的有：周恩来，邓小平，最高人民法院副院长张志让，政务院秘书长习仲勋，政务委员曾山、滕代远、章伯钧、罗隆基、章乃器等。（《庆祝朝鲜解放九周年　朝鲜驻华大使崔一举行招待会　周恩来总理等应邀出席》，《人民日报》1954年8月16日第1版）

8月16日　周恩来在北京怀仁堂设宴招待应邀来我国访问的英国工党代表团。章乃器出席。（《周总理设宴招待英国工党代表团》，《人

民日报》1954 年 8 月 17 日第 1 版）

　　8 月 18 日　十八时，中国人民政治协商会议全国委员会举行盛大欢迎会和宴会，欢迎应邀来我国访问的英国工党代表团。到会的有：中国人民政治协商会议全国委员会副主席李济深、沈钧儒，秘书长李维汉，常务委员蒋光鼐、章伯钧、黄炎培、章乃器、杨秀峰、沈雁冰、梁希、邵力子、罗隆基、马寅初、许广平、黄琪翔、许德珩、陈其尤、蒋南翔、李四光、盛丕华、李德全、吴耀宗和在京各位委员。（《中国人民政治协商会议全国委员会举行盛会并欢宴英国工党代表团》，《人民日报》1954 年 8 月 19 日第 1 版）

　　8 月 19 日　上午，英国工党代表团成员分别会见了中央人民政府国家计划委员会副主席贾拓夫，政务院文化教育委员会副主任习仲勋，宗教事务处处长何成湘，粮食部部长章乃器，副部长陈希云、陈国栋，分别就我国经济建设、宗教方面的问题以及我国粮食和其他食品的供应问题进行座谈。（《英国工党代表团人员继续在京访问和参观》，《人民日报》1954 年 8 月 20 日第 1 版）

　　英国工党代表团来访，中国民主建国会负责接待，章乃器是主要接待人。"工党代表团曾到粮食部参观，父亲介绍他是怎么管理粮食部的。当时民建是作为民族资产阶级政党给英国人看的，那么，民族资产阶级在共产党的领导下怎么参政？父亲介绍的就是这个问题。毛主席在会见工党代表团时讲，我们的民族资产阶级比你们英国的工人还要进步。当时是中共与民族资产阶级关系比较好的时期。父亲后来还谈到，法国大革命的旗帜就是红色，资产阶级革命也用红色，并不是无产阶级革命才用红色。他提出这个概念的本意是积极的，并不是要抬高民族资产阶级的地位，而是说资产阶级应该走社会主义道路。"（章立凡：《君子之交如水》）

　　8 月 20 日　出席中国人民政治协商会议全国委员会常务委员会第五十八次会议的扩大会议。周恩来在会上就目前的国际局势、外交政策等问题做了报告。会议经过充分讨论以后，全体通过了"中华人民共和国各民主党派各人民团体为解放台湾联合宣言"。出席这次会议的有：政协副主席周恩来、李济深、沈钧儒、郭沫若、陈叔通，常委李维汉、蒋光鼐、张澜、章伯钧、黄炎培、张奚若、乌兰夫、杨秀峰、刘宁一、沈雁冰、梁希、邵力子、邓小平、张治中、罗隆基、马寅初、许广平、黄琪翔、许德珩、陈其尤、蒋南翔、史良、钱三强、盛丕华、李德全、廖承志、吴耀宗等三十三人。会议于二十二日结束。（《政协全国委员会常务委员会举行扩大会议　通过为解放台湾联合宣言》，《人民日报》1954 年 8 月 23 日第 1 版）

8 月 25 日　晚上，出席北京市人民政府市长彭真在北京中山堂举行的酒会，欢送即将去上海等地访问的英国工党代表团。出席酒会的有：总理周恩来，副总理郭沫若、黄炎培、邓小平，政协副主席李济深、陈叔通，最高法院副院长张志让，最高检察署副检察长高克林，政务院秘书长习仲勋，政务委员谢觉哉、曾山、章伯钧、陈劭先、罗隆基、邵力子、黄绍竑以及政务院所属各部门正副负责人李先念、刘景范、黄敬、朱学范、傅作义、李德全、楚图南、陈其瑗、徐子荣、雷任民、何长工、吕正操、杨秀峰、贺诚、丁西林、叶圣陶、萨空了，外交部副部长章汉夫、伍修权等。（《北京市彭真市长举行酒会　欢送英国工党代表团去上海访问　政务院总理周恩来等出席酒会》，《人民日报》1954 年 8 月 26 日第 1 版）

8 月 26 日　九时，赴机场欢送英国工党代表团。（《英国工党代表团离北京到达上海访问》，《人民日报》1954 年 8 月 27 日第 1 版）

8 月 28 日　下午，在文化俱乐部出席政协全国委员会召开的座谈会，发言：今年全国粮食生产总数可逾三千四百亿斤，较去年增加一百亿斤以上。假使今年不遭水灾，粮食增产数量必更可惊人。（宋云彬：《红尘冷眼——一个文化名人笔下的中国三十年》）

9 月 4 日　《人民日报》刊登《中华人民共和国第一届全国人民代表大会代表名单》，章乃器为四川省代表。（《中华人民共和国第一届全国人民代表大会代表名单》，《人民日报》1954 年 9 月 4 日第 2 版）

是日　下午，到车站欢迎出席全国人民代表大会的西藏地区代表达赖喇嘛·阿旺洛桑丹增嘉措、班禅额尔德尼·罗桑慈勒伦珠却吉坚赞。（《达赖喇嘛、班禅额尔德尼到北京　朱德副主席、周恩来总理等到车站欢迎》，《人民日报》1954 年 9 月 5 日第 1 版）

496

9 月 5 日　下午，出席朱德在北京中南海紫光阁举行的宴会，欢迎全国人民代表大会代表达赖喇嘛·阿旺洛桑丹增嘉措，班禅额尔德尼·罗桑慈勒伦珠却吉坚赞。（《达赖喇嘛、班禅额尔德尼到北京　朱德副主席、周恩来总理等到车站欢迎》，《人民日报》1954 年 9 月 5 日第 1 版）

9 月 9 日　晚上，出席保加利亚驻华大使迪莫夫举办的盛大招待会，庆祝保加利亚国庆节十周年。（《保加利亚驻我国大使迪莫夫举行招待会　庆祝保加利亚国庆节十周年　我中央人民政府副主席朱德等出席》，《人民日报》1954 年 9 月 10 日第 1 版）

9 月 14 日　十二时，出席中国人民政治协商会议全国委员会举办的欢迎达赖喇嘛、班禅额尔德尼和西藏高级僧俗官员的宴会。（《中国人民政治协商会议全国委员会　设宴欢迎达赖喇嘛和班禅额尔德尼等》，《人民日报》1954 年 9 月 15 日第 1 版）

9 月 15 日　出席中华人民共和国第一届全国人民代表大会第一次会议。毛泽东在开幕词中指出，这次会议是标志着中国人民从中华人民共和国成立以来的新胜利和新发展的里程碑。中国人民应当努力工作，努力学习苏联先进经验，准备在几个五年计划之内，将中国建成一个工业化的具有高度现代文化程度的伟大的国家。刘少奇作《关于中华人民共和国宪法草案的报告》。会议一致通过了《中华人民共和国宪法》。这就用立法的形式肯定了中国人民革命的成果和经验，肯定了中国共产党在过渡时期的总路线。周恩来作《政府工作报告》，总结了五年来的政治经济成就，阐明第一个五年计划的基本方针和任务，叙述了外交方面的胜利和外交方针。会议通过了《关于政府工作报告的决议》。大会还制定了几个重要的法律，选举了以毛泽东为国家主席的新的国家领导人。（赵德馨主编：《中华人民共和国经济专题大事记（1949—1966）》）

是日　傍晚，与徐铸成见面。（徐铸成：《徐铸成回忆录》，生活·读书·新知三联书店，2018 年）

9 月 17 日　《人民日报》刊登《第一届全国人民代表大会第一次会议　提案审查委员会主任委员和委员名单》，主任委员：习仲勋。章乃器与丁西林、王任重、朱学范、吴有训、吴克坚、吴耀宗、李国伟、李德全、李颉伯、周钦岳、邵力子、孙志远、高崇民、郭棣活、陈此生、陈劭先、陈其瑗、乔传珏、曾希圣、杨秀峰、杨显东、包尔汉、薄一波为委员。

9月26日 中华人民共和国第一届全国人民代表大会第一次会议结束第三项议程，一致通过了"关于政府工作报告的决议"。会议还审议并通过了提案审查委员会关于提案的审查报告，通过了"关于中华人民共和国现行法律、法令继续有效的决议"。

会议先就周恩来总理的"政府工作报告"继续发言，发言的有三十一位代表。他们是：何香凝、包尔汉、张奚若、曾希圣、邓初民、杨廷宝、章乃器、巴金、刘导生、陶峙岳、谢富治、李任仁、罗祥根、贾拓夫、沈雁冰、马寅初、陈垣、高方启、侯德榜、马明方、李书城、达理札雅、胡子昂、覃应机、杨秀峰、张德生、黄欧东、谢觉哉、储安平、荣高棠、陈少敏。（《全国人民代表大会第一次会议结束第三项议程 一致通过关于政府工作报告的决议 并通过关于提案的审查报告和现行法律、法令继续有效的决议》，《人民日报》1954年9月27日第1版）

章乃器发言："粮食保管由于干部的努力和人民群众的帮助，霉坏的损失率已经大大减低。去年和今年还出现了一批无虫仓和无霉仓，目前正在全面推广这些仓库的先进经验。但仍然还有不少的落后仓库，继续发生不应有的损失；同时，还发生了不少账目混乱、财产不清等严重情况；也还有个别的隐瞒损失、盗窃等违法乱纪的行为。去冬对粮食实行统购统销后，由于中共各级地方组织和各地人民政府重视粮食工作，检察署、监委、公安等部门大力协助，这些坏情况已有很大改善。目前我们正在业务方面努力改进收付制度，健全责任制，推广定额管理和拟定奖惩办法，以巩固与提高既得的成绩。几年来，仓库建筑进展得很快，但存粮数字增长得更快；因此很多粮食仍然存放在露天和民房里，这个问题还须今后大力逐步加以解决。"

摘要 粮食加工的出品率已经提高了不少。但机器设备一般很陈旧，技术人员很缺。因此，粮食中的去砂去杂问题，虽在积极推广苏联先进经验，力求改进，仍难令人满意。加工厂的分布很不合理，造成了运输上的浪费，委托加工中也还存在着一些盗窃、浪费国家资财的情况，今后必须结合对私营加工厂的社会主义改造，逐步加以调整和纠正。

粮食工作还要走一段漫长的艰巨的道路，我们完全没有满足于现状的理由。粮食工作的目的是要用更充分的、更清洁卫生的、新鲜适口的粮食供应人民；但这一目的，是只能在粮食生产不断增长和技术设备不断改进的基础上经过我们不断的努力才能逐步达到的。在此期间，为应付意外灾害，必须充实粮食储备；为增加生产和改进技术，还必须为国家积累资金。这又都是需要广大人民群众的积极支持的。因此，节约粮食应该成为人人遵守的社会公德，成为积极执行宪法的主要标志之一。

为建设社会主义社会，我们必须做好粮食工作。在伟大的毛泽东时代，在伟大的宪法光芒的照耀下，只要我们善于接受领导，服从法纪，依靠群众，不麻痹，不自满，不保守，不冒进，积极努力，用心学习，不断改进，工作是一定可以做好的。（《在第一届全国人民代表大会第一次会议上　代表们关于政府工作报告的发言（之十）》，《人民日报》1954 年 9 月 27 日第 3 版）

9 月 28 日　第一届全国人民代表大会第一次会议结束最后一项议程，宣告闭会。会议根据周恩来的提名，通过了中华人民共和国国务院组成人员的决定。章乃器为粮食部部长。（《第一届全国人民代表大会第一次会议闭会　会议决定了国务院组成人员和国防委员会副主席、委员人选并通过了民族、法案、预算三个委员会主任委员和委员人选》，《人民日报》1954 年 9 月 29 日第 1 版）

9 月 29 日　下午，前往机场欢迎前来参加中华人民共和国成立五周年国庆典礼的苏联政府代表团团长、苏联共产党中央委员会第一书记、苏联最高苏维埃主席团委员赫鲁晓夫，以及苏联部长会议第一副主席布尔加宁，苏联部长会议副主席米高扬，全苏工会中央理事会主席米什维尔尼克，苏联文化部部长亚历山德罗夫，《真理报》总编辑谢皮洛夫，苏联共产党莫斯科市委员会书记福尔采娃，乌兹别克斯坦共和国建筑材料工业部部长纳斯里金诺娃和苏联共产党中央委员会负责人员斯捷潘诺夫。

晚上，出席周恩来举行的盛大酒会，招待应邀来我国参加国庆节的各国外宾。(《应我国政府邀请参加我国国庆典礼 苏联政府代表团到北京》，《人民日报》1954 年 9 月 30 日第 1 版)

10 月 2 日 出席周恩来在北京饭店举行的盛大宴会，招待应邀前来参加国庆典礼的各国政府代表团。(《周恩来总理举行盛大宴会 招待各国政府代表团》，《人民日报》1954 年 10 月 3 日第 1 版)

10 月 3 日 中华全国工商业联合会召开常务委员会第二次扩大会议，出席会议的常务委员四十八人，出席全国人大会议的全国工商联执行委员及工商界有关人士和在京部分执委四十五人。讨论通过了拥护和贯彻中华人民共和国宪法及第一届全国人民代表大会第一次会议的决议。副主任委员李烛尘、章乃器、许涤新分别就工商界有关爱国守法、积极经营及私营工商业的企业改造和个人改造等问题发言。会议经过分组讨论和发言，对第一届全国人民代表大会第一次会议的成就、《中华人民共和国宪法》的颁布、毛主席的开幕词及大会的一切决议，以及选出以毛主席为首的国家领导人。与会人员一致表示拥护，并坚决表示响应全国人民代表大会和毛主席的一切号召，在中国共产党和人民政府的领导下，同全国人民紧密地团结在一起，遵循宪法所规定的社会主义道路前进。全体委员一致通过"拥护和贯彻中华人民共和国宪法和第一届全国人民代表大会第一次会议的决议"。

此外，会议还通过了中华全国工商业联合会近一年来的工作报告，审查了各专门委员会的工作报告，讨论与审核了一九五五年度经费预算及会员交纳会费办法。会议还决定，执行委员会第二次会议在明年召开。会议于四日上午闭幕。(《全国工商业联合会通过决议》，《人民日报》1954 年 10 月 9 日第 1 版。黄孟复主编：《中华全国工商业联合会 50 年大事记》)

10 月 7 日 晚上，出席德意志民主共和国驻我国大使柯尼希举行的盛大招待会，庆祝德意志民主共和国成立五周年。应邀出席招待会的还有李济深、沈钧儒、董必武、邓小平、李富春、彭真、吴玉章、习仲勋、罗瑞卿、薄一波、曾山、叶季壮、王鹤寿、赵尔陆、李四光、刘秀峰、蒋光鼐、贾拓夫、章伯钧、沈雁冰、杨秀峰、张奚若、李德全、黄克诚、章汉夫、伍修权。(《庆祝德意志民主共和国成立五周年 柯尼希大使举行盛

大招待会》，《人民日报》1954 年 10 月 8 日第 1 版）

10 月 12 日　晚上，出席苏联驻我国大使尤金院士为参加中华人民共和国成立五周年国庆典礼的苏联政府代表团举行的盛大招待会。（《苏联驻我国大使尤金举行招待会　招待苏联政府代表团　毛泽东等党政负责人应邀到会》，《人民日报》1954 年 10 月 13 日第 1 版）

10 月 13 日　十一时三十分，前往机场欢送应中国政府邀请前来参加中华人民共和国成立五周年国庆典礼的苏联政府代表团。（《苏联政府代表团离北京回国》，《人民日报》1954 年 10 月 14 日第 1 版）

10 月 14 日　出席中国人民政治协商会议全国委员会在北京和平宾馆设宴招待西藏地区一九五四年国庆节观礼团和西藏歌舞团的全体团员。（《中国人民政协全国委员会举行宴会　招待西藏地区国庆节观礼团和西藏歌舞团》，《人民日报》1954 年 10 月 15 日第 1 版）

10 月 17 日　午，与黄炎培、陈叔通、李烛尘、俞寰澄、孙起孟、王纪华、王艮仲"进行餐谈，商民建事"。（黄炎培：《黄炎培日记》）

10 月 19 日　应我国政府邀请，印度共和国总理尼赫鲁抵达北京，对我国进行友好访问。章乃器出席欢迎仪式。（《应我国政府邀请来我国访问　印度总理尼赫鲁到北京　受到首都各界二十多万人的热烈欢迎》，《人民日报》1954 年 10 月 20 日第 1 版）

是日　下午，周恩来举行盛大酒会，招待应邀前来我国访问的印度总理尼赫鲁，章乃器出席。（《周恩来总理举行盛大宴会　招待印度总理尼赫鲁》，《人民日报》1954 年 10 月 20 日第 1 版）

10 月 21 日　晚上，印度驻华大使赖嘉文为尼赫鲁举行招待会，章乃器出席。（《为尼赫鲁总理访问我国　印度驻我国大使举行招待会》，《人民日报》1954 年 10 月 22 日第 1 版）

10 月 22 日　晚上，与黄炎培、孙起孟、施复亮，"商谈民建二届政协提名事"。（黄炎培：《黄炎培日记》）

10 月 23 日　毛泽东在中南海宴请尼赫鲁，章乃器出席作陪。（《毛主席欢宴尼赫鲁总理　同日下午和尼赫鲁总理会见》，《人民日报》1954 年 10 月 24 日第 1 版）

10月26日　北京市人民政府市长彭真举行盛大酒会，欢送行将离开北京的尼赫鲁，章乃器出席酒会。（《北京市彭真市长举行盛大酒会　欢送印度总理尼赫鲁》，《人民日报》1954年10月27日第1版）

10月27日　八时，尼赫鲁乘飞机离北京，章乃器到机场欢送。（《印度总理尼赫鲁离开北京　将在华东、华南等地参观后回国》，《人民日报》1954年10月28日第1版）

10月28日　出席中国人民政治协商会议第一届全国委员会常务委员会第六十一次会议。在北京的全国政协委员，全国人大常委会委员，国务院副总理、部长，国防委员会委员列席会议。国务院总理周恩来做关于我国政府与印度政府会谈情况的报告，并代表中共中央就召开中国人民政治协商会议第二届全国委员会第一次会议的准备工作提出建议："①政协第二届的组织形式由原来的全体会议、全国委员会、常务委员会三层改为全国委员会和常务委员会两层，全国委员会由各民主党派、各人民团体推出的代表为基础组成；②《共同纲领》大部分内容已纳入宪法，政协第二届不再制定共同纲领，以后各民主党派、人民团体除根据宪法规定的目标奋斗外，在修改的组织法的前面规定几条共同遵守的原则作为总纲。会上决议，以上中共中央的建议由各民主党派先在内部酝酿讨论，然后在政协全国委员会工作会议进行协商，拟出方案，提请政协全国委员会常务委员会批准。

10月29日　下午，与黄炎培、李烛尘、孙起孟等五人会商明天的常委名单问题。十七时，章乃器"趁复亮（病）不出席，大责骂复亮"。（黄炎培：《黄炎培日记》）

11月1日　出席在北京召开的中华全国工商业联合会召开第一届第二次执委会会议。出席会议的委员一百九十二人，列席会议的各方面有关人士六十九人。国务院副总理陈云在这次会议做"关于资本主义工商业社会主义改造问题"的报告。其间，毛泽东邀集出席这次会议的全体执委进行座谈。会议于二十一日结束。（黄孟复主编：《中华全国工商业联合会50年大事记》）

11月7日　国务院副总理陈毅在中华全国工商业联合会第一届第二

次执委会上做"关于资本主义工商业社会主义改造的若干思想问题"的报告。（黄孟复主编：《中华全国工商业联合会 50 年大事记》）

11 月 10 日　全国工商联主任委员、部分副主任委员和常务委员就参加第二届全国政协会议的准备工作进行座谈，章乃器出席。（黄孟复主编：《中华全国工商业联合会 50 年大事记》）

11 月 25 日　出席中国银行举行的第二届第一次董事监察人联席会议。出席会议和委托代表出席会议的还有董事长南汉宸，董事曹菊如、马寅初、胡景沄、沙千里、章汉夫、王绍鏊、龚饮冰、冀朝鼎、詹武、孙晓村、郑铁如、王志莘、吴震修、周作民、徐寄廎、郭棣活、冯幼伟、程慕灏、荣毅仁、潘久芬，监察人司徒美堂、许涤新、李世璋、史久鳌、奚东曙、黄钦书、卢学溥。会上推选了常务董事。新选出的常务董事七人：南汉宸、曹菊如、马寅初、章乃器、龚饮冰、王志莘、荣毅仁。（《中国银行举行董事监察人联席会议》，《人民日报》1954 年 12 月 1 日第 2 版）

11 月 30 日　十七时，民建常委（座）谈会通过二届政协代表二十五人名单：黄炎培、章乃器、李烛尘、施复亮、孙起孟、胡厥文、杨卫玉、周士观、章元善、王新元、陈维稷、彭一湖、黄墨涵、浦洁修、吴觉农、华煜卿、黄长水、盛康年、黄凉尘、荣毅仁、唐巽泽、金学成、刘一峰、陈邃衡①、吴羹梅。黄炎培在日记中表示："陈邃衡还待统战部调查报告；在名单上加。吴羹梅如最后通过，予以劝告。今夜，章乃器不敢在群众面前疯狂了。我先提三大原则：是非分明，与人为善，团结教育。"（黄炎培：《黄炎培日记》）

12 月 1 日　十六时三十分，应邀来我国访问的缅甸联邦总理吴努和夫人乘飞机到达北京，章乃器等到机场欢迎。（《应我国政府邀请来我国访问　缅甸总理吴努到达北京》，《人民日报》1954 年 12 月 2 日第 1 版）

12 月 2 日　午，孙起孟再去章乃器处，劝他对陈邃衡事勿执成见，"并述我恳切劝告意。乃器还是顽强不改"。（黄炎培：《黄炎培日记》）

①陈邃衡（1915—2008），出生于天津，祖籍安徽怀宁。1935 年后就学于上海。1943 年后，任重庆中国兴业公司工程师、成都友联制冰厂协理兼厂长、南京有恒面粉厂副厂长。1951 年加入民建，参与筹建民建南京市分会，并担任召集人。

是日 晚上，周恩来主持盛大宴会，欢迎吴努和他的夫人，章乃器出席宴会。（《周总理盛宴欢迎吴努总理》，《人民日报》1954年12月2日第1版）

12月3日 上午，徐冰（即邢西萍）就陈邃衡问题"劝告"章乃器。"起孟、良仲共晚餐。起孟述今午乃器在统战部为陈邃衡问题还是大肆咆哮，最后对徐冰说，我勉从领导党指示。"（黄炎培：《黄炎培日记》）

12月4日 出席中国人民政治协商会议第一届全国委员会常务委员会第六十二次会议。会议决定政协第二届全国委员会第一次会议于二十日开幕，通过《中国人民政治协商会议第二届全国委员会委员名单》，章乃器任常务委员、委员。（全国政协研究室编：《中国人民政协全书（上）》）

是日 "民建单列陈邃衡昨统战部谈话结果"，章乃器已声明，"自愿勉受领导上指示了。不料还函周总理表示反对。周总理说：我认为还是可以列入的，如有问题，随时可以撤回的。终通过。"（黄炎培：《黄炎培日记》）

是日 缅甸驻我国大使吴拉茂，为吴努和他的夫人访问中国，特在四日晚举行招待会，章乃器出席。（《为吴努总理访问我国 缅甸驻我国大使举行招待会》，《人民日报》1954年12月5日第1版）

12月7日 十时，参加前中国人民解放军财务部部长杨立三的追悼大会。追悼大会由周恩来主祭，彭德怀、贺龙、陈毅、聂荣臻、叶剑英、彭真、陈叔通、吴玉章、徐特立、章伯钧、章乃器、邵力子等陪祭。（《首都举行杨立三同志追悼大会》，《人民日报》1954年12月8日第1版）

12月10日 出席缅甸联邦总理吴努和他的夫人在北京举行的临别宴会。（《吴努总理举行临别宴会》，《人民日报》1954年12月11日第1版）

是日 晚，毛泽东在中南海宴请吴努和他的夫人，章乃器出席作陪。（《毛主席欢宴吴努总理》，《人民日报》1954年2月11日第1版）

12月11日 《人民日报》刊登《中国人民政治协商会议第二届全国委员会委员名单》，章乃器列于其中。（《中国人民政治协商会议第二届全国委员会委员名单》，《人民日报》1954年12月11日第2版）

12月12日 九时，章乃器等到机场欢送吴努和他的夫人。（《吴努总理离京去华东等地参观》，《人民日报》1954年12月13日第1版）

12 月 17 日　《人民日报》报道，一九五三年下半年，商品粮食供求关系上出现的紧张局势，已经由于粮食统购政策的胜利实施而得到改变，这是我国粮食战线取得的伟大胜利。粮食部负责人对记者说，从今年全国正在进行的统销运动的发展情况来看，在全国粮食产量超过去年的情况下，今年粮食统购可以按计划完成或超额完成。（赵德馨主编：《中华人民共和国经济专题大事记（1949—1966）》）

12 月 21 日　十五时，中国人民政治协商会议第二届全国委员会第一次全体会议开幕。出席会议的有全国委员会委员四百九十三人。章乃器作为主席团成员出席。会议由第一届全国委员会主席毛泽东主持。从二十二日起到二十五日止，在会议上发言的共有六十七位委员。他们都表示拥护周恩来副主席的政治报告，同意陈叔通副主席所作的中国人民政治协商会议第一届全国委员会工作报告和章伯钧委员关于"中国人民政治协商会议章程"（草案）的说明。会议通过了关于第一届全国委员会工作报告的决议和中国人民政治协商会议章程。推举毛泽东为政协二届全国委员会名誉主席，选举周恩来为主席，宋庆龄、董必武、李济深、张澜、郭沫若、彭真、沈钧儒、黄炎培、何香凝、李维汉、李四光、陈叔通、章伯钧、陈嘉庚、班禅额尔德尼·罗桑慈勒伦珠确吉坚赞、包尔汉为副主席，邢西萍为秘书长，常务委员六十五人，章乃器为政协常务委员，任期至一九五九年四月。（《政协全国委员会会议开幕　毛泽东主席主持开幕式　陈叔通副主席作政协工作报告　周恩来副主席作政治报告》《政协第二届全国委员会名誉主席、主席、副主席、秘书长、常务委员名单》，《人民日报》1954 年12 月 22—26 日第 1 版）

12 月 29 日　九时，民建假文化俱乐部召集各地来代表会谈，黄炎培发言历一时四十七分。此稿拟名《一九五五年民建工作新四点》。章乃器会后对黄炎培说："你的热情是个人主义的，热情没有从群众观点出发。"黄炎培想这话是对的。（黄炎培：《黄炎培日记》）

是日　《人民日报》刊登《中苏友好协会第二次全国代表会各党派、群众团体和各单位代表名单》，章乃器为民建代表。

12 月底　出席政协全国委员会召开的以工商界政协委员为主的私营

工商业问题座谈会。会议由陈毅主持。座谈会上，委员们集中反映了私营工商业在社会主义改造中有关处理公私关系的许多问题和困难。随后，陈云代表中共中央和国务院在座谈会上做了在社会主义改造中，国家关于调整工商业公私关系的方针、政策的报告，国务院有关部门的负责人分别就加工订货、税收和公私合营工作中的若干具体政策问题做了解答。这次座谈会，对于解除资本主义工商业者对公私合营工作的疑虑起了很好的作用。参加座谈会的工商界人士在会后一致反映，在中央负责人的参加和领导下，运用人民政协处理国内阶级关系方面的这些重要问题是一个很好的做法。并且认为，在对资本主义工商业进行改造的过程中，必然还会不断发生新的问题，需要不断调整关系，应当更多地发挥人民政协的作用。（全国政协研究室编：《中国人民政协全书（上）》）

1955年 59岁

3月1日，新版人民币开始发行。

10月11日，中共七届六中全会通过《关于农业合作社问题的决议》。

1月4日 十六时，出席民建碰头会。其他与会者还有黄炎培、李烛尘、盛丕华、施复亮、孙起孟、罗叔章、俞寰澄、王纪华、王艮仲、杨美真，"讨论民建组织、机构。畅所欲言，不作结论"。（黄炎培：《黄炎培日记》）

2月1日 出席民建总会常务委员会召开的座谈会，讨论周恩来总理兼外长发表的反对美国政府干涉中国内政的声明。座谈会由民主建国会总会主任委员黄炎培主持，到会者还有副主任委员施复亮和常务委员、委员项叔翔、浦洁修、朱继圣、王光英、资耀华、俞寰澄、凌其峻等四十多人。（《中国民主建国会总会常委会召开座谈会 坚决拥护周总理声明反对美国干涉我国内政》，《人民日报》1955年2月3日第1版）

2月22日 十五时，以代表身份随国务院副总理兼国防部长彭德怀团长率领的中华人民共和国慰问驻旅顺口地区苏军代表团前往旅大市（大连市），向苏军烈士纪念塔敬献花圈。同往献花圈的有代表团副团长宋庆龄、贺龙、郭沫若、聂荣臻和代表林枫、章伯钧、朱学范、张宗逊、萧华、萧劲光、刘亚楼、何伟、钱俊瑞、赖若愚、史良、胡克实、杜者蘅、郭述申。（《我代表团向旅大市苏军烈士纪念塔献花圈》，《人民日报》1955年2月23日第1版）

下午，出席中华人民共和国慰问驻旅顺口地区苏军代表团举行的庆祝苏联建军三十七周年慰问驻旅顺口地区苏军大会。（《庆祝苏军建军节 慰问驻旅顺口地区苏军 我国代表团在旅大市举行大会 彭德怀副总理代表毛主席向苏军代表授旗》，《人民日报》1955年2月23日第1版）

2月23日 上午，慰问驻旅顺口地区苏军代表团代表章乃器、朱学范、张宗逊、萧劲光、刘亚楼、钱俊瑞，分三处向驻旅顺口地区苏军陆、海、空军部队祝贺建军节和表示慰问，并向苏军的各级军官、士官和战士赠送中苏友谊章。十五时，出席在旅顺博物馆前的广场上举行的中苏友谊塔的奠基典礼。晚上，出席苏军驻旅顺口地区指挥部举行的庆祝宴会。（《庆祝苏军建军节、慰问驻旅顺口地区苏军 我国代表团在旅大市举行大会 彭德

怀副总理代表毛主席向苏军代表授旗》，《人民日报》1955 年 2 月 23 日第 1 版）

2 月 24 日　下午，出席彭德怀在旅大市举行的招待驻旅顺口地区苏军代表的盛大招待会。（《人民日报》1955 年 2 月 24、25 日第 1 版）

3 月 3 日　中共中央和国务院发出《关于迅速布置粮食购销工作，安定农民生产情绪的紧急指示》，强调必须在粮食统购统销工作中，进一步采取定产、产购、定销的措施，使农民对自己的交售任务心中有数，这对于稳定农民情绪、缓和农村的紧张情况有重大意义。（《中国共产党大事记（1955 年）》，人民网，2011 年 5 月 9 日）

3 月 30 日　下午，出席在北京新侨饭店举行的民建总会委员会全体会议，听取并批准了总会常务委员会关于召开民建第一次全国代表大会筹备工作的报告。（中国民主建国会第一次全国代表大会秘书处编：《中国民主建国会第一次全国代表大会汇刊》）

3 月 31 日　出席民建碰头会，与黄炎培、盛丕华、孙起孟商量大会常务主席的问题。（黄炎培：《黄炎培日记》）

十五时，在北京饭店出席民建各地代表欢迎茶会。

十七时，出席在北京饭店举行的中国民主建国会第一次全国代表大会预备会议，通过大会组织规程、大会主席团名单、大会秘书长及副秘书长名单、大会各委员会召集人及委员名单，大会议事规则、大会议事日程。章乃器为出席会议的代表，同时为大会主席团成员、大会工作报告审查委员会召集人。（中国民主建国会第一次全国代表大会秘书处编：《中国民主建国会第一次全国代表大会汇刊》）

4 月 1 日　民建第一次全国代表大会在北京举行。出席会议的代表共三百一十八人，代表四十三个地方组织的七千多名成员。黄炎培致开幕词。章乃器代表（民建）总会做工作报告，报告指出：从过去十年的工作实践中，我们得到了三点被其深刻的基本认识：一是必须忠诚地接受中国共产党领导；二是必须牢记并掌握关于中国民族资产阶级两面性的基本特点；三是必须认真做好培养、提高工商业者成员成为工商界骨干分子的工作。今后的任务，必须在爱国主义教育的基础上，培养集体主义精神，努力克服个人主义和分散主义；必须加强实事求是的作风；要充分发挥非工商业者成员的积极作用。

　　他做工作报告时，讲到一半，插进了自己的话。他提出："本会是一个统一战线的政党，不是一个单一的资产阶级政党；这点仍然是肯定的。一个统一战线的政党，不是一个单一的资产阶级政党，同时也不怕被认为资产阶级政党，而且欣然接受红色资产阶级政党的称号；这在逻辑上是丝毫没有矛盾的。"

　　他的这一观点在民建内部引起激烈的争论。

　　会议期间，通过了《中国民主建国会章程》。新会章规定，民建"是中国人民民主统一战线中的一个民主党派，以中国人民政治协商会议章程的总纲为本会的纲领，在中国共产党领导下，根据国家过渡时期总任务的要求，团结、教育中国民族资产阶级分子积极接受社会主义改造，坚持对国内外敌人的斗争，为建设社会主义社会而奋斗"。（章乃器：《关于"工作报告"的一些补充说明》，载中国民主建国会第一次全国代表大会秘书处编《中国民主建国会第一次全国代表大会汇刊》。民建中央宣传部主编：《中国民主建国会简史》。胡子婴：《我所了解的章乃器》，《人民日报》1957 年 7 月 17 日第 4 版。章立凡：《章乃器与"红色资产阶级"（讨论稿）》，载青田章乃器学术研讨会组委会编《情怀与责任——2019 青田章乃器学术研讨会论文集》）

　　4 月 2 日　粮食部公布《关于加强国家粮食市场工作的指示》，要求各地粮食部门进一步加强对国家粮食市场的领导，实事求是地整顿国家粮食市场的组织，改善某些地区在掌握上偏紧偏松的现象。（赵德馨主编：《中华人民共和国经济专题大事记（1949—1966）》）

　　4 月 12 日　下午，历时十二天的民建第一次全国代表大会闭幕。大会选举了第一届中央委员会，由一百五十七名委员组成。章乃器为委员之一。（《民主建国会全国代表大会闭幕　规定了工作方针任务并选出新的中央领导机构》，《人民日报》1955 年 4 月 14 日第 1 版）

　　4 月 14 日　与黄炎培、盛丕华、孙起孟一起商谈民建常务委员的提名问题。（黄炎培：《黄炎培日记》）

4月15日 十六时，与盛丕华、孙起孟，到黄炎培处商谈问题。"乃器思想大有进步。七时半，民建主席团续会通过前一问题。"（黄炎培：《黄炎培日记》）

4月17日 出席中国民主建国会第一届中央委员会第一次全体会议选举会议。会议选举四十八人组成常务委员会。主任委员为黄炎培，副主任委员为李烛尘、章乃器、南汉宸、盛丕华、施复亮、胡厥文、胡子昂、孙起孟，秘书长由孙起孟兼任。（中国民主建国会第一次全国代表大会秘书处编：《中国民主建国会第一次全国代表大会汇刊》）

4月 全国工商联主任委员陈叔通、民建中常委主任委员黄炎培共同邀请全国工商联、民建中常委在京副主委、常委举行座谈会，就当前国际形势和粮食供销问题交换意见。（黄孟复主编：《中华全国工商业联合会50年大事记》）

5月8日 下午，司徒美堂治丧委员会成立，与林伯渠、李济深、沈钧儒、郭沫若、黄炎培、彭真、陈叔通、李维汉、习仲勋、何香凝、陈嘉庚、蔡廷锴、彭泽民、邵力子、罗隆基等人为治丧委员会成员。（《司徒美堂逝世》，《人民日报》1955年5月9日第1版）

5月26日 应邀来我国访问的印度尼西亚总理沙斯特罗阿米佐约和夫人及其他随同来华访问的人员，由我国驻印度尼西亚大使黄镇和夫人、外交部办公厅主任董越千陪同，于下午二时十五分乘飞机到达北京。章乃器等到机场欢迎。（《沙斯特罗阿米佐约总理到北京受到首都各界十多万人民的热烈欢迎》，《人民日报》1955年5月27日第1版）

5月27日 晚，周恩来举行盛大宴会，欢迎沙斯特罗阿米佐约和他的夫人。章乃器出席宴会。（《周总理设宴招待巴库尔和卡迈尔》，《人民日报》1955年5月28日第1版）

6月1日 晚，毛泽东在中南海宴请沙斯特罗阿米佐约和夫人，章乃器出席作陪。（《毛主席欢宴沙斯特罗阿米佐约》，《人民日报》1955年6月2日第1版）

6月2日 晚，沙斯特罗阿米佐约和他的夫人举行临别宴会，章乃器出席宴会。（《沙斯特阿米佐约举行临别宴会》，《人民日报》1955年

6月3日第1版）

6月3日　八时，沙斯特罗阿米佐约和夫人乘飞机离开北京，章乃器到机场欢送。（《沙斯特罗阿米佐约总理离京　将在华东华南等地参观后回印度尼西亚》，《人民日报》1955年6月4日第1版）

6月14日　在《人民日报》上发表《胡风反革命集团的罪恶事件给予我们的教训》一文。在文中，他表示：思想问题同政治问题是有严格的区别的，在我们的国家里，是没有什么"思想犯"的。但是，作为一个要把自己改造成为社会主义公民的人，却应该把胡风集团的事件当作自己的"当头棒喝"。人民之间的团结必须积极扩大和巩固。只有在扩大、巩固团结的基础上，才能把少数的敌人孤立起来，才有利于用千万双人民的眼睛敏锐地警惕着敌人的每一行动。（《胡风反革命集团的罪恶事件给予我们的教训》，《人民日报》1955年6月14日第3版）

6月25日　应邀来我国做正式访问的越南民主共和国主席胡志明和他所率领的政府代表团，乘专机到达北京。章乃器等人到机场迎接。（《胡志明主席率领代表团到京　毛泽东主席等到机场欢迎》等，《人民日报》1955年6月26日第1版）

6月26日　二十时，周恩来在北京饭店新楼大厅举行盛大宴会，招待胡志明和他所率领的代表团全体团员，并于宴会前一小时在北京饭店中楼大厅举行了酒会，介绍贵宾们同我国各部门负责人和社会各界人士见面交谈。章乃器等人出席宴会。（《周恩来总理举行盛大宴会　招待胡志明主席和越南代表团》，《人民日报》1955年6月27日第1版）

6月28日　晚，胡志明和毛泽东出席了越南驻华大使黄文欢举行的盛大宴会，章乃器等人出席宴会。（《为欢迎胡志明主席和越南代表团访问我国　越南大使黄文欢举行盛大宴会》，《人民日报》1955年6月29日第1版）

7月4日　二十时，出席毛泽东在颐年堂主持召开的第三次最高国务会议。毛泽东、朱德、刘少奇、周恩来、宋庆龄、李济深、陈毅、陈嘉庚、何香凝、张治中、董必武、邓小平、傅作义、李烛尘、沈钧儒、黄炎培、彭真、马叙伦、章乃器、李维汉、许德珩、章伯钧、林伯渠等

出席。（黄炎培：《黄炎培日记》）

7月5日　出席第一届全国人民代表大会第二次会议。会议听取了国务院副总理、国家计划委员会主任李富春做的"关于发展国民经济第一个五年计划的报告"，国务院副总理、财政部部长李先念做的"关于1954年国家决算和1955年国家预算的报告"、国务院副总理兼国防部长彭德怀做的"关于中华人民共和国兵役法草案的报告"、全国人大常委会副委员长彭真做的"全国人大常委会的工作报告"、国务院副总理邓子恢做的"关于根治黄河水害和开发黄河水利的综合规划的报告"、国务院副总理陈云做的"关于粮食的统购统销问题"的报告。会议期间周恩来总理做了关于国际形势和中国外交政策的发言，提出签订亚洲和太平洋地区集体和平公约的建议。（《第一届全国人民代表大会第二次会议的重大任务》，《人民日报》1955年7月5日第1版）

7月7日　《人民日报》发表《第一届全国人民代表大会第二次会议提案审查委员会主任委员和委员名单》，主任委员是李雪峰，委员由章乃器等三十人担任。（《第一届全国人民代表大会第二次会议提案审查委员会主任委员和委员名单》，《人民日报》1955年7月7日第2版）

是日　晚，毛泽东在北京中南海设宴招待胡志明和他率领的代表团全体团员，章乃器等人出席。（《招待胡志明主席和越南代表团　毛泽东主席举行宴会》，《人民日报》1955年7月8日第1版）

7月8日　七时，胡志明和他所率领的代表团团员长征、黎文献、潘英、阮文煊、严春庵、雍文谦、阮维祯、范玉石乘飞机离开北京，他们将到蒙古和苏联访问。章乃器等人到机场欢送。（《胡志明主席和越南政府代表团离北京到达蒙古人民共和国首都乌兰巴托受热烈欢迎》，《人民日报》1955年7月9日第1版）

7月21日　由胡志明率领的越南代表团，于清晨乘专机离开北京回国。章乃器等人到机场欢送。（《胡志明主席和越南代表团回国途中到北京》，《人民日报》1955年7月22日第1版）

7月25日　第一届全国人民代表大会第二次会议继续举行大会讨论，在会上发言的代表和国家机关各部门负责人有：刀京版、胡子昂、陈嘉庚、王鹤寿、章伯钧、马叙伦、江雪山、包尔汉、林巧稚、林文彪、章乃器、廖鲁言、许德珩、张国华、王文山、谢觉哉、张友渔、黄火青、杨思一等十九人。

章乃器在发言中对粮食系统的业务工作做了详细的说明。他说，政府在粮食工作方面每年仍要赔相当多的钱，但是粮食工作中增产节约的潜力是很大的。今后只要做好工作，结合价格的逐步合理调整，是可以在两三年之内做到由少赔而不赔的。目前严重的问题在于一九五四年的费用水平比一九五三年高，今年第一季度的费用水平比一九五四年同期还高。费用增加的主要原因是去年的大水灾，今年三、四月间粮食供应的紧张和许多地方前年、去年入库粮食质量差等，但是粮食部门主观努力不够也是很重要的原因。

他说："我们粮食工作人员为了运粮救灾，运粮稳定市场，完成任务的劲头是很好的，缺点就是有许多人忽视财务成本工作。如上所说，粮食工作在许多地方有时是只能不惜赔钱的。问题在于有许多人把'不惜赔钱'理解为'不计成本'了。他们没有体会到赔钱也是要计算成本的，一计算成本，就可以不赔那些不应赔的钱了。"

章乃器对粮食工作的节约资金、节约费用、改善供应、合理调整价格、加强计划性、克服机构设置和人员编制的混乱现象等问题做了具体分析，并指出了改进这些工作的具体办法。

章乃器着重指出：粮食工作关系着全体人民的生产和生活，只要有百分之几的错误和缺点就可以使几百万以至几千万人遭受损失，同时粮食工作的特点是点多面广，只有依靠广大人民群众的监督，才能纠正工作中的错误和缺点。（《全国人民代表大会代表继续发言》，《人民日报》1955 年 7 月 26 日第 1 版。章翼军：《回忆与怀念——为先父章乃器百岁冥诞暨逝世二十周年而作》，载政协包头市昆都仑区文史学习委员会编《昆都仑文史·章乃器专辑》）

是日 晚上，参加周恩来举行的酒会，招待出席世界和平大会后应邀来我国访问的各国和平代表。（《周总理招待各国和平代表》，《人民日报》1955 年 7 月 26 日第 1 版）

7月30日　出席第一届全国人民代表大会第二次会议的闭幕仪式。（《第一届全国人民代表大会第二次会议闭幕　一致通过五年计划、国家预决算、黄河规划和兵役法等重要议案》，《人民日报》1955年7月3日第1版）

8月5日　出席国务院全体会议第十七次会议，做城市粮食定量供应和农村粮食统购统销的说明，与会者听取说明后加以讨论，并通过和批准了有关的实施办法。（《国务院举行第十七次全体会议》，《人民日报》1955年8月6日第1版）

9月13日　粮食部发出《关于1955年秋粮征收入库工作的指示》，要求各地粮食部门普遍贯彻执行定点划片、依质论价的精神。要加强秋粮入库工作，防止敌特破坏，并正确、及时、全面地掌握粮食入库情况。（赵德馨主编：《中华人民共和国经济专题大事记（1949—1966）》）

10月9日　出席中国人民保卫世界和平委员会主席郭沫若主持的盛大酒会，欢送即将离开北京的世界和平理事会副主席、意大利全国和平理事会主席、意大利社会党总书记南尼一家、意大利社会党执行委员潘齐埃里和意大利全国食品工会书记昂萨奈利。（《郭沫若举行盛大酒会欢送南尼　南尼等在北京同各界人士广泛进行交谈》，《人民日报》1955年10月10日第1版）

10月18日　致函毛泽东，谈学习毛泽东《关于农业合作化问题》一文的体会，函末表示："最后，提出一点建议：应该号召搞宣教工作的人学一点巴甫洛夫的基础知识，让他们从那里找到'与人为善'和'循循善诱'的科学根据，从而减少清规和戒律；同时还可以帮助他们正确地划清唯物和唯心的界限，以至更好地掌握辩证法则。"毛泽东将这封信批给刘少奇、周恩来、陈云、邓小平、彭真、陆定一、陈伯达，他对此批注道："此信的主要目的在这一段，意思是说，我们对资产阶级的清规戒律太多了。"（毛泽东：《对章乃器来信的批语和复信》，载《建国以来毛泽东文稿（第五册）》，中央文献出版社，1991年）

晚上，国务院副总理陈毅举行宴会，招待西藏地区参观团和西藏青年参观团全体人员。在宴会以前，陈毅并接见了西藏地区参观团团长拉鲁·策旺多吉、副团长安钦·定结活佛、仁钦顿珠和西藏青年参观团团长桑颇·登增顿珠、副团长才旺多登、悦希凭卓。章乃器出席作陪。(《陈毅副总理设宴招待西藏两参观团》，《人民日报》1955 年 10 月 20 日第 1 版)

10 月 27 日　致函毛泽东，信中说："我前些时候向您反映的民建郑州市分会说当地私营工厂百分之百有违法行为的情况不准确，这是由于写稿人和签发人对社会主义改造事业的热爱有欠缺，和对违法和不违法界限不清造成的。信中还谈到，下面有很多人在那里随便立法，他们提出的对工商界的要求，比对国家机关和国家企业的要求都高，如果按这些要求衡量，我们粮食部也是违法的。"他在这封信后还附了关于教条主义在民主党派的表现的专题反映等材料。(毛泽东：《对章乃器来信的批语和复信》，载《建国以来毛泽东文稿(第五册)》)

10 月 29 日　下午，毛泽东邀集中华全国工商业联合会执行委员会的委员，座谈关于如何更适当地进行私营工商业的社会主义的改造问题。中华全国工商业联合会主任委员陈叔通、副主任委员李烛尘、南汉宸、章乃器、许涤新、孟用潜、盛丕华、荣毅仁、陈经畲、黄长水、胡子昂、巩天民，以及齐集在北京开会的执行委员会的委员们应邀出席。(《研究私营工商业社会主义改造问题　毛主席邀工商联执委委员座谈》，《人民日报》1955 年 10 月 30 日第 1 版)

毛泽东与章乃器曾有如下对话：

"骂社会主义来得早的固然有，但我要乐观些，我认为欢迎社会主义早来的要多些，因为他们过去受官僚资本的压迫……"章乃器说。

"不一定见得，国民党并没有搞掉他们的剥削制度。"毛泽东表示了异议。

"他们对制度感觉不到，他们注意的是工作、生活。帝国主义同官僚资产阶级要毁灭他们，我们则安排他们，少数人不舒服，多数人好了，生产增加，利润好了，收税的人来了不发抖……"章乃器作了进一步的解释。

"你主观主义。你是主张红色资本家的，我们大有合作之势。"毛泽东笑道。

"因为社会主义的优越性，现在资本家怕共产主义不如解放之初怕共产党。我是乐观派，主张调查一下。过去帝国主义搞倾销，官僚资本搞金圆券，没有安排，反被挤垮⋯⋯"

"总有人要被挤下台的。我们民主党派上了台不会下台⋯⋯多数人是能改变的，民族资产阶级不要像官僚资产阶级、地主一样打击。究竟是先挤垮后收容好呢，还是不挤垮好呢？现在不先挤垮，抵触、破坏可少些，看起来似乎慢一点，但整个生产力是向上的。农业也是一样，必须增加生产，使忧虑慢慢减少，说服家属朋友，波浪式地扩大。不要误会今天谈了明天回去就要共产，少数人开了会回去做宣传，有想得通的，有想得比较通的，有想不通的，参差不齐。"（卢之超主编：《毛泽东与民主人士》，华文出版社，1993年）

11月1日 上午，中华全国工商业联合会第一届执行委员会第二次会议在北京开幕。出席这次会议的有：中华全国工商业联合会执行委员会主任委员陈叔通，副主任委员李烛尘、南汉宸、章乃器、许涤新、孟用潜、盛丕华、荣毅仁、陈经畲、黄长水、胡子昂、巩天民和委员共一百七十四人。列席五十一人。

会议听取了陈叔通的题为"适应国家的社会主义经济建设发展的形势，为进一步推动全国工商业者积极接受社会主义改造而奋斗"的报告，以及全国工商业联合会两年工作报告、两年财务报告和关于工商联若干组织问题的初步意见的报告。会议将讨论这些报告。（《进一步推动工商业者接受社会主义改造　全国工商联执委会会议开幕》，《人民日报》1955年11月2日第1版）

下午，中国共产党中央统一战线工作部邀请中华全国工商业联合会执行委员会的委员们举行座谈会，由国务院副总理陈云做关于资本主义工商业社会主义改造问题的报告。

陈叔通、李烛尘、南汉宸、章乃器、许涤新、孟用潜、盛丕华、荣毅仁、陈经畲、黄长水、胡子昂、巩天民以及出席全国工商业联合会第一届执行委员会第二次会议的委员们应邀出席。（《中共中央统一战线工作部

邀工商联执委举行座谈会　陈云副总理作私营工商业改造问题的报告》，
《人民日报》1955 年 11 月 2 日第 1 版）

是日　毛泽东致章乃器信函：前后两信均已收到阅悉。感谢通知我这
些情状和你的意见。干部中的片面观点总是会有的，要好好帮助他们学会
实事求是、全面分析的方法。附件还来不及看，待看后奉还。（中共中央
文献研究室编：《毛泽东书信选集》）

11 月 12 日　全国人民代表大会常务委员会办公厅和中国人民政治协
商会议全国委员会秘书处为了使代表和委员在出发视察工作前能了解目
前城乡工作概况，于今天和十一月十四日举行了两次报告会，请章乃器
介绍了粮食统购统销的情况，国务院第八办公室副主任许涤新介绍了资
本主义工商业改造的情况，农业部部长廖鲁言介绍了农业生产和农业合
作化运动的情况，中央手工业管理局副局长邓洁介绍了手工业合作社的
情况。（《全国人民代表大会代表等开始到各地去视察工作》，《人民
日报》1955 年 11 月 18 日第 1 版）

11 月 13 日　晚上，出席北京市市长彭真举行的盛大酒会，招待日本
访华两团体。周恩来、陈毅、李济深、沈钧儒、郭沫若、陈叔通、章伯钧、
包尔汉、傅作义、习仲勋、谢觉哉、史良等人出席。（《彭真市长举行
酒会招待日本访华两团体》，《人民日报》1955 年 11 月 14 日第 1 版）

11 月 16—24 日　中央政治局召集有各省、市、自治区党委代表参加
的资本主义工商业改造的会议，讨论并通过了《中央关于资本主义工商业
改造问题的决议（草案）》（1956 年 2 月 24 日，中央政治局做了个别的修改，
追认为正式决议）。决议指出："我们对于资产阶级，第一是用赎买和国
家资本主义的方法，有偿地而不是无偿地，逐步地而不是突然地改变资产
阶级的所有制；第二是在改造他们的同时，给予他们以必要的工作安排；
第三是不剥夺资产阶级的选举权，并且对于他们中间积极拥护社会主义改
造而在这个改造事业中有所贡献的代表人物给以恰当的政治安排。"在对
较大的私营企业实行公私合营的基础上，把对私营工商业的社会主义改造
从个别企业公私合营推进到全行业公私合营，实行定息制度。这是从资
本主义私有制过渡到完全的社会主义公有制的具有决定意义的重大步骤。

（《中国共产党大事记（1955 年）》，人民网，2011 年 5 月 9 日）

11 月 21 日 全国工商业联合会执行委员会会议结束。（《中国共产党大事记（1955 年）》）

11 月 在河北省工商联会上做报告，他说："中国工商界经过数年改造，思想一天天进步，再经过若干年，不会不能成为社会主义的公民，这是老老实实的想法。但我们也遇到自命为聪明的人，这种人能说一句马列主义的话，就自命为理论家。……用一两句成语来说明问题和解决问题，这种教条主义要犯严重的错误。"（《章乃器反对国家的总路线》，《光明日报》1957 年 7 月 21 日第 2 版）

12 月 15 日 港九地产公司正式关闭。（章翼军：《回忆与怀念——为先父章乃器百岁冥诞暨逝世二十周年而作》，载政协包头市昆都仑区文史学习委员会编《昆都仑文史·章乃器专辑》）

是年 委托粮食部总务科长张中轩到浙江遂昌，把前妻王镜娥接到北京，安排她住在粮食部招待所。据章翼军回忆："她和父亲已经二十多年没有见过面了。父亲专门去看望过两次，畅叙别情。他们的感情一向很好。这次重逢，真是别有一番滋味在心头。后来，母亲就和我们住在一起。在北京是和我妹妹一块住。在困难时期，他多次托人给母亲送去白糖、食品和布料。母亲是一位非常善良的旧式妇女，乐善好施，于 1963 年在包头去世，终年六十八岁。"（章翼军：《回忆与怀念——为先父章乃器百岁冥诞暨逝世二十周年而作》，载政协包头市昆都仑区文史学习委员会编《昆都仑文史·章乃器专辑》）

是年 向中国人民保卫世界和平委员会捐赠一批文物。（章立凡：《收藏家的文化精神——章乃器收藏往事》，载故宫博物院编《捐献大家章乃器》）

是年 获柳亚子赠送立轴一幅，上书：青田人物数南章，肯与刘基作雁行。驰誉不同明七子，赏音谁是蔡中郎？范滂抗节犹钩党，管仲匡时亦重商。二字天真君谥我，杜陵李白太寻常。（章立凡：《君子之交如水》）

1956 年　60 岁

4月25日，毛泽东在中央政治局扩大会议上做"论十大关系"的报告。

4月28日，中共中央政治局扩大会议提出"百花齐放""百家争鸣"的方针。

7月26日，中共中央同意国务院发出的《关于对私营工商业、手工业、私营运输业的社会主义改造中若干问题的指示》。要求对没有参加定股定息的公私合营商店和合作商店的小商贩，应在自愿原则下，逐步地、分期地、分行分业地组成分散经营、各负盈亏的合作小组。

9月15日，中国共产党第八次全国代表大会在北京召开。

1月30日　出席中国人民政治协商会议第二届全国委员会第二次全体会议。

2月2日　《人民日报》刊发中国人民政治协商会议第二届全国委员会第二次全体会议委员名单，章乃器位列其中。

2月3日　下午，中国人民政治协商会议全国委员会第二次全体会议继续举行。会上，章乃器代表提案审查委员会做关于提案审查报告的说明。会议对报告进行了讨论。（《政协全国委员会继续开会》，《人民日报》1956年2月4日第1版）

2月7日　十七时，中国人民政治协商会议第二届全国委员会第二次全体会议闭幕。会议通过了周恩来关于政治报告的决议和李济深关于常务委员会工作报告的决议。章乃器做关于提案审查的报告，会议通过了关于提案审查报告的决议。

在这次会议中，除了出席委员和列席人员在三十六个小组会上分别进行讨论以外，在大会上发表意见的有二百三十五人。在这次会议中，收到的提案有一百二十五件。在这些发言和提案中，大家提出了很多好的意见和积极的建议，有的还进行了批评和自我批评。这一切，都表现了会议的民主精神的发扬，表现了大家在社会主义革命高潮中积极性的发挥，也表现了人民民主统一战线的巩固和扩大。周恩来说，在社会主义改造和建设事业中，中国人民政治协商会议应该更充分地发挥协商和团结的作用，希望各省、市、自治区的人民政协也能召开这样的会，充分地发扬民主，讨论和协商当地许多应该协商的重要问题，来更好地巩固和扩大我们的人民民主统一战线。（《政协全国委员会第二次全体会议闭幕　周恩来主席号召更好地巩固和扩大人民民主统一战线》，《人民日报》1956年2月8日第1版）

2月14日　下午，出席周恩来主持的酒会，欢迎柬埔寨王国首相西哈努克亲王和他率领的代表团全体人员。贵宾们还会见了章乃器等人。（《周恩来总理举行酒会　欢迎柬埔寨王国国家代表团》，《人民日报》1956年2月15日第1版）

2月15日　晚，西哈努克亲王和他所率领的代表团全体人员，应邀出席周恩来为欢迎他们而隆重举行的有六百人参加的宴会，章乃器出席。（《周恩来总理设宴招待柬埔寨王国国家代表团》，《人民日报》1956年2月16日第1版）

3月11日　《人民日报》刊登《全国先进生产者代表会议筹备委员会名单》，章乃器为委员。

3月14日　以中国民主建国会副主任委员的身份，到波兰人民共和国驻华大使馆，吊唁波兰统一工人党中央委员会第一书记、全波委员会主席贝鲁特逝世。（《首都各界人士和各国驻华使节到波大使馆吊唁贝鲁特逝世》，《人民日报》1956年3月15日第1版）

春　征得上川企业公司股东们的同意，把该公司的海外子公司——港九地产的房产出售，清算后分给股东，关闭了全部企业。（章立凡：《不带走一片云彩——章乃器收藏记忆》，载吕章申主编《爱国情怀：章乃器捐献文物》）

4月6日　以苏联部长会议第一副主席米高扬为首的苏联政府代表团乘飞机抵达北京。中国民主建国会副主任委员章乃器等到机场欢迎。（《米高扬率领苏联政府代表团到达北京　周恩来总理举行宴会欢迎代表团》，《人民日报》1956年4月7日第1版）

4月9日　早晨，米高扬和乌兹别克共和国最高苏维埃主席团主席拉希多夫结束了在中国的访问后，乘飞机离开北京。章乃器等人到机场欢送。（《米高扬和拉希多夫离开北京》，《人民日报》1956年4月9日第1版）

4 月 16 日　出席全国轻工业先进生产者代表会议的开幕式并讲话。
（《全国三十五个轻工业行业　先进生产者代表会议开幕》，《人民日报》
1956 年 4 月 17 日第 1 版）

4 月 30 日　《人民日报》刊登《全国先进生产者代表会议主席团名单》，
章乃器为主席团成员。

5 月 8 日　晚，贺龙副总理举行宴会，欢迎来自祖国各地的八个少数
民族参观团，章乃器等人出席。（《贺龙副总理欢宴八个少数民族参观团
并接见了越南民主共和国少数民族代表团》，《人民日报》1956 年 5 月 8
日第 1 版）

5 月底　章乃器以全国人大代表的身份到上海视察陈信的粮食加工企
业，与阜新面粉厂的孙仲立吃饭。他要求与民建和工商联的领导同志们见
见面，谈谈毛主席的"十大关系"。那天，他是用"民主自由"这个题目
开场，特别强调各民主党派与共产党的关系；还说他向来主张人家发牢骚，
鼓励人家发牢骚，说这是视察的秘诀……章乃器在那次座谈会上还谈及民
建和工商联两会的工作，他认为工商业者的积极性没有得到发挥，头没有
抬起来，是与两会的领导作风有关的；两会领导上有严重的教条主义……
（上海市工商联档案资料；《章乃器破坏土改五毒俱全到处点火》，《光
明日报》1957 年 7 月 21 日第 2 版）

6 月初　赴浙江视察粮食工作，陪同视察的有粮食部副部长、党组副
书记黄静波、浙江省粮食厅厅长曾绍文、浙江省政协常委杜伟等人。（陈
木云：《章乃器回乡小记》，载青田县章乃器研究会、青田县文联编《青
田名贤章乃器》。章翼军：《回忆与怀念——为先父章乃器百岁冥诞暨逝
世二十周年而作》，载政协包头市昆都仑区文史学习委员会编《昆都仑文
史·章乃器专辑》）

6 月 6 日　九时许，到达青田县人民委员会（县人民政府）大院，回
故里小源（今东源镇）看望乡亲，了解民情。当时尚未通公路，要走十五
里的小路，从船寮街出发，经徐岙、舒庄、项村，在白门滩过溪，到上项，
再到东源。章乃器那时已年近花甲，陪同人员怕他走长路太辛苦，准备找
一种叫"竹笕"的山轿接他回家，可是他拒不接受，说："我回来看看，

坐这个像什么？"接着又说："大家一起慢慢走，让我看看家乡的田地山水……"到了东源，章乃器被迎到万山区公所楼上，小憩片刻后，就急着下楼，要走一走，看一看。当时区公所就设在章乃器世交赵志垚的故居"天水旧家"（今东源镇东里后街24号）。他下楼后，随意环视了一下这座砖墙瓦房的建筑，即坐在正间的藤椅上休息一下，用家乡话与乡亲们拉家常，探问百姓疾苦。他关切地问"乡亲们能不能吃饱饭"，当大家说粮食不够吃，只能吃上很稀的稀饭和番薯丝时，他听了难受。

在故居遗址上看到广玉兰和女贞子两棵树时，对随行人员说为过去与家人亲手所植。

中午，在区公所食堂用餐。下午，在区公所楼上会议室召开座谈会，全面了解农村粮食产、购、销和群众生活情况。东源村有七八位村民参加座谈，乡亲们纷纷反映：干部虚报产量，使老百姓吃了大亏，许多人饿肚子，就连番薯干汤也喝不上几口。章乃器听罢，心情更加沉重。下午三四点钟，章乃器告别东源乡亲，区公所找来两只毛竹排（筏），章乃器一行即坐小竹排到船寮，再坐车回县城。晚上住在西门外的县委宿舍。（陈木云：《章乃器回乡小记》，载青田县章乃器研究会、青田县文联编《青田名贤章乃器》）

6月7日 视察了青田县看守所。看了这里的伙食情况后，他曾说，"里面（指关押）的生活也太苦了"。随后，章乃器走进太鹤山麓的青田中学校园看望学生，并详细询问学生的学习、生活情况，得知初中生一个月只有二十四斤口粮，不够吃。当时有人问他："你对家乡印象怎样？"章乃器说："我在中央耳闻（下面汇报）目睹（报纸报道），浙南地区粮食自给有余，还有外调，颇感高兴。可是回来一看，群众粗粮不够，细粮更缺，个个面黄肌瘦。这次我回中央一定如实汇报。"接着他又说："我当粮食部长，'只顾自己肚饱，不管别人镬（锅）漏'，哪能行啊！"事后，章乃器及时将所见所闻向浙江省和中央领导反映，并调拨了一批救急的粮食，使群众摆脱了困境。不久，全省初中生的口粮标准提高到每月三十一至三十三斤。

在青田期间，他还先后视察了青田县石刻生产合作社（青田县石雕厂前身）、地方国营青田碾米厂，公私合营青田县电力厂、县粮食局等单位。走访老朋友、亲属。（陈木云：《章乃器回乡小记》，载青田县章乃器研究会、青田县文联编《青田名贤章乃器》）

6 月 15 日　第一届全国人民代表大会第三次会议在北京召开。章乃器为本次会议提案审查委员。（《全国人民代表大会第三次会议提案审查委员会主任委员的委员名单》，《人民日报》1956 年 6 月 16 日第 1 版）

6 月 18 日　提案审查委员会举行了第一次会议，互推章乃器、曹荻秋为副主任委员，通过了提案审查委员会工作方案；并且根据工作方案分设了综合、工业交通、农林水利畜牧、财金贸易、文教科学卫生等五个专业审查组，通过了委员分组名单和各组召集人名单。（《提案审查工作完成》，《人民日报》1956 年 6 月 26 日第 1 版）

6 月 25 日　第一届全国人民代表大会第三次会议提案审查委员会对这次会议收到的全部提案完成了审查工作。（《提案审查工作完成》，《人民日报》1956 年 6 月 26 日第 1 版）

6 月 26 日　下午，第一届全国人民代表大会第三次会议继续举行全体会议，在会议上发言的人民代表和国家机关各单位的负责人共有十七人。章乃器发言，总结了一年以来的粮食工作。他认为粮食工作有了很大的改进，市、镇定量供应的标准大体上符合需要，全国的粮食局势是很稳的。我们可以抗得住任何天灾，通过合作社做好粮食工作，统一对粮食加工工作的领导，使人民吃到清洁、新鲜、富于营养的粮食，适当满足群众对于粮食多样化的要求，使人民群众在计划限制下能有调剂的自由，推广米糠榨油和混合饲料的加工，改善职工生活，培养技术人才。粮食部门的财务情况有根本好转。

摘要　在近一年间，粮食部门的财务情况有了根本的改变。自从去年春天粮食部的领导思想取得一致，肯定了经济核算制，批判了供给制思想，共同向各省、市粮食厅、局布置财务盈亏指标以后，结合客观条件的好转，去年下半年便由亏损转为盈余。分省、市来看，最突出的是浙江省，1954 年亏损两千四百九十三万元，去年转为盈余六百五十六万元，费用水平比 1954 年降低了百分之三十点六九，仅为卖钱额的百分之九点五八。此外也还有一些成绩很差的单位。这说明了粮食部门的节约潜力是很大的。活生生的事实批判了过去那些认为粮食工作注定要赔钱和赔钱才能稳定粮食市场的保守思想。现在看来，尽管当时有许多不利的客观因素，只要有足够的主观努力，做到少赔以至不赔仍然是可能的。目前的一般规律是：只要那个地方的领导上重视了财务工作，就往往可以做到既能稳定粮食市场，又能为国家积累资金，只有很少数情况特殊的地区是例外。从今年开始，粮食部门将能够经常每年上交为数不多的利润。

粮食部门盈余的获得，主要依靠点滴的节约。分区产销平衡合理运输制度的实行，使得我们可以减少省间运输量一百多万吨，再加上文所论的基层合理运输的贯彻，全年可以节约运费一亿多元。这是一个最大的节约项目，但也是由各地区、各基层点逐批逐笔地精打细算、点滴积累起来的。点滴节约的最生动的例子是旧面粉袋给价收回再用，看来是微小不过的事情，但全国每年就可以为国家节约两千八百多万元，那就不是一件小事情了。（《全国人民代表大会继续进行大会发言》，《人民日报》1956 年 6 月 27 日第 1 版。《一年来的粮食工作——粮食部长章乃器的发言》，《人民日报》1956 年 6 月 29 日第 1 版。章翼军：《回忆与怀念——为先父章乃器百岁冥诞暨逝世二十周年而作》，载政协包头市昆都仑区文史学习委员会编《昆都仑文史·章乃器专辑》）

6 月 30 日　第一届全国人民代表大会第三次会议批准一九五五年国家决算和一九五六年国家预算，通过了《高级农业生产合作社示范章程》、关于全国人大常委会工作报告的决议、关于修改地方各级人民代表大会和地方各级人民委员会组织法第二十五条第二款第四项、第五项规定的决议。会议还通过了这次会议的提案审查意见。（《第一届全国人民代表大会预算委员会关于 1955 年国家决算和 1956 年国家预算的审查报告》，《人民日报》1956 年 6 月 30 日第 1 版）

7 月 11 日　晚上，出席民建中央常务委员会举行的扩大会议，座谈中国共产党和各民主党派长期共存、互相监督的方针。黄炎培主持了这次会议。章乃器表示，民建中央准备全面检查并改进自己的工作，希望大家多提意见。他说，民建若是害怕发扬民主，就不能负起长期共存、互相监督的责任。会议于十二日结束。(《在长期共存互相监督的方针下 民建中央讨论加强工作的问题》,《人民日报》1956 年 7 月 14 日第 1 版)

7 月 13 日 下午,出席国务院全体会议第三十五次会议,在听取章乃器的说明后,讨论并在原则上批准了一九五六至一九五七年度国家粮食收支计划和国务院关于农业生产合作社粮食统购统销的规定。(《国务院举行全体会议 批准有关高等学校招生等事项》,《人民日报》1956 年 7 月 14 日第 1 版)

9 月 21 日 上午,参加印度尼西亚国会代表团与中国人民政治协商会议全国委员会和各民主党派负责人就中国各政党的团结一致问题的座谈。座谈会由中国人民政治协商会议全国委员会副主席、中国农工民主党主席、中国民主同盟副主席章伯钧主持。

出席座谈会的有政协全国委员会副主席包尔汉,中国民主建国会副主任委员章乃器、胡子昂,中国民主促进会副主席许广平,九三学社主席许德珩,中国国民党革命委员会秘书长梅龚彬,政协全国委员会秘书长邢西萍等。(《印度尼西亚国会代表团同我民主党派负责人座谈我国各政党团结一致的问题》,《人民日报》1956 年 9 月 22 日第 1 版)

10 月 11 日 民建中央连续举行了十五次中央常务委员会扩大会议,发动与会人员敞开各自观点,进行自由论证。会议上,章乃器谈到毛泽东与他的另一次谈话:"有一次毛主席在最高国务会议上曾指着我说,'我很同意你的红色资产阶级的说法,难道我们还允许白色资产阶级存在?'我提的是'红色资产阶级政党',既然可以说'红色资产阶级',有什么不可以说'红色资产阶级政党'?"

会议通过讨论,形成了民建中央常务委员会工作报告,并通过了《关于在 1956 年 10 月 11 日到 10 月 29 日 15 次中央常务委员会扩大会议上讨论章乃器同志所提出的几个主要原则问题的情况和意见向第一届中央委员会第二次全体会议的报告》。在这一报告中,民建中央常务委员会请求一届二中全会作出决定的问题有两个:一是对当前中国民族资产阶级的两面性的看法问题;另一个是在中国共产党提出和各民主党派长期共存、互相监督的方针以后,民建应当如何接受中国共产党的领导,进一步协助国家彻底完成对资本主义工商业社会主义改造的问题。这些文件以及章乃器十一月六日写的《关于两面性、思想教育工作、对党的态度、理论性问题的讨论等若干原则问题的意见》，一并发给一届二中全会的与会人员。（民建中央宣传部主编：《中国民主建国会简史》。章乃器：《在民建第一届中央常务委员会第十四次会议上的发言》，1956 年 10 月 11 日。章立凡：《章乃器与"红色资产阶级"（讨论稿）》，载青田章乃器学术研讨会组委会编《情怀与责任——2019 青田章乃器学术研讨会论文集》）

10 月 20 日 《人民日报》刊登《鲁迅逝世二十周年纪念大会主席团名单》，主席团由各界人士八十五人组成，章乃器位列其间。

10 月 25 日 晚上，出席周恩来在北京饭店举行的宴会，欢迎缅甸联邦反法西斯人民自由同盟主席吴努和他的夫人访问中国。（《周总理设宴欢迎吴努主席》，《人民日报》1956 年 10 月 26 第 1 版）

11 月 5 日 中国民主建国会第一届第二次会议在北京正式举行。参加会议的有一百九十八人，中央委员一百三十三人，地方组织的负责人和积极分子六十五人。黄炎培致开幕词，李烛尘作《中央常务委员会工作报告》。会议审议通过了《关于中央常务委员会工作报告的决议》《关于当前工作方针、任务的决定》《关于讨论当前几个重要原则问题的决议》等文件。会议期间，主要围绕章乃器提出的关于中国民族资产阶级的两面性问题展开讨论。章乃器的主要观点包括：①在社会主义革命阶段，中国民族资产阶级的两面性，就是社会主义和资本主义的两面性；在全行业公私合营后，资产阶级的资本主义的一面，也就是经济上的一面已经不存在了，或者基本不存在了。章乃器提出，八大政治报告中"改变生产资料私有制为社会主义公有制这个极其复杂和困难的历史任务，现在在我国已经基本完成了""这句话能不能解释为民族资产阶级政治上和经济上的两面性的物资基础已经基本上消灭了，如果可以那样解释，那么我们就可以说：民族资产阶级政治上和经济上的两面性也已经基本上消灭了，留下的只是残余或者尾巴罢了。"②在全行业公私合营后，就资产阶级分子来说，所谓两面性只是一个思想问题，这不只是工商界的问题，也是许多人所公有的长期的思想改造问题。章乃器说："至于思想作风的两面性，一般不能作为两面性来提；从旧社会来的人都有光明的一面和阴暗的一面，那是长期思想改造问题。不单是工商界这样，许多人都是这样。"③在现阶段再提"两面性"，会否定党中央和毛泽东提出的民族资产阶级是积极因素的提法，会有碍于工商界积极性的发挥，会动摇他们的信心。决议摘要发表于十一月十七日出版的《人民日报》上。（民建中央宣传部主编：《中国民主建国会简史》。《关于讨论当前几个重要原则问题的决议》，《人民日报》1956年11月17日第4版）

11月6日 写下《关于两面性、思想教育工作、对党的态度、理论性问题的讨论等若干原则问题的意见（初稿）》。

他就社会主义改造完成后如何评价中国民族资产阶级的两面性问题，与民主建国会中的一部分同事产生了争论，本文是他就这一问题表述自己观点的讨论稿。他在文中表示：一个人对某一个问题的看法，从发生到成熟，要经过反复思考、反复讨论、反复写作的过程。脱口而出的话往往不可能全面；初步提出的意见也往往不会成熟，要在同志之间提倡自由讨论甚至自由争论的风气，就是为着能在反复讨论和争论的过程中，互相提高，达到意见的逐步成熟。

摘要 一个人对某一个问题的看法，从发生到成熟，是要经过反复思考、反复讨论、反复写作的过程。脱口而出的话往往不可能全面；初步提出的意见也往往不会成熟，要在同志之间提倡自由讨论甚至自由争论的风气，就是为着能在反复讨论和争论的过程中互相提高，达到意见的逐步成熟。我体会到，党所要求的扩大民主生活的尺度，是远远超过某些同志的看的。我所理解的党的看法是这样。扩大民主生活并不会削弱集中，而只会有利于集中。实际的结果也正是这样；党中央提出了十项关系以后，大家对党更加热爱了，向心力更强了。的确我们民主和集中是完全可以结合的。我们要同资本主义国家进行和平竞赛，而且完全相信最后胜利属于我们。我们不仅要在工业化的速度、国民经济发展的速度和人民生活提高的速度等方面同它们竞赛，还要在政治上的民主自由方面同它们竞赛。应该相信，尽管扩大民主生活，在我国也出现了政治路线上的反对派。对于社会主义改造政策，甚至连"资本家也找不出任何一个站得住脚的理由来拒绝或者反对"，这难道不是事实？资本主义国家的中小资本家的生活也并不是那么美妙的，他们对于自己命运前途也是苦闷的。通过和平竞赛，把中国民族资产阶级的榜样——特别是他们所最关心的民主自由的榜样显示给他们看，慢慢地，随着形势的发展，是可以影响他们，扩大他们同垄断资本家之间的矛盾。做统战工作的人，尤其是做国际统战工作的人，必须掌握"原则性愈强、灵活性愈大"的规律，也必须掌握"人的性格极端复杂，人类愈进化，人的性格愈复杂"的规律。"人心之不同有如其面"这句古语是很科学的。教条主义的僵硬死板的做法，是完全不相宜的。（章立凡选编：《章乃器文集（下卷）》）

11月10日　中国共产党委员会举行第二次全体会议，于十五日结束。会议的议程是：①目前的时局；②一九五七年度国民经济发展计划和财政预算的控制数字；③粮食和主要副食品（猪肉和食油）问题。这些问题分别由刘少奇、周恩来、陈云做了报告。周恩来在报告中还阐明了经济建设的几个方针性问题，如又要重工业、又要人民的原则，建立完整的工业体系的目标，第一个五年计划的成绩和教训等。毛泽东做会议总结。毛泽东首先讲了经济问题，指出计划经济是又平衡又不平衡。第一个五年计划根本正确。其次讲了国际形势问题，指出吸取波兰事件、匈牙利事件的教训。再次讲了中苏关系问题。最后讲了大民主小民主的问题，指出要开展整风运动。（赵德馨主编：《中华人民共和国经济专题大事记（1949—1966）》）

11月11日　为中国人民支援埃及反抗侵略委员会委员。该委员会召开第一次全体会议，决定成立委员会的各个工作机构，负责动员与登记志愿去埃及支援埃及人民反抗侵略战争的军事人员、医务人员、工程技术和交通运输人员，征募与收集支援埃及的各项物资，继续在全国大规模地开展以实际行动支援埃及反抗侵略的运动。（《支援埃及反抗侵略委员会成立各个工作机构　登记志愿人员　征募援埃物资　并建议全国各省市成立地方委员会》，《人民日报》1956年11月12日第5版）

11月16日　下午，毛泽东、刘少奇、周恩来、陈云、邓小平接见全国烈属、军属、残疾军人、复员军人、社会主义建设积极分子大会的全体

代表。章乃器出席。(《中共中央领导人　接见积极分子和先进工作者》,
《人民日报》1956 年 11 月 17 日第 1 版)

11 月 17 日　出席第一次全国粮食先进工作者代表会议闭幕式,给到
会的先进工作者和先进单位的代表颁发奖金和奖状。(《全国粮食先进工
作者代表会议闭幕　三百多项先进经验将在全国推广》,《人民日报》
1956 年 11 月 18 日第 1 版)

是日　《人民日报》发表《中国民主建国会一届二中全会　关于讨论
当前几个主要原则问题的决议(摘要)》。

章乃器认为:"分歧不是根本的两面性有无的问题,而是政治、经济
上两面性残存的程度问题和两面性的提法应否适用于思想作风的问题",
他的想法既然政治经济上的消极面已经是残余,而目前存在的问题主要是
思想作风还有消极的一面,"那么,与其笼统地提两面性,还不如在大力
鼓舞生产经营积极性的前提下,具体地指出必须改造的那些资本主义的思
想作风"。他认为,人们习惯于把两面性看作政治、经济上的专用词;一
旦把它的适用范围扩大到思想作风的领域,容易引起混乱,需要做很多的
说明工作才能解释清楚的,甚至经过说明,仍然是口服心不服。故此,需
要"审慎而有分析地运用名词"。"这一个分歧之所以发生,可能是由于
我和其他的一些同志在现阶段的思想教育方针的认识上还有距离。"他的
认识是为有助于解决当前我国先进的社会制度和落后的社会生产力之间的
矛盾,适应我国已经由社会革命进入技术革命的新形势,现阶段对私方人
员的思想改造的主要任务,在于充分发动他们的生产经营积极性,帮助他
们在岗位工作中取得成就,使他们能够更自然、更愉快地接受社会主义思
想;现阶段的政治理论学习,以社会主义学院的学习方法和政协全国委员
会的指示为例,都在轻松愉快的气氛中自觉地接受马列主义。他认为"没
有两面性了""两面性完全没有了""不应该再提两面性了",都并不是
他的意见,自己没有必要提出答复。他希望今后在讨论中能够养成老实的
风气。老实是学习马列主义的基本条件。

11 月 19 日　中华全国工商业联合会第一届执行委员会常务委员会举
行的第六次扩大会议。出席会议的有主任委员陈叔通、副主任委员李烛

尘、章乃器、盛丕华、荣毅仁、巩天民及常务委员，部分在京执行委员等一百一十四人。

这次常委会主要是为十二月初召开的全国工商联第二届代表大会做准备，并且要讨论第二届代表大会的文件及有关问题。会议于十一月二十四日结束。（《全国工商联举行常委扩大会议　讨论召开工商联第二届代表大会的准备工作》，《人民日报》1956年11月22日第1版。黄孟复主编：《中华全国工商业联合会50年大事记》）

11月21日　中共中央、国务院发出《关于当前粮食工作的指示》，指出必须及时完成粮食征购任务，同时，采取压缩城乡粮食供应、实行凭粮票供应等措施，迅速控制粮食销量，以保证实现本年度的粮食购销计划。（赵德馨主编：《中华人民共和国经济专题大事记（1949—1966）》）

12月3日　新华社主办的《内部参考》刊登了《民建一届二中全会批评章乃器的一些情况》。文中说，不久前闭幕的中国民主建国会中央委员会第一届第二次全体会议，对章乃器进行了严肃的批评。简要介绍了章乃器的主要论点和有关情况。章乃器称民族资产阶级的两面性在全行业合营后基本消失了。至于思想作风的两面性，是一个长期的思想改造的过程。还说"各民主党派发出号召学习八大文件时歌功颂德，是礼多人不怪"。民建一届二中全会批评了章乃器的上述观点，指出"在资本主义工商业全行业公私合营后，中国民族资产阶级的两面性还是存在的。否定或者不提这一说法，必然会模糊当前民族资产阶级与工人阶级之间的关系，从而使人忽略当前的矛盾和阶级斗争，对于我国的社会主义改造和社会主义建设都是不利的"。

12月8日　晚上，毛泽东邀集中华全国工商联合会第二届会员代表大会的各省市代表团负责人，座谈如何进一步发挥工商界人士的积极作用。毛泽东说：中国的资产阶级是爱国的资产阶级，但是不要说是红色资产阶级。民族资产阶级中有先进的、中间的、落后的，颜色不一，思想状态不一，并且有两面性，有进步的一面，有落后的一面。这是合乎事实的。因此，就有一个任务，就是学习。如果说都是好的，那就不符合事实了，也就不要学习了，变成圣人了。（毛泽东：《同工商界人士的谈话》，载《毛

泽东文集（第七卷）》。赵德馨主编：《中华人民共和国经济专题大事记
（1949—1966）》）

12 月 10 日　出席中华全国工商业联合会第二届会员代表大会。这次
会议出席的代表共有一千零五十人，于二十三日结束。（黄孟复主编：《中
华全国工商业联合会 50 年大事记》）

12 月 24 日　全国工商联第二届执行委员会第一次会议召开，出席执
行委员一百九十三人。这次会议选举出陈叔通等六十八人为全国工商联第
二届执行委员会常务委员会常务委员。同时，选举陈叔通为全国工商联第
二届执行委员会主任委员，李烛尘、章乃器、许涤新、盛丕华、荣毅仁、
黄长水、胡子昂、巩天民、沙千里、吴雪之、乐松生、毕鸣岐、邓文钊、
韩望尘等十五人为副主任委员，项叔翔为秘书长。会议还通过了副秘书长
人选。（《中华全国工商业联合会第二届执行委员会执行委员名单》《全
国工商联选出新的领导人员》，《人民日报》1956 年 12 月 24—25 日第 2—
4 版。黄孟复主编：《中华全国工商业联合会 50 年大事记》）

1957 年　61 岁

　　2 月 27 日，第十一次最高国务会议（扩大）在北京召开，毛泽东主持，并作《关于正确处理人民内部矛盾的问题》。

　　4 月 25 日，第一届中国商品交易会（广交会）在广州举行。该交易会于 5 月 25 日结束。

　　5 月 1 日，《人民日报》刊载了中共中央在 4 月 27 日发出的《关于整风运动的指示》。

　　2 月 27 日　到中南海怀仁堂出席最高国务会议第十一次扩大会议，听取毛泽东所作的《关于正确处理人民内部矛盾的问题》的讲话，讲话提出要把正确处理人民内部矛盾作为国家政治生活的主题。（黄孟复主编：《中华全国工商业联合会 50 年大事记》）

　　是日　修改一九五六年十一月十七日提交中国民主建国会一届二中全会的书面发言稿。

　　3 月 5 日　出席政协二届三次会议。会议通过了政协二届三次会议的政治决议、关于常务委员会工作报告的决议和关于增产节约问题的决议。在会议中，委员们本着"知无不言，言无不尽"的精神，广泛地讨论了我们国家各个方面的工作。整个会议肯定了我们国家工作中的成绩，严格地批评了工作中的缺点，积极地提出了改进工作的意见，并且提出了二百八十七件提案。（《政协全国委员会第三次全体会议今日开幕》，《人民日报》1957 年 3 月 5 日第 1 版）

　　3 月 6 日　《人民日报》发表社论称："几年来的事实证明，随着社会主义事业的发展，人民政治协商会议的作用日益显著。去年，中国共产党提出了同各民主党派'长期共存，互相监督'的方针。这个方针获得了各民主党派的热烈拥护，成为我们国家政治生活中一个重要原则。人民政治协商会议是由各民主党派、各人民团体和各界民主人士共同组成的统一战线的机构，它将随着各民主党派的长期共存而长期存在；同时，它也是对我们国家工作进行互相监督的主要形式之一。这次会议通过的关于常务委员会工作报告的决议中，规定了政协的全国委员会和各级地方委员会，今后要进一步加强对各项意见的协商，发挥互相监督的作用，组织学习，加强全国委员会对地方委员会的指导关系，健全工作机构和工作制度。毫无疑问，在我们国家政治生活中，像政治协商会议这样的组织形式，不仅现在需要，将来也仍然需要。"（《充分发挥人民民主统一战线的积极作用　政协全国委员会第三次全体会议开幕》，《人民日报》1957 年 3 月 6 日第 1 版）

3 月 15 日　出席中国人民政治协商会议全国委员会常务委员会扩大会议，就《关于提案的审查意见（草案）》做了说明后，会议通过了这项草案。（《政协常委会举行扩大会议　通过关于增产节约问题等决议草案》，《人民日报》1957 年 3 月 16 日第 1 版）

3 月 20 日　中国人民政治协商会议第二届全国委员会第三次会议闭幕，章乃器参加。会议通过了政协二届三次会议的政治决议、关于常务委员会工作报告的决议和关于增产节约问题的决议。（《政协全国委员会全体会议闭幕　通过政治决议、关于常委会工作报告的决议、关于增产节约问题的决议、关于提案审查的决议和增选常务委员名单》，《人民日报》1957 年 3 月 21 日第 1 版）

3 月下旬　在粮食部与王造时见面。王造时谈及在公开信的问题上，他和沈钧儒、史良等"都承认在政治上犯了一个严重错误"。章乃器的态度迥然不同，王造时是这样记述的："他说他不认为是犯了错误，当初没有错，今天看来更没有错。他并且说应该追究是什么人把这件事的责任完全推在我身上。"至于恢复救国会的提议，王造时征求章乃器的同意时，"我即一口回绝。我说，第一，我在重庆时就离开了救国会，救国会解散我也没有与闻，今天没有资格主张恢复它；第二，我对民主党派工作没有兴趣，参加了一个民建已经嫌多，屡次想退出，哪有心情再搞第二个？第三，我和救国会的某些同志过去合作得不好，今后也不能希望合作得好。哪能谈得到什么担任职务呢？"（章乃器：《我的检讨》，《人民日报》1957 年 7 月 16 日第 3 版）

4 月 6 日　出席国务院全体会议第四十四次会议。第四十五次会议和第四十六次会议分别在八日和十二日举行，章乃器出席。会议先后听取了副总理兼国家经济委员会主任薄一波关于一九五七年国民经济计划草案的说明、副总理兼财政部部长李先念关于一九五六年财政收支情况和一九五七年预算安排的说明，并进行了讨论。会议通过了国务院关于批准一九五七年度国民经济计划草案的决定。一九五七年度国民经济计划草案和一九五六年财政收支情况和一九五七年预算安排问题，都将提请全国人民代表大会常务委员会和全国人民代表大会审议。（《国务院举行全体会议　批准本年度国民经济计划草案　通过关于发展小煤窑的指示；决定撤销中国农业银行》，《人民日报》1957 年 4 月 13 日第 1 版）

4 月 17 日　《"兵马未发，粮草先行"粮食部章乃器部长的书面谈话》发表在《人民日报》上，就黄河三门峡枢纽工程的开工建设，以粮食部部长的身份发表书面谈话，表示"兵马未发，粮草先行"，粮食部门就是以这样的精神，担负起工业、交通建设和农业开垦事业"打前站"的任务的。（《粮食部章乃器部长的书面谈话》，《人民日报》1957 年 4 月 17 日第 3 版）

4 月 27 日　中共中央发布《关于整风运动的指示》，决定在全党进行一次以正确处理人民内部矛盾为主题，以反对官僚主义、宗派主义和主观主义为内容的整风运动。（中共中央文献研究室编：《建国以来重要文献选编》，中国文献出版社，2011 年）

4 月 30 日　毛泽东、刘少奇、周恩来、朱德等中共中央主要领导人约集各民主党派中央负责人和无党派民主人士座谈，请他们帮助中国共产党整风。民建领导人黄炎培、章乃器、胡子昂、孙起孟等参加座谈。会上，毛泽东表示共产党真诚欢迎民主党派和无党派人士提意见、做批评，以处理人民内部矛盾为题目，分析各方面的矛盾，找出解决的办法。他号召民主党派人士对高等教育、普通教育、文学艺术、科学技术、卫生等部门的官僚主义切实攻一下。毛泽东的谈话，调动了民主党派、无党派人士帮助共产党整风的政治积极性。（民建中央宣传部主编：《中国民主建国会简史》）

5 月 8 日　下午，出席中共中央统战部举行的民主党派、无党派人士和工商界人士的座谈会，征求对中国共产党整风的意见。在这次会上发言的，有中国民主同盟副主席章伯钧、九三学社主席许德珩、中国国民党革命委员会中央常委陈铭枢、中国民主建国会副主任委员章乃器等。中国民主同盟副主席罗隆基在章伯钧副主席发言后，做了简短的补充发言。

章乃器发言时说：共产党不干涉民主党派内政与互相监督如何结合？这个问题要研究。我认为民主党派可以检查统战部的工作，统战部也可以检查民主党派的工作，民建就欢迎统战部检查。接着，章乃器批评了共产党内的宗派主义和教条主义的思想作风。他说：要解决有职有权问题，必须克服宗派主义思想，这样就先要明辨是非，把明辨是非放在第一位，把利害关系、感情关系放在第二位。他说，现在有一部分党员，党内一个是非，党外一个是非。有人批评了党，明明提的意见是对的，党员也不承认。有人提的意见尽管是符合党的政策的，但是只要党员负责同志一摇头，非党员要坚持意见也是很困难的。因此，他认为党要明辨是非，否则，就不能达到统一战线中的团结。他说：只有大公无私才是党性，对那种对党性的不正确的认识要批判。谈到这里，章乃器声明说：不过，我是有职有权的。在粮食部里，党组和我的关系是正常的，党组管思想政治领导，我管行政领导，党组和我有了分歧意见，要能说服我，我才同意。但是我这个有职有权，是斗争得来的。现在，可以说，经过斗争达到了团结的目的。章乃器还批评了民建内部的宗派主义活动，他说，这种宗派主义是有形无形存在着，有些人摆出党员的架子，好像代表共产党在执行领导。

在谈到对工商界的宣传教育工作问题时，章乃器认为这方面工作中的教条主义很严重。4 月 22 日《人民日报》"工商业者要继续改造，积极工作"社论中的教条主义就不少。这篇社论对于工商界积极的一面讲了，对于消极的一面讲了三点：消极自卑，违法乱纪、盗窃资财，骄傲自满，这三条究竟哪一条是主要的，很不鲜明。有人对我说：私方违法乱纪、盗窃资财的百分比绝不比合作社、国营工厂来得多。说工商界消极自卑，也不能完全怪私方，还要看公方是否创造了条件。其次，文章中片面强调要服从公方领导，这也有问题，如私方当正厂长，片面强调服从领导，就必然有职无权。还有，文章中说工商界要进行脱胎换骨的改造，现在工商界已经过了五关（战争关、土地改革关、抗美援朝关、五反关、社会主义关），就是说，脱胎换骨的改造，也已经改造过了，如果还要脱胎换骨，只能使工商界增加无穷的忧虑，如何能不消极自卑？因此，他认为，应该进行具体分析，特别是对工商界消极的一面，要弄清哪些是主要的毛病？哪些是次要的毛病？这样才能对症下药。

座谈会从本日起至六月三日分别召开十三次民主党派、无党派人士和二十五次工商界人士的座谈会，总共一百八十多人讲了话，对中共提出批评和意见。同日，毛泽东约见周恩来和李维汉。对李维汉请示的要不要表示反击的问题，周恩来说：你可以讲。六月八日，李维汉在座谈会上总结说，大多数意见是正确的，是善意的，有一部分是错误的，其中一部分的性质是严重的。（《倾听党外意见　推进整风运动　中共中央统战部邀各民主党派负责人举行座谈会》，《人民日报》1957 年 5 月 9 日第 1 版。中共中央文献研究室编：《周恩来年谱 1898—1949（修订本）》）

5 月 11 日　中华全国工商业联合会邀请北京、天津、上海等地工商联的主任委员、副主任委员和委员等，座谈如何正确处理人民内部矛盾。中华全国工商业联合会主任委员陈叔通说明座谈会的议题和要求以后，在会上发言的有阎少青、陈祖瀛、刘瑞九、李景阳、宋鑫泉、荣毅仁、胡子昂、郭棣活、章乃器、孙孚凌等人。他们一致认为，工商联应当努力消除工商业者的顾虑，鼓励他们大胆地放，大胆地鸣。

章乃器说：工商业者应积极参加争鸣，决不要谎报"军情"和隐瞒"病情"。他认为，工商业者为要把自己的思想改造好，最重要的条件就是必须忠诚老实、实事求是，相信共产党的"百花齐放、百家争鸣""长期共存、互相监督"的方针，积极地参加争鸣，把心里的话都讲出来，决不要谎报"军情"和隐瞒"病情"；否则就不仅是错误的，而且会延误时机，妨害改造。他说：据我了解，过去工商界有不少人谎报"军情"，把"军情"报得轻的人固然有，但多数是报重了。这是没有认识到忠诚老实是工人阶级的重要本质之一。他鼓励工商业者说：鸣就要大胆地鸣，放就要彻底地放；这样做，不但不会加剧资产阶级和工人阶级的矛盾，而且能够缓和这两个阶级之间的矛盾。因此，提意见不要转弯抹角，不要客客气气；不要怕戴"帽子"；不要怕打击报复。今后，民建会和工商联要把工商界的情况不折不扣地反映上来，并且要给予敢放敢鸣的人不会受到打击报复的完全保证。他还说：要求一时就把是非弄清是过分的。但是，我们有信心，在我们人民的国家里，是非一定会明的，而且愈往后会愈明。（《不要怕被围剿　不要怕被打击　工商业者要大放大鸣　北京、天津、上海工商联负责人举行座谈》，《人民日报》1957 年 5 月 12 日第 1 版）

5 月 14 日　向中央统战部举行的各民主党派负责人座谈会提交的题为《从"墙"和"沟"的思想基础说起》的书面发言，在《人民日报》上发表。

5 月 15 日　出席中共中央统战部和国务院第八办公室联合召开的工商界座谈会。出席的有正在北京参加全国工商联秘书长会议的各省市代表，全国工商联和民主建国会的主要负责人陈叔通、胡子昂、吴雪之、乐松生、毕鸣岐等，以及北京、天津两个市工商联的主要负责人。（《工商界代表揭发合营企业内部公私矛盾》，《人民日报》1957 年 5 月 16 日第 4 版）

5 月 20 日　出席中共粮食部党委会召开的工程技术人员座谈会。党委书记高锦纯首先发言，希望大家"畅所欲言"。章乃器接着说：我曾经说过，我这个非党部长是有职有权的，同党的关系基本上是正常的，但并不是没有问题。我是粮食部的领导者之一，因此，我也应当属于被整风者之列。希望大家热烈发言，消除任何顾虑。（《为了改进粮食战线的工作　粮食部党委邀请技术人员座谈整风》，《人民日报》1957 年 5 月 21 日第 3 版）

是日　撰写《关于中国民族资产阶级的两面性问题》一文，认为："工商业家所熟知的两面性的概念是什么？那是政治上革命与不革命甚至反革命的两面性和经济上有利于国计民生的积极的一面与不利于国计民生的消极'五毒'的一面的两面性。这种概念，他们是在'五反'斗争中学习得到的，因此，对于他们的影响是无比深刻的。"

摘要　历史上领导者与被领导者的区别，都只能是先进与落后的区别。不能设想：一个先进的阶级可以领导一个反动的阶级。对于一个反动的阶级，唯一的办法是作为敌人来对待，而绝不可能是领导与被领导的关系。应该看到，只要这两个阶级的区别稍微再扩大一些，民族资产阶级由落后变成了"半反动"，领导与被领导的关系就很危险了！中国工人阶级与民族资产阶级的关系，在新民主主义革命阶段，经历了由朋友变成敌人，再由敌人变成朋友——民族资产阶级终于接受了工人阶级领导的过程。在社会主义革命阶段，本来是存在着再变成敌人，即变成敌我之间的对抗性矛盾的危机的。但由于中国共产党善于把马克思列宁主义的普遍真理密切结合中国的革命实际加以灵活的运用，经过了"五反"斗争的考验，领导与被领导之间的关系，不是削弱，而是更加巩固了。以后，又经历了全行业公私合营的阶段，转化为敌我之间的对抗性矛盾的危机，就完全消逝了。

在民族资产阶级的两面性当中，积极的一面是主导的、发展的，而且还有很大的积极潜力可以发挥；消极的一面是次要的、萎缩的，而主要的消极表现是自卑和畏缩。目前对工商业家的思想教育，应该是充分消除他们的自卑感，大力启发他们的积极性，而且还要为他们设置发挥积极性的条件。这是有利于社会主义改造，也有利于社会主义建设的。我们必须千方百计地为社会主义革命谋利益，才能算得真正站稳工人阶级立场。玩弄革命词句、不计较革命利益的教条主义者，是无论如何都算不得站稳工人阶级立场的。（章乃器：《关于中国民族资产阶级的两面性问题》，《工商界》1957 年第 6 期）

5 月 21 日　下午，休会四天的中共中央统战部邀请各民主党派中央的负责人和无党派民主人士出席的座谈会，举行第八次会议。在这次会议发言的有：中国民主同盟副主席章伯钧，中国国民党革命委员会常务委员邵力子，中国民主同盟副主席罗隆基，中国民主促进会副主席许广平、林汉达，无党派民主人士李德全，九三学社副秘书长李毅。刚从浙江来北京开会的中国民主建国会中央委员范尧峰在座谈会上做了书面发言。会上多名发言者就章乃器的《从"墙"和"沟"的思想基础说起》发表看法。（《统战部邀请民主党派和无党派民主人士继续座谈》，《人民日报》1957 年 5 月 22 日第 1 版）

5 月 24 日　出席国务院第四十九次全体会议。

5 月 25 日　致上海黄苗夫①函，表示："一般说来，错误是怕太阳的，所以，揭发总比不揭发好，但也不能认为一次整风就把歪风全部整掉了……"（章立凡选编：《章乃器文集（下卷）》）

①黄苗夫时任公私合营上海新现代劳英教材工艺社私方经理。

5月31日　中共中央统战部召开的工商界座谈会，举行第十三次座谈。冯和法在讨论中提道：工商业者由这个阶级变到另个阶级，把这种质变用通俗的话来形容，就是"脱胎换骨"。这四个字并没有什么不好。但是，有些工商业者认为"这太可怕"，认为"我们交出了企业，还要对我们抽筋剥皮"。这可能是一种误解，实质上也就是认为不再需要进一步改造。使我不解的是，章乃器同志认为工商业者已经过了五关，现在还说要脱胎换骨，会增加工商业者的无穷忧虑。这不只是对这四个字的误解，实质上也反映了一些工商业者的感情。并不是所有工商业者都同意章乃器同志的说法的，乐松生同志就认为工商业者的自我改造是一种"脱胎换骨"。（《全国工商界座谈会继续举行》，《人民日报》1957 年 6 月 1 日第 3 版）

是日　出席民建全国工商改造辅导工作座谈会，并发表讲话。他首先说这次座谈会开得很好，因大家都说了真话，把问题摆了出来，这样就有利于解决。其次，工商改造辅导工作的出发点应该是：从消灭民族资产阶级过程中间，千方百计地想办法提高工商业者的政治觉悟，发挥他们的积极性，以做到妥善地消灭资产阶级，只有这样才对社会主义有利。他认为只要明是非、除三害，就能发挥私方的积极性，并表示：官僚主义是比资本主义更危险的敌人。他认为不应该把定息说成剥削，而应说是不劳而获的收入。同时认为：资产阶级与工人阶级有本质的不同，但这两个阶级的分子没有本质的区别。他还说，目前我国所有阶级的特性已基本消灭。

最后，他谈到工商业者两面性的问题。他说，关于这个问题，已专门写了文章，即将发表出来。他认为，必须辩证地看待这个问题，经过"五反"和全行业合营高潮，工商业者交出了生产资料，如仍教条主义地强调两面性，这对工商业者自我改造的信心有很大影响。（《章乃器认为定息不是剥削而是不劳而获的收入》，《人民日报》1957 年 6 月 2 日第 3 版）

6月2日　《章乃器认为定息不是剥削而是不劳而获的收入》在《人民日报》发表。他认为"工商辅导工作的出发点应该是消灭民族资产阶级过程中间，千方百计想办法提高工商业者的政治觉悟，发挥他们的积极性，以做到妥善地消灭资产阶级"。批评了工商业者改造问题上的宗派主义、主观主义和官僚主义的危害性。还讲了他对定息性质的看法："我认为不应该把定息说成剥削，而应说是不劳而获的收入，这样工商业者才能心平气和。"在关于工人阶级与民族资产阶级的关系问题上，他认为"资产阶级跟工人阶级有着本质的不同。但这两个阶级的分子没有本质的区别"。他还提出必须辩证地看待民族资产阶级两面性的问题，认为"我国所有阶级的特性已经基本消灭，大家正在向人类共同本性过渡"。

6月3日 上午，民革中央小组扩大会议继续举行。到会有主席、副主席、常务委员和在京中央委员三十多人。

陈建晨不同意章乃器和储安平的某些观点，她认为什么话都可以说，而且可以争辩，"鸣""放"以后，应当进入明辨是非的阶段。她对6月2日《人民日报》所刊登的章乃器在民建全国工商改造辅导工作座谈会上的讲话做了分析和批判。（《民革中央小组扩大会议继续举行》，《人民日报》1957年6月4日第2版）

是日 在民建中央常务委员会召开的工商改造辅导工作座谈会上做了"关于工商改造辅导工作的几个问题"的讲话，讲话分为"工商改造辅导工作的出发点""如何发挥工业家的积极性""关于二重关系的处理""关于定息的性质""关于群众观点""关于中国民族资产阶级的两面性"六个方面。

摘要 我以为出发点应该是在民族资产阶级消灭过程中，如何充分发挥工商业家的积极性。我们必须千方百计地发挥工商业家的积极性，以求在民族资产阶级消灭的过程中，国民经济和工农业生产不受损害。这是有利于社会主义革命，也是有利于社会主义建设的。我们要能这样做，才算得站稳工人阶级立场。

是否站稳工人阶级立场，不能形式主义地只从人们辞令的表面看问题，而必须深入到动机和效果当中进行检查。有这么一些人：调子过高，脱离实际，行动过火，超过必需，结果徒然引起工商业家的消极。这从动机来检查，不过是要表现自己的左；从效果来检查，是使得国民经济和生产遭到不应有的损失。一个人为了表现自己，竟不顾人民和国家的损失，这是严重的个人利己主义的立场，是典型的资产阶级思想，而绝谈不到什么站稳工人阶级立场。这是违反中共中央调动一切积极因素为社会主义服务的方针的。

如何发挥工商业家的积极性，我认为主要在于：明是非，"除三害"。"三害"——宗派主义、主观主义、官僚主义。

我以为，应该明确以共事关系为主，肯定阶级关系是残余。因为，阶级已经基本消灭了，阶级关系当然只能是残余。

过去有人说定息是剩余价值；后来有人出来纠正了，认为是剥削，而不是剩余价值。我想这个问题还可以进一步研究。这并不是因为怕私方听了不舒服，而是因为不合逻辑。

工商改造辅导工作是一件艰巨的群众工作。必须有正确的群众观点，善于走群众路线，才能做好这一工作。从目前的情况来说，工商改造辅导工作中正确的群众观点，就是关心工商业家特别是中小户的疾苦，包括生活方面的问题和工作方面的问题。我们对于民族资产阶级，作为一个阶级来说，要能恨；但是，对于民族资产阶级分子，作为人来说，却因本着共产党大公无私、与人为善、关心群众疾苦的精神，充分加以爱护。

关于中国民族资产阶级的两面性一种是工商业家所熟知的：政治上革命与不革命甚至反革命的两面性和经济上有利于国计民生的积极的一面与不利于国计民生的消极"五毒"的一面的两面性。

说任何阶级都需要改造，也并不会混淆领导与被领导的界限。因为，领导与被领导的关系，始终只能是先进领导落后，而绝不可能是先进领导反动。从思想、作风来说，也不能说先进就是清一色，落后才有两面性。先进和落后都有两面性，而只能是积极面和消极面的比重有所不同。此外，积极面就是社会主义的思想、作风，消极面就是资本主义甚至是封建主义的思想、作风，也很难因阶级不同而得出不同的解释。用少数的例子来概括一个阶级，是不恰当的。

阶级必须消灭，而人是可以改造的。所以，阶级本质同人的阶级特性是有所不同的。资产阶级的本质是剥削。资产阶级的剥削本质是"与生俱来，至死方休"的。（章乃器：《关于工商改造辅导工作的几个问题》，载章立凡选编《章乃器文集（下卷）》）

6月5日　中共中央统战部举行工商界座谈会。会上发言的有民建中央委员、人民大学教授吴大琨，上海公私合营萃众织造厂经理李康年，民建天津市委员会副主任、天津市工商联秘书长王光英。上海市工商联副主任刘靖基，广东省工商联主任委员、中国民建会广东省工作委员会主任委员邓文钊也做了书面发言。

吴大琨在发言中说：在宣教工作中，确实存在教条主义。但章乃器文章中有"从墙和沟的思想基础说起"等六个问题的表述有失偏颇。（《全国工商界座谈会继续举行》，《人民日报》1957年6月6日第3版）

6月7日　中共中央统战部召开第十八次工商界人士座谈会，孙晓村、千家驹、孙起孟三人做了长篇发言，驳斥了种种抵抗改造的错误论调。会上发言的还有民建常委周士观，他建议《工商界月刊》最近准备发表的章乃器的几篇文章，不要加上民建副主任的头衔。他认为工商界上层人士要注意脱离群众和骄傲自满的倾向。他不能同意章乃器对统战部的批评。

毕鸣岐说：章乃器说"不应该把定息说成剥削，而应说成是不劳而获的收入，这样，工商业者才能心平气和"。的确，这个说法，我个人就感到舒服，我相信其他工商业者也同样感到舒服。毕鸣岐又说："定息额是根据'定产估值'，它是不劳而获的收入。的确，它也与资本主义经营时期任所欲为的剥削不一样。它终究是属于剥削性质的。在走入社会主义社会后，也是不应当存在的。因此，我的结论是：它是属于剥削性质的。"（《孙晓村、千家驹、孙起孟在全国工商界座谈会上批评种种抵抗改造的论调》，《人民日报》1957年6月8日第3版）

6月8日　中共中央发出《关于组织力量准备反击右派分子进攻的指示》。指示要求各省市级机关、高等学校和各级党报都要积极准备反击右派分子的进攻。"这是一场大战（战场既在党内，又在党外），不打胜这一仗，社会主义是建不成的，并且有出匈牙利事件的某些危险。"（中共中央文献研究室编：《周恩来年谱1898—1949（修订本）》）

6月9日　在中共中央统战部召开的工商界人士座谈会上提出书面发言，不同意别人对他的批评。他表示："大帽子多了一些，不利于大放大鸣。"对于"百花齐放、百家争鸣"和"长期共存、互相监督"的方针，仍然还有许多人没有想通或者没有完全想通。他认为孙晓村说他批评"统战部在参加宗派活动”，这是不实在的；吴大琨批评他曲解了斯大林“共产党员是特殊材料制成的”一句话，章乃器不同意他的讲法。

是日　《关于中国民族资产阶级自由化的两面性问题》发表在《工商界》月刊第 6 期。（《工商界》1957 年 6 月）

是日　《关于工商业改造辅导工作的几个问题》发表于《人民日报》。（《人民日报》1957 年 6 月 9 日第 5 版）

6 月 10 日　上午，民建会主任委员黄炎培以“一切为了社会主义”为题讲了话。他鼓励大家继续大胆地“鸣”“放”，揭露人民内部矛盾，帮助党整风。但必须坚持走社会主义道路的原则，一切从国家利益、人民利益出发，在站稳立场、明辨是非的基础上，来巩固和加强党的领导。对于一切离开社会主义的、违反人民利益的、不符合党的整风要求的、不利于工商业者的社会主义改造的言论必须反对。这几天章乃器同志所发表的意见中，有些论点，如关于两面性问题，关于工人阶级与资产阶级分子的本质区别问题、定息的性质问题等，我认为是不对的。（《不允许阻碍工商业者的社会主义改造　许多人在民建中央工商改造辅导工作座谈会上批评章乃器的错误论点》，《人民日报》1957 年 6 月 11 日第 3 版）

6 月 11 日　《人民日报》发表《不允许阻碍工商业者的社会主义改造　许多人在民建中央工商改造辅导工作座谈会上批评章乃器的错误论点》，文章表示：在资本主义工商业社会主义改造即将彻底胜利的关头，有人阻碍我们。我们在道义上有责任说：这是不允许的！（《人民日报》1957 年 6 月 11 日第 3 版）

6 月 12 日　全国工商联第二届执委会常务委员会第二次会议，决定商同民建联合发布一个指示，“分析批判章乃器近来发表的一连串错误言论，以澄清工商界人士的视听”。他们认真地分析了章乃器错误言论的严重性，指出了发表联合指示的必要。在会上发言的有陈叔通、李烛尘、盛丕华、胡子昂、毕鸣岐、乐松生、陈经畬、黄长水、胡厥文等二十八人。他们分别指出：“要给章乃器的反动思想以狠狠地批评”“章乃器的错误不是偶然的”“在这次帮助党整风中，最使人不满意的，是章乃器等借机向共产党进行攻击”“章乃器针对我们资产阶级有动摇性的弱点，向我们灌输资本主义思想"。（《全国工商联常委会决定商同民建会联合发指示批判章乃器思想澄清工商界视听》，《人民日报》1957年6月13日第3版）

6月13日　全国工商业联合会常务委员会和民建中央常务委员会举行联席会议，批判了章乃器的种种错误言论。他们在发言中都认为章乃器的错误思想是严重的，这是资本主义和社会主义两条路线的斗争，必须和他划清思想界限。大家认为有必要在这样的联席会议以至扩大会议上继续深刻地批判章乃器的错误思想，同时也要准备迅速起草和向全国工商界发布批判章乃器错误言论的指示。（《全国工商联和民建会联席会议决定　迅速发动全国工商界批判章乃器》，《人民日报》1957年6月14日第3版）

6月14日　《人民日报》发表《全国工商联和民建会联席会议决定迅速发动全国工商界批判章乃器》，文章表示：全国工商业联合会常务委员会和民建中央常务委员会举行联席议会，批判了章乃器的种种错误言论。"他们在发言中都认为章乃器的错误思想是严重的，这是资本主义和社会主义两条路线的斗争，必须和他划清思想界限。大家认为有必要在这样的联席会议以至扩大会议上继续深刻地批判章乃器的错误思想，同时也要准备迅速起草和向全国工商界发布批判章乃器错误言论的指示。"（《人民日报》1957年6月14日第3版）

6月15日　下午，第一次参加民建、全国工商联常务委员联席会议，并发言。他声明不做假检讨，并表示"大家反映下面工作不好搞了，说这是我的言论挑拨起来的，我说不对。这是在党的'鸣''放'方针下，在党的领导下自然发展起来的，许多话是整风运动引起的，不是我的文章挑拨起来的"。

关于与会者提出的对章乃器的言论的批判，实质上是两条道路的斗争问题，他表示不同意。关于资产阶级两面性问题，他说他没有讲资产阶级没有两面性了，他认为两面性主要是思想作风上的问题，所以工商业者的改造是艰巨的长期任务。接着他又一次强调了领导与被领导的关系只能是先进和落后的关系。章乃器还批评有些人过去对工商界的思想改造要求过高，要求把工商业者都改造成马列主义者，这是唯心的，是不切实际的。

摘要　两条路线问题，就是拥护社会主义与离开社会主义的问题。我在资本主义时代是要社会主义的；在社会主义时代反而要离开社会主义，那真是奇怪。我曾讲过，看我这个人，看五年看不清楚可以看十年，直到死我也不会离开党，离开社会主义的……我曾想写篇文章自我表白一下，但想到在这个时候不应该写，于是没有写。离开不离开社会主义问题，我认为今天我们的革命已胜利，政权已巩固，这情况和革命没有胜利前是不一样的。革命没有胜利前有领导权问题，有政治路线问题。今天，革命已经胜利，宪法已经公布，政权已经巩固，不可能再有领导权问题，政治路线问题了。尽管有少数人发表一种大家认为反动的言论，那是发牢骚。如农民有时候也是有一些牢骚的，尤其对我们的粮食工作有意见，对我们的干部骂得很厉害。但是，发牢骚是一回事，对领导权不发生问题。

我过去曾说过，不怕资产阶级造反，资产阶级不可能造反，也不会造反。走社会主义道路是肯定的，路线上没有任何人动摇。两条路线问题，今天与革命胜利前是不同的，而且有很大的不同。举例来说，当革命没有胜利，还在进行斗争的时候，欧洲国家中有社会主义政党，也有社会民主党，小资产阶级也有它自己的政党，那时领导权没有确定，路线也没有确定，必须进行坚决的阶级斗争。可是，在革命胜利之后，在今天，我们应该把理论问题和政治问题区分开来。在理论上，唯物主义与唯心主义的斗争一直在继续着，一时一刻也不能放弃。

领导与被领导的关系问题，在我看来只能是阶级合作的关系，只能是先进与落后的关系。从民族资产阶级来讲，它参加了新民主主义革命，比起工人阶级，是落后的，但不是反动的；以后参加社会主义革命，也是落后的，但不是要进行资产阶级复辟。所以，我认为领导与被领导关系只能是先进领导落后。

阶级和阶级分子的关系问题，我肯定阶级是有本质的区别，民族资产阶级和工人阶级有本质的区别。至于阶级分子的本质问题，这要看大家怎样解释，如把本质解释为本能，那就是"先天"的了，那是站不住的。任何一种思想习惯都不能说是"先天"的。反动的人我们还可以把他教育改造过来。阶级与阶级分子应当有所不同，这就是集体与个人的不同。从辩证法来讲，个人组成集体要起质变，阶级分子组成一个阶级也起质变。如资产阶级的形成过程，起初只有零零碎碎的资本家，没有什么具体组织，阶级本性尚不严重，当然那是处在上升的阶段。等到资本家组成旧商会，它形成一个具体的组织，阶级的恶劣本质就逐渐显著起来。再进一步，资产阶级组成资产阶级政权，阶级恶劣本质的危害性更大了。更进一步组成国际资本主义，阶级本质的危害性就更加大。由分子组成集体要经过几个阶段，是个质变过程。所以，阶级本质是根本的、不可调和的；而人是可以改造的。人的本性和阶级本质不同，这是完全符合实际的，也是完全符合理论的。（《在民建会议上 章乃器拒绝批评 李康年撤销定息二十年的意见》，《人民日报》1957年6月16日第2版。章立凡选编：《章乃器文集（下卷）》）

是日 各地报纸刊登章乃器和葛佩琦、储安平、杨玉清等人的言论后，全国各地工人、农民、学生、教员、市民纷纷给《人民日报》来信，痛斥这些言论。（《右派分子的猖狂进攻激起了千万读者的愤怒》，《人民日报》1957年6月15日第3版）

6月17日 下午，出席民建、全国工商联常务委员联席会议，做第二次发言，没有做自我批评，提出疑问：这个联席会议是不是符合党的整风运动的精神。他引用了中共中央关于整风运动的指示的第三段，批评这个会议没有贯彻和风细雨的精神，违背了党的整风运动的指示。他说，他还怀疑目前各地工商界在开会批判章乃器到底是压服出来的还是说服出来的。他表示："不勉强争取做左派，但是为了革命利益，也不怕别人给我戴右派的帽子。"

摘要 我对资产阶级的认识，是经过一个辩证的发展过程，是肯定—否定—否定的否定的过程。现在到了否定的否定的阶段。否定的否定法则，恩格斯、马克思是把它肯定的，苏联在过去有一个时期不重视这个法则，现在大家也肯定了这个法则。我认为由肯定到否定，否定的否定，从现象上看貌似肯定。我提出资本主义经营的优点是有的，这一点我要是讲起来，可能又说我是歌颂资本主义。……还有一点附带声明，我认为思想上有些资本主义思想，有些封建残余，不能说是反党、反社会主义。这样说是不利于团结、不利于改造的。如果说是反党、反社会主义，面太广了。我认为从政治上看,要资本主义复辟才是反党、反社会主义。这次党的整风文件,对党内知识分子也说明这样的精神。"对于知识分子党员,还要着重要求他们联系工农群众,分清无产阶级和资产阶级、小资产阶级立场,克服个人主义和自由主义倾向,加强党性。可见,思想斗争还是应该反对资产阶级思想,反对小资产阶级思想,不能说资产阶级思想和小资产阶级思想在政治上是反动的。

至于先进领导落后的问题,改为新生领导衰落也好,可以考虑。我觉得应该从思想上去认识。新生也就是先进,衰落也就是落后。由于党坚决执行和平改造政策,因此引起改造高潮……说大家都有两面性,并不是说所有有两面性的阶级表现都一样。这在我的文章中可以看出。我举一个例子,人都有两个眼睛,并不等于人都是一样,没有好坏。人有先进、落后和反动的,这是客观事物的反映,是客观存在的辩证的性质。

说官僚主义是比资本主义更危险的敌人,是在资本主义消灭以后,在反官僚主义、宗派主义、主观主义的内部斗争中。我说这句话是表示对官僚主义的痛恨,不能说是留恋资本主义。(《工商联和民建会的委员们舌战章乃器 章乃器为什么给章伯钧储安平撑腰打气?》,《人民日报》1957 年 6 月 18 日第 3 版。章立凡选编:《章乃器文集(下卷)》)

6 月 18 日 《人民日报》刊登《光明日报社委会坚决反对资产阶级方向 章伯钧储安平使光明日报变质的企图遭到各民主党派和报社同志严厉指责》一文。报道写道:在两天的会上,章乃器都做了发言,但他声明不要发表。王昆仑告诉出席的各位委员,他刚接到民建主任委员黄任老(炎培)的电话,要了解会议情形,因为代表民建出席社委会的章乃器从来不把开会情况告诉他。(《人民日报》1957 年 6 月 18 日第 3 版)

是日 下午,民建常务委员会举行第三十七次会议,决议撤销章乃器代表民建充任《光明日报》社务委员会委员的职务,另选中央常委孙晓村担任这个职务。

出席会议的委员指出,章乃器近来的许多言论,暴露他具有严重的资本主义思想,不能再代表民建参与《光明日报》的工作。(《民建常务委员会决定 撤销章乃器所任〈光明日报〉社务委员职务》,《人民日报》

1957 年 6 月 19 日第 5 版）

6 月 19 日 十六时，民建中央常委会和全国工商联常委会联席会议经过四次会议的讨论，通过一项联合指示，号召全国工商业者和民建会员立即对章乃器的言论展开坚决斗争，并且对章乃器做出组织处分。

民建中央常委会和全国工商联常委会根据各地方组织的要求，给章乃器以"停止会内全部职务，责令检讨"的处分，到会的三十四位民建中央常委和到会的四十五位全国工商联常委一致举手通过。（《民建中央和全国工商联通过联合指示　立即对章乃器的反动活动展开斗争》，《人民日报》1957 年 6 月 20 日第 1 版。黄炎培：《黄炎培日记》。黄孟复主编：《中华全国工商业联合会 50 年大事记》）

6 月 20 日 《人民日报》发表《民建中央和全国工商联通过联合指示立即对章乃器的反动活动展开斗争》的文章，称：近两个月来，我们工商业者和各界人民一样，认真地发表了自己的意见，积极地帮助党整风。但是，有些人利用了这个机会，以帮助党整风作为幌子，展开了一些不好的活动，该文认为章乃器就是其中突出代表。

他们指出，章乃器的一系列的荒谬言论已经不是一种思想问题，更不是一种理论上的争论问题，而是一种涉及政治行动的问题。

最后他们提出：这次批判章乃器言论的联席会议暂时告一段落，但是对章乃器的批判仅仅是开始，还不够深入，以后还要继续批判。（《人民日报》1957 年 6 月 20 日第 1 版）

6 月 22 日 民建中常会、全国工商联联合会向所属地方组织发出《全国工商业者团结起来，立即展开对章乃器的反社会主义的活动做坚决的斗争》的指示。（民建中央宣传部主编：《中国民主建国会简史》）

6 月 25 日 全国工商联根据常务委员会第二次做出的对章乃器停职检讨的决议，向各省、自治区、直辖市工商联发出通报。（黄孟复主编：《中华全国工商业联合会 50 年大事记》）

下午，出席国务院举行的全体会议，讨论周恩来即将在一届人大四次会议提出的《政府工作报告》，报告谈到当前的运动，并有一段批判章乃器的文字。章乃器突然站起来说："我要对周总理说几句话。你是总理，

　　我是协助你工作的国务院干部,过去工作中遇到问题,总是大家共同分担困难。现在我遇到了问题,作为总理,批评帮助他工作八九年的干部,只根据他所说的两三句话,就说他是反对社会主义,这个断语,是不是值得考虑?"

　　"李维汉等群起指斥,维汉更词严义正,章乃器斥李维汉为偏听偏信,末周总理斥章乃器,你不悔改,将自绝于人民。"(黄炎培:《黄炎培日记》。章立凡:《君子之交如水》。《章乃器与中共领袖们》,《百年潮》2000 年第 9 期)

　　晚上,民建中央常委会举行第三十九次会议,通过在民主建国会内开展整风的决定,这次整风,应当以各级组织和全体会员在认识上、行动上都能够解决坚持走社会主义道路、反对走资本主义道路的问题为中心要求。并揭露和批判了章乃器最近坚持错误的态度。有十几位常务委员发言批评了章乃器,揭露了章乃器以前的言行。

　　章乃器拒绝检讨,并且表示,要民建和工商联开除他的会籍;要国务院检查他的言行,如果是反动的,就解除他粮食部部长的职务;还提出明年选举全国人民代表大会代表时,不必提他的名。(《民建中央通过整风决定　常委会上展开尖锐批评　揭露章乃器背叛救国会追随国民党的丑史》,《人民日报》1957 年 6 月 26 日第 3 版)

　　6 月 26 日　出席在北京召开的第一届全国人民代表大会第四次会议。会议代表一千零七十九人。会议听取了周恩来总理所作的《政府工作报告》和《关于中缅边界问题的报告》。会议还分别听取了国务院副总理兼财政部部长李先念《关于 1956 年国家决算和 1957 年国家预算草案的报告》,国务院副总理兼国家经济委员会主任薄一波《关于一九五六年度国民经济计划的执行结果和 1957 年度国民经济计划草案的报告》,最高人民检察院检察长张鼎丞做关于一九五六年以来检察工作情况的报告,最高人民法院院长董必武作《关于最高人民法院工作报告》,全国人大常委会副委员长彭真作《全国人大常委会工作报告》,国务院副总理兼民族事务委员会主任乌兰夫作《关于建立广西壮族自治区和宁夏回族自治区的报告》。

　　会议通过决议,批准政府工作报告;批准一九五六年国家决算,修正批准一九五七年国家预算；批准一九五七年度国民经济计划、关于一九五六年度国民经济计划的执行结果和一九五七年度国民经济计划的报告；批准全国人大常委会工作报告、最高人民法院和最高人民检察院的工作报告。会议还通过关于第二届全国人大代表选举问题的决议、关于成立广西壮族自治区和宁夏回族自治区的决议、关于死刑案件由最高人民法院判决或者核准的决议和关于中缅边界问题的报告等决议。会议于七月十五日结束。

6月27日 第一届全国人民代表大会第四次会议继续举行，代表们分组讨论了周恩来总理所做的政府工作报告。"有不少代表小组对章伯钧、章乃器、罗隆基、龙云和储安平等右派分子的谬论进行了揭发和批判。贵州省和上海市代表小组有些工商界人士揭发了章乃器的反动言论对工商界的影响。"（《人民代表分组讨论 热忱拥护政府工作报告》，《人民日报》1957年6月28日第1版）

晚上，中国民主建国会和中华全国工商业联合会联合举行中央常务委员扩大会议，批判章乃器最近发表的言论。在会议开始的时候，民建中央常委、轻工业部副部长王新元向大家介绍了章乃器在讨论周恩来关于政府工作报告时所发表的言论，"章乃器不同意周总理在报告中对他的批评。章乃器为自己辩护。王新元将25日下午情况向众人报告，群情愤激，纷纷起来斥责章乃器"。会议通过"中国民主建国会、中华全国工商业联合会关于拥护周恩来总理的报告，继续加强对章乃器等右派分子的反动活动进行斗争的联合声明"。（《民建和工商联常委会联席会议揭露 章乃器坚持错误拒绝检讨 荣毅仁认为工商界应吸取教训加强自我改造》《民建会和全国工商联声明拥护周总理报告 坚决同章乃器等右派斗争到底》，《人民日报》1957年6月28日第2版。黄炎培：《黄炎培日记》）

6月28日 下午，在四川代表的督促下第一次参加小组会，在发言中强调自己"从主观上检查不出有反党反社会主义的思想，他还重弹了他'爱护党就像爱护自己的眼珠一样'的谰调"。（《人民代表集中批判右派分子 揭露野心家们企图夺取对知识分子的领导权》，《人民日报》1957年6月29日第1版）

是日　《解放日报》发表《章乃器不惜自绝于人民》一文，批判他反抗周恩来对他的批评，而且配发了评论，民建、工商联集会痛斥并发表联合声明。文中运用了章乃器的话，认为自己提意见有个分寸，就是照顾中共中央的威信，他说他爱党就像爱护自己的眼珠一样。他说，他虽然比党员差，但同某些国家干部比并不差，他对中国共产党的领导是万分尊敬的，他的言论没有一点批评过中共中央，他批评的是中共的某些人和某些组织。

6 月 29 日　《参考消息》发表《合众社报道香港方面对章乃器抗拒批评的反应》。

7 月 1 日　《参考消息》发表《章乃器的抗拒批评　香港反动报纸说他"颇有种"》。

7 月 3 日　《人民日报》发表《人大代表继续分组讨论　揭发章伯钧黄绍竑罪恶历史　章乃器在小组会上态度依然蛮横无礼》一文。

7 月 7 日　中共中央举办在北京各民主党派和无党派负责人士座谈会，周恩来讲话，批评章罗联盟的右派活动。（中共中央文献研究室编：《周恩来年谱 1898—1949（修订本）》）

7 月 9 日　上午，全国人民代表大会第四次会议分组讨论，章乃器在四川省代表小组会上做检讨的时候，把自己列为左派人物。他说，他有些言论"容易被右派分子所利用"。他说："这次把我摆在右派里……失去了一个在反右派斗争中能起作用的人。"他说："为什么不动员我这份力量呢？"（他的话引起了笑声）。

章乃器还说，"经过八年，我认为就是有满脑子资产阶级思想的人，仍然可以走社会主义道路"。因此，他始终认为，他"只是有资产阶级个人主义思想，政治上决不是反党反社会主义的"。他把他自己说成是一个"对政治不感兴趣的不同流合污的孤高的人"。

章乃器在检讨中说，他学习了毛主席的讲话、周总理的报告以后，对自己过去的言论"有了新的认识"。现在他认为"资本家所拿的定息是剥削"，他否定原来说的"定息不是剥削，而是不劳而获的收入"的说法。他又说，"民族资产阶级分子和工人阶级分子从剥削与反剥削来看，是有本质的区别的"。他否定原来说的"民族资产阶级分子和工人阶级分子已经没有本质的区别"的说法。他说，他提出的"官僚主义是比资本主义更危险的敌人"的说法，并没有"社会主义必然带来官僚主义"的意思，照他看来，这种说法只是"容易被右派分子所利用"，因此他否定"官僚主义是比资本主义更危险的敌人"的说法。（《在全国人民代表大会分组讨论会上　章乃器开始认错　费孝通检讨农村调查别有用心》，《人民日报》1957 年 7 月 10 日第 2 版）

7 月 11 日　四川合川县（今重庆市合川区）云门乡部分农业社员集会揭发 1951 年在该乡参加土地改革的章乃器的反动立场。（《合川县云门乡农民揭露　章乃器土改时袒护地主》，《人民日报》1957 年 7 月 18 日第 2 版）

7 月 12 日　《人民日报》发表《〈浙江日报〉揭露章乃器又一反动活动　粮食部长竟然唯恐粮食工作不乱》一文，文章表示：《浙江日报》昨天发表了何琼玮写的一篇文章，"揭露去年 6 月间章乃器在他的家乡青田县煽动人民对党不满，进行反动活动的事实"。文章说，"章乃器借视察工作的机会，在去年 6 月 6 日来到了青田县，一到就找到两个人进行所谓访问。在农民中煽动对粮食统购统销的不满。"

是日　《人民日报》发表《民主建国会多年以来是怎样对章乃器的反社会主义活动展开坚决斗争的？——黄炎培的发言》。黄炎培在发言中说：章乃器的刁滑、蛮横、恶劣在民建会场上、小组上，这些已经是"家常便饭"。章乃器不和我们同样走社会主义路线，竟是走资本主义路线。他还特别指出，章乃器在民建政治路线上曾大闹过三次，"就是不要求本会在党的领导下，吸收革命知识分子与青年干部协助工商业者进行改造，而只要本会变成一个纯粹的资产阶级政党"。

7 月 13 日　《人民日报》发表《章乃器是妄图复辟资本主义的组织者和策划者》，这篇文章从"章乃器说资产阶级没有两面性""定息不是剥削""官僚主义是比资本主义更危险的敌人"这三个方面展开，对章乃器进行批判。

7 月 14 日　《人民日报》等报纸发表一系列文章，依据十三日《人民日报》发表的批判章乃器的文章所列的几个方面，对章乃器进行批判，都表示在这次反右派斗争中，受到了一次极深刻的社会主义教育，走社会主义道路，接受共产党的领导，今后我们还必须在实践中认真地把自己改造为自食其力的劳动者。

7月15日　上午，一届全国人民代表大会第四次会议继续进行大会讨论。章乃器在会上做了书面检讨，他承认了自己的一些言论，强调他的错误的性质"是资产阶级的个人主义的思想和作风"。他谈了自己思想上的"个人主义""个人英雄主义""个人自由主义""个人主义的意气"以及思想方法上的"片面性"等，否定了"定息不是剥削，而是不劳而获""资产阶级分子和工人阶级分子没有本质的区别""官僚主义是比资本主义更危险的敌人"的论点。他强调这些都是"理论上的错误"。

章乃器说，"一个犯有严重的资产阶级个人主义的人，他在思想战线上肯定是属于右派的"，但是他又说，他"同那些在政治上反党、反社会主义的右派分子，的确是毫无相同之处"。章乃器不承认他在工商业者中做过"反党反社会主义的鼓动"。他说，"我始终认为，我的问题只是思想的问题；我的错误只是理论上的错误。当然，如果我的理论错误已经造成了超出时代思潮影响所可能引起的波动，那我应该负责"。

摘要　我的错误的性质，是资产阶级的个人主义的思想和作风。的确，在解放以前，个人英雄主义对我是起了一些有益作用的。那时我正处在社会主义的理想与资本主义的现实环境的矛盾中。依靠党对于我的领导，也依靠我那不与当时环境同流合污的个人英雄主义，我才能脱离泥坑，走上革命。在 1952 年，我曾经批判了我的个人主义。我认识到：即使它在旧时代曾经对我有用，今后是无论如何都要不得的了。我认识到：社会主义集体主义，同个人主义是恰好对立的。在以后的三年多的时间内，我的个人主义有所克服。但，从 1956 年春苏共二十次代表大会以后，我的个人主义又有所滋长。更因为自恃不争名夺利，没有什么个人利己主义，反而助长了个人英雄主义和个人自由主义。具体表现在同许多方面的工作关系上甚至家庭关系上，都发生不协调的情况。而这次在言论方面所发生的错误，正是同我的个人主义和片面乐观分不开的。那就是：我把民族资产阶级分子的社会主义改造估计得太乐观了，由于文章是从一系列反教条主义的争论当中发展起来的，带来许多个人主义的意气，也就带来了片面性；还有，发表而不慎重估计影响，又犯了自由主义的作风。

"定息不是剥削，而是不劳而获"——我本来说定息从私方人员的个人来说，是不劳而获，而不是剥削；从整个民族资产阶级来说，则是剥削的残余。资产阶级分子和工人阶级分子没有本质的区别——我的原文把"本质"解释为"本能的、先天的""与生俱来，至死方休的"。这种解释是片面的、脱离实际的。因而，根据这种错误解释而得出没有本质区别的结论，当然是错误的。官僚主义是比资本主义更危险的敌人——我并没有说，社会主义必然带来官僚主义。恰恰相反，我认为"只要肃清'三害'，就成为标准的社会主义的企业、机关"。但，某些右派分子已经把社会主义与官僚主义甚至"三害"之间画上了等号，我的说法容易同他们的说法混淆起来。我应该否定我的说法。民族资产阶级已经没有两面性——我没有这样说。我说它有两面性，但内容已经改变。我的说法还会有错误，当继续检查改正。工商业家不经过改造就可以爱社会主义——这不是我说的。我在《关于中国民族资产阶级的两面性问题》文内，单在（二）、（三）两段内，就有三次提到了党和政府的改造政策的胜利，而且还强调指出，"存在决定意识"，要看到"大存在"——人民力量的强大、社会主义经济力量的强大、祖国史无先例的统一与兴盛和社会主义阵营的日益团结与繁荣。

我绝不会反党，反社会主义。我到死都是忠于党，忠于社会主义的。立志、下决心，是每一个人的主观可以决定的。哪能设想，一个在黑暗时代，在敌人千方百计地威逼利诱之下，都不肯表示反共的人，今天反而要反党？哪能设想，一个在资本主义的泥坑里就追求社会主义的人，在今天社会主义事业已经取得如此辉煌胜利的时候，反而要反社会主义？

我始终认为：我的问题只是思想的问题，我的错误只是理论上的错误。当然，如果我的理论错误已经造成了超出时代思潮影响所可能引起的波动，那我应该负责。我请求领导上结合动机和效果，加以检查，给我以应得的处分。

显而易见，会有许多人带着资产阶级的个人主义思想进入社会主义，但我，作为一个国家干部，却不应该再有个人主义思想。我一定坚决克服我的个人主义思想。希望同志们继续帮助我！（《全国人民代表大会会议结束讨论　章汉夫痛驳杜勒斯颠倒是非　章伯钧罗隆基等右派首脑表示"向人民低头认罪"》，《人民日报》1957 年 7 月 16 日第 2 版。章乃器：《我的检讨》，《光明日报》1957 年 7 月 16 日第 8 版）

是日　周恩来主持国务院第五十四次全体会议。会上宣读了第一届全国人民代表大会第四次会议主席团向大会提出的，将代表中的右派分子交由全国人大常委会，按照以后他们个人的具体表现加以处理的建议，同意对章伯钧、罗隆基、章乃器三部长暂缓处理，要他们继续检讨。（中共中央文献研究室编：《周恩来年谱 1898—1949（修订本）》）

是日　《参考消息》发表《蒋帮报纸称赞章乃器的拒绝批评》一文。（《参考消息》1957 年 7 月 15 日第 2 版）

7 月 18 日　《人民日报》发表《打碎章乃器的新攻势》一文，文章认为：右派分子章乃器经过一个多月来各方面对他的批判、帮助，不但毫无悔悟，而且居然在全国人民代表大会上，以"我的检讨"为幌子，对党、对人民发动了新攻势。章乃器算是没有辜负台湾反动报纸称许他"沉着应战"的期望，但全国人民对他这种反动透顶的言行，实在已经忍无可忍了。

我们来把他的所谓"我的检讨"解剖一下，看看章乃器还在怎样继续他的攻势。右派分子章乃器不仅不接受别人对他的耐心的帮助，坚持反动立场，而且还敢在"检讨"幌子下继续向党和人民进攻，这表明章乃器已经越走越远，不惜自绝于人民。（《人民日报》1957 年 7 月 18 日第 3 版）

7 月 20 日　民建中央和全国工商联常委会联合举行扩大会议，进一步揭发和批判了章乃器的言论和行动。章乃器逃避对他的批判，拒不出席会议，并且写信给民建中央和全国工商联，把这两个组织和别人对他的帮助诬为对他的"侮辱、谩骂、诽谤、压制"，认为这样的会议"不能解决问题""对公对私都是无益的"。他甚至认为目前对他的批判是"资产阶级政党的损人利己、尔诈我虞的风气"。（《章乃器原来是严重违法的资本家》，《人民日报》1957 年 7 月 21 日第 2 版）

7 月 22 日　民建中央和全国工商联常委会继续举行联席扩大会议，"对章乃器的言行进行揭发和批判"。章乃器仍然拒绝出席昨天的会议。(《耍无赖不能掩盖右派真相　章乃器一贯假进步真反动》,《人民日报》1957年7月23日第2版)

7月30日　章畹回忆,回家看望父亲章乃器,"父亲一见到我,更加难过。他脸色很不好,但对他自己多次被批判得头昏眼花、血压升高的事却只字不提,只是默默地在客厅里来回踱步。我劝父亲检讨,承认错误,父亲则说:'你小孩子不懂政治斗争,不要掺和这种事情!我提的所有意见都是在承认中国共产党领导的前提下提出的,怎么能是反党的呢?'"(章畹:《永恒的怀念——回忆生活在父亲身边的日子》,载青田县政协文史资料委员会编《青田文史资料(第四辑)·章乃器专辑》)

8月4日　《人民日报》发表《全国工商界反右派斗争声势浩　大大小小的章乃器一个个揪了出来》。(《人民日报》1957年8月4日第2版)

8月10日　中国民主建国会、中华全国工商业联合会宣传教育处编《右派分子章乃器的丑恶面貌》,该书收录以下文章:由《工商界月刊》编辑出版,新华书店发行,首次印制十万册。《民建多年来是怎样对章乃器的反社会主义活动展开坚决斗争的》(黄炎培)、《章乃器的反动本质何在?》(孙起孟)、《打开章乃器的历史看一看》(胡子婴)、《我所了解的章乃器》(胡子婴)、《章乃器勾结特务、反革命、右派分子进行阴谋活动》(王新元)、《章乃器——资产阶级的政治野心家》(吴大琨)、《铁样的事实驳斥了右派分子章乃器的诡辩》(何萼梅)、《章乃器"和平土改"的阴谋》(孟秋江)、《章乃器破坏土改的罪行》(徐崇林)、《章乃器是一贯违法乱纪的不法资本家》(资耀华)、《右派分子章乃器的丑恶面貌》(吴羹梅)、《章乃器的卑鄙无耻的经济活动和违法行为》(李文杰)、《章乃器在上海"视察"中的阴谋》(经叔平)、《章乃器向小商小贩肆放毒素》(袁松亭)、《章乃器的反动言行不容诡辩》(王光英)、《章乃器反动言论的危害性》(王性尧)、《驳斥章乃器的所谓"我的检讨"》等文章。

8月12日　参加粮食部举行的批判大会,并做了"检讨",他自称他"今天的检查比在全国人民代表大会第四次会议上的检讨有所提高",他又说他"今天主要是思想检查",对于各方面过去揭露的许多具体问题,他说他"已经写成文章,准备印发给大家"。

《光明日报》报道说:"在这种狂妄的态度下,他的通篇发言都是在玩弄名词,根本没有检查他过去一系列的反动言行。他把自己的全部错误轻描淡写地解释为由于政治修养差,个人主义、自由主义得到发展,今年五、六月共产党宣布整风后达到了最高峰,主要表现是骄傲自满、自以为是,有时达到狂妄的地步,还有一些无组织、纪律的情绪。"

"他对过去歪曲解释共产党员是特殊材料制成的、污蔑共产党有大党主义和他在民族资产阶级的两面性、定息的性质、阶级关系同共事关系等问题上发表的一系列谬论,只认为作为个人来讲,不应该在这些有关国际关系、阶级关系和涉及党和国家的原则性问题上,公开发表意见。"章乃器又改口所谓个人主义思想根源,"把他的一些……言行归之于'片面性'。他说他思想上的片面性主要是'片面乐观'"。

他说由于他思想的片面性,反对教条主义就容易不自觉地走向修正主义;反对特权思想也就容易发展到反对一切权威。

章乃器"检讨"后,主席宣布,有许多人递条子,不要章乃器在这里玩弄名词,要他进行彻底检查。

参加今天会议的共五百七十多人。除粮食部的干部和工程技术人员以外,还邀请了民建中央常务委员会和全国工商联等有关单位的代表参加。会议还将继续举行。(《"有职有权是斗争得来的"吗?粮食部开大会批判章乃器揭穿他散布这些谬论的目的是煽动群众向党进攻》,《人民日报》1957 年 8 月 13 日第 1 版;《章乃器在批判会上玩弄名词　坚决不交代反动活动》,《光明日报》1957 年 8 月 13 日第 1 版)

8 月 13 日　粮食部继续举行批判会议。粮食部部长助理史敏首先发言。他列举大量事实证明章乃器一贯目无党的领导,攻击党员干部,破坏党的威信。工业局副局长马青以他的亲身体会,驳斥了章乃器的"对工农分子有感情"的谎言。(《章乃器的工作经得起检查吗?粮食部揭发他苦心孤诣地污蔑党的领导、打击党的组织、辱骂党的干部》,《人民日报》1957 年 8 月 14 日第 2 版)

8月14日　粮食部继续举行批判章乃器的会议。（《章乃器在粮食部居功自傲毫无根据》，《光明日报》8月16日第2版）

8月15日　粮食部继续举行批判章乃器的会议。他做了如下表述：自己的主观愿望，总是想把工作做好的，总是不愿辜负国家的托付的。"我的这种动机也是好查对的，六十岁的人了，历史的情况，现实生活中到处可以查对的。"

摘要　我这个人参加一件工作，乐做就做到底，这也是事业心，从前搞救国会、民建会，我确实是花了许多心血赔了许多钱去搞的。搞成后，说退就退，说扔掉就扔掉了。有人说我这个人是会创业不会守成，我也确实是如此。

我可以这样说，部长、代表、委员可以不做，人总是要做的。……我曾经做过这样的狂想，我要写一篇文章，题目是《我爱党，我爱祖国，我也爱我自己个性中可爱的东西》。我觉得我个性中可爱的东西是，"富贵不能淫，贫贱不能移，威武不能屈"。我觉得这样的东西，同社会主义没有什么矛盾——尽管这是从历史上搬下来的旧东西。（《陈国栋等同志和章乃器谈话记录》，1957年8月15日，载章立凡主编《记忆：往事未付红尘》，陕西师范大学出版社，2004年）

8月16日　《光明日报》以《章乃器在粮食部居功自傲毫无根据》为题刊登了新华社十五日的电稿：章乃器在粮食部的工作真的经得起检查吗？在粮食部十四、十五两天举行的批判章乃器大会，这个问题得到了否定的回答。

文章说：章乃器在粮食部是怎样进行领导工作的呢？科学研究所的黄南田揭发，章乃器在今年四月曾对他说过："我个人只管原则，具体事情不管。"章乃器还自鸣得意地说，他这个领导方法，概括起来就叫作"少管多查"。黄南田指出，章乃器吹嘘的"少管多查"的所谓"领导艺术"，就是不做工作，专找岔子，实质上就是他向党向社会主义进攻的策略。黄南田说，章乃器一向把工作中的成绩算在自己账上，把错误和缺点推给别人。

《光明日报》还以《揭穿"有职有权是斗争得来的"谎言——粮食部

批判章乃器大会侧记》为题发表文章，"章乃器不止一次地公开散布说，他的部长职权是斗争得来的。他这样一说，好像中共粮食部党组对部长职权有了封锁，部长成了形式，因此，他向党组斗争后才得到了职权。粮食部党组成员和一些负责干部听了章乃器这番话后，都十分忿怒，因为事实不是章乃器所说的那样"。

文章表示：有职有权是事实。从 1952 年 9 月粮食部成立到现在，粮食部党组一贯是尊重章乃器的部长职权的。对于一些重大问题都是和章乃器研究协商的。章乃器主持部务会议，签发重要文件，历次的粮食分厅、局长会议都是由他做总结的。为了便利工作，党组把有关粮食工作的党内文件和电报给章乃器看。中央负责同志一再叮嘱在粮食部工作的党组成员：粮食部部长是民主人士，要和他好好共事。工作上有功劳时记在章的账上，就是本着这种精神和章乃器合作共事的。前后三任党组书记都曾专门召开会议，讨论和章乃器的关系问题。有时有些同志对章乃器的恶劣作风有很大意见，要向章乃器进行斗争，党组为了搞好和章乃器的关系，只要不是原则问题，总是加以劝说。

是日　《人民日报》发表《不做工作　专找岔子　哗众取宠　挑拨离间　章乃器在粮食部的工作原来如此》的文章。

8 月 17 日　参加粮食部举行的批判大会，章乃器又一次做"检讨"。次日《新闻日报》以《粮食部大会上揭发出又一批新罪证　章乃器在全国各地搞小集团》为题刊登了新华社 17 日的电稿，称"他除了极其肤浅地承认了一些历史上的同国民党反动头子勾结的丑史外"，对于中华人民共和国成立后的一些不妥之举不予承认，并"继续为自己吹嘘，标榜自己'进步'"。

文章说：章乃器不得不承认别人已经揭露的关于他和陈诚、李宗仁、白崇禧、宋子文、陈立夫、徐恩曾等曾有往来。但是他自认为和这些人物的往来，"作为保护色是有利的"；他并且说他"没有被这些特务利用，而是利用了他们"。他又撒谎，说他没有写过任何一篇文章赞成蒋介石的"一政府、一个党、一个领袖"的口号，而且"一看这个口号就厌恶的"。

文章认为：章乃器就大家揭发他在 1949 年之前"敲诈上海银行"，

1949 年之后的"非法经济活动以及在视察工作中包庇地主、富农、反革命分子和破坏粮食统销政策"等不予承认。他认为《人民日报》揭发他在青田县破坏粮食统销"是不真实的",硬说他"去青田从未访问任何人,也未接见任何人"。他说自己"不但没有亲笔写信鼓励农民退社,任何信都没有"。对于他攻击粮食部的党和党员的行为,他说,他过去认为他"通过行政系统也可以接受党的方针政策,与党组的体会不同,可以有不同的意见"。他轻描淡写地说:"过去主动争取党组的领导是缺乏的,对党组的尊重是不够的,分庭抗礼的情绪是存在的。"章乃器又一次地说:"查我的工作,生活、历史,丝毫没有反党的目的企图。"章乃器还说,他对"党的方针政策,原则上没有丝毫抵触""勤勤恳恳工作,决心不做官僚、政客""解放前参加政治生活二十多年中,尽管有那么多的威迫利诱,决心不反共"。又说:"帮助党整风,我认为是善意的,是和风细雨的。"

粮食部副部长喻杰在发言中首先揭穿了章乃器在一九五六年粮食厅局长会议上利用职权进行不当行为。其次,李烛尘指出,在民建内部搞宗派活动的是章乃器。

最后,粮食部副部长、党组书记陈国栋代表粮食部的整风领导小组宣布,粮食部举行的揭发批判章乃器大会,今天暂时告一段落。他接着批判了章乃器在这个大会上的两次"检讨",并指出章乃器的反动思想是有系统的,手法是阴险的。(《新闻日报》1957 年 8 月 18 日第 2 版。《粮食部批判章乃器大会告一段落 章乃器反共一面性已众目昭彰》,《人民日报》1957 年 8 月 19 日第 2 版)

8 月 19 日 《人民日报》发表《粮食部批判章乃器大会告一段落》。(《人民日报》1957 年 8 月 19 日第 2 版)

8 月 30 日 《人民日报》发表秦泽邦撰写的《章记小集团在民建的卑鄙活动》。

是日 原上川企业股份有限公司的二十四名股东以吴羹梅为首,向北京市高级人民法院提起对章乃器"清算上川企业股份有限公司账目"的诉讼,要求"判令被告清算上川企业公司账目"。(章翼军:《回忆

与怀念——为先父章乃器百岁冥诞暨逝世二十周年而作》，载政协包头市
昆都仑区文史学习委员会编《昆都仑文史·章乃器专辑》）

8 月 31 日　女儿董淑萍带着自己的行李离家出走，"从此再也没有
和父亲见过面"。（董淑萍：《和父亲在一起的日子》，载青田县章乃
器研究会、青田县文联编《青田名贤章乃器》）

9 月 9 日　民建中央一届三中全会与全国工商联二届二次执委会联席
会议在北京召开。会议议题是：讨论在全国工商界开展全面整风的方针、
政策、部署等问题，澄清思想，统一认识，掀起一个社会主义改造的新高潮。
会议通过《全国工商界对右派分子展开坚决斗争的联合指示》。会议于
21 日结束。（民建中央宣传部主编：《中国民主建国会简史》）

9 月 19 日　下午，民建、工商联中央委员联席会议对章乃器做了比
较系统、彻底的揭发和批判。（《章乃器的反动丑史触目惊心》，《人
民日报》1957 年 9 月 20 日第 4 版）

10 月 12 日　民建中央、全国工商联临时工作委员会改称为"中国民
主建国会中央常务委员会、中华全国工商业联合会整风工作委员会"负
责推动包括反右派斗争在内的工商界的全面整风运动。在反右斗争中，
章乃器作为"右派分子的突出代表"不仅受到长期的严厉批判，而且撤
销了包括全国政协委员在内的所有职务，还有的同志因他的问题受到牵
连，成为深刻的历史教训。（民建中央宣传部主编：《中国民主建国会
简史》）

10 月 13 日　毛泽东在最高国务会议上说："右派中间那些不愿意
变的，大概章乃器算一个。你要他变成无产阶级知识分子，他就不干，
他说他早就变好了，是'红色资产阶级'。自报公议嘛，你自报可以，
大家还要公议。我们说，你还不行，你章乃器是白色资产阶级。"（毛
泽东：《坚定地相信群众的大多数》，载《毛泽东选集（第五卷）》）

11 月 5 日　北京市高级人民法院就上川企业股份有限公司的原股东
起诉章乃器，要求判令被告"清算上川企业公司账目"一案首次开庭。
原告以"抗拒企业的社会主义改造""逃避工商管理""偷税漏税""私
放高利贷""破坏外汇管理""隐匿逆产""进行囤积投机买卖""侵

占公司资金"等进行起诉，并要求法院冻结章乃器的存款、查封收藏的文物。"父亲在法庭上据理陈述，对方语塞。当时法院曾出面调解，但原告反对。"（章翼军：《回忆与怀念——为先父章乃器百岁冥诞逝世二十周年而作》，载政协包头市昆都仑区文史学习委员会编《昆都仑文史·章乃器专辑》）

12月8日 周恩来到毛泽东处参加会议。会议谈对右派分子的处理问题，参加者还有刘少奇、朱德、邓小平、彭真、徐冰、李济深、何香凝、蔡廷锴、张治中、邵力子、朱蕴山、梅龚彬、陈此生、熊克武、沈钧儒、史良、高崇民、胡愈之、黄炎培、王绍鏊、许广平、杨东莼、许德珩、梁希、李纯青、李方、陈其尤、宋庆龄、傅作义、张奚若和杨明轩。（中共中央文献研究室编：《周恩来年谱1898—1949（修订本）》）

12月9日 致法院信函，"根据事实加以驳斥"。（章翼军：《回忆与怀念——为先父章乃器百岁冥诞逝世二十周年而作》，载政协包头市昆都仑区文史学习委员会编《昆都仑文史·章乃器专辑》）

12月19日 下午，粮食部全体工作人员举行大会，继续批判章乃器。（《粮食部开大会撕下章乃器的画皮 揭穿了章乃器坚持错误拒不悔改花言巧语掩饰罪行的手法》，《人民日报》1957年12月20日第4版）

1958年　62岁

2月20日，中国人民志愿军总部发表声明，决定于一九五八年底前分批撤出朝鲜。

5月16日，中国共产党八大二次会议举行以后，通过了"鼓足干劲、力争上游、多快好省地建设社会主义"的总路线，"大跃进"运动在全国展开。

1月上、中旬　撰写出三万多字的《根据事实　全面检查》，回顾自己在整风运动中的全部言行，以及中华人民共和国成立以来在民主党派工作方面的全部经历，在文章最后写道："我不能颠倒是非对待别人，也不能泯灭良心来对待自己。""我对党披肝沥胆，希望党对我推心置腹。""我到现在为止并没有希望逃避处分（当然也不是希望受处分）。一个只能受褒奖，不能受处分，只能升职，不能降职，只能为官，不能为民的人，不能不是十足的官僚。他不但当不起一个革命者的称号，而且不配做一个社会主义的公民。"（周天度、章立凡：《章乃器传》，载周天度主编《七君子传》。章立凡：《君子之交如水》）

1月18日　民建中常会、全国工商联召开常务委员会联席会议第二十九次扩大会议，民建中常会、全国工商联常委六十一人出席会议，在北京的民建中常会委员、全国工商联执委，两个机关处长以上干部和部分省市整风工作委员会负责人列席会议。会议传达周恩来总理等中共中央领导人的讲话精神。会议分组对党中央提出的处理右派分子的原则规定进行讨论，并在此基础上，就民建中常会、全国工商联整风工作委员会提出的对民建会中央委员、全国工商联执行委员中部分右派分子的处理意见，进行了细致的研究和讨论。会议于二十六日结束。（民建中央宣传部主编：《中国民主建国会简史》。黄孟复主编：《中华全国工商业联合会50年大事记》）

1月20日　北京市高级人民法院对"清算上川企业公司账目"的诉讼作出了裁定，章乃器败诉。章翼军写道："孰料原审法院仍然于1958年1月20日对此案做出了裁定。"（章翼军：《回忆与怀念——为先父章乃器百岁冥诞暨逝世二十周年而作》，载政协包头市昆都仑区文史学习委员会编《昆都仑文史·章乃器专辑》）

1 月 29 日　周恩来分别同章伯钧、罗隆基和章乃器谈话，就准备撤销三人的部长职务事，征询意见。谈话中有所批评，要他们真心改造。（中共中央文献研究室编：《周恩来年谱 1898—1949（修订本）》）

章乃器在《七十自述》中回忆："周恩来总理召见我，我就乘车到西花厅去见他，当时在场的还有习仲勋、徐冰两位秘书长。周总理对我说，要撤我和章伯钧、罗隆基的职，马上就要提出在国务会议讨论，已经告诉了伯钧、隆基二人，而且不让他们出席会议，但可以让我出席会议申辩。我问，我写的《根据事实，全面检查》的文件有没有看过，他说没有，我说，那是很遗憾的。我问，撤职的事情是否最后决定了。他说，党中央决定了。我说，那还申辩什么呢？我愿意放弃出席权利。他说，那也好，辩论起来我们人多，你说不过我们的。他又说，也曾考虑过是否让我们辞职，可是又何必那样转弯抹角呢？我说，撤职倒没有什么，但为什么要扣上反党、反人民、反社会主义的罪名呢？这是违反事实的，是宁死不能承认的。他说，那你可以保留思想，我们党是准许保留思想的。于是，他又谈到和罗隆基谈话的经过，他曾问罗作何打算，罗答要么就自杀，否则便只好接受。总理说，你可以去美国。罗问，是否意味着驱逐出境？总理答，绝不是。总理问我作何打算？我说，我是全心全意，全力投向党的，党给我处分，我愿积极接受下来，作为党对我的锻炼和考验。我和党共事已经三十年了，仍然没有被了解，那就请再看五年吧，五年不够，也可以看十年。到那时我也不过七十岁；我现在开始就好好地锻炼体格，充实头脑，准备到时再为党工作十年。总理笑着说，你倒真乐观呀！最后我重申：我是永远不反党的；我要使那些诽谤的流言彻底地破产；我决不做为亲者所痛、仇者所快的蠢人。"（章乃器：《七十自述》，载中国人民政治协商会议全国委员会文史资料研究委员会编《文史资料选辑》第八十二辑）

是日　国务院举行第六十九次全体会议，会议在听取周恩来的说明后，经过讨论，一致同意撤销章乃器、章伯钧和罗隆基分别担任的粮食部、交通部和森林工业部部长职务，决定提请全国人民代表大会常委会议决定……会议还通过《中共中央、国务院关于在国家薪给人员和高等学校学生中的右派分子处理原则的规定》。《规定》的主要内容是：对于国家薪给人员中的右派分子，根据情节和态度，分别按以下办法处理：劳动教养，或自谋生活，有的应开除公职；撤职，送农村或其他劳动场所监督劳动，撤职留用察看。（中共中央文献研究室编：《周恩来年谱1898—1949（修订本）》）

1 月 31 日　下午，第一届全国人大常委会举行第九十三次会议。会议听了周恩来总理的说明，讨论了周恩来总理提出的议案，决定撤销右派分子章乃器中华人民共和国粮食部部长职务，撤销右派分子章伯钧中华人民共和国交通部部长职务，撤销右派分子罗隆基中华人民共和国森林工业部部长职务。（中共中央文献研究室编：《周恩来年谱1898—1949（修订本）》。《人大常委会通过了向人大的工作报告　根据周总理提案决定撤销章乃器章伯钧罗隆基的部长职务》，《人民日报》1958年2月1日第1版）

是日　毛泽东签署《中华人民共和国主席令》：根据中华人民共和国第一届全国人民代表大会常务委员会第九十三次会议的决定，撤销章乃器中华人民共和国粮食部部长职务，撤销章伯钧中华人民共和国交通部部长职务，撤销罗隆基中华人民共和国森林工业部部长职务。（《中华人民共和国主席令》，《人民日报》1958年2月1日第1版）

2 月 1 日　第一届全国人民代表大会第五次会议在北京举行。根据国务院周恩来总理提出的议案，通过了关于撤销右派分子章乃器、章伯钧、罗隆基部长职务的决定。

常务委员会在第九十二次会议上同意第一届全国人民代表大会代表资格审查委员会提出的关于右派分子章乃器等三十八人的代表资格问题的审查意见，并且委托代表资格审查委员会一并向第一届全国人民代表大会第五次会议提出建议。

代表资格审查委员会主任委员马明方，在第一届全国人民代表大会第五次会议上，做了中华人民共和国第一届全国人民代表大会代表资格审查委员会关于补选的代表资格和右派分子章乃器等三十八人的代表资格问题的审查报告，全体通过了这个报告。

代表资格审查委员会建议大会：章乃器等三十八人不应出席第一届全国人民代表大会第五次会议；至于撤销他们的代表资格问题，根据《中华人民共和国宪法》第三十八条的规定，最后应当由他们的原选举单位开会时正式处理。（《代表资格审查委员会向大会提出建议　右派分子丧失了人民代表的资格　章乃器等三十八人不应出席会议》，《人民日报》1958年2月2日第1版）

2月3日　《参考消息》第四版发表《西方通讯社评述我撤销右派分子章乃器等三人职务》一文。

2月28日　民建中央第四十次常委扩大会议在北京召开，会议号召各地组织"领导会员，掀起自我改造大竞赛，投入生产大跃进，力争三年内改造成为自食其力的劳动者"。（民建中央宣传部主编：《中国民主建国会简史》）

3月7日　就"清算上川企业公司账目"的裁定，向中华人民共和国最高人民法院提起上诉。同时，"将裁定要求提交的账册、文物清单和存折等送交法院，并且还在裁定要求以外，送交了公债、股票等所有上川公司的剩余财物"。（章翼军：《回忆与怀念——为先父章乃器百岁冥诞暨逝世二十周年而作》，载政协包头市昆都仑区文史学习委员会编《昆都仑文史·章乃器专辑》）

3月10日　中国人民政治协商会议第二届全国委员会常务委员会第五十次会议召开，与会人员一致通过了"中国人民政治协商会议第二届全国委员会常务委员会第五十次会议关于停止右派分子章伯钧政协全国委员会副主席职务和右派分子章乃器等八人政协全国委员会常务委员职务的决定"。（《政协全国委员会常委会规定　政协组织应积极进行整风　停止右派分子章伯钧政协副主席职务和右派分子章乃器等八人政协常委职务》，《人民日报》1958年3月18日第1版）

4月15日　最高人民法院作出裁定，"维持原判，指示本案仍由原审法院依法审理"。（章翼军：《回忆与怀念——为先父章乃器百岁冥诞暨逝世二十周年而作》，载政协包头市昆都仑区文史学习委员会编《昆都仑文史·章乃器专辑》）

6月26日　"原审法院副庭长黄一新指示：本案拟委托北京市工商联清算账目。"（章翼军：《回忆与怀念——为先父章乃器百岁冥诞暨逝世二十周年而作》，载政协包头市昆都仑区文史学习委员会编《昆都仑文史·章乃器专辑》）

12月9日　致函法院，做了详尽交代。（章翼军：《回忆与怀念——为先父章乃器百岁冥诞暨逝世二十周年而作》，载政协包头市昆都仑区文史学习委员会编《昆都仑文史·章乃器专辑》）

12月25日　民建中央一届四次全会和全国工商联二届执委会三次会议联席扩大会议在北京召开。会议讨论了工商界自我改造、积极服务的若干问题。会议坚持和风细雨、自由讨论的方针，按照正确处理人民内部矛盾的办法，开展批评与自我批评。会议通过了《关于当前工商业者加强自我改造、积极为社会主义建设服务问题的几点认识》和《关于批准李烛尘副主任委员代表民建中央、全国工商联常务委员会所作的工作报告的决议》。决议在肯定工商界取得进步的同时，提出继续改造的任务；提出了接受共产党领导，在劳动和实践的基础上，以企业和工作岗位为基础，逐步改造成为符合政治标准的自食其力的劳动者，努力为社会主义建设服务的要求。这次会议确立服务与改造相结合的工作方针，并把工作转移到为社会主义服务的实践上来，标志着民建内部反右派斗争的结束。会议于一九五九年一月二十二日结束。（民建中央宣传部主编：《中国民主建国会简史》）

是年　章乃器"以前所未有的认真态度读书，也以前所未有的坚持态度锻炼体格——除了气功、腰腿六段锦以外，每天作二十五个起伏撑，还在浴室内摩擦全身二千多下"。（章乃器：《七十自述》，载中国人民政治协商会议全国委员会文史资料研究委员会编《文史资料选辑》第八十二辑）

是年　撰联"实践检查真理；时间解决问题"。（章立凡：《君子之交如水》）

1959 年　63 岁

2 月 27 日，中共中央在郑州举行政治局扩大会议。会议的主题是人民公社问题。

4 月 18 日，第二届全国人民代表大会第一次会议在北京举行。大会审议批准国务院根据中共中央建议提出的一九五九年度国民经济计划。

7 月 2 日，中共中央在庐山先后举行政治局扩大会议和八届八中全会。

9 月 16 日，中共中央、国务院作出《关于确实表现改好了的右派分子的处理问题的决定》。

12 月 8 日，中共中央宣传部召开全国文化工作会议。

3 月　章乃器在上海与金学成[①]的谈话内容被打印成材料。章乃器对金学成谈到自己最近的态度时说："我现在碰到人有两条：一叫做不谈；二叫做否认，即谈过后，出门就否认。这一条是从统战部长那里学来的。加给我的罪名是不对的，对那个罪名我是不服的。但对我的处分我是承受的，因为这是改造。"

摘要　第一生活上我很乐观。起床睡觉有一定时间，一睡就睡着。我在斗争时也睡得着，这是心安理得，半夜敲门不惊心。我现在身体是标准的，血压也正常。第二关即生活上，老早即开始艰苦了。特灶改了大灶，吃素吃得多，我有先见之明，过了几个月肉即买不到了。第三关锻炼。我汽车不坐，三轮车也不坐，专门跑路，轧公共汽车。第四关即多学一点东西。现在我订了 20 多种杂志，每种我都看完，《资治通鉴》我已经看光了，看看大有道理。

我的人生观是乐生。我认为今天做人应该是豪迈、直率、朴素。可是有些人简直不像人，卑躬屈膝，如吴××现在就假得不像人了，我曾写过五万字来批驳他。他说我有很多钱，其实我粮食部长下来后，只有 540元积蓄了。我曾经对周总理讲过。况且从 50 年（代）开始我的钱即未经银行，所有的钱都是秘书经手。现在我有一条，就是在大庭广众之下，我不与人辩论。如果真要摆事实讲道理的话，人家是讲不过我的。章要金转告上海

---

①金学成（1905—1990），江苏奉贤（今上海奉贤）人，1925 年加入中国共产党。中华人民共和国成立后，历任民建中央委员及全国政协委员、上海市人大代表等职。

的熟人："问起我时你要讲两条：第一身体很好，第二精神正常。"……

我的问题全是站得住的，在哲学上叫做否定之否定。什么东西，一个运动来了都要否定掉，吴××在"五反"时手抖了，这次又抖了。又如线装书过去一个时期否定了，现在又有好的了。一个人也是如此，全部否定了，将来还是要否定的。现在这个时代，是非将弄得明白……

过去我抓政策最认真，因此有职有权，这确是争来的。（章立凡：《都门谪居录——"文革"前的章乃器》。章立凡主编：《记忆：往事未付红尘》）

4 月 11 日　中国人民政治协商会议第三届全国委员会由政协第二届全国委员会常务委员会第五十四次会议上选举产生，委员共一千零七十一人。章乃器为委员，任期自一九五九年四月至一九六五年一月。（《中国人民政协商会议第三届全国委员会委员名单》，《人民日报》1959 年 4 月 12 日第 2 版）

4 月 17 日　出席中国人民政治协商会议第三届全国委员会第一次会议。（全国政协研究室编：《中国人民政协全书（上）》）

4 月 23 日　上午，出席在赵登禹路政协礼堂召开的政协全体会议。

4 月 29 日　中国人民政治协商会议第三届全国委员会第一次会议结束。

会议推举毛泽东为政协第三届全国委员会名誉主席，选举周恩来为政协第三届全国委员会主席，选举彭真、李济深、郭沫若、沈钧儒、黄炎培、李维汉、李四光、陈叔通、陈嘉庚、包尔汉、陈毅、康生帕巴拉·格列朗杰、阿沛·阿旺晋美十四人为副主席，选举徐冰为秘书长，选举章乃器等一百四十三人为常务委员会委员。（全国政协研究室编：《中国人民政协全书（上）》）

1960 年 64 岁

5月15日，中央发出《关于在农村中开展"三反"运动的指示》。

3月29日　中国人民政治协商会议第三届全国委员会第二次会议在北京举行，出席会议的政协全国委员会委员有八百五十一人。在这次大会以前，许多委员曾经和全国人民代表大会代表一同到各地进行了视察，在视察中进一步了解了国家各方面"大跃进"的伟大成就，同时提供了许多有益的意见。会议一致通过了关于本次会议的决议。决议说，会议听取了陈叔通副主席代表常务委员会所作的工作报告，全体委员并列席了第二届全国人民代表大会第二次会议，听取了李富春副总理《关于一九六〇年国民经济计划草案的报告》、李先念副总理《关于一九五九年国家决算和一九六〇年国家预算草案的报告》、谭震林副总理《为提前实现全国农业发展纲要而奋斗》的报告，表示坚决拥护；还听取了周恩来总理关于国际形势和我国对外关系的讲话，表示热烈支持政府的外交政策。会议于四月十一日结束。章乃器出席。（全国政协研究室编：《中国人民政协全书（上）》）

4月7日　全国人民代表大会代表今天纷纷表示要坚决贯彻以农业为基础的方针，从各方面大力支援农业的发展，保证提前实现农业发展纲要，争取今年农业继续跃进。章乃器在会议上发言。（《人大代表纷纷表示坚决贯彻以农业为基础的方针　确保提前实现农业发展纲要　政协委员们畅谈各项建设事业的大好形势》，《人民日报》1960年4月8日第1版）

4月12日　《人民日报》刊登《中国人民政治协商会议第三届全国委员会委员名单》。章乃器名列其中。

4月16日　《人民日报》发表章乃器在政协第三届第二次会议上做的书面发言。他质疑说："对于农业生产跃进的速度，不能机械地搬用工业生产的百分比。"还谈了对"鼓足干劲力争上游多快好省地建设社会主义""两条腿走路""有关思想工作的三个问题"的认识。

章乃器的发言遭到其他几位政协委员的联合发文驳斥。（《章乃器委员的发言怎样正确认识大跃进与思想改造问题——驳章乃器委员在中国人民政治协商会议第三届全国委员会第二次会议上的发言》，《人民日报》

1960 年 4 月 16 日第 19 版。章立凡：《"不做和尚，只做居士"——章乃器的党派观》，《同舟共进》2007 年第 12 期）

6 月 27 日　北京市工商联邀请谈话，"对上川企业公司经收款项作一些补充说明"。（章翼军：《回忆与怀念——为先父章乃器百岁冥诞暨逝世二十周年而作》，载政协包头市昆都仑区文史学习委员会编《昆都仑文史·章乃器专辑》）

7 月　在北戴河同梁漱溟谈老年保健和绝食问题。梁漱溟说：他曾读到一位游学印度、拜甘地为师的某人所写的一本关于绝食的书，书中说，绝食最不好过的是第五天，过此便入坦途。"于是，父亲就产生了作绝食试验的念头"。（章翼军：《回忆与怀念——为先父章乃器百岁冥诞暨逝世二十周年而作》，载政协包头市昆都仑区文史学习委员会编《昆都仑文史·章乃器专辑》）

1962年　66岁

　　1月11日，中共中央在北京召开中央工作扩大会议，又称"七千人大会"。

　　6月14日，中共中央批转《关于全国统战工作会议的报告》。

　　3月23日　出席中国人民政治协商会议第三届全国委员会第三次会议。出席会议的政协全国委员会委员有八百八十八人，列席会议的各界人士有八百零三人。应邀列席的各界人士，包括科学技术、文化教育、医药卫生、文学艺术等各界人士，还有各民主党派和全国工商联有关负责人，各少数民族、宗教、华侨以及各方面社会人士。会议通过了决议，同意陈叔通的报告，热烈拥护周恩来的政府工作报告。决议强调指出，人民政协要进一步加强团结，加强工作，在中国共产党和毛泽东主席的领导下，更高地举起总路线、"大跃进"、人民公社三面红旗，同心同德、奋发图强，为实现周恩来在《政府工作报告》中提出的一九六二年国民经济调整工作的十项任务而努力，为把我国建成一个具有现代工业、现代农业、现代科学文化的社会主义国家而继续奋斗。

　　会议期间，章乃器向政协第三届全国委员会第三次会议提交两个提案，就一九五七年被错划为右派的问题提出申诉。这一做法在当时被指为"刮翻案风"。有些好心的朋友向他提出劝告，但章乃器表示："唯事实为最雄辩。事实越到后来越清楚。我相信事实，我无限信任党的实事求是的作风。我准备在这个过程中多受一些锻炼，但不能改变我对党的信任。我认为这一点的硬骨头是需要的，党绝不愿它的朋友是软骨头。"（全国政协研究室编：《中国人民政协全书（上）》。周天度、章立凡：《章乃器传》，载周天度主编《七君子传》）

　　3月29日　"七千人大会"后，章乃器在座谈会上多次批评不按经济规律办事、"大跃进"头脑发热、经济发展失调、国家经济陷入严重困难、人民生活空前困苦等问题。他说："国家三年经济困难的发生，并非一日之寒……你《人民日报》作为党报，仅仅写一篇文章是不行的。应该写十几篇、几十篇这样的文章，才能把事情的前因后果搞明白，真正找出问题的症结所在，老百姓才能气顺，今后才不会误入歧途，误国

祸民。”（何立波：《从银行家到新中国首任粮食部长章乃器》，《人物春秋》2011 年第 9 期）

4 月 18 日　“全国政协常委会否定章乃器提出的关于黄炎培、千家驹、孙晓村、吴大琨的提案，与会者认为，不构成提案。”中国人民政治协商会议第三届全国委员会第三次会议闭幕。（宋云彬：《红尘冷眼——一个文化名人笔下的中国三十年》）

4 月　中共中央统战部提出了《在党外人士中进行甄别平反工作的意见》。（民建中央宣传部主编：《中国民主建国会简史》）

6 月底　章乃器前往吊唁病逝的龙云。一同参加吊唁的有许广平、史良、李明灏等人。（青田县政协文史资料委员会、青田县章乃器研究会编：《爱国七君子章乃器图录》）

10 月 29 日　赴法院催询“清算上川企业公司账目”案件结果，有关人员表示诧异，并说，据闻此案已经结束，经办人也已不在。（章翼军：《回忆与怀念——为先父章乃器百岁冥诞暨逝世二十周年而作》，载政协包头市昆都仑区文史学习委员会编《昆都仑文史·章乃器专辑》）

11 月 18 日　批阅文字改革委员会颁发的《对汉字简化方案的修改意见》，认为：“可以尽量兼顾文言文，翻印古书等等较少的特殊用途，但不能因此减少简化字在语体文中的作用。特殊用途宁可任其用繁体字，作为例外。”《意见》认为关于原方案中的复代“復”“複”“覆”修改意见认为有时可能混淆。章乃器并不完全认同，提出“在语体文中，混淆可能性很小”。以借代藉，《意见》认为“在一些词语中容易混淆，因此建议不代”。章乃器则认为在语体文中可以替代。（潘大明：《章乃器与汉字简化运动》，《档案春秋》2020 年第 6 期）

是年　与杨美真离婚。

是年　赴上海，住在国际饭店。“还到我四叔章子萍住处和胶州路 273 弄 24 号旧居看望夏沂表叔。他很乐观地、半开玩笑地对亲友说：我庆幸‘家破人未亡，身败名未裂’，我还要顽强地生活下去。但和过去相比较，人际关系已大不相同。登门拜访者已为数不多了。”（章翼军：《回忆与怀念——为先父章乃器百岁冥诞暨逝世二十周年而作》，载政协包头

市昆都仑区文史学习委员会编《昆都仑文史·章乃器专辑》）

是年 主张儿子章立凡学自然科学。章立凡回忆："我考到清华附中是他所希望的。父亲是搞社会科学的，那时被认为是一个危险的职业，我的兴趣却一直在文史和文学、艺术方面，这是一件很无奈的事情。当然我也不主张子承父业，从一个家族的延续来讲，家学是重要的，但家庭成员能涉及很多领域，拥有多种文化结构，其实也是一件好事。"（章立凡：《君子之交如水》）

1963年　67岁

3月5日，毛泽东、刘少奇、周恩来、朱德等领导人号召"向雷锋同志学习"的题词发表。

9月6日，中共中央工作会议在北京召开。会议制定了《中共中央关于农村社会主义教育运动中一些具体政策的规定（草案）》。

1月19日　民建二届中央委员会第二次会议通过《关于开除章乃器会籍的决定》。（周天度、章立凡：《章乃器传》，载周天度主编《七君子传》）

2月14日　民建中央决定致函政协全国委员会，申明撤销章乃器作为本会代表的资格，并建议该会撤销章乃器的政协委员的资格。（周天度、章立凡：《章乃器传》，载周天度主编《七君子传》）

3月7日　上午，中国人民政治协商会议第三届全国委员会常务委员会举行第三十九次会议，听取中央社会主义学院副院长聂真关于中央社会主义学院第四期学习情况的汇报。

会议还听取了政协全国委员会常务委员会委员、中国民主建国会副主任委员李烛尘代表中国民主建国会所作的关于建议撤销右派分子章乃器政协全国委员会委员资格的说明。会议同意中国民主建国会中央委员会关于撤销原该会会员章乃器政协全国委员会委员的资格的建议，决定撤销章乃器政协全国委员会委员的资格。（《政协常委会举行会议　决定撤销右派分子章乃器政协委员资格》，《人民日报》1963年3月8日第3版）

据汪东林说："那次决定撤销章乃器政协委员资格的全国政协常委会会议派了我和另一同志作会议记录。在这次会上，对章乃器政治上反动必须逐出政协的大门并无异议，因此很快一致通过了。问题发生在撤销政协委员资格后章乃器怎么办？应该给章乃器什么样的生活出路？意见很不一致。出席会议的中央统战部负责人徐冰、张执一（也分别是全国政协的秘书长、副秘书长）首先在会上讲，考虑到章乃器的历史和现状，根据政治上从严、生活上仍给予适当照顾的原则，建议章乃器离开政协后，生活上交由国务院机关事务局代管，每月发给150元生活费。徐、张话音刚落，便有若干位女常委举手要求发言，她们颇为激愤地说，章乃器政治上反动，撤销政协委员资格是罪有应得；应该指出的是，章某人不仅政治上反动，而且生活上也是腐化的……因此不能给他每月150元生活费，这太高了！她们还质问，许多国家干部工作十分辛苦，每月不过五六十元，大部分超不过一百元，章乃器这样的人凭什么给予相当于行政13级高级干部的工资数额？然而女常委的愤怒，并未得到太热烈的响应，多数人只是不吱声，没有与她们展开争论——尽管章乃器本人并不在场。后来经过徐冰、张执一的再一次解释和劝说，章乃器这每月150元生活费的建议终于以多数票通过。当然，自这次会议之后，章乃器失去了他发表政见的讲坛。"（汪东林：《我对于生活如此认真——梁漱溟问答录》）

5月29日　"个别人根据某些片面之词"，具状给原审法院，"谎称父亲已将家存文物取出换掉"。（章翼军：《回忆与怀念——为先父章乃器百岁冥诞暨逝世二十周年而作》，载政协包头市昆都仑区文史学习委员会编《昆都仑文史·章乃器专辑》）

11月11日　原审法院再度做出裁定，将章乃器家存文物全部予以清点，就地查封，并暂先执行。章翼军写道："当天，由副庭长率领审判员、书记员、法警、民警、街道干部等约20人以袭击方式突入父亲住宅，胁迫父亲同意立即查封，被拒绝。父亲婉转地陈述了理由，并请求不要暂先执行。他们置若罔闻，就开始点文物，就地查封。"（章翼军：《回忆与怀念——为先父章乃器百岁冥诞暨逝世二十周年而作》，载政协包头市昆都仑区文史学习委员会编《昆都仑文史·章乃器专辑》）

12月14日　原审法院通知章乃器，"限于三日内提出上诉状；同时发来传票，定于12月17日开庭执行裁定"。（章翼军：《回忆与怀念——为先父章乃器百岁冥诞暨逝世二十周年而作》，载政协包头市昆都仑区文史学习委员会编《昆都仑文史·章乃器专辑》）

12月15日　致函法院，说明由于身体不适，血压波动很大，尤其一想到诉讼事件，便觉胸闷头痛，起草上诉状难以执笔，请求按照《人民法院组织法》第七条第二款的规定，为指定辩护律师一人，代为阅卷和写诉讼状，并相机进行和解。同时声明，因健康关系不能出庭。

"对此，原审法院以电话通知父亲，作为民事被告人，可以自己向法律顾问处请求介绍律师。接着，父亲先后两次函请北京市法律顾问处，请求介绍律师，均遭拒绝。"（章翼军：《回忆与怀念——为先父章乃器百岁冥诞暨逝世二十周年而作》，载政协包头市昆都仑区文史学习委员会编《昆都仑文史·章乃器专辑》）

1964 年　68 岁

1 月 27 日，中、法两国政府发表联合公报，决定建立外交关系。
10 月 16 日，中国第一颗原子弹爆炸成功。

春　与王者香①结婚。（陈木云：《章乃器家世简述》，载青田县章乃器研究会、青田县文联编《青田名贤章乃器》）

3 月 9 日　致函原审法院，委婉地陈述仍不能出庭的理由。同时提出有关辩护律师问题的不同意见。（章翼军：《回忆与怀念——为先父章乃器百岁冥诞暨逝世二十周年而作》，载政协包头市昆都仑区文史学习委员会编《昆都仑文史·章乃器专辑》）

3 月 10 日　上午，法庭执行裁定。"父亲正在客厅里会见国家事务管理局的来人。原审法院派来了规模比上次执行查封时更大的队伍，要对父亲执行拘传。院方表示：你两次抗传不到，所以必须拘传。"（章翼军：《回忆与怀念——为先父章乃器百岁冥诞暨逝世二十周年而作》，载政协包头市昆都仑区文史学习委员会编《昆都仑文史·章乃器专辑》）

到了法院，责令章乃器同意查封。章乃器拒绝发言。于是，被判拘留三天；并声称，到时如仍不同意，将延长拘留期。接着，"父亲就被架到炮局胡同拘留所，经搜身后被禁在一个拘留室内"。（章翼军：《回忆与怀念——为先父章乃器百岁冥诞暨逝世二十周年而作》，载政协包头市昆都仑区文史学习委员会编《昆都仑文史·章乃器专辑》）

在拘留所内，章乃器拒绝进食，以表示强烈的抗议。后来，在王者香的拉劝之下，章乃器签署了委托她为代理人的委托书，离开了看守所。（章翼军：《回忆与怀念——为先父章乃器百岁冥诞暨逝世二十周年而作》，载政协包头市昆都仑区文史学习委员会编《昆都仑文史·章乃器专辑》）

清点、议价、查封进行了十八天，连来访的客人都受到了盘问。章乃器卧病在床。"在无可奈何的情况下，扶病赴国家最高人民法院，请求司法避难。结果仍是不得要领而回。"（章翼军：《回忆与怀念——为先父章乃器百岁冥诞暨逝世二十周年而作》，载政协包头市昆都仑区文史学习委员会编《昆都仑文史·章乃器专辑》）

①王者香（？—1967），河北人。小学音乐教师。

5 月 30 日　原审法院做出判决。（章翼军：《回忆与怀念——为先父章乃器百岁冥诞暨逝世二十周年而作》，载政协包头市昆都仑区文史学习委员会编《昆都仑文史·章乃器专辑》）

6 月 16 日　向最高人民法院递交上诉状，再次申述理由，并提出自己的意见：

1. 原审法院接受被上诉人（即原告）的诬妄控诉，违背了"重证据而不轻信口供"的原则。原告二十四户中，有二十一户已经自愿地放弃了股权，取得了股金的偿付，因而他们已经不是上川公司的股东。

2. 被上诉人提起诉讼的经过，是明显的包揽诉讼的行为。列名原告的二十四户中，绝大多数是被迫的、被骗的。

3. 关于谁欺骗股东的问题：原告的"八大罪状"，纯系捏造或捕风捉影，完全是对股东的欺骗。

4. 关于一九四九年后是不是上川公司总经理的问题。

5. 所谓上川公司"偷税漏税"问题：纯系莫须有的罪名。

6. 关于清算问题：两年多的清算，仍然是算而未清。

7. 关于账外财产——海外资金问题。国家的政策，对账外财产、海外资金是不逼、不追、不查，为的是诱导账外财产的交出和海外资金的内移。这对任何公民和股东都是适用的，不能例外。

8. 关于捐献文物曾否经过协商问题。原告中不少人都是很清楚的。当时上川公司董事长李桐村是完全知道的；公私合营银行负责人资耀华也是同意的。

9. 原告应否有辩护律师问题（略）。

10. 其他（略）。（章翼军：《回忆与怀念——为先父章乃器百岁冥诞暨逝世二十周年而作》，载政协包头市昆都仑区文史学习委员会编《昆都仑文史·章乃器专辑》）

章翼军写道："上述申诉当然不会有好的结局。此案最后以父亲败诉而结束。其时，在'左'的思想指导下，类似情况可以理解。父亲为应付这场意想不到的、旷日持久的官司，耗费掉许多时间和精力。思想上受到的刺激和不愉快，对身体自然很不利。家庭生活也发生了困难，原因是后继母带来一群子女，主要靠他抚养。他当时的工资已从原行政三级降为一百五十元，入不敷出。他从未向子女救援，有时卖掉一点东西，免为维持。""父亲被撤职后，并没有垂头丧气。他虽然没有工作岗位了，仍坚持学习和锻炼身体，研究气功，生活很有规律。他在信中写道：'躯体顽健胜昔，所靠的是锻炼，用的激将法。如我最大的弱点是怕冷，我就治之以冷。早上一斤半冷水，一口气吃下去，再出门。晚上用冷水浇头，擦上身，毕后上床。效验是大衣完全不用了，下垫去了鸭绒褥，上盖去了皮毯，高血压低头了，感冒也难得犯，已经有六年不去诊所了'。""多交小朋友，向他们学习'童心'很有益。独身生活好，烧饭洗衣等一切家常事，统统自理。早上三小时在户外，阅读写作时间每天不下六小时。""他常常去新华书店浏览，买一些喜爱的书，如二十四史、《钢与渣》等。他头脑清晰，思维敏捷，每天看六个小时的书不觉得累，并作读书笔记，写学习心得。"（章翼军：《回忆与怀念——为先父章乃器百岁冥诞暨逝世二十周年而作》，载政协包头市昆都仑区文史学习委员会编《昆都仑文史·章乃器专辑》）

1966 年 70 岁

5 月 16 日，"文化大革命"开始。

7 月 1 日，经毛泽东批准，中国战略导弹部队成立，周恩来命名为第二炮兵。

10 月 15 日，中国出口商品交易会在广州开幕。

8 月 24 日 红卫兵冲进章乃器的寓所，将他押送至北京东安市场参加批斗会。章乃器要求被送往医院救治，遭到拒绝。他挣扎着爬起来，在医院的长凳上给周恩来写了几个字：总理，我被打，已经受伤，医院不给治疗，请你指示。信送出后不久，章乃器被推进了急救室。事后得知，周恩来指示医院："无论何人，一律实行革命人道主义，给予治疗。"才得到医治，后被送回家中。（周天度、章立凡：《章乃器传》，载周天度主编《七君子传》）

章乃器回忆：这是我有生以来所遇到的最大的灾祸，是对我，一次最严峻的锻炼和考验……我认为机会来了，就利用这一具随身携带"科学实验室"，除体验气功外，兼做绝食试验。红卫兵问我是不是进行绝食斗争，我回答：不是绝食斗争，而是绝食试验。（章乃器：《七十自述》，载中国人民政治协商会议全国委员会文史资料研究委员会编《文史资料选辑》第八十二辑）

8 月 25 日 此后连续数天，每天都有红卫兵来拷打。

晚上，清醒。吟成了一首诗："能求祖国长强富，个人生死无足伤。坏事终当变好事，千锤百炼铁成钢。"（章乃器：《七十自述》，载中国人民政治协商会议全国委员会文史资料研究委员会编《文史资料选辑》第八十二辑）

8 月 26 日 上午，要求与王者香见面。经过看守人员同意，与王者香见面。口述遗嘱式文件，由王者香笔录："毛主席的统一战线政策是无敌于天下的，我愿竭诚拥护它，推行它，虽死无悔。党从遵义会议起到延安整风这一阶段的历史是无比光荣的，我愿发扬光大它，虽死无憾。毛主席说：用革命的两手反对反革命的两手。这句话是永远正确的，我们必须时时刻刻记着它，实行它。请红卫兵把我这些话转达毛主席、周总理，他们一定会相信我的话是真诚的。"（章乃器：《七十自述》，载中国人民政治协商会议全国委员会文史资料研究委员会编《文史资料选辑》第八十二辑）

章乃器回忆：我在当时，一面有强烈的生的要求，另一面仍然有严重的死的威胁，因为没有统一的组织、没有统一的纪律，就等于无组织、无纪律。我睡在下房，也竟没有专职看守我的人。所以，只要有一个坏分子要害我，他是随时可以处死我的。我说这是一件遗嘱式文件是符合实际的。但真想不到，这竟不成为我的遗嘱，却成为者香的遗笔。（章乃器：《七十自述》，载中国人民政治协商会议全国委员会文史资料研究委员会编《文史资料选辑》第八十二辑）

8月31日　至此，一共绝食整整八天。章乃器回忆："我对付的态度，就是镇静、镇静，再一个镇静。"

摘要　我之所以能镇静，首先是因为我没有畏惧之心。死没有什么可怕，所求的只是死得其时和死得其所。我知道只要来者是真正的群众，他们是不会杀害我的。我手上没有沾半滴人民的血，腰间没有留半文不义之财；社会上一切黑暗糜烂的勾当，我全没有份，而从辛亥革命以来所有的进步运动，我几乎无役不与。"民愤"的帽子是绝对扣不到我头上的。我应该心平气和地对待他们，以争取他们的理解和同情。

又其次，是因为我还有顽强地活着的积极愿望。我认为，我现在决不能死，我要等到党看清楚我是一个对党的革命事业无限忠诚的人，然后死而无憾。我深信，事实是掩盖不住的，事实总是越到后来越清楚。我活着，我的精神面貌就可以证明我对时代的乐观。这是有反动思想的人所万难做到的。

镇静，尤其是积极的镇静，不仅增强了我的生命力，而且也增益了我的应变的机智。……在无统一组织、无统一纪律的情况下，邪恶分子是可以致个别人的死命的。于是，我就用委婉的规劝方式，这样，既可争取善良分子的同情，也使邪恶分子无所借口。

如我问……打人、骂人、罚跪是什么时代的风俗习惯？……优待俘虏政策是为俘虏治伤、治病，现在怎么可以不为我的爱人治病，不为我治伤？

　　这一系列问题的提出，是起到应有功效的。（章乃器：《七十自述》，载中国人民政治协商会议全国委员会文史资料研究委员会编《文史资料选辑》第八十二辑）

1967年　71岁

1月5日，上海发生"一月风暴"，造反派开始在全国范围内夺权。

5月，《五一六通知》公开发表。

6月17日，中国第一枚氢弹爆炸成功。

10月25日，中共中央、国务院、中央军委、中央文革颁发关于大、中、小学复课闹革命的文件。

年初　王者香因癌症去世。章乃器表示："者香的去世使我大大减少了再活十年的信心。"（章乃器：《七十自述》，载中国人民政治协商会议全国委员会文史资料研究委员会编《文史资料选辑》第八十二辑）

2月22日　完成一万五千字的《七十自述》。章乃器在文章中写道："转眼就满七十岁了。这是千变万化的七十年，是绚丽多彩的七十年，也是苦难深重的七十年。以我来说，就记忆所及，濒临死亡，何止数十百次。死生大事，面临死亡，想的是什么，做的是什么，如何能出死入生？这中间，有的是糊里糊涂过来的，有的是微不足道的，但也有的是甚足记述的。写下来，小则足以惕励自己，大之还可以儆戒后人。"

在文中章乃器回顾了自己的一生，记录了去年八月遭遇的灾祸。但是他把这场灾祸视为对自己的一次严峻的锻炼和考验，对付的办法是镇静、镇静，再一个镇静。他在昏迷中苏醒后，思考的是如何利用"科学实验室"——自己的躯体，进行气功和绝食的试验。在文中他记录下自己的感受和体会。"我所掌握的气功的科学基础，就由一力（重力）论一跃而成为二力（重力和内压力）论。这是一个很大的进步……二力论简化了练习气功的条件。由放松而入静——由自我失重而自我催眠，是要有适当的环境条件和较长的时间的。嘈杂的环境和紧张的生活使得一个人不容易放松，更不容易入静。这就是重力论的缺点。但如能运用内压力，我就可以随时随地练习，而且需要时间较短，几分钟、十几分钟都可以。固然，重力论的静功一派也有'行住坐卧，都想这个'的诀门，但入静毕竟是不可能的。"

他认为气功学应该改称呼吸运动学，储气于丹田，"易于转运全身。此处性柔而韧，运动起来也有较多的回旋余地。所以，这实在是一个好点。

练功经验告诉我们：呼吸时意守丹田，数息能做到数腹内脉搏，心跳很快就平静下去，脉搏随而缓慢，呼吸便可以细长。这可能是意气下沉反应到高级神经，得到了抑制心脏跳动的结果。这对于治疗高血压、心脏病，是有很大的好处的。此外，还有意守命门之说，这大概是为卧功而设的。仰卧要沉气，自然就沉到命门去。这时命门和丹田同在一个区域，只是位置有一些高低的区别。所以，命门也没有必要列为丹田之一"。他认为气功能克服一切的欲念，也可以克服食欲，"从当时的感觉和事后的健康情况来看，绝食对于高血压、心脏病是有很高的疗效的，对于肠胃病当然有更直接的疗效。我以为，老年人应该定期进行绝食"。在文末，章乃器表示："这次的试验条件太差，时间又短，不可能积累足够的经验。由于绝食不仅是一种政治斗争的手段，而且是一种医疗保健的方法，我真希望卫生部能把它当作一个研究项目重视起来。我愿提供未死的残年，为这一研究贡献一切。"

文末附有《气功歌》

重力、内压力，两力贯气功。

压力运尔气，重力求得松。

两力孰为重？重力基本功。

松中重点压，大体保轻松。

一心顺重力，能放就能松。

提重放便轻，轻松妙无穷。

《卧功歌》

初如止水顺重力，继似流泉踵顶行。

丹田起伏四余（甲、发、齿、舌）应，肌肤里外气通灵（胎息）。（章乃器：《七十自述》，载中国人民政治协商会议全国委员会文史资料研究委员会编《文史资料选辑》第八十二辑）

春　委托儿子章立凡先后拜访康同璧、仇鳌、章士钊、章伯钧等。"父亲每次都写上一封极简单的信，大意是说自己已搬家，现派小儿趋前聆教云云。"

章立凡拜望陈铭德、邓季惺①时，后者详细询问了章乃器被抄家的经

①陈铭德、邓季惺，《新民报》的创办者、老报人。

过和目前的经济状况。陈铭德拿出一本《毛主席语录》，念了一段话："人类的历史，就是一个不断地从必然王国向自由王国发展的历史。这个历史永远不会完结。在有阶级存在的社会内，阶级斗争不会完结。在存在的社会内，新与旧、正确与错误之间的斗争永远不会完结。在生产斗争和科学实验范围内，人类总是不断发展的，自然界也总是不断发展的，永远不会停止在一个水平上。因此，人类总得不断地总结经验，有所发现，有所发明，有所创造，有所前进。停止的论点、悲观的论点、无所作为和骄傲自满的论点，都是错误的……"

章立凡回忆："陈铭德小声对我说：'我不写回信了，你把毛主席的这段话，给令尊看就可以了。'"

回家向父亲禀报，他想了一下，命我取纸笔，口述了一段话，叫我过几天再送去。其中的主要内容，我至今还记得："我是民族资产阶级中走社会主义道路的'急先锋'，很早就已经把财产捐献给国家。古人云'天道好还'，1957 年黄炎培说我是'求仁得仁'。……不过，我现在如果过着别人更好的生活，我将无法面对那些一起走过来的朋友们。"

陈铭德看了父亲的回复，没有再说什么。过了几天，他又把我叫去，问："父亲现在每月给你多少钱日用？"我答："十元。"他说："以后不要从你父亲那里拿了，这笔钱每月从我这里给你吧。"他还说："你父亲年纪大了，你在思想上划清界限，生活上还是要照顾好他。"这笔每月十元的接济，持续了将近一年。（章立凡：《君子之交如水》）

当他健康完全恢复以后，每天清晨到附近的日坛公园做气功，然后到菜市场买菜，回家后自己动手烧饭。尝过他烧的饭菜的人们一致公认，他的烹饪手艺很不错。他的生活费在运动中被降为五十元，这点钱要维持他自己和家人的生活费用，很是困难。章乃器说："钱少了营养不能少。"他时常买些价廉而又富有营养的"猪下水"，漂洗干净，做成酱肚、肥肠、猪肺汤等各色菜肴下饭。当儿子为生活的艰辛而抱怨时，他总是说："现在的生活，比起四十多年前我在北京失业时好多了。"

章立凡回忆：章乃器的藏书和笔记，在抄家时已散失殆尽。但他仍好学不辍，利用一切可能寻求书籍阅读，并坚持做笔记。当时有不少单位找他"外调"，他便利用这个机会写了不少回忆录，前后约有上百万字。在那种极左思潮泛滥的年月，历史常常是被歪曲颠倒的，章乃器却坚持讲真话，为此经常跟外调人员发生争执。有一次几个外调人员一定要他写材料证明张劲夫是叛徒，他没有这样写，这几个人对他拍案威吓，章乃器忍无可忍，当场把自己写的材料撕成了碎片，厉声喝道："歪曲历史的材料我不会写！"又有一次，有人硬要他证明钱俊瑞是特务，他也没有照办，并对儿子说："过去在救国会工作的时候我同他（钱俊瑞）确实有过不同意见，但我不能无中生有地陷害人家。"

章乃器很欣赏诸葛亮"淡泊以明志，宁静以致远"这句话，还不时诵读陶渊明的《归去来辞》和《五柳先生传》等名篇，多次谈起家乡青田的明秀山川，想同儿子一道"衣布还乡"去过隐居的生活。但他终究不可能超然世外。有时他在儿子的陪同下悄悄探访故旧，劫难余生，故人相聚，议论之间章乃器往往会流露出忧国忧民的孤愤之情。在这一时期，他和劳动人民有了更多的直接交往，在周围的人看来，他是个和蔼可亲、平易近人的老头，大人们称他"老章"，孩子们叫他"章爷爷"。他在公园里和人们探讨气功，一位退休的老工人还不时到家里来找他下棋，却很少有人想到他曾是个做过大事的人物。

章乃器从群众中获得了以往政治生涯中未曾遇到过的朴实的友情，也进一步理解和感受到他们的疾苦。他曾经说：如果有一天允许我讲话，首先我要办两件事，一是请国家提高中小学教师的工资，他们是灵魂工程师，应当受到社会的尊重，他们工作最辛苦，工资最低，这种现象是不正常的；二是要提倡粮店出售主食面包，面粉的营养价值很高，在国际市场上的价格又低于大米，主食面包如能进行工业化生产，一定价廉物美，既节省时间，又能提高中国人的体质。（周天度、章立凡：《章乃器传》，载周天度主编《七君子传》）

12月17日　《我和救国会》写作完毕。章乃器从一九二七年蒋介石发动四一二政变写到一九三八年赴皖北工作为止，突出救国会成立、机构设置、经费来源使用等内容，全文经过整理后达一万三千字。

摘要　成立这一连串的救国会，但没有租下一处会所，也没有刻过一颗印子。文件就在每人的皮包里，办公就在每人的职业办公室里或家里。开会呢，主要是在饭馆里，当时去得最多的是功德林和觉林两家素菜馆，因为比较洁净，价钱也便宜；市青年会也常被我们利用来开会。全国各界救国联合会是在圆明园路青年会全国协会开成立会的，吴耀宗好不容易为我们安排了一间中型的会议室。

救国会初期也没有专职人员，后来才有一个支生活费的干事，那就是石不烂。《救亡情报》出版后，有三个支生活费的工作人员，其中刘群是编辑。

救国会的活动主要是发宣言，开群众大会和示威游行的次数就不很多，会员的组织活动主要的是叙餐会。在会的活动方面，初期曾发生过有职业岗位的人和无职业岗位的人之间的矛盾。后一种人要求有不断的活动，于是他们除了眼前发生的日益深重的国难以外，还要到书本上去找纪念日。但前一种人不同，他们都很忙，请假也不容易，抽不出太多的时间。举行一次的活动，至少得开一次理事会——当时的领导机构，发一个宣言。宣言除了起草、印刷以外，还要发行。这都需要人力、财力，所以不断地活动不久就使得大家疲倦了，连理事会都开不成了。这样，经过讨论，才转入养精蓄锐、待机而动的正常状态。

当时发表宣言是比较轻松的。开一次理事会，一谈宣言的主要内容，意见一致了就起草。由于我出笔快，起草的任务就经常落到我的头上，因此便给我一个"宣言专家"的徽号。速度的确是很高的；一般的宣言，往往是边讨论边吃饭边起草，吃饭完了，休息一下，坐下来开会就传阅稿子，再讨论一下，修改一些文句，就通过了。当场就有人负担送印的任务，第二三天就印出来了。我的稿子喜欢自己校，紧急的我就自己跑到印刷厂里去校。当时的印刷条件相当好。除了生活书店经常来往的几家印刷厂之外，我主管的中国征信所还有一个小型的印字房。几家事业企业动员一下油印，产量也不小。宣言印好后，按照议定的名单和份数，从印刷厂直接发给各发行单位。

我们当然不能满足于发表宣言，认为那是秀才们的纸上谈兵。

我们要开群众大会，要示威游行，但问题是条件太困难。就我记忆所及，开群众大会和示威游行，只有三次是比较成功的。

以后还有几次行动，大概是由"职救"或"妇救"组织的，或者是推派别人指挥的，我就记不起如何情形了。只记得由于行动太频繁，如前所述，群众有点疲倦了，喊"吃不消"了，会也开不成了，于是就决定休养一个时期，以后行动要慎重从事……我们这一群人的社会地位无疑地范围了救国会活动的性质。救国会的文件和集会，游行中的标语、口号，都只限于要求政府停止内战，共御外侮。最尖锐的口号，也只是笼统地主张打倒汉奸卖国贼。打倒蒋介石、推翻国民政府的口号是提不出来的，我们满腔的怒火都只能隐藏在内心的深处。否则不但本身马上遭到迫害，组织马上遭到毁灭，而且还要失去我们所要争取的社会上层人物的同情。

救国会运动有没有党的领导？有。但是既不具形式，又不留痕迹的。从运动的初期到中期，始终没有人用党员的身份同我们联系。那时党在上海的地下组织尽遭破坏，当然更没有用党组织的名义来同我们接触的。事后发觉，这是一些隐蔽下来的党员，主要地也是激于"国亡无日"的危惧，产生了一种认为不论为党还是为祖国都应该奋不顾身地加倍努力的自觉，从而起来推动工作的。周新民、钱亦石便是这些人的例子。他们所运用的不是党的某一个文件，而是党在长时期中对于他们的教导，是一些重要的理论原则和重大的政策原则，这些原则在不断地斗争锻炼中，已经驯化为可以用通常语言表达而为一般人所喜闻乐见的他们自己的思想，而不是生硬的、难于接受、难于消化的教条。这种成熟的自觉的东西和我们的自发的但是已经经过深思熟虑的东西很容易融合，从而产生了一批气势磅礴、热情奔放而又言之有物的救亡文献。在这时候，条条框框的八股式的束缚，对于连生死都已经置之度外的我们，是起不到什么作用的。受条条框框支配的文件，对群众是没有感染力的；而国民党的文化特务却马上可以从中找出发踪指使的线索，给运动以无情的打击。所以自觉的内容和自发的形式的结合，的确是这个时期最适当的共同语言。应该说，这是一种高级的领导艺术。在敌人的营垒中进行工作，就需要这种艺术，才能生根、结果。生硬的和空洞的东西都是没有用的……

我是习惯于不探究别人的秘密的。在那白色恐怖严重时代，我更不去探究亲友们同党的关系。甚至连胡子婴在大革命中参加过什么组织，我的三弟郁庵（秋阳）在党内负担什么职务，我都没有查问过。因为在恐怖气氛中，探究了，对别人是一种思想负担，对自己也是一种思想负担。不问不闻，从内心里认为自己是在自发地做救亡工作，自然就觉得自己是理直气壮的，是没有什么特殊背景的，是不受任何方面所支使的。这是一种安全而有效的态度……救国会的经费从哪里来的呢？我说，主要来自破我的家。救国会上层似乎并没有明确的分工，正如宣传工作应该是韬奋和造时的事，但如上所述，因为我出笔快，又勇于负责，文件起草的责任就几乎都落到我的头上了。财务似乎也并没有推我负责，但初期的开支不过是开会叙餐、印宣传品等等。吃完了饭我掏腰包了。印刷品因为原稿是我签字的，印刷费也就向我收取了。宋庆龄大姐捐来的三四千元，陈劭先交来桂系的二千元，因为人熟的关系，都交给我了。以后的薪水、旅费等等的开支，大家也都向我支取了，我就自然而然地变成财务处长了。

这中间还有一支插曲：潘怀素有一次要我交账，还说，不知道是否有人借救国会名义在外面敛钱。我正待答复，沈老已经抢先大骂他一顿，质问他要清账是否准备向国民党特务报告，并且拍拍胸口说，一切由他负责。同时，吴耀宗听了觉得伤心，哭了一场。因为，当时我为救国会破了家——一个可怜的家，这是众所周知的：除了一点储蓄用完以后，连房子都卖掉了。除了上述两处自动交来的捐款以外，我不曾伸手向任何人要过钱，连见到张学良都没有向他募捐。

救国会可算做到了"节约闹革命"，在我们被捕以前，几年当中大概只用了一万几千元……

救国会的确只是一个运动组织而不是一个政党组织。如果有人问：救国会究竟有多少会员？这是没有人能够答复的。例如，"文救"发起时以签名人为会员，但以后加入的就没有登记了；所谓加入，也是不具形式的，实际上只是参加了某一次行动，就算加入了。本来嘛，在那"国亡无日"的时候，我们应该热烈欢迎除了汉奸特务以外的一切人参加，还能谈什么入会手续呢？人家冒了险来参加，我们也不应该要什么入会志愿书之类的文件，以加重参加者的危险。实际上，组织就潜伏在各个事业、企业单位里，是人联系人，带动人；各个单位只需要掌握住各个带头人就行了。比如说，生活书店是一个单位，中国征信所是一个单位，蚁社也是一个单位。李公朴办的申报馆业余补习学校有十几个，就是十几个单位。生活书店出版了好几种刊物，每种刊物的编辑部又各自成为一个单位。陶行知的国难教育社办了许多工人补习班，每个班也是一个单位。基层组织的情况就是如此。上层活动最普遍的方式是叙餐会。叙餐会只有理事会开会是由会的经费开支的，其余的一般分轮流作东和当场分派两种方式。大致上次集会决定下次集会的日期、地点和主持人，而主持人一般地要做时事报告。

　　我参加了好几个叙餐会，其中有一个是比较重要的，参加人有钱亦石、沈志远、王新元、欧阳执无、曹亮、董维键等。这个叙餐会要求参加人每人再去发展一个叙餐会，而且要报告发展和活动情况。另一个是"职救"所属的保险业上层人物的叙餐会，参加人有杨经才、胡某等，我是被特邀参加的。这位姓胡的很热情，为着保障我的安全，有一个时期他为我雇了一个保镖，但不让我知道，因为我知道了一定要反对的，可惜不久他就死了。还有一个是青年会上层人物的，参加的有沈体兰、陆某等。

　　撤退到重庆，救国会复活了——也可能在武汉已经复活，我当时在安徽，没有与闻救国会的事情。

　　最后补述一个问题：救国会有没有干事会？我说没有。那时不但没有干事会，连干事的名义都不轻易给的。义务工作人员，不需要什么名义；取得了名义还对自己不利。不幸被捕了，不居名，临时为朋友帮忙或临时由组织动员做工作的人，问题小，往往问了问就释放了。有名义的人，不管是有给的还是义务的，问题就大，至少被拘留起来查根挖底，不交待一些地名人名就不容易获得释放。（周天度编：《救国会》）

　　是年　搬迁至呼家楼十九楼三单元一套独用的两居室居住。后来，他发现居住在 404 号房间的郭老师一家三代四口，打地铺挤住一间十四平方米的小房间里，便主动提出与他换房，搬入半套两家合用的小单元。他担心郭老师的老母和孩子睡地铺受凉，又让儿子章立凡将一块抄家劫余的地毯送了下去。

　　章立凡回忆：呼家楼十九楼的住户来历各自不同，据说其中也有被抄家后迁入的，但全是普通老百姓，像父亲这样的人物是很特殊的。父亲很注重搞好邻里关系，很快与左邻右舍混得很熟。

那时的北京居民，虽然已开始住进楼房，多少还承袭着大杂院里淳朴的民风，不像如今这样"老死不相往来"。即便外边的"文化大革命"搞得天翻地覆，回到自家的小范围内，四邻还保持着一团和气，至少本楼是如此。况且大家对于社会上你斗我、我斗你的所谓"阶级斗争"，早已感到厌烦，不想把这种坏心情带回家。

邻居们有串门走动的习俗，父亲每次都热忱欢迎。一位退休的老矿工，不时来找他杀几盘象棋，老矿工不识字，某日要办理转退休关系的手续，便请识文断字的父亲代书，丝毫没有把他当作"阶级敌人"的意识。（章立凡：《君子之交如水》）

1968 年　72 岁

2 月 18 日，中央发出"进一步实行节约闹革命，坚决节约开支"的紧急通知。

8 月 25 日，中央发出"派工人宣传队进学校"的通知。

是年　完成《抗战初期在安徽》一文，回忆在安徽一年四个月的经历，章乃器概括为："那前所未历的艰苦生活和惊险局面，那可爱的艰忍不拔的青年人和老年人，那可耻的在群众面前抬不起头的少数奸徒。这段经历，对于我是一场可贵的锻炼和考验。"

他回顾了上任后的做法，铲除贪污、节约浪费，同时广开财源。创办敌货、私货及资敌物资的检查工作，打破日寇"以战养战"的阴谋，也为省财政开辟了来源，使省财政达到相当宽裕的境界。除了发清前任的欠薪欠饷以外，还增发了军警的衣被，适当改善了他们的生活。同时，还发行省公债，发行省地方银行的小额钞票，以润滑当时极端枯竭的货币流通。这样，安徽省就有了一整套搞活战时财政和金融的办法。这可能是国民党统治区各省所没有的。

摘要　我就任财政厅长时所遇到的困难，除了财政恐慌和金融枯竭之外，还有一个干部极端缺乏的问题。财政厅的编制本来有一百二十多人，当时逃走了很多，只剩了七八十人了。县级以下人员缺乏得更严重。创办了敌货、私货及资敌物资的检查工作之后，干部荒顿成为突出的严重问题。

当时在安徽，要补充成百上千的能够出生入死的战地财政工作的干部，显然是很困难的。唯一的出路是大胆任用青年。这点我和桂系的意见是完全一致的。

我当时的另一个繁重的工作是接见过往的青年。记得那时过往六安的青年很多，我的住处是一所沿街的房子，人们可以随意进来，真有门庭若市的感觉。

这里需要补充一点：我生平坚持"为人谋忠"的原则。我对桂系作统战工作，是真心实意为桂系打算，使它能有一个光辉的政治前途。而这个前途，是同祖国的命运一致的，那就是要桂系绝不参加蒋介石的反共运动。李宗仁一定可以证明，他如能始终听信我的话，他在新中国的地位不知要高多少倍呢。我在和桂系合作的过程中，确确实实没有欺骗过他们。我不能说谎，我之所以不入党，也不愿意过问我的亲友和同事是否入党，原因就在此。所以，我当时在安徽能够站得住，除了政治上的大公无私，业务上的无懈可击之外，还有对朋友的"为人谋忠"这一项。

这样，CC要去掉我，就只有通过它的中央施行"调虎离山"之计了。方治为达此目的，只好乞灵于假情报：他天天在当地造谣，隔一两天向蒋介石和CC团发电报对我诽谤。

我当时在安徽的理财成绩在国民党内起了相当大的影响。有人向蒋介石建议应当重用章乃器。蒋也感觉到让我留在桂系统治之下的安徽非计之得，方治在政治斗争中的挫败更使他焦心。正因为如此，我于一九三八年七、八月间最后一次到武汉时，蒋召见我，提出留我在中央的意旨。我当时回答他：安徽事务恐难摆脱。蒋意不为所动，但说即电话陈诚要他同我谈。三四天内，陈诚邀我便餐谈话，给我厚厚的一份三青团的印刷品，要我在团中央帮忙；孔祥熙邀我便餐谈话，要我在工业合作社负责；徐堪代表孔请我吃二百元一席的最昂贵的酒席，欢迎我留在中央；陈立夫亲自到旅馆里来找我长谈，要我加入国民党；徐恩曾接我去郊外谈话，要我介绍得力干部；蒋的侍从秘书李某来找我，劝我接受蒋的意旨。一时确有总动员向我围攻的味道。我这时觉得要解围需有外援。当时刚好李宗仁在东湖疗养院休养。我一面致电廖磊，一面找到李宗仁，告诉受包围的实情。果然李宗仁坚决要我回皖，这里的事情由他应付，而廖磊回电则催我即日回省。但报上已经发表，蒋派我为三青团书记；孔派我为工合总干事。我于是只好送信给蒋、孔，告诉他们廖来电促归，不能再留；给陈诚的信还狠狠地批评三青团关于训练和服装的规定完全模仿了法西斯，就动身回皖了。

这场斗争中我胜利了，蒋介石当然恼火，CC更不肯罢休。拖延了半年，直到一九三九年四月，蒋才致电给我，要我"赴渝述职"，我当然不好不去。待我于一九三九年五月中旬到了重庆之后，才发表了"免职另候任用"的命令。蒋始终没有见我的面。这是何等可耻的欺骗呀！

蒋介石后来曾叫贺耀祖来征求我去中央训练团受训，说是受训以后可以给我更重大的任务，我拒绝了。我说邀我去担任讲讲战时财政的课是可以的。我已经知道，国民党颁布了"限制异党活动办法"，还发动了第一次反共高潮，我也完全清楚中央训练团的内幕。国民党已经决心再实行一党专政了，我怎能做国民党一党专政的官儿呢？蒋还委任我在四联总处当专员，我也辞去了。

　　我离开安徽后，安徽的进步力量仍然坚持了一个时期的战斗，但 CC 已经喊出"清除章乃器余孽"和"肃清章党"的口号，青年甚至已有被活埋的。这就促使他们大规模撤退到新四军，也自然使安徽省财政陷于混乱。廖磊就是由于财政无法支应，在同我的后任杨忆祖通电话时脑充血致死的。
（章立凡选编：《章乃器文集（下卷）》）

1971 年 75 岁

8 月 14 日，毛泽东去南方各地巡视。

10 月 25 日，联合国大会通过决议，承认中华人民共和国为中国唯一合法代表。

3 月 10 日 章乃器致周恩来万言长信，表示由于多年来对马克思阶级斗争学说的曲解，给国家民主法治建设和政治协商制度造成了破坏，导致了严重的恶果。他从批判教条主义的定型论切入，对"血统论"和"唯成分论"进行了批判；同时对国家政治生活的不透明提出批评，要求"适当放宽新闻封锁和缩小保密范围"；又举出巴黎公社颁布的法令为例，说明革命专政不应与暴力画等号，指出抄家和打人违反宪法，侵犯人权。（章立凡：《"不做和尚，只做居士"章乃器的党派观》，《同舟共进》2007 年第 12 期）

章乃器在信中对"文化大革命"以暴力侵犯公民人身及合法财产的行为，作出评论：现在有一种反常的现象，就是被打、被抄家的人讳言被打、被抄家的事实。这可能有两种原因，一种是怕丢面子的老一套，另一种是有人不许声张。不管是哪一种，我认为都是应该纠正的。被抄家、被打乃是别人犯法，我有什么罪过呢？……这些恶行的违反宪法、法律就不必说了。被害人不积极揭发这种种恶行，反而把他们隐蔽起来，岂不可怪？看来，这主要地还是那些做了坏事的人自己违法背令，才不许被害人声张的。也可以说，这是上文所说的隔离政策的一端吧。在信中，他回顾当年民建会内部的论争和自己的理解。

摘要 我所目睹的是，民主党派内一些不负责任不动脑筋的动摇分子，还在"三反""五反"时期，他们就嚷"共同纲领"过时了。他们所求的不是革命的利益和"治病救人"方针的贯彻，而是自己"进步"的表现。这不是彻头彻尾的个人利己主义，又是什么呢？

在彻底批判资产阶级的社会经济制度的同时，对于经营管理、生产组织等方法，则应一分为二，取其精华部分，按新观点加以整理，推广全国。列宁曾经号召苏联国家企业向德国容克世家和美国泰莱制度学习哩。（章立凡：《章乃器与"红色资产阶级"（讨论稿）》，载青田章

乃器学术研讨会组委会编《情怀与责任——2019青田章乃器学术研讨会论文集》）

8月25日　章乃器给儿子章立凡写了一封五千六百字的长信，从自己的生平一直谈到修养、学习、保健。他在信中说："老实是我一生的特点。我记得曾经告诉你，当我还是一个淳朴的山乡孩子的时候，读到当时小学教科书国文，内中写了宋朝的司马光和美国的华盛顿终身不妄语的故事，给了我永不能忘的印象。以后，我长期在银行工作。在银行工作要讲究言而有信——讲信用。这就使我得以保持老实的性格。我曾经因此吃了多次的亏，但我始终不悔，因为觉得所失小而所得大。能心安理得地过活就是很大的所得。""关于我的政治问题，你用不着枉费心思。我相信事实——这是唯物论者起码的条件，我相信党的实事求是处理问题的方针。抄家也有好的一面，它彻底证明了，我的为国毁家是认真的，我对祖国、对党、对社会主义是忠诚的。"（章立凡：《君子之交如水》）

1972 年 76 岁

9 月 25 日，日本首相田中角荣访问中国。29 日，中日两国政府在北京发表联合声明。中日邦交正常化。

春　女儿章畹到呼家楼十九楼三单元 404 号房间门口，她后来写道："门是大敞着的，我蹑足探头一看，一位高大、秃顶、白发、长须的老人安静地坐在窗前桌旁，没有错，他就是我朝夕思念的父亲！我的心蹦蹦地跳着，父亲终于被我找到了，怎么办？进去？不进去？

他住的是一间不到十二平方米的第四层楼房，与一位耳聋的老太太合一个单元，厕所不到三平方米，是公用的，正式厨房归老太太，而父亲的厨房好像是一个小过道改成的，只能进去一个身子，大概也只有二三平方米吧。父亲的小小的房间内放了一张旧双人床、一个小柜子，里面放满了书，还有一张旧三屉桌，这样屋里就显得很拥挤了，如果有一位客人，可以和父亲靠近坐，再加一位，就只好坐在床上。"（章畹：《永恒的怀念——回忆生活在父亲身边的日子》，载青田县政协文史资料委员会编《青田文史资料（第四辑）·章乃器专辑》）

是年　章畹给陈云副委员长写信，以后又请大伯父章培联名再给陈云写信，请求帮助父亲章乃器。我们迫切希望父亲的问题早日解决。章培要章畹劝父亲章乃器"委曲求全"，章畹要父亲直接给毛主席写信。每当章畹劝父亲做检讨时，章乃器总怪章畹太焦急、太幼稚。（章畹：《永恒的怀念——回忆生活在父亲身边的日子》，载青田县政协文史资料委员会编《青田文史资料（第四辑）·章乃器专辑》）

1974年　78岁

1月19日，中国海军参加西沙群岛保卫战。

9月，中国大型油田——胜利油田建成。

10月21日　写信给哥哥章培："大哥手足……听毛主席、周恩来的话，我自省是百分之百做到了的。我所欠缺的就是不会喊'万岁'，而且我还认为他们并不欢喜那一套。我认为歌颂一个人总应该用点脑筋，举出具体的事实加以肯定。空喊'万岁''伟大'，不能不是无原则的捧场。我就是这样歌颂的……您为我事写信给陈云同志，甚感！我看这没有什么冒昧。说人的好话是永远不会错的；兄弟间相知特深，更应该说。应该造成一种说人好话的风气，以代替那种诽谤人的歪风。我要看陈云同志，但不想说我自己的事……"（章畹：《永恒的怀念——回忆生活在父亲身边的日子》，载青田县政协文史资料委员会编《青田文史资料（第四辑）·章乃器专辑》）

1975 年　79 岁

1 月 13—17 日，第四届全国人民代表大会第一次会议在北京举行。选举朱德为全国人大常委会委员长，周恩来为国务院总理，邓小平等人为国务院副总理，陈云等人当选为副委员长。

11 月 3 日，"反击右倾翻案风"运动开始。

1 月　给中共中央写信反映自己的情况。章乃器给毛泽东写了一封信，谈及自己的问题多年仍未解决。这封信受到了重视，准备为他落实政策。考虑到陈云同章乃器的历史关系，毛泽东、周恩来指示由陈云出面约章乃器谈话。（章立凡：《章乃器的三次"摘帽"》，中国新闻网，2000年 8 月 25 日）

4 月 19 日　写信给哥哥章培："大哥，你为何对下辈这样提到我呢？又是'顽固'又是'转变'，又是'劝告'，又是'感激'。你把我描写成什么样人呢？我并不要求你为我尽力，但希望你不要诽谤我！请你赶快为我洗刷！千万不要做损人不利己的事。我顽固在那（哪）里？难道没有学会假认错就是顽固？我是永远不学那一套的。你劝告过我什么？我表示过什么感激？……我就希望钟群和畹华他们能有比我多一点的成就！难道要抬高自己就必须打击别人，甚至是自己人？"（章畹：《永恒的怀念——回忆生活在父亲身边的日子》，载青田县政协文史资料委员会编《青田文史资料（第四辑）·章乃器专辑》）

4 月 25 日　陈云在人民大会堂同章乃器谈话，向他转告中共中央关于摘掉他右派分子的帽子，恢复他全国政协委员的职务、安排他到财政部当顾问的决定。此前，章乃器曾致信陈云，申诉他被错划右派的问题。谈话时财政部部长张劲夫在座。事后，由于"四人帮"的干扰，章乃器的工作问题未能得到解决。据当时一同谈话的张劲夫回忆，谈话是在大会堂南门的一个小房间里进行的："章先生听了之后没有讲感谢的话，只讲我过去讲的意见没有错""我和陈云两个懂得他的意思，是你们把我搞错了，我不是右派，把我搞成右派，要改正他就满意了"。（中共中央文献研究室编：《陈云年谱》。章立凡：《章乃器与陈云：两把算盘的友谊》）

　　是年　章乃器分别做了承德、上海之行。"在上海，他会见了老朋友董幼娴（她是全国政协常委），当董问到'文革'中受冲击的情况时，他风趣地说：'树大招风，理所当然！'"（章翼军：《回忆与怀念——为先父章乃器百岁冥诞暨逝世二十周年而作》，载政协包头市昆都仑区文史学习委员会编《昆都仑文史·章乃器专辑》）

1976 年 80 岁

1 月 8 日，周恩来在北京逝世，享年七十八岁。

4 月 5 日，人民群众为悼念周总理，拥护邓小平，掀起"四五"运动。

7 月 6 日，朱德在北京逝世，享年九十岁。

7 月 28 日，河北唐山发生里氏 7.8 级的强烈地震。二十四万多人死亡，十六万多人受伤。

9 月 9 日，毛泽东在北京逝世，享年八十三岁。

10 月 6 日，"四人帮"被逮捕并接受隔离审查。

10 月 21 日，北京一百五十万军民举行声势浩大的庆祝游行，热烈庆祝粉碎"四人帮"的伟大胜利。

11 月 24 日，华国锋、叶剑英等党和国家领导人为毛主席纪念堂举行隆重的奠基仪式。

是年　上海的亲戚来北京看望章乃器。章乃器不顾自己的腿病，带亲戚去前门的一家大饭店吃烤鸭。四个人整整吃了一个半钟头，要回家时，章乃器已走不动路了，结果只好坐在大饭店门口的石阶上，等雇到了一辆小汽车，才回到家。（章畹：《永恒的怀念——回忆生活在父亲身边的日子》，载青田县政协文史资料委员会编《青田文史资料（第四辑）·章乃器专辑》）

1977 年 81 岁

3月10日，中央工作会议揭开拨乱反正的序幕。

7月16日，中国共产党第十届三中全会在北京召开，会议决定永远开除"四人帮"的党籍，撤销其党内外一切职务。

7月21日，中共十届三中全会在北京闭幕，全会决定恢复邓小平中共中央政治局委员、中央政治局常委、中共中央副主席、中央军委副主席、国务院副总理、中国人民解放军总参谋长的职务。

8月30日，毛主席纪念堂在北京天安门广场落成。

11月27日，《人民日报》发表《毛主席的干部政策必须落实》，宣告了改正冤假错案的开始。

4月　章乃器病重，住进北京医院的地下室。陈云得知后，极为关心，指示有关部门嘱咐医院尽力抢救，并定期向他报告病情。

章乃器的子女回忆："我们得知这个消息后，心情十分沉重。我当即从包头赶到父亲身边，和畹妹、刘卫星等一起，日夜守护。我们衷心期望父亲能够恢复健康，和亲人一起欢度晚年。可惜的是，父亲经历了长期的磨难，身体极度虚弱，竟至药石无效，一病不起。"（章畹：《永恒的怀念——回忆生活在父亲身边的日子》，载青田县政协文史资料委员会编《青田文史资料（第四辑）·章乃器专辑》。章翼军：《回忆与怀念——为先父章乃器百岁冥诞暨逝世二十周年而作》，载政协包头市昆都仑区文史学习委员会编《昆都仑文史·章乃器专辑》）

5月13日　章乃器病逝。"根据他的遗愿，遗体作医学科学试验之用。"（章翼军：《回忆与怀念——为先父章乃器百岁冥诞暨逝世二十周年而作》，载政协包头市昆都仑区文史学习委员会编《昆都仑文史·章乃器专辑》，1996年）

5月30日　民建中央和全国工商联在八宝山革命公墓礼堂为章乃器举行了追悼会。张劲夫、史良、沙千里、李金德等参加了追悼仪式，民建中央秘书长孙晓村致悼词。

会后，骨灰安放在老山骨灰堂。（章翼军：《回忆与怀念——为先父章乃器百岁冥诞暨逝世二十周年而作》，载政协包头市昆都仑区文史学习委员会编《昆都仑文史·章乃器专辑》。章婉：《永恒的怀念——回忆生活在父亲身边的日子》，载青田县政协文史资料委员会编《青田文史资料（第四辑）·章乃器专辑》）

5月31日　《光明日报》第四版刊登本报讯：章乃器先生逝世。章乃器先生因病医治无效，于一九七七年五月十三日在北京逝世。章乃器先生在一九五七年以前为人民做过好事。一九五七年被定为右派分子。一九七五年四月摘掉右派分子的帽子，章乃器先生表示承认错误，愿意检查错误，吸取教训。（章翼军：《回忆与怀念——为先父章乃器百岁冥诞暨逝世二十周年而作》，载政协包头市昆都仑区文史学习委员会编《昆都仑文史·章乃器专辑》。章婉：《永恒的怀念——回忆生活在父亲身边的日子》，载青田县政协文史资料委员会编《青田文史资料（第四辑）·章乃器专辑》）

谱　后

（1978—2019）

1997 年 4 月 25 日，中国民主建国会、中华全国工商业联合会在北京人民大会堂举办纪念章乃器诞生 100 周年座谈会。中央领导同志姜春云、王兆国等出席

2004 年 3 月 26 日，"救国会七君子纪念群像"在上海市青浦区福寿园人文纪念公园落成

2006 年 5 月 11 日，章乃器铜像在浙江工商大学下沙校区章乃器学院落成

2007 年 10 月 27 日，杭州师范大学、浙江省民国史研究中心、青田县委举办纪念章乃器诞生 110 周年学术研讨会，与会者在青田侨乡国际大酒店合影

2008 年 5 月 8 日，青田县章乃器研究会成立大会召开

矗立在章乃器文化广场上的章乃器塑像

青田县东源镇兴建的章乃器文化广场

2016 年 11 月 18 日，"'七君子'与时代精神——纪念'七君子'事件 80 周年学术报告会"在上海福寿园人文纪念公园举行

2017 年 7 月 7 日，为期四天的《血色担当——爱国七君子图片实物展》在上海朵云轩艺术中心美术馆开幕

2017 年 11 月 11 日，由青田县政协、青田县章乃器研究会、上海万联文化有限公司等单位主办的《红色担当·傲骨铮铮——爱国七君子事迹展》暨大型画册《爱国君子章乃器图录》首发式在青田县展览馆举行

2019 年 7 月 1 日，大型历史文化展"担当·回归——爱国七君子图文实物展"在中共四大纪念馆开展，受到上海市民的欢迎

2019 年 12 月 21
日，"情怀与责任——
2019 青田章乃器学术
研讨会"在青田鹤城
举行

1978 年

12月4日　《人民日报》发表胡景沄、丁冬放、尚明、韩雷、杨培新撰写的《深切怀念南汉宸同志》。

摘要　中华人民共和国成立初期，章乃器、千家驹、沈志远先生到北京，南汉宸同志按照中央的意图，热情欢迎他们到银行当顾问，并请他们引荐人才。（《人民日报》1978年12月4日第3版）

1979 年

4月8日 《人民日报》发表习仲勋撰写的怀念周恩来的文章《永远难忘的怀念》。

摘要 恩来同志十分注意发挥在政府中工作的党外朋友的作用，让他们有职有权。遇到重大问题，他事先与有关人士交换意见，或开座谈会听取意见，然后再在国务院例会上讨论通过。他要我以国务院秘书长身份同在政府中工作的党外朋友保持联系，像张治中、傅作义、邵力子、马叙伦、朱学范、李烛尘、蒋光鼐、史良、许德珩、章乃器、刘文辉、龙云、张奚若和屈武等先生，经常了解他们的工作、生活情况和对国际国内形势意见，随时报告恩来同志，并且根据他的指示及时和他们交换意见。

1980 年

春　中共中央起草改正"右派"的六十号文件时，"章乃器原被列在'不予改正'之列，章立凡将申诉信以及章乃器当年的言论汇编和遗作《七十自述》呈送胡耀邦，并分别向邓小平、陈云上书"。章立凡回忆："胡德平（胡耀邦的长子）、安黎（安子文的女儿）夫妇很同情我，安黎征求她父亲的意见，安子文说：'章乃器是好人，应该平反。'他对父亲的评价被反映给胡耀邦，耀邦把我的申诉信批转给邓小平，同时陈云也表达了平反的意见。应该说，父亲的'右派'错案最终得以改正，中共高层意见的平衡是有决定意义的。"（章立凡：《章乃器与"红色资产阶级"（讨论稿）》载青田县章乃器学术研讨会组委会编《情怀与责任——2019青田章乃器学术研讨会论文集》。《都门谪居录——"文革"前的章乃器》，载章立凡主编《记忆：往事未付红尘》）

5月8日　《中共中央统战部关于爱国人士中的右派复查问题的请示报告》。

摘要　一九五八年初对右派分子进行处理时，中央曾下达了《关于转发"对一部分右派分子处理的初步意见"的通知》，并附了中央统战部与各民主党派、无党派民主人士和有关单位协商提出的对九十六名右派分子的具体处理意见。现在，我们将其中二十七名代表性较大的民主党派、无党派上层爱国人士，提请有关省、市和民主党派中央进行复查。我们的意见是：拟予改正的二十二人：章乃器（故）、陈铭枢（故）、黄绍竑（故）、龙云（故）、曾昭抡（故）、吴景超（故）、浦熙修（故）、刘王立明（故）、沈志远（故）、彭一湖（故），毕鸣岐（故）、黄琪翔（故）、张云川（故）、谢雪红（故）、王造时（故）、费孝通、钱伟长、黄药眠、陶大镛、徐铸成、马哲民（故）、潘大逵。

拟维持原案的五人：章伯钧（故）、罗隆基（故）、彭文应（故）、储安平（故）、陈仁炳。（中国民主同盟中央文史委员会编：《中国民主同盟历史文献1949—1988（下）》，文物出版社，1991年）

6月11日　《中共中央批转〈关于爱国人士中的右派复查问题的请示报告〉的通知》。

摘要　中央同意中央统战部《关于爱国人士中的右派复查问题的请

示报告》，现转发给你们。关于一九五七年反右派斗争问题，需要着重指出以下几点：

粉碎"四人帮"后，中央决定给尚未摘掉帽子的右派分子全部摘掉帽子，并按照实事求是、有错必纠的原则，对被划为右派的人进行复查，把错划的改正过来……

为了消除反右派斗争扩大化造成的严重后果，根据一九五七年中央关于划分右派分子的标准进行复查和改正工作，是完全必要的。属于改正的人大体上有三种情况：（1）一部分人出于善意，提出的许多批评意见，现在看来是有利于改进工作的。把他们划为右派，是完全搞错了，当然必须改正。（2）一部分人在涉及党的领导和社会主义制度等重大问题上，发表了一些错误言论，但不是在根本立场上反党反社会主义，把他们划为右派也是错误的，也应该改正。（3）还有一些人确有反党反社会主义的言行，但是考虑到他们同向党猖狂进攻的右派分子在程度上和情节上有所不同，也考虑到他们后来确有转变，在这次复查中，也给他们改正过来。因此，应当看到，改正的面是很大的，但其中有些人是属于可改正可不改正的，这次本着从宽的精神予以改正。（中共中央文献研究室选编：《三中全会以来重要文献选编》，中央文献出版社，2011 年）

8 月　民建中常会第二次京津常委座谈会同意撤销对章乃器的原组织处分。

摘要　章乃器同志在 1957 年被划为右派分子。1963 年，本会第二届中央委员会开除了他的民建会籍。1974 年摘掉其右派帽子。1980 年 7 月经中共中央批准改正。根据本会（79）中总发字第 37 号文件规定："凡属以前被划为右派的，业经本会当地组织或有关部门改正的，应予撤销本会处分，恢复原籍。"现同意撤销对章乃器同志原组织处分，恢复其会籍。（依据民建中央档案）

1982 年

5月10日　《人民日报》刊登《救国会》出版消息，"全国各界救国联合会于一九三六年五月三十一日在上海正式成立，是一个有广泛群众基础的全国性抗日救亡团体。救国会成立后，积极主张抗日。一九四五年改名为中国人民救国会。……鉴于救国会的历史任务已经胜利完成，一九四九年十二月在北京宣告结束"。

《救国会》一书收集了救国会和"七君子"事件的大量历史文献资料，有很多是第一次公开发表，其中包括抗战前夕宋庆龄为支持救国运动反对国民党的迫害写给救国阵线领袖的信和发表的声明，"七君子"在苏州狱中为争取救国无罪坚持斗争的信件，还有史良、胡子婴、孙晓村、潘大逵等写的回忆救国会和"七君子"事件的文章，以及章乃器生前留下的一篇回忆录。本书由中国社会科学出版社出版。（《人民日报》1982 年 5 月 10 日第 5 版）

5月13日　在章乃器逝世五周年之际，中共中央统战部、中国民主建国会中央常务委员会和中华全国工商业联合会等有关部门以及章乃器同志的亲属为他举行了骨灰移放仪式，将他的骨灰安放在八宝山革命公墓第一室。（《章乃器同志骨灰移放八宝山　被错划为右派分子问题已在前年得到改正》，《人民日报》1982 年 5 月 14 日第 1 版）

5月14日　《人民日报》刊登《章乃器同志骨灰移放八宝山　被错划为右派分子问题已在前年得到改正》。

摘要　章乃器同志早年参加民主运动，是"七君子"之一；新中国成立后，曾任中央人民政府政务院政务委员、中央财政经济委员会委员，并曾当选为全国人大代表和全国政协常务委员。他在 1957 年被错划为右派分子的问题，已在 1980 年 7 月得到改正。

9月　中国人民政治协商会议全国委员会文史资料研究委员会编的《文史资料选辑》第八十二辑由文史资料出版社出版，刊登章乃器晚年撰写的《七十自述》。同辑发表胡子婴撰写的《我所知道的章乃器》。

1983 年

2 月 25 日 《人民日报》刊登《救国会和"七君子"事件》一文。

摘要 上海救国运动的开展，在各地引起了连锁反应。北平、南京、武汉、天津、广西、山东等地的文化界和妇女界，相继成立了救国会组织。1936 年上半年，日本在华北大量增兵，华北五省几乎名存实亡，民族危机进一步加深。于是，在宋庆龄、马相伯、沈钧儒、章乃器等的号召和领导下，5 月 31 日和 6 月 1 日，全国 20 余省市 60 多个救亡团体及十九路军的代表共 70 余人，在上海召开全国各界救国联合会成立大会。会议通过《全国各界救国联合会成立大会宣言》《抗日救国初步政治纲领》等重要文件，选出宋庆龄、何香凝、马相伯、邹韬奋等 40 余人为执行委员，沈钧儒、章乃器、李公朴、王造时、沙千里、史良、孙晓村、曹孟君等14 人为常务委员。

"七君子"事件充分暴露了国民党对敌退让、对民压迫的反动本质，使人们擦亮了眼睛，懂得了一个真理：只有共产党才真正高举抗日的旗帜，才能救中国。抗战全面爆发后，救国会成为共产党领导下的一个左翼政派。1949 年 12 月 18 日，救国会鉴于全国解放，它的历史使命已经完成，在北京宣告结束。

7月19日　《人民日报》刊登胡正豪撰写的《〈救国时报〉和抗日救亡运动的发展》。

摘要　1935年底至1936年初，上海地下党组织从巴黎寄来的《救国时报》上了解到中央的路线，决定成立江苏省临时工作委员会，解散了"左联"等左翼团体，发动党团员联系各界著名人士沈钧儒、章乃器、马相伯、沙千里、陶行知、沈兹九等，组织群众，先后成立了上海文化界、妇女界、职业界救国会和国难教育社，并在一·二八抗战纪念日正式成立上海各界救国会联合会。以上海为中心的救国会运动迅速波及南京、香港、西安等地。1936年5月31日，全国救国会联合会在上海宣布成立。救国会运动的掀起，使一二·九运动点燃的火炬，蔓延成为由工人、学生、职员、知识分子和工商业者联合救亡的熊熊烈火。

12月17日　《人民日报》刊登彭冲在中国民主建国会成立四十周年纪念大会上的讲话。

摘要　民建会反映了民族工商业者和所联系的进步知识分子的革命要求和进步愿望，在黄炎培、胡厥文、章乃器、施复亮、胡子昂等同志的领导下，同中国共产党密切合作，积极参加了爱国反帝和争取和平民主、反对独裁统治的斗争。

1986 年

5月15日 "征集文物展览"在北京的中国历史博物馆开幕。展出的三百多件文物是中国历史博物馆从多年来收购和接受私人捐赠的五千多件文物中精选出来的,其中不少文物由孙照、章乃器两先生的家属及其他人士所捐赠。如倪瓒《水竹居图轴》、徐有贞《桃花书屋图轴》、周臣《沧浪亭图卷》、文徵明《真赏斋图卷》为孙照先生的家属捐赠;新石器时代的青玉回纹环、商代人面夔龙纹铜弓形器等为章乃器先生的家属捐赠。(余章瑞:《"征集文物展览"在京开幕》,《人民日报》1986年5月17日第3版)

5月26日 《人民日报》刊登《爱国主义精神永放光芒——纪念救国会成立和"七君子"事件五十周年》。

摘要 今年是救国会成立和"七君子"事件五十周年。1936年6月1日,一个全国性的抗日救亡团体——中华全国各界救国联合会在上海成立,把全国的救亡运动推向高潮。同年11月22日,救国会的七位领导人沈钧儒、章乃器、邹韬奋、李公朴、王造时、沙千里、史良被国民党当局以"危害民国"的罪名逮捕入狱,成为中国现代史上有名的政治冤狱,史称"七君子"事件。

1988 年

5 月 3 日　原中共中央顾问委员会常务委员张劲夫为纪念章乃器题词："怀念章乃器同志对抗战、新中国建设的贡献。"（青田县政协文史资料委员会编：《青田文史资料（第四辑）·章乃器专辑》）

5 月 16 日　第七、八届全国人民代表大会常务委员会副委员长，中国民主建国会第七、八届中央委员会名誉主席孙起孟为纪念章乃器题词："在中国的具体历史条件下，爱国主义思想是社会主义思想的扎实准备和重要组成，社会主义思想又往往是爱国主义思想的发展走向。对章乃器同志这位知名的爱国志士的历史研究，有助于我们对上述理解的加深。"（青田县政协文史资料委员会编：《青田文史资料（第四辑）·章乃器专辑》）

11 月 18 日　《人民日报》刊登《〈七君子传〉即将由中国社会科学出版社出版》。

摘要　1936 年 11 月，沈钧儒、章乃器、邹韬奋、李公朴、史良、王造时、沙千里被国民党反动派逮捕入狱，坚贞不屈，至抗战全面爆发后出狱。此事史称"七君子"事件。这本书是七人的合传，每人各一篇。全书 50 余万字，披露了一些鲜为人知的史实。

1989 年

8月　周天度主编的《七君子传》，由中国社会科学出版社出版。书中《章乃器传》由周天度、章立凡撰写，全文共分为二十二个章节。

1990 年

10月24日 全国人大常委会副委员长、全国工商联主委荣毅仁为纪念章乃器题词："章乃器同志是我国著名爱国民主人士，他一生爱国，期望中华民族腾飞发展，为祖国建设和民建中央的创立和发展做出了很大贡献。他待人诚恳、热情，性格禀直，受到了人们的尊敬。"（青田县政协文史资料委员会编：《青田文史资料（第四辑）·章乃器专辑》）

是年 秋，第七、八届全国人民代表大会常务委员会副委员长、国务院原副总理陈慕华为纪念章乃器题词"爱国救亡志士　共产党人诤友　缅怀章乃器同志"。（青田县政协文史资料委员会编：《青田文史资料（第四辑）·章乃器专辑》）

1991 年

3 月 青田县政协文史资料委员会编印《青田文史资料（第四辑）·章乃器专辑》，专辑收录章翼军、胡子婴、吴羹梅、许汉三、蔡北华等人撰写的二十七篇文章，并收录章乃器生前撰写的《七十自述》。

1992 年

6月 上海市出版工作者协会主办的《出版史料》第二期，刊登潘大明撰写的论文《从〈新评论〉到〈救亡情报〉》。

10月 上海地方志办公室主办的《上海滩》第十期，刊登潘大明撰写的《真君子章乃器》。

1994 年

10月　潘大明撰写的长篇历史纪实文学作品《七君子之死》由河南人民出版社出版。

1995 年

4月7日　《人民日报》刊登《发人深思的传记作品》，介绍汪东林所著的长篇纪实传记作品《十年风暴乍起时的政协知名人士》（原名《政协名人轶事》）一书。

摘要　最近由中国文史出版社出版。该书以作者自己的经历和见闻为主线，把发生在六十年代初至七十年代末的一些人和事贯穿在爱国统一战线的大范围之内，描绘了班禅、赵朴初、程思远、王芸生、于树德、梁漱溟、章伯钧、章乃器、马寅初、溥仪、溥杰、杜聿明、宋希濂、黄维、沈醉等数十名爱国民主人士生活经历的精彩片断，并勾画成严肃悲壮的历史一幕，有许多鲜为人知的内容读来令人深思。全书共二十四万字，图文并茂。孙起孟为该书撰序，赵朴初题写了书名。

1996 年

10 月　内蒙古自治区包头市昆都仑区政协文史学习委员会编印《昆都仑文史·章乃器专辑》，该专辑收录章翼军、孙晓村、陆诒、潘大明等人撰写、口述的二十七篇纪念、回忆、研究文章。

1997 年

3月　章立凡选编的《章乃器文集（上下卷）》由华夏出版社出版。该书由马洪①作序；上卷为学术编，收录章乃器各个时期撰写的经济方面的论文六十六篇和《中国货币金融问题》一书；下卷为政论杂著编，收录他各个时期撰写的政论杂著一百一十九篇和《抗日必胜论》《民众基本论》《出狱前后》。

4月25日　纪念章乃器先生诞生一百周年座谈会在北京人民大会堂浙江厅举行。中共中央政治局委员、国务院副总理姜春云，全国人大常委会副委员长雷洁琼及中共中央、国务院有关部委负责人，各民主党派、全国工商联负责同志，章乃器亲属、生前好友共一百多人出席了座谈会。全国政协副主席、中共中央统战部部长王兆国代表中央统战部在座谈会上发表讲话，他称"章乃器先生是一位英勇的爱国民主战士、著名的政治活动家"。"他以炽热的爱国热情和献身精神，忘我地投身于抗日救亡活动，并在震惊全国的'七君子'事件中，据理力争，正气浩然，使法庭成为宣传抗日救国的讲坛。他发表的《抗日必胜论》等文章，对坚定全国各界人士团结抗战的信念，产生了积极作用和广泛影响。"

王兆国在讲话中说："章乃器先生是中国民主建国会的主要创建者和卓越领导人之一……1948年，中共发布了'五一'号召后，他作为民建的代表之一从香港赴解放区参加新政协的筹备，参与了创建中华人民共和国的工作。"

王兆国还充分肯定"章乃器先生既是一名民族实业家，又是学识渊博的经济学家""协助党制定了粮食统购统销的重大政策，并实施了适合当时我国国情的粮票制度，对于促进社会稳定和政权的巩固起到了积极的作用。他拥护共产党提出的社会主义革命和建设的方针政策，为贯彻党在过渡时期总路线、实现对资本主义工商业的社会主义改造做了许多工作"。

---

①马洪（1920—2007），山西定襄人。经济学家。中共十二届候补中央委员，中共十三大、十四大代表，第七届全国人大常委会委员兼财经委员会副主任委员。长期从事经济管理和研究工作，在经济改革、经济结构、经济发展战略、工业管理和企业管理等研究方面有丰富的成果。

王兆国说："章乃器先生是同中国共产党长期合作、患难与共的亲密朋友，他所走过的道路充分表明，中国的民族资产阶级只有在中国共产党的领导下，走社会主义道路，才能摆脱三座大山的压迫，为民族的解放和中华的振兴作出应有的贡献。"

全国政协副主席、民建中央副主席万国权在讲话中指出，章乃器同志是民建的主要发起人之一。民建成立后，章乃器和民建其他领导人一起，立即投入到争取和平、民主的政治斗争之中。他和民建的老一辈领导人与党密切合作，使民建的工作沿着正确的道路向前发展。

全国工商联主席经叔平在讲话中说，章乃器作为工商界的杰出代表，与李维汉、陈叔通等人筹备成立中华全国工商业联合会，在第一次代表大会上，当选为副主任委员，带领广大工商界成员积极投入社会主义革命和建设事业中，为工商联的发展做出了有益的贡献。

国内贸易部副部长罗植龄以及章乃器亲属代表章立凡也在座谈会上讲了话。

座谈会由民建中央和全国工商联联合举办，民建中央主席成思危主持。（《纪念章乃器诞辰 100 周年座谈会在北京举行》，《人民日报》1997 年 4 月 27 日第 2 版）

1998 年

　　10 月 21 日　全国政协副主席、中共中央统战部部长王兆国为纪念章乃器题词"坦荡君子　爱国志士　纪念章乃器先生"。（青田县章乃器研究会、青田县文联编：《青田名贤章乃器》）

2004 年

3 月 26 日 "救国会七君子纪念群像"在上海市青浦区福寿园人文公园落成。中新社发表《一段不忘的历史和一座雕像的诞生——中国首座"救国会七君子纪念群像"在上海落成》的通讯。

摘要 经过一年多的设计、制作，出自中央美院教授、著名雕塑家董祖诒先生手笔的一座雕塑精品已经落成。在组雕底座上，十个大字出自民盟中央名誉主席费孝通亲笔。这是迄今为止中国第一座表现"七君子"历史事件的巨型组雕。气势恢宏的雕塑上，"七君子"居高远瞻，巍然屹立，横眉冷目中尽得中国文人的风骨。

沈钧儒长孙沈瑜、沈宽、沈钧儒孙媳、周恩来侄女周秉德，章乃器之子章立凡、章翼军、女儿章婉，史良之女史小红，邹韬奋之女邹嘉骊，沙千里之子沙人文，王造时之子孙克修等出席了今天的仪式，并为反映"七君子"事迹的专著《爱国主义的丰碑》举行了签名活动。

隆重的揭幕仪式后，人们列队依次向"七君子"纪念群像敬献鲜花。音乐声声，追思绵绵，鲜红的康乃馨围满了碑座。鲜花丛中，中国人民抗战史上这幕可歌可泣的场景永远凝结在青铜群雕之中……（中国新闻网，2004 年 3 月 27 日）

12 月 9 日 章乃器学院成立。

章乃器的母校——浙江甲种商业学校为今浙江工商大学的前身。为了纪念章乃器这位杰出的校友，也为了弘扬章乃器求真务实、矢志不渝的精神，敢为人先、积极猛进的作风，鼓励学生勤奋学习、刻苦钻研，将来像章乃器那样报效祖国和人民，报答父母和老师，浙江工商大学决定成立章乃器学院。并于 12 月 9 日举行成立大会，校长胡祖光致欢迎辞，副校长丁正中主持，章乃器的儿子章立凡（偕夫人）、侄女章曼华、侄外孙女胡大萌、胡大苏出席。（青田县章乃器研究会提供）

12 月 粮食部原副部长、全国政协原常委，中国社会经济调查研究中心区域经济研究所首席顾问黄静波为祝贺青田县章乃器研究会成立题词"章乃器先生是著名爱国民主人士，七君子之一，他勤奋学习，刻苦钻研，思想超前，成为财政经济方面的多面手，研究章乃器先生的思想，既有历史意义，又有现实意义"。（青田县章乃器研究会、青田县文联编：《青田名贤章乃器》）

2006 年

5月11日　浙江工商大学师生制作的章乃器铜像揭幕仪式在下沙校区举行。浙江省政协副主席、民建浙江省委主委吴国华和校党委书记兼校长胡祖光为铜像揭幕。副校长、章乃器学院院长丁正中主持揭幕仪式。胡祖光校长在致辞中说，章乃器先生于1913年至1918年在浙江工商大学的前身——浙江省立甲种商业学校学习，是我校的著名校友。为了铭记先生的高尚品格和卓越功绩，我们塑造了章乃器铜像，以寄托我们的缅怀之情。章乃器的子女章翼军、章畹、章立凡参与揭幕式并敬献花篮。（青田县章乃器研究会提供）

2007 年

9月29日 下午，章乃器先生捐献文物展在北京故宫博物院景仁宫举办。在故宫博物院收藏的文物中，有一千一百九十二件来自章乃器的捐赠。这些捐赠文物分为青铜器、陶瓷、石器、雕塑、玉器、货币、竹木牙角和漆器等几大类，可谓种类繁多，数量可观，几乎涉及古代社会生活的各个方面。出席开幕式的有李锐、耿宝昌、胡德平，以及李济深、黄炎培、章伯钧、程潜、马叙伦、胡子昂、卢作孚、沙千里等的后人。展览至翌年四月二十六日结束。（章立凡：《收藏家的文化精神——章乃器收藏往事》，载故宫博物院编《捐献大家章乃器》）

10月24日 纪念章乃器诞生一百一十周年暨民国经济史学术研讨会举行。由杭州师范大学浙江省民国浙江史研究中心和中共青田县委、县政府联合举办的"纪念章乃器诞辰一百一十周年暨民国经济史学术研讨会"在杭州、青田两地举行。来自北京、上海、安徽、湖南、重庆、浙江等地的五十多位专家、学者以及章乃器的后人参加了本次会议。研讨会于十月二十八日结束。（青田县章乃器研究会提供）

是年 "浙江文化名人传记丛书"之《坦荡君子——章乃器传》（张学继著）出版。

2008 年

　　5月8日　青田县章乃器研究会成立。该会以"继承弘扬章乃器精神，收集整理保护与章乃器有关的文献资料，对章乃器的生平事迹和思想学术进行研究，宣传扩大章乃器的历史影响，为推动和促进青田的地方名人研究、地方历史研究以及地方社会事业的发展服务"为宗旨，挂靠于青田县政协。研究会推荐章翼军、章畹、章立凡、董淑萍、杨培新、鲁明、周有光、潘晓、于友、何建平等十人为名誉会长。聘请张劲夫、经叔平等十六人为顾问。共有会员八十八名。会刊为《青田章乃器研究》（后更名为《章乃器研究》）。（青田县章乃器研究会、青田县文联编：《青田名贤章乃器》）

2010 年

5 月 26 日 《人民日报》发表《小平同志敬老崇文二三事》一文，其中写道：章乃器委员提出，有人有专长，雕刻很好，但不是文人，是否可以包括在内。邓小平同志说，也可以包括进去。最后，会议通过《中央人民政府政务院关于设置文史研究馆的决定》。

7 月 故宫博物院编、李米佳主编的《捐献大家章乃器》，由紫禁城出版社出版。

2012 年

9月　青田县章乃器研究会与青田县文联成立编辑委员会，启动《青田乡贤章乃器》一书的资料搜集和编印工作。本书分两部分：第一部分由"故里亲属""近亲回忆""往事追述"组成；第二部分由"学者评述""乡人管见"组成，附《章乃器大事年表》，于二〇一四年七月付梓。

2013 年

是年 "民盟历史文献丛书"之《章乃器》（李玉刚著）出版。

2014 年

是年 青田县东源镇投资一千五百万，在章乃器故里建成占地面积九千多平方米的"章乃器文化广场"。（青田县章乃器研究会提供）

2016 年

8 月 19 日 长篇历史纪实文学作品《长河秋歌七君子——1936 年七君子事件与他们的命运》的出版首发式在上海书展举行。作者潘大明在首发式上介绍了创作过程，披露了新发现的史料。该书于八月初由中西书局出版。

新华网、人民网、《解放日报》《文汇报》等媒体为该书的出版和首发式发表报道，认为该书以七人为集合体的独特视角，运用独家对七人亲属故友的采访录音资料和鲜为人知的文献，使该书的亮点频闪；在丰富的史料、缜密的分析和研究基础上，通过纪实文学与论述相结合的手法，把文学、历史学、哲学、社会学融于一体，形成感性地还原历史，理性地揭示历史必然的风格，是一部可读性强的探索现代知识分子心路历程的著作。（上海万联文化传播有限公司提供）

11 月 18 日 "'七君子'与时代精神——纪念'七君子'事件 80 周年学术报告会"在上海福寿园人文纪念公园举行。中国民主同盟副主席、民盟上海市主委郑惠强，上海市政协文史资料委员会常务副主任刘建，上海记协名誉主席贾树枚，市民政局领导周静波，上海社会科学院副院长何建华、熊月之以及潘大明、贺圣遂、王国伟、孔海珠等学者以及七君子家属代表五十余人出席。

专家们认为七君子身上体现的共同精神，可以追溯到上海城市精神的发端，他们表现出强烈的爱国主义和求真务实的特征，随着社会进程而不断调整人生的轨迹，服从于人群和社会需要；他们敢于坚持自己的思想，不畏惧强权，勇于表达和斗争的精神；他们不屈服艰难困苦，敢于与向命运作挑战，保持昂扬向上的精神；他们经过拼搏成了社会成功人士，为上海的繁荣做出了贡献，体现出上海这座城市的精神实质。他们形成的精神，是中西优秀文化交融在他们身上绽放出的鲜花，也是我们民族的宝贵精神财富。

这一学术报告会由上海万联文化传播有限公司、福寿园人文纪念馆联合发起，中国民主同盟上海委员会、上海市社会科学院、解放日报社主办。会前，与会者向救国会七君子纪念群像敬献了花篮。（上海万联文化传播有限公司提供）

2017 年

7月7日　《血色担当——爱国七君子图片实物展》在上海朵云轩艺术中心开幕。据策展人潘大明介绍，这个展览经过半年多时间的精心准备，对"七君子"的故乡、出生地和主要活动地进行考察，深入研究，以独特的视角、大量的图片、丰富的实物和复制品，生动地再现了这一段历史，理性地揭示"七君子"事件发生的必然和当事人的成长心路。展览使用的历史图片逾五百幅，其中一部分极为珍贵，系首次公开面世；展出的邹韬奋的烈士证书、李公朴的手稿《韬奋与愈之》、王造时学习收藏的外文版图书、史良生前使用的生活用品，都是第一次与公众见面。以展览形式展示七君子事件、他们的成就以及研究成果，应该说是一种创新和尝试。

"七君子"身上体现出的随着社会发展而不断调整人生的轨迹，服务于人群和社会需要的求真务实的精神；敢于坚持自己的思想，不畏强权，勇于表达和斗争的精神；不向艰难困苦屈服，敢于向命运挑战，始终保持昂扬向上的精神以及他们经过拼搏为社会、为祖国的繁荣做出贡献的精神，是中西优秀文化在他们身上交融的体现，是中华民族精神财富的重要组成部分，值得这个时代倡导。为了弘扬他们的精神，在上海市新闻出版局的指导下，上海韬奋纪念馆携手上海万联文化传播有限公司，民盟常州市委、余江县委宣传部、沈钧儒纪念馆、青田县章乃器研究会、史良故居、李公朴故居等单位，举办《血色担当——爱国七君子图片实物展》。（新华网，2019 年 7 月 2 日。人民网，2017 年 7 月 7 日）

11月11日　为纪念章乃器诞生一百二十周年，"血色担当　傲骨铮铮"爱国七君子事迹展、座谈会暨《爱国君子章乃器图录》首发式在浙江省青田县举行。

浙江省政协、民建浙江省委会、浙江省丽水市政协、民建浙江省丽水市委会、浙江工商大学、上海邹韬奋纪念馆、现代七君子研究会（筹）等单位的领导、学者应邀参加相关活动。

"爱国七君子事迹展"展出图片逾七百幅，部分图片系首次公开面世。

《爱国君子章乃器图录》由青田县政协文史资料委员会、青田章乃器研究会编印，上海万联文化有限公司负责整体策划、设计，潘大明审。

（上海万联文化传播有限公司提供）

12 月 28 日 "爱国情怀——章乃器捐献文物展"在中国国家博物馆开幕。此次展示的一百一十余件文物是从章乃器及其家属捐给中国国家博物馆的文物中精选出的，分为吉金重宝、照鉴古今、玉器之美、陶风瓷韵四大部分，包括青铜器、铜镜、玉器、陶瓷等，上至新石器时代，下到清朝。

中国国家博物馆馆长吕章申说，国博特别策划这个展览，以纪念章乃器"变家传之宝为国传之宝"的爱国情怀，并表达对一直以来为博物馆事业无私奉献的文物捐献者们的敬意。展览将持续至二〇一八年一月三十一日。(《著名政治活动家章乃器捐赠文物展亮相国博》，中国新闻网，2017 年 12 月 28 日)

2018 年

12 月　东源章乃器生平事迹陈列馆开馆。为了纪念章乃器先生，宣传章乃器事迹，弘扬章乃器的爱国主义精神，浙江省青田县东源镇设立"东源章乃器生平事迹陈列馆"。展馆分"前言""读书学习""强身健体""敬业守责""术有专攻""支持革命""爱国君子""投身工商""民主建国""倾心尽力""为国收藏""追求真理""风范长存""大事记"等部分，以图文并茂的形式简要回顾了章乃器的一生。(青田县章乃器研究会提供)

2019 年

7月1日　"担当·归来——爱国七君子图文实物展"在上海中共四大纪念馆海派文化中心展厅开幕。

展览以一九四八年沈钧儒、章乃器等人响应中共中央的"五一口号"，从香港抵达北平，参加了新政协的筹建工作，十月一日登上天安门，出席开国大典，为中华人民共和国的经济、司法、教育建设立下汗马功劳为切入点，由此展示他们波澜壮阔的人生。近千幅图片和相关实物集中反映出他们在各个历史阶段的奋斗和担当。

据策展人潘大明介绍，本次展览是近年来单体规模大、图片文字多、历史信息量丰富的七君子事迹展览，它以独特的视角、新的史料运用为特色，展陈的《救亡情报》上发表的《前进思想家——鲁迅访问记》；李公朴女儿、民盟常州市委提供的《李公朴致沈钧儒函》《张曼筠关于李公朴火化日致沈钧儒函》等，都是第一次公之于众。

在现场参观的一位大学生表示，我们的民族历经苦难，不屈不挠，发奋拼搏，这是那个时代敢于担当的人们做出的贡献，让今天的我们为此感动且引以为豪，在缅怀他们的同时，激发出为实现中华民族伟大复兴而努力的巨大动力。

中共"四大"纪念馆、海派文化中心负责人童科介绍，海派文化中的红色基因是海派文化中心长期注重的研究方向。七君子事迹所体现出敢于求真务实的态度，勇于表达并坚持斗争的信念，甘于承受艰难困苦、迎难而上的品格以及乐于为祖国的繁荣发展奋勇拼搏的精神，是中西方优秀文化交融所产生的特质，也是海派文化、海派精神的重要内涵。

本次展览由上海市政协文史资料委员会、中共虹口区委宣传部、虹口区文化和旅游局、虹口区档案局、中共"四大"纪念馆、上海万联文化传播有限公司承办。展览于八月二十日结束。（新华网，2019 年 7 月 2 日。人民网，2019 年 7 月 7 日）

11月26日　在杭州浙江商业职业技术学院校区，青田章乃器研究会与浙江商业职业技术学院联合举办"血色担当　傲骨铮铮——章乃器生平事迹展"，并举行章乃器生平事迹专题讲座。章乃器先生的母校——浙江甲种商业学校为浙江商业职业技术学院和浙江工商大学的共同前身。（青

田县章乃器研究会提供）

　　12月21日　上午，"情怀与责任——2019青田章乃器学术研讨会"在青田县会展中心举行开幕式和论文主旨演讲。来自北京、上海、重庆、江苏、浙江、甘肃、湖北、江西和美国硅谷等地的六十多位嘉宾出席。下午，与会人员前往乃器的先生的故里东源，参访故居遗址、章乃器文化广场、章乃器生平事迹陈列馆。研讨会还在东源镇镇政府进行分组论文宣读和学术交流。本次研讨会由浙江工商大学、青田县社会科学界联合会、青田章乃器研究会、现代七君子研究会（筹）主办，青田章乃器研究会秘书处、上海万联文化传播有限公司承办，青田县东源镇人民政府、香溢集团（青田）有限公司、东源镇乡贤会提供支持。（上海万联文化传播有限公司提供）

主要参考文献

一、档案、内部资料

1. 中国民主建国会第二次总会扩大会议秘书处编：《中国民主建国会第二次总会扩大会议专辑》，1952年。

2. 中国民主建国会第一次全国代表大会秘书处编印：《中国民主建国会第一次全国代表大会汇刊》，1955年。

3. 《上海市工商业联合会大事记》，上海市档案馆档案号C48-1-20。

4. 中国民主建国会上海市委编：《中国民主建国会上海市委员会组织史资料》，中国民主建国会上海市委档案C47-05-048，1994年6月。

5. 中国民主建国会上海市委编：《上海民建五十年》，民建上海市委档案C47-06-192，1995年10月。

6. 青田县政协文史资料委员会编：《青田文史资料（第四辑）·章乃器专辑》，1991年。

7. 政协包头市昆都仑区文史学习委员会编：《昆都仑文史·章乃器专辑》，1996年。

8. 青田县章乃器研究会、青田县文联编：《青田名贤章乃器》，浙江人民出版社，2014年。

9. 青田县政协文史资料委员会、青田县章乃器研究会编：《爱国君子章乃器图录》，2017年。

10. 盛丕华：《盛丕华日记》，未刊稿。

11. 民建上海市委编：《上海民建会讯》。

12. 青田章乃器学术研讨会组委会编：《情怀与责任——2019青田章乃器学术研讨会论文集》，2019年。

13. 寿墨卿编著：《中华全国工商业联合会四十年（一九五三—一九九三），中华全国工商联合会文史办公室，1993年》。

二、专著

14. 卓宣谋编纂：《京兆通县农工银行十年史》，大慈商店，1927年。

15. 章乃器：《章乃器论文选》，生活书店，1934年。

16. 章乃器等：《中国货币制度往那里去》，新知书店，1935年。

17. 章乃器：《激流集》，生活书店，1936年。

18. 章乃器：《中国货币金融问题》，生活书店，1936年。

19. 时代文献社编：《"救国无罪"——"七君子"事件》，时代文献社，1937年。

20. 沙千里：《七人之狱》，生活书店，1937年。

21. 章乃器：《民众基本论》，上海杂志公司，1937年。

22. 章乃器：《抗战必胜论》，上海杂志公司，1937年。

23. 章乃器：《出狱前后》，上海杂志公司，1937年。

24. 邹韬奋：《经历》，生活·读书·新知三联书店，1958年。

25. 毛泽东：《毛泽东选集（第五卷）》，人民出版社，1977年。

26. 中国人民政治协商会议全国委员会文史资料研究委员会编：《文史资料选辑》，文史资料出版社，1980—1985年。

27. 周天度编：《救国会》，中国社会科学出版社，1981年。

28. 沙千里：《漫话救国会》，文史资料出版社，1983年。

29. 中共中央文献研究室编：《毛泽东书信选集》，人民出版社，1983年。

30. 章乃器：《科学的内功拳》，北京市中国书店，1984年。

31. 陈竹筠编写：《中国民主建国会历史研究（民主革命时期）》，中国人民大学出版社，1985年。

32. 中共上海市委党史资料征集委员会编：《"一二·九"以后上海救国会史料选辑》，上海社会科学院出版社，1987年。

33. 中共中央文献研究室编：《周恩来书信选集》，中央文献出版社，1988年。

34. 周天度主编：《七君子传》，中国社会科学出版社，1989年。

35. 赵德馨主编：《中华人民共和国经济专题大事记（1949—1966）》，河南人民出版社，1989年。

36. 王邦佐主编：《中国共产党统一战线史》，上海人民出版社，1991年。

37. 陶行知：《陶行知全集》，四川教育出版社，1991年。

38. 中共中央文献研究室编辑：《建国以来毛泽东文稿》，中央文献出版社，1991—1998年。

39. 中国第二历史档案馆编：《冯玉祥日记》，江苏古籍出版社，1992年。

40. 沈谱、沈人骅编：《沈钧儒年谱》，中国文史出版社，1992年。

41. 中共中央文献研究室编：《毛泽东年谱（1893—1949）》，中央文献出版社、人民出版社，1993年。

42. 卢之超主编：《毛泽东与民主人士》，华文出版社，1993年。

43. 中共上海市卢湾区委党史研究室编：《老话上海法租界》，上海人民出版社，1994年。

44. 潘大明：《七君子之死》，河南人民出版社，1994年。

45. 中国民主建国会中央委员会宣传部编：《中国民主建国会五十年》，民主与建设出版社，1995年。

46. 陆象贤等：《胡厥文生涯：从资本家到副委员长》，上海人民出版社，1996年。

47. 尹骐：《潘汉年传》，中国人民公安大学出版社，1996年。

48. 章立凡选编：《章乃器文集》，华夏出版社，1997年。

49. 张承宗主编：《金仲华纪念文集》，上海市政协文史资料编辑部，1997年。

50. 中共中央文献研究室编：《周恩来年谱1898—1949（修订本）》，中央文献出版社，1998年。

51. 毛泽东：《毛泽东文集（第七卷）》，人民出版社，1999年。

52. 中共中央文献研究室编：《陈云年谱》，中央文献出版社，2000年。

53. 宋云彬：《红尘冷眼——一个文化名人笔下的中国三十年》，山西人民出版社，2002年。

54. 黄孟复主编：《中华全国工商业联合会50年大事记》，中华工商联合出版社，2003年。

55. 中华全国工商业联合会编：《中国工商业联合会50年概览（上、下册）》，中华工商联合出版社，2003年。

56. 章立凡主编：《记忆：往事未付红尘》，陕西师范大学出版社，2004年。

57. 《董必武传》撰写组：《董必武传》，中央文献出版社，2006年。

58. 章立凡：《君子之交如水》，作家出版社，2007年。

59. 张学继：《坦荡君子——章乃器传》，浙江人民出版社，2007年。

60. 黄炎培：《黄炎培日记》，华文出版社，2008年。

61. 沈钧儒纪念馆编：《沈钧儒家书》，群言出版社，2008 年。

62. 沈人骅：《追忆祖父沈钧儒》，红旗出版社，2008 年。

63. 王晶：《上海银行公会研究（1927—1937）》，上海人民出版社，2009 年。

64. 尚明轩主编：《宋庆龄年谱长编》，社会科学文献出版社，2009 年。

65. 民建中央宣传部主编：《中国民主建国会简史》，民主与建设出版社，2010 年。

66. 故宫博物院编：《捐献大家章乃器》，紫禁城出版社，2010 年。

67. 张人凤、柳和城编著：《张元济年谱长编》，上海交通大学出版社，2011 年。

68. 中国民主党派历史陈列馆编：《中国民主党派简介历史陈列馆简介》，重庆出版社，2011 年。

69. 姚遂：《中国金融思想史》，上海交通大学出版社，2012 年。

70. 温瑞茂主编：《张云逸传》，当代中国出版社，2012 年。

71. 汪东林：《我对于生活如此认真——梁漱溟问答录》，当代中国出版社，2013 年。

72. 李济深著、文明国编：《李济深自述》，安徽文艺出版社，2013 年。

73. 邹嘉骊编著：《邹韬奋年谱长编》，上海交通大学出版社，2015 年。

74. 潘大明：《长河秋歌七君子——1936 年七君子事件与他们的命运》，中西书局，2016 年。

75. 徐铸成：《徐铸成回忆录》，生活·读书·新知三联书店，2018 年。

76. 吕章申主编：《爱国情怀：章乃器捐献文物》，北京时代华文书局，2018 年。

77. 中共河北省委统战部编著：《李家庄纪事》，华文出版社，2018 年。

78. 何民胜编著：《施复亮年谱》，商务印书馆，2019 年。

79. 韩信夫、姜克夫主编：《中华民国大事记》，中国文史出版社，2017 年。

80. 谢长法：《刘湛恩年谱》，人民出版社，2020 年。

81. 全国政协研究室编：《中国人民政协全书（上）》，中国文史出版社，1999 年。

82. 中国民主同盟中央文史委员会编：《中国民主同盟历史文献1949—1988（下）》，文物出版社，1991年。

83. 中共中央文献研究室编：《三中全会以来重要文献选编》，中央文献出版社，2011年。

84. 陈琳主编：《刘王立明年谱》，北京师范大学出版集团、安徽大学出版社，2018年。

三、报纸杂志

85. 章乃器主编：《新评论》，1927年10月—1929年4月。

86. 《申报》，1935年1月—1937年8月。

87. 邹韬奋主编：《生活星期刊》，1936年8月—1936年11月。

88. 全国各界救国会编：《救亡情报》，1936年5—12月。

89. 安徽省政府秘书处编译室：《安徽政治》1938年4月—1939年5月。

90. 《大公报》，1938年1月—1940年12月。

91. 《人民日报》，1948年5月—1987年4月。

92. 《华商报》，1946年1月—1949年12月，广东人民出版社，1984年。

93. 《平民》第1—3期合刊，1946年1月10日。

94. 《光明日报》，1950年3月—1957年12月。

95. 中华全国工商业联合会编：《工商界》。

96. 《民国档案》1981年第2期。

97. 《历史档案》1981年第1期。

98. 《党史纵览》1994年第6期。

99. 《江淮文史》1996年第3期。

100. 上海市工商业联合会编：《上海工商》《现代工商》。

101. 上海市出版工作者协会主办：《出版史料》。

102. 《文史杂忆》，上海人民出版社，1994年。

103. 《党史研究资料》2002年第6期。

104. 《党史博览》2007年第4期。

105. 《同舟共进》2007年第12期。

106. 《文史春秋》2011年第9期。

107.《财会通讯》2012 年第 28 期。
108.《档案春秋》2020 年第 6 期。

主要人名索引

章元善　335，336，337，341，345，
　　　　346，354，361，364，367，
　　　　369，371，414，416，421，
　　　　469，503
章月蟾　9
章子萍　9，573
章宗祥　28
赵　丹　212，260
赵世炎　39
赵万里　436
赵增益　454
赵正平　147
赵志垚　17，298
周伯萍　472，473，474，475，480，
　　　　482
周德侯　348
周海婴　398
周建人　359，397，401，411
周剑云　212
周鲸文　341，375
周康民　472
周茂柏　326，332
周绍文　17
周士观　308，311，441，453，469，
　　　　503，542
周巍峙　240，262
周锡经　22，26
周宪文　114，215，273
周孝怀　353，371，670

周新民　168，169，181，197，411，
　　　　589，288，290，298，380
周信芳　482，483
周有光　326，636
周肇基　335，360，362，366
周作民　120，503
邹　容　13
邹韬奋　31，40，67，140，141，
　　　　169，176，179，181，184，
　　　　185，189，193，194，199，
　　　　200，205，206，208，209，
　　　　210，211，212，216，217，
　　　　218，219，220，221，222，
　　　　223，225，226，227，234，
　　　　236，237，240，243，245，
　　　　247，248，256，264，265，
　　　　266，273，285，286，301，
　　　　303，304，306，309，310，
　　　　311，619，621，622，633，
　　　　642
张定夫　184，260
张东荪　116，424，341，343，345，
　　　　366
张国藩　453
张剑鸣　325，331，333
张劲夫　288，293，587，600，603，
　　　　622，636
张纲伯　354，356，357，359，362，
　　　　366，376，405，406，408，

后　记

　　大约是在二十世纪八十年代后期，我主动要求从政府机关的秘书岗位调到了中国韬奋基金会秘书处学术研究部暨上海韬奋纪念馆工作，为的是更靠近自己钟爱的历史文化。自此，便接触"七君子"事件和事件的当事人。就本职工作而言，我的主要精力自然放在邹韬奋研究和他的全集出版上（邹韬奋早期文章的收集、整理）。与此同时，我对章乃器这个历史人物发生了极大的兴趣：一则他在救国会建创时期、"七君子"事件中占重要的位置；二则他不是以"文人"，而是以一个经济学家、银行界人士的思维方法，写出一系列视角独特、语言尖锐、触及本质的文章，读来令人酣畅淋漓。同时，他又是一位个性鲜明、命运多舛的历史人物。

　　记得那时，我每天骑着自行车到地处沪上西南角的徐家汇藏书楼看旧书，阅读封尘已久的《新评论》《激流集》《中国金融货币问题》《救亡情报》等，中午以小铺子里卖的包子充饥。面对丰富资料，苦于囊中羞涩，没有复印，只是做了摘录，可惜那个小本子在以后的屡次变动中没有了踪影。

　　在二十世纪九十年代初起的时候，我特意要求出差到北京，住在大栅栏的小旅馆里，冒着酷暑采访了罗叔章、徐雪寒、吴大琨、孙采苹、章畹、章立凡等人，并做录音。记得采访章畹是在她住的筒子楼里，她的丈夫和儿子都在，快人快语的她讲述了许多她与她父亲的往事，临了建议我去采访章乃器最后一任妻子带来的儿子——联系下来，他去了澳大利亚。我对孙采苹、章立凡的采访是列入计划的。他们居住的大楼还有好几位采访对象，比如张国男、王健（李公朴的女儿、女婿）、沙人文（沙千里的儿子）。采访孙采苹是在她家的客厅里，老人眉清目秀，一看便知系江南闺秀出身，她很少回答我的提问，许多由章立凡回复——他声音不大，语速缓慢，一字一句似乎都经过深思熟虑。回到上海后，我相继写出了《真君子章乃器》《女中豪杰胡子婴》《从〈新评论〉到〈救亡情报〉》等文章，刊登在《上海滩》《出版史料》上。那年，章乃器的长子章翼军从包头到上海，带来了包头市昆都仑区政协编印的小册，其中收入我写的关于《新评论》的那一篇文章。1995年我的第一部专著《七君子之死》

由河南人民出版社出版，其中相当一部分内容涉及章乃器，书中对这一历史人物进行了梳理研究。掐指算来，我把章乃器作为研究对象，已经有三十余年了，但其间也有搁置。

按照自身的人生规划，我本该继续朝着既定方向研究下去的，中途却转行去了电视台，从事新闻第一线的采编工作，研究工作也只能告一段落。不过，我依旧关注着七君子研究，公开的相关出版物和新的研究成果始终在我的视野中。

一晃过去了许多年，时值二〇一五年末，出版社的朋友来电说，明年就是"七君子"事件发生八十周年，你过去写的《七君子之死》可以做个修订本。这样，我又回归研究七君子的队列中。过完春节，我在原书稿的基础上重新写的《长河秋歌七君子——1936 年七君子事件与他们的命运》已经成形，很快摆放到了编辑的面前，并列入上海重大文艺创作项目，在上海书展上举办出版首发式。新华网、人民网、《解放日报》《文汇报》等媒体为该书的出版和首发式进行了报道，认为该书以七人为集合体的独特视角，运用独家对七人亲属故友的采访录音资料和鲜为人知的文献，使该书的亮点频闪；在丰富的史料、缜密的分析和研究基础上，通过纪实文学与论述相结合的手法，把文学、历史学、哲学、社会学融于一体，形成感性地还原历史，理性地揭示历史必然的风格，是一部可读性强的探索现代知识分子心路历程的著作。之后，又举办了研讨会。

值此，韬奋纪念馆负责人上官消波找到我，说是要办七君子的实物图片展览，此事正合我心意，一拍即合。于是，我决定去嘉兴、青田、常州、安福拍摄一些照片，收集一些资料。

初春，到达瓯江畔的鹤城，天有些反常，出奇的闷热，我脱了棉外套，有点衣冠不整的模样，便走进政府大院。章乃器研究会负责人赵君皓还以为我们是来推销什么产品的，有些迟疑。当我们说明来意后，他便十分热情地接待了我们。以后，我们便开始了数度合作：办展览，出图录，开研讨会。

二〇一九年十月，我建议在青田举办章乃器研讨会。这时，距设定的开会时间已不远，大家十分默契和紧张地筹备。我提前一天到达开会的地方，与新老朋友见面自然高兴，话题聚焦到章乃器研究上。我表示，现在一般研究者苦于缺乏新的史料，一些基础性的研究书籍也缺，比如年谱，现在能够看到的只是简谱、大事记，有的还错误百出，如能做一本年谱则最为合适。在一旁的不少朋友表示赞同，但也有朋友表示没有精力完成。这样，我们也就不再议了，继续开研讨会。

回沪不久，庚子新冠病毒肆虐，人们无法出门。于是，我想到了写作人在避疫时通常的做法，写字看书，几乎每天两点一线地从家里跑到办公室，作《湮没的帝都：淮河访古行纪》。该书稿进入尾声时的某一天，我站在办公室的窗前，俯瞰城市的街景，没有车辆、没有行人，城市真的好静，静得让人感觉窒息。此时，想到上年末与朋友们的对话，于是与赵君皓联系，设定做十万字的《章乃器年谱》，由我负责编撰。

二〇二〇年中，武汉的疑似病例已大大减少，许多地方已清零。病毒在人们的共同阻击下，范围缩小，中招的人数下降。此时，年谱的立项工作已经顺利完成。我这里也进入了实施阶段，对年谱的体例、方案提出分工计划，并做出样稿；对自己长期积累的资料进行梳理、摘要，派出工作人员去上海图书馆查阅相关图书报刊，十万字的《章乃器年谱》应该是不成问题的了。

事情总在发生变化，我在走访民建、工商联研究专家王昌范时，他谈及新近出版的《施复亮年谱》大约在三十余万字，章乃器年谱十万字的容量显然小了。我的老友冯勤正在上海交通大学出版社主持"晚清以来人物年谱长编"丛书的工作，他建议应该扩大容量，将"章乃器年谱"列入长编系列出版。

章乃器经历晚清、中华民国、中华人民共和国三个历史时期，人生跨度八十年，一生跌宕起伏，他是一些有影响的历史事件的重要当事人和参与者，留有数量不少的纪念文章、回忆录，且他自身勤于笔耕，著作颇丰，又擅于演说，留有一部分演讲稿。纪念、回忆文章可以让今天的人了解他不同时期的活动；他的著作文章、讲话，清晰的反映了他的思想发展脉络、人生追求、经历，做成长编具有一定的客观条件。同时，充分使用好这一个题材，不浪费大量的珍贵史料，以年谱长编的形式，反映这位历史人物较为完整、真实的面貌，也是我们这一代学人身上肩负的责任。

这样，我把朋友们的意见、自己的想法，与赵君皓沟通。在达成共识后，我便照着年谱长编的要求做，继续得到赵君皓主持的研究会的支持。

做年谱是一桩花死力气的事情，不查阅大量资料榨不出满满的干货。而且，容不得半点的想象和假设，只能用科学的方法进行排列、比对、分析、判断，去伪存真、去芜存菁，探寻最接近真相的历史。

这一个活做起来蛮是枯燥，为了求证谱主某一天的活动，需要查阅不同的资料。如果没有当初对这一位历史人物的偏好，就无法继续。例如，对于章乃器的文章的写作、发表日期，需要考证。除了收录于集子的文章已标明发表或写作日期外，还有一部分仅标明发表在某某周刊、某某月刊第几辑上，需要考证当期的出版日期，或查阅原发表的杂志刊物，或对周刊、月刊出版日期进行推论。当然，每次枯燥乏味的考证过后，能够得以验证、发现新的史料，亦足以使人开怀。比如，抗战胜利后，章乃器由重庆返沪的时间，以往不少回忆录都认为在一九四六年的五六月份，编者根据掌握的史料分析，认为应在四月中旬。四月十二日民建中央迁至上海，召开了迁沪第一次常务理监事联席会议；四月十八日《华南报》报道了章乃器参加《上海文化界声援南通惨案，向当局抗议提五项要求》的活动。确认为四月中旬似乎无可非议。但是，是否可以再准确一些呢？

我便电询王昌范：章乃器是否参加了四月十二日民建在沪召开的会议？他马上查阅了《黄炎培日记》和相关史料，均没有出席人员的名单，反倒在《黄炎培日记》四月十二日的记载中发现了四月十日上午，黄炎培和章乃器一起，与周孝怀等人进行长谈的记录。这样，可以确定章返沪的相对准确时间，为该年四月初，年谱修正了以前的说法。

年谱还新发现了一些谱主的活动，以前没有写入传记、回忆文章的，例如，一九三八年初，谱主由香港赴安徽就职，在武汉做停留，参加了由马相伯等人发起的国际反侵略运动大会中国分会成立大会，并被推为理事。此事为本年谱第一次公布。

年谱以年、月、日纪事，这样可以自然而然屏蔽掉一些以讹传讹的说法，还原历史真相；也可复原一些被研究者、回忆者在特定社会环境下有意无意回避的事实；矫正因当事人模糊的回忆而引发的错误。因为，时间的顺序不容许存在的事实"空白"。例如，过去常有回忆文章说章乃器在中华人民共和国成立初期随毛泽东、周恩来去了苏联访问，但我发现毛、周在苏联期间，章乃器依旧在北京活动。他到底是何时去苏联的？公开的资料并没有确切的表述，他自己的回忆录也没有涉及这一点。我在查阅二十世纪五十年代初出访苏联的代表团资料时，终于发现他去苏联访问的时间、原因、身份……

本年谱呈现的一个特点，是尽量收集谱主在各个历史时期撰写的文章、著作，进行概述或摘要，重要的文章"双管齐下"，既做概述又做摘录，但一般不做评说，以让读者自行阅读后对谱主的思想发展过程做出自己的结论。另一个特点，是对谱主的家庭生活、人际交往、工作方法也有所交代，以某年某月某日发生的具体事情进行体现，也不做评说。再一个特点，是在查阅大量资料时，发现不同时期的回忆者、写作者或褒奖、或贬抑，编者仅取事实部分，删除褒贬之词，以求客观。

初稿排版后交给出版社，经审核后申报 2021 年度上海市图书出版专项基金资助项目并获得成功，令人高兴。这更激发我们努力做好这项工作的热情。

我是第一次撰写、主编年谱这一文体，可谓是新手上路，总有不到位之处；又由于时间有限，掌握的史料大都以出版物为主，非能穷尽，故有疏漏，望相关专家、学者多多提出宝贵意见和做出补充。

同时，在这里也要感谢被本年谱引用、摘要文章和书籍的作者、编著者。正是他们过去的辛勤耕耘，为本年谱的编撰带来了便捷。虽然，我努力按照谱主首次发表的文章以及第一版的著作为依托，但难免需要他人的研究成果作为补充。

本年谱大部分内容由本人撰写完成。其他参与撰写的有王昌范，他在百忙中抽出时间承担了一九四六年五月至一九六三年十二月章乃器在上海的活动、民建总会（民建中央）与章乃器相关有价值的史料收集工作（二万二千字）；青田县章乃器研究会提供了谱后（一九九一年三月至二〇一九年十二月）的部分内容（六千字）。

令人可喜的是一些年轻学子在他们导师的推荐下加入我们的研究团队，复旦大学马克思主义学院研究生王晓冉整理、摘要了自一九三九年八月至一九四三年十一月章乃器在重庆《大公报》上发表的文章和活动报道，一九四九年一月至二〇一〇年五月章乃器在《人民日报》上发表的文章以及相关报道八万余字；兰州大学新闻与传播学院研究生宋朝军整理、摘要了一九二七年十月至一九二九年三月章乃器在《新评论》上发表的文章二万二千字；同为兰州大学新闻与传播学院的研究生刘正整理、摘要了一九四一年四月至一九四九年十月章乃器在《华商报》上发表的文章以及相关报道一万五千字。上述文字，我根据年谱的要求进行了取舍和编写，录入使用。可惜原本在他们毕业前就可出版的本年谱，由于种种原因，直到他们中有的已经毕业了，尚没有出版。

除此之外，我在编撰过程中得到复旦大学马克思主义学院杨宏雨教授、兰州大学新闻与传播学院李晓灵教授、上海交通大学出版社人文分社冯勤先生的热情支持，他们对编辑过程中的一些技术问题做了具体的指导；蔡才宝、宋丽军做了仔细的编辑工作。在本年谱付梓之际，一并表示感谢。

潘大明

2021 年 5 月　初稿

2023 年 2 月　修改